헬레니즘 지성사

조남진 지음

저자〔조남진〕약력

충남대학교 사학과 졸업
고려대학교 대학원 사학과(서양고대사 전공) 문학박사
1968년 문교부시행 고등학교 독일어, 1970년 영어교사 자격 검정시험 합격
아데나워 장학재단 서독파견 유학시험에 선발. Würzburg대학 연구
경남대학교 사학과 교수를 거쳐 현재 한남대학교 사범대학 역사교육과 교수
저서로는 『서양역사의 이해』·『서양고대와 중세의 사회』(공저)가 있고, 공역서로는 『서양사신론』상·하(법문사), 『서양고전고대 사상가와 사상사론』상·하(법문사), 『서양중세사상사론』(한국신학연구소), 『봉건제도에서 자본주의로의 전환』(법문사), 『서양고전고대 경제와 노예제』(법문사), 최근 논문으로는 「聖토마스 아퀴나스의 국가와 정치사상」·「그리스도교와 고대 노예제의 종언」이 있다.

헬레니즘 지성사

2006년 4월 4일 초판1쇄 인쇄
2006년 4월 9일 초판1쇄 발행
2008년 10월 9일 초판2쇄 발행

저 자 ■ 조남진
펴낸이 ■ 임성렬
펴낸곳 ■ 도서출판 신서원
서울시 종로구 교남동 47-2 협신빌딩 209호
　전화 : 739-0222·3　팩스 : 739-0224
　등록 : 제300-1994-183호(1994. 11. 9)
ISBN ■ 89-7940-636-3

신서원은 부모의 서가에서 자녀의 책꽂이로
'대물림'하기를 바라며 책을 만듭니다.
잘못된 책은 연락주세요.

헬레니즘 지성사

조남진 지음

머리말

　두 차례에 걸친 세계대전의 결과로 야기된 세계의 파국으로 많은 사상가와 역사가들은 인류공존의 문제에 절박하리만큼 관심을 가지게 되었다. 그리고 이 문제에 대한 해답을 역사 속에서 찾아보아야 한다면 우리는 눈을 돌려 유럽문화의 기초를 다진 고대 그리스와 헬레니즘 세계를 바라보아야 할 것이다. 그러므로 필자는 역사적 생성과 발전에 시선을 돌려 고대 그리스 세계에서 '나는 아테네인이고, 너는 코린토스인'이라고 구분한 그들의 철저한 도시국가 본위의 의식으로부터 인류공동체의 이념, 인간을 모두 하나로 포용하는 인류통일체(*Homonoia*)·인간애(*Humanitas*) 등의 개념이 어떻게 그리스와 로마세계에서 형성될 수 있었으며, 또 그 발전과정은 어떠했는지 생각해 보려고 한다. 그리스와 로마세계의 지반 위에서 완성된 인류애 사상과 세계국가 이념의 고전적 발전을 정리하고 체계화하는 것은 그리 쉬운 일이 아닐 것이다. 지금까지 서양학자들에 의해 연구되어 온 고대 그리스와 로마의 인류공동체와 세계국가 이념은 어느 한 시기에 제한되었고, 전체적인 큰 틀은 아직 정립되지 않았다.

　헬레니즘 시대의 인간애와 세계주의 사상은 당시의 퀴니코스학파와 스토아학파의 지배이념이었으므로 그 발전의 시기와 원인에 대한 해답을 찾는 과정에서 어느 정도는 알아볼 수 있을 것이다. 그러나 어느 한 이념이나 사상의 추이가 시대정신의 산물이라고 생각한다면 지나친 단순화일 수밖에 없을 것이다. 세계사적 이념이나 사상의 출현은 다양한 측면에서 그 원인규명이 가능하거니와 특히 정치사와 지성사의 역사적 전개과정을 이해함으로써 가능할 것이다.

일찍이 알렉산드로스 대왕의 스승이던 아리스토텔레스는 "외국인은 노예가 되기 위하여 생긴 것이다. 그리스인에 대하여는 부모·형제와 같이 대하고 외국인에 대하여는 짐승과 같이 취급하라" 하였다. 그러나 알렉산드로스 대왕은 이와는 달리 "모든 사람은 세계를 자기의 모국과 같이 생각하라"는 말을 남겼다. 작은 폴리스의 테두리 안에서 헬라스의 우월감에 사로잡혀 있던 아리스토텔레스와 세계의 모든 민족을 동포로 생각한 알렉산드로스 대왕의 입장은 대조적이었다고 하겠다.

알렉산드로스 대왕으로부터 시작되는 헬레니즘 세계에서는 지금까지의 도시국가에 대한 애착과 정열과 달리 개인을 존중하는 개인주의가 지배적이었다. 이제 도시국가 본위의 의식으로부터 새로운 정신의 범그리스주의가 나타났다. 민족적 개념이 약화되고, 민족적 차별을 뛰어넘어 인류를 같은 동포로 보는 코스모폴리타니즘(Cosmopolitanism)은 알렉산드로스 대왕의 통치이념의 기조가 되었다. 물론 헬레니즘 세계에서 정치·문화의 지도적 역할은 그리스인이 담당했지만, 그리스는 더 이상 세계의 중심이 아니었다. 지중해 세계 동부의 여러 다양한 언어들은 코이네(koine)라 불리는 그리스 표준어로 변하여 하나의 통일된 언어의 세계가 형성되었다. 폴리스의 시민이 아니라 세계의 시민이라는 사상이 대두되어 종래의 헬레네스[그리스인]와 바르바로이[비그리스인, 즉 그리스어를 사용하지 않는 사람]의 간격은 희미해지게 되었다.

이 헬레니즘 문화는 이후 세계문화의 발전에 지대한 영향을 미쳤다. 기원전 4세기 말 아테네에서 생성된 스토아학파·에피쿠로스학파는 헬레니즘 사상을 대표하는 것으로 그들의 철학은 폴리스적인 인간조건과는 다른 개인주의와 세계주의의 지향이었다. 다시 말해 헬레니즘 철학은 그 대상이 국가나 민족이 아니라 개인의 행복 추구와 삶을 살아가는 지혜였다.

이제까지 헬레니즘 철학은 흔히 2류 수준의 철학자들이 만들어낸 것이라고 평가절하가 되어 종종 소홀하게 취급되기도 했다. 그 이유 중의 하나는 헬레니즘 철학자들의 저술 대부분이 상실되었기 때문이고, 또 다른 이유는 그들의 저술의 비교대상이 저 위대한 철학자들인 플라톤과 아리스토텔레스였기 때문이다. 그러나 최근의 연구경향은 헬레니즘 사회의 전통과 사상을 무기력하고 퇴폐적인 것으로 파악하지 않고, 헬레니즘의 학문과 문화는 고도의 독창적인 지성을 생산한 세계였다는 인식 아래서 헬레니즘 세계를 새로운 시각에서 연구하고 재구성하는 것이다. 그 결과 헬레니즘 철학은 비교적 최근까지의 편향된 평가로부터 벗어나 새로운 학문적 가치를 인정받게 되었다. 그러므로 우리는 헬레니즘 시대의 대표적인 학파인 스토아학파의 창시자 제논에서부터 로마 스토아 출현까지의 스토아 지성 및 정치사상의 전개과정을 재구성함으로써 헬레니즘 지성사의 위상을 확인하고 그 동안의 편견을 해소할 수 있을 것이다.

　헬레니즘 시대는 정치적·사상적·경제적인 면 모두에서 많은 변화가 있었던 시기였다. 그러므로 스토아 정치사상 역시 결코 정적(靜的)일 수 없었다. 이러한 점에서 스토아의 정치·지성사는 역사적인 구조에서 고증되어야 하고, 사상과 사건 사이의 상호작용이 구명되어야 할 것이다. 또한 우리는 급진주의적인 교의로 출발한 스토아 사상이 어떻게 로마 국가체제와 밀접한 제휴가 가능했는지 알아보아야 할 것이다. 스토아 철학을 비롯한 다른 학파에 대한 연구없이 헬레니즘 시대와 그 이후에 전개되는 로마세계의 정치·종교·윤리에 대해 근본적으로 접근하는 것은 거의 불가능하다. 스토아 철학은 종교적 성격을 가지지만 어디까지나 철학이지 종교는 아니다. 사실 다른 모든 개혁에서처럼 스토아 사상도 처음에는 비웃음의 대상이었다. 키케로의 연설문, 호라티우스(Horatius)의 조롱시 에포디(Epodi)에서는 스토아 사상에 대한 조롱을 찾아볼 수 있다. 이러한 스토아 사상에 대한 조소와 증오는 유명한 철학자 루크레티우스(Lucretius)에서 절정을 이루었다. 하지만 그리스어를 사용하는 로도스섬에서 스토아 사상을 수용하게 되고, 소아시아의 대부분의 대도시와 이집트 그리고 타르소스에서 스토아 사상을 수용하는 유사한 운동이 일어났다. 특히 서방세계에서 스토아 철학은 그리스도교의 시작과 더불어 로마 문학의 윤리적 기초가 되었다. 로마제국의 황제와 정치지도자들이 스토아 철학을 통치이념으로 적용하기 시작하면서 스토아 철학은 로마 귀족사회에 널리 침투하기 시작했다.

헬레니즘 철학을 대표하는 스토아와 에피쿠로스의 양대 철학사상은 세계에 대한 지(知)와 인간의 경험에 대한 이해를 강조한 플라톤과 아리스토텔레스의 교훈과는 근본적으로 다르다. 헬레니즘 철학파인 스토아·에피쿠로스·회의학파는 사상에 있어 새로운 것의 전개나 옛것을 재정비하는 것이 아니라, 철저하게 전통으로부터 몸을 돌려 불안에서 인간의 생존과 회복을 위해 전력하는 것이기 때문이다. 이 학파들은 인간개체가 우주의 모든 사상(事象)에서 패턴을 발견할 수 있다고 가르쳤으며, 언젠가 인간은 패턴 속에서 자기의 위치를 찾는다고 확신했다. 인간은 코스모스적인 의무를 다했음을 인식할 때에 행복할 수 있다. 카오스적인 시대, 즉 혼돈의 시대에 이 철학사상은 대단히 인기가 있었다. 그리스 세계가 국가적·정치적 카오스 상태에 빠졌을 때, 개인이 가야 할 길은 개인의 본분을 다하는 것과 세계법칙, 우주의 섭리에 따르는 이른바 금욕적 삶이었다. 이를 위해 따라야 할 가치는 개인의 의무와 내면적 수양을 강조하는 헬레니즘 철학에서 찾아볼 수 있었고, 이 가치들은 로마의 상류계층을 매혹시켰다.

그러나 몇몇 학자들은 헬레니즘의 지성 및 정치사상은 그것이 발전되었던 사회적 환경에서부터 추상적이나마 만족스러운 연구가 이루어질 수 있다고 생각했다. 이 연구방법론에서 중요한 것은 논거의 타당성과 일관성이다. 정치사상은 사회적·정치적 환경과 밀접한 관계를 가지므로 그 연구의 핵심적인 것은 어디까지나 정치적 환경이다. 철학자와 사상가는 사회로부터 격리된 사람들이 아니라 사회 안에서 자란 사회의 일부분이기 때문이다.

    철학자는 자신이 살고 있는 사회와 끊임없이 상호작용을 한다. 그들이 쓰고 가르치고 토론하는 것은 자신들의 동시대인들과 교류하는 데에 목적이 있다. 예컨대 초기 스토아 사상가들은 스토아 포이킬레(Stoa Poikile)에서 거닐면서 공공연히 가르쳤다. 철학자는 자신의 환경에 대해 구성원의 이해와 변화를 추구해 가지만, 동시에 자신의 사상과 그 사상의 표현에서 현재의 언어학적 관습과 개념의 유형에 의해 제한을 받는다. 또 철학자의 독창성은 자신이 사상적으로 강제되고 제한받는 것이 무엇인지 인식함으로써만이 이해될 수 있다. 그러므로 철학자의 작품을 이해하게 되면 그의 지적·사회적 환경을 이해하는 것은 물론 그의 선대 철학자와 동시대 사람, 그리고 철학자와 비철학자의 사상이 어떤 연관관계를 가지는지도 밝힐 수 있을 것이다.

    사회에 따라 철학자에게는 다른 문제가 제기되며, 그 사회의 성격은 철학자가 문제를 해결하는 방법에도 영향을 미치게 된다. 철학자와 그의 강의를 듣는 청중의 상황에 대한 고려가 없다면 철학자가 말하고 있는 것이 무엇인지 충분히 평가할 수 없을 것이다. 이것은 우리가 제논의 강의를 듣고 있는 한 그리스인의 입장에 서야 한다는 것을 암시하는 것이 아니라, 철학과 사회와의 관계 및 작용 그리고 이 두 실재 사이의 상관관계를 이해해야 한다는 것을 암시한다. 이러한 관계를 고려해 볼 때 초기 스토아 사상 가운데 어떤 것은 로마 국가질서를 파괴하는 무법적인 것으로 인식되었는데 반해 아테네에서는 그렇게 극단적이지 않았던 것으로 인식되었다. 대체로 스토아 사상의 몇몇 개념은 사회적·지적 그리고 정치적 환경과의 연관 관계 속에서 발전되어 왔던 데 반해, 로마에서는 이러한 역학 관계로부터 분리되어 조화를 이룰 수 없을 뿐만 아니라 소외된 문화로 나타났다.

이런 측면을 고려해 볼 때, 특히 사회적·정치적인 대격변기에 발생한 변화는 헬레니즘 철학과 어떠한 관련이 있으며, 그 관계의 성격이 무엇인지 설명되어야 할 것이다. 한편 헬레니즘 시대의 스토아 정치사상과 지성사의 연구에서 고려해야 할 사항은 무엇보다 전거의 성격이다. 사실 이 시기에 클레안테스(Cleanthes)의 몇몇 운문을 제외하고는 스토아 사상가들의 기술을 찾아볼 수 없다. 그 후에 비로소 키케로(Cicero)·플루타르코스(Plutarchos), 그리고 디오게네스 라에르티오스(Diogenes Laertios)의 작품에서 스토아 사상이 재구성되기 시작했다.

기원전 4세기에 가장 중심이 되는 철학학파는 플라톤학파(플라톤의 아카데메이아)와 그의 제자 아리스토텔레스가 아테네에 창설한 뤼케이온(Lykeion)을 중심으로 하는 소요학파(Peripatos)였다. 하지만, 이 두 학파는 같은 시기에 새롭게 출현한 에피쿠로스학파와 스토아학파에 의해 그 빛을 잃게 되었다. 사모스(Samos) 출신으로 아테네 시민이 된 에피쿠로스는 기원전 306년경에 아테네로 와서 가르치기 시작했다. 에피쿠로스가 구입하여 정원으로 가꾼 토지에 자리잡았기 때문에 정원학파(the Garden)로도 알려진 이 새로운 학파는 인간의 우의의 강조와 도시국가로부터 벗어난 독립된 공동체의 삶을 추구했다. 하지만 당시의 여러 다른 철학파 가운데에서 특별한 많은 주목을 받은 학파는 퀴니코스학파였다. 퀴니코스학파의 사상가들은 전통적 관습을 부정하고 그들의 이론을 현실에 적용하고 퀴니코스학파의 창시자 디오게네스를 따름으로써 많은 반향을 일으켰다.

스토아학파의 창시자 제논은 기원전 310년, 22세의 나이로 퀴프로스의 키티온(Kition)에서 아테네로 왔다. 그는 퀴니코스학파의 철학자인 크라테스(Krates)의 제자로서 얼마 후에 메가라(Megara) 출신의 철학자 스틸포(Stilpo)와 아카데메이아학파의 폴리모(Polimo)의 강의를 청강하면서 시간을 보냈다. 그 후, 제논은 늘 했던 것처럼 스토아 포이킬레(Stoa poikile),

즉 채색된 주랑을 오르내리면서 철학의 문제에 관해 이야기하기 시작했다. 결과적으로 아카데메이아가 플라톤의 제자를 통칭하는 것처럼 제논의 제자는 스토아 사상가로 알려지게 되었다. 오색찬란하게 채색하여 꾸민 허식적인 스토아를 뜻하는 스토아 포이킬레는 마라톤전투를 묘사하는 일련의 그림으로 알려진 기둥이 있는 복도였다. 그것은 광장인 아고라(agora)의 북편과 아테네 중심부의 주요 공공건물 가운데에 있었다. 이 시기의 철학자는 종종 청중이 있는 공공장소에서 가르쳤다. 예를 들면 뤼케이온·아카데메이아 혹은 퀴노사르게스(Kynosarges : 이 단어는 스토아 철학자 아리스토[Aristo]에 의해 사용되었다)는 같은 연무장에서 가르쳤다. 스토아 사상가는 그들의 명성에도 불구하고 아테네의 다른 지역에서 가르쳤으며 기원전 3세기 후반 스토아학파의 학두(學頭)인 크뤼시포스(Chrysippos)는 뤼케이온과 오테이온(Oteion : 고대 그리스·로마의 음악당)에서 가르친 것으로 전해지고 있다.

헬레니즘 시대의 대표적인 학파인 스토아학파도 그 경쟁자인 소요학파나 에피쿠로스학파와 같이 체계화되지 못했다. 학파의 체계화를 증명할 수 있는 유일한 요소는 학파를 이끌어 갔던 학두의 존재이다. 학파에서 학두의 계승은 학파의 발전과 지속을 유지해 가는 데 기여했을 것이다. 그러나 학파의 학두가 어떻게 선발되고 그의 임명은 어떤 형식과 절차를 따랐는지 알려지지 않고 있다. 기원전 261년부터 약 230년까지 30년 동안 스토아학파를 이끌었던 앗소스(Assos)의 클레안테스는 제논의 후계자였다. 그 다음에 스토아 사상의 역사에서 특히 주목을 끄는 인물은 솔리(Soli)의 크뤼시포스였다. 클레안테스가 죽기 이전에 교사로서 우뚝 섰던 크뤼시포스는 스토아학파의 제2의 창시자로 명망이 높았다. 그에 관한 평가는 다음과 같은 전언으로 충분할 것이다. "크뤼시포스가 없었다면 스토아 철학도 존재할 수 없었을 것이다."[Diogenes Laertius 7. 183]

주목을 끄는 것은 당시에 선도적인 스토아 사상가 가운데 아테네 사람은 한 사람도 없었다는 사실이다. 그리고 이러한 추세는 오래 지속되었다. 그로부터 약 2백 년이 지나서야 아테네인 스토아 학자가 탄생하게 되었다. 고대 아테네의 철학학교 교장은 기원전 206년경에 크뤼시포스의 뒤를 이은 제논(Zenon of Tarsos)과 기원전 152년경에 '가장 재간이 많은 자'로 정평이 나 있었던 [키케로에 의하면] 안티파트로스(Antipatros of Tarsos)를 계승한 디오게네스(Diogenes of Babylon), 그리고 기원전 129년경에 교장의 자리에 오른 파나이티오스(Panaitios of Rhodes)였다고 전해지고 있다. 이 시대의 철학자들은 아테네보다 오히려 로마를 선호했다.

헬레니즘의 거대한 세계사적 변혁기에 나타난 철학파는 고전주의 시대의 그리스 민족적 특성을 지닌 철학파는 달랐다. 특히 스토아 철학은 로마 지배계층으로부터의 인기와 발전을 통해 중세 교부철학과 근대 인간학의 기본 개념으로 명맥을 이어갔다. 데카르트·스피노자·칸트·괴테·쉴러 및 밀과 애덤 스미스에게까지 그 영향의 발자취를 추적할 수 있다. 또 퀴니코스학파와 스토아학파의 세계주의 사상은 초기 그리스도교 금욕주의 윤리와 중세 수도원 운동에서도 그 의의를 찾을 수 있다. 더욱이 일체의 민족적·계급적 한계를 초월한 그리스도교의 인류를 향한 보편적 사랑과 만인평등 사상의 파악은 헬레니즘 철학의 역사적 이해없이는 제대로 되지 않을 정도이다.

헬레니즘 시대의 역사연구에 많은 공헌을 하고 지도적인 위치에 섰던 현대사가들 가운데 대표적인 학자는 드로이젠(Johann Gustav Droysen)으로 그는 처음으로 헬레니즘 시대를 역사연구의 독립분야로 설정하였다. 또한 그는 헬레니즘 시대라는 말을 처음으로 사용한 학자이기도 한데, 헬레니즘 시대라는 용어는 그가 19세기 초에 『헬레니즘의 역사(Geschichte des Hellenismus)』를 저술한 데에서 기인한다. 아주 최근까지도 헬레니즘 시대사는 서구의 많은 대학과 대학원 과정에서 하나의 독립된 연구분야로 인정받지도 또 채택되지도 못했다. 알렉산드로스의 영웅적인 면모를 현대에 재평가한 탄(W. Tarn)경 자신도 헬레니즘 시대에 관하여 연구하고 있는 동안까지도 대학에서 이렇다 할 학문적 평가를 받지 못했다. 미국에서 최초로 헬레니즘 역사연구로 유명해진 사람은 캐나다에서 미국으로 이민해 온 페르구손(W.S. Fergson)으로 그의 저서 『헬레니즘 시대의 아테네(Hellenistic Athens)』(1911)는 헬레니즘 역사의 가장 주요한 작품이었다.

헬레니즘 정치-지성사 분야의 연구에서 독일의 본회퍼(A. Bonhöffer)의 『에픽테투스와 신약성서(Epiktet und das Neue Testament)』(1911)는 스토아 철학과 스토아의 윤리적 삶을 체계화하고 『신약성서』와 스토아 철학의 관계를 논리적으로 기술한 대표적인 저술서로 후기 스토아 윤리학의 총서라 할 수 있을 것이다. 본회퍼는 초기 그리스도교와 헬레니즘 철학의 만남으로 그리스도교의 신학적 체계가 확립되었다고 설명한다. 특히 그는 4~5세기 동안 스토아 사상이 고대세계의 정신을 지배해 왔고 정치적 해체기와 그리고 윤리적·종교적인 쇠퇴기에 그리스와 로마의 교양 지배계층들에게 많은 영향을 주었다고 주장했다. 다음으로 역시 독일의 폴렌츠(M. Pohlenz)를 빼놓을 수 없을 것이다. 그의 방대한 『스토아 정신사(Die Stoa, Geschichte einer geistigen Entwicklung)』(1959)는 초기·중기·후기 스토아 사상을 총망라한 것으로 헬레니즘 시대의 스토아 사상은 물론 로마 스토아 사상의 발전을 이해하는 데 기여한 것으로 평가되고 있다.

보다 구체적으로 말하면 우선 사도 바울은 헬레니즘 시대의 무역과 학문의 중심지인 타르소스의 시민이었다. 타르소스는 상업적인 면에서뿐만 아니라 대학의 도시로서도 아덴(Aden)이나 알렉산드리아의 대학들을 능가했다. 다시 말하면 학문에 대한 열정만큼 타르소스가 세계의 다른 어느 도시보다도 우위적인 위치에 있었다고 하겠다. 타르소스는 많은 학자를 수입해 올 필요가 없었다. 많은 유명한 학자를 보유하고 있었기 때문에 타르소스의 가장 유명한 수출품은 학사라고 말할 정도였다.

타르소스는 철학자로 유명했다. 그 중에서도 스토아학파의 철학자들로 유명했다. 스트라본(Strabon)은 타르소스 출신의 유명한 스토아 철학자들의 이름을 다음과 같이 열거하였다. 디오게네스(Diogenes of Seleukeia)의 제자이자 파나이티오스의 스승이었던 안티파트로스(Antipatros) · 알키다마스(Alkidamas) · 네스토(Nesto) · 아테노도러스 코틸리온(Athenodorus Kotilion : 아우구스투스황제의 친구이며 고문), 그리고 산돈의 아들 아테노도로스였다. 이 학문의 도시 타르소스는 바울이 어린 시절 스토아 철학을 수학하고 현자의 덕을 키워나갈 수 있었던 곳으로 그의 정신세계의 요람이기도 했다. 바울은 유대인이면서도 다른 유대인보다 그리스인과 로마인을 잘 알고 있었던 인물이었기 때문에 그리스와 로마를 이어줄 수 있는 교량으로서, 또 이교도를 그리스도교로 개종시킬 수 있는 영향력도 가질 수 있었다. 이로 말미암아 그는 그리스도의 복음이 유대적 율법을 조건으로 하지 않았으며 인종 · 사회의 차별없이 모든 사람에게 전파되어야 한다고 확신했다.

당시 세계공통어 코이네로 『신약성서』가 쓰인 것으로 보아도 그리스도교의 신학사상이 헬레니즘의 사상, 특히 스토아 사상의 영향을 짙게 받았다는 점을 간과할 수 없을 것이다. 이러한 사실을 증언할 수 있는 구체적인 내용은 바울의 서신에서 발견할 수 있다. 이 문제에 대해 광범하고도 논리적으로 체계화한 대표적인 학자는 네덜란드의 라이덴대학 교수인 세벤스터(Sevenster)이다. 그는 그의 저서 『바울과 세네카(Paul and Seneca [Leiden, 1961])』를 통해 바울과 세네카와의 인간관계, 신과 인간의 문제, 그리고 종말론에 관한 내용을 분석했다. 바울 신학사상은 스토아 사상에서 유래되었음을 다분히 명시해 주는 것이다.

이제까지 스토아 사상은 가치있는 주요 연구주제로 취급되어 왔지만, 좀더 구체적으로 말한다면 스토아 정치사상과 지성사는 비교적 간과되었다고 말할 수 있을 것이다. 헬레니즘 시대의 스토아 정치사상에 관한 최근의 집중적인 연구는 리소(M.E. Reesor)에 의해 이루어진 간단한 개관이다.

리소의 대표적인 논문은 「초기·중기 스토아에서의 무관심(The Indifferents in the Old and Middle Stoa)」과 「스토아의 범주들(The Stoic Categories)」이다. 한편 스토아 지성사의 연구는 토론토 대학 교수 리스트(J.M. Rist)에 의해 수행되었으며, 그의 『스토아 철학(Stoic Philosophy)』과 그리고 그에 의해 편집된 13인의 논문을 책으로 엮은 『스토아 사상가들(The Stoics)』은 스토아 우주론과 심리학 그리고 스토아의 도덕적 책임과 현자관을 다루고 있다. 특히 스토아 정치사상사에 관한 것은 특별한 사상·인물·사건, 예를 들자면 인류의 통일체, 안티고노스 고나타스 그리고 제논과 아테네 정책을 다룬 어스킨(A. Erskine)의 『헬레니즘 스토아의 정치사상과 작용(The Hellenistic Stoa Political Thought and Action)』(1990)과 뮐(M. Mühl)의 『고대 인류애의 역사적 발전(Die antike Menschheitsidee in ihrer geschichttichen Entwicklung)』(1928)에서 취급하고 있다. 물론 제논의 『국가론(Politeia)』은 항상 주목을 받아왔지만 스토아 철학과 같은 지성사에 관한 것이나 혹은 헬레니즘 정치사상에 관한 문제는 간단하게 취급되었다.

세계화와 세계인으로서의 자질은 이 시대의 요구이자 시대정신이기도 하다. 서양역사에 대한 지식은 단순한 학문적 차원을 넘어 오늘을 사는 세대들이 갖추어야 할 필수교양이라고 생각한다. 시성(詩聖) 괴테는 "한 나라를 다스리기 전에 그 나라의 역사와 언어를 정복하라"고 말했다. 역사인식없이 인간과 인간이 남긴 자취를 제대로 인식할 수 없다. 왜냐하면 역사는 진정한 인간학이기 때문이다.

끝으로 이 책의 출간을 위해 수고해 주신 도서출판 신서원 여러분, 그리고 교정에 헌신적으로 수고해 주신 충북대학교 사학과 윤진 교수와 단국대학교 김상엽 강사에게 깊은 감사를 드린다.

2006년 1월 29일
저자 씀

목 차

머리말 5

제1장 헬레니즘 세계공동체와 인류애의 기원 21

   1) 소크라테스 이전 세계주의와 인류애 사상 / 21
   2) 소피스트의 인류애와 세계시민 사상 / 31
   3) 소크라테스 이후의 세계공동체 사상 / 40
   4) 그리스 관념론철학과 이소크라테스의 세계공동체 사상 / 48

제2장 헬레니즘 시대 지성의 발전 71

제1절 퀴니코스학파의 형성과 세계관 …… 71

   1) 안티테네스와 그의 계보 / 71
   2) 디오게네스의 삶과 인생관 / 88
   3) 디오게네스의 사상과 자유의 개념 / 110
   4) 디오게네스와 그 후계자 / 126
   5) 알렉산드로스의 호모노이아와 세계국가 / 145

제2절 키레나이코스학파 …… 162

   1) 헤게시아스와 그의 후계자 / 162
   2) 안니케리스와 그의 제자 / 166
   3) 테오도로스의 지혜와 삶 / 167
   4) 키레나이코스학파의 종말 / 170

제3장 헬레니즘 시대의 스토아학파와 에피쿠로스학파 173

제1절 스토아학파 사상의 발전 …… 173

   1) 스토아 사상(Stoicism)의 역사 / 173

2) 스토아의 교의와 우주론 / 187
   3) 스토아의 심리학 / 193
   4) 스토아의 범신론적 일원론 / 195
   5) 스토아의 신의 개념 / 197
   6) 스토아의 합목적성과 신의 섭리 / 201
제2절 스토아 사상의 윤리학 …… 211
   1) 스토아의 윤리와 로고스 / 211
   2) 스토아 사상에서 현자 / 224
   3) 스토아의 자연관 / 240
제3절 에피쿠로스학파의 사상과 윤리학 …… 252
   1) 에피쿠로스 사상과 아타락시아 / 252
   2) 에피쿠로스 사상의 규준학 / 260
   3) 에피쿠로스의 자연학 / 262
   4) 에피쿠로스의 윤리학 / 265

제4장 초기 스토아의 세계국가 사상　273

   1) 폴리스에서 코스모스로의 발전 / 273
   2) 플라톤의 이상국가와 계급분화 / 280
   3) 제논의 『국가론』에 나타난 세계국가 사상 / 308
   4) 제논의 이상국가의 철학적 배경 / 322
   5) 제논의 이상국가의 정치적 배경 / 333
   6) 제논의 정치적 이상과 아테네 / 345

제5장 스토아의 자유와 노예제개념　357

   1) 스토아의 내면적 자유와 정치사상 / 357

2) 스토아의 노예관 / 367
  3) 스토아 철학과 로마황제 / 385
  4) 스토아 철학과 로마황제의 노예제 완화 / 393
  5) 스토아 사상이 노예제에 미친 영향 / 406

제6장 중기 스토아 사상의 국가관과 실용주의　421

  1) 폴리비오스의 정치사상과 로마제국관 / 421
  2) 카르네아데스의 로마제국에 대한 비판 / 440
  3) 파나이티오스와 포세이도니오스의 생애와 사상 / 446
  4) 파나이티오스와 포세이도니오스의 과학과 실용주의 / 462
  5) 파나이티오스와 포세이도니오스의 국가관과 로마제국관 / 474
  6) 키케로의 국가 및 정치사상 / 507

제7장 후기 스토아 사상과 로마제국의 세계시민 사상　537

  1) 카이사르와 아우구스투스의 세계지배 사상 / 537
  2) 아우구스투스 탈민족주의와 세계국가 사상 / 543
  3) 5현제 시대의 세계주의와 코이노니아 / 567

제8장 스토아 사상의 부와 재산관　587

  1) 초기·중기 스토아의 재산과 부 / 587
  2) 세네카와 후기 스토아의 부와 공평 / 608

제9장 스토아 사상과 로마법　639

  1) 스토아 사상과 고전철학의 배경 / 639

2) 스토아 자연법의 발전 / 649
   3) 스토아 후마니타스와 법 개혁 / 678

제10장 스토아 사상의 죽음(자살)과 자유·평등개념　701
   1) 세네카의 자유·평등과 노예관 / 701
   2) 스토아 사상의 죽음(자살)과 자유 / 735
   3) 세네카와 후마니타스 / 746

참고문헌 목록　759
찾아보기　768

□ 쉼터 □

제1장

헬레니즘 세계공동체와 인류애의 기원

1) 소크라테스 이전 세계주의와 인류애 사상

　고대 그리스인은 인류의 동질성과 공동체 이념을 쉽게 받아들이지 않았다. 실제로 전인류가 동질이며 동종이라는 사실의 인식은 오랜 역사적 반목과 투쟁의 과정을 거치면서 발전해 온 것이다. 그리스인은 역사가 시작하면서부터 외면적인 역사발전을 지향했다. 이와 같은 그리스인의 외적 세계에로의 역사발전은 그들만이 가졌던 현실적이고 진보주의적인 인생관과 세계관의 기초를 확립시켰다.
　그리스의 선원들이 낯선 땅을 개발하고 이민족과의 접촉이 있었던 시대에 폴리스들은 서로 밀접한 관계를 가질 필요성을 인식하게 되었다. 점증하는 해상교통과 무역, 그리고 식민활동에 의해 나타난 세계시민 사상과 세계시민적 의식의 씨앗은 이른바 시민정신의 발전의 기틀을 마련하였다.[1] 또한 상업정신의 발전과 함께 나타난 그리스인의 합리적인 인

---

[1] M. Mühl, *Die antike Menschheitsidee in ihren geschichtlichen Entwicklung*, Leipzig, 1928, s.1.

생관은 그들의 민족의식에 강력한 영향을 미쳤다. 해외무역에 대한 기대와 무엇인가 획득하려는 욕망에 찬 그리스 선원들은 고향을 떠나는 데 주저하지 않았다. 해상활동과 상거래에 의한 문화적·경제적인 생활의 결과로 그리스인은 그들이 살고 있는 협소한 공간과 제한된 땅인 고향을 벗어날 수 있게 되었다. 바야흐로 그리스인은 자신을 지배해 온 '원자적(atomisierenden)' 지평의 문화영역에서 벗어나기 시작한 것이다.[2]

우리는 이러한 시대적 흐름을 호메로스의 서사시에서 감지할 수 있다. 호메로스에서는 이타카의 영웅 오디세우스가 고향에 도착한 뒤 충직한 에우마이오스(Eumaios)를 피해 숨은 허구적인 모습에서 시대정신의 전형이 묘사되고 있다. 즉 "나는 경작할 수 있는 밭이나 가옥에 애착을 가지기보다 마음은 항상 배의 키와 전쟁과 날아가는 화살에 쏠려 있다…"[『오디세이아』 14, 222~223]. "아카이아의 아들들이 트로이로 향하기 전에 나는 아홉 번 배를 타고 다른 민족에게로 갔다.… 그래서 나의 고향, 나의 조국은 빠르게 발전했다"[『오디세이아』 14, 229~231]. "그리고 그가 트로이에서 고향으로 돌아갔을 때 사랑하는 사람들의 무리 속에서 한 달이라는 기간을 생활한다는 것도 괴로움이 되었다. 그 후 그는 이집트인이 사는 나라로 배를 타고 가기로 했다."[『오디세이아』 14, 244~245]

바다로 진출했던 그리스 민족을 사로잡았던 것은 무엇이었을까? 그것은 무엇인가를 획득하려는 부단한 열망이었다. 바깥 세계로 진출한 그리스인은 "세계 도처의 많은 사람이 왕래하고 배를 타고 노 저어가는 곳에서"[『오디세이아』 9, 128~129] 현실주의적 정신을 발전시킬 수 있었다.

한편 그리스인은 고향과 모국에 대한 깊은 애착 때문에 어디를 가든 고향에 대한 향수를 떨쳐버릴 수 없었다. "나는 조국의 모습보다 더 감미로운 것은 아무것도 없다고 생각한다"[『오디세이아』 9, 27~28]. "만일 네가 다

---

2) *ibid.*, s.3.

른 종족, 낯선 땅에 있을 때, 설사 그 땅이 황홀하고 비옥한 곳이라 할지라도 너는 멀리 있는 조국의 빵을 먹으리라."[『오디세이아』 9, 34~35] 당시에 일고 있었던 '지금 그리고 여기(now and here)'와 같은 현세적이고 합리적인 정신은 아마도 경제적인 것에 기초했다고 생각된다. 더욱이 이 현실적 감각과 의식은 철학적 세계시민 사상의 형성에 기여했을 것이다.

그 이후 시기에도 해외무역의 지속적인 신장은 그리스인의 정신생활에 지대한 영향을 주었다. 지난날 세계무역의 중심이었던 이오니아 지방은 이제 학문의 요람으로 자리를 잡기 시작했다. 이오니아 지방에서는 자연의 신비를 탐구하고, 천체의 운행, 원소의 작용에 대한 관심을 가지게 되었고 이는 바다로 향하는 이오니아인들에게 자연탐사의 계기를 마련했다.

이오니아 자연철학자 중에 탈레스(Thales) · 아낙시메네스(Anaximenes) · 아낙시만드로스(Anaximandros)는 세계를 전체로 보았다. 경제생활의 탈민족주의적 경향은 이오니아 지방에 많은 영향을 끼쳤던 것이다. 쇄도하는 세계무역의 중심에서 그리스인의 내면에 깔린 시민정신은 이제 세계시민 사상으로 쉽게 순응할 수 있는 기초를 제공했던 것이다.

그리고 헤라클레이토스(Heracleitos)에 이르러 모든 현세적 삶의 통일성을 위한 사상의 기초가 확립되었다. 그의 진정한 요구는 다름 아닌 세계공동체의 형성이었다.

> 사려와 분별있는 말을 하려 한다면 공동체성으로 무장해야 할 것이다.… 인간의 모든 법은 신법에 의해 만들어졌다.[3]

그러므로 모든 것이 종속하는 보편타당한 신법은 아름답고 숭고한 것으로 표현되어야 할 것이다. 인간에게는 공동의 것, 전체를 결속하는

---

3) *ibid.*, ss.3~4.

것, 전변부침(轉變浮沈)과 개개의 내재적인 것(Immanentes)이 있다. 그것은 로고스이며, 세계이며, 모든 것을 영원히 포용하는 세계질서다.[4] 그러므로 그것은 우리 모두가 따라야 할 공동의 의무이다.[5] 그러나 모든 사람은 이성 즉 세계이성[6]을 공유하고 있음에도 불구하고 대부분의 사람들은 마치 그들 고유의 통찰력을 가지고 있는 것처럼 살아간다. 보편적 이성은 개인의 주관적인 인식과 대립한다. 헤라클레이토스의 로고스에서 참된 로고스(λόγος ὀρθος)의 전조는 스토아 철학의 세계이성이다. 인류는 인간행위의 표준인 이성의 법의 지배를 받으며 "자연에 따라 행위하고 자연에 복종하는 것이 명민(明敏)이며 지혜이다." 그리하여 전인류를 하나로 결속하는 자연법이 출현하게 되었다.

이와 같이 헤라클레이토스는 우주법칙에 대해서도 처음으로 로고스라는 말을 사용했다. 그는 실로 인간이 과제로 삼아야만 할 것은 일체를 총괄하는 세계이성으로서의 로고스를 인식하는 일이며, 이러한 세계이성의 법칙에 순응하는 것이 현자의 갈 길이라고 생각했다. 그는 끊임없는 다원적 형상을 이끌어 나가는 근본 법칙은 '대립의 통일'이며, 모든 발전은 대립적인 여러 힘이 생성해내는 양극간의 화합을 통하여 이루어진다고 생각했다. 신은 낮과 밤, 겨울과 여름, 전쟁과 평화, 그리고 과잉과 기근 등 이 모든 것을 뜻한다. 이념 대 이념, 인간 대 인간, 남자 대 여자, 계급 대 계급, 그리고 민족 대 민족 사이의 투쟁을 통해 조화를 이루는 세계의 전체가 형성된다고 보았다. 이러한 점에서 투쟁 혹은 전쟁이야말로 '만물의 아버지고 만물의 왕'이기도 한 것이다.

헤라클레이토스의 대립의 통합이론은 다름 아닌 변증법적 발전이론의 모델이었다. 그가 사망한 지 2천 년이 지나 그의 이론은 헤겔과 마르

---

4) *ibid.*, s.4.
5) *ibid.*, s.4.
6) *ibid.*, ss.4~5.

크스주의자의 변증법적 유물론을 통해 소생되었다. 대립적 힘의 상반작용이라고 할 수 있는 생성의 흐름 속에서 진보의 법칙을 통찰하고자 하는 것이 현대적 의미의 발전이론이다. "만물은 유전(流轉)할 뿐, 정지된 것이라곤 없다"는 그의 유명한 말에서 우리는 변증법적 역사발전의 새로운 차원의 전개를 발견하게 된다.7)

당시의 신성·세계 그리고 인류를 조화로운 통일체로 만들기 위한 교의를 제시한 시칠리아 출신의 자연주의 철학자 엠페도클레스(Empedokles)는 세계 전체는 필설로 다 표현할 수 없는 정신, 즉 신성으로 가득 채워져 있다고 했다.8) 그리고 그는 이 신성에 의해서 인간은 하나의 통일된 집단으로, 공동체의 구성원으로, 심지어 이성이 없는 생명체인 동물까지도 하나로 결속된다고 보았다. 이와 같은 공동체 사상은 이미 피타고라스(Pythagoras)가 가르쳤고,9) 엠페도클레스와 그밖에 위대한 그리스 철학자들이 설파한 바 있다.

세계주의의 기초는 이미 피타고라스와 엠페도클레스의 세계 전체와 그 전체의 부분들에 대한 해석에서 나타났으며, 그 후 스토아학파에서 이론적으로 구체화하고 중기 스토아 철학자 포세이도니오스(Poseidonios)에 의해 확립되었다.

피타고라스학파는 세계 전체의 통일성을 어떻게 이해하고 세계주의 이상에서 인류를 어떻게 보았을까? 또한 그들은 여러 민족과 종족으로 분리된 인류를 어떻게 생각했을까? 피타고라스학파의 공동체 사상은 단순한 이념이나 고정화된 형식이라기보다 현실의 실용적인 이념으로 작용했다. 세계를 하나의 통일체로 간주한 피타고라스학파는 인간애와 인간상호의 부조의 정념(情念)을 강조했다.10) 고결한 사람은 공간적 제한이

---

7) Hans Joachim Störig, *Kleine Weltgeschichte der Philosopie*(임석진 역, 분도, 1976), pp.169~173.
8) *ibid.*, ss.4~5.
9) *ibid.*, s.5.

없이 모든 사람을 우의와 공동체적 연대로 포용한다는 것이다. 피타고라스학파의 공동체 사상은 후기 고대 철학에 의해 정립되고, 초기 그리스도교의 바울 및 요한의 설교에 의해 철학적·귀족주의적 가치의 극복 같은 조화와 화해의 기본이념이 되었다.[11]

엠페도클레스는 세계사의 전개과정에서 인류의 보편적 사랑은 세계 전체를 하나로 통일하는 선(善)의 원리인데, 이에 반해 증오와 사악함은 세계의 분열을 조장하는 것으로 세계통합과 분리는 사랑과 증오에 기인한다고 보았다. 모든 생명체를 가진 세계 전체는 모든 사람에게 차별없이 적용되는 공동의 자연법을 따른다.[12] 모든 사람에게 균등하게 적용되는 보편적 법칙인 자연법은 불의 정기(精氣)와 무한한 하늘의 섬광을 통해 널리 확대해 간다는 것이다. 그에 따라 엠페도클레스는 자연법을 기초로 "그 어떤 생명체도 죽이지 말 것"을 요구한다.[13]

하지만 엠페도클레스보다 앞서 피타고라스학파에서 이미 생명체 살상금지법을 제정했다. 피타고라스는 인간과 동물은 태어날 때부터 친화와 생명공동체의 관계를 유지해 왔기 때문에 동물살상의 금지를 강조했다. 그들에게 인간과 동물 사이의 형제적 관계의 유지는 동질적 친화와 같은 생명공동체라는 사실에 기인한다.[14]

엠페도클레스는 "부당한 살상을 중지하지 않는 이유는 무엇인가? 인간들이 분별없는 의식으로 서로 서로 살상을 자행한 사실을 보지 못했는가?"[15]라고 묻는다. 다시 강조하거니와 엠페도클레스의 생명체 살상금지의 요구는 자연법에 기초했으며, 그의 자연법은 다분히 혁명적이었다

---

10) *ibid.*, s.5.
11) 초기 스토아에서는 물론 데모크리토스와 에우리피테스의 주장에서도 분명히 제시하고 있다.
12) Aristoteles, *rhet.* A13. 1373b 6.
13) Aristoteles, *rhet.* a. a. 0.
14) M. Mühl, *op.cit.*, s.6.
15) *ibid.*, s.6.

고 할 수 있다.16)

이오니아의 클라조메네 출신인 아낙사고라스(Anaxagoras)는 세계의 내적 구성을 물질적 실체로 인식하고, 세계공동체 사상과 공동체의 구성요소의 내적 동질성을 강력히 주장했다.

> 일체의 것은 전체의 구성요소이며 부분품이다. 특별한 개별적인 현 존재는 존재하지 않는다.17)

아낙사고라스는 우주의 생성을 동질적인 것들의 결합이요 합성으로 파악하였으며, 인류의 동질성도 이 같은 사상에 의해 보아야 한다고 생각했다. 아낙사고라스의 세계질서의 정신인 이성은 "모든 것을 지배할 수 있는 지배력"과 "모든 것을 통찰하고 인식할 수 있는 위대한 힘"을 가지고 있는 것으로 마치 헤라클레이토스의 로고스와도 같이 세계지배와 세계를 결속하는 스토아 노모스(Nomos)의 전조이기도 한 것이다.

밀레토스의 자연철학자들은 처음에는 물, 그리고 다음에는 공기를 가장 중요한 원소로 보았으나, 헤라클레이토스에서는 불로 바뀌었으며 다시 엘레아학파에서는 흙이라고 보는 경향이 지배적이었다. 그러나 엠페도클레스는 네 개의 원소를 만물의 생성 원인으로 보는 고대 자연철학을 종결지었다. 그에게 있어서도 세계진화, 하나의 통일된 단일체로의 생성은 사랑과 같은 내적·정신적인 것이었다. 그에 못지않게 아낙사고라스의 철학적 견해는 그밖에 자연철학자들과 유사한 면을 보였으나 그들과는 달리 하나의 추상적인 철학적 원리인 누우스(nous), 다시 말해서 합리적이면서 전능하고 동시에 사유하는 비인격적 정신의 원리를 도입했다는 데에 특징이 있다.

---

16) M. Mühl, *op. cit.*, s.6. Hirzel, 불문율, 이른바 도덕률.
17) *ibid.*, ss.6~7.

이와 같은 누우스 또 이성이란 독자적 성격을 지닌 것으로 혼돈 상태 속에서 아름답고도 합목적적 질서가 주어진 세계 전체가 형성되는 계기를 제공했다. 정신이 물질을 형성하며 동시에 이를 지배할 수 있다고 주장한 아리스토텔레스는 정신을 우주질서의 보존자로 보았던 아낙사고라스를 소크라테스 이전의 여러 철학자들 사이에서 마치 주정꾼들 속에 끼여 있는 취하지 않은 맑은 정신의 소유자라고 하였다.[18]

　세계를 인간의 공유재산으로 인식한 압데라(Abdera) 출신의 데모크리토스(Demokritos)는 세계시민 사회의 추종자였다.

> 자연과 대지는 현자의 것이다. 왜냐하면 우월한 정신을 가진 자의 조국이 세계이기 때문이다.[19]

　이와 같은 데모크리토스의 세계주의 이념의 형성도 피타고라스의 철학적 우주론의 영향이었음을 간과할 수 없다. 요컨대 데모크리토스의 세계관은 철학적 개인주의처럼 특별한 목적을 위한 추구는 아니었다. 그는 자신이 살았던 시대보다 훨씬 뒤인 헬레니즘 시대의 여러 학파에 완성된 개인주의와 코스모폴리타니즘의 기초를 제공했다.

　데모크리토스는 민족적 한계와 여러 민족 사이의 격리 및 폐쇄성으로부터 벗어나 인간공동체적 생활의 합리적·이성적인 세계시민 사상을 제공했다. 그는 민족번영을 위해 개별국가의 가치와 의미에 비중을 두었던 것이다.

> 우리는 국가의 안녕과 복지를 가장 중시해야 한다.… 왜냐하면 훌륭하고 건강하게 통치되는 국가가 가장 큰 재산이며 방패이기 때문이다.… 국가가 건강하면 모든 것이 건강하다. 그러나 만일 국가가 멸망하면 모든 것도 멸망하고

---

18) 임석진 역, 앞의 책, pp.167~179.
19) *ibid.*, s.7.

만다.[20]

데모크리토스가 코스모폴리타니즘과 국가이념의 결합을 어떻게 생각했는지 여기서 상세히 밝힐 수는 없다. 이러한 세계주의와 국가이념의 문제에 나타난 불확실성은 초기 스토아에서도 볼 수 있는 현상이다. 인류애 사상과 국가이념의 결합은 역시 초기 스토아 사상가에게도 어려운 문제였다.

세계신의 총아는 역사적으로 풍요로운 과거를 가진 행복한 상속자인 그리스인이었다. 그들은 지상의 여러 민족 가운데에서 가장 값진 것을 창조하였다. 가장 빛나는 세계사적인 사명의 완성, 세계사의 실현 그리고 대관과 같은 지고한 영광도 그리스인의 속성이었다. 한편 '역사의 아버지'로서 알려진 할리카르나소스 출신의 역사가 헤로도토스(Herdotos)의 사상과 역사해석의 접근방법도 동부 헬레니즘 사상에 기초하고 있다.[21] 그는 9권으로 된 『역사』에서 인류애 사상의 단초를 보여주었다. 한편 우리는 세계와의 교류가 활발하게 이루어진 헬레니즘 문화의 외곽지대뿐만 아니라 그리스에서 형성된 보편적 인간관계도 확인할 수 있다. 그리스인의 보편적 의식 속에는 시간과 공간의 모든 제약을 넘어 인간의 심정 속에서 조용히 생성하는 법, 즉 불문율이 크게 작용했다.[22] 이와 같이 그리스인은 인간의 심정에서 생성하는 불문율과 같은 보편적 가치의 도덕률을 인식함으로써 인류가 하나의 통일체로 결속할 수 있다고 확신했다. 더욱이 그들은 개별국가의 법적 기초를 이러한 불문율에서 찾았으며, 그리고 그 법에 복종하는 한에서 인간을 하나의 통일체로 만들 수 있다고 생각했던 것이다.

---

20) ibid., s.7.
21) ibid., s.8. 헤로도토스의 헬라스에 대한 긍지와 아테네에 대한 그의 사랑은 페리클레스의 주변에서 강한 자극을 받았다.
22) 히르젤은 불문율과 성문법의 논쟁에 관해 많은 교훈적인 연구를 했다.

극작가 소포클레스(Sophokles)는 불문율의 의미와 중요성을 밝힌 그의 작품 『안티고네(Antigone)』에서 고전적인 면을 강조했다. 이 작품 속에서 크레온 왕의 완고하고 조악한 법과 자매 사이의 사랑싸움에서 안티고네는 제신의 영원한 불문율에 도움을 요청했다.[23]

이제 모든 사람의 의식과 사려를 하나로 결속하는 띠와 같은 불문율의 실현을 보게 되었다. 보편성과 인류 전체를 하나의 통일체로 결속하는 심정적·내면적인 법사상은 헬레니즘 정신문화에 새로운 특징을 부여하는 정신사조로 소피스트 철학에 의하여 놀라운 진척을 보게 되었다.

에우리피데스(Euripides)는 소피스트 철학에서보다 더욱더 강한 표현으로 세계주의 이념을 주창했다. 그러나 세계시민 사상은 그에게 일반화되지 않았으며, 오히려 그는 민족·국적 그리고 혈통과 같은 외면적인 제한을 개인의 순수한 내면적 가치에 의해 극복하려 했다.[24] 그는 지방 혹은 민족국가의 애국심을 민족분리의 요소로 생각하지 않았다. 그리스 사상에서 열등한 이방인 사회에 대한 그리스 사회의 정치적·도덕적 우의의 표현, 그리고 에우리피데스의 제민족의 정치제도를 그리스인과 만인의 차이로 대별한 것에 기초하여 크세노폰도 그리스인과 오리엔트인 사이의 차별을 밝힌 바 있다.[25] 에우리피데스는 인간의 가치기준을 혈통이 아닌 인간의 내면적 가치에서 찾았으며, 그래서 그는 현자들의 세계국가인 스토아 세계국가의 전단계를 이미 설정했던 것이다.

---

23) 소포클레스에게 있어서 신법과 자연법은 같은 의미이다.
24) 에우리피데스의 견해는 피타고라스학파에서 이미 접할 수 있다. 뮐은 에우리피데스가 피타고라스학파 사람에 의해 많은 영향을 받았다고 주장한다. 에우리피데스는 인간의 본질에 관한 연구에서 인간의 본질적 차별은 윤리적인 영역의 문제일 뿐 사회적 영역과는 아무 관련이 없다고 생각했다. 그러므로 그는 인간에게 있어 귀천은 명목이며 선천적으로 귀천의 차별이 구분되지 않는다고 했다. 그러나 주인과 노예의 구분은 불가피한 것으로 보았다.[W. Richter, "Seneca und die Sklaven", *Gymnasium*, Bd 65, 1958, ss.207~209]
25) *ibid.*, s.12.

기원전 5세기 인류통일체 사상은 소피스트의 사상에 근거하였거니와 그것은 단순한 정신사적 발전만이 아니었다. 당시의 여러 나라는 그리스인에게 문호를 개방하고 오리엔트와 헬레니즘 세계의 여러 나라와 우호적인 관계를 유지함으로써 도시국가 생활의 폐쇄와 고립으로부터 벗어날 수 있었다. 투키디데스(Thucydides)는 아테네인의 해상진출에 관해 언급하면서 아테네인은 항상 나라 밖으로 진출하고 - 항상 고향땅을 떠나지 않는 스파르타인과는 대조적으로- 고향을 떠나 나라 밖에서 살 곳을 확대하고, 지리적 지식과 같은 현실문제에 애착을 가진 역사정신을 일깨웠다고 평가했다. 리시아스는 "그리스인은 오직 출신성분에 의해 시민이 되고, 그들의 이익을 얻기 위해 거주지를 떠나 여러 곳을 찾아 헤매는 의욕에 찬 사람들이었다. 그래서 그들은 돈이 있는 곳을 바로 그들의 고향이며 조국으로 간주했다"고 개탄했다. 그리스인의 날로 번창하는 통상과 경제생활의 향상은 정치사상에도 영향을 미쳐 폴리스적 한계성을 탈피하고 전 그리스인들의 생활을 세계화하는 데 역동적인 작용을 했다고 하겠다.

2) 소피스트의 인류애와 세계시민 사상

스토아 사상의 노예관과 자연법 사상, 그리고 인류애 사상의 역사적 발전과정에 대한 이해를 위해 소피스트의 자연법 사상·인류애 및 노예관의 연구가 선행되어야 할 것이다.

기원전 5세기 중엽, 그리스에서는 지적 혁명이 일어났다. 평민계층의 성장과 개인주의의 발전, 현실문제의 해결을 위한 희구는 지난날의 낡은 사상체계에 도전했던 것이다. 그 결과 많은 철학자들은 자연에 대한 연구로부터 인간 스스로의 문제에 관심을 돌렸거니와 그 새로운 지적 경향

을 대표하는 사람들이 소피스트였다.26)

　소피스트는 인간에 대해서 관심을 집중했거니와, 특히 프로타고라스(Protagoras)의 '인간은 만물의 척도'라고 한 말은 소피스트 철학의 본질로 이해된다. 이들 소피스트는 예외없이 노예제를 비난했다. 그들은 실천적이고도 진보적인 세계관 아래 보통사람들의 권리를 옹호한 자유의 투사요 옹호자였다. 또한 그들은 전쟁을 어리석은 행위로 인식하였으며, 아테네인의 분별없는 국수주의를 조소했다. 로마의 철학자 키케로는 "소피스트야말로 하늘 높은 곳에서부터 인간이 거처하는 이 땅 위에로 철학을 가져왔다"고 술회한 바 있다.27)

　소피스트가 고대 사회에 기여한 공로는 정치이론이라 할 수 있는 새로운 지적 장르의 창조였다. 소피스트는 인간에 대한 그 어떤 새로운 가치 개념이 없는 정치이론은 논의의 대상이 될 수 없다고 말했다.28) 그러므로 소피스트는 두 가지 사실을 공식화한 최초의 사람들이었다. 그 하나는 인간본성의 발견이었으며 다른 하나는 인간에 기초한 정치이론의 창출이었다. 자연과 자연현상의 본질에 대한 그리스인의 관심을 비난하면서, 그들은 단지 인간문제에만 관심을 집중시켰다.

　인간본성에 대한 소피스트의 발견과 정치이론의 혁신은 실정법과 자연법에 대한 논쟁에서 출발했다. 전통적으로 노모스는 관습법으로 인간의 가치와 생활방법에 관련된 하나의 사회적인 범주를 말한다.29) 그러나 초기의 소피스트는 히포크라테스의 지도 하에 유명해진 의학파의 저술 중에서 현존하는 논문, 즉 '인간본성론'의 영향으로 인간의 생리적 구조보다 심리적·정신적 의미에 있어서의 인간의 '피시스'에 대해 더 많은

---

26) A.A. Trever, *History of Ancient civilization*, New York, 1939, vol.1, pp.348~349.
27) E.M. Burns, *Western civilization their History and their culture*, New york, 1963, p.164.
28) E.M. & N. Wood, "The Intellectual World of the Sophists", *Ideology&Ancient political Theory*, Oxford, Blackwell, 1978, pp.89~90.
29) *ibid.*, p.90.

관심을 갖게 되었다. 그 결과 특정한 도시국가의 노모스는 이제 더 이상 신성불가침의 절대적 도덕규범이 될 수 없었다. 왜냐하면 어느 한 곳에서 공인된 행위는 다른 곳에서는 금기였기 때문이다.[30]

안티폰(Antiphon)과 알키다마스(Alcidamas)는 노모스는 인간의 자기완성에 대한 부자연한 방해물이라는 트라쉬마코스(Thrasymachos)와 급진적인 소피스트의 결론을 받아들이면서도, 인간본성에 대하여는 그들의 견해에 동의하지 않았다. 안티폰에게 있어 노모스는 기본적인 선천적 평등을 방해한 규약이었으며 알키다마스에게는 선천적 자유에 대한 방해물이었던 것이다.[31]

소피스트는 인간본성에 대한 개념과 정치이론의 장르 형태를 통하여 인간중심적인 새로운 지적 논의양식을 창조였고, 독특한 화법구조를 체계화했다. 아이러니컬하게도 소피스트의 가르침은 소크라테스의 도덕적 절대원리 추구와 플라톤이 『국가론』에서 시도한 새로운 도덕적 규약을 형성하는 데 영향을 주었던 것이다.[32] 그리스의 계몽화는 소피스트 철학의 체계적인 기초 위에서 점진적으로 이루어지게 된 것이다.

그리스인의 정신사에서 소피스트의 등장은 중요한 전환점이었다.[33] 소피스트 철학의 기초 위에서 문화적인 상대주의와 경험주의뿐만 아니라, 인간본성과 정치이론에 대한 수많은 상이한 개념들이 제기되었기 때문이다. 그리스인의 의식 속에 깊이 각인되어 있는 노모스와 폴리스의 개념은 이제 동요하기 시작하였으며, 그것은 소피스트가 만든 전례없는 업적이었다.

당시 지도적 사상가의 한 사람인 엘리스(Elis) 출신의 히피아스(Hippias)는 인간이 국가의 제약으로부터 벗어나 전세계 모든 나라에 같은 효력을 가

---

30) *ibid.*, p.90.
31) *ibid.*, pp.90~91.
32) *ibid.*, pp.90~91. 신법과 자연법은 여기서 하나로 결합한다.
33) M. Mühl, *op.cit.*, 13.

지게 되는 것은, 인간이 아닌 제신의 불문율에 의한 것이라고 말했다. 히피아스는 불문율이 무엇이라고 생각하는가라는 질문을 받았을 때 불문율이란 모든 나라에서 언제나 다같이 준수되는 법이라고 말했다. 인간이 그 법을 만들었다고 말할 수 있는가? 그 법은 하나로 일치할 수 없으며 그리고 같은 언어로 말할 수 없는데 어떻게 그렇게 만들어질 수 있단 말인가?" 하고 그는 말했다. 또 그에 따르면 "신에 의해 만들어진 불문율을 어기는 자들은 예외없이 형벌을 받지만 인간이 제정한 법을 어기는 사람은 폭력이나 은폐의 방법으로 피할 수 있다."34)

우리는 이 불문율로부터 고대사회의 자연법 이론의 기초를 찾을 수 있다.35) 히피아스는 자연과 법을 아주 첨예하게 대립시켰거니와, 그는 "우리 모두는 이 세상에 태어날 때부터 친구요, 근친이요, 그리고 형제라고 생각한다. 그것은 법에 의해서가 아니다. 유사한 것은 태어날 때부터 유사한 것과 동류이며 친숙하다. 그러나 법, 즉 인간을 압제하는 폭군은 자연에 반하는 강탈자다"라고 생각했다.36)

인간이 태어날 때부터 갈구했던 것은 세계시민 사회의 형성이다. 그것은 모든 사람이 힘에 의해 생긴 개별국가의 한계에서 벗어나 하나의 거대한 전체민족 가족의 구성으로 되는 사회의 형성을 말한다. 그래서 히피아스의 범세계국가·세계시민사회 이론은 개별국가 이론을 약화시키는 데 지대한 공헌을 했던 것이다.37) 이 같은 그의 이론에서 우리는 깊은 윤리사상과 인간의 보편적·동질적 속성의 문화적 개념을 발견한다. 결국 히피아스는 인간공동체와 세계시민사회의 새로운 길을 열어놓은 자연법론자로서 그의 학설은 후대에 많은 영향을 주었다.

히피아스학파의 계몽주의적 자연법론에서 많은 것을 추론한 수사학자

---

34) Xenophon, *Memorabilia* IV. 4. 19.
35) 여기서 신법(gottliches Recht)과 자연법(naturliches Recht)은 하나가 된다.
36) Platon, *Protag* 337 c.
37) 초기 소피스트에게서 우리는 실천적인 혁명사상을 감지할 수 없다.

아르키다마스(Archidamas)는 다음과 같은 원칙을 밝힌 바 있다.

> 신은 모든 사람들을 해방시켰으며, 자연은 그 누구도 노예로 만들지 않았다.[38]

소피스트 철학은 인간의 자유를 노래하게 되었고, 이 아르키다마스의 반노예제 이론을 단순한 수사적 상투어로 평가해서는 안될 것이다. 아르키다마스의 반노예제이론은 그리스 시민의 정치생명을 좌우한 노예제에 위해를 가했다. 해방과 자유를 지향한 소피스트의 윤리적인 정신행위는 노예제와 대치하게 마련이었다. 소피스트들이 행한 명령은 인간의 권위와 자유에 대한 확신이었다. 그런 연유로 이는 반노예제의 이론적 투쟁과 윤리적 인식의 발전에 많은 기여를 하였다. 소피스트에 의하면 자유는 오직 인간의 힘으로 도달할 수 있는 자연적인 인권이었다.

모든 실정법에 규정된 보편적인 자연법 사상은 그리스인의 의식 속에 강하게 작용하고 있으며, 소피스트의 계몽사상에서 자연법(physis)과 실정법(nomos)은 서로 대립현상을 보였다. 소피스트들의 자연법설은 사람들 사이에 역사적으로 형성된 윤리적·사회적 차별을 해소시키는 데 적용되었다. 그렇기 때문에 결국 노예제를 반대하게 되었던 것이다.[39] 플라톤은 『프로타고라스와의 대화』에서 소피스트, 특히 히피아스의 이야기를 전하고 있다. 거기에서 왕의 법에 대해 쓴 시인 핀다로스(Pindaros)는 의식적인 폐기를 주장한다.

> 여기에 있는 너희들 모두는 전래의 인습적인 가문의 출신이 아니라 자연에서부터 왔다. 따라서 서로 친숙한 근친이며, 동종이며, 같은 동료시민이라고 나는

---

38) Aristoteles, *Rhet Schol* I 13,1373b 18.
39) 소피스트의 자연법과 민주주의적 평등이념에 관해서는 Ehrnberg, "Anfange des griechischen Naturrecht", *Polis und Imperium*, Beitrage zur Alten Geschichte, 1965, ss,69~371 참조.

생각한다. 평등은 태어날 때부터의 평등을 의미하는 것이다. 그러므로 인간을 구속하는 전횡자와 불평등을 초래한 전래의 인습적인 혈통과 가계는 반자연적인 것을 강요한다.[40]

모든 사람이 평등하다는 이론적 근거는 위의 핀다로스의 시의 단편에서 잘 명시되고 있다.[41] 그리스의 현자는 노모스에 의해 다져진 선천적인 동질과 대립하는 정신적 동질성에 의해 결속되었다. 이러한 제한에도 불구하고 실정법과 자연법의 대립은 이미 자명해졌음을 확인할 수 있다. 소피스트인 안티폰은 다음과 같이 말한다.

> 우리는 유감스럽게도 귀족인 아버지에게서 태어난 사람은 존경하지만, 그러나 명망있는 귀족 가문 출신이 아닌 사람은 존경하지 않는다. 이러한 이유 때문에 우리는 서로 야만인과 다를 바 없는 존재가 되었다. 야만인도 그리스인과 같이 선천적으로 평등하게 태어났다.… 모든 점에 있어서 야만인도 그리스인과 다를 바 없으며, 진정 우리 모두는 입과 코를 통해 대기를 호흡하며 손으로 모든 것을 먹는다.[42]

안티폰은 이 같은 말로 철학자들의 특별한 자연법뿐만이 아니라 모든 사람의 선천적 평등의 요구에 기초하여 인간의 윤리적·사회적 차별도 모두 거부했다. 소피스트에 있어 인간의 평등은 기본적으로 생물학적인 욕구인 이른바 호흡과 영양섭취라는 동질성에서 나타난다. 모든 사람은 국가의 공동구성원이라는 사회적 기초에서 출신과 신분의 차별이 거

---

40) R. Gayer, *Die Stellung des Sklaven in den paulinischen Gemeinden und bei Pauls*. Frankfurta/M, 1976, s.271
41) R. Garer는 E. Wolf, Griechisches II : *Rechtsphilosophie und Rechtsdichtung im Zeitalter der Sophistik*, 1952에서 밝힌 E. Wolf의 해석을 따르고 있다. 그러나 M. Mühl, *Menschheitsidee*, p.10 에서 본래 인간상호간에 의도했던 관계는 세계시민사회였다. 개개인을… 하나의 거대한 여러 민족의 일원으로 되는 세계시민사회이다.
42) R. Gayer, *op.cit.*, s.28 ; M. Mühl, *Menschheitsidee*, S.H.

부되었던 것이다.⁴³⁾ 안티폰에 의해 노예제의 폐지가 이루어졌다고 할 수는 없으나 그의 선천적 평등론에 의해 노예제 폐지의 이론적 기초가 확립되었다.⁴⁴⁾ 고르기아스(Gorgias)의 제자 뤼코프론(Lykophron, 4c B.C. 초)은 모든 사람의 평등을 위해 신분적 특권과 계급적 차별이 제거되어야 한다고 강조하면서, 귀족 계층에서 유래한 지배 요구는 로고스에 기인한 것으로 생각했다. 이와 같이 그는 비천한 자와 귀족 사이에 선천적으로 차별이 없음을 강조한다.⁴⁵⁾ 고르기아스의 제자 알키다마스는 만티네아(Mantineia) 전투 이후 아테네인에 의해 포로가 된 메세니아(Messenia)인의 해방에 대한 요구를 정치논술의 소책자에서 "신은 모든 사람을 자유민으로 세상에 보냈으며 자연은 그 누구도 노예로 만들지 않았다"⁴⁶⁾라고 기술하고 있다. 즉 그는 소피스트의 자연법 이론에서 최초로 모든 사람이 평등하다는 이론적인 근거를 제시했던 것이다.

이상의 소피스트의 주장에 대해 아리스토텔레스는 노예제가 자연에 반한다는 견해에 반대하여 자신의 선천적 노예제이론을 고수했다. 이미 언급한 바와 같이 노예제가 자연에 반한다는 주장에 대한 아리스토텔레스의 반론은 "많은 사람들은 전제정이 자연에 반하는 것으로 생각한다"고 기술한 히피아스의 견해에서 아마 유래했을 것이다.⁴⁷⁾

소피스트는 어떤 사람은 노예로, 또 어떤 사람은 자유민으로 구별되는 것은 단지 실정법에 의한 규정일 뿐 선천적인 것이 아님을 강조한다. 그러므로 노예와 자유민의 구별은 부당하다고 말했다. 왜냐하면 노예와 자유민의 차별은 어디까지나 강제에 기인한 것이기 때문이다. 노예제가 자연에 반하지 않는다는 아리스토텔레스의 주장은 어느 한 시대의 우연

---

43) M. Mühl, op. cit., ss. 10~11.
44) W. Richter, op. cit., s. 206.
45) Wolf, Griechisches II, s. 137.
46) R. Gayer, op. cit., s. 29.
47) Aristoteles, Politeia 1253, 20~22.

한 단순해석이라기보다 오히려 합리적인 도그마로서 소피스트의 자연법 사상과 대립적이었다.[48] 아리스토텔레스의 선천적 노예제에 대한 소피스트의 반론은 자연법적·합리적인 논리로서 기원전 5세기 말 아테네의 정치적 파벌싸움에 주요한 역할을 하였다. 크세노폰은 그의 글에서 "노예에게 정치권력이 주어질 경우 인류역사의 위대한 민주정이 비로소 창출된다"고 밝힌 바 있다.[49]

소피스트의 계몽화된 사상에서 자연법에 반하는 노예제의 폐지주장은 어떤 작용을 했는지에 대해 의문을 제기하지 않을 수 없을 것이다. 소피스트의 노예제 폐지주장은 그리스·로마의 정신사와 사회사에 거의 영향을 끼치지 못했으며, 특히 아르키다마스의 근대 시민적·자연법적 원리도 효과적인 작용을 제시하지 못했다. 그러나 매우 엄격한 관습과 사회 구조 위에 형성된 폴리스와 폴리스의 노모스에 대한 비판이 홍수처럼 쏟아져 나온 것은 어디까지나 소피스트의 영향이었다.

히피아스는 불문율에 준거하여 자연적 정의를 설정하는 한편, 누군가가 타인의 주인이 된다는 것은 자연적 정의에 위배된다고 주장했다.

> 어떤 사람은 노예가 되고 어떤 사람은 자유민이 되는 것은 오직 실정법과 관습에 기초한 것으로 자연 상태에서 그들 사이에 그 어떤 차별도 있을 수 없다. 그러므로 그들의 노모스는 정당화될 수 없다. 왜냐하면 노모스는 오직 힘에 기초를 두고 있기 때문이다.

이 표현은 아리스토텔레스가 히피아스를 포함한 일단의 소피스트의 사상을 인용한 것이다. 소피스트의 자연법과 실정법의 대립이 그리스 사

---

[48] W. Richter, *op. cit.*, S.207.
[49] Xenophon, *Hellencia* II. 3. 48에서 "나 크리티아스(Critias)는 노예와 그리고 한 푼의 드라크마가 없어서 나라를 팔아 치우려고 하는 자에게 정부에서 어떤 몫을 주거나, 동참시킴으로써 훌륭한 민주주의가 이루어질 수 있다고 생각하지 않는 자와 영원히 싸우겠노라."

상 전반에 끼친 영향은 헤아릴 수 없을 만큼 지대한 것이었지만 그러나 현실적으로 노예제를 약화시킬 수는 없었다.

기원전 4세기 말엽 시인 필레몬(Philemon)은 "자연은 모든 사람을 자유민으로 창조했으나 노예에게는 탐욕을 넣어주었다."[50] 그리고 또 "설혹 어떤 사람이 노예라 하더라도, 자유민과 똑같은 육신을 가지고 동등한 존재로 태어날 때부터 노예인 사람은 아무도 없으며 육신을 예속케 한 것은 운명일 뿐이다"[51]라고 읊었다. 그러나 아르키다마스와 그밖에 다른 소피스트들의 작품에서 노예제는 폐지되어야 할 제도라고 주장한 내용은 거의 찾아볼 수 없다.

소피스트 사상은 대담하리만큼 역사적 과정으로부터 탈피해 있었지만 그들의 사상이 끼친 영향은 결코 과소평가할 수 없다. 인간애 이념과 인도주의 사상은 인간과 인류의 문제에 관심을 가지고 연구했던 소피스트 철학에서 발전할 수 있었기 때문이다. 또한 소피스트의 인류애 이념은 헬라스의 좁은 토양에서 생성된 식물이 아니었다. 히피아스가 엘리스에서 출생했다는 사실로 보아도 인류애 이념은 그리스 세계의 외곽에서 유입되었음을 확인할 수 있다.[52] 즉 인류의 통일체 사상은 그리스의 변경지역에서 생성한 산물이었다.

그러나 소피스트 철학은 인류애 이념의 체계적인 발전과 내적 생명력을 주입시키는 데는 성공하지 못했다. 적어도 그리스 철학에서 그들 소피스트야말로 자연에 대한 관심을 처음으로 '인간'의 문제로 전화시켰던 사람들이었다. 소피스트 철학의 영향을 받은 그리스 계몽주의시대의 시인들 가운데 가장 뛰어난 에우리피데스는 소피스트와 동시대인으로서 많은 시작(詩作)활동과 소피스트들의 정신운동에서 많은 영향을 받은 대

---

50) Xenophon, *Memorabilia* I. 1. 16 ; IV. 2. 29.
51) *ibid.*, s.31.
52) M. Mühl, *op. cit.*, ss.11~12.

표적인 인물이라 할 수 있다.

3) 소크라테스 이후의 세계공동체 사상

그리스 사회는 소피스트와 에우리피데스에 이르러 기로에 서게 되었다. 그리스인의 정신생활에 있어 혁신적이면서도 보수적이었던 소크라테스는 동시대의 역사적인 국제(國制)와 사회제도를 해체하려는 소피스트의 궤변에 깊은 충격을 받았다. 소크라테스의 주요한 관심사는 개인주의적 입장에서 국가를 위협하는 모든 위험을 방지시키는 것이었다. 소크라테스의 철학은 그리스 국가의 구세주가 되었다. 소크라테스는 인간의 존재와 사건의 총체를 고고한 이성에 의해 이끌리는 통일체적 세계질서에 종속시켰다. 또한 그는 인간의 주관적인 최고 결정이나, 세계질서의 본질과 작용도 정신적인 것으로 파악하면서, 이 주관적 작용의 영역을 제한하지 않고 보다 높은 인식의 객관과의 관계를 통해 무한히 확대해 갔다. 소크라테스는 그가 설정한 보편적인 것, 영속적인 것, 규범적인 것에 인간을 하나로 결속하는, 하나의 내적 통일체로 결합하는 위대한 힘이 내재한다고 생각했다.

소크라테스는 정치에 직접 관여하지는 않았다. 그렇지만 국가생활에 대해서는 적극적인 참여와 관심을 보였다. 또한 그는 인간의 삶에 나타나는 모든 현상과 마찬가지로 국가와 국법 역시 지고한 객관적 질서에 기초한 것으로 보았다. 특히 그는 국법이 개인을 종속시켜야 한다고 강조했다. 소크라테스는 그의 정치이론과 국가이론에서 통치자가 수행해야 할 가장 중요한 임무를 시민의 안녕과 복지를 배려하는 것이라 생각하고 국가와 정치가에 깊은 관심을 보이기도 했다.[53] 그에 의하면 통치자는 다만 국민의 목자(牧者)였다.[54]

이와 같이 소크라테스의 정치이론과 국가이론은 최초의 국가론으로 인류애 사상과도 밀접한 관계를 가진다. 어떤 면에서 소크라테스의 국가 및 정치사상은 그리스적이라고 말할 수 있지만 그보다는 아테네적이라고 말해야 옳을 것이다. 그는 아테네인이었고, 조국 아테네를 열렬히 사랑했다.[55] 개별국가의 해체에 의한 세계시민 사회의 건설은 애향심에 충만했던 소크라테스에게 관심의 대상이 될 수 없었던 것이다. 소크라테스 자신의 사상은 물론 한 인간으로서의 존재 가치도 조국 아테네의 토양에 기초했던 것이다. 이와 같이 소크라테스는 그의 조국 아테네에 대한 강한 열정과 뿌리를 두고 있었으며, 조국을 영원한 것, 신성한 것으로까지 인식했던 것이다. 그는 아테네 국가와 국가이념을 위해 생명을 바치기까지 했다.

물론 개별국가가 인간공동체 생활의 최고형태일 수는 없다. 소크라테스는 국가적·민족적, 그리고 배타적인 시각에서 인류의 내적 분리를 의도하지 않았다. 물론 소크라테스학파에서 보편적 인간애 사상을 명시하지 않았다고 해서 결코 소크라테스가 인간애 사상과 거리가 먼 자라고 생각할 수 없다.[56] 만일 소크라테스가 자유민과 노예, 그리스인과 비그리스인 사이의 대립을 고집하고, 심지어 소피스트가 주장한 동시대의 선천적 평등사상 까지도 무시해 버렸다고 한다면 그것은 그의 철학의 아테네적 특성의 발로였다고 말할 수 있을 것이다.

소크라테스의 정치사상은 특별히 아테네적 유형으로서, 귀족의 윤리

---

53) Xenophon, *Memorabilia* I. 1. 16 ; IV. 2. 29.
54) Xenophon, *Memorabilia* III. 2. 1~3.
55) Platon, *Kriton* 53a. Xenophon, *Memorabilia* II. 9. 3 ; II. 1. 4.
56) '우리의 조국은 어디인가'라는 질문에(Epictetus, diss.19.1) 테우세르는 "우리들이 편안하게 잘 살 수 있는 곳이면 모든 곳이 우리의 조국이다(Patria est. Ubicumque est bene)", 소크라테스도 어떤 나라에서 살기를 바라는가 하는 질문을 받았을 때 그는 '세계에서(Mundanum)'라고 대답했다. 소크라테스는 늘 자신을 세계의 시민이라는 것을 강조했다.[Cicero, *Tusc* V. 37. 108]

와 시민의 윤리를 인간의 보편적 윤리사상을 통해 보완했다. 그러나 그의 사상은 인도주의적 윤리의 한계성을 드러내고 있다. 특히 그리스인과 비그리스인 사이의 관계에서는 더욱 그러했다. 소크라테스는 비그리스인의 법적·사회적 평등은 물론 윤리적 평등의 기본원리까지 인정하지 않았다.57)

그의 제자인 플라톤의 정치적 이상도 소크라테스 정치-사회사상의 기초 위에서 형성되었다. 특히 그리스인과 비그리스인 사이의 관계에 대한 플라톤의 견해에서 우리는 소크라테스와의 연속성을 발견할 수 있다.58) 플라톤은 그의 『국가론』에서 비그리스인을 선천적인 적으로서 그들과의 대결을 자연의 명령으로 표현했다. 전쟁은 비그리스인인 야만인에 대한 그리스인의 대결로서 결국 비그리스인과는 화해할 수 없는 선천적인 적대관계였던 것이다.

플라톤에게 있어 포레모스(πολεμος) 즉 '적의' 의미는 비그리스인을 야만인으로 적대시하는 표현으로, 그들은 화해할 수 없는 적으로서 당연히 멸종되어야 할 사람들이라고 생각했다. 비그리스인의 야만인 사회에 대한 이 같은 그의 태도는 윤리적 평등마저 인정하지 않았다. 플라톤 사상에서 인간의 윤리적·도덕적 가치는 우수한 민족의 속성이었다. 소크라테스의 윤리적 이상의 광명은 전체인류였지만, 야만인은 제외되었던 것이다.

소크라테스의 인류의 원리는 비그리스적인 야만인 사회의 한계를 뛰어넘었을지는 몰라도 현실의 실천윤리로 적용되지 못했다. 그러나 우리는 그의 보편적 인간윤리, 인류에 대한 기여, 그리고 인류의 행복을 위한

---

57) H. Maier, *Socrates*, s.389. M. 밀은 H. 마이어의 견해에 대해 반대입장을 취하고 있다.
58) 플라톤은 그리스인 사이에서의 전쟁은 정당화하지 않았지만 비그리스인인 이른바 만인과의 전쟁은 정당화했던 것이다. 그는 인간의 선천적 불평등론을 제시했다.[*Polit* 268~274] 플라톤의 국가통치의 기능은 소의 사육기능으로서, 정치가적 기능에 적합한 지배자와 통치기능에 관여치 못하는 피지배자 사이의 관계를 양떼에 대한 목자의 관계로 기술하고 있다.

노력을 깊이 인식해야 한다. 그리스 전통의 힘은 소피스트의 혁명이념에 저항한 시대에 소크라테스와 그리고 그의 철학에 의해 그리스적 민족운동이 전개되었던 것이다.

우리는 소피스트와 소크라테스 사상의 혼류 속에서 퀴니코스(Kynikos)학파의 철학이 널리 만연되어 있음을 엿볼 수 있다. 퀴니코스학파에 있어 개인주의는 절정에 달했으며, 이 학파 철학자들의 인생관과 세계관은 도덕적이고 체념적인 현자의 절대적 자족이었다. 퀴니코스학파의 철학자들이 따랐던 유일한 법은 미덕의 자연법이다.[59] 그러나 일체의 다른 명령은 실정법의 법령에 의해 생성되었다.[60] 이제 역사적 노모스인 실정법에 기초한 개별국가는 자연과 법의 대립으로 그 심오한 윤리적 권위를 상실하게 되었다.

다른 한편 소크라테스의 제자 안티스테네스는 당시의 개별국가와 개별국가의 삶을 필연적인 요구로서 차단할 수 없었다. 그의 교육활동은 부분적이긴 하지만 정치국가의 틀의 교시였다. 그리고 그의 정치학, 지배와 복종의 원리 및 지배자의 덕목에 관한 작품은 국가도덕에 대한 관심의 산물이었다. 동시에 안티스테네스는 정치생활에 대해 가능한 억제를 촉구했다.[61]

고전고대의 급진주의 사상가이며 퀴니코스학파의 철학자였던 안티스테네스는 좋은 가문, 명성·부와 같은 이 모든 차별은 악덕의 장식물이라고 조소하면서 유일한 국가는 폴리스가 아니라 코스모(κοσμω)라 했다. 폴리스의 이념은 처음부터 그리스인의 속성이었다. 안티스테네스는 현대 무정부주의에서 나타날 수 있었던 절대적이고 급진주의적인 무정부를 추진할 수 없었다. 많은 고전적 자료를 통해 무정부의 위험성을 인

---

59) 퀴니코스의 현자들은 그들의 공적인 행위를 기존의 법에 의해서가 아니라 미덕의 법에 의해 수행한다.[*Diogenes Laurtius* VI. 11]
60) *Diogenes Laertius* VI. 38. 71.
61) *Diogenes Laertius* VI. 72.

식한 퀴니코스학파는 개별국가의 삶의 의미를 이해할 수 있었다.[62] 안티스테네스에게 있어 개별국가는 단지 필요악이었으며, 비상수단이었고, 외면적으로는 고고한 세계주의의 이상과 윤리의 종속제도였다. 퀴니코스학파 철학자들의 세계인 코스모스는 사람이 거주하는 땅, 외쿠메네에 불과했으나, 스토아에 있어서 세계시민은 코스모스를 유기체적으로 결속한 세계 전체, 우주의 부분으로 간주하게 되었다. 고대 세계주의는 개별국가로부터 초국가적·범세계적인 삶을 지향한 개별국가와 세계국가 개념의 양극성을 명료하게 나타냈다. 그러나 고대의 세계주의자가 개별국가로부터 완전한 탈피하는 것은 불가능했다.

퀴니코스학파의 철학자들은 국가의 유기체적인 제도와 삶으로부터 그리고 진보적인 문화발전을 창출한 전통적 인습과 관행으로부터 내면적인 해방을 추구했고, 인간에 의해 제정된 법, 그리고 국가질서에 윤리적·도덕적 가치를 부여하려 하지 않았다. 그들은 현자로서 지역적 제한이나 일체 사회적·국가적 결속과 의무로부터 벗어나는 것을 진정한 자유에로 가는 것으로 생각했다.

시노페(Sinope)의 디오게네스가 주창한 자유도 이러한 범주의 자유였다. 그래서 그는 세계시민임을 자인했다.[63] 그의 영향을 받은 명문가 출신 크라테스(Krates)는 재산을 가난한 사람에게 나누어주고서 방랑생활을 하였는데, 그의 세계주의를 지향한 글에서 "그를 보호해 주는 것은 탑을 가진 도시도 아니고 지붕이 있는 집도 아니다. 이 세상의 모든 나라의 도시와 집은 그에게 열려 있다"라고 쓰고 있다.

퀴니코스학파의 철학자들은 세계국가 안에서 하나로 결속된 세계시민사회구성원으로서의 세계시민은 아니었다. 우리는 고대 자체가 이러

---

62) *Diogenes Laertius* VI. 104.
63) *Diogenes Laertius* VI. 63 그리고 *Diogenes Laertius* VI. 72 참조. "디오게네스는 어디 출신인가 하는 질문을 받았을 때 나는 단지 세계의 시민일 뿐이다"라고 대답했다.

한 세계시민 사회의 본질을 정확하게 파악할 수 있었다고 생각하지 않는다. 코스모폴리타니즘의 본질에 내재하는 인간의 내면적 동질성과 공동체성은 퀴니코스 사상에서는 아무 의미를 갖지 못했다. 그래서 퀴니코스학파 현자들의 휘장 위에 새겨진 인간애[64]는 보편적 인간애와 인류에 대한 사랑의 의미로 사용되었다고 말할 수 없다. 이와 같이 인류애와 같은 보편적 인간애 사상의 실체를 초기 퀴니코스학파에서 찾는다는 것은 불가능하다.

퀴니코스학파 철학자들의 교육은 역사적 기초 위에 다져진 사회적 결속과 의무로부터 벗어나 내적 자유와 해방을 추구하는 것으로, 공동체의 목적에는 기여하지 못했다. 또한 그들의 정치이념은 자신들의 세계와 관련이 없었던 것이다. 퀴니코스학파의 창시자나 혹은 디오게네스는 세계를 지배하는 최고의 전제적 지배자를 생각했다.[65]

초기 퀴니코스학파의 철학자들에게 있어서 세계군주는 하나의 세계로 통일된 인간사회의 이념을 상상했을 것이다. 하지만 퀴니코스학파의 철학자들은 세계통일체적 인간사회를 구노하려고 하시 않았다. 안티스테네스는 그의 글에서 퀴로스(Kyros)를 세계의 정복자·지배자로 등장시키지 않았으며, 헤라클레스에서 인류의 은인과 세계의 구제자를 보았다는 그 어떤 암시도 하지 않았다. 그러나 퀴로스와 헤라클레스 같은 유형의 인물은 안티스테네스의 묘사에서 지배자의 이상형으로 표현되고 있다. 안티스테네스는 본질적으로 지배자를 현자·철학자와 동일시했다. 그는 현자의 내면에서, 그리고 현자의 높은 덕성에서 지배자의 능력과 자질을 발견했다. 비로소 안티스테네스와 디오게네스의 후계자, 오네시크라토스(Onesicratos)와 다른 퀴니코스학파 철학자들의 사상에서, 그리고 오리엔트와 서양이 교차된 지점에서 나라를 다스리던 마케도니아(Marcedonia) 왕

---

[64] Epiktetus, *Dis* Ⅳ. 8. 32
[65] M. Mühl, *op. cit.*, s.20.

의 정책의 영향에서 전체인류를 하나로 결속하고 지배하는 통치자의 이상이 형성되었다. 즉 알렉산드로스(Alexandros)가 창건한 스토아 세계국가가 그 전형이라 할 수 있다. 우선 마케도니아의 세계군주정과 다음에 출현한 로마의 군주정이 퀴니코스 철학자들을 추앙하고, 또한 로마제국 시대에 퀴니코스 철학자들이 그들의 정신적인 원기를 회복했다고 한다면 그것은 정말 의미있는 일이 아닐 수 없을 것이다.

초기 퀴니코스 사상의 전체적인 이해와 평가에서 우리는 부정적인 특징을 발견하게 된다. 퀴니코스 사상은 인류문화가 선사한 것에 비관적이고 염세적인 조소를 보냈으며, 국가와 가족공동체 생활의 윤리적 형식에 대해서도 진지하거나 올바른 이해를 하려 하지 않았다. 이와 같이 퀴니코스 철학자들은 국가와 가족 공동체 생활을 거부했던 것이다. 기원전 5세기에 널리 전해진 범세계적 인류공동체 사상은 퀴니코스의 철저한 개인주의적 경향에 의해 심히 동요되었다. 이러한 면에서 퀴니코스학파는 소피스트 사상과 큰 대조를 이루고 있다고 하겠다.

퀴니코스학파와 같은 노선의 철학사상은 소크라테스의 사상과 소피스트 철학에 의한 아프리카 키레네 출신의 아리스티포스가 창시한 키레나이코스학파의 사상적 결합이었다. 키레나이코스학파는 계몽화한 개인주의에로의 지향에서 자연과 법에 대한 첨예한 대립과 그리고 특히 역사적인 힘과 권력, 역사발전의 외적인 요소와 윤리적인 형태들에 대한 도전을 거부했다.[66] 안티스테네스가 「철학자들의 계승(successions of philosophers)」에 섰던 것과 같이 테오도로스는 안니케리스와 디오뉘시오스의 제자였다. 그는 쾌락을 최고선, 슬픔을 최고악으로, 그리고 전자는 지혜의 산물인데 반해 후자는 어리석은 행위의 산물로 생각했다.

또한 그는 우정이란 현명치 못한 사람들 사이에서는 물론 현명한 사

---

66) *Diogenes Laertius* II. 93.

람들 사이에서조차도 존재하지 않기 때문에 우정 그 자체를 거부했다. 어리석은 자는 빈곤이 사라졌을 때 우정을 버리고, 그에 반해 현자는 자만에 차서 친구를 필요로 하지 않는다. 그의 이와 같은 표현은 우리들이 살아가는 인간사의 이치에 꼭 들어맞는 말이다. 왜냐하면 선자도 조국을 지키는 데 자신의 생명을 위태롭게 하지 않으며, 어리석은 자는 이익을 위해 결코 지혜를 내던지지 않기 때문이다.

키레나이코스학파 사람들에게 세계는 단지 그들의 쾌락을 충족시키는 한에 있어서만 의미가 있다.[67] 그래서 세계는 그들에게 있어서 즐기는 장소였다(Die Welt ist fur den Kyrenaikern ein Freudenhaus). 그러므로 그들의 조국은 그들에게 있어 호사스럽고 쾌락이 있는 장소일 뿐이었다(Ubi bene, ibi Patria). 테오도로스의 교의에서 볼 때 철학적 범죄자로 타락한 키레나이코스학파는 인류애 사상을 거부했을 뿐만 아니라 국가와 가족과 같은 윤리적 공동체마저 부인했던 것이다.

노모스의 폐단을 공격했던 키레나이코스 현자들은 조국에 몸을 바쳐 희생하는 행위를 어리석은 짓으로 간주했다. 그들은 오히려 설도·간음·신물(神物) 절취를 정당한 행위로 생각했다. 우리들이 인류의 행복을 위해 숭고한 사상으로 평가했던 소크라테스의 공리사상마저 문화를 모독하고 말살하는 공리주의를 생성하게 했다는 비난을 받게 되었다.

이와 같이 키레나이코스학파의 윤리적 공동체의 거부와 역사발전 과정에서 합리적 정신과 철학의 타락은 곧 비극을 탄생시킨다는 사실을 인식하게 된다.

---

67) Xenophon, *Memorabilia* II. 1. 9. 자신의 기대와 소망을 희생시켜야 한다고 하는 자, 그리고 공동체의 기대를 실현하기 위해 자신을 국가이익의 총수로 생각하는 자는 가장 어리석은 자이다. 왜냐하면 국가는 통치자를 종복으로 취급하기 때문이다. 국가에서 치자가 수행해야 할 최선의 과업은 좋은 물건을 국가에 공급하는 것이라고 주장했다.

4) 그리스 관념론철학과 이소크라테스의 세계공동체 사상

소피스트·퀴니코스학파와 키레나이코스학파의 철학자들은 한결같이 인간의 삶에 있어 국가보다 개인우선적인 세계관을 지향한 사람들로 그들에게 있어 국가는 가치있는 존재가 아니었다. 하지만 소크라테스에 의해 새롭게 착상된 정신세계는 헬레니즘 세계관의 형성에 새로운 이정표가 되었다. 그에 앞서 먼저 폴리스 중심주의의 정치적 해체과정이 있었다.

즉 핵심적인 두 도시국가 아테네와 스파르타 사이에 발생한 동족간의 내란(펠로폰네소스 전쟁)은 헬라스의 초석을 뒤흔들었다. 그리스의 정신세계에 찬란한 빛을 발했던 아테네는 이 불행한 전쟁의 결과로 그 정치적 지배권을 상실하게 되었다. 스파르타인은 외국인과의 거래와 교류를 통해 페르시아 왕에게 그리스의 귀중한 상품들을 비싸게 팔아버렸다.

이 정치적 해체과정은 동시에 개인주의의 해체를 점점 강하게 촉진해 왔다. 그럼에도 순수 그리스 고전문화의 정조(情操)에서 헬라스를 구하려는 의지가 충만했다고 한다면 그것은 경이로움이 아니고 무엇이겠는가. 그리스 국가생활의 신성한 전통에 대한 경외와 자각은 그리스인의 자기단념의 결과였다. 또한 소크라테스의 얼과 생명력은 아테네에 큰 영향을 끼쳤다. 그리고 그의 죽음은 조국과 동포의 행복을 위한 희생이었다. 소크라테스의 지혜의 샘에서 플라톤이 배출되었으며, 그리스의 관념철학은 당시의 정치적 사건과 밀접한 관계를 가지게 되었다. 플라톤과 아리스토텔레스가 이상화한 국가는 그들의 정치적 체험의 산물이었으며, 결과적으로 이 같은 정치적 체험은 곧 이상국가의 실현을 위한 전제조건이 되었던 것이다.

그리스의 관념철학과 수사학은 병든 국가를 치유하는 데 크게 기여했다. 특히 국가생활과 공동체 생활에 나타난 이해(利害)의 반목을 조화롭게 조정하고 폭력에 맞서는 동시에 범그리스 정신이 상류계층에 침투해 갔다. 그리스인은 동질·동종이라는 사상의 기초 위에 그리스 국가의 평화와 행복을 보장할 수 있는 사회적·경제적 상태를 만드는 것이 인간애 이념을 주창한 자들의 목표였다. 플라톤과 아리스토텔레스의 관념철학, 아테네의 웅변가 이소크라테스(Isokrates)의 정치적 교의와, 부분적이나마 그의 역사서술은 헬레니즘 인간애의 상징적인 표현이었다.

새로운 사상과 정신을 확립하는 데 많은 기여를 한 플라톤은 그리스 정신을 그의 국가철학에서 밝히고 있지만 지상의 어떤 나라에서도 영원히 살 곳을 찾지 못했다. 그는 단지 순수정신적 이상인 이데아의 초현세적 세계를 동경했다. 그래서 플라톤은 인류에게 정신적·보편적 문화의 이상 세계를 열어주었다. 플라톤은 국가와 역사적 삶으로부터 뛰어넘은 인류에게 사랑이 충만한 영원한 정신의 나라, 고결하고 선한 영원한 나라로 안내했다. 플라톤 정신의 심연에서 장차 도래할 시대의 가장 아름다운 유산으로 받게 될 보편적 세계문화 이념이 성장했던 것이다.

소크라테스의 가장 충직한 제자로서, 그의 위대한 정신세계를 체득한 플라톤은 정치사상에 있어 순수 그리스적 형식을 유지해 갔다. 이런 면에서 그는 소크라테스의 정신세계를 체득한 제자였다고 하겠다. 그러나 이미 밝혀진 바와 같이 플라톤의 정치사상은 풀 수 없는 난제가 많다. 그래서 플라톤 사상은 민족적 혹은 문화공동체 사상으로서의 확대보다 범헬레니즘의 동족 및 동질성의 이념의 전개였다고 하겠다.

그리고 그의 또 다른 하나의 거대한 사상적 주류는 국가 시민사회의 이념으로부터 모든 것을 포용하는 정신문화 공동체 이념으로의 발전이었으나 그것 또한 모호한 관념에 지나지 않았다. 더욱이 그는 도시국가의 한계를 내적으로 극복하는데 일관된 논리를 결여했다.

과연 플라톤은 도시국가의 한계성 극복에 접근하는 데 헬레니즘 사상과 정서를 어떤 방법으로, 또 어느 정도 표출했는가? 플라톤은 그리스 세계의 주변을 하나의 튼튼한 고리로 결속시켰다. 그리고 그는 그리스세계에서 이루어지는 평화와 우의를 보고자 했다. 그리스인 사이에 계속되고 있는 전쟁이 플라톤이 해결해야 할 과업이었다. 기원전 4세기에 그리스의 혈연적 친화와 동질성 이념이 강화되었던 것처럼 그것은 그리스의 통일성과 조화의 원리였다. 이 민족적 친화와 동질성에 있어 특기할 만한 것은 플라톤에 의해 언급된 전쟁과 불화 사이에 나타난 구체적인 차이다.[68] 그는 다음과 같이 말하고 있다.

> 내 생각으로는 우리가 전쟁과 불화라는 두 단어를 가지고 있는 것처럼 두 개의 차이점으로 구분되는 두 가지가 있다.[69]… 그 한 관계는 친척과 동족 사이의 것이며, 다른 관계는 이방인과 다른 종족 사이의 그것이다. 동족간의 적대는 불화이고, 이방인과 외국인과의 적대는 전쟁이다. 이제 그리스인은 서로 친척이며 서로 같은 종족이기 때문에 그리스인은 만인인인 비그리스인과 전쟁을 해야 한다. 그리스인과 비그리스인은 태어날 때부터 서로 전쟁상태에 있게 마련이다.[70] 그리스인 사이에 서로 싸움을 한다 하더라도 그들은 선천적으로 친구다. 그러나 헬라스는 병에 걸려 결국 파멸하고 말았다. 그리스인의 적의(敵意)는 불화를 초래한다.

플라톤은 이상국가에서 시민은 같은 그리스인이어야 하며, 헬라스와 동지적 친화를 느껴야만 한다"[71]고 주장했다. 시민들은 같은 그리스인, 그들의 동료·친족과의 반목을 불화로 간주할 뿐 그것을 전쟁이라고 부르지는 않을 것이다. 그들은 항상 화해를 강조한다.[72] 플라톤은 그의 동

---

68) Platon, *Republic* V. 470e.
69) Platon, *Republic* V. 470a.
70) 플라톤의 만인에 대한 표현은 이소크라테스학파와 많은 부분 일치한다. 플라톤 사상에서처럼 이소크라테스도 만인은 태어날 때부터 그리스의 적이기 때문에 그들과 전쟁을 한다는 것은 자연적이라고 했다.[Plutarchos, *Vit, Aristid*, XVI]
71) Plation, *Republic* V. 470e.

포인 전체 그리스인에게 동료 그리스인과의 친화와 화해를 강조한다. 이같은 그의 그리스인의 동종적 친화의 개념은 개인적인 정치적 체험에서 기인된 것이다. 그래서 우리는 플라톤이 정치생활을 실제로 체험했다는 것과, 또 그가 혈연적 동질과 친화에서 기인하는 그리스인의 공동체 사상·범그리스 사상에 얼마나 강하게 매료되었는가를 알 수 있다.

그러나 그것은 범그리스 공동체 사상이 강하게 유입될 수밖에 없었던 전체 그리스 사회의 정치적·민족적·문화적 통일에 기초한 혈연적 통일사상이 아니다. 결국 범그리스의 공동체 사상은 폴리스의 이념에서 다시 그 기력을 상실해 버렸거니와 바로 그것은 다름 아닌 폴리스적 이념의 무한한 힘이 여전히 내재해 있었다는 사실을 증명해 준 것이다.

플라톤은 -그의 『국가론』에서 밝힌 내용을 돌이켜보건대- 폭력과 권력에 맞서 대항한 투쟁가요 화해의 사상을 찬양한 사람이었다. 그는 『국가론』에서 전쟁문제에 대해 사실상 반대했던 것은 분명 그의 인간애 정신의 발로에서였다고 생각된다.[73] 플라톤은 전쟁을 국가의 힘으로 제지할 수 없다고 피력한 바 있다. 그는 『국가론』의 주요대복에서 "적과 다시 화해함으로써 전쟁을 영원히 계속하지 않는다고 다짐하는 자는 중용을 갖춘 참 승리자"라고 밝히고 있다.[74]

플라톤의 전쟁 반대입장은 그의 노년기 작품인 『법률론』에 아주 인상적으로 기술되고 있다. 즉 정의로운 재판관은 전쟁을 반대하며,[75] 불화나 알력으로 해서 어느 한 파당이 몰락하고 다른 파당이 승리로 끝나기보다는 화해와 우의로 평화를 이루어야 한다고 강조했다.[76] 이와 같이 그에게 있어 최선책은 전쟁과 불화가 아닌 평화와 우의였다.[77] 그런 점

---

72) Plation, *Republic* V. 470a.
73) Plation, *Republic* V. 470a~e.
74) Plation, *Republic* V. 470d, e.
75) Plation, *Laws* I. 628a.
76) Plation, *Laws* I. 628b.

에서 플라톤 철학은 인간애 이념을 지향하는 정치사상의 실현이며, 또 우리가 예기치 못한 앞으로 다가올 민족과 인류 공동체를 위한 철학사상의 구축에 하나의 원대한 방향을 제시한 것이라고 하겠다.

플라톤 국가사상의 중심이 되는 내용은 전쟁이라고 할 수 있다. 특히 플라톤은 도시국가 생활을 하나의 중요한 구심점으로 생각하고 무엇보다 국가의 실존 그 자체에 의미를 부여하고 있다. 그는 국가가 추구하는 목표를 설정하면서 권력의 이념을 배제했다. 윤리적 공동체의 기초 위에 선의 이데아의 실현과 같은 지고한 문화적 과업의 성취가 플라톤의 국가가 추구하는 목표였다.[78] 그러므로 그가 생각하는 국가는 문화국가였던 것이다. 어디까지나 그는 국가생활의 틀을 윤리학에 두었으며, 세계국가나 세계시민 사상도 그 기초 위에 세웠던 것이다.

플라톤의 제자 아리스토텔레스는 동시대의 현실문제에 많은 관심을 가졌음에도 플라톤 사상에서 밝힌 권력의 이념과 제국주의적 국가정책에 반대했다. 아리스토텔레스의 국가관에서 특기할 만한 것은 전쟁을 인정하고 정당화한 사실이다. 그에게 전쟁은 권력욕과 정복욕을 충족시키기 위한 수단이 아니라 오직 평화를 정착시키기 위한 것이었다.[79] 그는 전쟁의 목적을 평화로 규정하고,[80] 외부세계로 정치권력의 확대와 같은 행위를 권력이념에 반하는 것으로 생각했다.

아리스토텔레스는 야욕에 찬 국가 이기주의를 정당화한 동시대의 국가이성(Staatsräson)을 열렬히 반대했다. 그는 자신의 정치철학에서[81] 밝힌 바와 같이 당대에 가장 잘 정비된 그리스의 여러 도시국가[82]에 널리 보

---

77) Plation, *Laws* I. 628c. 628d~e.
78) 소광희, 『철학의 제문제』(지학사) 참조.
79) Aristoteles, *Politik* IV. 14. 1333a.
80) Aristoteles, *Politik* IV. 14. 1334a 14.
81) *ibid.*, IV. 14. 1333b 18f.
82) *ibid.*, IV. 14. 1333b 15f.

편화된 헬레니즘 사상에 대해 철저히 반대 입장을 취했다. 그에 의하면 정치가는 주변국가의 모든 폭력과 강권정치의 영향력으로부터 벗어나야 했으며,[83] 그리고 그는 이웃 나라에 지배력을 행사하고, 설사 그 지배력이 이웃 나라로부터 호의적인 반응을 받았다고 하더라도 그것은 정의와 법에 반한다고 생각했다.

스타기라(Stagira) 출신인 아리스토텔레스는 국가를 현실과 동떨어진 고립된 이상의 실체로 인정하려 하지 않았던 동시대의 정치적 현실을 외면할 수 없었다. 그는 엄격한 플라톤주의로부터 벗어나 그가 이루고자 했던 이상국가의 기초 위에 이 지상의 현세적 하부구조를 확립하려 했다. 그러나 그도 스승처럼 민족공동체 이념에 있어 문화적·윤리적인 기본이념에 기초했을 뿐만 아니라 그의 정치사상도 인간애 이념에서 탄생했던 것이다. 아리스토텔레스와 그의 스승 플라톤의 정치적 이상주의는 그들 다음 세대 철학자들에게 많은 영향을 주었다. 결과적으로 플라톤과 아리스토텔레스의 이상주의와 관념철학은 결국 인간을 하나로 결속하는 공동체 사상의 발전에 중요한 정신적 기초를 제공한 셈이다.

이상국가의 공동체 생활은 그 정해진 궤도에서 벗어났지만 그 한계와 힘은 변질되지 않았다. 공동체 생활은 깨지지 않는 무쇠 고리로 튼튼히 매어졌다. 이상국가의 공동체 생활은 마치 철학자와 예술가의 눈만이 바라볼 수 있는 평온함과 체념과 평화와 정관(靜觀)의 형상이다. 플라톤의 국가는-물론 아리스토텔레스의 국가에서도 적용되지만- 힘과 권력, 내면의 힘을 외부로 분출하며 국가에 정당한 생명력을 제공하는 내면적 발전의 에너지를 결여하고 있었다. 그리스의 이상국가는 발전이라는 개념보다는 영원히 평화로운 공동체를 구성하는 것이었다. 아리스토텔레스는 불안과 동요를 막아주는 '생활수단'을 체계적으로 구상하고, 철학자

---

83) *ibid.*, IV. 2. 1324b 25f.

의 자족은 그가 살고 있는 국가에서 찾아야 한다고 강조했다.

플라톤과 아리스토텔레스의 국가이상은 폴리스의 기초 위에서 유래했다. 그래서 그들의 문화에 대한 이상도 폴리스의 세계 안에서 실현되어야 했으며 그 혜택도 폴리스 시민들에게 배분됨으로써 모든 그리스인이 적어도 평화를 유지해 갈 수 있도록 해야 한다고 생각했다. 그에 반해 폴리스국가의 한계를 뛰어넘는 범세계적·보편적 인간애 사상은 그리스의 고전적 이상주의 철학에서 그 정의를 찾을 수 있을 것이다.

기원전 5세기의 세계관과 사상은 부분적으로 인류 보편성의 문제에 관심이 집중되었다. 또 도시국가와 그리스 세계의 한계를 뛰어넘을 수 있었다. 그러나 소크라테스 철학은 그리스 도시국가의 본질과 삶의 영역을 벗어나지 못했으며, 오히려 그의 선대 철학자들이 보인 인류애 사상과도 거리가 멀었다. 이제 우리는 인류애 사상의 발전에 시선을 돌려 헤라클레이토스에서부터 고대 말기까지 진행된 통일체 사상의 큰 줄기가 어떻게 이상주의 철학에 의해 차단되었는지 규명해야 할 것이다.

실상 인류통일체 사상은 어떤 의미에서 그리스인의 정신적·윤리적 힘으로서 그리스인의 행복에 기여할 수 있었는데, 이에 반해 비그리스인에게는 깊이 이해될 수 없었다. 아리스토텔레스는 저서 『정치학』에서 인류를 -비록 인류의 양분에 대해 엘레아(Elea) 출신의 한 친분이 두터웠던 사람이 부당한 논리라며 비난하였지만- 그리스인과 야만인으로 구분했다. 당시 야만인인 비그리스인은 인류통일체의 구성원으로 여전히 포함될 수 없었다. 헤아릴 수 없는 많은 야만인이 있으며, 그리고 인간은 남자와 여자로 이미 구분되었다. 만일 『법률론』[III 693d]에서 페르시아인에게서 전제정을, 그리스인에게서 민주정의 완성을 발견할 수 있다는 사실과 관련하여 그리스인과 비그리스인이 대등한 존재라고 한다면 우리는 이 언설에서 플라톤의 해석이 논리적이었다기보다 임기응변적인 표현이었음을 알 수 있다.[84]

플라톤은 비그리스인을 태어날 때부터의 적대자(φυσει πολεμιοι)로 규정했다. 더욱이 이들은 그리스인과 대등한 존재라는 플라톤의 임기응변의 인간애 대상에서도 배제된 사람들이다. 그래서 비그리스인은 노예와 다를 바 없는 존재로 예속의 굴레를 참고 견뎌야 한다는 것이다. 이와 같이 플라톤은 노예제를 그리스인의 존엄과 품위에 일치할 수 없는 모순된 제도로 간주한 데 반해 비그리스인은 노예에 합당한 자라고 밝힌 바 있다.

소피스트 윤리학의 기본명제인 "모든 사람은 형제요 자유민이며, 자연은 그 누구도 노예로 만들지 않았다"고 하는 주장에 대해 플라톤은 매우 비판적이었다. 플라톤의 국가에서 시민은 같은 그리스인 사이에 불화와 알력이 발생할 경우에 그들을 친구나 선생과 같이 생각하고, 그리고 비그리스인인 야만인에 대해서는 인간적인 관용이나 보호도 고려하지 말 것을 강조한다.[85] 그것은 아리스토텔레스가 알렉산드로스 대왕에게 충고한 바, 그리스인에게는 친구나 친척같이 취급하고 비그리스인에 대해서는 전제군주와 같이 군림함으로써 그들을 짐승처럼 대하도록 촉구한 사상과 다를 바가 없다. 아리스토텔레스는 비그리스인에 대한 그리스인의 투쟁의 법적 기초를 제공하고 비그리스인과의 싸움을 자연적이고 정당한 것으로 생각했다.[86]

비그리스의 야만인적인 것으로부터 그리스적인 것의 보호와 차단은 자유민과 노예의 차별을 인정한 그리스 관념론 철학의 산물이다. 아리스토텔레스의 노예제는 자연에 기초한다. 그 이유는 인간이 태어날 때부터 주인과 노예, 고결한 높은 지위의 종족과 비천한 종족이 있기 때문이다. 일반적으로 인간의 차별은 외적으로 인식되는 차별보다 개별에 기초되

---

84) J. Juthner, *Hellen und Barbaren*(Das Erbe der Alten), 1923(Hellenen) 59, pp. 23~24.
85) Platon, *Republic*, 471b.
86) Aristoteles, *Politik* I. 8p 1256b 23.

어야 한다는 것이 원칙이지만 아리스토텔레스는 이러한 견해를 고려하지 않고 그리스인은 선천적으로 자유민이며, 비그리스인은 노예라는 등식에 결부시켜 그의 주장을 밝히고 있다. 그리하여 그리스인이 비그리스인을 지배하는 것은 당연한 일로 생각했다.[87] 여기서 이론과 실제는 풀 수 없는 갈등에 빠지고 말았다. 아리스토텔레스는 노예제가 인간존엄을 외면한 이념의 산물로 생각하면서도 여전히 보편적 인간애 사상을 지향하지 않았다.[88]

플라톤과 아리스토텔레스에게 있어서 노예제의 폐지는 그리스의 국가생활의 요구와 필요를 고려해 볼 때 불가능하였다. 소피스트 철학은 노예제 폐지를 강조했는데 이에 반해 플라톤과 아리스토텔레스는 순수 그리스적 정서에서 노예제를 옹호함으로써 인류애 이념을 희생시켰던 것이다.

형이상학적 열망 속에서 지고의 인간통일체를 구상한 그리스 관념철학은 인류의 윤리적 통일체 이념과 공동체 이념의 발전을 저지했던 것이다. 그리스 관념철학이 추구한 공동체는 문화를 기반으로 한 이른바 문화적 공동체이다. 그러나 최고의 공동체는 국가였다.[89] 모든 철학자들 가운데 가장 위대한 철학자라고 할 수 있는 그리스 관념철학자들은 국가이념의 배타적 성향, 또 그리스적 신념 때문에 보편적 인간애 이념의 발전을 요구하지 않았다.

> 그리스인의 창조적인 힘과 미덕은 세계시민 사상의 기초 위에서가 아니라 도시국가 시민의식의 토대 위에 나타났다. 그리스인의 이상적인 정신은 도시국가의 기초 위에서 아름다운 결실을 맺을 수 있었으나 그 활력과 창조적인 힘은 헬레니즘 세계시민 사회의 조류 속에서 점진적인 마비를 일으키게 됨으로써 그리스 정신

---

[87] Aristoteles, *Politik* I. 2. 1252b 8.
[88] Hildenbrand, *Geschichte und System der Rechtsphilosophie und Staatsphilosophie*, I 406.
[89] Aristoteles, *Eth Nic.* VIII 11. 1160a 8f.

생활의 기반도 점점 흔들리기 시작했다.

인간의 보편적 동질성·공속성의 주장은 그리스 관념철학과 거리가 멀지만, 그 기초는 일찍이 준비되어 있었다. 플라톤의 이데아 세계는 정신문화의 이상 세계를 열었으며 그 이상 세계에서 인간공동체 이념의 기초가 확립되었다. 물론 그 이상세계는 고결한 정신의 공동체이며, 그것은 또한 생명력이 넘치는 귀족정치의 사회다.[90] 그러므로 플라톤학파는 범세계적 인간공동체 결속의 실마리를 제시했다고 말할 수 있을 것이다. 특히 플라톤학파는 우주 전체를 공동의 재산으로 또 공동숭배의 대상으로 표현한 사실에서 인류통일체 이념의 기초가 확립되었음을 발견하게 된다. 그러나 플라톤학파에서 인류애 사상과 세계공동체 이념의 진정한 발전이 이루어졌다고 말할 수는 없을 것이다.

플라톤 사상이 추구한 두 목표는 폴리스와 이데아세계이다. 아리스토텔레스는 실제적으로 이 두 목표를 적용하지 않았지만 적어도 그가 말하는 완전한 의미의 인간으로 평가를 받을 수 있는 자들 사이에 인간존엄에 기초한 공동체를 세웠던 것이다. 그는 『윤리학』에서 인류는 태어날 때부터 동질이며 공속적 존재임을 역설하고 있다.[91] 그리고 그는 자연은 같은 출처, 같은 혈통을 가진 생물체, 특히 인간에게 사랑(φιλια)의 성향을 부여했다는 것이다. 그러므로 그는 우리 모두는 전체 인류를 같은 형제처럼 사랑하는 박애자를 찬양해야 한다고 강조하였다. 사랑하는 마음의 성향, 즉 필리아는 그리스의 폴리스에서 이미 깊이 뿌리를 내리고 있었기 때문에 헬레니즘의 인류공동체 사상의 발전에 크게 기여하였다고 하겠다.

그리스의 국가이념과 고전 그리스 문화와 밀접한 관계를 가진 그리

---

90) M. Mühl, *op. cit*, s.32.
91) Aristoteles, *Eth. Nic*. VIII 1. 1155a. 16~17.

스 관념철학은 세계공동체 사상에 의해 폴리스적·민족적인 모든 민족적 편견에서 벗어나는 스토아 세계시민 사상의 기초적 단계였다. 스토아 철학은 헬레니즘의 제설통합과 그리스 관념철학에서 많은 것을 빌려왔던 것이다.

그리스 관념철학이 나타난 시기에 그리스 사상과 그리고 범그리스세계의 이해와 융화할 수 있는, 다시 말해 기존철학을 능가하는 새로운 정신 사조가 유입되기 시작했다. 그것은 이소크라테스의 사상이며 그가 쓴 역사서술이다. 고르기아스가 범그리스의 통일성 즉 호모노이아를 창출했다고 한다면 그의 제자 이소크라테스는 그리스의 형제애 사상의 주창자라고 할 수 있을 것이다. 범그리스주의자 이소크라테스는 역사가 투키디데스처럼 도덕론을 강조하고, 역사를 도덕화하려고 했다. 이소크라테스의 시대는 그리스 역사의 한 위기로서 전통주의와 세계주의의 대립상황으로서 그는 새로운 시대정신을 대변하였던 것이다. 이 같은 점에서 그는 낡은 세계와 새 세계 사이에서 도랑을 파헤쳐 나간 새로운 사상의 선구자이기도 하였다. 이소크라테스의 선도적인 도랑을 따라 동·서 세계를 통합하여 최초로 거대한 제국을 형성한 것은 알렉산드로스 대제의 업적이었다.

이소크라테스의 형제애 이념은 철학에 기초하지 않았다. 그리스 사회와 국가시민의 융화에 있어 플라톤과 아리스토텔레스가 기여한 바는 윤리적 이상이었다고 한다면 아테네의 수사학자 이소크라테스는 정치적 견지에서 거의 모든 것을 판단하려 했다는 점이다. 이소크라테스는 동방의 페르시아에 대한 복수의 원정을 효과적으로 실현하려 했고, 이를 위해 전체 그리스인이 민족적 통일전선을 구축해야 한다는 것이 정치적 기본이상이었던 것이다. 이러한 그의 정치이념과 통일공동체의 실현을 위한 헌신적인 개혁 의지에서 우리는 진정한 헬레니즘의 인간애와 박애사상의 전형을 발견할 수 있다.

이소크라테스는 원만한 정치행사를 위해 우의적이고 인류애를 바탕으로 하는 정치철학의 실현을 강조하였다. 그에 의하면 아테네의 국가권력은 정당하며 자선적이고 아테네는 동맹국을 예속시키지 않고 , 오히려 그들의 이익을 도모했다는 것이다.[92] 이소크라테스는 마케도니아의 왕 필립포스(Philipos)에게 보낸 정치적 격률과 원리에서 자신의 정치이상을 소상히 밝히고 있으며, 또한 정치적 이상을 달성하는 데에 무력보다 인간적인 호의와 우의의 가치를 강조했다.[93] 이소크라테스는 그리스인의 세력을 규합하는 방법은 무력이나 폭력이 아닌 안전하고도 영속적인 상호 우의적 관계의 형성이라고 역설했다.

이소크라테스는 소크라테스 철학에 기초하여 지배자 및 지배이념에 있어 윤리적인 면을 강조하고 있다. 이소크라테스학파의 에포로스(Ephoros)는 지배자의 선결조건을 인도주의적인 통치의 실현이라고 보았다. 한편 이소크라테스는 시칠리아 사람 니콜로스(Nikolos)의 입을 통해 정치적 지배자가 갖추어야 할 기본덕목을 다음과 같이 밝힌 바 있다.

> 통치권을 추구하는 자는 무력으로 권력을 획득하기보다 먼저 온유함과 우의를 보여주는 관용이 필요하다. 왜냐하면 공포정치 하에서 신하들은 참다운 기회를 가지지 못할 뿐만 아니라 그들이 증오하는 지배자에 대해 보복을 노리기 때문이다. 우의와 정의를 사랑하는 지배자는 진실로 신민을 사랑한다.

또한 우리는 이소크라테스학파에서 반권력적·인도주의적 통치이념을 발견할 수 있다. 이와 같은 반권력·반폭력의 사상적 기초가 된 것은 그리스 관념론 철학이었다.

이소크라테스학파는 제국주의적 성향을 지극히 혐오했다. 이소크라

---

92) M. Mühl, *op. cit.*, ss. 12~14.
93) *ibid.*, s. 33.

테스는 아테네의 이익을 생각하여 동맹국을 폭력으로 지배하기 위해 필요한 해군 증강의 요구를 단호히 거부했다. 그는 스파르타의 제국주의와 그리고 스파르타의 정책에서 보인 비인간적인 야만성에 대해 비판했지만 그것을 막는 데는 실패했다.[94] 이소크라테스의 제자 에포로스는 평화를 확립하기 위해 노력한 만티네아를 기습적으로 교란시킴으로써 평화를 방해한 스파르타를 저주했다. 스파르타는 그들의 집요한 권력추구와 지배욕, 그리고 호전성 때문에 평화정착이 심히 어려웠다. 디오도로스는 다음과 같이 기록하고 있다.

> 라케다이모니아(Lacedaemonia) 사람들은 선천적으로 명령하기를 좋아하며 전쟁을 애호한 자들이기 때문에 평화를 묵인하려고 하지 않았다. 그들은 지난날 그리스 세계의 지배를 동경하면서 새로운 운동을 전개하는 데 빈틈없는 자세를 취했다. 그래서 스파르타는 그리스의 도시국가를 선동하여 열렬한 지지자를 결속했다.… 스파르타인은 나약한 도시국가를 노예와 같은 예속국가로 만들었으며 그래서 평화가 유지될 수 없었다.[95]

이소크라테스의 송가(訟歌 : panegyrikos)는 스파르타의 정치체제에 대한 저항과 경멸, 조소하는 내용의 글로서, 그의 비판은 어디까지나 인간애 정신의 발로요 아테네의 도덕적 우위에 대한 자긍심의 표현이기도 했다. 에포로스는 이소크라테스와 긴밀한 인간관계를 유지하면서, 아테네는 인간애의 형성과 확대에 있어서 다른 그리스의 도시국가보다 우위에 있었다는 것을 강조했다. 디오도로스는 아테네인을 "아테네는 우리들의 존경을 받을 만한 권위있는 도시다. 우리들은 인간에게 자선을 베푼 아테네와 아테네의 시민에게 감사의 은덕을 보답해야 할 것이다. 아테네인은 토지의 경작에 의해서 얻은 곡물을 그리스인에게 준 은인이다. 그들은

---

94) *Diodorus Siculus* XV. 5. 3~4.
95) *Diodorus Siculas* XV. 5. 1.

모든 사람들에게 유익한 자들이다. 법을 만들고, 그 법을 적용하여 인간의 삶의 방법을 야만과 불의로부터 교양있고 정의로운 사회로 발전시킨 자들이다. 그들은 노모스를 만든 자이며, 인간의 자애와 우의의 선봉자다"라고 그들의 우수성을 칭송했다.[96]

이소크라테스와 그의 학파는 권력의 이념에 대해 신랄하게 비판하고 인간애를 강조하였으며, 기원전 4~3세기경에는 새로운 활력과 생명력이 넘치는 사상의 기틀을 확립했던 것이다. 이소크라테스는 민족 화해와 결속의 설교자로서 그의 범헬레니즘의 이상실현은 현실정치뿐만 아니라 그리스문화의 전파와 확대에 많은 관심을 보였던 것이다. 그에게 있어 페르시아인은 태어날 때부터 적이었다. 그래서 그는 페르시아에 전투원정대를 파견하는 것을 문화적 사명으로 생각했다. 마케도니아 왕 필립포스 2세에게 보낸 건의에서 그는 아시아의 신생 피정복지역을 공납의 의무를 지게 하는 종속국으로 취급하지 말 것을 촉구했다. 또한 그는 이 신생 피정복국은 그리스의 보호하에서 그리스 문화공동체로 흡수되어야 한다고 강조했다.[97]

특기할 만한 것은 다음과 같은 이소크라테스의 평화연설에서 밝힌 내용이다.

> 그리스인의 명망과 가치는 가문과 혈통에 의해 결정되는 것이 아니다. 출처나 혈통보다 교양과 문화에 참여하는, 이른바 문화의식을 갖춘 교양인이 그리스인이라고 하는 의식을 고취시켰다.

그에게 있어 그리스적(hellenisch)이라는 말은 그리스 사람(Hellene)의 형용사적 표현으로 본래 인종적 개념을 나타내는 말이지만 문화적 개념을

---

96) *Diodorus Siculus* XIII. 26. 3 ; 27. 1.
97) M. Mühl, *op. cit.*, ss.35~36.

의미하는 말로 헬레니즘 시대의 서막을 알리는 표어이기도 했다.[98] 이소크라테스는 그리스 사회의 그리스적인 폐쇄성으로부터 뛰어넘어 이미 그리스문화를 보편적·세계적 성격의 시각에서 관찰했던 것이다.

그리스적 본질과 특성에 의해 성장하고 발전한 세계 문화공동체 이념은 이미 언급한 바와 같이 알렉산드로스의 정복전쟁에 의해 그 실현을 보게 되었다. 이소크라테스는 헬레니즘의 기본이념을 교훈적인 것으로 헬레니즘 시대를 안내하는 데 많은 기여를 했던 것이다. 그의 기본사상은 역시 넓게 포용하는 세계지배 사상이라고 할 수 있다.[99] 이소크라테스의 세계 문화공동체 사상은 세계지배 사상과 세계군주정 이념의 결합이었으며,[100] 그의 세계 문화공동체 사상은 후에 로마제국에서 그 실현을 보게 되었다.

이소크라테스는 제민족법의 이념을 실제적으로 명료하게 밝힘으로써 제민족법 이론의 발전에 기여했다. 그는 법정연설 28에서 "조약과 협정은 모든 사람을 포용하고 결속하는 유일한 연대이다"라고 말하고 있다. 그의 이 같은 견해에 따라 인류 전체를 하나로 결속하고, 그에 준하는 의무를 부여하는 법률이 등장하게 되었으며, 그러므로 인류의 통일체적·문화공동체 사상은 이소크라테스학파에서 유래하였다고 생각할 수 있다.

우리는 이소크라테스의 사상에서 그리스 도시국가의 한계와 폐쇄로부터 탈피와 보편적 인간관계의 확대와 같은 인류의 내적 동질성과 공속의 개념을 발견할 수 있다. 역사가 에포로스를 회상하는 니코라오스의

---

98) 이소크라테스와 같이 한스콘(Hans kohn)도 유태인과 그리스인은 인종적 결속에 의해서뿐만 아니라 민족적 이념과 문화의식에 의해 결속되었음을 강조한다. 그는 유태인과 그리스인이 오늘날까지 생존을 유지해 올 수 있었던 것은 그들의 정치적·인종적 혹은 지리적인 지속성보다 그들의 문화의식 지속성에서 찾았다.[H. Kohn, *The Idea of Nationalism*, New York, 1956, p.28]
99) M. Muhl, *op. cit.*, ss.36~37.
100) 이소크라테스의 사상에 관한 것은 위트너의 이소크라테스에 대한 해석에서 밝혀지고 있다.[J. Jüthner, *Hellen und Barbaren* ss.34~35]

연설에서[101] 인류의 내적 동질성, 보편적 인간관계를 강조한 사실로 보아 그의 연설도 헬레니즘의 인간애를 기록한 빛나는 기록서임에 틀림없다. 아테네와 시라쿠사 사이에 발생한 전쟁에서 두 아들을 잃은 니코라오스는 전쟁포로가 된 아테네인을 보호해 주었다. "인간적 우의와 인도주의 한계를 벗어난 행위는 그 무엇도 하지 말라"[102]고 말한 니코라오스는 전쟁포로에 대한 시라쿠사 사람들의 결의를 진정한 인도주의의 표현으로서 그 어떤 법규 남용으로 인해 인간의 존엄성이 훼손되지 않도록 경고했다.

"불행에 냉담하고 무자비한 자는 인류가 공유하고 있는 나약하고 연약한 마음에 관심을 두지 않는다"고 말한[103] 니코라오스는 같은 정의(情誼)를 가진 민족에게 승자는 인간적 우의와 박애에 대한 희망과 요구를 적으로부터 빼앗지 말 것을 호소한 바 있다. "포로로 잡힌 자를 더 이상 적으로서가 아니라 보호받기를 간구하는 자들로 생각해야 한다"[104]고 말한 그의 인도주의적인 외침이야말로 오늘날 문화국민의 의식 속에서조차 쉽게 찾아볼 수 없는 고매한 사상이다. 디오도로스(Diodoros)는 승자의 미덕은 무력에 의해서보다 승자가 실천하는 자선과 인간적 우의의 능력으로 평가되어야 한다고 말했다. 만일 싸움에서 누가 승리했다고 한다면 그 능력은 용기의 속성일 뿐이다.[105] 그에 의하면 미덕의 본질은 외적인 힘이나 권력의 행사에서보다 내적 인간속성인 이른바 자선과 인간애의 실천 능력에 있다는 것이다. 그는 권력의 이념이 그리스의 관념론과 내적 동질성을 가진, 그리고 그 철학에 의해 영향을 받은 인간애 사상에

---

101) *Diodorus Siculus*, XIII. 20~27.
102) *ibid.*, XIII. 21. 4.
103) *ibid.*, XIII. 21. 5.
104) *ibid.*, XIII. 21. 7.
105) "무력으로 획득한 이득은 행운과 기회의 포착에 의해서 결정되지만 영원한 승리이며 성공인 자선은 인간미덕의 상징이다"라고 디오도로스는 *Diodoros Siculus* XIII. 22. 6~7에서 강조한다.

의해 그 힘을 상실하게 되었다고 밝힌다.

디오도로스는 인도와 인간적 우의를 세계 전체에 확대하고 그것에 의해 명성을 획득하는 데 있어 그 기본적인 요건을 다음과 같이 밝히고 있다.

> 전세계 전인류에 의해 환호와 갈채를 받는 조국에 칭찬을 아끼지 말라. 우리 조국은 무력의 공적뿐만 아니라 인간애에 있어서도 아테네인을 능가한다. 모든 다른 사람들보다 문명의 우위를 자랑했던 사람은 아테네인의 자선과 호의에 찬 배려를 받을 것이다. 아테네인은 자선의 제단을 세운 최초의 사람들로서 시라쿠사인의 도시에서도 바로 그런 자선을 발견할 것이다.[106]

아테네 사람들은 아테네가 고통받는 자들의 도피처였다"고 하는 사실을 크게 자랑했다. 플라톤은 "친구에 대한 우의는 영원해야 하며, 적대자에 대한 적의는 다 지워버려야 한다"[107]는 주장을 일찍이 밝힌 바 있다. 니코라오스의 연설은 시종 인도주의의 고취였으며 인간애를 촉구한 아름다운 결실이기도 하다. 특별히 그는 연설에서 인간의 삶과 권위의 존엄성을 강조하고 있다.

인류의 내적 통일성의 이념, 그리고 이에 의해 기초한 초국가적 세계주의 사상은 이소크라테스의 연설문에 명시된 인류애 사상에 의한 것이다. 그는 이와 같은 통일체 이념에 기초하여 전체인류를 하나로 결속하는 초국가적인 법과[108] 의무의 수행을 강조했다. 특히 에포로스는 이소크라테스의 세계법에 대한 관심과 초국가적 불문율의 가치를 인정했다.[109] 에포로스는 국제법 사상을 명확하게 밝히면서 고대 국제법 이론을 제시했다. 그래서 이미 이소크라테스학파에서는 보편타당한 윤리적 개념에 기초한 인간공동체 이념의 확립과 수세대에 걸친 철학자의 노력으로 인

---

106) *ibid*., XIII. 22. 6~8.
107) *ibid*., XIII. 22. 1.
108) *ibid*., XIII. 23. 4 ; XIII. 26. 2도 참조.
109) M. Muhl, *op. cit.*, s. 38.

류의 내적 동질성에 보다 체계적인 표현이 가능하게 되었다.

기원전 4세기의 역사에서 우리는 강력한 통일성과 조화의 힘을 가진 작품을 발견한다. 화해와 조화 그리고 통일체 이념은 이미 언급된 세계주의 사상과 인류애 이념에 의해 국가생활의 내면으로 유입되었다. 기원전 4세기의 사회철학의 문헌은 사회의식의 보호에 목적을 두었으며 그래서 장차 정신생활과 문화생활에 없어서는 안될 주요한 힘으로 작용한 사회주의의 창시자가 되었다.

사회문제에 관심을 가진 이소크라테스는 사회적 유화에 골몰했다. 이소크라테스의 문필은 당시의 사회와 경제상태를 이해할 수 있는 중요한 자료다. 이소크라테스의 제자 에포로스는 고대 스파르타의 자유·평등 그리고 박애를 찬미한 대표적인 문필가 중의 한 사람이다. 그는 기원전 4세기의 국가체제와 사회제도를 반대하고 재산불평등에 대해 비판했다. 당시의 시대적 위기에서 공산주의 이념이 탄생하게 되었다. 공동체 사상은 플라톤의 국가에서 지극한 독재권력으로 발전하고, 그 후 스토아 사상가의 세계국가에서 동질적 친화성을 유지해 살 수 있었다. 인간과 공존하는 것은 외면적인 생활형태만이 아니라 영혼·욕망 그리고 슬픔의 감정까지도 모두 같은 행보를 하게 마련이다.[110]

> 어떤 시민은 행복하고 어떤 시민은 불행에 처하게 되었을 때 우리 조국에서처럼 다른 나라에서도 시민에게 당신의 불행이 나의 불행이며, 당신의 행복이 나의 행복이라고 일치된 소리를 결코 내지 않을 것이다.[111]

그러나 우리는 감정적·정조적 심연과 영적 욕구에서 표출되는 인간애보다 정의실현을 명령하는 인간 공동체성의 합리적 파악을 인식해야 할 것이다. 인간애는 -후에 스토아 사상에서 유사한 내용을 보게 될 것

---

110) Platon, *Republic* V. 464a.
111) Platon, *Republic* V. 463e.

이다- 자연적 소여(所與)나 혹은 심리적 필요로서보다 사상의 산물로서 그리고 현상으로 나타난다.

우리는 플라톤 사상의 유형을 아리스토텔레스에게서 보게 된다. 아리스토텔레스는 동시대의 개인주의적이고 이기주의적인 경향에 반대하여 현실문제에 집착함으로써 스승의 이상주의적 관념론과 대립했다. 아리스토텔레스가 간구했던 사회는 이기적 고립에로의 지향이 아니라 공동체・가족・친구 그리고 동료시민을 위한 진정한 삶의 행복 즉 최고의 행복을 인식하는 차원 높은 사회로의 지향이었다.[112] 넓은 의미에서 사랑이며, 인간을 하나로 결속하는 공동체 의식[113]은 행복한 국가생활과 공동체 생활의 기본원리이다. 아리스토텔레스에게 있어 국가공동체 생활과 관련한 정치적 우의와 그리고 인류통합[114]을 실현하는 이타주의는 공동체 생활을 아름답게 전개해 가는 힘이라고 하겠다.

외적으로 협조와 양해, 내적으로 유화와 화해의 기초 위에서만이 그리스의 국가철학은 공공생활의 안전을 생각할 수 있었다. 이러한 목적에 도달하기 위해 충돌과 불협화음을 막고 화해와 중재의 기회를 제공할 수 있는 중앙재판소가 필요했다. 이 재판은 오직 전제왕권만이 할 수 있었다. 그에 따라 전제군주제의 사상은 기원전 4세기 인간애 사상과 더불어

---

112) Aristoteles, *Eth Nic.* 15. 1097.
113) Aristoteles, *Politeia* III. 9. 1280. 특히, 아리스토텔레스의 『윤리학』 VIII과 IX에서 제시한 우의에 관한 언급들을 참조.
114) Aristoteles, *Eth Nic.* IX. 6. 1167 b3. 인류통합의 개념은 '호모노이아(ὁμόνοια)'라는 그리스어에서 유래한다. '호모노이아'는 통일성과 조화 즉 "모두 한마음이 되는 것을 의미한다.[William Woodthorpe Tarn, *Alexander the Great and the Unity of Mankind* 3, Proceeding of the British Academy, XIX, 1933. 4] 참조. 이소크라테스는 그리스 세계 전체를 하나로 취급하고, 도시국가 상호간의 무익한 싸움을 당파적인 투쟁으로 간주하고, 호모노이아를 한 도시국가 내에서의 통일성과 조화라는 그리스의 전통적인 해석으로부터 좀더 넓게 확대시켰다. 이소크라테스가 필립포스에게 제시한 것은 바로 이러한 확대된 '호모노이아'의 개념이었으며, 필립포스 자신이 코린토스 동맹의 지도자가 되었을 때 이 이론을 채택하였다. 비록 이소크라테스는 모든 이방인은 본질적으로 노예라는 플라톤의 견해를 수용하지 않았지만, 플라톤과 같이 그리스의 적인 야만인에 대항하여 연합할 것을 강조했다. 이소크라테스에게 있어서 야만족이란 페르시아인이었다.

점진적으로 발전했다. 플라톤의 지배자 이상은 바야흐로 군주정의 윤리적 이념의 기초로서 후에 군주정의 사상과 제휴한 인류애 사상의 발전에 지속적인 영향을 주었던 것이다.

플라톤의 제자인 아리스토텔레스는 통치자의 전제 군주화에 반대 입장을 보였다. 그는 사회적 왕권이념의 설교자였으며, 통치자의 최고목표는 공동복지를 구축하는 것이라고 했다.[115]

한편 소크라테스의 철학은 기원전 4세기의 국가관에 지대한 영향을 주었다. 대체로 기원전 4세기 윤리적으로 고결했던 인물들의 사상은 지배자의 관념이나 의식에 많은 영향을 주었다. 통치자의 윤리적·정신적 우월성, 그리고 정의감과 인류애정신은 최선의 국가형태인 군주정의 산물이었다. 스토아 세계현자와 그리고 스토아 세계지배자상의 설계는 기원전 4세기에 성립되었으며, 그것은 인류 전체가 하나라고 하는 통일체 사상의 형성과 발전의 기초를 제공했다.

이상에서 우리는 서양 고전고대의 인류애 사상과 세계국가 이념의 전개과정을 시대별 분석과 고증을 통해 그 발전의 역사적 추이를 개관할 수 있다.

첫째로 그리스인의 외적 세계에로의 관심과 발전은 그리스인의 의식을 현세적이고 합리적이며, 그리고 진보주의적인 인생관과 세계관의 기초를 확립하는 계기가 되었다. 점증하는 식민활동과 해상무역을 통해 그리스인은 세계시민 정신의 발전의 기틀을 마련하게 되었다. 특히 피타고라스학파의 공동체 사상은 단순한 이념이나 고정화된 형식이라기보다 스토아 세계주의와 인간애의 지극한 정념, 그리고 세계를 하나의 통일체로 구체화한 세계통일체 사상의 확립이었거니와, 그것은 그 뒤에 원시 그리스도교, 그리고 바울의 세계시민주의와 박애사상의 기본이념이 되

---

115) Aristoteles, *Polit* VIII. 10. 1311a.

었던 것이다.

둘째로 소피스트의 인간애 사상과 자유의 확대를 들 수 있다. 프로타고라스가 '인간은 만물의 척도'라고 한 사실은 소피스트 철학의 본질로서 개별국가의 한계에서 벗어나 하나의 거대한 전체 민족의 구성원으로 되는 세계시민 사회 형성의 기초를 제시했던 것이다. 히피아스를 중심으로 하는 소피스트의 세계국가·세계시민 사회의 형성을 위한 기초는 고전고대의 폴리스적 국가이념을 약화시키는 데 기여했다. 소피스트는 진보적 세계관과 보통사람의 권리를 옹호한 자연법론자로서 노예제를 반대하고 아테네인의 분별없는 국수주의를 조소했다.

셋째로 소크라테스는 그의 조국 아테네를 열렬히 사랑한 자로서, 개별국가의 해체에 의한 세계시민 사회의 건설은 그에게서 용인될 수 없었다. 그의 정치사상과 국가이론은 최초의 고대국가론으로서 인류애이념을 제시하지 않았지만 그의 인륜과 인류의 행복을 위한 노력은 인류애이념의 기초라고 말할 수 있을 것이다.

넷째로 퀴니코스학파의 철학자들은 국가의 유기체적인 제도와 삶에서, 그리고 진보적인 문화발전을 창출한 전통적인 인습과 관행으로부터 인간의 해방과, 그리고 인간에 의해 제정된 법(Nomos)에 대해서까지도 윤리적 가치의 부여를 거부했던 것이다. 그들은 일체 사회적·국가적 결속과 의무로부터 벗어나는 것을 진정한 자유에로 가는 길로 생각했지만, 그들이 말하는 세계시민은 개별국가 존재의 부정과 무정부주의에서 나타나는 이른바 "나를 보호해 주는 것은 도시국가도 아니고 지붕이 있는 집도 아니다. 나의 집은 이 세계, 이 우주이다"라는 정규화된 도시국가와 국법의 거부에서 오는 세계시민일 뿐, 세계국가 안에서 하나로 결속된 세계시민 사회의 구성원으로서의 세계시민은 아니었다. 그러므로 보편적 인간공동체 이념을 강조한 인류애 사상은 오히려 니힐리즘적인 국가관과 가치관을 가진 퀴니코스학파의 철학자들에게서 찾아볼 수 없다.

다섯째로 그리스 관념론 철학과 이소크라테스의 공동체 사상에서 제기된 인류의 공속적 동질이념의 확립을 발견할 수 있다. 플라톤과 아리스토텔레스의 관념철학과 아테네의 웅변가 이소크라테스의 정치적 교의와 그리고 그에 의해 기술된 역사서술은 헬레니즘의 인류공동체와 인류애의 상징적인 표현이라고 하겠다. 그의 기본사상은 보편적 세계지배 사상이라고 할 수 있다. 이소크라테스는 그의 평화연설에서 "그리스인의 명망과 가치는 가문과 혈통에 의해 결정되는 것이 아니다. 교양과 문화에 참여하는 이른바 문화의식을 갖춘 교양인이 그리스인임을 고취시켰다"고 말했다. 그리스 도시국가의 한계성으로부터 탈피하여, 보편적 인간관계의 형성과 인류의 내적 동질성, 전체인류에 대한 인간적 우의는 이소크라테스학파에서 유래한 인류의 통일체로 표현된 호모노이아의 문화공동체 이념에서 생성되었다고 생각할 수 있다.

이소크라테스는 그리스 세계 전체를 하나로 취급하고, 도시국가 사이의 무익한 싸움을 당파적인 투쟁으로 간주할 것을 제안함으로써 호모노이아의 의미를 한 도시국가 내에서의 통일성과 조화라는 그리스의 전통적인 해석으로부터 확대시켰다.

□ 쉼터 □

제2장
헬레니즘 시대 지성의 발전

제1절 퀴니코스학파의 형성과 세계관

1) 안티스테네스와 그의 계보

퀴니코스 사상의 정통적 해설에서 안티스테네스(Antisthenes)를 창시자로 간주하게 되었던 것은 사실 디오게네스 라에르티우스의 영향이었다. 디오게네스 라에르티우스는 안티스테네스가 소크라테스로부터 대담성과 용기를 배우고, 퀴니코스학파(Kynikos)의 금욕적인 생활방식을 지향해 갔다고 전하고 있다.[1] 안티스테네스의 제자는 디오게네스(Diogenes of Sinope)였으며, 크라테스(Crates)는 또한 디오게네스의 제자였다. 그리고 스토아 사상을 창시한 제논(Zenon)은 크라테스의 제자였다. 그러므로 소크라테스로부터 스토아 사상가에 이르는 계승은 사도적(使徒的) 계승이었다고

---

1) *Diogenes Laertius* 6.2.

하겠다. 그러나 과연 안티스테네스가 퀴니코스학파의 창시자였는지는 고대에서부터 현대에 이르기까지 많은 의혹이 제기되어 왔다.[2] 하지만 이 같은 사실은 놀라운 일은 아니다. 왜냐하면 안티스테네스와 그리고 그의 제자이자 후계자인 디오게네스를 비교할 때 유사성보다 오히려 서로 다른 점을 더 많이 발견할 수 있기 때문이다.

안티스테네스와 디오게네스는 금욕주의자로서, 두 사람은 고통(πόνος)과 쾌락의 상반관계를 강조했으며 12가지 난업(難業)을 완수하고 고난을 극복한 헤라클레스(Heracles)를 고통의 한 예로 들고 있다. 우리는 안티스테네스와 그의 제자들이 신엘레아학파(Eleatics)의 논리학 문제에 깊은 관심과 흥미를 보인 사실을 아리스토텔레스의[3] 기록에서 찾을 수 있다. 디오게네스는 신엘레아학파의 논리학의 계승자인 메가라인을 가리켜 '까다로운' 자들이라고 지칭했던 것이다.[4]

안티스테네스는 호메로스풍의 해석을 좋아했다.[5] 그리고 그는 수사학 문제에 관한 여러 편의 논문을 썼다. 하지만 디오게네스는 정의에 관해 공연히 시끄럽게 떠들기만 하고 실천에 옮기지 못했던 당시의 수사학자들을 경멸했다.[6] 안티스테네스는 가난하고 금욕적이었던 소크라테스와 유사한 인물이었다. 한 채의 집, 그리고 한 개의 침대와 가구를 사용한 보잘것없는 재산을 소유하고 있었던 그는 아테네에서 가장 부유한 사람의 연회에 가끔 소크라테스와 함께 참석하기도 했다. 또한 디오게네스도 예외는 아니었다. 그도 옥외의 통 속에 사는 등 기행(奇行)이 많아 '통 속의 디오게네스'로 알려졌다. 그가 먹었던 주식은 마른 무화과와 해파리와 물이었다. 안티스테네스는 자주 소피스트의 강의를 들었으며 그들

---

2) Donald R. Dudley, *A History of Cynicism*, Hildesheim, 1967, pp.39~53.
3) Aristoteles, *Met* 10246. 32 그리고 10436. 24.
4) *Diogenes Laertius* 6. 24.
5) *Diogenes Laertius* 6. 27.
6) *Diogenes Laertius* 6. 28.

의 가르침에 많은 영향을 받았다. 디오게네스는 그의 모든 동시대인의 부정과 부패를 비난하면서 자신은 거지와 같은 생활을 했다.[7] 안티스테네스는 아테네의 장군이며 정치가인 알키비아데스(Alcibiades)를 근친상간의 범죄자로 비난했지만, 디오게네스는 근친상간을 비난하기보다 스스로 수치스러움과 부끄러움을 모르는 행위(anaideia)야말로 아주 자연스러운 인간행위로 보아 그 범죄적 장벽을 허물었던 것이다. 그래서 그는 진정한 본성에 따라 사는 사람이었으며, 일체의 외면적·형식주의적인 것과 전통적인 관례, 질서와 규범을 무시해 버린 반문명적인 인물이었다. 이와 같이 안티스테네스와 디오게네스 사이에는 삶과 인생관에 있어 많은 다른 점이 있지만 두 사람은 안티스테네스로부터 디오게네스에 이르는 '퀴니코스학파의 계승(cynic succession)'의 고대적 지지자로 인식되었다. 오늘날 컴페르츠(Comperz) 같은 학자는 퀴니코스학파의 계승을 인정하면서도 사실상 안티스테네스보다 디오게네스를 퀴니코스학파의 실제 창시자로 간주하고 있다.

아리스토텔레스는 안티스테네스의 제자들 '개 같은(kunikoi)' 즉 퀴니코스학파의 철학자들이 아니라 안티스테네스의 사람들(Antistheneitoi)이라고 언급하고 있다. 그리고 그는 안티스테네스의 제자들은 대체로 논리학 연구에 흥미를 가진 자들이라고 밝히고 있다. 디오게네스와 동시대의 퀴니코스학파의 사상가에 대해 전해지고 있는 전거는 크라테스와 그리고 아스티팔라이아(Astypalaea)의 오네시크라토스의 몇몇 단장이다. 이 단장 가운데 안티스테네스에 관한 언급은 발견할 수 없다. 크라테스가 디오게네스를 같은 시민·동포(Diogenous einai polites)라고 말한[8] 그리스인 가운데 누가 금욕적인 삶을 살았는지 고대 인도에서 옷을 벗고 생활한 금욕고행의 수도자(Indian Gymnosophist)의 질문을 받았다면, 피타고라

---

7) *Diogenes Laertius* 6. 24.
8) *Diogenes Laertius* 6. 93.

스·소크라테스 그리고 디오게네스라고 대답했을 것이다. 오네시크라토스도 자신도 디오게네스의 제자임을 밝히고 있다.9) 중기 희극에서도 안티스테네스에 대한 언급은 나타나지 않고 있다. 가난과 금욕의 문제는 사실 피타고라스학파에서 제기한 것이다. 더욱이 디오게네스와 안티스테네스가 아테네에서 살았던 동시대인이었을 가능성은 아주 희박하다. 시노페(Sinope) 지방의 화폐주조에 관한 셀트만(Seltman)10)의 주장에 의하면 디오게네스가 아테네로 온 해는 기원전 340년보다 훨씬 뒤였다는 것이다.11)

아마도 테오프라스토스(Theophrastos)에서 유래하고 그리고 그 후 당시의 전거를 대표하는 이야기에서, 디오게네스는 자신이 철학으로 전향하게 된 것은 안티스테네스의 가르침에 의해서가 아니라 한 마리의 쥐가 주위를 살피면서 달려가는 모습에서 자신의 실체적 본성을 인식한 데서 기인했다고 밝히고 있다. 그가 아테네에 도착했을 때 그는 이미 금욕적인 삶에 집착한 신봉자였다.12) 그리고 그 후의 여러 사상가 가운데, 에픽테투스(Epictetus)·크리소스토모스(Dio Chrysostomos)·아일리안(Aelian)·스토바이우스(Stobaeus)·디오게네스 라에르티우스(Diogenes Laertius) 그리고 수이다스(Suidas)는 안티스테네스와 디오게네스 사이의 교분 관계를 밝히고 있지만, 디오게네스는 물론 안티스테네스의 제자를 거명하기보다 쥐의 실체적인 본성을 가진 디오게네스에 대한 불만을 강조하여 말하였던 것이다. 안티스테네스와 디오게네스 사이의 교분관계는 오네시크라토스와 에픽테투스 사이에서 제기되었던 것처럼 보인다. 만일 디오게네스가 안티스테네스의 제자로 묘사되었다고 한다면 이익이 되는 편은 누구였을까?

---

9) Donald R. Dudley, op.cit., p.2.
10) 셀트만(Seltman)의 해석은 디오게네스의 연대기와 밀접히 관련하고 있다.
11) Donald R. Dudley, op.cit., p.3.
12) *Diogenes Laertius* 6. 22.

디오게네스 라에르티우스는 그 해답을 부분적으로 제논의 삶에 관한 일화에서 밝히고 있다.13) 배의 난파로 우연히 아테네에 머물게 된 제논은 어느 날 서점을 방문하게 되었다. 그 때 서점주인은 크세노폰(Xenophon)의 『회상록(Memorabilia)』 제2권을 소리 높여 읽고 있었다. 제논은 『회상록』을 보고 기쁜 나머지 소크라테스 같은 사람을 어디에서 찾을 수 있을까 하고 물었다. 그 때 마침 다행스럽게도 크라테스가 지나갔다. 서점 주인은 저 사람을 따라가라고 말했다. 바로 그 날부터 제논은 크라테스의 제자가 되었으며, 스토아 사상가들은 퀴니코스 사상에 내포된 유익한 내용을 인식할 수 있었다. 그는 스토아 현자는 퀴니코스학파의 철학자의 역할을 할 수 있다고 생각하였다. 왜냐하면 퀴니코스 사상은 아폴로도로스(Apollodoros)가 그의 『윤리학(Ethics)』에서 말한 바와 같이 미덕으로 가는 지름길이기 때문이다.14)

스토아 사상가들은 퀴니코스학파의 사상이 소크라테스의 윤리적 전통을 가장 순수한 형태로 나타낸 것이라고 보고, 이를 밝히려고 했다. 그에 따라 소크라테스-안티스테네스-니오세네스-크라테스-제논으로 이어지는 계승구도가 형성되었다. 그 후 에픽테투스는 소크라테스·안티스테네스, 그리고 디오게네스를 스토아 사상의 도덕적 신념의 기초를 확립할 수 있었던 신성한 존재로 평가했다.15) 스토아 사상가들은 소크라테스로부터 제논에 이르는 일련의 철학자를 계승한 알렉산드리아의 저술가들로부터 많은 영향을 받았다.16) 이들 알렉산드리아의 지성인은 소크라테스를 아주 주요한 인물로 생각하고 그리스 철학의 새로운 전환점으로 인식했다. 철학을 학문의 기본으로 또 삶의 수단으로 생각했던 철학파는 그것이 어떤 유형의 학파이든 소크라테스의 학문체계와 새로

---

13) *Diogenes Laertius* 7. 2.
14) *Diogenes Laertius* 7. 121.
15) Epictetus, *Discourses* 1. 17. 12 ; 3. 24. 51.
16) *Diogenes Laertius*(Loeb Sdries), Introd., p.24.

운 계보를 전승하는 것으로 생각해야 했다. 당시의 철학파가 어떻게 생성되었는가 하는 문제는 소크라테스에서 기원전 3세기 쾌락주의자 아리스티포스(Aristippos)까지 어떻게 연결되었는지를 보면 확실하게 밝혀질 것이다. 소크라테스로부터 퀴니코스학파의 철학자들 그리고 스토아 사상가에 이어지는 학문적 계승은 이들 가운데 가장 많은 작품활동을 했던 알렉산드리아의 소티온(Sotion of Alexandria, 200~170 B.C.)에 의해 확립되었던 것처럼 보인다. 소티온이 이들 철학자들의 계보를 따르게 되었던 것은 아마도 렘보스의 헤라클레이데스(Heracleides of Lembos)와 안티스테네스 그리고 로도스의 소시크라테스(Sosicrates of Rhodes)에 의해서였을 것이다.

　이러한 학문적 계승은 알렉산드리아시기 말까지 그 정통성을 유지하였으며, 기원전 1세기와 그 후 디오클레스(Diocles)·팜필라(Pamphila) 그리고 파보리누스(Favorinus) 같은 학자에 의해 지속되었던 것이다. 하지만 사실 반대자도 만만치 않았다. 히포보투스(Hippobotus)는 퀴니코스학파의 사상가를 10개의 윤리학파 가운데 한 학파로 인정하기를 거부했다. 그러나 우리는 디오게네스 라에르티우스의 저작에서 알렉산드리아 철학자들이 소크라테스에서 제논에 이르는 철학의 계보에 포함되고 있음을 발견하게 된다. 디오게네스 라에르티우스는 퀴니코스학파를 철학의 한 학파로 생각했다. 퀴니코스 사상은 스토아 사상과 파트너로서 형제적 관계(koinoia)를 갖는다. 안티스테네스가 그의 『헤라클레스(Heracles)』에서 밝힌 바와 같이 퀴니코스 철학자들은 스토아 사상가처럼 미덕에 따라서, 미덕에 일치하는 삶을 추구하는 것을 그들의 궁극적인 목적으로 생각하였다. 그러므로 사실 이 두 학파는 서로 밀접한 관계를 가진다. 그래서 퀴니코스 사상은 미덕으로 가는 지름길이라고 정의되었으며, 그리고 초기 스토아 사상의 창시자라고 할 수 있는 제논도 자신의 삶의 표준을 퀴니코스의 미덕에 맞추었던 것이다.[17] 이미 언급한 바와 같이 안티스테네스는 그의 스승 소크라테스로부터 인내하는 삶을 배웠으며, 퀴니코스학

파의 창시자가 되었다.[18]

안티스테네스는 디오게네스에게 냉정과 무욕, 크라테스에게 자제와 금욕, 그리고 제논에게 대담성과 용기를 심어주었고, 또 그들의 동업자적 규약과 법 그리고 국가관의 기초에 영향을 주었던 것이다.[19] 설사 안티스테네스의 계승자들이 보다 강한 남성적인 스토아 사상가의 학파로 노선을 수정하였다 하더라도 퀴니코스 사상가와 스토아 사상가는 안티스테네스의 계승자였다.[20]

어떤 사람은 퀴니코스학파의 명칭이 퀴노사르게스(Cynosarges)에서 유래한 것으로 생각했고, 안티스테네스는 아프로콘(απλοκυων : 한 겹으로 된 외투를 입고 있는 퀴니코스 철학자들을 가리키는 별명)이라고 불렀다.[21] 그러나 디오게네스 라에르티우스는 안티스테네스가 개(κὐων)' 즉 퀴노'로 통하는 일화나 경구를 제시하지 않고 있다. 우리는 아리스토텔레스가 안티스테네스의 제자를 안티스테네스 사람이라고 말한 사실을 상기해 야 할 것이다. 플라톤과 이소크라테스에서 예상되는 적대적인 언급이 그러한 별명을 제공하게 된 것은 아니었다. 최초의 개는 의심할 여지없이 디오게네스 자신이었다. 디오게네스가 개라고 불려지게 된 것은 아리스토텔레스에 의해서였다.[22] 메갈로폴리스(Megalopolis)의 케르키다스(Cercidas)는 디오게네스를 제우스의 적출자(嫡出者)이며, 천견(天犬)이라고 표현하고 있다.[23] 개라는 별명의 기원은 호메로스의 시에서 그 유래를 발견할 수 있다. 잘 알려진 바와 같이 개는 수치심이 없는 뻔뻔스러움이나 대담성을 가진 동물이다. 퀴니코스 철학자들이 개의 별명을 가지게 된 최초의 해석과 그

---

17) *Diogenes Laertius* 6. 104.
18) *Diogenes Laertius* 6. 2.
19) *Diogenes Laertius* 6. 15.
20) *Diogenes Laertius* 6. 14.
21) *Diogenes Laertius* 6. 13.
22) Aristoteles, *Rhet.* 3. 10. 7.
23) *Diogenes Laertius* 6. 77.

리고 그 후의 비유적인 설명들은 아리스토텔레스에 관한 고전 주석에서 밝혀지고 있다.

퀴니코스 철학자들이 왜 개라고 불리게 되었는지 그 이유를 다음의 네 가지로 분류할 수 있다. 첫째로 그들은 처세에 무관심했기 때문이다. 또한 그들은 무관심을 예찬하고, 또 개같이 먹고 어느 일정한 아내와 남편의 구별없이 공동으로 구애하고, 맨발로 다니며 통 속에서 그리고 길가 아무 곳에서나 잠을 자기 때문이다. 둘째로 개는 수치심을 모르는 동물로서 겸손보다 뻔뻔스럽게 행동하기 때문이다. 셋째로 개는 훌륭한 문지기이며 호위병이기 때문이다. 그래서 퀴니코스학파의 철학자들은 자신들의 철학의 가르침을 지켜간다. 넷째로 개는 자기의 친구와 적을 구분할 수 있는 식별력을 가진 동물이라는 점이다. 그래서 퀴니코스학파의 철학자들은 철학에 적합한 사람을 친구로 인식하고 그들을 친절히 받아들이는 데 반해 철학에 부적합한 사람에게는 개처럼 짖어대면서 몰아낸다.[24] 디오게네스의 추종자 가운데 누구에게 개 같은(*kynikos*)' 사람이라는 칭호가 맨 처음으로 적용되었을까? 그것은 메난더(Menander)의 『쌍둥이 자매(Didumi)』의 단장이라고 생각된다.[25]

한편 어떤 사람은 퀴니코스 사상을 철학의 한 학파로서가 아니라 인간이 살아가는 방법 즉 처세지로 간주했다.[26] 신플라톤 철학의 신봉자였던 로마제국의 황제 율리아누스(Julianus, 361~363)는 엄격한 그리스도교적·금욕적인 교육을 받았지만 그리스 철학을 배우게 되면서부터 퀴니코스 사상을 자신의 처세지로 생각하고 퀴니코스 철학의 보존과 유지에 노력했다. 율리아누스황제는 자신을 퀴니코스학파의 철학자로 자처하면서 가다라(Gadara)의 오에노마우스(Oenomaus)의 공식적인 견해를

---

24) Donald R. Dudley, *op. cit.*, p.5.
25) *Diogenes Laertius* 6. 93.
26) *Diogenes Laertius* 6. 103.

따라 다음과 같은 내용을 전하고 있다.

> 옛날이나 지금이나 모든 사람은 퀴니코스 철학을 실천에 옮겼다고 황제 율리아누스는 말한다.… 퀴니코스 철학은 특수한 연구를 필요로 하지 않는다. 우리는 오직 델포이의 신즉, 아폴론에 귀를 기울여야 한다. 델포이의 신은 다음과 같은 경구로 네 자신을 알라, 그리고 전통과 제도는 허위라고 말하고 있다. 그러므로 퀴니코스 철학의 창시자는 그리스인의 일체 선에 책임을 지고 있는 델포이의 신이다.27)

황제 율리아누스는 퀴니코스 사상을 '철학의 한 유형'28)이며 가장 고상한 사상에 필적하는 철학으로 인정하면서, 퀴니코스 사상이 '보편적이고 세계적이며 가장 자연적인 사상'임을 강조한다.29) 특히 주목을 끄는 내용은 율리아누스가 살았던 당시의 퀴니코스 사상에 관한 주요 기술서가 하나도 보존되어 있지 않았다30)고 하는 그의 진술이다. 이 같은 사실은 적어도 디오게네스 라에르티우스에게 부분적으로 알려진 안티스테네스의 저술이 중간에 다 소멸되어 버렸거나, 아니면 율리아누스가 안티스테네스의 저술을 퀴니코스 사상과 관련시키지 않았다는 데에 있다. 율리아누스는 안티스테네스를 디오게네스 그리고 크라테스와 다소 다른 신화작가로서 헤시오도스(Hesiodos)・크세노폰 그리고 플라톤과 같은 맥락의 인물로 생각했다.31) 이와 같이 율리아누스는 퀴니코스 철학을 진정한 삶의 처세지라고 역설했다. 또한 그는 퀴니코스 철학의 표준에 따라 삶을 영위해 가는 사람은 삶의 행복과 이익을 누릴 수 있다고 강조하면서 퀴니코스 사상을 높이 찬양했던 것이다. 그래서 율리아누스는 인간의 외

---

27) Donald R. Dudley, *op. cit.*, p.8.
28) *ibid.*, p.8.
29) *ibid.*, p.8.
30) *ibid.*, pp.8~9.
31) *ibid.*, p.9.

적인 것, 이른바 외적인 현시(顯示)를 퀴니코스적 처세의 합리적인 참본질의 특성과 구분해야 한다고 주장한다.32) 퀴니코스학파의 철학자들은 두건이나 배낭조차(cucullus non facit monachum) 가지기를 거부했다.

우리는 안티스테네스와 디오게네스 사이에 진정한 인간적인 접촉이 있었다고 추정하지 않지만 안티스테네스의 윤리학과 그리고 퀴니코스학파의 윤리학 사이에 많은 유사성이 있다는 데에는 이의를 제기하지 않는다. 이러한 점에서 우리는 그들 사이에 밀접한 학문적 교류가 있었지 않았나 생각하게 된다. 안티스테네스의 윤리학에 대한 최초의 가장 신뢰할 만한 전거는 크세노폰의 『향연(Symposium)』이다. 잔치에 참석한 주요 손님은 각자가 가장 자랑할 만한 것이 무엇인지 설명하고 그리고 난 다음에 왜 자랑할 만한 것인가 하는 정당성을 밝혀야 했다. 안티스테네스는 자신의 부와 재산문제에 아주 자랑스럽게 고백하려 했으며, 그의 진술은 많은 사람의 주목을 끌었다. 왜냐하면 당시 그는 단 한 푼의 오볼로스(obolos)도 가지고 있지 않았기 때문이다.33) 안티스테네스는 자신의 자랑거리를 말할 수 있는 차례가 되었을 때, 그는 다음과 같은 비유적인 말로 설명했다.

> 여러분, 나는 가난과 부는 추구되어야 하지만 그것은 여러분의 재산에서가 아니라 영혼에서 찾아야 한다고 생각한다.

이 같은 주장은 원래 그의 스승인 소크라테스의 사상이며 주장이다. 그는 "물질적인 부는 불치의 병이다"라고 부에 대해 비난했다. 그리고 그는 다음과 같이 말했다.

> 왜냐하면 어떤 폭군은 돈을 위해 가족을 파괴하고, 사람을 모조리 죽이고, 그리고 종종 모든 국가를 예속시킨다.… 나의 재산은 그 규모가 너무 방대하므로 나

---

32) *ibid.*, p.9.
33) *ibid.*, p.10.

자신이 모두 헤아릴 수도 찾아낼 수도 없다. 나는 여전히 가진 것이 많기 때문에 충분히 먹을 수도, 마실 수도 있다. 그리고 나는 의복을 갖추어 입고 있으므로 나의 부유한 친구 갈리아스(Gallias)보다 더 따뜻함을 느낀다. 나는 집으로 들어갈 때마다 집의 벽을 아주 따뜻한 겉옷으로 생각하고 지붕을 두꺼운 담요로 생각한다. 나는 많은 친구와 또 그것으로 편안한 잠을 잘 수 있기에 아침에 잠자리에서 일어난다는 것은 쉬운 일이 아니다. 또한 나는 성적 충족을 필요로 할 때에 내가 손을 뻗어 닿을 만한 곳에 있는 것들이 나를 충족시켜 주고 있다. 그래서 나와 교제하고 있는 여자들은 나에게 아주 고마운 마음을 가진다. 왜냐하면 그 어떤 사람도 여자와 가까이하려고 하지 않기 때문이다. 사실 내가 가지고 있는 이 모든 소유물이 나를 충분히 기쁘게 해주기 때문에 나는 지금 가진 것으로 더 큰 쾌락을 기대할 수 없다.…[플라톤의『테아에테투스(Theaetetus)』, 172D 참조]

소크라테스가 가르친 교의는 후기 그리스 철학에서 강조되고, 일반화되었던 행복(eodaimonia)으로 가는 확실한 길인 금욕주의다. 아리스토파네스(Aristophanes)와 아메이프시아스(Ameipsias)는 어떤 류의 금욕주의가 '소크라테스의 집단'에서 실현되었는지를 우리에게 제시하고 있다. 아리스토파네스는 그의 작품『구름(Clouds)』에서 이성과 사유의 세계에 사는 주민을 카에레폰(Chaerephon)과 소크라테스처럼 창백한 얼굴과 맨발로 다니는 비참한 자로 기술하고 있다. 금욕주의의 기원에 관한 직접적인 언급을 피했던 플라톤은 소크라테스의 금욕적인 삶에 대해 비교적 정확하게 밝히고 있다. 그러므로 플라톤은『파에드루스(Phaedrus)』(229A)에서 소크라테스가 항상 맨발로 다녔다고 기록하고 있으며, 또한『향연(Symposium)』(174A)에서는 그가 새 외투와 신발을 신을 경우는 경건한 연회에 참석하여 경의를 표하는 의전적인 태도를 취해야만 할 때였다고 기록하고 있다. 알키비아데스(Alcibiades)는 그의 작품『향연(Symposium)』(219B)에서 소크라테스는 굶주림·추위 그리고 피로를 남다르게 잘 참고 극복해 가는 자라고 설명하고 있다. 소크라테스의 이 같은 훌륭한 인격적 측면은 그의 제자 크세노폰의 『소크라테스의 회상(Memorabilia)』에서 아주 상세하게 기술되고 있다.

> 소크라테스는 일체의 정욕을 자제할 수 있는 가장 엄격한 사람이다. 더욱이 그는 추위와 더위 그리고 온갖 고통을 참고 견디는 아주 단호한 성격의 소유자다. 그는 가진 것이 매우 적지만 부자처럼 살았던 금욕주의자로 절제의 미덕을 가르치는 데에 최선을 다했다. 소크라테스의 인품은 당시의 세계에서 금욕적인 절제의 미덕을 몸소 실천한 대표적인 인물로 상징되었다.[34]

또한 소크라테스가 아테네 청년들을 타락시킨 죄목으로 고발된 사실을 놀랍게 생각했다. 그러나 크세노폰이 안티스테네스의 소크라테스에 대한 기술에 영향을 받았는지, 받았다면 어느 정도의 영향을 받았는지 확실치 않다. 그래서 우리는 안티스테네스의 논거에 지나치게 비중을 둘 필요는 없다고 생각한다.[35]

분명히 말하거니와 금욕주의는 당시의 소크라테스에서 연유한 것이다. 소크라테스는 자신의 경제적인 이득에 시선을 보내지 않았던 것처럼 감각적 쾌락에도 전혀 마음을 두지 않았다. 그의 주요관심은 자신의 영혼의 건강과 그의 동포가 원하는 것을 장려하고 독려하는 것이었다.[36] 고대사회에서 자주 혼돈을 보였던 두 생활방법 즉 히피아스(Hippias) 같은 사람의 자족(αὐτάρκεια)과 디오게네스와 그의 동료들이 신조로 삼았던 엄격한 금욕주의는 구분되어야 할 것이다.[37] 디오게네스와 그의 동

---

34) Xenophon, *Memorabilia* I. 2. 1 ; I. 3. 3.
35) Joel은 *Der echte und der xenophontische Sokrates*에서 크세노폰을 철저히 안티스테네스에 의존한 인물로 간주하고, 또한 그는 안티스테네스의 윤리체계를 재구성하는 데 크세노폰의 『회상록』을 사용하고 있다. 조엘은 안티스테네스를 소크라테스의 가장 충직한 제자로 보았다. 안티스테네스의 기록들이 그의 스승 소크라테스의 사상을 가장 잘 그린 믿을 수 있는 전거가 될 것이다.
36) Xenophon, *aplogy* 290. 30d.
37) Donald R. Dudley, *op. cit.*, p.10.

료 퀴니코스 철학자들은 검약한 삶의 실천을 위하여 안락한 삶을 포기하였다.

디오게네스 라에르티우스는 그의 전기에서 안티스테네스의 윤리학에 가장 영향을 준 것은 소크라테스라고 밝히고 있다.[38] 잘 알려진 바와 같이 소크라테스의 가르침은 미덕(arete)이다. 이 미덕은 소크라테스로부터 고대인이 배워야 할 덕목으로 그의 처세지로 정의되고 있다. 미덕은 자족이며 행복으로 가는 지름길이다. 그래서 행복은 소크라테스 같은 사람의 힘과 같은 미덕의 힘만을 요구한다. 미덕은 잠시도 몸에서 떠나거나 저버릴 수 없는 무기이며 지혜로서, 우리 자신의 흔들리지 않는 이성 안에 세워져야만 하는 일종의 가장 안전한 방벽이다. 미덕에 대한 의미와 정의에서 우리는 튼튼한 방벽의 의미를 발견할 수 있으며 소크라테스의 해석에 따르면 그것은 곧 지(知)였던 것이다. 그리고 미덕의 통일성은 호메로스에 관한 논평과 안티스테네스의 교의에서 나타나고 있다. 만일 현자가 어떤 것을 한다고 할 때 미덕에 따라 해야 한다고 안티스테네스는 말하고 있다. 더욱이 안티스테네스의 몇몇 작품 속에 나타난 이름은 소크라테스에 의해 연구되어 왔던 미덕의 이름이었다. 예를 들면『용기에 관하여(on Courage)』·『불의와 불경에 관하여(on Injustice and Impiety)』 그리고『정의와 용기에 관하여(on Justice and Courage)』의 작품이 바로 그러한 것이다. 이 작품에서 우리는 초기 플라톤의 대화에서 보여준 것과 똑같은 방법이 추구되었을 것이라고 생각한다.

미덕에 대한 이 같은 견해와 안티스테네스의 교의에서 현자에 관한 내용이 디오게네스 라에르티우스에서도 같은 표현으로 나타나고 있다. 현자는 자신의 삶을 기존의 법에 따라 살기보다 미덕의 법에 따라 다스려 갈 것이다. 자족을 행복으로 생각하는 현자의 미덕은 소크라테스가

---

38) *Diogenes Laertius* 6. 12. 13.

주창한 가르침이었다.[39]

이 같은 사실은 소크라테스가 미덕의 두 표준을 밝힌 플라톤의 『파에도(Phaedo)』에서 다음과 같이 명시된다.[40] 첫째로 "절제와 정의라 일컬어진 사회적·시민적 미덕(demotiken kai politiken areten), 철학 그리고 이성없이 자연과 관습에 따라 사는 사람이 가장 행복한 사람인가? 그들은 꿀벌·개미·말벌이나 혹은 다른 사회적인 동물과 같이 인간이 될 수 없으며, 또한 순수하지 않은 자는 제신(諸神)과의 교제나 그 일원이 될 수 없다. 오직 애지자(philomatheis)만이 제신의 동지로 그 일원이 될 수 있다"고 했다.[41] 이 같은 사실은 『파에도』에서 밝히고 있거니와, 미덕을 가진 애지자와 미덕을 가지지 못한 비애지자의 구분은 이미 소크라테스가 지적한 것으로 생각된다. 자족하는 자는 현자이며, 현자는 애지자로 미덕을 실현하는 자로서 소크라테스와 플라톤 이후 그리스 사상에서 중요하게 취급되었다.

소크라테스 시대부터 현자와 보통사람 사이의 넘을 수 없는 장벽, 그리고 이에 대한 소크라테스의 표준은 안티스테네스뿐만 아니라 플라톤의 『테아에테투스』에서[42] 확대되어 가는 경향을 보이고 있다. 비인간적 미덕의 전형인 스토아 사상가의 현자관 때문에 안티스테네스는 쾌락과 육신적 고통의 교의를 강조했던 것이다. 소크라테스에서 제논에 이르는 사상을 계승한 알렉산드리아의 필론은 안티스테네스가 제논과 다른 스토아 사상가와 유사한 점을 가진 자였다는 사실을 쾌락과 고통의 교의

---

39) Burnet, *Thales to plato*, p.174. 참조
40) platon, *phaedo* 82A-C. 플라톤은 "철학이나 이성없이, 그리고 절제와 정의로 불려지는 사회적·시민적 미덕없이 자연과 기존의 법, 관습에 의해 살아가는 사람은 행복한 자가 될 수 없다. 철학자인 애지자만이 제신의 공동체에 들어갈 수 있으며, 지를 사랑하는 철학자는 일체의 육신적 정욕을 억제하고 가난이나 혹은 재산의 상실을 두려워하거나 돈에 집착하지 않는다."
41) platon, *phaedo* 82D.
42) platon, *Theaetetus* 175A-C에서 플라톤은 철학자는 출신·부·명성 혹은 신분에 대해 총체적으로 무관심한 자로 표현하고 있다.

에서 찾았던 것이다. 이러한 사실은 소크라테스의 영향이었다. 철학자 소크라테스의 삶을 기술한 『파에도』에서 플라톤은 진정한 철학자는 무엇보다 육신과 육신의 욕망, 육신의 쾌락 그리고 육신의 고통으로부터 해방하려고 노력하지만, 모든 경우에 육신의 쾌락과 고통은 영혼을 육신으로부터 벗어날 수 없게 붙잡아 놓는 족쇄라고 정의했다.[43] 그러므로 쾌락과 고통은 영혼을 구하는 자에게 가장 큰 적이며, 검소와 자기억제는 쾌락을 막는 예방약이라 했다. 그러나 우리는 대체로 자신을 통제할 수 없는 상황에서 오는 정신적 고통(λύπη)을 막을 수 있는 해독제를 찾을 수 있는가?[44] 안티스테네스는 정신적 고통을 막을 수 있는 치료약은 육신적 고통뿐이라고 말하였다. 이 육신적 고통을 의미하는 그리스어의 포노스(pónos)는 아마도 안티스테네스가 제일 먼저 전문용어로 사용했을 것이다. 소크라테스는 플라톤이 사용한 육신적 고통을 의미하는 포노스라는 용어를 사용하지 않았다.[45] 플라톤은 크세노폰의 『소크라테스의 회상』에서 사용한 포노스는 안티스테네스의 영향에 기인한 것으로 보았던 것이다.

그러한 육신적 고통은 인간의 삶에 유익한 것이라고 디오게네스 라에르티우스는 말한다. 안티스테네스는 그리스인으로는 헤라클레스, 그리고 이민족에서는 퀴로스(Cyrus) 대왕을 표준으로 삼았다. 여기서 안티스테네스의 세계주의 사상이 싹트기 시작했다. 그러나 그러한 해석이 사실상 적절하다고 할 수 없을 것이다. 안티스테네스가 했던 것은 단지 그가 살았던 당시의 모든 지식인에게 잘 알려진 역사적이고 전설적인 두 위대한 인물의 교당(教堂)에서 표준이 된 두 전례를 선택하는 것이었다.

---

43) Platon, *Phaedo* 83B-D.
44) *Diogenes Laertius* 7. 166.
45) Platon, *Phaedo* 82C. "… 친애하는 심미아스(Simmias)와 게베스(Gebes)여, 진실로 지혜 즉 철학을 사랑하는 자들은 육신적 욕망을 억제하고 저항한다. 그리고 그러한 정욕에 빠지지 않는다.…"

분명 그 교당의 인물은 거의 만인이 아니었다는 점과 또한 영웅의 역할을 할 수 있는 기질을 가진 사람이 거의 없었다는 점을 들 수 있다. 바로 퀴로스가 그러한 인물이었다. 구약성서에서 유익한 광명, 유망한 지도적 인물로 등장하는 위대한 왕은 기원전 5세기 그리스인을 매혹시킨 것으로 보이고 있다. 안티스테네스에게 있어 그 위대한 왕은 육신적 고통 즉 포노스였으며, 그것은 당시의 지식인의 삶의 가치표준일 뿐만 아니라, 크세노폰에게 있어 왕국(βασιλεία)의 이상으로 나타나고 있다.

안티스테네스의 윤리학은 -아마도 대부분 소크라테스에 대한 그의 묘사를 통해- 퀴니코스학파의 철학자들에게 많은 영향을 주었다. 그러나 퀴니코스학파의 주요특징은 윤리학에 제한된 관심을 보인 디오게네스와 그리고 안티스테네스에게서 발견할 수 없다. 안티스테네스의 작품은 윤리학·논리학·정치학 그리고 그 후에 형이상학이라 일컬어진 것들로 되어 있다. 우리는 그가 수사학과 호메로스의 해석에 관심을 가진 자였다는 사실을 알 수 있다. 그의 철학을 아마도 재구성할 수 있는 충분한 전거는 없지만 대체로 전체적인 논리구성이 잘 이루어졌다고 생각된다. 그의 논리체계는 신엘레아학파와 유사했다. 특히 소크라테스가 그에게 끼친 영향에서 가장 괄목할 만한 것은 윤리학이었다. 안티스테네스의 정치관은 소크라테스의 현자의 이상화였으며, 실정법(*nomos*)과 자연법(*physis*)에 대해서는 소피스트와 반대입장이었으며 그리고 당시의 역사사건에 반대한 '소크라테스적 인간'의 반작용을 종합하고 있다.

안티스테네스의 문체구성과 수사학 연구의 기초는 소피스트인 고르기아스의 영향이 컸다. 소피스트의 진일보된 계몽사상에서 우리는 자연법과 실정법 사이의 반립현상을 발견할 수 있다. 이는 인류에 끼친 정치이론과 인간본성의 발견이었다. 인간본성의 발견과 정치이론의 혁신은 실정법과 자연법에 대한 논쟁에서 출발한다. 초기 소피스트들은 히포크라테스의 지도하에 유명해진 의학파의 저술들 가운데 현존하는 논문 「인간본성론」의 영향으로 인간의 이성적 구조보다 심리적·정신적 의미에 있어 인간의 '피시스'에 대해 더 관심을 갖게 되었다. 그 결과 특정한 도시국가의 노모스는 이제 더 이상 절대적인 도덕규범이라고 생각되지 않았다. 소피스트인 안티폰(Antiphon)과 알키다마스는, 노모스는 인간의 자기완성에 대한 방해물이라는 트라쉬마코스와 급진적 소피스트의 결론을 받아들였던 것이다. 안티폰에게 노모스는 선천적 평등을 방해하는 규약이었으며, 알키다마스는 노모스를 선천적 자유에 대한 방해물이라고 지적했다. 소피스트의 자연법 사상은 인간의 권위와 자유에 대한 확신이며, 반노예제의 이론적 투쟁과 윤리적 인식의 발전에 기여했다.

알키다마스의 반노예제의 주장은 그리스 시민의 정치생명을 좌우한 노예제도의 훼손을 야기했다.[46] 결론적으로 그는 소크라테스와 소피스트의 시대인 이른바 지적 혁명기의 전형적인 특징을 나타내고 있다. 안티스테네스에 대한 키케로의 비판에서 그는 많은 교육을 받은 박식한 사람(*homo acutus magis quam eruditus*)으로 평가되고 있다. 그러나 안티스테네스의 철학은 논리적 기초가 취약했다. 그의 학문의 논리적 기조는 신엘레아학파의 논리학이었다. 아리스토텔레스는 안티스테네스의 논리체계를 가리켜 시대에 뒤진 것으로 자주 경멸하는 표현을 썼던 것이다. 이 같은 비판은 곧 그가 고전고대시대에 매우 인기있는 저술가였다고 하는 사실을 반증하는 것이기도 하다.

알렉산드리아의 저술가와 그리고 스토아 사상가에게는 소크라테스에서 제논까지의 전통의 계승에서 안티스테네스가 소크라테스식의 대화를 창시한 장본인으로 잘 알려졌을 것이다. 여기서 말하는 소크라테스식의 대화의 전통은 금욕주의의 지향이었다. 안티스테네스는 퀴니코스학파의 학두(學頭)로 잘 알려져 있다. 그의 윤리학은 퀴니코스학파의 윤리

---

46) E.M. & N. Wood, "The Intellectual world of the Sophists", *Class Ideology and Ancient Political Theory*, oxford Blackwell, 1978, pp.89~90.

학은 물론 스토아 사상가의 윤리학과도 아주 유사하다. 그러므로 우리는 안티스테네스가 퀴니코스학파의 선구자였다고 말한 발레트(Vallette)에 동의할 수 있으나, 사실 퀴니코스학파의 창시자는 시노페(Sinope)의 디오게네스라고 생각하는 것이 온당할 것이다.

2) 디오게네스의 삶과 인생관

디오게네스는 그리스 세계의 변방지역으로 상업의 중심지인 도시국가 폰투스(Pontus)의 시노페에서 태어났으며, 그의 아버지는 사회적으로 높은 신분이었다. 그러나 어떤 이유이었는지는 몰라도 디오게네스는 그곳에서 추방당했다. 그래서 그는 결국 아테네로 오게 되었다. 이 같은 사실은 다른 여러 전거에서 폭넓게 밝혀지고 있다. 특히 여러 자료 가운데 몇 가지 사실은 디오게네스 라에르티우스에 의해 전해지고 있다.[47] 디오클레스(Diocles)는 디오게네스가 추방당하게 된 이유는 이미 지적한 바와 같이 그의 아버지가 국가의 화폐를 주조하는 데 국법의 기준에 벗어나는 화폐를 주조했기 때문이었다고 밝히고 있다. 그러나 에우불리데스(Eubulides)는 디오게네스에 관한 그의 저술에서 디오게네스 자신도 이 같은 위법인 일을 했기 때문에 그의 아버지를 따라 집을 떠날 수밖에 없었다고 기록하고 있다. 디오게네스도 자신이 국법의 기준에 맞지 않는 화폐를 주조했다고 하는 사실을 그의 작품 『포르다루스(Pordalus)』에서 고백하고 있다. 또 어떤 사람은 그가 노동자를 감독하는 직분을 임명받았기 때문에 노동자가 그에게 그 같은 일을 하도록 권유했다는 것이다. 그래서 그는 그의 나라에 있는 델피성지에 가서 노동자의 권유를 수행

---

47) *Diogenes Laertius* 6. 21.

해야 할 것인지 혹은 말아야 할 것인지를 아폴로 신에게 물었다. 아폴로 신은 국가의 유통화폐의 개조를 허락했는데 그 허락의 의미가 무엇인지를 이해하지 못한 채 그는 국가의 법정기준에서 벗어나는 화폐를 주조했다.

이와 같은 결과로 디오게네스는 결국 추방될 수밖에 없었다는 주장과, 또 다른 주장에 의하면 그가 추방의 두려움 때문에 스스로 그의 조국을 떠났다는 설도 제기되고 있다. 이밖에 또 다른 추방설이 언급되고 있다. 디오게네스는 그의 아버지로부터 돈을 위탁받았지만 그 돈의 가치를 절하시켰다고 전해지고 있다. 이러한 일로 아버지는 투옥되었으며 결국 죽게 되었다. 그 사이 디오게네스는 델피신전으로 피신하여 유통화폐를 위조해야 하는지 말아야 하는지 관심보다, 자신이 위대한 인물로 평가받을 수 있는 명성을 얻기 위해 무엇을 해야 하는지 신에게 물었다. 그리고 그는 신탁을 받게 되었다고 한다.[48]

디오게네스는 『포르다루스』에서 국가의 통화를 위조했다고 하는 사실을 시인하고 있다. 그는 말하기를 '나는 화폐를 위조했기 때문에' 사실 추방되었다. 그래서 그는 선한 사람에게 위조화폐를 만드는 법을 가르친 자신의 위선에 대해 괴로워했다. 디오게네스는 델피의 신탁과 신의 명령에 따라 자신의 일을 수행했던 것이다. 여하튼 우리는 디오게네스의 추방에 관한 이야기를 믿을 수밖에 없을 것이다. 정치적인 삶이 그렇게 강화되지 않았던 기원전 4세기에 디오게네스가 국가로부터 추방당했다는 것은 그에게 있어 커다란 불행이자 재난이었다. 그의 친구와 그리고 통속적인 삶으로부터의 단절, 특히 무엇보다 그의 시민권의 박탈은 그의 명성과 인격에 많은 손상을 주었던 것이다. 디오게네스는 일체의 비극적인 해악이 그의 머리 위에 엄습해 왔다고 말하고 있다. 왜냐하면 그는 고향과

---

48) *Diogenes Laertius* 6. 20.

인연을 끊음으로써 이제 국가도 가정도 없이 단지 하루의 먹을 것만을 가진 거지에 불과한 방랑자였기 때문이었다.[49] 이러한 결과로 디오게네스는 삶의 가치를 철학에서 찾기 위해 현자가 가야만 하는 현자의 통로인 철학의 길로 향하게 되었다.[50]

디오게네스가 철학의 길로 가야만 했던 흥미있는 이야기가 우리에게 전해지고 있다. 그가 철학에 관심을 가지고 몰두하게 되었던 것은 테오프라스토스의 영향이었다. 디오게네스는 우연히 자기 주위에서 달리는 쥐를 보고 철학의 길을 택해야겠다고 생각했다. 쥐는 누울 자리를 찾지 않을뿐더러 밤을 두려워하지도 않는다. 그렇다고 맛있는 것을 찾는 것도 아니고, 단지 자기의 주변만을 달리고 있는 쥐에게서 그는 철학의 삶을 마음먹게 되었다.[51] 디오게네스가 아테네에 도착한 정확한 날짜는 확실치 않다. 셀트만(Seltman)은 기원전 340년보다 훨씬 앞선 시기로 보지 않는다.[52] 만일 기원전 340년의 시기가 정확하다면 그것은 디오게네스에 대한 그 동안의 해석에 반하는 것이며, 또한 디오게네스는 기원전 366년 이후에 죽은 안티스테네스의 제자일 수도 없고, 플라톤과의 접촉도 거의 불가능했을 것이다.

아리스토텔레스의 『수사학(Rhetoric)』[53]의 기록에서 디오게네스는 기원전 330년경 개(κύων)로 잘 알려져 있었다고 전하고 있다. 디오게네스[54]는 제113차 올림피아드가 열린 기원전 328~325년에는 이미 늙은 몸이었으며, 금욕적인 삶을 집착하고 신봉했던 자로 이미 아테네에 도착했다고 전해지고 있다.[55] 디오게네스는 한 오두막집을 사기 위하여 어떤 사람에

---

49) *Diogenes Laertius* 6. 38.
50) *Diogenes Laertius* 6. 49.
51) *Diogenes Laertius* 6. 22.
52) Donald R. Dudley, *op. cit.*, p.33.
53) Aristoteles, *Rhetoric* 3. 10. 7.
54) *Diogenes Laertius* 6. 81.
55) *Diogenes Laertius* 6. 22.

게 편지를 썼다. 그러나 오두막집 구입이 지연되었을 때에 그는 메트룬 (Metroon)에 있는 통속을 거처지로 정했다. 아마도 이 같은 설화는 그가 아테네에 머물기 시작한 때에 발생했다고 생각된다. 그 후 그는 사원의 현관에서 잠을 자곤 했다. 디오게네스가 아테네에 도착하기 이전부터 금욕주의자였다는 사실은 그의 생활이나 이력에 비추어 짐작이 가능하다. 디오게네스는 아테네에 있는 동안 그리스 도시국가의 형태와 관행을 단호하게 비판했다. 이와 같이 그의 도시국가에 대한 비판적 태도는 빈털터리로 떠돌았던 유랑생활이 그 원인이었다고 생각된다.

디오게네스가 그리스에서 어떤 생활을 했으며, 또 어떻게 살았는가 하는 자세한 내용은 밝힐 수가 없다. 그가 해적에 의해 포획되었다는 에우불루스의 이야기와 그리고 그 후 코린토스 사람 크세니아데스(Xeniades)에 의해 팔려갔다는 사실은 프리츠(Von Fritz)에 의해 꾸며진 이야기로 밝혀졌다. 디오게네스가 팔려갔다는 이야기는 메니푸스(Menippus)에게서 유래하고 있다. 전승에 의하면 디오게네스의 이름은 아테네 이외의 다른 도시국가와 관련이 있는 것으로 밝혀지고 있다. 스파르타를 방문했을 때 그는 무엇보다 스파르타의 제도에 대해 찬탄을 아끼지 않았다.56) 마치 페르시아 왕이 소우사(sousa)와 엑바타나(Ecbatana)를 교대로 방문했듯이 디오게네스도 아테네와 스파르타를 번갈아 방문했다고 디오 크리소스토모스는 전하고 있다.57) 또 다른 전거에 의하면 디오게네스는 나이가 들어 노쇠해진 뒤의 활동무대는 코린토스였으며 그 곳에서 생을 마치게 되었다.58)

디오게네스는 거지의 복장으로 방랑생활을 즐겨했던 자이지만 사명감이 투철했다. 그는 그리스세계의 모든 지역에서 온 많은 구경꾼과 큰

---

56) Aristoteles, *Rhetoric* 3. 10. 7.
57) *Diogenes Laertius* 6. 197.
58) *Diogenes Laertius* 6. 77.

경기 보는 것을 아주 좋아했다. 그래서 그는 그리스에서 열리는 제전(祭典)에 많은 관심을 가지고 있었다고 생각된다. 디오게네스는 이스트미아(Isthmia) 경기에 참석하기 위해 코린토스를 방문했으며, 또 그가 그 곳에서 언제 죽었는지는 확실치 않다. 그가 알렉산드로스와 같은 날에 죽었다는 전설[데메트라우스가 밝히고 있듯이]도 확실히 조작된 이야기다.[59] 우리는 그가 제113차 올림피아드(328~325 B.C.) 시기에 이미 늙은 몸이었다는 주장에 더 확신이 간다. 아마도 디오게네스는 기원전 320년이 지나서 죽었을 것이 확실하다. 그의 죽음에 관한 많은 이야기가 전해 오고 있지만,[60] 그가 죽은 곳이 아테네인지 아니면 코린토스인지에 관해 의견이 분분하다.[61] 디오게네스의 죽음은 코린토스의 크라네이온(Craneion) 체조장이었다는 사실과 그 자신이 목메어 자살했다는 로도스의 안티스테네스의 주장도 간과할 수 없을 것이다.[62] 이와 같이 그의 자살에 관한 이야기는 메갈로폴리스(Megalopolis)의 케르키데스(Cercides)의 단장에서도 등장하고 있다.[63] 당시의 자살행위는 초기 퀴니코스학파의 철학자들에게서 흔히 볼 수 있었던 행위였다. 디오게네스가 본래 코린토스에서 죽었다고 하는 이야기는 개연성이 있는 주장으로, 코린토스인들은 디오게네스의 무덤 위에 개의 조상(彫像)을 만들어 세웠다고 전해 오고 있다.[64] 이러한 내용은 파우사니아스(Pausanias)에 의해 밝혀진 사실이다.[65] 그러나 디오게네스가 죽은 곳이 어디든 간에 아테네가 그의 삶의 가장 중요한 무대였다는 데에는 의심의 여지가 없다. 디오게네스에 관한 대부분 이야기들은 아테네의 명사들과 그 지역의 관습들 그리고 다른 여러 지방을 소개하는

---

59) *Diogenes Laertius* 6. 80.
60) *Diogenes Laertius* 6. 80.
61) *Diogenes Laertius* 6. 77~80.
62) *Diogenes Laertius* 6. 77.
63) *Diogenes Laertius* 6. 76.
64) *Diogenes Laertius* 6. 78.
65) Donald R. Dudley, *op. cit.*, p.25.

것이다. 그는 대부분의 시간을 그가 살았던 당시와 그리고 이후 오랜 시기까지 '철학의 산실'인 아테네에서 보냈다.

한편 안티스테네스가 퀴니코스학파의 창시자였다고 하는 사실 자체를 부인하는 사람도 있다. 그러나 이 같은 주장은 옳지 않다. 안티스테네스는 퀴니코스 철학의 창시자였는데 반해 디오게네스는 퀴니코스 철학을 철저하게 지키고 실천에 옮긴 자였다고 말할 수 있다. 디오게네스 사상의 핵심은 안티스테네스에게서 찾을 수 있다. 안티스테네스가 발표한 많은 저술서가 있으나 오늘날 우리에게 전해지고 있는 것은 단 하나도 없다. 하지만 "시대의 흐름과 더불어 청동제품은 퇴색하더라도 디오게네스의 명성은 영원히 지워지지 않을 것이다. 왜냐하면 그는 인간에게 자족의 교훈과 삶의 가장 안락한 길을 열어주었기 때문이다"[66]라는 찬사의 글은 어느 정도 실현되었다고 할 수 있다. 왜냐하면 디오게네스는 고대의 유명한 인물 가운데 한 사람이기 때문이다. 그러나 다른 역사적인 명사처럼 디오게네스도 그가 밝힌 유익한 이야기가 도덕성을 밝게 비추었다기보다는 오히려 모호하게 했다고 말할 수 있을 것이다. 디오게네스에게 있어 자족의 의미는 알렉산드로스 대왕과의 대화에서 잘 표현되고 있다.

> 언제인가 디오게네스가 크라네우스(Kraneus)에서 햇볕을 쪼이고 있을 때 알렉산드로스가 그에게 가까이 다가와서 당신이 원하는 것이 무엇인가 나에게 요구하라." 그러자 디오게네스는 "내가 햇볕을 쪼일 수 있도록 비켜 달라"고 대답했다.[67]

디오게네스는 알렉산드로스의 세력이나 권세가 그에게 베풀 수 있

---

[66] Donald R. Dudley, *A History of Cynicism*, Hildesheim, 1967, p.17. 시노페의 디오게네스의 기념비에 새겨진 것으로 디오게네스 라에르티우스에 의해 전해지고 있다.
[67] *Diogenes Laertius* 6. 38.

는 것은 아무것도 없다고 생각했다. 디오게네스는 각자의 자유 의지에 따른 행위가 가장 자연스러운 행위이며, 행복이라고 생각했다. 디오게네스는 행복은 인간의 외부에서 오는 것이 아니라 인간 내면으로부터 오는 것으로 대왕의 권세 같은 것은 무용한 것으로 생각했다.

퀴니코스학파의 철학자들 가운데 최초의 저술가는 크라테스였다. 그는 디오게네스의 사후 짧은 기간 동안 집필활동을 했다. 그의 작품은 그의 선생인 디오게네스의 가르침에 대한 수상(隨想)이었다. 현재까지 전해 오고 있는 단편에는 디오게네스에 대한 직접적인 언급은 거의 없지만 당시 퀴니코스 철학자들의 삶의 실체를 알 수 있는 가장 좋은 자료이다. 기원전 4세기에서 3세기에 이르기까지 디오게네스에 관한 유익한 문헌 자료는 디오게네스 라에르티우스의 기록들이다. 이에 따르면 디오게네스는 퀴니코스 철학자들과 스토아 사상가의 도덕적 가치의 표준일 뿐만 아니라 이상적인 현자이며, 제2의 헤라클레스였다.

디오게네스의 작품에 관해 여러 설이 전해져 오고 있다. 우선 디오게네스 라에르티우스는 전거의 인용없이 대화 14편과 비극 7편, 모두 21개의 작품을 소개하고 있다.[68] 디오게네스 라에르티우스는 특히 서지학(書誌學)에 관심을 가지고 있었다. 그는 이미 언급된 바 있는 선도적인 스토아 사상가들을 포함한 32명의 철학자들의 목록을 제시하고 있다. 「스토아 사상가들에 관하여(periton Stoikon)」라는 필로데모스(Philodemos)의 작품은 결국 소티온의 목록에 단서를 제공하고 있다. 필로데모스에서부터 스토아 사상가들의 정욕이 소크라테스와 어떠한 연관관계를 가지며, 또 소크라테스-안티스테네스-디오게네스-크라테스-제논으로 이어지는 그 '계승'에서 어떻게 이들 모두를 스토아 현자와 같은 성인으로 포함했는지 알 수 있다. 이같이 후기 스토아 도덕론자들은 그들이 잘 풀 수 없었

---

68) *ibid.*, pp.25~26.

던 문제를 제논의 『국가론』과 디오게네스의 『국가론(Republic)』 그리고 비극작품들과 관련하여 그럴싸하게 둘러대었던 것이다. 이들 작품은 초기 스토아 사상가에게 많은 영향을 주었으며, 특히 클레안테스(Cleanthes)[69]는 특히 디오게네스의 『국가론』을 높이 평가했으며, 크뤼시포스[70]는 디오게네스의 『국가론』과 제논의 『국가론』의 가치와 순수성을 높이 상찬하였다. 그러나 이 두 작품은 인육(人肉)을 먹는 풍습을 좋게 말하고 근친상간을 찬양하고 있기 때문에 후기 스토아 사상가들에게 거부감을 주게 되었으며 스토아학파의 적대자들에게는 표적이 되었다.[71] 우리는 필로데모스가 이들 공격을 어떻게 받아넘길 수 있었는지를 볼 수 있다. 그는 이렇게 외쳤다.

> 제논은 그 당시에 청년이었다. 우리는 청년을 용서해야 한다. 그가 꼭 제논이라고 할 수 있겠는가?[72]

디오게네스에 관해서는, 그가 쓴 것으로 알려진 『국가론』은 그의 작품이 아니라 어떤 사악한 마음을 가진 자들에 의해 기술된 것'으로 전해지고 있다. 이 두 작품에 나타난 인육을 먹는 것과 근친상간은 특히 『오이디푸스(Oedipus)』와 『티에스테스(Thyestes)』 같은 비극작품에서 발견할 수 있다.

결론적으로 『국가론(Republic)』과 『비극들(Tragidies)』은 디오게네스의 순수한 작품으로 추론할 수 있다. 그 어떤 자료와 전거도 디오게네스의 사상이나 실제를 연구하는 데 크게 도움이 되지 않는다. 디오게네스는 그가 살았던 당시 사회에 대해 견실한 비판적인 인물로서 전통적 가치를

---

69) *ibid.*, p.26.
70) *Diogenes Laertius* 7. 34.
71) Donald R. Dudley, *op.cit.*, p.26.
72) *ibid.*, p.26.

비판하고, 심지어 자유라는 명목으로 육체의 수치스러운 부분의 노출까지 강조했는가 하면, 그 어떤 명성이나 평판에도 감동하지 않았던 인물이었다. 그가 철학자의 강의실에서 아주 당황하는 태도를 보였다는 이야기는 아마도 조작된 말이라고 생각한다.[73] 당시의 철학자들 가운데 그를 비판한 자는 아주 극소수였다. 그가 안티스테네스의 제자라는 사실은 역사적 진실이라 할 수 있다. 우리는 연대기적 전거에 의해 디오게네스가 안티스테네스와 개인적으로 접촉이 가능했을 것으로 생각한다. 아리스토텔레스는 퀴니코스학파는 키노사르게스에 이르러 주로 논리학 연구에 몰두했다고 밝히고 있다. 제논이 크세노폰의 『소크라테스의 회상』을 청강함으로써 철학에 관심을 가지게 되었던 것처럼 디오게네스도 안티스테네스의 작품으로부터 많은 영향을 받게 되었다. 디오게네스는 안티스테네스의 사상과 이론을 몸소 실천한 사실을 부인하고 있지만 그가 이상화했던 현자관 형성에 많은 영향을 받은 것으로 생각된다.[74] 플라톤은 디오게네스에 관한 언급에서 '디오게네스는 소크라테스이며, 정신이상자'라고 지적하고 있다. 이러한 지적은 디오게네스 라에르티우스는 물론 아일리아누스(Aelianus)에게서도 발견할 수 있다. 디오게네스는 중용적인 성향을 가진 소크라테스적 현자를 강조했다. 디오게네스의 검약은 엄격한 금욕주의다. 그래서 그는 감정의 위장은 마음의 문을 여는 솔직함에 의해, 그리고 자제는 욕심으로부터의 떠남(ἀπαθεια)에 의해 해체된다고 했다. 또한 대중의 의견이나 여론을 무시해 버린 소크라테스의 대중 경시 태도는 퀴니코스학파의 철학자들을 뻔뻔스럽고 수치심을 모르는 후안무치의 인간으로(ἀγαιδεια) 바꾸는 데 영향을 주었다. 소크라테스처럼 디오게네스도 숙련된 장인의 기술을 인간의 영혼과 도덕성을 파괴하는 위험한 행위로 보았으며, 또한 돈과 재산을 축적하는 것을 좋아하기보다 오

---

73) *Diogenes Laertius* 6. 40. 53.
74) Dio Chrysostomus, 8. 275.

히려 인간의 영혼에 애착을 가지도록 촉구했다. 그러나 디오게네스는 가족이나 시민생활의 결속 혹은 민족과 국가의 전통에 얽매였던 소크라테스보다 훨씬 자유로웠다. 이러한 점이 두 사람 사이에 나타난 차이점이라 할 수 있다. 디오게네스는 자신이 조국으로부터 추방을 당하고 오히려 조국을 버렸기 때문에 완전한 자유의 몸이 되었다고 생각했다.

디오게네스는 세상에는 많은 바보들이 있으며, 그들은 가치기준을 철저히 왜곡하고 있다고 지적한 바 있다. 디오게네스는 제신이 인간에게 쉽게 살아가는 방법을 가르쳐 주었다고 자주 외치곤 했지만 그러나 그러한 삶의 방법은 꿀을 바른 달콤한 과자나 연고 같은 것을 요구하기 때문에 참 삶의 방법이 무엇인지 파악할 수 없다고 생각했다.[75] 그는 말하기를 "일체 가치있는 것이 무가치한 것과 교환되는 것이 다반사이며, 또 그 반대로 무가치한 것이 일체 가치있는 것과 교환되는 것이 일상사였다. 아무튼 어떤 조상은 3백 드라크마에 팔리는가 하면 1커트의 보릿가루는 동전 두 개의 값에 팔리고 있다"[76]고 비판했다. 또한 그는 화폐위조에 대한 비유를 회상하면서 당시 사용되고 유통되었던 주화는 불량했던 것으로 전통적인 주화는 진정한 의미에서 그 가치와 무관하게 잘못 주조된 것이라 생각했다. 무엇보다 절실히 요구되는 것은 지금 사용되고 있는 전통적 주화를 마멸시켜 버리고 유통을 막는 것이었다. 그러므로 디오게네스의 사명은 모든 국면에서 관습과 전통을 철저히 차단하고 공격하는 것이었다.

디오게네스는 소크라테스처럼 변증법적인 논리에 의해서도 아니며, 또한 안티스테네스가 했던 것처럼 비유적인 방법에 의해서도 아닌 오히

---

[75] *Diogenes Laertius* 6. 44. "… 사람들이 자신들의 신발을 스스로 신지 못하고 노예에 의해 신겨질 때에 완전한 행복에 도달하지 못할 것이다. 또한 자기의 코를 닦지 못할 경우, 또 자기의 손을 스스로 사용하지 못할 때에 그렇게 될 것이다. …"
[76] *Diogenes Laertius* 6. 36.

려 그의 일상생활의 실제적인 표준에 따라 삶의 참 길을 가기 위해 노력했다. 한번은 헤게시아스가 스승의 여러 저술서 중 하나를 빌리고자 하였다. 디오게네스는 헤게시아스에게 "헤게시아스여 자네는 바보일세, 진짜 무화과를 선책하지 않고 채색된 무화과를 선택하는군. 아직도 자네는 참교육과 훈련을 간과하고 또 과거의 전통적인 규범들을 수용하려 하는군"이라고 말했다. 이같이 거리낌없이 말하는 재산의 공유와 언론의 자유(παρρησία)와 부끄럼없이 행동하는 행동의 자유(ἀχαίδεια)와 같은 두 가지의 특성은 그 후 퀴니코스 사상의 특징적인 요소가 되었다. 디오게네스는 재산의 공유와 언론의 자유를 이 세상에서 가장 아름다운 것이라고 말했다.[77] 그래서 그는 정치적 타협의 여지없이 언론과 행동의 절대적 자유를 요구했다. 특히 그는 언론의 자유를 폭군의 강제에 저항하고 지식인과 정치가의 요구와 주장을 폭로할 수 있는 수단으로 보았다. 디오게네스는 당시의 시대상을 꼬집고 조소하면서, 재치있게 대답하는 유머러스한 화술로 아주 뛰어났다. 일화에 의하면 디오게네스는 당시의 철학자들 가운데 안티스테네스·에우클레이데스(Eucleides)·플라톤·아리스토텔레스 그리고 정치가와 왕들 가운데 특히 데모스테네스(Demosthenes)·필립포스·알렉산드로스·페르딕카스(Perdiccas)와 그리고 크라테루스(Craterus) 등과 심한 알력이 있었던 것으로 전해지고 있다.

언론의 자유에 상대되는 것은 행동의 자유다. 퀴니코스학파의 행동의 자유는 개의 독특한 특성이라 할 수 있는 부끄러움없이 뻔뻔스럽게 행동하는 개의 별명에서 유래했다. 초기 스토아 사상가도 퀴니코스학파처럼 행동의 자유를 자유의지의 표현으로 생각했다. 그들은 안티스테네스의 후계자를 어리둥절하게 했던 개의 특성을 인정하고 그 별명을 그대로 사용했던 것이다. 우리는 디오게네스에게서 비타협적인 단호한 본성

---

77) *Diogenes Laertius* 6. 35.

을 읽을 수 있다. 디오게네스는 '자연에 일치하는 것'이면 무엇이든 언제나 그리고 어디서나 적합한 것으로 생각했다.

디오게네스는 그의 작품을 통해 전통적 관례와 그리고 당시의 모든 금기를 공격하였다. 그는 근친상간과 소포클레스의 『오이디푸스』를 그의 『국가론』에서 자연에 합일하는 것으로 옹호했지만, 그렇다고 근친상간과 인육을 먹는 것을 강하게 권장하거나 장려하지는 않았다. 하지만 『티에스테스(Thyestes)』에서 인육을 먹는 것을 정당화한 사실은 아주 흥미롭다.[78]

디오게네스는 "사원에서 물건을 훔치고, 또 동물의 종류를 구분하지 않고 모든 고기를 먹는 행위를 부당하다고 생각하지 않았다. 사람의 살을 먹는 것은 결코 불경스러운 일이 아님을 밝혔다. 그 이유로 이 세상의 모든 것은 그 본질적 요소들이 같은 것으로 되어 있다고 생각했기 때문이다. 고기는 빵의 성분일 뿐만 아니라 빵은 또한 야채의 성분을 가진다." 이 같은 주장은 아낙사고라스의 자연학을 일반화한 것으로 그에게서 우리는 아낙사고라스의 자연학을 발견할 수 있다는 것 자체가 다소 의아스러운 것이다. 그 이유는 디오게네스가 자연학을 철저히 반대한 사람이었기 때문이다.

디오게네스의 행동의 자유는 교훈적인 것으로 관행과 전통의 부자연스러움을 고발하는 것이다. 그는 정직한 사람을 찾는다고 하면서[79] 대낮에 등불을 들고 다니었는가 하면, 모든 사람이 극장을 떠나가 버렸을 때 극장에 들어가려고 했던 상식에 벗어난 기벽을 보였던 자였다.[80] 디오게네스는 행동에 있어 아주 뛰어난 연출력을 가진 사람이었다. 그는 자신을 합창단의 연습생으로 비유하고 있다. 디오게네스에게 있어 실정법과 자연

---

78) *Diogenes Laertius* 6. 73.
79) *Diogenes Laertius* 6. 41.
80) *Diogenes Laertius* 6. 35.

법에 대한 반대는 1세기 이상 동안 그리스 철학의 주요 문제로 제기되어 왔다. 카에르스트(Kaerst)는 퀴니코스 사상가들이 선호한 자연법은 보편적이며 불변적이고 합리적인 규범이었음을 밝히고 있다.[81]

디오게네스는 관행과 전통 그리고 사회제도와 법은 모두 제거되어야 하고 보존되어야 할 것은 자연적인 것일 뿐이라고 말했다. 그는 자연의 표준에 맞추어 필요로 하는 것을 지속적으로 억제하고 원시인과 동물의 생활전통에 따라 살아갈 것을 호소했던 것이다. 이미 우리는 디오게네스가 쥐의 생활방법을 어떻게 생각하고 또 그가 얼마나 현명했는지 보아왔다. 디오 크리소스토모스의 여섯 번째 연설은 동물들의 생활을 예로 들고 그러한 생활을 따를 것을 호소한다. 그의 연설에서 강조한 동물적 생활의 실례를 발견할 수 있을 것이다.

> 인간은 우아하기 때문에 동물보다 더 비참하게 산다. 왜냐하면 동물은 물을 마시고, 풀을 먹고 나체의 몸으로 살아간다. 그들은 집에 들어가지도 않으며 불도 사용하지 않는다. 만일 그들이 난폭한 죽음을 당하지 않는다면 태어날 때부터 노예의 삶을 살 것이다.… 인간은 동물이 사는 것처럼 살 수 없다고 말한다. 왜냐하면 인간의 육신은 아주 우아하고 섬세하기 때문이다. 그래서 다른 동물과 달리 인간은 털이 없으며 또 털에 의해 보호받지 못한다. 디오게네스는 인간은 이성에 따라 살아가는 힘없는 존재라고 비판한다. 왜냐하면 인간은 그들이 할 수 있는 한에서 뜨겁고 차가운 것을 피하기 때문이다. 털이 없다는 것이 불이익만은 아니다. 디오게네스는 개구리와 다른 동물을 예로 든다. 개구리와 다른 동물의 몸은 인간의 몸보다 훨씬 부드럽지만 그들은 많은 경우에 겨울 내내 아주 찬물 속에서 살아간다.[82]

이와 같이 디오게네스는 자연에 따라, 자연에 일치하는 삶을 행복한 삶으로 생각하고, 금욕하는 가운데 쾌락을 멀리하는 것이야말로 가장 큰

---
81) Kaerst, *Geschichte des Hellenismus* ii. 103
82) Dio Chrysostomus, *oration* 6.

쾌락이라고 생각했다.

　디오게네스는 쾌락에 직면하게 된다는 것은 인간의 보편적 인식과 감각에 반하는 것으로 앞으로 올 세계에서 누릴 수 있는 향응에 제공될 무미건조한 쾌락이다. 디오게네스는 우아함을 얻기 위한 비법으로 신체적 단련이나 훈련(askesis)을 강조했다. 하지만 삶에 있어 아무것도 가진 것이 없으면 훈련이나 단련없이도 우아함에 도달할 수 있다고 확신했다.[83] 그러므로 디오게네스는 모든 고통에 길들 수 있기 위해 여름에는 뜨거운 모래 속에서 그리고 겨울에는 차가운 눈 속에 파묻혀 살았다.[84] 고통을 극복하고, 고통에 길들기 위한 디오게네스의 신체적 단련설은 디오게네스 라에르티우스의 전기에서 상세히 밝히고 있다. 디오게네스는 "단련에는 두 가지의 종류가 있음을 밝힌다. 즉 정신적 단련과 그리고 육체적 단련이다. 후자인 육체적 단련은 도덕적 행위를 위한 확실한 활동의 자유를 가질 수 있는 지각의 형성으로 보았다. 그리고 그는 이러한 육체적 단련을 위해 육체는 물론 정신을 위해 필수적인 것들인 선·건강 그리고 힘이 요구된다"[85]고 강조한다. 스토바이우스(Stobaeus)는 고통의 미덕을 예증함에 있어 메다(Meda)의 이야기를 [아마도 메다라는 비극에서] 어떻게 우화로 만들었는지 보여주고 있다. 디오게네스는 메다가 지혜있는 사람이요, 기예가였지 마녀가 아니었다고 말한다. 왜냐하면 메다는 기력없는 이완된 사람을 넘겨받았기 때문이다. 이들 기력없는 연약한 사람은 사치스러운 생활로 체력을 잃게 되고 타락해 버렸다. 그래서 메다는 그들을 체조와 한증의 단련과 고통을 줌으로써 강인한 체력을 유지하게 했던 것이다. 전설에

---

83) *Diogenes Laertius* 6. 71. 인간은 가진 것 없이, 그리고 피나는 노력이나 단련없이 성공적으로 살 수 있다고 디오게네스는 말한다. 그러므로 아무것도 가진 것 없이 살아간다는 것은 모든 것을 극복할 수 있다는 것이다. 따라서 무가치하고 쓸모없는 노역보다 자연이 명하는 바대로 살아가면 행복과 쾌락의 경지에 도달한다고 확신했다.

84) *Diogenes Laertius* 6. 23.

85) Donald R. Dudley, *op. cit.*, p.33.

의하면 메다는 그들의 육체를 고된 단련과 뜨거운 물에 끓여 힘센 젊은 청년으로 만들었다고 전해지고 있다.[86]

이러한 신체의 단련과 같은 고통을 극기하는 교육은 그리스 사회에서 새로운 것이 아니었다. 3백여 년 동안 스파르타의 청년은 아테네의 정서에 반대하여 신체적 단련과 고통을 이기는 교육을 받아왔다. 이러한 스파르타의 교육에 매료된 디오게네스는 스파르타를 찬양했던 것이다. 디오게네스여 당신은 선한 사람을 어디서 볼 수 있었는가 하는 질문을 받았을 때 그는 그 어떤 곳에서도 찾을 수 없었으나, 스파르타에서 선한 소년을 보았다고 대답했다. 어느 날 디오게네스가 중요한 강연을 하고 있을 때 그 누구도 그에게 귀를 기울이지 않았다. 그는 휘파람을 불어 잘 들으라고 신호를 보냈다. 그때 사람들이 그의 주변으로 진지한 마음으로 다가오고 있었다. 그는 청중을 비난했다. 사람들은 상대를 이기기 위해, 또 뛰어나기 위해 찌르고 차지만 그 누구도 선자와 진실한 사람이 되기 위해 노력하지 않는다고 개탄했다.[87] 그리고 또 그는 어디로 가고 있는지 질문을 받았을 때 스파르타에서 아테네로 가는 중이며, 남자의 공동주택에서 여자의 주택으로 가는 길이라고 대답했다.[88] 그밖에 플라톤도 그의 『법률론(Laws)』에서 스파르타를 찬양하고 있다. 그는 스파르타인은 전쟁을 위해서 국가를 조직하고, 그것을 그들의 궁극적 목적으로 삼고 있지만 교육은 오직 한 가지의 미덕, 즉 용기만을 가르친다고 비판하였다. 아리스토텔레스는 친스파르타주의(pilo-Laconics)를 시대에 뒤진 사상이라고 강하게 비난한 바 있다.

스파르타인은 고된 군사훈련과 신체적인 단련을 통해 자신을 야수처럼 잔인하게 만든다. 그래서 스파르타인은 자식을 미덕의 인간으로 만드는 목적에 도달하지

---

86) *ibid.*, p.33.
87) *Diogenes Laertius* 6. 27.
88) *Diogenes Laertius* 6. 59.

못한 그들은 꾸준히 그리고 끈기있게 엄격한 훈련을 받았을 때 다른 사람보다 우수했으므로 이제 전쟁에서 그리고 체조장에서 심하게 구타를 당하게 마련이다.… 우리는 스파르타 사람이 과거에 어떤 신분이었느냐 보다 현재 그들이 어떤 존재인가에 따라 스파르타인을 판단해야 한다. 왜냐하면 그들은 이제 자신들과 경쟁할 수 있는 적들이 있기 때문이다. 그러나 옛날에는 그들에 대적할 적수가 없었다.[89]

디오게네스는 스파르타의 교육제도와 방법을 높이 평가했다. 그리스 세계의 도시국가 가운데 스파르타는 국가가 개인을 지배했다. 모든 노력이 실패했던 기원전 4세기의 아테네는 자족에 집착했던 디오게네스에게는 너무나 좁은 곳으로 보였던 것이다. 그리고 스파르타는 디오게네스에게 있어 세계시민을 위한 여지가 없는 곳이었다. 왜냐하면 디오게네스의 세계주의는 당시의 새로운 현상으로 기원전 4세기 그리스 세계의 도시국가들은 인간을 구속하고 속박하는 존재로 그에게 비쳐졌기 때문이다. 리시아스(Lysias)와 이소크라테스에서처럼 기원전 4세기는 헬레니즘 세계의 통일체의식의 발전과 도시국가와 종족 사이의 융합이 이루어졌다. 크세노폰은 '만인(barbarian)'을 동정했는가 하면 심지어 같은 세계인으로 인정했던 것이다. 그러나 디오게네스의 세계주의는 헤로도토스의 세계주의처럼 이방세계의 문화에 대한 관심과 이해를 가진 자로서가 아니라, 단지 국가공동체가 개인에게 가하는 온갖 강제에 대한 반항이었다. 그래서 디오게네스는 '진정한 국가'의 의미를 세계와 우주처럼 넓고 넓은 국가라고 생각했다.[90] 그리고 그는 다음과 같은 유명한 말로, "나는 세계시민(Cosmopolites)이다"라고 대답했다.[91] 하지만 디오게네스의 이 같은 선언적 공언은 자주 언급할 필요는 없을 것이다. 왜냐하면 우리들에게 있어 하

---

89) Aristoteles, *Politics* 1333 8B. 20.
90) *Diogenes Laertius* 6. 72.
91) *Diogenes Laertius* 6. 63.

나의 개념으로서의 세계주의는 알렉산드로스의 유산으로 로마제국과 가톨릭교회를 통해 형성되었다.

그러나 탄(Tarn)이 지적한 바와 같이 디오게네스에 의해 사용된 세계주의의 용어는 "나는 그리스 도시국가 가운데 그 어떤 도시국가의 시민도 아니다"라고 하는 개별국가를 부정하는 의미의 용어였다. 왜냐하면 디오게네스는 알렉산드로스가 사실 최초의 '세계국가'를 세우려고 노력했을 시기에 세계주의 사상을 선언했기 때문이다. 위대한 정복자 알렉산드로스에 끼친 퀴니코스 사상의 영향의 가능성에 대해 많은 추측이 난무했다. 알렉산드로스의 참모 가운데 두 사람은 디오게네스와 오네시크라토스(Onesicratos)이며, 그리고 그가 아낙시메네스(Anaximenes)의 강의를 들었다는 것도 일반화된 사실이다.

특히 알렉산드로스는 군사적·정치적인 문제에 다른 사람의 충고나 조언을 받는 사람이 아니었다. 그래서 그는 아리스토텔레스의 정치사상에 큰 의미를 두지 않았을 것으로 생각된다. 그리고 알렉산드로스의 기본이념인 인간의 형제적 사랑과 왕은 살아 있는 법이라는 정의는 디오게네스에게서 찾을 수 없다. 탄은 형제애 사상은 분명 알렉산드로스에서 유래한 것으로 퀴니코스학파의 철학자들과 스토아 사상가가 주창한 '세계주의'에 대비시키고 있다. 알렉산드로스의 사후 몇 년이 지나 알렉사르쿠스(Alexarchus)는 오우라노폴리스(Ouranopolis)의 작은 세계국가를 아토스(Athos) 산 위에 세웠다. 그리고 그는 그의 아내를 태양과 달로 또 그가 다스리는 시민들을 성군(星群)으로 상징하는 화폐를 주조했으며, 폴리오르케테스(Demetrius Poliorcetes)는 천국을 지배하는 주인의 모습으로 법복을 입고 있었다. 그들은 세계를 제신과 인간이 같이 사는 국가로 생각했다. 탄이 지적한 바와 같이 제논의 세계는 제신과 현자가 함께 사는 공동의 국가이다. 이러한 세계국가 개념은 디오게네스에게 실재했던 것으로, 모든 것은 현자의 재산이라는 그의 주장에서 유래한 듯하다. 왜냐하면 모든 것은 제신의 것이고, 제신은 현자의 동료이기 때문이다. 제신은 모든 재산을 공동으로 분배하므로 모든 것은 현자의 재산이기도 하다.[92]

현자와 다른 보통사람 사이에는 심각한 차이를 나타내고 있으므로, 그에게 있어 세계국가 구성원이 될 수 있는 사람은 현자뿐이었다. 우리는 디오게네스가 왕권에 관심을 가지고 있었다는 사실을 발견할 수 없으며, 그가 말하는 현자는 자족하는 자이기 때문에 자신을 보살펴주는 감독자를 필요로 하지 않는다고 말했다. 디오 크리소스토모스가 밝히고 있듯이 지혜로운 디오게네스의 문필은 알렉산드로스의 조언자의 역할을 하기에 충분했던 것이며, 또한 그 역할을 다했다. 디오게네스는 아테네인이 알렉산드로스를 디오뉘소스(Dionysos)라고 불렀다는 사실을 듣고 디오게네스는 "자, 자네는 나를 세라피스(Serapis)로 생각하는 것이 훨씬 좋을 것"이라고 진술한 바 있다.[93]

디오게네스를 특징지을 수 있는 것은 금욕과 자족(aotarkeia)에 대한 그의 주장이라고 할 수 있지만 불행하게도 그 역시 해파리를 과식해서 죽게 되었다. 디오게네스의 『국가론(Politeia)』에서 유래한 것으로 보이는 퀴니코스 사상의 가르침을 비판한 필로데모스(Philodemos)는 퀴니코스 철학자들을 가리켜 도시국가와 도시국가의 법에 정당성을 부여하기를 거부한 자들이라고 공격했다. 크뢰네르트(Crönert)는 이 같은 사실을 디오게네스 라에르티우스의 다음과 같은 내용으로 대비시키고 있다.

법에 관해 말하자면 디오게네스는 사회가 법없이 존재할 수 없다고 말한다. 왜냐하면 국가없이는 우아하고 세련된 문명으로부터 이익을 얻을 수 없기 때문이다. 국가는 시민화·문명화되기 때문에 국가없는 법에는 유익도 없다. 그러므로 법은 시민화인 것이다.[94]

---

92) *Diogenes Laertius* 6. 72.
93) *Diogenes Laertius* 6. 63.
94) *Diogenes Laertius* 6. 72.

그러나 프리츠는 디오게네스가 국가와 시민화를 절실하게 요구하지 않았다고 해서 그로 인해 그 어떤 논쟁이 제기되지 않았을 것이라고 확신했다. 왜냐하면 국가와 시민화는 자연적인 것이 아니기 때문이다. 제신이 필요로 하는 것은 아무것도 없으며, 또한 제신과 같은 인간 역시 필요로 하는 것이 있기는 하지만 거의 보잘것없는 것이다.

퀴니코스 철학자들은 미덕의 삶의 추구가 그들의 궁극적 목적이었다. 안티스테네스가 『헤라클레스(Heracles)』에서 말한 바와 같이 퀴니코스 철학자들은 스토아 사상가들과 조금도 다를 바 없다. 왜냐하면 퀴니코스학파와 스토아학파는 서로 밀접한 관계를 가지므로 이 두 학파의 사상가들이 추구하는 대상도 같기 때문이다. 그러므로 제논은 퀴니코스 사상이 미덕으로 가는 지름길임을 인식하고 처세의 표준으로 삼았다. 퀴니코스 철학자들은 단지 영양을 위해 음식을 먹고, 단 한 벌의 옷으로 검소하게 살 것을 강조한다. 부·명성 그리고 지위 높은 가문 출신 같은 것을 무시해 버린다. 그들은 채식주의자로 냉수를 마시고 디오게네스처럼 통 속에 사는 것에 만족해 한다.[95]

우리는 그의 『국가론』의 내용에서 지리멸렬한 개념만을 발견할 수 있다. 필로데모스는 디오게네스가 『국가론』에서 무기의 무용론과 또 그가 뼈로 된 통화사용을 주창한 점에서 아테나이우스(Athenaeus)와 일치하고 있음을 발견했다.[96] 디오게네스의 『국가론』은 플라톤의 『국가론』에서와 같이 여자의 신분과 지위를 취급하고 있다. 여자는 스파르타에서처럼 남자와 똑같은 의복을 입고 대중 앞이나 공공장소에서 나체의 몸으로 운동했던 것이다.[97] 또한 여자들은 모든 남성의 공동의 소유였다. 디오게네스가 인정한 결혼은 남자가 여자를 설득하고 동의와 승낙을 표하는 결합

---

95) *Diogenes Laertius* 6, 104.
96) *Diogenes Laertius* 4, 159.
97) Donald R. Dudldy, *op. cit.*, p.36.

으로서, 모든 사람의 아내를 모든 사람이 공유할 수 있는 아내들의 공동체에서 생산된 어린아이들은 공동의 소유여야 한다고 생각했다.[98] 디오게네스는 특히 성행위의 장소와 대상의 제한을 철폐하고, 또 개인의 사회적 신분과 출신성분의 모든 차별을 폐지했던 것이다. 이와 같이 디오게네스는 그의 이상국가에서 신분상의 차이와 그리고 출신성분의 구별을 모두 폐지했던 것이다. 또한 그는 이상국가의 실현을 위해 전통적인 관습뿐만 아니라 공동체의 정규적인 상업행위까지도 철저히 반대했다. 그리고 그는 말했다.

> 결혼하려는 사람을 칭찬하면서도 항해를 통해 상거래를 계속하려고 했던 사람을 출범하지 못하게 막았다. 그리고 또한 정치에 종사하려고 했던 사람과, 가족을 먹여 살리기 위해 돈버는 생계활동을 모두 막았다. 그리고 유력한 자들과 가까이 지내려고 하는 자들의 접근도 막았다.[99]

이와 같이 퀴니코스 사상은 지극한 개인주의다. 만일 우리가 퀴니코스 사상을 블레이크(Blake)가 지적한 바와 같이 자선적인 무정부주의라고 인정하기보다 당대의 정치학설이라고 간주한다면 그것은 분명 잘못된 해석이며, 게다가 퀴니코스 사상을 체계적인 가르침과 보편적 교의를 밝힌 학파로 규정한다면 그것 또한 지나친 과장일 것이다. 그러나 디오게네스는 그가 살았던 시대의 모든 아테네 사람에게 잘 알려진 인물이었음에 틀림없다. 그리고 많은 사람이 그의 강연을 들었을 것이다. 디오게네스 라에르티우스에 의하면 그의 강연을 청강한 사람 가운데는 정직한 사람으로 널리 알려진 포키온(Phocion)과 메가라(Megara)의 스틸포(Stilpo) 그리고 많은 정치적 명사들이 있었다.

더욱이 디오게네스는 자신이 선언하고 주장한 생활방식을 실천한 일

---

98) *Diogenes Laertius* 6. 72.
99) *Diogenes Laertius* 6. 29.

단의 제자를 그의 주변에 모이게 했지만, 그 규모는 그렇게 크지 않았다고 생각된다. 디오게네스는 "자신을 모든 사람이 좋아하고 사모했지만, 아직 자신과 사냥가려고 하는 사람은 거의 없다"고 술회한 바 있다.100) 디오게네스 라에르티우스의 기록에서 디오게네스의 제자 가운데 6명의 이름이 등장한다. 이들 가운데 두 명은 별명을 가진 것으로 보아 당대에 이름있는 인물이었던 것으로 추측된다. 디오게네스의 제자 가운데 가장 유명한 인물은 크라테스였다. 그리고 디오게네스의 추종자이자 같은 고향 시노페 출신인 헤게시아스도 빼놓을 수 없다. 특히 디오게네스의 제자 가운데 전공을 세운 인물은 아에기네타(Aegineta)의 오네시크리투스와 아스티팔라에아 출신인 테메트리우스다. 그는 크세노폰과 유사한 인물로 평가되고 있다. 그 이유는 크세노폰이 퀴로스의 원정대에 참가한 데 반해 오네시크리투스는 알렉산드로스의 원정대에 참여했기 때문이다. 그리고 또 크세노폰은 키로파이디아(Cyropaedia), 즉 『퀴로스의 교육』을 쓴 데 반해 오네시크리투스는 알렉산드로스가 어떤 교육을 받았는지에 관해 기술했기 때문이다. 전자인 크세노폰은 키루스를 찬양한 자라고 한다면 후자인 오네시크리투스는 알렉산드로스를 찬양한 자였다. 그밖에 디오게네스의 제자 가운데 기억해야 할 인물은 메난드로스(Menandros)가 있다. 그는 드리무스(Drymus) 혹은 '오크나무숲(oakwood)', 호메로스의 위대한 찬미자라는 별명을 가진 데 반해 시노페의 헤게시아스는 '개목걸이(ὀκλοιός)'라는 별명을 가지고 있었다.101)

디오게네스의 가르침이 구체적으로 무엇이며, 어떤 형식이었는지는 분명치 않다. 그는 플라톤과 아리스토텔레스가 중요하게 생각했던 음악·천문학·기하학 그리고 웅변과 같은 수사학 분야의 학문을 인정하기를 거부했다.102) 디오게네스의 뛰어난 설득력과 구변으로 행한 강연은

---

100) *Diogenes Laertius* 6. 33.
101) *Diogenes Laertius* 6. 84.

윤리문제에 관한 것으로 어떤 형식이나 틀에 박힌 내용은 아니었다. 그의 강연은 동물들의 교활한 습성에 대한 비유들, 또한 호메로스의 시, 그리고 그리스신화에 대한 비유적인 해석에서 나타나는 윤리적인 내용이었다. 그는 구두연설로 당시의 사회상을 비판한 선봉적인 인물이었다. 디오게네스 라에르티우스에 의하면 디오게네스의 작품은 단지 대화와 비극이 주종을 이루고 있으며, 그러므로 그의 작품이 후기 퀴니코스 문학의 전형적 장르의 발전에 크게 기여하지 못했다고 생각한다.

디오게네스는 자신이 살았던 동시대에 끼친 영향은 아마도 그렇게 크지 않았을 것이다. 설사 테오프라스토스(Theophrastos)가 디오게네스를 기술할 만한 가치가 있는 인물이라고 생각했을지는 몰라도 그에 대한 일반적인 견해는 대체로 너그러운 면이 보였다고 하겠다. 디오게네스는 자신이 살았던 시대보다 그가 세상을 떠난 다음 시대에 더 큰 관심과 가치를 가지게 되었다. 그가 왜 죽은 다음에 더 큰 의미와 중요성을 가지게 되었는지는 아마도 그의 죽음에 관한 많은 이야기에서 나타나게 되었을 것이다. 에우불루스의 장편소설에서 디오게네스는 죽은 다음에 어떻게 묻히기를 원했는지에 관해 전하고 있다. 그는 말하기를 "내 얼굴이 묻히는 것으로 족하다"고 하는 지극히 금욕적인 표현으로 일관했던 것이다. 당시 세계변화의 완성은 고대 도시국가의 이상이 장기간에 걸쳐 소멸되고 파묻혀 버리게 되었던 디아도코이(diadochoi) 시대의 사건들의 묘사에서 잘 밝혀지고 있다.

폴리스에 의해 촉진된 문명은 온상에서 자라는 식물과 같은 특징을 가지고 있다. 그러나 온실 같은 폴리스의 문명은 파괴되고 그 속에서 살고 있던 사람은 차가운 비바람을 맞게 되었다. 박정한 세계에서 살았던 사람은 자신의 재산밖에 의지할 것이 없었다. 그래서 베반(Bevan)은 사람

---

102) *Diogenes Laertius* 6. 104.

의 삶 속에 닥치는 위급을 보호해 주는 일종의 수단을 스토아 자연학으로 생각했다. 안티스테네스는 지혜는 가장 안전한 방벽이며(wisdom is the safest wall) 그리고 요새는 우리 자신의 견고한 이성 안에 세워져야 한다(a fortress must be constructed in our own impregnable reason)고 말했다. 요새에 관한 비유는 자주 헬레니즘 철학에서 되풀이되고 있다. 크라테스는 고통으로부터의 안전한 도피처인 퀴니코스 철학자들의 낙원인 페라(Pera)섬을 찾았다. 그 곳은 디오게네스의 나라로서 운명의 여신의 공격에도 흔들리지 않는 난공불락의 땅이라고 크라테스는 말했다. 헬레니즘세계의 지배적인 신인 운명의 여신(Fortune)과 티케(Tyche)는 철학이 세운 여러 성에 대해 적대적인 세력이었다.

3) 디오게네스의 사상과 자유의 개념

디오게네스는 퀴니코스학파의 창시자 안티스테네스의 영향을 받아 당시의 사상계에 전달하는 데 지대한 역할을 했다. 그러므로 퀴니코스 사상과 그 정신운동에 가장 전형적이고 상징적인 인물은 안티스테네스의 이상을 계승하고 그것을 삶의 지침으로 삼은 시노페의 디오게네스다.[103] 디오게네스는 그리스인의 고전적 이상과 관념에서 벗어나, 그의 스승 안티스테네스가 비난하고 거부했던 도시국가의 생활과 법 그리고 노예제 문제에 견해를 같이했으며, 그의 지적 세계를 표준으로 삼았다. 안티스테네스는 『정부론』에서 밝힌 '그리스인이냐 아니면 바르바로이냐' 하는 동시대의 첨예한 대립의 문제를 간과했던 헤라클레스와 키루스의 영향이 디오게네스의 급진주의적 세계관 형성의 기초가 되었다. 디오게네스 사

---

[103] Giovanni Reale, *The Systems of the Hellenistic Age*, 1985 State uni of New york pp.378~379.

상은 헬레니즘 시대와 로마제국 시대에 극단적 논리로 평가받았지만 기본적으로 그가 살았던 동시대의 요구를 정확하게 비판하고 조명했다고 할 수 있다.

디오게네스는 대낮에 등불을 들고 다니면서 "나는 사람을 찾고 있습니다"[104]라고 말한 그의 풍자적인 표현에서 잘 나타나고 있듯이 진정 그가 의도한 바는 참존재로 본성에 따라 사는 사람, 형식에 초연한 채 사는 사람, 그리고 전통관례와 사회로부터 부과된 규범이나 질서를 무시하고, 허황된 운명에 매달리지 않고 사는 자를 찾는 것이었다. 그에게 있어 진정 행복한 자는 참본성을 발견하고 그 본성에 일치하는 삶을 영위해 가는 자였다. 라에르티우스는 "디오게네스는 제신이 우리 인간에게 편안한 삶의 방법을 제시했지만, 제신이 준 삶의 방법을 우리는 인식할 수 없다"[105]라고 말했다. 사실 디오게네스가 시도했던 것은 사람이 인간본성의 실제적 제한을 어떻게 받아들일 것인가를 인식하고, 인간의 행복을 위해 필요로 하는 것을 그들 멋대로 가지는 것을 보이고 또 삶의 용이한 수단과 방법을 인식하는 것이었다.

소크라테스에게 있어 인간본성은 지성과 도덕성으로 이해되는 그의 '영혼'이었다. 안티스테네스도 소크라테스와 같은 견해였지만 다소 변질되었다고 하겠다. 디오게네스에게 있어 자연적 개념(물질적 개념은 물론)이 지배적인 위치를 점하게 되었는데 이에 반해 소크라테스에게 있어서는 영혼에 대한 반향이 강하게 일기 시작했다. 또한 디오게네스는 '신체적 단련'은 물론 '영혼의 조화'와 '영혼의 건강'의 표현에서 도덕적인 삶의 가치와 목적을 강조하고 있지만,[106] 그는 과학과 문화의 모든 응집을 파괴함으로써 그러한 주장을 무의미하게 했던 것이다. 하지만 소크라테스에

---

104) *Diogenes Laertius* 6. 41.
105) *Diogenes Laertius* 6. 44.
106) *Diogenes Laertius* 6. 27, 58, 65, 70.

게 있어 과학과 문화의 결합은 영혼과 정신의 유일한 자양물이었다. 이와 같이 디오게네스는 과학과 문화로부터 격리된 동물적 본성을 삶의 올바른 규범으로 삼았으며, 그리고 동물적 본성의 기본욕구가 충만해지는 상황에서 도덕적 삶의 목적인 '영혼의 건강'·'영혼의 조화'와 같은 것들은 공허하기 이를 데 없다고 생각했다.

디오게네스는 수학·물리학·천문학, 그리고 음악을 쓸모없는 것으로 생각했다.[107] 그는 형이상학의 학문체계를 무가치한 것으로 규정했다. 플라톤의 이데아마저도 지각과 경험에 의해 증명될 수 없는 것이기 때문에 그 이론적 가치와 존재를 인정하지 않았다. 플라톤의 이데아에 대한 디오게네스의 비판은 안티스테네스를 감동케 했다. 플라톤은 그의 이데아에 관한 강연에서 테이블과 컵을 예로 사용했을 때에 디오게네스는 다음과 같이 말했다.

> 플라톤이여!
> 나는 테이블과 컵을 볼 수 있으나 그것들의 이데아는 볼 수 없네.

이 말에 대해 플라톤은 다음과 같이 대답했다.

> 자네 말이 맞네, 자네는 테이블과 컵을 볼 수 있는 눈을 가지고 있으나 테이블과 컵의 이데아를 볼 수 있는 마음을 가지지 못했군.[108]

심지어 디오게네스는 반어적이고 문답적 방법의 결합체인 소크라테스의 변증법까지도 인정하기를 거부하면서 우리의 현존적 관심은 모든 이론과 합리적 방법 이전에 도래했다고 주장했다.[109]

---

107) *Diogenes Laertius* 6. 73.
108) *Diogenes Laertius* 6. 53.
109) *Diogenes Laertius* 6. 64.

디오게네스와 그리고 그 이후의 퀴니코스학파의 사상은 그리스는 물론 서구의 유명한 철학사상 가운데 가장 반문화적이었다. 위에서 언급한 디오게네스의 동물적 본성의 기본욕구와 '영혼의 조화'를 인식했던 테오프라스토스는 디오게네스의 사상을 확실하게 밝히고 있다. 테오프라스토스는 생의 법칙으로서 영적이고 의지적인 면보다 인간의 동물적 국면의 우위에 관해 그의 대화 『메가라 사람』에서 언제인가 디오게네스가 아무 목적없이 이곳저곳으로 내달리는 쥐 한 마리를 보았다고 전하고 있다. 그 쥐는 잠잘 곳을 찾는 것도 아니었고, 어둠에 대한 두려움을 가진 것도 아니며, 가지고 싶은 물건을 찾는 것도 아니었다. 이렇게 쥐는 닥쳐온 위험을 극복할 수 있는 방법을 찾았다.[110]

퀴니코스 철학자들은 동물적 본성을 인간 삶의 규범으로 생각하고 도덕적 삶의 목적인 영혼의 건강을 무가치한 것으로 규정했다. 이와 같이 퀴니코스 철학자들의 삶의 방법은 동물적인 삶, 이른바 목적없이 사는 것으로[그들에게 있어 사회는 목적없이 사는 것을 필수요건으로 생각한다] 집이나 고정된 거처를 필요로 하지 않는 생활이며, 진보와 발전에 의해 제공되는 안락이나 편리함을 요구하지 않는 삶이다. 디오게네스는 이러한 삶의 실현을 위해 밝히고 있다.

> 잠을 잘 때 이불 대신 거적을 덮고, 음식을 넣는 배낭을 등에 지고 다녔다. 그는 밥을 먹고, 잠을 자고, 대화를 할 수 있는 장소를 찾는 데 전혀 관심을 두지 않았다. 그는 제우스의 주랑(柱廊)과 회당을 가리키면서 아테네인이 자신에게 거처할 장소를 제공했다고 말했다. 그는 쇠약하여 몸을 제대로 거동할 수 없을 지경이라면 몰라도 결코 지팡이에 의존하지 않았다.… 그는 자신을 위해 한 작은 집을 조달해 주려고 노력한 자에게 편지를 보냈다. 그 사람이 오랫동안 집을 주선했을 때 디오게네스는 그의 편지에서 메트로온의 통속을 자신의 거처로 생각했다.[111]

---

110) *Diogenes Laertius* 6. 22.

퀴니코스 철학자들의 삶의 기준은 인간이성으로 판단해 볼 때 동물적인 삶의 모습이었다. 동물적 행위는 사회적 관례와 법을 무시하는 반자연적 행위이다. 퀴니코스 철학자들은 인간이 찾아 탐구하고 창조하는 모든 것은 사회적 전통과 인습에 의해 이루어지는 것으로 자연에 반한다고 생각했다. 이와 같이 "디오게네스는 도시없이 지붕없이 그의 국가마저 쇠퇴해 버린 처지에, 매일 먹을 수 있는 빵을 찾아 헤매는 거지·방랑자의 신세로 참을 수 없는 비참한 재앙이 닥쳐왔다"고 말했다. 그러나 그는 그에게 닥친 이러한 불행이 궁핍과 절망을 가져왔다기보다 오히려 사치스러운 생각을 털어버리는 그래서 참인간의 자연스러운 상태로 이끌어 간다고 확신했다.[112] 공동체와 집단으로부터 완전히 독립하는 것을 자유와 선으로 생각했다. 그들은 행복으로 가는 지름길을 미덕으로 생각하고 국가와 사회의 전통적 관례·협약, 그리고 국법을 미덕의 생활에 가장 위험한 장애물로 기존의 관습과 제도, 그리고 전래의 윤리적 규범마저 거부했던 것이다.

또한 디오게네스는 그의 국가와 정치논술에서 획일적인 이론이나 그리스인과 비그리스인의 차별을 거부했다.[113] 그래서 디오게네스 윤리학의 기본원리는 현자만이 가지는 독립적이고 자주적인 원리였다. 다시 강조하거니와 퀴니코스학파의 철학자들은 미덕을 따르는 삶이 그들이 추구하는 최고의 가치였으며, 안티스테네스도 그의 『헤라클레스』에서 퀴니코스 철학자들이 따랐던 미덕의 삶을 상찬했다.

퀴니코스 철학자들은 삶의 궁극적 목적을 미덕에 합일하는 것이라는 점에서 스토아 사상가와 조금도 다를 바가 없다. 이와 같이 이 두 학파는 삶의 목표와 가치에서 서로 유사성을 가지고 있다. 퀴니코스 철학자들은

---

111) *Diogenes Laertius* 6. 22.
112) *Diogenes Laertius* 6. 38.
113) *Diogenes Laertius* 6. 2.

미덕에 의해 도덕적인 힘을 가질 때에 외적인 요구나 유혹에 지배받지 않는다고 확신했다. 그들은 스토아 사상가처럼 미덕의 삶을 영위함에 있어 검소하고 금욕적인 생활을 기본윤리로 생각하고 부와 명성 그리고 출신성분에 대해 전혀 관심을 두지 않았다. 그래서 그들은 디오게네스처럼 채식주의자로 냉수를 마시고 통 속에 사는 것을 만족해했다.[114] 퀴니코스 철학자들은 모든 것을 미덕을 갖춘 고결한 것, 사악한 것 그리고 무관심적인 것으로 분류하면서[115] 오직 미덕만이 추구되어야 하고 악은 거부되어야만 한다고 생각했다. 우리는 퀴니코스학파의 사상에서 강조한 미덕의 행위에서 그리고 현자가 간과했던 일상적인 삶에서 지나친 허식을 발견한다. 이와 같이 공동체와 집단으로부터 완전히 벗어나는 것을 선으로 또 자유로 인식한 퀴니코스 현자에게 있어 완전한 자유인의 행위는 무엇이었는가?

디오게네스는 자유(eleutheria)를 삶의 원리요 목적으로 규정했다. 그에게 있어 자연과 자유는 대립적이기보다 조화로움과 일체였다. 그래서 디오게네스의 삶의 표준은 자유 앞에 그 무엇도 가로놓일 수 없다고 말한 헤라클레스였다.[116] 디오게네스의 사상의 중심개념은 자유의 실현과 행사 즉 자유에 도달하고 자유를 수호하는 수단과 방법의 제시였으며, 특히 언론의 자유(parrhesia)와 행동의 자유를 삶의 가장 중요한 가치로 인식했다. 디오게네스는 세상에서 가장 아름답고 가치있는 것이 무엇이냐는 질문에 '언론의 자유'라고 분명하게 대답했다.[117] 디오게네스는 거리의 평범한 사람이든, 유명한 철학자이든, 혹은 권력이 당당한 통치자이든 구분하지 않고 조롱과 조소 섞인 어조로 그 누구에게도 주저하지 않고 자유롭게 말했다. 특히 플라톤·필립포스 그리고 알렉산드로스에 대한

---

114) *Diogenes Laertius* 6. 104.
115) *Diogenes Laertius* 6. 105.
116) *Diogenes Laertius* 6. 71.
117) *Diogenes Laertius* 6. 69.

그의 조소와 비판은 고대사회에 잘 알려진 사실이다. 디오게네스 라에르티우스에서 "스토아 철학자 디오니시우스는 카이로네아 전투 이후 디오게네스는 포로가 되어 필립포스에게 끌려갔다고 전한다. 필립포스가 디오게네스에게 '당신은 누구입니까?' 하고 물었을 때 나는 당신의 탐욕을 밝혀낼 수 있는 산 증인이라고 대답했다. 이 사실을 들은 필립포스는 감탄하여 그를 해방시켰다"[118]고 기술하고 있다.

디오게네스는 언론의 자유와 더불어 방종(anaideia)이 아닌 참자유 즉 행동의 자유를 선언했다. 디오게네스의 행동의 자유는 전통과 인습, 그리스인의 법과 관습 그리고 전통적 생활양식과 같은 반자연적인 것에 대한 저항이었던 것이다. 이러한 일을 시도함에 있어 디오게네스는 인간의 삶에 있어 가장 기초적 범주인 윤리의식마저 무시해 버리고 동물적 본성과 자유를 참본성이며 자유로 인식한 점은 분명 무차별적인 방종에 기초한 것이라고 하겠다. 그 같은 사실은 다음의 이야기에서 읽을 수 있다.

> 그는 모든 것을 대낮에 널리 공개적으로 하는 것이 그의 습관이었다. 심지어 데메테르 여신과 아프로디테 여신을 경배하는 일까지도 그러했다.[119]

디오게네스는 그가 목적한 바를 달성하기 위해 법에 복종하고 그리고 국가와 공존하기를 거부한 이른바 무정부주의자였다. 이와 같이 퀴니코스 사상의 자유는 기본적으로 사회적·윤리적 규범으로부터의 탈피이며, 의식과 행위의 제한을 배제하는 것이며, 전통과 사회규범을 부정하는 자연적 상태의 애호였다. 디오게네스는 명문출신·명성·재부 그리고 이들과 유사한 것은 악덕을 보이기 위한 장식품이라고 조소했다. 그들에게 있어 유일한 국가는 세계이며,[120] 사원에서 물건을 훔치거나 동물의

---

118) *Diogenes Laertius* 6. 43.
119) *Diogenes Laertius* 6. 69.
120) *Diogenes Laertius* 6. 72.

고기를 먹고, 심지어 인육을 먹는 것까지도 윤리에 반하는 행위로 생각하지 않았다.[121]

　디오게네스의 언론의 자유에 대칭하고 방종을 의미하는 행동의 자유는 그리스 사회가 강요하는 전통적 규범에 대한 저항이었다. 그러므로 그는 고대사회의 전통과 모든 국가적 금기에 비판적이었다. 어느 때인가 어떤 사람이 화려한 집으로 그를 데리고 가서 이 곳에 침을 뱉지 말라고 경고했다. 그 때 디오게네스는 헛기침을 하면서 이 곳보다 더 추한 곳을 일찍이 본 적이 없었다고 말하면서 그 사람의 얼굴에 침세례를 가했다.[122] 디오게네스는 대중 속에서도 공공연히 자위행위를 했는가 하면, 복부를 마찰시킴으로써 시장기를 쉽게 해소시킬 수 있었으면 좋았을 텐데 하고 말하기까지 했다.[123]

　디오게네스의 이 마지막 언급은 사실 정도(正道)를 벗어난 행위라고 생각할 수 있다. 그러나 그것은 이미 그의 스승인 안티스테네스가 시작했던 에로스신과 아프로디테 신에 대한 공격이라고 보는 것이 옳을 것이다. 안티스테네스는 사람들이 자신의 허영과 허례를 보이기 위해 사랑의 기쁨을 표현하는 환상을 파괴하려고 아프로디테에게 화살을 던지려고 했다는 것이다. 디오게네스도 이러한 계획적이고도 고의적인 제스처로 자신이 목적한 바를 달성하기 위해 멋대로 행동했던 것이다.

　디오게네스는 있는 것은 있고, 없는 것은 없다'라는 명제에서 출발하여 존재하는 것은 모두 영원히 불변·불멸하는 것으로 인식한 엘레아학파의 사상가 아낙사고라스의 스페르마타(*spermata* : 종자)의 설에 대해 깊은 관심을 가지고 있었다. 이는 소크라테스의 프시케(psyche) 개념의 완전한 일탈이며, 아낙사고라스의 자연학을 일반화한 것이라 할 수 있다.[124]

---

121) *Diogenes Laertius* 6. 73.
122) *Diogenes Laertius* 6. 32.
123) *Diogenes Laertius* 6. 69.

디오게네스가 추구한 최고의 이상은 안티스테네스가 일찍이 찬미한 바 있는 물질과 물욕으로부터 벗어난 자족이며 무관심이다.

디오게네스는 결혼을 하려고 했음에도 스스로 자제한 사람, 그리고 항해를 시작하려고 했지만 하지 않은 사람, 또 정치에 종사하려고 했던 사람과 정치에 관심을 두지 않은 사람, 그리고 가족을 부양하려고 했지만 하지 않은 사람, 마지막으로 강자와 함께 살려고 했지만 그들에게 접근하기를 꺼려했던 사람을 크게 칭찬했다.[125] 디오게네스에게 있어 자족의 의미는 다음 대화에서 잘 밝혀지고 있으며, 그것은 진실로 놀라운 상징적인 의미를 가진다.

> 언제인가 디오게네스는 크라네우스(Kraneus)에서 햇볕을 쪼이고 있을 때 알렉산드로스가 그에게 가까이 다가와서 '당신이 원하는 것이 있으면 무엇이든 요구하라'고 말했다. 그러자 디오게네스는 '내가 햇볕을 쪼일 수 있도록 비켜달라'고 대답했다.[126] 알렉산드로스의 지상권과 위력 앞에서도 디오게네스는 대제가 베풀 수 있는 것이란 아무것도 없다고 생각했다. 디오게네스는 각자의 자유의지에 따라 하는 것이 가장 자연스러운 일이며, 태양과 함께 자유롭게 사는 것이 그에게 있어 참 행복이었다. 디오게네스는 인간의 행복이 인간 내면에서 오는 것이지 외부에서 오는 것이 아니라는 것을 확신했기 때문에 알렉산드로스의 권세마저 아무 쓸모없는 것으로 생각하고 자족의 삶을 찬양했다.

디오게네스는 그의 태도와 주장에 있어 일방적이고 독선적이기는 하지만 헬레니즘 시대의 정황을 밝힌 대변자였다. 그와 동시대 사람은 이 같은 사실을 인식하고 파로스섬에서 생산된 백색 대리석으로 주석(柱石)과 개의 조상(彫像)을 세워 다음과 같은 비문을 새겼다.

---

124) *Diogenes Laertius* 6. 27. 58. 65. 70.
125) *Diogenes Laertius* 6. 29.
126) *Diogenes Laertius* 6. 38.

이 조상이 바로 이 시대를 알리노라. 디오게네스여, 당신의 영광은 영원하리라. 당신만이 우리 인간에게 삶의 충만함과 행복하게 살아가는 방법을 제시해 주었다.[127]

디오게네스는 정욕으로부터 벗어난 자족생활을 헬레니즘 시대의 사람들에게 주입시키는 데 많은 역할을 했다. 그러므로 헬레니즘 시대의 사람들과 로마제국 시대의 많은 사상가와 지식인은 디오게네스의 가르침에 매료되었거니와 특히 디온(Dion of prusa)·플루타르코스(Plutarchos)·에픽테투스(Epictetus) 그리고 황제 율리아누스 같은 인물은 디오게네스에 대한 관심과 깊은 존경을 표했던 것이다. 디오게네스의 사상을 아주 생생하게 표현한 사람은 로마제국 시대의 루키아누스(Lucianus of Samosato)였다. 루키아누스는 그의 유명한 비판적인 작품 『팔려고 내놓은 철학(philosophies for sale)』에서 퀴니코스 철학과 사상을 정확하게 이해할 수 있는 메시지를 제공하고 있다. 그의 흥미진진한 대화에서 우리는 디오게네스의 사상에 관해 많은 것을 확인할 수 있을 것이다.

헤르메스 : 배낭과 소매없는 짧은 속옷차림을 한 자네여, 이 방으로 오게. 나는 남성적인 철학, 가장 아름답고 가장 용기있는 삶, 자유의 삶을 팔고 있소. 누가 사지 않겠소?
구입자 : 여보 경매인, 무엇이라 했소? 자유민을 판다고?
헤르메스 : 그렇소.
구입자 : 자네는 그를 노예로 팔 때 고발당하거나 혹은 아레오파고스에 소환된다는 것이 두렵지 않습니까?
헤르메스 : 그는 팔려진다고 생각하고 있지 않네 그려. 왜냐하면 그는 자신을 완전한 자유민으로 생각하고 있기 때문이지.
구입자 : 무엇이 인간을 불결하고, 누더기 옷을 입은 가난한 자로 만들 수 있는가? 그는 땅을 갈고 물을 나르는 자밖에 될 수 없는가?

---

127) *Diogenes Laertius* 7. 78.

헤르메스 : 자네는 그를 개보다 더 충직한 문지기로 만들 수 있지. 사실 그는 개라고 명명되고 있네.

구입자 : 그는 어느 나라 출신이며, 그가 아는 것이 무엇인가?

헤르메스 : 그에게 물어 보시오. 그것이 가장 좋은 방법이겠소.

구입자 : 나는 그의 성난 모습에 두려워 떨릴 뿐이오. 만일 내가 그에게 가까이 접근하면 나를 보고 짖어댈 것이 아니오. 자 보시오, 큰 지팡이를 가지고 험상 스러운 모습으로 그를 위협하시오.

헤르메스 : 그는 잘 길들여진 개일세.

구입자 : 여보게 디오게네스, 자네는 출신이 어디인지 말해 보게.

디오게네스 : 이 세상 모든 곳이 내 고향이며, 그 곳에서 태어났소.

구입자 : 뭐라구요?

디오게네스 : 나는 세계시민이요.

구입자 : 자네는 누구를 따르고 있소.

디오게네스 : 헤라클레스이지요.

구입자 : 왜 자네는 사자가죽을 걸치지 않았소? 자네는 그런 동호회의 일원이면서 말이오.

디오게네스 : 이 옷이 나의 사자가죽이오. 헤라클레스처럼 나도 쾌락을 추구하지 않지요. 징집병처럼이 아니라 지원병처럼 인간의 삶을 청신하게 하는 것이 나의 과업이오.

구입자 : 정말 대단한 일이요. 그러면 자네는 사실 무엇을 알고 또 해야 할 일이 무엇이오?

디오게네스 : 나는 인간의 해방자요. 인간의 정욕을 치유하는 의사이며, 또한 진리의 예언자이며 직언자이지요.

디오게네스의 제자 가운데 퀴니코스학파 운동의 대표적인 인물은 크라테스였다.[128] 그는 부와 명성을 선하지도 가치있는 것도 아님을 밝힌다. 현자에게 있어 부와 명성은 악이며, 무가치한 것이며, 그에 반해 부에 반대되는 가난과 명성에 반대되는 명성없는 초라함은 선하며 가치있는 것

---

128) *Diogenes Laertius* 2. 131 ; 6. 91.

이었다. 디오게네스와 크라테스는 가난과 이름없는 삶을 강조하면서 도시국가는 언제인가 사라져버릴 기대할 수 없는 것이었다. 그러므로 그에게 있어 유일한 국가는 세계였으며 자신을 세계시민이라 선언했다.

디오게네스는 전통적인 결혼제도에 반대하여 남자와 여자의 자유로운 동거를 주장했다. 이와 같이 그는 남자와 여자의 자유로운 동거를 통해 오랫동안 관례로 되어왔던 결혼제도의 폐지를 강하게 주장하게 된 것은 자립에 대한 불만에 기인했던 것이다.

디오게네스는 몇 살에 결혼하는 것이 가장 좋은가 하는 질문을 받고 다음과 같이 대답했다. 네가 어린이이거나 늙은 몸일 때는 불가능하다.[129]

디오게네스는 부부가 되는 전통적인 결혼보다 남녀가 서로 함께 사는 아내의 공유를 주장했다. 결국 그는 자식들은 공동소유여야 한다고 생각했다.[130] 디오게네스는 살기 위해 필요한 것이면 무엇이든 다른 사람에게 요구해야 한다고 했다. 그러니 그는 필요로 하는 것을 겸손한 마음으로 요구하기보다, 그가 요구했던 것들이 마치 자기의 것이나 혹은 자기의 능력으로 만들어진 것처럼 조금도 사양하는 마음없이 뻔뻔스럽게 요구했다. 그리고 그는 "돈의 궁핍 속에 있는 자들에게 자선금이나 기부금으로서가 아니라 그들의 몫으로 돈을 돌려주는 것이 당연한 일"[131]이라고 말했다. 더욱이 그는 다음과 같은 이유로 그의 입장을 정당화했던 것이다.

모든 것은 제신의 것이다. 현자는 제신의 친구이다. 그래서 제신의 친구요, 동료이기도 한 현자의 재산은 공유물이다. 그런 까닭에 모든 것은 현자들의 것이

---

129) *Diogenes Laertius* 6. 54.
130) *Diogenes Laertius* 6. 72.
131) *Diogenes Laertius* 6. 46.

다.[132]

아마도 처음부터 디오게네스는 자신을 정의할 목적으로 '개'라는 말을 사용했을 것이다. 디오게네스의 사상을 반대하는 자들이 그를 경멸하기 위해 사용한 이 같은 별명을 자랑스럽게 생각했다.

나는 나에게 무엇인가를 주는 사람들에게 기쁜 마음으로 꼬리를 흔든다. 그러나 나는 나에게 아무것도 주지 않는 사람에게 짖는가 하면 악한 사람을 물어뜯는다.[133]

디오게네스는 언제인가 도시국가는 꼭 파멸되고 말 것이라고 확신하면서 더 이상 도시국가는 행복을 찾는 현자의 안전한 도피처로서의 역할과 기회를 제공할 수 없음을 확신했다. 언젠가 알렉산드로스가 디오게네스에게 조국이 재건되기를 기대하는가 하고 물었을 때 그는 "도대체 조국의 재건이 무슨 도움이 되겠는가? 조국을 재건한다는 것은 제2의 알렉산드로스로 하여금 그의 조국을 다시 파괴할 수 있는 기회만을 제공하는 것이 아니겠는가" 하고 반문했다. 크라테스도 그의 여러 비극에서 다음과 같은 노골적인 표현으로 "나의 조국은 탑 하나, 지붕 하나 없는 나라이지만 행복하게 살 수 있다. 세계가 내 조국이요, 내 집이다"[134]라고 세계시민임을 강조했다.

디오게네스는 자유민과 노예의 계급적 질서가 확고했던 당시의 국가제도와 도시국가의 생활을 거부했다. 이와 같이 퀴니코스학파의 현자는 통일된 그리고 정규화된 도시국가에서 사는 것과 국법을 부정했다. 유행과 문명의 허식을 기대하지도, 또 사용하지도 않았다. 그들은 인간이 사

---

132) *Diogenes Laertius* 6. 37.
133) *Diogenes Laertius* 6. 60.
134) *Diogenes Laertius* 6. 86.

는 국가의 시민이 아니라 세계의 시민이었다.[135] 그들은 세계시민사회 형성의 기초를 도시국가의 전통적 인습이나 관례와 무관한 결혼에 두었다. 디오게네스는 결혼은 배우자의 자유로운 선택으로 자식을 생산하기 위한 수단으로서의 시도라기보다 세계공동체를 만들기 위한 이른바 세계시민들 사이의 결합이라 생각했다. 디오게네스의 세계주의는 헤로도토스의 세계주의가 지향한 다른 세계의 문화에 정통한 이해와 관심에서 생성한 세계주의가 아니다. 그가 동경한 세계주의는 국가공동체 폴리스로부터의 벗어남이었으며, 폴리스가 가하는 온갖 강제로부터 탈피하고 궁극적으로 폴리스의 해체였다.

이와 같이 퀴니코스의 철학자들은 그들의 동료와 가족은 물론 그 어떤 사람과의 관계나 결속을 꺼려했던 실로 이기적인 집단이었다. 퀴니코스학파가 스토아 사상에 끼친 영향은 제논의 『국가론』에서 찾을 수 있을 것이다. 크라테스의 제자였던 제논은 퀴니코스 철학자들의 세계관에서 시사하고 있는 바와 같이 모든 사람을 동료·동포로 생각하는 세계국가 이념의 기초를 확립했다. 퀴니코스 사상에 매료된 제논은 폴리스 사회의 관행과 인습에 도덕적 가치의 부여를 거부하면서 자유로운 성관계에 의해 생산된 현자의 자식들만이 모든 사람에 의해 사랑을 받을 것이며 간통의 문제도 해결될 것이라고 확신했다.[136] 제논은 『국가론』에서 그리고 크뤼시포스는 『정부론』에서 배우자를 자유롭게 선택하는 아내의 공동체 설정을 체계화했다. 이와 같이 아내의 공동체에서 자유로운 성관계가 형성됨으로써 지난날 간통의 구속으로부터 발생하는 시기와 질투는 종식되고 결과적으로 현자들의 자유가 확대해 간다고 생각했다.[137]

---

135) *Diogenes Laertius* 6. 63. 72. 80.
136) *Diogenes Laertius* 7. 131. Dyroff, *Ethik der alten Stoa* 2081. 디로프는 제논의 견해가 퀴니코스 철학자들의 견해보다 극단적이라고 생각했다.
137) *Diogenes Laertius* 7. 131. 제논의 『국가론』과 그리고 크뤼시포스의 『정부론』에서 배우자의 자유로운 선택이 가능한 아내의 공동체 형성을 체계화했다.

퀴니코스학파에서 말하는 자유의 본질은 무엇인가? 우리는 안티스테네스의 『자유와 예속에 관하여』를 통해 퀴니코스 사상의 자유와 부자유의 본질을 파악할 수 있다. 퀴니코스학파의 원로인 안티스테네스는 자유민과 노예의 상대적 모순을 비판하면서도 자유와 예속의 법적·사회적 문제에 대해서는 중요하게 취급하지 않았다.[138] 퀴니코스의 철학자들에게 있어 자유는 자제의 덕(enkrateia)과 자족의 덕(autharkeia)에 일치하는 삶을 영위해 가는 것이며, 그리고 재산·명예·건강·가족·국가 그리고 조국에 대해 냉담한 자들의 속성이었다. 자유민이 자유를 상실할 수 있듯이 노예는 자유를 획득할 수 있다.

안티스테네스는 자유의 개념과 예속의 개념에 새로운 의미를 제시하였거니와, 즉 "다른 사람을 위협하는 자가 위협의 사실을 인식하지 못하는 그 자체가 노예라고 규정했다." 따라서 자유의 문제는 퀴니코스학파의 철학자이자 해방노예였던 비온(Bion)에 의해 인간의 내면세계에서 구했던 것이다. 비온은 비록 노예라도 선한 노예이면 자유민으로, 자유민이라도 사악하면 탐욕의 노예로 인식했다.

디오게네스와 퀴니코스 사상이 추구했던 자유는 기본적으로 무제한의 자유였던 것이다. 플라톤이 강조했던 개인이 국가로부터 벗어나는 해방을 지양했던 그러한 자유가 아니다. 플라톤은 도시국가 아테네에 협력하고 공존하는 자유를 진정한 자유라고 생각하고, 제한된 자유는 무제한의 자유보다 우월하다고 생각했다. 그러므로 플라톤은 자유란 개인이 국가로부터 벗어나는 것이 아니라, 개인이 국가에 결속되어 협력하는 것이며, 국가와 공존하는 자유다. 지나친 자유는 모든 자유의 종언이라 생각했다. 이에 반하여 퀴니코스학파의 자유는 방종이며 그 평등은 무차별이었다.

디오게네스는 출신·명성·재부 그리고 이것과 유사한 것들은 악덕

---

138) Roland Gayer, *Die Stellung des Sklaven in den Paulischen Gemeinden und bei Paulus*, Frankfurt/a.M 1976, S.36.

을 보이기 위한 장식품들이라고 조소했다. 그들에게 있어 유일한 국가는 세계이며 사원에서 물건을 훔치는 행위까지도 윤리에 반하는 것으로 생각하지 않았다.139) 이와 같이 디오게네스의 방종은 그리스 사회가 강요하는 전통적 규범에 대한 저항이었다.

　무욕·자족 그리고 자제의 삶을 이상화했던 퀴니코스 철학자들은 노예의 소유를 사치로 보았기 때문에 노예제를 거부했던 것이다. 디오게네스는 노예가 주인의 신발끈을 매어주고, 주인의 코를 닦아주기 위해서도 주인의 손이 마비되어야 한다고 빈정거렸다.140) 그리고 그는 도망노예 마네스(Manes)에게 도피를 촉구하면서도 "마네스는 디오게네스 없이 살 수 있지만 디오게네스는 마네스없이 살 수 없다고 말한 것은 아이러니가 아닐 수 없다."141) 그러면서도 디오게네스는 더 이상 노예를 가지지 않겠다고 다짐하면서, 만일 내가 죽을 경우에 집을 필요로 하는 자가 나를 밖으로 내다 묻어주기만 하면 더 이상 바랄 것이 없다고 말했다.142) 에픽테투스는 퀴니코스 철학자들의 삶에 관한 언급에서 "인간은 조용히 그리고 평화롭게 사는 데에 국가와 노예, 집과 난로, 또 입을 것 없이 살아갈 수 있는가? 보라, 신은 이 모든 것 없이 살아갈 수 있는 사람을 너에게 보냈다. 자 나를 보라. 나는 집·국가·재산 그리고 노예없이도 사는 자다. 나는 땅바닥에서 잠자며, 아내도 없고 자식도 없다. 나는 대리석으로 꾸며진 속주 총독의 대저택도 없다. 오직 가지고 있는 것은 땅과 태양, 거친 외투 한 벌만을 가지고 있을 뿐이다. 하지만 나는 부족함이 없는 자요, 고통과 공포에서 벗어난 해방자이며 자유민이다"143)라고 외친 퀴니코스 철학자들에 대해 고통과 가난을 예찬한 자들로 평가했다.

---

139) *Diogenes Laertius* 6. 73.
140) *Diogenes Laertius* 6. 44.
141) *Diogenes Laertius* 6. 55.
142) *Diogenes Laertius* 6. 52.
143) Epictetus, *Discourses* Ⅲ. 22. 45~49.

디오게네스는 법적으로 노예제를 인정한 당시의 사회적 현실을 공격하지 않았으나, 노예의 종속을 강요한 자에 대해 힐난하게 비난했다. 디오게네스는 노예제를 사회적인 이유에서가 아니라 개인적인 이유에서, 그리고 노예를 위해서가 아니라 주인을 위해 반대했다. 조엘(Joel)은 노예제에 대한 퀴니코스 철학자들이 취한 태도를 밝히는 글에서 그들은 결코 노예제를 비판한 자들이 아니었다고 기술하고 있다. 왜냐하면 디오게네스를 비롯한 퀴니코스 철학자들은 인간의 진정한 자유는 내면적인 것이기 때문에 법적·사회적 신분과 계급의 차이는 그들에게 전혀 의미없는 것이었다. 욕심없이 자족의 삶을 추구하는 퀴니코스 현자들은 노예를 필요로 하지 않았을 뿐만 아니라 또한 경제적 기초를 노예제에 두지 않았던 것이다.
    이와 같이 헬레니즘 사회의 윤리적·도덕적 요구는 노예의 인간화이었다. 그러나 노예의 법적 신분은 새로운 인간적, 인간존엄의 바탕 위에서 취급되지 않았다. 에우리피데스(Euripides) 이후 '인간'·'자유' 그리고 '부자유'는 개인의 법적·사회적 신분과 무관한 인간의 내면적·정신적 그리고 윤리적인 것으로 이해되었다.

   4) 디오게네스와 그 후계자

   ① **오네시크라토스와 모니무스**
    디오게네스 라에르티우스에 의하면 디오게네스의 제자 가운데 뛰어난 한 사람은 아스티팔라에아(Astypalaea)의 오네시크라토스였다. 그의 경력은 많은 관심의 대상이었다. 디오게네스의 찬양자였던 그는 알렉산드로스의 원정대에 참가하여 함선 안내인으로 중요한 역할을 했다. 또한 그는 네아르쿠스(Nearchus)가 지휘하는 해군의 주요 장교로 페르시아만을

지나는 함선의 항해를 관리했던 인물이었다. 그가 그리스로 돌아온 후에는 알렉산드로스에 관한 작품을 썼다. 디오게네스 라에르티우스에서도 오네시크라토스의 작품을 다루고 있으며, 크세노폰의『퀴로스의 교육』에서도 오네시크라토스의 작품을 당대의 걸작품으로 그리고 형태면에서 표준이 되는 작품으로 평가하고 있다. 특히 오네시크라토스의 알렉산드로스에 관한 작품은 아주 인기가 있었다. 디오게네스 라에르티우스는 오네시크라토스에 대해 다음과 같이 기술하고 있다.

> 오네시크라토스의 활동은 크세노폰의 활동과 유사하다. 크세노폰이 퀴로스를 위해 출정했듯이 오네시크리투스는 알렉산드로스와 함께 종군했다. 크세노폰은『퀴로스의 교육』을 쓴 데 반해 오네시크라토스는『알렉산드로스의 교육』을 썼다. 전자가 퀴로스를 찬양하는 글이라고 한다면 후자는 알렉산드로스를 찬양하는 글이었다. 글의 형식은 유사하지 않으나 그 모방은 원형과 너무 거리가 멀다.[144]

퀴니코스 사상의 발전에 있어 오네시크라토스는 그렇게 주요한 인물은 아니었다. 그는 퀴니코스 철학자들의 삶에 매료되었으나 지도적인 위치에 설 수 있는 존재는 아니었다. 그는 그 어떤 퀴니코스 철학자들보다 허무주의를 사랑하면서 떠돌이생활로 온 대지를 누비던 방랑자였다. 그는 인더스강 언덕에서 디오게네스의 가르침과 사상을 깨닫고 퀴니코스 철학을 찬양하고, 퀴니코스 사상을 철학의 한 학파로서가 아니라 인간이 살아가는 처세지(處世知)임을 강조하기에 이르렀다.

오네시크라토스와는 대조적으로 시라쿠사의 모니무스(Monimus)는 디오게네스의 삶을 귀감으로 삼고 살았다. 디오게네스 라에르티우스의 모니무스에 관한 언급은 디오게네스 라에르티우스에 의해서보다 소시크라

---

[144] *Diogenes Laertius* 6. 84.

테스(Sosicrates)에 의해 더 잘 밝혀지고 있다. 『디오게네스의 매매』에 관한 이야기는 신뢰할 수 없지만, 모니무스가 코린토스의 한 은행가의 노예였다는 것은 거의 믿을 만하다. 모니무스는 그의 스승 디오게네스에 의해 추방당한 다음에 퀴니코스 철학자들의 삶을 따른, 이른바 퀴니코스적 삶을 지속했던 것이다. 모니무스는 디오게네스의 제자인 동시에 크라테스의 제자였다고도 전해지고 있다.

② **크라테스**(Crates of Thebes)

시노페의 디오게네스의 영향을 받은 크라테스는 명문가 출신임에도 불구하고 재산을 가난한 사람들에게 나누어주고 방랑생활을 하면서 가난한 생활을 몸소 체득하고 자립정신을 가르쳐 많은 사람으로부터 존경을 받았다. 크라테스는 후대의 작가에 의해 퀴니코스 사상가들 가운데, 안티스테네스와 디오게네스보다 한층 뛰어난 인물로 평가되고 있다. 크라테스는 그가 살았던 동시대의 메난드로스와 필레몬(Philemon)의 희극에서 언급되고, 또 안티파네스(Antiphanes)에 의해 유명한 인물로 소개되고 있다. 제논은 일화의 기원으로 평가받는 여러 작품에서 크라테스의 경구를 수집하여 하나의 책으로 출판했다. 크라테스는 텔레스(Teles)의 현존하는 단장에서 여러 번 언급되고 있다. 또한 로마제국 시대의 세네카·에픽테투스·아테나이우스·마르쿠스 아우렐리우스·데메트리오스·나지안젠(Gregory Nazianzen) 그리고 오리게네스(Origenes)에게서도 그에 관한 언급을 찾을 수 있다. 마지막으로 제논·메난드로스·에라토스테네스·디오클레스·데메트리우·안티스테네스·히포보투스와 파이오리누스가 인용한 바 있는 디오게네스 라에르티우스에 의해 기술된 그의 일대기가 있다. 크라테스는 퀴니코스 문학의 발전에 디오게네스보다 훨씬 영향을 끼친 인물이다. 현재 전해지고 있는 그의 작품의 여러 단장은 상당한 수준의 작가적 재능과 풍자적인 시문을 보여주고 있다.

크라테스에 대한 연대기 기록과 그리고 그의 삶에 대한 사실을 밝힐 수 있는 자료가 충분치 못하다. 크라테스는 디오게네스보다 30년 후의 인물이었다고 생각된다. 왜냐하면 그가 활동했던 시기가 제113회 올림픽이 있었던(328~324 B.C.) 시기였기 때문이다. 그 때 이미 디오게네스는 노인이었다.[145] 퀴니코스의 사상적 전통은 아마도 디오클레스에 의해 보존되었을 것으로 생각된다. 디오클레스는 디오게네스의 충고에 따라 크라테스가 양목 농장을 포기하고, 그가 가진 모든 재산과 돈을 바다 속에 던져버린 것으로 전하고 있다. 기원전 335년 알렉산드로스에 의해 테바이가 파괴되었던 시기에 크라테스는 퀴니코스 사상가로서 기원전 340~335년 디오게네스의 문하에 있었다고 추론할 수 있을 것이다. 크라테스는 그의 여생을 주로 아테네에서 보낸 것처럼 보인다. 기원전 307년 크라테스의 사후 제논과 팔레룸(Phalerum)의 데메트리오스 사이에 친근한 교분이 이루어진 사실로 보아 그가 기원전 4세기의 마지막 10년까지 살았음을 암시해 주고 있다. 크라테스는 보이오티아에 묻혔다고 전해지고 있다.[146]

크라테스는 디오게네스의 여러 제자 가운데 가장 명망있고, 퀴니코스 사상 운동의 대표적 인물 가운데 한 사람으로 금욕주의를 몸소 실천하고 그가 가진 부와 명성은 선하지도, 가치있는 것도 아님을 강조했다. 그는 특히 현자에게 있어 가난과 명성이 없다는 것은 선하며 가치있는 것이라고 평가했다. 왜냐하면 가난하고 욕심이 없는 삶을 살아가는 자만이 그 무엇도 필요로 하지 않는 상태 아우타르키아(*autarkia*)에 도달할 수 있기 때문이다. 디오게네스가 자족의 화신이라고 한 크라테스는 퀴니코스 사상의 다양한 개념으로 상징된 집 지키는 개, 박사, 혹은 인도주의적 양심에 관심을 가지고 일하는 이른바 인간애(philanthropia)의 화

---

145) *Diogenes Laertius* 6. 87.
146) Plutarchos, *de. adul. et amic.*

신으로 대표될 것이다. 플루타르코스는 "크라테스는 그 누구의 집에도 거리낌없이 자유로이 드나들며, 동시에 그가 방문했던 집의 사람들은 그를 기쁜 마음으로 환대하였다. 그래서 그는 '문 여는 자'라는 별명을 가지게 되었다"고 전해지고 있다. 율리아누스는 크라테스를 제논의 사상과 교의를 확립시키는 데 결정적인 영향을 준 스승이었다고 전하고 있다. 율리아누스의 전거에 따르면 그리스인은 크라테스가 문으로 들어가는 것을 선한 수호신이 들어가는 것으로 그리스인이 사는 집 출입구에 써놓았다고 기록하고 있다. 아풀레이오스(Apuleios)는 이 같은 사실을 보다 더 확실하게 밝히고 있다.

> 크라테스 시대의 아테네 사람들은 디오게네스의 제자 크라테스를 가족의 수호신(*lar familiaris*)으로 숭상했다. 모든 집에서는 크라테스를 열렬히 환대했다. 그는 가장의 방이나 개인 침실에도 가리지 않고 자유로이 들어갈 수 있었다. 왜냐하면 그는 가족의 불화와 언쟁을 조정할 수 있는 중재자의 역할을 할 수 있었기 때문이다. 시인들은 영웅 헤라클레스가 그의 빛나는 예지와 용기로 사나운 맹수와 괴물 그리고 호걸을 어떻게 타도하고, 어떻게 그들을 이 지상에서 제거했나에 관해 전하고 있다. 우리의 철학자 크라테스는 분노·질투·탐욕·욕망·다른 역병 그리고 인간영혼의 악폐와 맞서 싸운 진정한 헤라클레스였다. 이와 같이 그는 이 모든 역병과 해악으로부터 인간의 심령을 해방시킨 자다.

이상의 내용은 퀴니코스 철학자들이 공통적으로 가지고 있는 특징이다. 루키아누스(Lucianus)는 디오게네스를 설명하는 데 있어서도 이와 같은 수식어를 사용하고 있다. 디오게네스는 "헤라클레스처럼 욕망과 정욕을 몰아내기 위해 싸웠다.… 나는 인류의 고뇌와 재난을 치유하는 구원자다"라고 했다. 그러나 디오게네스의 방법은 가혹했다. "개들은 그들의 적을 물어뜯곤 하지만 나는 나의 친구를 구원하기 위해서 문다." 크라테스의 본성은 훨씬 따뜻하고 인정이 넘쳤다. 그것은 크라테스가 디오게네스의 운명과 처지처럼 불의를 참지 못했기 때문이었을 것이다. 크라테스는 플루타르코스가 지적한 바와 같이 전생애를 마치 영원한 휴일을 보내듯이 항상 익살과 조소로 일관했다.[147] 이와 같이 크라테스의 비난은 조소와 빈정대는 말투로서만이 아니라 어느 면에서 애정섞인 친절의 표현이기도 했다.

우리는 안티스테네스나 디오게네스를 평가함에 있어 크라테스의 경우와는 달리 2차사료에 더 의존해 왔다. 크라테스의 가르침은 그 자신이 쓴 폭넓은 단장으로부터 추론이 가능하다. 크라테스의 교훈은 소박하고도 실제적인 금욕주의를 내용으로 하고 있다. 플루타르코스는 "도시국가의 혁명과 전제정치의 원인은 사치와 낭비에서가 아니라 도덕적인 것에 있다"고 설명한다. 그래서 그는 도시국가는 허식없는 순박함과 선한 판단이 사치와 낭비를 대신해야 하며, 또한 축복·숙녀·현자의 기쁨, 높은 사려와 분별력을 가진 후손과 미덕과 정의의 길을 추구해 가는 사람들이 정착되어야 한다고 강조했다.[148] 그러나 당시의 도시국가는 금욕과 심지어 고상한 철학마저도 추구해야 할 목표가 아니었다. 하지만 퀴니코스학파는 금욕주의와 퀴니코스의 철학을 삶의 최고가치로서 행복으로 가는 수단이었다. 퀴니코스 철학자들은 재산과 명예에 대한 무관심·무욕을 인식할 때까지 철학의 연마를 강조했다. 꿈과 명예와 같은 외식은 퀴니코스 철학자들에게 있어 약한 미풍에도 사라지는 연기에 불과한 것이었다. 퀴니코스 철학자들은 철학과 금욕의 정신에 의해서만이 차원 높은 고상한 세계(the island of Pera, πέρα)로 진입할 수 있다고 확신했다. 이와 같이 그들은 금욕과 철학을 통해 위대한 크라테스의 빛나는 단장에서 묘사되고 있는 퀴니코스의 낙원인 페라의 나라에 도달하게 될 것이라고 믿고 있었다.

---

147) Plutarchos, *de an. tranq* 4. 226E.
148) Plutarchos, *Fr.* 12D.

포도주 빛깔의 바다의 연무(煙霧) 가운데 가장 고상한 나라가 있다. 그 나라는 화려하고 풍성한 결실을 가진 나라이지만 지나치게 불결하다.… 이 고상한 나라 페라(Pera)의 주인은 인간을 노예로 만드는 정욕으로부터 해방한 자들이다. 이와 같이 정욕으로부터 벗어난 사람은 자유와 영원히 불멸하는 왕국(basileia)에서 기뻐하는 자리라.…

고상한 왕국의 주인은 마음을 평정하게 다스리고, 지금 가지고 있는 보잘것없는 재산에도 만족해한다. 고상한 정신의 왕국은 노예를 황금처럼 생각하지 않으며, 사랑의 정욕도 쓸모없는 것이었다.149)

퀴니코스 철학자들이 추구하는 금욕과 철학이 지배하는 고상한 나라는 우의와 쾌적함 바로 그것이었다. 단장 12에서 "너희들은 돈지갑이 얼마나 위력을 발휘하는지 알지 못할 것이다. 4분의 1 루피너스이면 바랄 것이 아무것도 없다"고 묘사하고 있다. 퀴니코스 철학자들은 자만과 허세를 버렸으며, 퀴니코스 사상을 애호했던 마르쿠스 아우렐리우스는 부질없는 공상과 자만(topos)을 위대한 사기꾼이라고 말했다. 이와 같이 퀴니코스 철학자들은 허세와 자만을 가치있는 일을 추진하는 사람에게 마술이라고 비판했다. 크라테스의 크세노크라테스(Xenocrates)에 관해 언급한 내용은 플라톤에 관한 것이었으며, 제논의 전거에서 다음과 같이 전하고 있다.

언제인가 크라테스는 퀴프로스 왕 테미손(Themison)을 위해 쓴 아리스토텔레스의 『프로트레프티쿠스(Protrepticus)』를 소리 높여 읽으면서 구두수선공의 상점에 앉아 있었다. 아리스토텔레스는 여기서 철학에 관한 한 테미손보다 더 훌륭한 능력을 가진 철학자들은 아무도 없다고 말했다. 왜냐하면 그는 철학에 경주할 수 있는 부와 명성을 가지고 있었기 때문이다. 크라테스가 프로트레프티쿠스를 읽고 있는 동안 구두수선공은 주의 깊게 경청하면서, 동시에 구두를 한 바늘

---

149) Donald R. Dudley, *op. cit.*, p.44.

한 바늘 계속 꿰매었다. 그 때 크라테스는 그에게 다음과 같이 말했다. "필리스쿠스여, 나는 당신을 위해 '철학의 장려'를 기술해야 한다고 생각한다. 왜냐하면 나는 아리스토텔레스가 그의 저술서를 헌정한 사람보다 더 훌륭한 자격을 가진 사람이라는 사실을 알고 있기 때문이다"라고 말한 바 있다.

텔레스(Teles)의 주장은 쾌락주의자들의 의식과 가르침을 비난한 크라테스에서부터 기인한다. 그가 기술한 내용은 흥미진진하며 또 퀴니코스학파가 지향한 도덕체계의 훌륭한 표준이기도 하였다. 다음의 내용을 살펴보자 :

만일 우리들이 행복한 삶을 쾌락의 정도에 따라 평가한다면 그 어떤 사람도 참다운 행복을 누리지 못할 것이라고 크라테스는 말한다. 왜냐하면 만일 네가 인간의 삶의 단계를 인식하기 위해 그 한 단계를 선택할 경우 너는 말할 것도 없이 고통이 압도적으로 우세하다는 것을 알게 될 것이다. 무엇보다 우리의 모든 삶의 절반은 잠으로 보낼 무관심한 것들이다. 생의 첫 단계인 유아의 단계는 고통의 단계다. 아이는 배고파하고, 유모는 아이를 품속에 조용히 재우려고 노력한다. 이제 어린 아이는 유모를 피하게 되었지만 다시 가정교사의 손 안에 들어가게 된다. 그리고 다시 훈련시키는 사람과 학교선생·음악교사·미술가의 손에 들어가게 된다. 아이는 날마다 달라지는 모습을 보이면서 수학·기하학 그리고 승마선생에게까지 가게 된다.… 이제 청년은 성년기에 도달함으로써 더할 나위 없는 절정기에 이르게 된다. 그리고 그는 출정하여 국가를 위해 목숨을 바친다. 그는 정치생활에 종사하고, 전략가로서 일을 하게 된다. 그리고 그는 자신이 소년이었을 때가 환희의 시대라고 찬양한다. 시간이 지나 노쇠해지면서, 그는 자신의 어린 시절을 동경하고 자주 에우리피데스의 시구를 암송하곤 한다. 청년 시절은 아름다운 시간이다.… 만일 누군가가 행복을 쾌락의 정도에 따라 판단한다면 누가 어떻게, 얼마나 행복한 삶을 살 수 있는지 알 수 없을 것이다.[150]

텔레스가 비난했던 것은 쾌락과 정욕에 대한 것으로 결국 쾌락 즉 헤

---

150) *ibid.*, pp.45~46.

도네(hedone)에로의 몰입이었던 것이다. 크뤼시포스는 그의 작품을 통해 쾌락의 삶을 비난하고, 쾌락주의자 에피쿠로스를 힐난하게 공격했던 것이다. 그의 공격대상은 쾌락주의자 아리스티포스[151]의 쾌락설이었다. 이미 밝힌 바와 같이 퀴니코스 철학자들의 삶의 목적은 자족이었으며, 그것이 행복이었다. 아리스티포스는 디오게네스가 '제2의 헤라클레스처럼' 강조한 금욕과 자족에 반대하여 행복을 쾌락으로 규정했다. 아리스티포스는 행복을 퀴니코스 철학자들이 가장 싫어했고 배격했던 어떤 제한, 의무의 구속으로부터 벗어나 쾌락의 경지에 도달하는 것이라고 정의했다. 그래서 아리스티포스는 삶의 궁극적 목적을 각자의 쾌락의 추구요, 행복을 모든 개인의 쾌락의 총화라고 정의했다.

이 같은 그의 주장은 헤게시아스로부터 공격을 받았을 뿐만 아니라 그의 제자마저 아리스티포스의 행복의 정의를 인정하지 않았다. 왜냐하면 육신은 영혼이 분배한 많은 고통의 시련을 받게 되고 또 그것에 의해 불안에 빠지기 때문이다. 더더욱 희망과 기대는 운명의 여신에 의해 자주 혼란에 빠지게 되고 그로 인해 결국 행복은 도달할 수 없게 된다[152]고 말했다.

키케로는 헤게시아스의 '금욕에 의한 자살(Apokarteron)'에서 단식에 의한 자살과 그 행위의 악폐를 상세하게 열거(vitae humanae enumerat incommoda)한다.[153] 그 대화는 『명시선집(Anthology)』의 두 경구에서 잘 나타나고 있다.[154] 여기서 '삶의 악폐'는 포시디푸스(Posidippus)에 의해 그리고 삶의 선한 것은 메트로도루스(Metrodorus)에 의하여 전해진다.

보통사람의 표준은 독단론자의 표준과 마찬가지로 헛된 것(Topos)에 대해 고뇌하고 있다. 크라테스는 그 어떤 사람도 자신의 결점으로부터

---

151) *Diogenes Laertius* 2. 87. 88.
152) *Diogenes Laertius* 2. 93~94.
153) Cicero, *Tusc* I. 83.
154) Cicero, *Tusc* I. 359. 360.

완전히 자유로울 수 없다고 말한다. 마치 석류나무에서처럼 여러 씨앗 가운데 하나는 항상 썩게 마련인 것처럼 말이다. 통속적 가치의 표준이 그의 유명한 일기장에 자주 풍자되고 있었다.[155] 분명 그 일기장에 나타난 풍자는 부자의 회계장부를 꼬집는 묘사였다. 즉 "주방장을 위해 10미나(mina)를, 의사를 위해 1드라크마를, 아첨꾼을 위해 5탈렌트를, 매춘부를 위해 1탈렌트를 그리고 철학자를 위해 3오볼을 준비해 놓아라"[156]라고 기술하고 있다.

이 왜곡되고 변형된 표준에 반하는 가치는 개와 같은 삶을 미화한 퀴니코스적인 삶의 자연적인 가치였다. 크라테스의 삶에 나타난 검소는 그의 제자 메트로클레스(Metrocles)의 작품에서 잘 밝혀지고 있다. 즉 "렌즈 콩과 다른 콩을 잘 모아두어라. 친구여, 자네가 먹을 콩을 모아둔다면 가난을 극복하고 승리의 트로피를 높이 올리게 될 것이다. 어떻든 가난은 적이기 보다 친구로 나타날 것이다. 나는 디오게네스의 동료요 동포이며, 운명의 여신에 흔들림없이 나의 자리를 견지해 가는 자로서 어둠과 가난한 땅의 시민이다."[157]

그는 1쿼터의 루피너스에 만족해 하면서 그 무엇도 요구하지 않았다. 설사 볼품없는 곱사등이 되었을지라도 디오게네스가 강조한 체조장의 훈련(askesis)을 몸소 실천했을 것이다.[158] 텔레스의 글에서 메트로클레스는 아카데미학원이나 혹은 테오프라스토스의 지도를 받고 있는 학생의 사치스러운 생활을 크라테스의 제자들이 지킨 검소한 생활에 비교하면서 다음과 같이 대비시키고 있다.

언제인가 메트로클레스가 테오프라스토스와 크세노크라테스의 지도를 받으며 공

---

155) *Diogenes Laertius* 6. 89.
156) *Diogenes Laertius* 6. 85~86.
157) *Diogenes Laertius* 6. 93.
158) *Diogenes Laertius* 6. 92.

부하고 있었을 때, 그는 집으로부터 많은 보조를 받았지만 사실 위협을 느낄 정도의 굶주린 상황이 항상 그 앞에 가로놓였다. 가난과 궁핍은 온통 만연했다. 그러나 그가 크라테스에게로 갔을 때 그 어떤 도움도 받지 못해 이제 또 다른 제2의 인간으로 살아가야만 했다. 왜냐하면 전에 그는 샌들·외투과 귀인을 수행하는 종들, 잘 정비된 가정을 가지는 것이 무엇보다 필요했기 때문이다. 특히 공동식탁에 밀로 된 빵, 달콤한 포도주 그리고 많은 진미와 향응을 제공하는 것이 필요했다. 그러한 생활은 거기서 자유롭게 고려되었다. 그러나 그가 크라테스의 제자가 되기 위해 그에게 갔을 때 전에 자신이 처해 있었던 생활 형태를 찾아볼 수 없었다. 그는 검소하게 살면서 낡아빠진 코트와 보리빵 그리고 보잘것 없는 풀잎에 만족했다. 그는 지난날의 생활에 대해 후회도, 또 현재의 삶에 불만도 나타내지 않았다.… 여름에는 사원에서 자고 겨울에는 욕실에서 잤다. 이제 그는 자신의 처지와 상황에 만족해 하면서 자신을 돕거나 시중드는 사람조차 필요로 하지 않았다.

크라테스는 일체의 음모를 무시해 버리고 자신이 디오게네스의 동료 시민임을 밝히고 있다. 이 두 퀴니코스 철학자들은 가난하고 비천하게 살 것을 촉구하고, 그들에게 있어 국가란 불필요한 존재임을 확인하고, 사실 도시국가는 언젠가 꼭 사라져 버릴, 기대할 수 없는 은전일 뿐이라고 지적했다. 왜냐하면 도시국가는 당장에라도 파괴될 수 있으며, 그리고 그 곳은 행복을 찾았던 현자에게 안전한 도피처를 제공할 수 없었기 때문이다. 즉 "알렉산드로스는 디오게네스에게 조국이 재건되기를 바라는가" 하고 물었을 때 그는 "도대체 조국의 재건이 무슨 도움이 되겠는가? 그리고 조국을 재건한다는 것은 제2의 알렉산드로스로 하여금 그의 조국을 다시 파괴할 수 있는 기회만을 제공하는 것이 아니겠는가" 하고 대답했다.[159] 크라테스는 그의 비극작품 가운데 한 작품에서 다음과 같이 표현하고 있다.

---

159) *Diogenes Laertius* VII. 93.

나의 조국은 탑 하나, 지붕 하나도 없는 나라이지만 행복하게 잘 살 수 있는 곳이다. 세계의 모든 곳에 나의 나라가 있고, 또 나의 집이 있다.160)

크라테스는 자주 이 세상의 부와 재물을 무가치하고 공허할 뿐이라고 규정하고, 그는 부와 재물을 감싸고 있는 미혹(迷惑)을 벗겨버려야 한다고 강조했다. 또한 그는 우리에게 전해지고 있는 단장에서 다음과 같이 말하고 있다.

이 세상의 재물은 미혹으로 가득 차 있다.161)

물질의 무상함을 밝힌 후대의 마르쿠스 아우렐리우스 황제는 크라테스의 삶과 세계관을 회상하면서 다음과 같이 호소했다.

앞에 있는 고기와 다른 먹을 수 있는 것을 가지고 있을 때 그것이 물고기의 사체(死體)이며 그리고 새나 혹은 돼지의 사체다. 그리고 다시 포도주는 포도즙에 지나지 않으며, 자줏빛 의복은 양모를 갑각류의 피로 물들여 만들어진 것일 뿐이다. 이러한 것이 사물 자체를 이루며 또 그것에 침투한다. 그래서 우리는 그것이 어떤 것인지를 알게 된다. 같은 방법으로 우리는 삶을 통해 모든 것을 실행해야 할 것이다. 그리고 우리들로부터 인정받는 가장 가치 있는 것이 있다. 하지만 우리는 그것의 무가치성을 폭로해야 할 것이며, 또한 그것이 높은 평가를 받았던 표현이나 수식을 벗겨버려야 할 것이다. 왜냐하면 외면적 과시는 이성으로부터의 탈피요 도착(倒錯)이기 때문이다.162)

플라톤에게 배우고 아카데미아의 제3대 학두로 25년 동안 재직한 바 있는 크세노크라테스의 연설은 우리에게 알려지지 않았지만, 크라테스의

---

160) *Diogenes Laertius* VI. 98.
161) *Diogenes Laertius* VI. 86.
162) Marcus Aurelius, *Recollection* 6. 13.

외식에 물든 삶에 대한 비난의 소리는 오히려 후기 스토아 사상가 마르쿠스 아우렐리우스가 강조한 금욕주의 교훈으로부터 추출해낼 수 있다. 그러므로 크라테스는 철학에서 무엇을 얻을 수 있는가 하는 문제에 다음과 같이 대답했다. "1쿼터의 콩만 있으면 족하다. 그 이상 아무것도 바랄 것이 없다"고 말했다.163)

여기에서 말하는 '1쿼터의 콩'은 삶을 영위하는 데 꼭 필요한 것이라는 의미이며, 그밖에 아무것도 필요치 않다는 것은 목숨을 이어가는 데 절대 필요한 것만을 요구한다는 것이고, 그밖에 것은 무용지물로 생각했음을 말해 준다.

크라테스는 행복이 기쁨이나 쾌락과 동일한 것이라고 한다면 인간에게 있어 참 행복은 있을 수 없다고 주장하면서 쾌락설에 반대하는 논리를 전개했던 것이다. 크라테스는 생의 단계에서 고통을 능가하는 기쁨이란 없으며 그래서 인간의 삶의 총체적 균형은 기쁨보다 고통이라고 정의했다. 크라테스 이전의 철학자들은 물론 그 자신도 에로스적 쾌락으로부터의 도피를 강조했다. 에로스적 쾌락은 그 어떤 쾌락보다 현자의 냉정과 평정을 교란시키는 것으로 생각하고 다음과 같은 풍자적인 말로 표현하고 있다.

> 배고픔이야말로 에로스적 사랑을 진정시킨다. 만일 굶주림이 에로스적 사랑을 진정시키지 못한다면 시간이 해결해 줄 것이다. 만일 기아와 시간의 두 구급약으로 그 무엇도 해결할 수 없다면 고삐와 속박이 처방약이 될 수 있다.164)

이미 밝힌 바와 같이 퀴니코스 철학자들은 전통적인 결혼 제도와 결혼 생활을 반대하였다. 그럼에도 불구하고 크라테스는 퀴니코스 사상을

---

163) *Diogenes Laertius* 6. 86.
164) *Diogenes Laertius* 6. 86.

삶의 표준으로 삼고 살았던 히파르키아(Hipparchia)라는 이름의 여자와 결혼을 하였다. 결국 크라테스는 퀴니코스적 결혼, 다시 말해서 사회가 결혼에 대하여 법적으로 부여한 일체의 가치를 부정한 그러한 결혼생활을 꾸려나갔던 것이다. 디오게네스 라에르티우스는 다음과 같이 기술하고 있다.

메트로클레스의 여동생 히파르키아는 퀴니코스 사상과 그 교의에 매료되었다. 이 두 사람은 마로네이아(Maroneia)에서 태어났다. 히파르키아는 크라테스의 사상과 생활양식에 반하게 되어 그에게 결혼을 청한 모든 구혼자를 외면했던 것이다. 히파르키아는 구혼자의 재산과 부, 출신성분 그리고 미모에 대해 무관심했다. 히파르키아에게 있어 크라테스는 모든 것이었다. 만일 히파르키아가 크라테스와 결혼이 이루어지지 않았을 경우 자살로 그녀의 부모를 위협하겠다고 생각하고 있었다. 히파르키아가 이 같은 생각과 계획을 단념할 수 있도록 그녀의 부모는 크라테스에게 도움을 요청했다. 그래서 크라테스는 모든 방법을 다 동원했으나 히파르키아를 설득하는 데 실패했다. 결국 그는 일어나 그의 옷을 벗어버리고 다음과 같이 말했다. "여기 너의 신랑과 너의 재산이 있다. 네 마음에 드는 것을 선택하여라. 왜냐하면 네가 나의 생활방법을 받아들이지 않는다면 너는 내 아내가 되려는 의사가 없기 때문이다." 히파르키아는 곧 선택했다. 그리고 크라테스와 똑같은 모양의 옷을 입고 그녀의 남편인 크라테스를 따라가 함께 살고, 같이 먹었다.[165]

그러나 이 같은 퀴니코스의 결혼은 퀴니코스학파가 지향했던 가르침이었다. 그러나 크라테스의 결혼제도에 대한 총체적인 경시와 부정적인 평가의 대두는 퀴니코스학파의 아나이테이가 극치에 달했기 때문이었을 것이다. 그가 나이가 들자 그의 아들을 창녀집으로 데리고 가 아버지가 어떻게 결혼했는지를 그에게 말했다. 그리고 그는 그의 딸에게 30일 동안 시험결혼을 허용했다.[166]

---

165) *Diogenes Laertius* 6. 96.

크라테스와 더불어 이제 퀴니코스 사상은 안티스테네스와 디오게네스의 사상에서 결여하고 있는 인도와 박애를 강조하기 시작했다. 크라테스는 인도와 박애를 요구하는 자에게 좋은 충고를 하려고 했다. 사실 그는 그에게 와서 묻는 자를 기다리지 않았다. 이미 앞에서 기술한 바와 같이 그는 자신을 필요로 하는 자에게 몸소 갔다. 그는 다정하고 지혜로운 조언을 해주었기 때문에 그가 찾아간 집에서는 모두 문을 열어놓고 기다렸던 것이다. 그래서 그는 '문 여는 자'[167]라는 별명을 가지게 되었다. 모든 집을 자유로이 드나들었던 철학자 크라테스는 동시대의 아테네 사람들로부터 열렬한 추앙을 받았다.

인간에 대한 크라테스의 따뜻한 사랑과 박애는 결코 퀴니코스 사상의 본질이라고 말할 수는 없다. 퀴니코스 사상은 지극한 개인주의·인간 불신 그리고 인간에 대한 증오심을 확대했다고 할 수 있다. 플루타르코스는 크라테스의 삶에 대해 다음과 같이 기술하고 있다.

> 배낭과 외투를 걸친 크라테스는 마치 향연에서처럼, 웃으면서 그리고 찬양하면서 삶을 살았다.[168]

디오게네스의 제자 가운데 크라테스보다 우수한 사람은 아무도 없었다고 생각한다. 먼저 우리는 필리스쿠스(Philiscus)는 어떤 인물인가 살펴보아야 할 것이다. 고대의 전거에 의하면 그는 디오게네스의 영향을 받은 비극의 저술가였다. 그러므로 그의 비극 작품은 퀴니코스 사상의 특징을 상세히 알리는 매체가 되었다.[169]

모니무스[170]는 평판이 좋지 못했던 자로서 디오게네스와 크라테스의

---

166) *Diogenes Laertius* 6. 88.
167) *Diogenes Laertius* 6. 86.
168) Plutarchos, *De an tranq.* 4. 466C.
169) *Diogenes Laertius* 6. 73 ; Ⅵ. 80.

제자였다. 그러므로 희극작가 메난드로스는 모니무스가 모든 인간사상은 쓸모없는 것이라고 강조한 인물로 밝히고 있다.171) 모니무스는 크라테스처럼 『시적 소설(Poetic Trifles)』를 썼다. 이 글에서 그는 진지한 것과 그리고 즐거운 것을 함께 다루었다.[이 글은 퀴니코스 문학의 특징과 전형을 잘 나타내 주고 있다] 마지막으로 우리는 메트로클레스의 인간관계와 그의 사상에 대한 전모를 소개해야 할 것이다. 그는 히파르키아의 오빠였으며, 또한 크라테스의 처남이기도 했다.172) 그에 이르러 퀴니코스 사상은 크라테스의 낙천주의와 대조를 이루는 염세적인 경향성을 띠고 있었다. 메트로클레스는 그가 쓴 작품을 불살라 버리면서 다음과 같이 외쳤다고 전해지고 있다. "이 작품은 저 세상의 꿈의 유령들이다."173) 결국 그는 지극히 염세적인 인간이었기 때문에 자살로 세상을 마쳤다고 기록되어 있다.174)

　마로네이아의 메트로클레스는 아리스토텔레스학파의 테오프라스토스의 제자였다. 그는 나약한 마음의 소유자로 연설을 하는 중에도 수줍음을 감추지 못하는 아주 내성적인 사람으로 자주 실망과 낙담에 차 있었다. 심지어 그는 죽으려고 굶으면서 문밖출입을 금했다. 이 사실을 알게 된 크라테스는 그를 방문하여, 렌즈콩을 배불리 먹을 것을 충고하고 자살과 같은 범죄행위를 범하지 않도록 설득시켰다. 결국 그는 메트로클레스를 진정시켜 실의와 낙담으로부터 그를 구하는 데 성공했다. 그 때부터 메트로클레스는 크라테스의 제자가 되었으며, 철학자로서 탁월한 인물이 될 수 있었다. 그의 사상과 학문을 본받은 후계자는 테옴브로투

---

170) 모니무스는 시라쿠스에서 태어났다. 그는 코린토스의 한 회계원으로 일했다. 그는 회계원의 자리로부터 떠나기 위해 일부러 미친 사람같이 행동하기 위해 디오게네스의 사상과 처세술을 몸소 실천했다. 그는 디오게네스를 열렬히 지지한 신봉자였으며, 크라테스를 따랐다.[*Diogenes Laertius* 6. 82]
171) *Diogenes Laertius* 6. 83.
172) *Diogenes Laertius* 6. 94.
173) *Diogenes Laertius* 6. 95.
174) *Diogenes Laertius* 6. 95.

스(Theombrotus)와 클레오메네스(Cleomenes)였다.[175]

퀴니코스 철학자들의 재산과 부에 대한 태도를 밝히는 데 우리는 디오게네스의 견해와 크라테스 사이에 나타나는 견해 차이로 크게 양분하여 설명할 수 있다. 크라테스는 디오게네스보다 온건한 입장이었다고 할 수 있다. 이미 밝힌 바와 같이 크라테스는 그의 소유재산을 팔고 또 세습재산을 포기했다. 그러나 그는 거지의 상태가 되는 것을 거부하고, 최소한의 물질소유는 인정했다. 비온(Bion)은 이 원칙과 그리고 '친구의 재산은 우리 모두의 것'이라는 당시의 재산관과 처세지에 반대했다.[176]

쾌락에 대한 비온의 태도는 퀴니코스 사상에서 강조하고 있는 쾌락의 억제를 완화하였다는 주장은 분명히 과장된 것이라고 할 수 있을 것이다. 퀴니코스 사상가의 반쾌락설(anti-hedonism)은 주지하는 바와 같이 현자의 아타락시아·아우타르키아를 침식하는 이른바 에로스적 쾌락을 강하게 비난했다. 비온은 그의 생활에서 반쾌락설을 가르치는 것을 반대했다.[177] 케르키다스는 에로스적 쾌락에 대해 다음과 같이 두 가지 의미로 정의했다. 그 하나는 성적 충동이며, 다른 하나는 감정의 혼란이다. 하지만 현자는 감정의 혼란을 극복할 수 있는 존재이다. 왜냐하면 현자는 아파테이아로 무장하고 훈련된 자들로 몇 푼의 동전으로 매춘부를 통해 성적충동을 채우는 행위를 극복할 수 있기 때문이다. 성적욕구를 억제한다는 것은 쉬운 일이 아니기 때문에 케르키다스는 성적충동은 순수육체적 욕구를 충족시키는 것으로 제한했던 것이다. 이 같은 그의 견해는 인간의 순수동물적인 욕구를 충족시키고, 인간과 동물을 구분하는 요소를 배제했던 것이다.

국가와 통치자에 대한 태도도 현저하게 변했다. 비온은 통치자 안티

---

175) *Diogenes Laertius* 6. 94~95.
176) *Diogenes Laertius* 4. 53.
177) *Diogenes Laertius* 4. 47.

고노스의 친구였는데 반해 케르키다스는 투쟁적인 정치가로서 아주 유능한 인물이었다.[178] 신의 고결함과 신성함을 변호하기 위해 퀴니코스 사상가는 대중적이고 전통적인 종교에 대한 비판이 가해짐으로써 비온과 케르키다스와 함께 무신론으로 변질되는,[179] 그들의 본질적 의미와 목적을 상실해 가는 경향을 보였던 것이다.[180]

이 시대의 퀴니코스 사상가의 저술서는 순수하고 익살스러운 시문 형태의 작품이었다. 그들의 풍자적인 시문은 코믹한 내용을 만들기보다 전통적인 사회관습과 규범들을 효과적으로 타파하기 위한 것이었다. 특히 당시의 사회에 대한 비온의 비난을 모은 요약서는 일반 대중의 호소와 윤리적 요구에 대한 짧은 대화체였다. 그의 대화체는 소크라테스의 문답식으로 퀴니코스화한 것이었다. 메니푸스의 저작물은 진정한 문학모델이었다. 루키아누스는 그의 작품에 의해 고무되었다. 루킬리우스(Lucilius)와 오라티오(Oratio)의 라틴풍의 풍자는 기본적으로 그 기법에 있어 퀴니코스 사상가들의 작품에서 연유했다.

이교시대의 마지막 2세기에 퀴니코스 사상은 더 이상의 발전이 불가능했다. 이 시대에 잘 알려진 퀴니코스 사상을 대표하는 저술가는 멜레아그로(Meleagro of Gadara)이지만, 그는 그렇게 중요한 인물은 아니었다. 그는 기원전 1세기 초에 활동한 인물이었다.[181] 퀴니코스 사상의 역사는 헬레니즘 시대를 끝으로 막을 내렸다기보다 로마제국 시대에서 다시 중세시대 수도원의 발전에 크게 기여하기 시작했다.

디오게네스와 크라테스에 의해 체계화된 퀴니코스 사상은 이미 언급한 바와 같이 헬레니즘 시대의 사람들이 기대했던 기초적인 요구를 채워주었다. 이러한 이유에서 퀴니코스 사상은 고난의 시대에 태어난 많은

---

178) D.R. Dudley, *A History of Cynicism*, Hildesheim, 1967, pp.69. 75~77.
179) *Diogenes Laertius* 6. 37 ; 6. 42.
180) *Diogenes Laertius* 4. 54~56.
181) Cicero, *De officiis* 1. 41. 148.

위대한 철학파와 같이 긴 역사를 가지며, 인간을 헛되이 선동한 세 가지의 큰 미혹, 즉 쾌락에 대한 욕구, 부에 대한 애착, 그리고 권력에 대한 욕망으로부터 벗어나 참 자유로운 개인으로, 또 세계인으로 갈 수 있는 길을 열었던 것이다. 그리고 이 세 미혹은 인간을 항상 불행으로 인도한다는 확신을 가지게 했을 뿐만 아니라 피론의 회의주의에서 강조한 판단중지, 제논의 스토아 사상 그리고 에피쿠로스 사상에서 아파테이아 · 아타락시아를 낳게 했던 것이다. 또 더 나아가 서양역사의 전세기에 걸쳐 헬레니즘적이고 헤브라이즘적인 이원적인 도덕률 형성에 기본이념으로 작용하였다고 말할 수 있을 것이다. 지혜 · 현자 그리고 행복의 필수조건으로 이해된 자족과 욕심없는 상태, 즉 아우타르키아와 아파테이아는 헬레니즘 지성의 기본 강령이었던 것이다. 퀴니코스 사상의 극단론은 고전적 전통을 신성시한 폴리스의 전통적 가치를 인정하기를 거부했다. 퀴니코스 사상은 사실상 체계적이지 못했으며, 현실과 너무 유리된 어느 면에서 실제를 외면했기 때문에 실천적 가치를 제시하는 데에 많은 결함을 내포하고 있었다.

퀴니코스 사상의 기본적인 불균형은 궁극적으로 인간은 동물적 본성으로의 환원에 기인했다. 그러므로 퀴니코스 사상은 필연적으로 미개한 사람의 욕구 이른바 동물적인 욕구를 주장하기에 이르렀으나, 그러나 그것은 순수원시적인 지각보다 영적 에너지를 필요로 했다고 할 수 있다.

결국 퀴니코스 사상의 지적 빈곤은 과학과 문화의 거부뿐만 아니라 이론적으로 정당화할 수 없는 사실전달에 있어 합리적 이론전개에 미흡했다. 고대인은 퀴니코스 사상을 '미덕으로 가는 지름길(short-cut to virtue)'[182]이라고 정의했다. 그러나 헤겔이 말했듯이 철학에 있어 미덕으로 가는 지름길이란 결코 있을 수 없다. 사실 헬레니즘 철학사상보다 더 퀴니코스 사상의

---

182) *Diogenes Laertius* 6. 104.

본질문제를 적절히 충족시킨 스토아 사상은 미덕으로 가는 길'을 현저하게 연장시켰다. 그러나 스토아 사상은 이 같은 중재와 충분한 해석의 길을 추구하였기 때문에 퀴니코스 사상보다 훨씬 인간의 마음을 사로잡을 수 있었으며 그래서 스토아 사상은 빠른 속도로 퀴니코스 사상을 대신하게 되었다고 말할 수 있을 것이다.

5) 알렉산드로스의 호모노이아와 세계국가

이소크라테스는 마케도니아 왕국의 주도하에 페르시아를 공격하기 위해 그리스 세계의 완전한 결속을 촉구하였다. 이와 같이 이소크라테스와 그의 제자들은 군주정 지배이념을 그리스 세계로 전달했던 장본인들로 헬레니즘의 모국인 그리스의 국경 너머 하나의 거대하고도, 광대한 지역을 포함하는 제국연합의 구축에 관심을 집중했다. 우리는 이소크라테스가 어떤 의도에서 그리스 세계와 비그리스 세계의 야만사회와 화해와 조정을 생각했는지 이미 앞에서 살펴보았다. 그에게 비그리스인은 언어가 없는(barbaroi의 본뜻은 언어가 없는, 즉 without language이다) 야만인들로 그리스의 보호를 기꺼이 받아야 할 자들이며, 또한 헬레니즘 문화공동체에 흡수되어 마땅한 자들이었다.

이 시대에 초월적인 능력과 수완을 가진 알렉산드로스는 헤겔이 지적한 바와 같이 시대정신을 바꾸어 놓은 세계사적 인간(welthistorischer Mensch)으로서, 세계사의 집행자이며 창조적인 지배권을 행사했던 특기할 만한 인물이었다. 당시의 많은 사람들은 알렉산드로스의 등장을 신비스러운 하늘의 섭리에 의한 천명(天命)의 산물로 생각했다.[183] 알렉산드

---

183) 알렉산드로스 숭배에 관한 내용은 조현미, 「헬레니즘 시기 지배자 숭배의 기원에 관한 일고찰」, (『서양고대사연구』제3집, 1995), 11~17쪽.

로스는 기원전 332년 이집트 원정시에 자신에 대한 개별적 신격화를 처음으로 경험하게 되었다. 그는 페르시아에 첫 번째 승리를 거둔 뒤 당시 페르시아왕국에 일부 점령되어 있던 이집트 지역으로 행군해 갔다. 그는 이집트에서 저항을 전혀 받지 않았으며 오히려 당시 이집트의 권력자였던 사제들에 의해 즉시 왕으로 받아들여졌다. 그는 과거의 파라오들처럼 자신이 어느 순간 신격화되어 있는 것을 발견했다. 플루타르코스는 다음과 같은 요지의 내용을 기록했다.

> 알렉산드로스가 사막을 건너서 신탁의 장소로 갔을 때, 암몬(Ammon)의 사제는 그에게 아버지인 신으로부터의 인사를 전했다.… 그런 뒤 알렉산드로스는 자신이 모든 인류의 주인이 되어 제국을 통치할 수 있을 것인가를 물었다. 암몬 신은 알렉산드로스가 세계제국을 건설할 것이라는 대답을 주었다.… 혹자는 말하기를 신관이 그를 '오, 파이디온(O, paidion: 오, 나의 아들아)'이라고 부를 셈이었는데 잘못 발음하여 n을 s로 하는 바람에 '오, 파이디오스(O, pai dios: 오 신의 아들이여)'의 뜻이 되었다고 한다.

우리는 헬레니즘의 인류공동체 이념의 발전에서 군주주의 사상의 새로운 전환점을 발견한다. 알렉산드로스의 절대성과 그리고 그의 통치의 세계주의적 경향은 서로 연관관계를 갖고 있다.[184] 이러한 세계주의의 경향은 로마제국 시대에 발전을 거듭하면서 그 절정에 달했던 것이다. 알렉산드로스는 그가 정복한 지역에 사는 피정복민에 대한 지배에서 우리는 인도주의적 지배원리를 실현한 기원전 4세기의 정치사상을 보게 된다. 알렉산드로스는 문명세계인 헬레니즘 세계와 야만세계인 비그리스 세계 사이의 문화적 단절을 완전히 제거하는 데 선봉적 역할을 했다. 또한 그는 역사적 삶의 발전을 위해 새로운 길을 열었을 뿐만 아니라 삶의

---

[184] 알렉산드로스의 왕국과 세계지배에 관한 내용은 Kaerst, *Geschichte des Hellenismus*, ss.471~473.

활력소가 될 문화공동체 이념을 일깨웠다. 알렉산드로스는 스토아세계관에 매료된 세계질서의 정돈자이며 조정자로서 피정복민을 자신의 지배하에 두려고 했다.

이제 비그리스인도 그리스인들과 동등한 가치를 갖는 신분적으로 평등한 자들로 그리스인들의 차별의식으로부터 벗어나 이제 새로운 세계 문화공동체의 일원으로 발전한 시대의 흐름이 나타나기 시작했다. 그러나 이 같은 인류평등 이념의 발전에서 그리스인의 문화 민족으로서의 우월성과 귀족주의의 약화와 포기는 그리스 정신의 순수창조적 에너지, 이른바 독특한 문화 창조력을 마비시키는 결과를 초래했다고 말해도 지나친 표현은 아닐 것이다.[185]

알렉산드로스에 의한 세계정복의 계승국가인 헬레니즘 국가들은 서구문화의 형성에 있어 많은 기여를 했다. 헬레니즘 공동체들이 기여한 사실들을 열거해 볼 때 무엇보다 세계시민 사상과 종교사상 등을 들 수 있을 것이다. 최근의 학문적 경향은 헬레니즘 사회의 전통적인 사상을 퇴폐적이고 귀족적인 것으로 평가하고 있으나, 이제 헬레니즘 철학과 알렉산드로스에 의한 세계시민 사상은 고도의 독창적인 문화로 새롭게 인식되기 시작했다.

그리스 역사에 있어 고전주의 시대인 기원전 5세기에 마케도니아는 그리스 반도의 일종의 부속물에 불과했다. 데모스테네스는 기원전 351년 트라키아 방면에 세력을 확장해 가고 있었던 마케도니아의 필립포스 2세에 대한 공격연설문(이 연설은 『제1필립포스론』으로 발표되었다)에서 명시된 바와 같이 도시국가들 내의 국민의 사기가 추락한 상황 하에 군대의 소집과 아테네 위기를 호소함으로써 조국의 분발을 촉구했으나 기대한 만큼의 효과를 거두지 못했다. 마케도니아의 필립포스 2세는 테바이에 인

---

185) M. Muhl, *op.cit.*, s.44.

질로 잡혀 있는 동안 그리스의 정책을 낱낱이 알아내어 기원전 338년에 카이로네아의 전투에서 그리스의 심장부를 차지할 수 있었다.[186]

마케도니아는 어떠한 나라이며, 그 나라의 지배자는 누구였는가? 고대 그리스의 도시국가와는 달리 마케도니아는 하나의 왕국이었다. 사실 우리는 마케도니아의 국가이념에서 고대 그리스의 호메로스적 왕권이념을 발견할 수 있다. 마케도니아에 관한 역사 자료를 쉽게 찾아볼 수 없지만 호메로스의 전설을 통해 마케도니아의 국가 및 정치이념을 고증할 수 있다. 마케도니아의 왕들은 세습군주들로서 그들이 군대를 지휘 통솔할 수 있는 한에서만 국가의 통치자로 권위를 행사할 수 있었다. 그렇다고 군이 왕위계승을 승인하고 재가했다고 말할 수는 없다. 마케도니아에서 왕이 요인들을 재판할 수 있는 전통적인 권리를 군에게 양보하더라도 동시에 왕의 능력과 세력이 강력할 때에 군은 자연스럽게 그를 따르게 되었다. 마케도니아는 국가의 기본질서인 헌법도 없고, 정부의 형태에 있어서도 고대 그리스만큼 발전하지 못했다.[187]

마케도니아는 인구의 중심지가 여러 곳으로 분산되어 있었으나 고대 그리스에서와 같이 독창적인 도시화는 거의 찾아볼 수 없다. 그리스의 도시는 시민의 공공생활에 필요했던 연무장·회의장 그리고 시장이 갖추어져 있었으나, 마케도니아는 그러한 기구를 정비할 수 없었던 농업과 수렵의 왕국이었다. 이와 같이 마케도니아에서 지성적이고 예술적인 유희문화의 가치는 인정될 수 없었으며, 단지 사냥과 음주만이 주요 여가활동이었다. 마케도니아 사람들은 그리스인과는 달리 술을 마셔도 전혀 물을 섞지 않는 등 항상 야성적이며 원시적인 주연이 전통적으로 지배해 왔다. 알렉산드로스도 주연에서 과음으로 인해 잦은 실수를 범하곤 했다.[188]

---

186) Mortimer chambers, *The Hellenistic World*, Macmillan Co, 1971, pp.15~19.
187) *ibid.*, p.5.

마케도니아는 문학과 철학에 있어 그리스의 문화적 전통을 수용하려고 노력했으나 기대할 만한 수준에 도달하지 못했다. 아리스토텔레스가 아테네에 창설한 학원 뤼케이온에 들어가 그의 제자가 된 알렉산드로스는 소요학파의 학문을 수학하였는가 하면, 또한 철인군주로 33년 동안 왕위에 있었던 안티고노스는 백성들로부터 많은 칭송과 존경을 받았으나 마케도니아는 결코 지적 사회라고 부를 수 있을 정도는 아니었다.[189]

그리스를 정복한 필립포스 2세는 교활하고 성실치 못한 인간이었으나, 그의 노련한 외교적 수완은 특히 뛰어났던 것이다. 필립포스와 알렉산드로스는 그리스 도시국가의 시민적 달성을 높이 찬양했다. 카에로네아전투 이후 필립포스가 아테네를 지배하게 되었을 때 마케도니아의 군대들이 아테네를 약탈하는 행위를 허락하지 않았다. 이와 같이 필립포스가 아테네를 지배하면서 시도하려고 했던 것은 아테네를 정치적 중심지로서 균형을 유지하게 하고 그 역할을 다하게 하는 것이었다. 필립포스는 스파르타를 제외한 전 그리스 도시국가들이 대등한 위치에서가 아니라 마케도니아를 패자(覇者)로 하는 코린토스 동맹 [또는 헬라스 연맹]을 결성하여 도시국가들을 규합했다. 필립포스는 이 동맹이 그리스세계에 도덕적 신뢰감을 줄 수 있기를 바랐다. 그 결과 필립포스는 그리스의 장군들이 염원했던 것처럼 페르시아 제국을 공격하려고 계획을 세웠다. 그리스인들은 페르시아를 증오하고, 페르시아의 연안도시들을 공격했으나 통일제국에 그 어떤 영향을 미치지 못했다. 필립포스는 페르시아 정복을 위해 항해를 시작하려던 차에 암살당하고 말았다. 그 암살자는 그와 개인적으로 감정이 있었던 마케도니아의 귀족이었다.[190]

알렉산드로스를 이해하기 위해서는 그의 생애에 관한 자료들을 먼저 참

---

188) *ibid.*, p.6.
189) *ibid.*, p.6.
190) *ibid.*, pp.7~8.

고해야 하겠지만, 우리는 알렉산드로스의 동시대는 물론이려니와 그의 생애에 관한 고대의 기록물조차도 발견할 수 없다. 지금까지 전해지고 있는 것 중에서 가장 오래된 것은 알렉산드로스보다 3백 년 후인 기원전 1세기 말경 헬레니즘 역사 서술가인 시칠리아의 디오도로스(Diodoros)의 『세계사(the library of History)』이다. 그러나 디오도로스도 어떠한 자료를 사용했는지 자료에 대한 문제를 언급조차 하지 않았다. 2세기에 비로소 알렉산드로스의 생애를 기록한 자료가 아리아노스에 의해 나왔으며, 이 자료도 아리스토불로스(Aristobulos)와 프톨레마이오스(Ptolemaios)에 의거한다고 밝히고 있다.[191]

알렉산드로스의 성격에 관해서는 근대 사가들 사이에 많은 견해차가 있으나, 우리는 우선 그리스 역사에 해박한 지식을 가진 독일의 역사가 드로이젠을 들 수 있다. 드로이젠은 알렉산드로스와 그리고 기원전 221년까지 그의 후계자들에 관한 3권의 책을 썼다. 알렉산드로스에 대한 드로이젠의 생각은 아주 호의적이었으며, 그리스의 역사적 운명이 실현되어 가는 것을 보았다. 그러나 역사철학자 헤겔의 알렉산드로스에 대한 찬양은 드로이젠에게 그렇게 큰 영향을 끼치지 못했다. 그의 많은 역사 저술서는 결정론의 가설을 구체화한 것으로 이를테면 그가 알렉산드로스를 '역사의 도구(tool of history)'라고 한 점이다.[192] 이 같은 사실에서 일체의 역사적 사건은 일반 대중에 의해 선택된 자들에 의해 발생할 가능성이 짙다는 사실을 보여주고 있다.

알렉산드로스의 영웅적인 면을 재평가한 현대의 역사가는 탄(William Tarn) 경이었다.[193] 탄은 1933년과 그 후 여러 차례에 걸쳐 알렉산드로스

---

191) *ibid.*, p.8.
192) *ibid.*, pp.8~10.
193) William Woodthorpe Tarn, Alexander the Great and the Unity of Mankind, *Proceedings of the British Academy*, XIX 1933 참조.

가 동서융합을 시도하고 인류공익을 위해 이념적 사명을 실현했다고 주장하고 있다. 사실 알렉산드로스가 '형제적 사랑과 세계통일체'를 위하여 노력했다는 탄의 주장을 따른 역사가들은 수적으로 얼마 되지 않았다. 탄은 알렉산드로스에 의해 "이 편협한 세계가 문명화된 세계로 향상되었다"고 기술하고 있다. 그에 의하면 알렉산드로스는 그리스문화를 동방세계와 이집트, 그리고 이란과 인도까지 전파하겠다는 사명의식을 가진 자였다는 것이다. 대체로 역사를 분석하고 평가함에 있어 우리는 비인격적인 사회력과 경제력에 더 비중을 두고 있으나 알렉산드로스와 같은 한 세계사적인 인간이 이룬 위대한 창조적인 힘에 의해 이루어진 발자취를 새롭게 인식하는 것은 중요한 일이라 할 수 있을 것이다.

 기원전 336년 마케도니아의 왕 필립포스가 살해되자, 이제 막 20세가 된 그의 아들 알렉산드로스가 왕에 즉위하였다. 이후 2년 동안 이 젊은 왕은 그의 적들을 제거하고, 코린토스 동맹의 지도자로서의 위치를 공고히 하였으며, 동방을 침략하기 위해 군대를 정비하였다. 기원전 334년경에 원정을 위한 준비가 완료되자 알렉산드로스는 3만 5천 명의 군사를 이끌고 헬레스폰트 해협을 건넜다. 그라니코스(Granikos) 강변에서의 전투는 최초로 그가 개시한 대 페르시아전으로서, 그는 이 전투에서 지방총독이 이끌었던 페르시아군을 패배시켰다. 그는 다시 다리우스 왕이 이끄는 비록 숫자는 적지만 잘 정비되어 있는 군대와 싸워 마침내 승리하였으며, 티르(Tyre)를 기습하고 가자(Gaza)지역을 점령한 다음에 계속하여 아프리카와 나일강 쪽으로 진격해 갔다. 이집트인들의 충성심을 확인한 후, 그는 페르시아로 돌아와 가우가멜라(Gaugamela) 전투에서 다리우스의 주력부대를 패배시켰다.(331 B.C.) 이 전투에서 이란인들의 저항을 분쇄시켰기 때문에 그의 원정이 비교적 쉽게 전개될 수 있었던 것이다. 그 이후 페르시아인은 더 이상 마케도니아의 침략자에게 연합전선을 전개하지 못했다. 이러한 여세를 몰아 알렉산드로스는 기원전 327년에서 324년에 이르는 3년 동안 인도원정에 몰두할 수 있었다. 기원전 324년에 그는 수사(Susa)로 와 아직 정비하지 못한 정부조직을 확립하는 일에 많은 노력을 경주하였으나, 그 일을 끝내 완성하지 못했다. 이제 겨우 32세의 정복자 알렉산드로스는 애석하게도 열병으로 기원전 323년 6월 13일에 젊은 나이로 일생을 마치게 되었기 때문이다.[194]

이와 같이 알렉산드로스의 군사원정을 개관함으로써 그의 제국의 범위와 각 민족의 이질적인 특성을 파악할 수 있을 것이다. 이제 우리는 다음과 같은 중요한 문제에 직면하게 될 것이다. 즉 아시아 지역과 그 주민들에 대한 알렉산드로스의 관계는 어떠했으며, 알렉산드로스의 범세계적 인류화합의 개념은 무엇이었는지를 구체적으로 밝혀야 할 것이다.

고전고대의 그리스인들은 인류를 그리스인과 비그리스인으로 분류했다. 자주 헤로도토스나 크세노폰에 의해 어떤 이방인들은 고려해 볼 만한 가치가 있는 특성, 예를 들어 이집트인의 지혜와 페르시아인의 용기 등과 같은 특성을 소유하고 있다는 주장이 강조되었음에도 불구하고 일반적으로 그리스인들은 후자를 야만인들이라고 불렀으며, 자신들보다 열등한 인간으로 간주하였다.

그러나 기원전 3세기 이후에는 이른바 세계주의자라고 할 수 있는 보편적 세계시민 사상을 가진 집단이 등장하기 시작하면서, 모든 인류는 하나이며, 모든 사람은 형제임을 강조하기에 이르렀다.[195] 그래서 드디어 인류의 통일·통합을 의미하는 '호모노이아(Homonoia)'라는 말이 등장하게 되었다. 이 말은 그리스에서 유래한 단어다. '호모노이아'는 해석하기에 난해한 단어로서, 통일체성과 조화와 같은 "모두가 한 마음이 되는 것"을 의미한다. 그리스인들은 '호모노이아'를 소극적인 방식으로, 내분이 없는

---

194) H.M. Mauriac, "Alexander the Great and the Politics of Homonoia", *Perspectives on Political Philosophy*, vol. 2, ed., by James V. Dowton, Jr/David K Hart, N.Y., 1971, pp.105~106.
195) W.W. Tarn, 4.

상태로 해석하였다.[196] '호모노이아'의 적극적인 의미, 즉 모든 파벌이 해체되어 하나가 됨으로써 전쟁이나 파당 자체가 무기력하게 되는 정신적인 태도와 같은 흔적은 거의 없었다.

이소크라테스는 그리스 세계 전체를 하나로 취급하고, 도시국가 상호간의 무익한 싸움을 당파적인 투쟁으로 간주할 것을" 제안함으로써[197] 그 단어의 의미를 한 도시국가 내에서의 통일성과 조화라는 그리스의 전통적인 해석으로부터 좀더 넓게 확대시켰다. 이소크라테스가 필립포스에게 제시한 것은 바로 이러한 확대된 호모노이아'의 개념이었으며, 필립포스는 자신이 코린토스 동맹의 지도자가 되었을 때 이 이론을 채택하였다. 이소크라테스는 모든 이방인들이 본질적으로 노예라는 플라톤의 견해에 동의하지 않았어도, 그는 그리스의 적인 야만인들에 대항하여 연합해야 한다는 플라톤의 인식을 갖고 있었다. 이소크라테스는 이 경우에 있어서 야만족이란 페르시아인이었으며, 페르시아인을 제거하는 것만이 호모노이아'의 지름길이라고 생각했다. 그래서 그는 그리스 세계의 통합의 길은 대 페르시아성전에 있다고 강조했다.

필립포스의 사망과 함께 이소크라테스의 영향력도 약화되었다. 알렉산드로스는 아리스토텔레스의 제자였으므로 자연히 '호모노이아'의 개념에서도 아리스토텔레스적이었다. 일찍이 알렉산드로스의 스승이던 아리스토텔레스는 "외국인은 노예가 되기 위해 태어났다. 그리스인은 부모형제와 같이 대하고, 외국인은 짐승처럼 대하라"고 하였다. 그러나 알렉산드로스는 좀더 세계적이고 현명했다.

> 모든 사람은 세계를 자기의 모국과 같이 생각하라. 선한 사람은 부모와 같이 대하고 악한 사람은 짐승과 같이 취급하라.[198]

---

196) W.W. Tarn, 4.
197) W.W. Tarn, 5.

그는 인간을 구분하는 데 있어 종족과는 무관하게 선인과 악인이라는 두 가지 부류로 나누었다. 알렉산드로스는 아마도 정복지의 주민들을 노예라기보다 자유민으로 취급함으로써 행정상의 문제를 좀더 용이하게 다룰 수 있을 것이라는 확신을 가지고 있었다. 라데(Georges Radet)는 알렉산드로스가 민족 사이의 차이를 "종족의 문제라기보다는 문화상의 문제로" 간주하였다고 말함으로써 이러한 견해를 지지하고 있다. 비록 알렉산드로스가 플라톤적인 '호모노이아'를 수락하지 않았지만, 그의 인류통합론은 체제의 조화를 유지할 수 있다면 그 형태가 어떻든 가능하다고 생각한 플라톤의 생각과 다르지 않았다.[199]

플루타르코스는 알렉산드로스의 인류통합 개념을 다음과 같이 표현하고 있다. 즉 "알렉산드로스의 목적은 인류전체에 호모노이아와 평화를 가져오고 우의의 진작과 모든 사람을 하나로 결속시키는 것이었다"라고 말하고 있다.[200] 그는 호모노이아의 원리를 적용한 사실에 매우 감명을 받고 다음과 같은 말로 끝을 맺고 있다.

> 알렉산드로스는 그가 이룬 위대한 업적 때문에 대왕이라는 칭호를 부여받게 되었다. 그러나 … 나는 확신하거니와 그의 이러한 인류통합과 세계공동체 형성이 그에게 있어 그 무엇보다 가장 빛나는 위업임에 틀림없다.[201]

알렉산드로스가 새로 획득한 페르시아 제국에서 행정체제의 확립을 위해 일을 시작했을 때 그의 위치는 국민과 군대의 왕이었다. 비록 그가 자국 내에서는 일정한 제약을 받고 있었으나, 페르시아와 인도를 지배했

---

198) W.W. Tarn, 5.
199) M.I. Rostovtzeff, *A History of the Ancient World*, oxford, 1936, p.352.
200) W.W. Tarn, 7.
201) W.W. Tarn, 28.

던 그의 제국의 통치에서는 그 어떤 제약없이 자신에게만 책임을 지면 그만이었다. 이러한 사실에서 우리는 그가 넓은 의미로 해석했던 '호모노니아'의 실험을 위해 매우 좋은 기회였을 것이다. 그는 그 실험을 통해 이상적 조건인 다양한 인구와 그리고 그의 명령이 지체없이 실행될 수 있는 절대적인 권력을 지니고 있었다. 그의 생각으로는 새 제국은 "본질적으로 그리스적인 동시에 동방적인 것"이 될 것이라고 생각했다.[202] 하지만 이러한 정책에 기꺼이 참여하려 하지 않았던 많은 수의 이란계 주민을 적대시한 마케도니아의 지배계층의 숫자는 적지 않았다. 그러나 적어도 가능한 한 알렉산드로스의 새 제국의 정책은 두 민족의 공동사업이 되었다.

알렉산드로스는 자신의 제국을 한편으로는 페르시아 전제정의 전통과 동일하게 그리고 다른 한편으로는 세속적이며 순수군사적인 도구의 수단으로 통치했다. 그러므로 알렉산드로스 휘하의 장군들은 군사적 모험을 수행할 수 있는 기회의 제공과 그리고 피정복국들을 통치하는 것이 그들의 의무였다. 알렉산드로스는 두 가지 문제에 더 무게를 두었다. 하나는 어떻게 자신의 군사력을 보충할 것인가'이며, 다른 하나는 알렉산드로스의 출정 초기와 같이 그리스인들에 대한 불신, 게다가 그리스인들의 정치이상도 변화되지 않았다'는 점, 더 나아가서는 그리스인이 알렉산드로스 대왕과 그의 권력을 선망하기보다 오히려 증오의 대상이었다'는 점이다. 출정인력은 국가의 규모로 보아 제한된 수만을 제공할 수 있었을 뿐이다. 지휘권은 확실히 마케도니아인을 위해 유보되어 있었음에 틀림없다. 이 같은 목적을 위해, 또 그들의 주군을 위해 군사적·행정적인 직무를 수행할 수 있는 적절한 수단으로서는 다른 인종이 포함되어야만 했다.[203]

---

202) M.I. Rostovtzeff, *The Hellenistic World and Its Development*, American Historical Review, XLI. 1936, p.234.

알렉산드로스에게는 이란인이 그의 목적에 적합한 것같이 보였다. 그들은 전쟁에 길들여진 통치력을 갖춘 여전히 호전적이며 강력한 인종이었다. 그는 전장에서 이란인의 군사적 능력을 인정했다. 알렉산드로스가 동방을 통치하면서 이란인의 행정능력을 체험한 바 있으며, 그 자신이 정복한 페르시아의 총독관구를 조직하면서 이란인의 효율성을 인정하게 되었다. 그러므로 알렉산드로스는 스스로 마케도니아인과 이란인을 그의 제국의 가장 유능한 두 세력으로 규합했다. 그는 그들을 적어도 군대와 행정에서 하나로 융합시키려고까지 했다. 그는 호모노이아를 이루기 위해 해야 할 것들을 무엇보다도 군대를 마케도니아인과 이란인의 연합군으로 전환시키는 것과, 이란인을 속주의 군사총독으로 임명하는 것, 자신이 페르시아의 공주인 록사네(Roxane)와 결혼하는 것, 그리고 마케도니아 병사들과의 수많은 유사한 잡혼을 실행하는 것이었다. [204]

알렉산드로스는 한때 페르시아의 '대왕'이면서 유럽의 소규모 인종들의 왕이 되기를 열망했다. 로스토프제프(Rostovtzeff)는 알렉산드로스의 이 같은 노력을 공상적인 것으로 생각했다. 그리고 그는 알렉산드로스가 사실 마케도니아와 페르시아왕조의 통합을 쉽게 생각했겠지만 새 왕조의 반은 마케도니아인 그리고 반은 이란인의 귀족과 군대를 기반으로 수립했던 것이다. 왜냐하면 두 민족의 역사적 전통의 차이는 너무도 큰 것이었으며, 또 여러 시대를 거치면서 성장해 온 그들의 정신문화의 내용과 성격이 너무 달랐기 때문이다. 그럼에도 그 계획 자체는 그 시대의 그리스인의 사상과 잘 부합되는 것으로서 전적으로 플라톤의 정치적 이상이었다고 말할 수 있다.[205]

---

203) M.I. Rostovtzeff, *Outline of Ancient History*, Oxford University Press, 1963, pp.160~175.
204) *ibid.*, pp.162~170.
205) *ibid.*, pp.163~169.

알렉산드로스는 자신의 지배를 확고히 하는 과정에서 페르시아적인 통치방법들이 광대한 제국을 다스리는 데 탁월한 이점을 지니고 있음을 인식하게 되었다. 특별히 그는 페르시아인들의 조직적인 권력과 그들의 총독제의 효율성을 높이 평가하여 그것들을 그의 통치와 행정에 적용시켰다. 알렉산드로스는 개개의 문제를 통일된 원칙없이 다루었기 때문에 그가 지배하던 제국의 조직을 상세히 검토한다는 것이 용이한 일이 아니었다. 그는 아랍인들을 총독의 자리에 임명하고, 마케도니아인들을 특별히 새로 설립된 납세 및 재정기관에 배치하기 시작했다. 이러한 두 기관은 각각 독립적으로 운영되었기 때문에, 재원의 남용을 최소한 줄일 수 있었다. 그는 마케도니아인들을 지방 총독관구에 배치된 군대의 수뇌부로 임명했다. 이러한 방법으로 그는 마케도니아인 정복자들의 군사적 지위를 확대해 갔으며 또한 페르시아인의 자치정부에 페르시아 토착민들을 고용할 수 있었다.

통치기구와 더불어 알렉산드로스는 양면적 교화정책을 수행하였다. 그의 이러한 상호적인 정책은 페르시아인을 그리스 문화에, 그리스인을 페르시아의 관습에 친숙하게 만들기 위해 고안된 것이다. 특히, 알렉산드로스의 그리스 문화의 수용은 예술과 문학의 분야에서 두드러졌다. 그리스 예술의 영향은 그 후 알렉산드로스제국의 와해 이후 여러 세기 동안 영향을 끼쳤던 것이다. 그것은 특히 동방의 조각품 속에서 잘 나타나고 있었다. 더 나아가 그의 교화계획은 과학적인 연구를 통해, 특별히 지리와 지도제작 분야에서, 그리스인과 페르시아인 모두에게 혜택을 주었던 것이다. 이러한 목적에서 출발한 연구는 지리연구를 통해 헬레니즘을 전파시킬 수 있다는 데에 더 중요한 의미를 가지게 되었다. 알렉산드로스가 창건한 도시들은 그리스 문화와 상업의 중심지였기 때문에 헬레니즘의 전파에 중요한 역할을 담당하였다.[206] 알렉산드로스가 그리스인들과 페르시아인들을 교화하고 또 교육을 통해 융합하려고 했던 시도 가운데 가장 놀라운 것은 앞에서 이미 밝힌 바와 같이 서로 다른 인종 사이에 결혼의 촉진이었던 것이다. 이러한 인종혼합을 통해 모두 하나가 됨으로써 인종간의 충돌과 반란을 막는 데에 용이하였기 때문에, 알렉산드로스는 이러한 결혼정책을 추진해 갔던 것이다. 따라서 324년 수사(Susa)에서 집단적인 결혼예식이 행해졌으며, 마케도니아의 병사와 관리들은 페르시아 여인을 아내로 맞아들이게 되었다.[207]

알렉산드로스의 정책에서 일곱 가지의 원칙적인 특성을 나타나고 있다. 그 내용은 ① 페르시아인의 복지에 대해 예민한 관심을 가진 점, ② 페르시아의 제도, 특히 종교에 대해 인정하고 존중했으며, ③ 페르시아인에게는 문관직을 마케도니아인에게는 군관직을 맡김으로써 이 두 민족 사이에 공평한 관직의 분배를 꾀하고, ④ 페르시아의 '점진적 퇴보'보다는 '점진적인 재생'을 추구하고, ⑤ 제국의 전지역에 자유로운 통신을 확보하고, ⑥ 서로 다른 관습을 혼합하고 인정했으며, ⑦ 페르시아인에게 마케도니아의 특권과 이권을 자유롭게 확대시킨 점 등이다.[208] 알렉산드로스는 동방인을 동방적인 기반 위에서, 또 동방적인 방식에 기초하여 왕의 의식을 행해야만 했다. 헬레니즘을 그들의 가슴에 심어주는 가장 확실한 방법은 무엇보다 헬레니즘에 대해 공감할 수 있는 마음을 가지게 하는 것이었다. 알렉산드로스는 대왕으로서의 품위와 그에 상응하는 통치를 수행했으며, 그를 둘러싸고 있는 주위는 동방적인 형식과 화려한 것으로 장식되었다. 그는 그의 면전에서 동방의 신하들에게 충성을 강요하고, 자신을 신과 같이 신성한 존재, 즉 신격적 존재임을 확인시켰다. 그는 궁극적으로 마케도니아인과 페르시아인의 왕이라는 존재의 통일성을 확립하는 데 주력했다.[209]

---

206) Ulrich Wilchen, *op. cit.*, pp. 255~261.
207) *ibid.*, p. 248.
208) Henry M. Mauriac, *op. cit.*, pp. 107~109.

페르시아 대왕으로서의 알렉산드로스의 위치는 확고했다. 그는 이러한 신격적 세계대왕으로서만이 자신이 열망하는 '호모노이아'에 달성하는 데에 가장 가능한 방법으로 생각했다. 알렉산드로스가 페르시아의 대왕으로서 접근하는 데는 두 가지의 어려움이 있었기 때문에 그는 모든 인종과 민족을 하나의 사회적 평등관계를 유지할 수 있는 인위적인 사회구조의 조정을 시도했던 것이다. 이러한 시도의 결과로 마케도니아인과 페르시아인은 그의 제국에 있어 가장 중요한 정치적인 영향력과 물질적인 부의 문제로, 두 민족 사이에 불만이 고조되었던 것이다. 아케메네스 왕조 페르시아(Achaemenid Persia) 제국의 지배계층이었던 페르시아인은 그들이 전통적으로 열등한 민족이라고 여겼던 박트리아족·소그디아족·시리아족 그리고 그밖에 다른 소수민족과 동등한 사회적 신분을 가지게 된 것에 불만을 토로하였다.[210] 반면 마케도니아인은 알렉산드로스가 페르시아인에게 자신과 똑같은 사회적 지위를 허락한 것은 자신을 저버린 행위라고 생각했다. 그 결과 페르시아인과 마케도니아인은 함께 배속된 군대에서 서로 감정적인 대립이 현저하게 나타났던 것이다.[211]

알렉산드로스의 군대와 그리고 그와 가장 가까웠던 친구는 알렉산드로스가 페르시아인 아르타바주스(Artabazus)와 친밀한 교제를 하는 데 대해 반대했다. 마케도니아인은 알렉산드로스와 페르시아의 정치지도자 사이의 친근한 관계를 유지해 가는 것 자체를 그들에 대한 모욕으로 생각했다.[212] 게다가 알렉산드로스가 페르시아인의 복장을 채택하여 착용하게 했던 것은 신하들의 심정을 더욱 흥분시킨 또 하나의 실마리가 되었다.[213]

---

209) J.B. Bury, *A History of Greece to the Death of Alexander the Great*, London, p.794.
210) Frederick Allen Wright, *Alexander the Great*(London 1934), pp.160~161.
211) Ulrich Wilchen, pp.250~251.
212) F.A. Wright, p.164.
213) Ulrich Wilchen, p.249.

마케도니아인은 무엇보다 알렉산드로스가 페르시아의 여성 록사네와 결혼한 것을 특히 혐오했다. 그들은 마케도니아의 왕 알렉산드로스가 한 야만인 여자와 결혼한 사실에 흥분한 나머지 그의 결혼은 마케도니아인의 천부적인 권리를 포기한 행위로 간주하였다. 무엇보다 마케도니아인은 페르시아인과 알렉산드로스의 사이에서 태어난 자가 왕위에 오른다는 것을 인정하려 하지 않았다. 그들은 그리스 여성이나 혹은 마케도니아 여성만이 알렉산드로스에게 가장 적합한 왕비의 자격을 가지고 있다고 생각했다.

　사회적인 평등에서 발생하는 문제도 풀기 어려운 문제이지만, 그보다 마케도니아인에게 훨씬 더 중요한 문제가 제기되었던 것이다. 그들이 분노했던 것은 알렉산드로스의 일생에 걸쳐 나타난 일련의 사건으로부터 기인했던 것으로, 그것은 다름 아닌 알렉산드로스의 신성(神性)에 관한 문제였다. 만일 왕에게서 이러한 면만 없었다면 아마 마케도니아인은 다른 불만요소를 그렇게 심각하게 받아들이지 않았을 것이다. 이 문제에 대해 로스토프체프는 아주 의미있는 발언을 하였다.

　　알렉산드로스가 자신을 보통 사람보다 우위의 존재로 생각했던 것은 단순히 그가 왕이거나, 헤라클레스의 먼 후손이기 때문만은 아니었을 것이다.[214]

　그것은 아마도 알렉산드로스가 자신을 신격화하고, 또 신의 존재라고 생각한 데서 연유했을 것이다.

　서양 고대세계에서 지배자 숭배는 그리스의 다신교에 깔린 종교적 성향을 자연스럽게 반영하면서 그리스적 토대 위에서 자라났다. 그리스의 도시국가는 그들 공동체를 이롭게 한 은인에게 사후에 숭배의식의 형식

---

214) M.I. Rostovtzeff, *A History of the Ancient World*, Oxford, p.352.

을 빌려 영예를 돌리는 전통에 익숙해 있었다. 그들은 영웅이나 신으로 불렸으며 영웅은 신들의 영역으로 들어갈 수 있었다. 그리스에서 역사적인 인물에 대한 영웅숭배가 신격화의 단계로까지 나아가는 경향을 보였고, 이는 알렉산드로스의 신격화를 위한 선구적 역할을 했을 것이다.[215]

알렉산드로스는 당대에 존재했던 인간의 신격화에 대한 관념을 분명히 의식하고 있었으며, 기원전 332년 이집트의 암모니움(Ammonium) 방문 시에 받은 제우스-암몬신탁은 그 동안 이집트 왕에게 수여되어 왔던 신성한 혈통에 대한 확증을 부여하는 결과를 낳았다. 이는 알렉산드로스라는 탁월한 개인과 추상적인 신성을 관련지음으로써 헬레니즘 시대의 지배자 숭배라는 차후의 결과에 대한 중요한 출발점을 제공하였다. 스스로를 신격화하기를 원했던 알렉산드로스의 시도는 의례적인 것일 뿐만 아니라, 동방과 서방에 걸친 거대한 제국을 새롭게 다스려야 하는 정치적인 요구에 의한 것이었다.[216]

지금까지 제시된 논쟁에 비추어, 우리는 단 하나의 결론에 도달할 수 있을 것이다. 알렉산드로스 대왕은 자신이 신적 존재이기를 목적으로 하였지만 신이 되지는 않았다. 그는 '호모노이아'라는 목적을 달성하기 위해 하나의 신이 된 것이다. 이러한 정치적인 문제를 실행함에 있어서 그의 강력한 군대는 그에게 가장 비협조적이었다. 그는 결코 마케도니아인에게 인종혼합의 필요성을 확신시킬 수 없었다.[217] 알렉산드로스는 자신이 헤라클레스의 후예라는 사실과 제우스-암몬의 신탁을 통해 그에게 귀속된 신성이 스스로 구상한 통일이라는 과업을 수행하기 위한 가장 위대하고 편리한 도구라는 것을 알았다. 그는 '호모노이아'가 넘치는 하나의

---

215) 조현미, 「헬레니즘 시기의 지배자 숭배의 기원에 관한 일고찰-알렉산더의 신격화를 중심으로-」 (『서양고대사연구』 제3집, 1995), pp.1~36.
216) *ibid.*, pp.34~35.
217) Giovanni Reale, *The Systems of the Hellenistic Age*, 1985 State University of New York, p.21.

제국을 창건하기 위하여 그가 사용할 수 있는 모든 수단에 의존하고 있었다.

제2절 키레나이코스학파

1) 헤게시아스와 그의 후계자

아리스티포스는 소크라테스의 친구였으며, 키레나이코스(kyrenaikos)학파를 창건했다. 에피쿠로스의 쾌락설도 아리스티포스에서 유래한다. 아리스티포스는 그가 생존하고 있었던 시기에 안일한 삶과 쾌락을 절대선으로 생각하였다. 그래서 그는 행복한 삶의 기초가 쾌락에 있음을 강조했다.

북아프리카의 키레네(Kyrene)에서 출생한 아리스티포스는 기원전 416년 이후 아테네에서 소크라테스 밑에서 배우고 여러 지방을 여행하다가 만년에 고향에서 학문을 가르쳐 키레나이코스학파의 기초를 닦았다. 그의 학설은 소피스트의 감각주의와 스승 소크라테스의 영향을 받은 쾌락설이다. 그의 인식론은 프로타고라스의 인식론이었으며, 개인의 감각만이 확실한 것이며 그것이 인간행위에 규준이었다. 더욱이 행위의 목적은 개인의 달콤한 감각적 쾌락을 얻는 것이었다. 그것은 한번만 존재하는 현재의 쾌감이다. 따라서 키레나이코스학파는 현실적인 육체적 쾌락을 높이 평가하는 육욕적인 쾌락주의다. 행복은 이런 개개의 현실적 쾌감이며, 철학의 목표임과 동시에 인생의 목적이다. 쾌락설만이 자기 목적적이며 최고선이고 다른 모든 것은 그저 쾌락을 얻는 수단으로서만 의의가 있다. 선과 덕도 이와 마찬가지다. 가장 정당한 쾌락을 얻기 위해서는 식견(識見)과 사려와 같은 내적 자유가 필요하다. 이 쾌락설의 내면에 소크라테스의 행복론의 요소가 내포되어 있다. 그런 점에서 소크라테스는 키레나이코스학파의 스승이었다. 이 학파에 의하면 쾌락은 다만 불쾌에 의하여 획득되거나, 스스로 불쾌를 그 결과로 수반한다. 금지된 쾌락을 범하였을 때에는 그 결과 형벌 내지 모욕을 초래한다. 후기 키레나이코스학파를 대표하는 테오도로스 · 헤게시아스 · 안니케리스 등은 쾌감과 식견의 어느 쪽을 참된 쾌락으로 하는가에 대해 의견을 전혀 달리하였다.

헤게시아스(Hegesias)와 그의 제자들은 인생의 궁극적 목적을 쾌락이라고 생각한 키레나이코스학파의 이론과 사상을 지지했다. 그러나 그들은 쾌락이 몇 가지의 경우를 제외하고는 도달할 수 없는 것으로 보았다. 그러므로 그들은 쾌락이 자신의 힘으로 도달할 수 있는 것이 아니라는 사실을 알게 되었다. 그들은 쾌락을 상대적이고 주관적인 것으로 인식했다. 헤게시아스는 오직 쾌락만이 선하고 고통은 사악하기 때문에 인간에게 행복을 줄 수 있는 것은 쾌락뿐이라고 생각했다. 왜냐하면 그는 쾌락과 실익으로부터 벗어난 가치란 존재하지 않는다고 생각했기 때문이다. 그는 "우리에게 있어 감사함 · 우정, 혹은 선행은 존재하지 않는다. 왜냐하면 우리는 이것을 위해서가 아니라 실익을 위해서 행동하기 때문이다. 그는 감사함과 우정 및 선행은 인간의 실익과 관계가 없다"는 것을 다시 강조했다.218) 그러나 만일 쾌락을 유익으로 생각한다면, 그것은 우리를 피할 것이며, 그리고 쾌락의 반대인 고통이 우리의 삶을 지배할 것이다.

> 사실 육신은 무수한 고통으로 가득 차 있으며, 영혼은 육신 때문에 괴로움과 불안 그리고 혼돈으로 싸여 있다. 운명은 우리가 희망했던 것에 많은 공허만을 준다.219)

---

218) *Diogenes Laertius* 2. 93.

그러므로 부가 쾌락을 만드는 요체일 수 없다. 부자나 혹은 가난한 사람이 누리게 되는 부 자체가 쾌락을 만든다고 말할 수 없다. 헤게시아스는 쾌락·자유·고상함·지혜 혹은 이것과 반대되는 것을 결정짓는 것이 부라고 평가하지 않았다.[220] 가난과 부는 쾌락과 그 어떤 관계도 가지지 않으며, 부자도 또 가난한 사람도 쾌락에 어떤 특별한 몫을 가지지 않는다고 생각했다. 키레나이코스학파는 예속과 자유, 귀족가문 출신과 비천한 가문의 출신, 명예와 불명예 모두 쾌락과 무관한 것임을 확인했다.

사실 헤게시아스와 그의 제자는 이미 언급한 바와 같이 쾌락이 외적·물질적인 것에 의해 자연적으로 결정되는 것으로 보지 않고 기분·감정·감각과 어떤 상관관계를 가지는 것으로 보았던 것이다.

> 헤게시아스의 제자들은 본래 유쾌한 것, 혹은 불유쾌한 것이 없었다고 주장한다. 진기함과 고귀함 혹은 포만이 혹자에게는 기쁨을 주지만 혹자에게는 기쁨을 주지 못한다.··· 그 제자들은 감각적 쾌락을 멀리했다. 왜냐하면 감각적인 것은 지(知)에 도달하지 못하기 때문이다. 그러나 그들은 합리적이고 이성적인 것이면 무엇이든 시도했다.[221]

이러한 전제에 기초한 헤게시아스와 그의 제자들은 행복은 결코 도달할 수 없는 것으로, 인생은 무관심적인 것이라고 생각했다. 그리고 다음과 같이 말했다.

> 행복은··· 이룰 수 없는 것, 삶과 죽음은 무엇이 더 우선하고, 무엇이 더 선택되어야 할 것인지 구분하기 어렵다.··· 우자에게 산다는 것은 유익할 수 있으나 현자

---

219) *Diogenes Laertius* 2. 94.
220) *Diogenes Laertius* 2. 94.
221) *Diogenes Laertius* 2. 94.

에게 있어 산다는 것은 무관심적인 것이다.222)

그러므로 죽음은 어떤 경우에서든 두려움의 대상이 되어서는 안된다. 왜냐하면 죽음은 그 어떤 유익으로부터 우리를 격리시키지 않고 오히려 악으로부터 떼어놓기 때문이다. 죽음에 대한 헤게시아스의 호의적인 인식 때문에 그는 '죽음의 선동자'라는 별명까지 가지게 되었다.223) 그래서 현자들은 실현불가능한 비현실적인 쾌락과 그리고 현존할 수 없는 행복을 찾는 데에 골몰하지 않고 오히려 무관심한 채로 악을 피해 살아가는 자들이다.

현자는 육신과 정신의 고통없이 살아가는 것이 그들이 추구하는 최고목적이었으며, 악을 멀리함에 있어서는 물론 선을 선택함에 있어서도 다른 사람보다 더 유익을 취하려 하지 않는다. 그들이 추구하는 유익은 쾌락을 낳는 대상을 구별하지 않는 자에게 나타나는 유익이라고 말한다.224)

키레나이코스 사상가는 우의에 대해 무관심했다. 헤게시아스는 현자는 모든 것을 자신을 위해 해야 한다고 주장한다. 왜냐하면 현자는 그 누구도 자기 자신만큼 가치있다고 생각하지 않기 때문이다. 키레나이코스 철학자들은 다른 사람을 위해 행하는 희생은 그것이 어떠한 희생이라 하더라도 아무 가치없는 행위일 뿐이었다.225)

윤리적이며 교육적인 결과와 관련하여 무의식중에 범한 과오에 대한 소크라테스 교의의 부활은 다음과 같은 결론을 이끄는 데 영향을 주었다.

---

222) *Diogenes Laertius* 2. 94.
223) 키케로는 헤게시아스가 '단식으로 자살하려고 하는 자들을 위하여(*For Those who wish to kill themselves by Fasting, Αποκαρτρων*)'라는 글을 썼다고 우리들에게 전하고 있다. 이 책에서 단식으로 인해 죽어가는 사람이 친구들에 의해 구조되는 삶의 모든 악폐를 기록하고 있다.[Cicero, *Tusc* disp. I. 34. 84.]
224) *Diogenes Laertius* 2. 95.
225) *Diogenes Laertius* 2. 95.

헤게시아스와 그의 제자들은 잘못이 용서되어야 한다고 말한다. 왜냐하면 그 누구도 잘못을 범하는 데에 의도적이었다기보다, 어떤 욕망이나 욕구 때문에 불가피하게 할 수밖에 없었기 때문이다. 그러므로 사람을 증오하기보다 오히려 그들을 잘 선도해야 한다.[226]

헤게시아스와 함께 키레나이코스의 사상은 점진적으로 파괴되어 가기 시작했다.

2) 안니케리스와 그의 제자

안니케리스(Anniceris)와 그의 제자들[227]은 쾌락을 정의함에 있어 헤게시아스의 견해와 일치하고 있다. 그러나 그들은 헤게시아스와는 달리 쾌락에 또 다른 가치가 실재하고 있음을 밝힌다. 특히 안니케리스와 그의 제자들은 우의·보은·부모존경·나라사랑과 같은 가치는 행복에 기여하는 것으로 인식했다. 마치 소크라테스가 소피스트와 달리 국가에 충성을 다하고 델피의 신탁을 믿을 만큼 성실한 철학자로서 아테네의 몰락을 대변하고 고대의 성실한 인간이 걸어가야 할 길의 전형에서 인간의 참 행복을 찾았던 것처럼 후기 키레나이코스학파도 소크라테스를 그들 삶의 표준으로 삼았다. 이 같은 사실에 대해 디오게네스 라에르티우스는 다음과 같이 밝히고 있다.

안니케리스의 제자들은 다른 면에서 헤게시아스의 제자들과 일치하고 있으나 우의와 보은 그리고 부모 존경은 그들의 실생활에서 그대로 표현되었으며, 선한

---

226) *Diogenes Laertius* 2. 96.
227) 안니케리스에 관한 자료는 거의 찾을 수 없다. 가장 신뢰할 수 있는 전거는 *Diogenes Laertius* 2, pp.96~98이다.

사람이 항상 애국적인 일을 한다고 강조했다. 그러므로 설사 현자가 괴로움의 고통 속에서 쾌락을 느끼지 못한다 하더라도 행복해질 것이다.[228]

안니케리스는 우의와 우정을 삶에 없어서는 안될 필수적인 것으로 생각했다. 이와 같이 그가 우의의 원리를 강조하게 된 것은 실익의 이유에서뿐만 아니라 다음과 같은 자선의 실현 때문이었다.

우리는 친구를 단순한 실익을 위해서만이 아니라 고난을 이겨나가기 위해 선한 감정을 소중히 해야 한다. 만일 그렇게 하지 못한다면 우리는 더 이상 친구와 교제해서는 안될 것이다. 비록 우리가 쾌락을 최고의 목적으로 삼고, 또 설사 그것을 송두리째 잃고 괴로움을 당한다 하더라도 우리는 친구에 대한 사랑 때문에 기쁜 마음으로 이겨나가야 할 것이다.[229]

안니케리스가 호소한 가치는 키레나이코스학파가 지향한 사상을 능가하는 가치라고 생각한다. 특히 우의와 관련한 요구에서 안니케리스는 우의의 덕목을 중시한 에피쿠로스를 따랐다.

3) 테오도로스의 지혜와 삶

테오도로스(Theodoros)[230]는 중용을 유지하려고 노력했다. 그래서 그는 순간적인 쾌락을 추구하기보다 오히려 지혜없이는 도달할 수 없는 영

---

228) *Diogenes Laertius* 2. 96.
229) *Diogenes Laertius* 2. 97.
230) 테오도로스는 안니케리스의 제자였다.[*Diogenes Laertius* 2. 98] 아마도 정치적 이유로 키레네에서 추방당했던 그는 아테네로 갔다. 그는 아테네에서 한 동안 머물렀다. 그 후 다시 키레네로 돌아와 죽을 때까지 살면서 많은 명예를 누렸다.[*Diogenes Laertius* 2. 103] 그는 무신론의 고발로부터 자신을 구원한 데메트리오스(Demetrius of Phaterum) 같은 권력있는 자들의 친구였다.[*Diogenes Laertius* 2. 101] 그의 사상을 조명할 수 있는 많은 전거는 디오게네스 라에르티우스다.[*Diogenes Laertius* 2. 97~103]

혼의 상태에 목표를 두었다. 디오게네스 라에르티우스는 테오도로스에 대해 다음과 같이 기술하고 있다.

> 테오도로스는 기쁨과 슬픔을 추구해야 할 목표로 생각했다. 환희는 지혜의 산물이며, 슬픔은 어리석음의 산물이다. 그는 지혜와 정의를 선이라 했고, 그 반대를 악이라 했다. 쾌락과 고통은 선과 악의 중간적인 것이다.[231]

테오도로스는 우의와 애국심의 가치를 인정하기를 거부했다. 일찍이 우의와 애국심은 안니케리스에 의해 그 가치가 인정되었다. 디오게네스 라에르티우스는 다음과 같이 밝히고 있다.

> 테오도로스는 우의를 거부했다. 왜냐하면 우의는 현자와 우자 사이에서는 물론 현자들 사이에서조차도 존재하지 않기 때문이다. 가난이 도래하게 될 때 현자와 우자 사이에서 우의는 사라지고 만다. 그에 반해 현자는 자족을 삶의 최고 가치로 인식하고 있기 때문에 친구를 필요로 하지 않는다. 테오도로스의 생각이 옳았다. 왜냐하면 현자는 자기의 조국을 수호함에 있어 자신의 생명을 위태롭게 하지 않을 뿐만 아니라 우자의 이익을 위해 지혜를 결코 헛되이 버리지 않을 것이기 때문이다.[232]

기쁨과 쾌락의 차이를 설명한 테오도로스의 해석은 [특히 그는 지혜와 기쁨을 동일시했다] 아주 애매모호했다. 사실 그에게 있어 '지혜'는 법이나 전통적 관례를 고려하지 않고 그가 하고 싶었던 것이면 무엇이든 할 수 있고 그리고 또 유용하다고 판단되는 것이면 무엇이든 할 수 있다고 생각하는 것이다. 방종을 의미하는 아나이데이아(anaideia)의 퀴니코스적 개념은 키레나이코스에서는 다음과 같이 표현되고 있다.

---

231) *Diogenes Laertius* 2. 98.
232) *Diogenes Laertius* 2. 98.

도둑질하고 간통을 범하고 그리고 신성을 모독하는 행위는 허용되었으나 그러나 아무 때나 할 수 있는 것이 아니라 적절한 시기에 한에서였다. 사실 이 같은 행위는 자연에 기초한 것이 아니며, 또한 우자의 동의에 의해 행해질 수 없는 행위였다. 하지만 현자는 주저함이 없이 강한 욕망을 가지고 이런 일에 몰두해야 할 것이다.[233]

테오도로스는 퀴니코스 사상의 수치심을 모르는 방종과 더불어 언론의 자유 '파르헤시아'를 수용했다. 퀴니코스의 언론의 자유는 사람과의 대화에서 거리낌없이 다 말하고, 제약을 받지 않는 절대적인 자유이며, 느끼고 있는 것을 사양하지 않고 자유롭게 표명하는 솔직함이었다. 여기서 감명적인 능변의 두 실례를 살펴보자.

우리는 위대한 철학자 키레네의 테오도로스를 숭배하지 않는가? 언젠가 왕 리시마쿠스(Lysimachus)에 의해 책형의 고통을 받게 된다는 두려움 때문에 그는 왕에게 간원하기를 이 무서운 위협을 당신의 신하에게 행하라"고 말했다. 사실 테오도로스에게 있어 그가 옥내에 방치되든 옥외에 방치되어 썩어지는 몸이 되든 그것은 중요한 문제가 아니었다.[234]

그러면 왜 당신은 질투로 더럽혀진 이 땅을 떠나지 않는가? 하고 리시마쿠스는 테오도로스에게 물었다. 테오도로스는 다음과 같이 답했다.

질투 때문이 아니라 나의 본성의 가치 때문이다. 나의 땅은 그럴 만한 충분한 여지가 없다.[235]

결론적으로 테오도로스는 제신에 대한 그리스 사람의 모든 생각과

---

233) *Diogenes Laertius* 2. 99.
234) Cicero, *Tusc. disp.* 1. 43. 102.
235) Philo of Alexandria, *Quod omn, Prob. lib. sit.* 129.

판단을 부인하면서 제신의 실존을 인정하지 않았다. 이러한 이유로 해서 그는 '무신론자'라는 별명을 가지게 되었다. 디오게네스 라에르티우스가 밝힌 바에 의하면 즉 테오도로스는 제신을 인정하지 않은 사람이었다.[236] 키케로는 이 문제에 대해 다음과 같이 언급하고 있다. 대부분의 사람들은 제신의 실존을 인정한다. 제신의 존재를 인정한다는 것은 진리에 순응하는 것이며, 우리 모두가 자연의 명령에 따라 진리에 전념하는 것이다. 그에 반해 프로타고라스는 테오도로스와 디아고라스처럼 제신의 실존을 인정하지 않았다.[237] 이와 같이 퀴니코스의 철학자 비온도 제신의 실존을 부인한 대표적인 인물이었다.

4) 키레나이코스학파의 종말

우리가 인식하고 있듯이 키레나이코스학파는 무엇보다 소크라테스 사상과 그리고 그의 메시지에서 보여준 내용의 상당부분을 상실했던 것이다. 키레나이코스학파는 다음과 같은 이유로 그 정체성을 상실하게 되었다. 아리스티포스에 의하면 기본적으로 선은 쾌락이며, 쾌락은 실제적인 향락이요 고통의 결여가 아니다. 쾌락은 순간의 기쁨이다. 이 세 가지의 견해는 후기 키레나이코스학파에서 의견을 전혀 달리하였다. 테오도로스는 세 번째 주장인, 즉 쾌락은 순간의 기쁨이라는 아리스티포스의 주장을 인정하려하지 않았다. 헤게시아스는 쾌락은 향락이라는 주장과 그리고 안니케리스의 선이 쾌락이라는 주장에 그 어떤 관심도 표명하지 않았다.[238]

---

236) *Diogenes Laertius* 2. 97.
237) Cicero, *De natura deorum* 1. 1. 2.
238) E. Zeller, *Die Philosophie der Griechen in ihrer geschichtlichen Entwicklung*. 3 vols., 1844~52 Edited by W. Nestle, Leipzig, 1920 ; Hildesheim: G. Olms, 1963. 2. 1. 383.

아리스티포스의 학설은 딸 아레테(Arete)와 그녀의 아들 아리스티포스(Aristippos)에 전해지고 다시 수대에 걸쳐 전해졌으나 후기에 이르러 이 학파의 사람들이 제각기 무엇을 가지고 쾌락으로 할 것인가에 대하여 견해를 달리했다. 아레테의 아들 아리스티포스가 보기에 쾌락은 인간의 삶을 향락적 감정으로부터 완전히 전환하는 것이다. 죽음의 설득자 헤게시아스의 죽음에 대한 욕구는 특히 설득력이 있는 본보기였다. 삶의 메시지는 다음과 같은 죽음의 메시지로 바뀌었다.

> 진실로 죽음은 선한 것으로부터가 아니라 악으로부터 나온다. 이 문제는 키레나이코스학파의 사상가 헤게시아스에 의해 충분히 밝혀진 바 있다. 프톨레마이오스 왕은 많은 사람이 헤게시아스의 강의를 청강한 후에 자살을 범하는 일이 발생했기 때문에 학교에서 그의 가르침을 중단시켰다.[239]

한편 키레나이코스학파의 사상과 학설은 다시 에피쿠로스에 의해 채택되었다. 에피쿠로스는 고대의 쾌락설을 무색하게 했을 정도로 독창적이고 매력적인 쾌락설을 재구성했다. 이 모든 이유를 종합해 생각해 볼 때 지금까지 이 학파는 기원전 275년에 소멸된 것으로 추측된다. 이유가 키레나이코스학파의 소멸을 가져오게 한 것이라 할 수 있다.

---

239) Cicero, *Tusc. disp.* 1. 34. 83.

□ 쉼터 □

제3장
헬레니즘 시대 스토아학파와 에피쿠로스학파

제1절 스토아학파 사상의 발전

1) 스토아 사상의 역사

스토아 철학의 역사는 기원전 301년까지 거슬러 올라간다. 바로 이 시기에 스토아학파는 아테네에서 하나의 체계화된 학파로서 탄생하게 되었으며 포르프리(Porphry)의 플로티누스(Plotinus)에 관한 일대기에 나타난 263년까지 계속된다. 스토아학파의 호칭은 이 학파의 창시자 제논이 아테네의 아고라의 주랑에서 가르친 데에서 유래한다. 기원전 2세기 스토아 철학은 로마로 들어왔다. 그 후 스토아 철학은 전문적인 학자들과 교사들에 의해 발전할 수 있었지만 학문적 지도를 할 수 있는 학두를 찾을 수 없었다. 그래서 이 시기에 스토아 철학은 그리스 출신의 가정교사나 혹은 비정규적인 접촉에 의해 보급이 가능했다. 사실 스토아 철학은 기원전 1세기경부터 로마의 지배계층 사이에 널리 보급되었으며, 그들에게 많은 영향을 주었다. 고전고대 스토아 사상의 마지막 대표적인 인물이라 할 수 있는 마르쿠스 아우렐리우스황제는 180년에 죽었다. 설사 스토아학파가 그 다음 세기까지 존속되었지만 마르쿠스 아우렐리우스 이후 그렇게 괄목할 만한 스토아 철학자는 나타나지 않았다. 또한 스토아 철학은 비정규적으로 가르쳐 왔기 때문에 3세기부터는 체계적인 교육을 통해 발전해 갈 수 없었다.

스토아 철학은 역사적으로 3기로 구분할 수 있다. 초기 스토아, 중기 스토아 그리고 후기 스토아 [혹은 로마 스토아]다. 1기에서 3기에 이르는 모든 스토아 사상가는 스토아의 기본 강령과 교의를 그대로 유지해 갔지만, 각 기별로 강조하고 있는 성격은 서로 다르기 때문에 각각 고유의 특성을 지니고 있다. 특히 그리스 폴리스의 붕괴와 마케도니아 제국의 발전과 같은 기원전 4세기의 역사적 상황으로써 스토아 사상의 출현을 설명하는 데 많은 노력이 경주되었다. 그러한 노력은 아리스토텔레스 이후의 철학을 문화적 쇠퇴의 징후로 간주하는 경향을 자주 나타냈다. 이 같은 해석은 헬레니즘 시대에 대한 보다 긍정적인 재평가와 함께 최근의 학문연구에서 단호히 거부되어 왔다.[1]

초기 스토아 사상가인 제논은 플라톤학파와 아리스토텔레스학파, 그리고 그 학파의 대표적인 철학자들의 정신을 수행하지 못한 시대에 살았다. 그가 살았던 당시 퀴니코스학파·에피쿠로스학파, 그리고 회의학파 같은 많은 새로운 철학파들이 난립하고 있었다. 당시의 철학은 역시 소크라테스 철학 이전의 가르침을 부활시키는 데 많은 관심을 보였다. 스토아 철학은 이 모든 사상운동에 대한 반작용으로, 혹은 도전으로 간주될 수 있었다. 주지하는 바와 같이 스토아 철학은 소크라테스 이전의 철학에서 그리고 자주 비판의 대상이었던 플라톤과 아리스토텔레스학파 그리고 퀴니코스·에피쿠로스·회의론 철학에서 많은 것을 차용했다.

---

1) 스토아 사상의 출현을 설명하려고 하는 학자들은 스토아 사상을 그리스문화의 쇠퇴에 영향을 준 유대사상이나 혹은 오리엔트 사상의 경우와 같이 보았다.[Max Pohlenz, *Die Stoa: Geschichte einer geistigen Bewegung*, Ind ed., 2 vols.(Göttingen, 1915~1959), ss.1, 22, 31, 66, 107~108]

스토아 철학의 창시자 제논(333~262 B.C.)은 기원전 312~311년에 업무 여행 중에 배가 난파하여 예기치 않게 아테네에 도착했다. 그는 테바이의 퀴니코스학파의 철학자 크라테스의 지도 하에 철학을 공부하게 되었으며, 또한 같은 시기에 다른 학파의 학문도 연구할 수 있었다. 제논은 플라톤과 아리스토텔레스 사상을 통해 알게 된 물질과 정신의 이원론을 철저히 반대했다. 이러한 이원론의 철학에 맞서 그는 물질과 정신이 동일하다는 이론에 접근해 갔다. 또한 제논은 에피쿠로스학파의 쾌락의 윤리적 표준과 그들이 부활시킨 원자물리학을 반대했다. 에피쿠로스학파의 쾌락의 윤리적 표준이 발전하면서 자연계의 재난과 위험이 발생했다. 에피쿠로스학파의 주장에 반대한 제논은 쾌락보다 이성의 표준에 기초한 도덕체계를 확립했다. 제논은 인간이 확실한 지(知)를 가질 수 없다고 주장한 회의학파의 이론을 전적으로 거부하고 감각과 이성만이 확실한 지식을 가능하게 한다고 생각했다. 또한 그는 미덕이 지식의 유사물이라고 밝힌 플라톤과 아리스토텔레스의 주장에 따르고, 사리에 어두운 자에 의해 획득된 것은 무관심적인 것, 즉 아디아포라라고 한 퀴니코스학파의 주장을 지지했다.

제논은 현자의 사회적 의무를 강조하면서 퀴니코스학파와 에피쿠로스학파의 개인윤리에 도전하는 동시에, 어떤 특정한 폴리스, 즉 어떤 지방의 제도에서 벗어나 세계를 지향해 가는 인류의 보편윤리를 강조함으로써 플라톤과 아리스토텔레스의 사상체계에 반대했던 것이다. 제논은 그의 생애 동안 많은 명성을 얻었다. 아테네 사람들은 그에게 도시성벽의 열쇠를 보관하게 했으며, 국가의 공급으로 케라미쿠스(Ceramicus)에 그의 무덤을 만들고 금관과 동상을 세워 그에게 경의를 표했다. 그가 태어난 도시 시티움에서도 그에 대한 경의로 동상이 세워졌다. 제논은 마케도니아의 왕 안티고노스 고나타스의 초대를 받아 그가 죽을 때까지 아테네에서 후학을 가르치면서 왕의 조언자가 되어줄 것을 요청받기까지 하였다. 그러나 철학자 제논은 왕의 명령을 거절했다.

초기 스토아의 다른 두 대표적인 지도자 앗소스의 클레안테스(Cleanthes of Assos, 342~232 B.C.), 솔리의 크뤼시포스(Chrysippos of Soli, 277경~204 B.C.)의 가르침은 제논 이후에 나타나기 시작한 스토아 철학의 변화였다. 그것은 결과적으로 새로운 지적 분위기의 조성이었으며 그리고 스토아 사상의 다양성의 표현이었던 것이다. 직업적인 운동선수로 삶을 시작하고 철학교육을 위해 물배달과 같은 육체노동으로 돈을 번 클레안테스는 기원전 280년경 아테네로 오게 되었다. 기원전 262년 제논이 죽은 다음에 클레안테스는 19년 동안을 제논에게 배운 학문을 계승하여 스토아학파의 새로운 학두로 등장하게 되었다. 스토아 철학에 대한 클레안테스의 해석에 나타난 가장 독특한 특징은 신학적 경향이라 하겠다. 그는 의지의 힘에 특별한 가치를 두고 의지를 그의 스승과 달리 모든 덕의 원천으로 생각하였다. 클레안테스는 깊은 종교적 경건성을 가진 선대학자 제논이 주창한 세계주의·세계제도에 관심을 가지고 연구하기 시작했다.

초기 스토아에서 가장 위대한 인물은 제논 이후 세 번째로 등장한 크뤼시포스였다. 그는 기원전 232년 스토아학파의 학두로서 클레안테스를 계승했다. 그는 스토아 철학에 관한 많은 저술을 남긴 다작의 인물이었다. 크뤼시포스가 목적한 바는 스토아학파와 적대적이었던 당시의 다른 철학파의 공격으로부터 스토아 철학을 보호하고 발전시키는 것이었다. 크뤼시포스는 아카데미학파의 회의론을 반박하여 지식은 획득할 수 있는 것이며 확실한 기초 위에 건설되는 것이라고 말했다. 회의론자들의 비판에 맞선 크뤼시포스는 스토아 윤리학과 인식론의 발전에 크게 기여했다. 크뤼시포스가 나오지 않았다면 스토아는 없었을 것이라는 말이 나올 정도로 스토아학파의 제2건설자로 스토아학파의 학설을 처음으로 완전하게 체계화한 인물이다.

로도스의 출신 파나이티오스(Panaitios of Rhodos : 185/80~110 B.C.)와 아파

메아의 출신 포세이도니오스(Poseidonios of Apamea : 140/30~59/40 B.C.)는 중기 스토아의 대표적인 인물이다. 이 두 사람은 초기 스토아의 논리학으로부터 자연학의 실용주의를 로마에 보급시킨 중기 스토아학파의 발전에 많은 기여를 한 인물이다. 파나이티오스와 포세이도니오스는 철학은 물론 자연과학과 같은 현대사상에 정통한 학자로서 그들의 사상을 체계화하는 데 스토아 철학 이외의 자료를 원용하는 데 주저하지 않았다. 특히 파나이티오스는 로마에 스토아 사상을 소개한 최초의 인물이었다.[2] 그는 스토아 철학의 이름있는 학자와 그리고 그 자신이 아테네에서 공부하고 있었던 시기에 아테네에서 역시 철학을 공부하고 있었던 스키피오 아프리카누스(Scipio Africanus)를 만났다. 교육을 마친 후 파나이티오스는 기원전 146년경 로마로 갔다. 로마에서 그는 스키피오 형제 주변에 모여든 많은 사상가·작가 그리고 정치가의 서클에서 지도적인 인물이 되었다. 파나이티오스는 로마에서 15년 동안 머물렀다. 이 시기 동안 그는 로마의 많은 지성인에게 영향력을 행사하게 되었으며, 스키피오 집단과 잦은 접촉을 통해 스토아 철학의 전파에 기여할 수 있었다.[3] 기원전 129년 스토아학파의 학두가 된 파나이티오스는 그가 살았던 아테네로 돌아갔다. 그는 초기 스토아의 우주론적이고 심리학적인 교의를 인정하지 않았다. 그의 주요관심사는 자연학과 윤리학이었다. 그는 로마에서 스토아 철학을 새롭게 체계적으로 정리하는 것이 그의 목표였다. 또한 그는 인간과 환경에 보편적인 도덕원리를 엄격히 적용함으로써 우리에게 보다 가까이 접근할 수 있는 이상적인 미덕을 만드는 데에 심혈을 기울였다.

중기 스토아의 제2의 위대한 인물인 포세이도니오스는 동시대에 가

---

2) 이 문제에 관한 중요한 연구는 리스트다.[J.M. Rist, *Stoic philosophy*, Cambridge, 1969, pp.173~198]
3) 스토아 사상의 로마 유입에 관한 연구는 Ruth Matin Brown, *A Study of the Scipionic Circle*, Iowa Studies in Classical philology I. 1934, pp.3~84. Samuel Dill, *Roman society from Nero to Marcus Aurelius*(Newyork, 1956), pp.289~440.

장 흥미있고 영향력있는 철학자 가운데 한 사람으로서, 스토아 철학의 역사에서 가장 논쟁을 좋아했던 학자로 평가받고 있다. 포세이도니오스는 기원전 125~114년경 아테네에서 파나이티오스의 문하에서 공부했다. 그리고 그 후 로도스에 정착하면서 스토아 철학의 명망있는 인물이 되었다. 그는 기원전 86년 로마에서 대사로 봉직하면서, 여러 공직에 두루 선발되기도 했다. 이 시기에 포세이도니오스는 로마의 많은 명망있는 상류귀족 계층과 개인적으로 깊은 교분을 가지게 되었다. 키케로는 기원전 78~77년에 로도스에서 포세이도니오스와 함께 공부했으며 폼페이우스는 포세이도니오스를 기원전 67~66년과 기원전 63~62년에 걸쳐 두번이나 방문했다. 포세이도니오스는 동시대의 철학과 사상의 모든 분야에 정통한 학자였다. 특히 포세이도니오스는 파나이티오스의 문하에서 학문을 연구한 후에 그의 연구활동이 당시의 여러 학파의 학문을 공동으로 연구했는지 아니면 독학으로 공부했는지는 알려지지 않고 있다. 어떻든 그에 관한 주요자료 가운데 하나는 아마도 기원전 105년 이후에 시도된 전 지중해 세계를 여행하는 동안에 얻어진 그의 실제적인 관찰기였다. 포세이도니오스는 스토아 사상가에 의해 자연학·논리학 그리고 윤리학으로 통칭된 철학의 세분화와 그리고 그 기초 위에 수학·지리·역사 그리고 민족지학까지 연구했다. 그러나 그의 가장 중요한 관심은 자연과학의 연구였으며 당대의 그 누구보다 자연과학 분야에 폭넓은 지식과 독창성을 발휘했다. 포세이도니오스는 비스토아의 교의까지 그의 철학에 수용하고 구체화했기 때문에 그의 철학은 초기 스토아의 정통적인 학설과 아주 유사했다. 그러나 그의 목적은 초기 스토아 사상의 순수 형이상학적·관념적인 틀에서 벗어나 경험적 관찰에 기초하는 스토아 사상의 일대 변혁이었다. 포세이도니오스는 스토아 사상을 보호하고 발전을 이루어감에 있어 다른 학파의 사상을 수용하는 데 주저하지 않았다.

고대 스토아 사상의 세 번째이자 마지막 단계는 후기 스토아로 명명되는 이른바 로마 스토아다. 초기와 중기 스토아 철학에 기초한 로마 스토아 사상가는 선대 사상가와 두 가지 점에서 중요한 변화의 특징을 나타내고 있다. 그 하나는 로마 스토아 사상가들 가운데 그 누구도 후기 스토아학파의 공식적인 학두는 아니었다. 후기 스토아 사상가 가운데 몇몇 사람은 교육적 목적을 위해 다른 학파의 사상과 형식논쟁을 요구한 사람은 아무도 없었다. 비록 그들은 각기 고유의 입장을 가진 학자들이지만 다른 사상에서 무엇이든 수용할 수 있는 학문적 관심을 가진 점으로 보아 초기 스토아 사상가나 혹은 중기 스토아 사상가보다 훨씬 포괄적이었다. 다른 하나는 후기 스토아 사상가들이 사실상 윤리학에 관심을 가지지 않았다는 사실이다. 분명 윤리학은 스토아 철학 이전에 주요 관심사였다. 제논의 제자 아리스토(Aristo) 이외의 스토아 사상가들은 종래의 자연학과 논리학의 중요성을 강조했으나 후기 로마 스토아 사상가는 자연학과 논리학의 연구에 관심을 보이지 않았을 뿐만 아니라 윤리학에도 깊은 관심을 가지지 않았다. 중기 스토아 사상가와 더불어 후기 스토아 사상가는 그들의 이념적인 경향과 방향에 있어 보다 구체적이고 실제적이었으며, 어느 특수한 경우나 상황에서 윤리적 원칙을 적용할 수 있는 심미안을 가지게 되었다. 이와 같이 그들은 이제 개인적인 삶의 고통과 민중의 처세에 어려움이 있을 때마다 스토아 윤리학을 적용하는 명민함을 보여주었다.

로마 스토아 사상가 중에서 최초로 라틴어로 쓴 사람은 세네카(Seneca, 4 B.C.~A.D. 65)였다. 코르도바(Córdoba)의 부유한 귀족가문의 출신으로 문필과 정치에 탁월한 능력을 발휘한 세네카는 로마에서 교육을 받았다. 그는 문학과 철학의 연마는 물론 명예로운 관직생활(*cursus honorum*)을 통해 출세한 인물이었다. 정치가로서의 세네카는 로마역사에서 가장 사악한 황제로 꼽히는 세 황제 칼리굴라·클라우디우스 그리고 네로의 치하에서 중요한 관직에 있어야 했던 불운한 자였다. 세네카는 왕실구성원의 변덕

스러움으로 해서 궁중생활에 많은 어려움을 겪었다. 클라우디우스의 통치 시기 왕비 메살리나는 네로의 여동생 율리아 리빌라(Julia Livilla)를 음모한 이유로 세네카를 고발했다. 이 일로 세네카는 8년간 코르시카로 유배되었다.

바로 그 시기에 클라우디우스는 방자스러운 왕비 메살리나를 죽이고 이미 결혼한 적이 있는 조카 아그리피나(Agrippina)와 결혼했는데, 그녀는 지배욕이 강하여 공동통치자로 자처하고 황제에게 강요하여 전 남편의 아들 네로를 왕세자로 삼은 후 황제를 독살했다. 또한 그는 세네카의 귀환을 도왔다.

세네카는 다채로운 운명을 겪은 후 젊은 네로의 가정교사가 되었으며, 네로가 즉위한 후에는 사실상 제국의 지도자가 되었다. 세네카는 네로의 치하에서 많은 부와 명예 그리고 권력을 누리게 되었으며, 지난날 그에게 생명의 은전을 베푼 왕비 아그리피나의 암살음모에 가담하고, 59년 원로원 앞에서 네로의 모친살해 행위의 정당성을 변명하라는 명령을 받게 되었다. 이런 일로 62년 그는 공직에서 은퇴하고 죽을 때까지 은거생활을 했다. 65년 피소(Piso)에 의해 주도된 반정부 음모사건에 연루한 혐의로 네로에 의해 처형되었다.[4]

세네카가 특별히 관심을 가졌던 주제는 마음의 두 측면인바, 즉 심리학자로서의 기민함과 그리고 자신과 자신의 작품에서 언급한 친구와 친척에게 주었던 아픔을 철학을 통해 위안을 받으려는 것이었다. 세네카는 악덕과 미덕 그리고 영혼의 힘을 분석하는 데 아주 민감했고, 우정 · 자선 · 관용의 문제와 그리고 재산을 정당하게 사용해야 하는 문제에 깊은

---

4) Samuel Dill, op. cit., pp.39~40 ; Ramsay Mac Mullen, *Enemies of the Roman order: Treason, Unrest, and Alienation in the Empire*, Cambridge, Mass., Havard University Press, 1966, pp.1~94. 여기서 Samuel Dill과 Mac Mullen은 스토아 사상가는 정치적으로 입장을 달리했다고 생각하고 있다. 다른 한편 Gaston Boissier와 Glarke는 스토아 사상가는 도덕적인 기초 위에서 황제들을 비판하고, 또 그들의 철학(스토아 철학)이 혁명을 거부하고 있음을 확실히 밝혔다.

관심을 가졌다. 또한 그는 사색적인 삶과 실천적인 삶은 무엇이며, 통치자의 지배에 복종하고 봉사하는 것이 명예로운 봉역이 될 수 없을 때 공직으로부터 떠나는 것이 올바른 행위인가, 그리고 자살이 정당화될 수 있는 것인가에 관한 문제는 그의 사변적인 기초에서보다 그 자신의 삶의 실제적인 필요에서 기인한 것이라 하겠다.

세네카는 정치가·문필가 그리고 철학자로서 고대 말과 중세에 명성이 높았다. 고대 스토아 사상가 가운데 세네카만이 라틴어로 썼기 때문에 그의 작품은 스토아 사상에 다소 절충적인 것으로 고대와 중세의 사상가의 직접적인 접근을 가능케 했다. 세네카의 작품은 후기 고전시대의 장르와 그리고 작품의 유풍으로 보아 6개의 범주로 나눌 수 있으나 위작(僞作)·표절, 그리고 의사작품(擬似作品)까지 모두 포함시킨다면 그의 작품은 7개의 범주로 나눌 수 있다. 주제의 영역으로 보아 세네카의 작품 가운데 20여 작품은 고대의 저술가들에 의해 언급되고 있지만 전혀 전해지지 않고 있다. 대화체의 형식으로 기술된 윤리문제에 관한 논문이 10편이 있고, 이것은 그의 친구와 친척에게 헌정되었다. 즉 『분노에 관하여(De Ira)』·『신의(神意)에 관하여(De providentia)』·『마키아에 대한 위안(Ad Marcian de Consolatione)』·『행복한 삶(De beata vita)』·『여가론(De otio)』·『마음의 평정에 관하여(De tranquillitate animi)』·『짧은 삶에 관하여(De brevitate vitae)』·『폴리비움에 대한 위안(Ad Polybium de Consolatione)』 그리고 『헬비암에 대한 위안(Ad Helviam de Condolatione)』이다.

세네카는 대화체가 아닌 두 도덕 에세이를 썼다. 그것은 55년이나 혹은 56년에 네로에게 헌정한 『관용론(De clementia)』과 『자선론(De beneficiis)』이다. 또 그의 자연철학에 관한 요지의 글인 『자연탐사(Quaestiones naturales)』는 그가 정계에서 은퇴하고 나서 쓴 것으로 생각된다. 역시 124회에 걸친 그의 『도덕서한(Epistulae morales)』은 지금까지 전해지고 있다. 이 도덕서한은 세네카가 그의 친구 루킬리우스(Lucilius)에게 보낸 단순한 개인적인 서신이라기보다 윤리적 행위를 촉구하는 철학적 장르를 내포하고 있는 서신이다. 세네카는 또한 소포클레스와 에우리피데스의 극에 기초한 비극을 10편 정도 썼는데, 헤라쿨레스 오이타이우스(Heracules Oetaeus)·트로아데스(Troades)·포이니사이(Phoenissae)·오이디푸스(Oedipus)·메데아(Medea)·파이드라(Phaedra)·아가멤논(Agamemnon) 그리고 티에스테스(Thyestes)이다. 10번째의 비극 옥타비아(Octavia)의 원작자는 논란이 있었다. 결국 세네카는 54년 클라우디우스 황제의 죽음 이후 얼마 되지 않아 쓰인 그의 희극 아포콜로퀸토시스(Apocolocyntosis)나 혹은 『클라우디우스의 죽음에 관한 극(Ludus de morte Claudii)』에 라틴전통의 메니피안의 풍자(Menippean satire)의 글을 기고했다.

위에 언급된 작품은 모두가 그에 의해 쓰인 것이 아니라고 한 데 반해 후기 고전적 저술가나 혹은 초기 중세 저술가는 세네카에서 유래한 문체들이 중세시대에 확인되면서 그의 작품에 대해 자부심을 가졌던 것이다. 이들 위작들 가운데 최초로 가장 호기심을 끌었던 것은 4세기에 날조된 세네카와 바울 사이의 서신왕래이다. 이 같은 사실은 성 제롬(Jerome)과 아우구스티누스(Augustinus)에 의해 최초로 언급되었지만 이 두 사람은 그 사실에 대한 검증조차 하지 않은 채 언급해 왔던 것이다. 그럼에도 불구하고 바울은 고대 철학자 세네카를 그리스도교 신앙인으로 개종시키는 데 성공함으로써 그의 사상은 이제 7세기경에 정기적인 간행물로 시선을 끌게 되었다. 그리고 그 정기간행물은 에라스무스(Erasmus)가 세네카의 서신이 날조된 것이라고 증명했을 바로 그 때에 널리 유포되었다. 이 문제에 대한 몇몇 권위있는 전거를 통해 세네카의 그리스도교 개종의 신화는 중세시대에 끼친 세네카의 영향을 입증해 주는 것이지만, 이 문제에 대한 비판도 만만치 않게 제기되었다.

세네카의 작품을 가장 광범하게 필사(筆寫)하고 인용한 표절자는 6세기 브라가(Braga)의 대주교인 마르틴(Martin)이다. 그는 세네카의 대화에 기초하여, 그의 작품과 똑같은 제목의 『분노에 관하여』를 썼다. 이 작품은 세네카의 이름을 도용한 의사(擬似)세네카의 모조작품이다. 그것은 자주 중판이 되어 중세시대에 널리 보급되었다. 6백 년 이상의 원고 필사본들이 전해져 오고 있다. 그것은 몇몇 토착어로 번역되었으며, 또한 산문과 시 형태로 된 논평도 있었다. 페트라르카(Fr. Petrarca)는 그것을 14세기 마르틴의 작품으로 간주하는 데 성공했으며 르네상스시대에는 학교 교재로도 계속 사용되었다. 세네카의 작품의 진지함과 금언적 문체는 그를 중세의 꽃에 풍기는 자연적 총아로 만들었다.

중세시대 세네카의 인기는 후기 고전의 독자 사이에서 일고 있었던 명성과 비교해 볼 때 상당한 변화였음을 암시한다. 세네카가 살았던 당시로부터 고전시대 말기까지 그는 널리 알려졌던 인물로 그의 글은 자주 인용되었다. 하지만 그의 인간됨됨이에 있어서는 많은 사람으로부터 존경을 받았다고 말할 수는 없을 것이다. 어떤 고대 저술가는 그를 박식하고 미덕을 갖춘 사람이라고 찬양했는데 이에 반해 다른 저술가는 그가 입버릇처럼 공언하고 주장한 사상에 따라 삶을 사는 데 실패한 위선자라고 혹평했다. 후기 고전작가들은 세네카를 철학자로서보다 산문을 잘 쓴 문장가이며 정치가로 평가했다. 이 두 측면에서 볼 때 그는 일반적으로 좋은 평가를 받았다고 생각할 수 없다. 후기 라틴의 시인들은 그의 비극과 그리고 그의 다른 몇몇 작품을 참고했으며, 문법학자들은 언어의 용법과 문체의 특징을 설명하는 데 자주 그를 인용했다.

2세기에는 그리스도교 호교론자와 교부들이 등장했다. 그들은 세네카에 대해 새롭고도 보다 긍정적인 평가를 했다. 이들 그리스도교 저술가들은 세네카의 전기나 문체보다 그의 도덕철학에 관심을 가졌던 것이다. 그리스도교 호교론자와 교부들은 세네카의 도덕철학에서 그리스도교 윤리학의 일치를 발견했다. 그들은 세네카를 자주 성자로 취급하면서 그의 윤리와 도덕서한과 같은 작품에 관심을 가졌다. 세네카에 대한 평가는 중세시대의 호교론자와 교부들에 의해 이루어졌다. 세네카의 영향은 카롤링거 르네상스의 시기에 절정에 달했으며, 철학과 신학, 그리고 라틴어와 라틴문학에까지 확대되면서 12세기에는 그의 학문과 사상의 연구가 극에 달했다. 즉 세네카의 명문집(florilegia)[5]의 인기는 날로 확대되고 많은 작품에서 인용되는 등 가장 인기있는 라틴 산문작가의 표준이 되었다.

13세기에 이르러 비로소 중세의 독자들은 세네카의 비극에 대해 계속적인 관심을 보였다. 세네카의 작품에 대한 관심의 재개는 니콜라스 트레베트(Nicholas Trevet)와 알베르티노 무사토(Albertino Mussato)의 논평과 더불어 시작되었다. 그 때부터 세네카의 작품에 대한 관심은 이탈리아 르네상스를 특징짓는 고전적 드라마의 부활이었다. 세네카가 쓴 『아포콜로킨토시스(Apocolocyntosis)』의 초기 필사본은 카롤링거시대에까지 소급된다. 그리고 그 작품은 13세기 베아우바시스(Beauvasis)의 빈센트(Vincent)에 의하여 알려졌지만, 에라스무스시대까지 문학적 영향을 끼치지는 못했다.

다른 한편 세네카의 윤리적이고 도덕적인 작품은 초기 중세와 중세 말에 많은 인기를 얻었다. 그의 대화는 대부분이 삭제되어 버렸다. 또한 도덕적인 면을 강조한 그의 논문은 13세기경부터 다시 필사본에 잘 나타나고 있으며, 11세기의 필사본과 함께 잘 보존되었다. 그러나 『자선론』과 『관용론』의 가장 오래된 필사본은 8세기까지 소급할 수 있다. 세네카의 도덕적인 내용을 그린 작품 가운데 『도덕서한』은 가장 많은 필사본이 있으며, 중세에 가장 광범한 영향을 끼쳤다.

---

[5] 중세시대 세네카의 명성과 영향에 관해서는 Claude W. Barlow, "Seneca in the Middle Ages", *Classical Weekly*, 34(1940~41), pp.257~258 참조 ; Rudolf Brummer, "Auf den Spuren des Philosophen Seneca in der romanischen Literaturen des Mittelalters und des Frühhumanismus", *Romanica*, Berlin, 1948, ss.58~84.

세네카의 영향이 절정을 이룬 시기는 중세의 모든 독자가 고전문학과 순수사변적인 생각에 심각하게 휘말렸던 시기와 일치하고 있다. 이 시기는 교부들이 세네카의 유저를 연구한 시대로 카롤링거 르네상스와 그리고 이탈리아 르네상스에 비해 조금도 뒤떨어지지 않을 정도로 발전한 소위 12세기 르네상스의 시기다. 중세시대에 세네카를 알리고 그의 명성을 전하는 것은 아주 중요한 일이었다. 12~13세기 시토 수도회의 수도사들은 수도회의 발전과 또 그들의 공동관심인 우의의 윤리와 관련된 세네카의 『도덕서한』에 특별한 관심을 보였다. 중세에 특별히 세네카에 관심을 가졌던 것은 다름 아닌 그의 윤리학 때문이었다. 터툴리아누스(Tertullianus)의 『세네카는 다시 우리에게 있다(Seneca saepe noster)』의 시대에서부터 단테의 『세네카의 도덕(Seneca morale)』의 시대까지 세네카는 도덕철학자로서 그리고 고대에 있어 미덕의 표본(exemplum virtutis)으로서 널리 읽혀졌으며, 중세 이후에 그가 기여한 공적과 영향은 길이 상찬되었던 것이다.

　세네카와 동시대 사람으로서 연하의 젊은 무소니우스 루푸스(Musonius Rufus : 30년 이전에서 1c 말)의 학문과 스토아 철학에 기여한 업적은 지대했던 것이다. 그의 신분과 교육에 대해서는 거의 알려지지 않고 있다. 그러나 그는 스토아 철학자로서 피소의 정치적 음모사건 이후에 추방당하고 네로의 정치적 희생물이 되고 말았다. 무소니우스는 네로가 죽은 뒤 다시 로마로 돌아왔다. 그는 로마에 머물던 내내 철학을 가르쳤으며 그의 제자 중에는 에픽테투스도 포함되어 있었다. 무소니우스 루푸스는 고대 스토아 사상의 엄격한 윤리학을 부활시켰다. 그는 스토아학파의 그 어떤 철학자보다 더 정교했으며, 성적 평등과 육체노동의 가치를 인정하고, 전제군주에 절대 복종할 것을 가르쳤다. 이러한 그의 정치원리는 우리로 하여금 그의 정치활동이나 혹은 적어도 그의 정치적 명성을 이해하는 데 새로운 인식의 접근이 필요할 것이다.

무소니우스 루푸스의 제자요, 스토아 윤리학을 대표하는 인물 가운데 가장 강하고 가장 이목을 끌었던 에픽테투스는 네로의 통치시기에 해방되어 로마에서 살았던 그리스 출신 노예였다. 에픽테투스는 주인의 잔학한 학대로 불구가 되었다. 주인은 고의로 그의 두 다리를 잘랐다. 그는 노예이면서도 무소니우스와 같이 연구할 수 있는 기회가 허용되었다. 도미티아누스(Domitianus)의 통치시기에 다른 철학자와 함께 추방의 고통을 겪은 다음에 그는 니코폴리스(Nicopolis)에 학교를 세웠다. 그의 작품은 그의 제자 플라비우스 아리아누스(Flavius Arrianus)에 의해 전해지게 되었다. 에픽테투스는 금욕주의의 윤리를 표방한 엄격주의자였다. 에픽테투스는 중기 스토아와 후기 스토아 사상이 세네카가 지향했던 일종의 윤리적 타협을 거부했다. 에픽테투스의 사상에서 가장 중요한 주제는 도덕적 자유다. 그에게 있어 도덕적 자유는 가장 가치있는 것이었다. 그리고 그 도덕적 자유는 각자의 이성에 의해 도달할 수 있는 모든 사람의 능력 안에 있는 것이었다.

로마 스토아 사상가들 가운데 마지막 인물은 마르쿠스 아우렐리우스(A.D. 121~180)이다. 그는 161년부터 180년까지 로마의 황제였다. 행정에 대한 중압과 피할 수 없는 궁정음모, 그리고 전쟁 등으로 그의 통치는 고통의 연속이었다. 마르쿠스 아우렐리우스는 로마 국경선을 넘어 침입해 오는 공격자로부터 제국을 수호하는 데 여러 해를 소모했다. 그리고 그 또한 전쟁터에서 죽어갔다. 그의 통치 말기에는 제국 전체에 심각한 전염병이 만연하였다. 마르쿠스 아우렐리우스는 청소년기부터 허약하여 건강을 유지하기가 어려웠다. 또한 그의 12명의 자식 가운데 8명은 이미 어린 나이에 죽었다. 이러한 일로 황제는 자주 슬픔에 잠기곤 했다. 그의 철학의 주제는 철학적 평정에 대한 열망과 그리고 사회봉사에 대한 그의 의무감 사이에 나타나는 긴장이었다. 이 같은 긴장은 황제로서의 강한 책임감에서 연유된 것이다. 마르쿠스 아우렐리우스의 철학에서 두 번째로 주요한 문제는 죽음이며, 그는 죽음의 상존, 죽음의 불가피성, 그리고 죽음에 대한 체념을 강조했다. 마르쿠스 아우렐리우스는 스토아 철학자 가운데 가장 절충적이고 가장 교양과 학문을 사랑했던 인물이었다. 그의 철학은 일종의 위안이며 양심의 시험으로, 다른 독자를 위해 기획된 것이라기보다 일종의 잡지형식으로 기술되었다고 하겠다.

2) 스토아의 교의와 우주론

스토아 사상의 교의는 6세기여 동안 발전과 변화를 거듭하는 장구한 역사를 갖는다. 그러므로 스토아 사상가들 사이에도 서로 일치하지 않는 많은 논쟁이 나타나고 있었다. 이러한 사실과 차이점을 밝히기 위해 우선 스토아 사상가가 주창한 가르침의 내용이 무엇인지 밝혀야 할 것이다. 하지만 스토아 사상가의 사상과 교의를 연구하는 데에 중요한 문제는 자료의 해석이라 하겠다.[6] 현재까지 전해지고 있는 스토아 사상가의 사상과 가르침은 단지 그들의 단장에 기초하고 있는 형편이다. 그 단장들은 오랜 기간에 걸쳐 수집되고 편집되어 왔다. 스토아 사상가의 교의를 가장 완전하게 전해 줄 수 있는 증인은 고대 스토아 사상가들로, 그들은 진부한 편집자이거나 혹은 비판적인 저술가다. 그들은 스토아 철학자들의 사상을 잘못 해석함으로써 올바른 평가를 내리지 못했던 것이다. 이러한 점을 고려할 때 그 단장은 우리가 바라는 스토아 사상의 완전한 재구성이라고 할 수 없다. 우리는 고대의 텍스트 속에서 스토아 사상가가 기술한 많은 작품을 발견할 수 있으며, 또한 전거자료가 될 만한 것도 탈문된 부문이 많아 그들이 생각했던 것을 제대로 파악하는 것조차 쉽지

---

[6] 고대의 전거들 가운데 가장 중요한 것은 *Diogenes Laertius*이다.

않았다. 사실 스토아 사상에 대한 연구는 그 범위와 내용에 있어 우리의 제한된 지식으로 접근하기란 심히 어렵다는 것은 이 분야의 연구자들이 공감하는 것이기도 하다.

고대의 여러 철학파들처럼 스토아 사상가도 철학을 자연학·논리학 그리고 윤리학의 세 분야로 구분하지만 이 세 분야가 모두 연구대상이라는 데에는 동의하지 않았다. 어떤 스토아 사상가들은 논리학을, 또 어떤 사상가들은 자연학을 연구의 주요대상으로 생각했다. 그러나 일반적으로 스토아 사상가들은 윤리학을 철학의 가장 중요한 부분으로 다루었다. 아울러 스토아 사상가는 자연학과 논리학의 연구도 본래 관심의 대상이었을 뿐만 아니라 윤리학 자체를 위해서도 연구되어야 한다는 데에 동의했다. 스토아 사상가들은 자연학·논리학 그리고 윤리학의 관계를 설명하기 위해 하나의 비유를 사용한다. 즉 철학은 담으로 둘러싸인 정원이며, 정원의 담은 논리학이고, 정원의 나무는 자연학이고, 그리고 정원의 나무에 맺힌 열매는 윤리학이라고 했다. 우리는 사실 이 세 분야 가운데 어느 한 분야를 스토아 철학이라고 설명할 수 있을 것이다. 왜냐하면 이 세 분야는 모두 하나로 결속할 수 있는 열쇠가 되는 이념과 그리고 유기체적인 내적 관계가 있기 때문이다. 우리는 먼저 스토아 자연학의 내용을 살펴보고 다음에 윤리학과 논리학을 다루어보기로 한다.

스토아 자연학이 지향하는 바는 기본적으로 그리스의 다른 여러 철학파에 의해 제기된 정신과 물질 이원론을 극복하는 것이다.[7] 스토아 사상가는 정신과 물질을 신과 동일시하면서 정신과 물질의 이원론 극복의 목적에 도달한다. 그러므로 스토아 사상가는 신은 정신이고 물질이며, 그리고 세계라는 총체적 실재, 즉 일원론을 제안했다.[8] 우리가 말하는 정신

---

7) 스토아 자연학에 관한 연구는 S. Sambursky, *physics of Stoics*(New york, 1959). Betia S. Currie, "God and Matter in Early Stoic physics"(New School for Social Research ph. D. diss., 1971)
8) 이 문제에 관한 새로운 해석은 Rebert B. Todd, "Monism and Immanence: The Foundations

과 물질은 스토아 사상가들에게 있어 단순한 상투적인 표현(fason de parler)에 불과하다. 스토아 사상가들에게 있어 행동하는 실체는 모두가 육체다. 정신과 육체 사이에는 지속적인 관계를 가지며, 육체는 정신, 정신은 육체로 옮겨간다.

이와 같이 정신과 육체는 서로의 지속적인 관계에서 정신은 육체의 내용을, 육체는 정신의 내용을 지닌다. 스토아 자연학에서 물질은 데카르트의 주장에서처럼 "사멸하는 것이 아니다" 그것은 생명력이 충전된 동력이다. 정신은 물질에 대한 어떤 외면적인 것도, 추상적 관념의 본질도, 불완전한 물질세계가 가지는 휴지(休止)의 원리도 아니다. 정신은 오히려 동적 원리이며, 우주를 충만하게 하고, 결속하는 창조적인 힘이다.[9] 신은 스토아 자연학에서 몇 가지로 지칭된, 이른바 로고스다.[10] 우주의 합리적·이성적인 구조물은 영기(pneuma)다. 이 영기는 생의 열정적 호흡이며, 창조적인 불로서 전체우주를 결합하고, 우주 안에 있는 모든 것을 결속하는 생명력인 힘(Tonos)이다. 전체 우주인 신은 살아 있는 유기체이며, 동시에 의식있고, 이성적이고 물질적이며, 존재 그 자체이고, 다른 힘의 도움없이 존재한다. 우주는 그 자체가 창조적 힘이며 성장과 발전, 변화와 활동의 원천이다. 세계인 신은 자신만을 만드는 고유의 원인일 뿐만 아니라 일체의 모든 것의 원인이며 해설이다.

스토아 사상가들은 세계구성에 그들의 선대학자와 동시대인의 사상을 수용했다. 스토아 사상가는 헤라클레이토스로부터 세계 대화재와 재창건 과정을 거치는 순환적 우주론의 개념을 원용했다. 설사 이 과정이 불변적이라 하더라도 일체의 모든 것은 변화하고, 그 체계 안에 물질과 힘의 섭리가 상존한다는 것이다. 세계의 순환, 주기의 조정과 제한을 이

---

of Stoic physics", *The Stoics*, ed. John M. Rist(Berkeley, 1978), pp.137~160.
9) 이 같은 사실의 주장은 Edelstein, *Meaning of Stoicism*, pp.30~33에서 제시되고 있다.
10) 그리스 사상에서 로고스의 개념에 대한 연구와 그리고 스토아에서 로고스의 사용은 Anathon All과 Max Heinz이다.

끄는 신, 즉 창조적 불은 공기를 생성하고, 공기는 물을 생성하며, 물은 땅을 생성한다. 창조의 불이요, 행위의 원리인 신은 다른 모든 것에 작용한다. 그 모든 것은 자연의 질서 속에 개별존재의 혼합체에서 자신을 조정하는 불과의 관계에서 수동적이다. 스토아 사상가들은 모든 원소들은 특별한 계기적(繼起的) 불에서부터 생성되는 것으로 보았다. 그들은 또한 모든 원소는 다른 원소로 변할 수 있다고 생각했다.

포세이도니오스를 제외한 모든 스토아 사상가는 일체원소는 서로 침투하여 파괴할 수 있으므로 두 원소의 질료는 그 고유의 특성을 각각 유지하면서 서로 침투한다. 반면 이 두 원소의 질료는 같은 시간에 같은 공간을 점한다. 이러한 운동은 우주의 순환기에 일어날 수 있는 프로세스다. 세계는 구체적인 개별사건과 개별적인 것의 영원한 변화의 계기적 구성체이다. 그러나 스토아 사상가에게 있어 변화는 신에 비해 자연의 불완전의 표지는 아니다. 세계는 영원히 변화하고 신도 또한 그러하다. 왜냐하면 신은 세계이기 때문이다. 이와 같이 스토아 사상가에게 있어 변화의 과정은 생명력의 표시일 뿐, 불완전하게 실현되는 상태의 표시는 아니다. 세계의 순환에서 볼 때 로고스는 세계에서 차별없이 똑같이 나타난다. 그래서 세계는 항상 같은 충만과 완전을 지향해 간다는 것이다.

세계순환의 연소(*ekpyrosis*)단계에서 원소들은 질서(*diakosmesis*)의 단계에서 반대의 패턴으로 움직이면서 불로 흡수되어 간다. 즉 땅이 물이 되고, 물이 공기가 되고, 다시 공기가 불이 되듯이 말이다. 스토아 사상가는 세계는 파괴로써가 아니라 재창조로써 신성한 불에 의해 소멸된다. 세계연소는 세계 밖의 공간을 요구한다. 왜냐하면 뜨거운 열은 스토아 사상가가 강조한 바와 같이 물질을 팽창하는 원인이기 때문이다. 세계는 그 내부가 물질로 가득 채워진 공간이기 때문에 지엽적인 운동은 다른 운동과의 충돌로 분리되는 과정에서 세계는 진공상태로 둘러싸이게 된다. 요컨대 스토아 사상가는 무한한 우주인 세계의 개념에 사실상 안도했던 고대 철학자 가운데 거의 찾아볼 수 없었던 존재들이었다. 하지만 파나이티오스와 포세이도니오스는 순환적 우주론을 부인했을 뿐만 아니라 또 이 순환적 우주론과 결부한 허공의 이론에 반대했을 것이다.

스토아 사상가에게 있어 허공은 존재하는 것이었다. 그러나 물론 허공은 실체없는 무형적인 것이다. 허공은 스토아 사상가에게 있어 비물질적인 '실체없는(incorporeals)' 실재들이며, 공간과 시간을 함축하는 구성체이다.[11] 무형의 비실체는 예외적인 것이며, 물질적인 존재와 달리 존재하는 것이 아니다. 단지 시간을 초월한 존속일 뿐이며 예외적인 것이다. 허공의 본질은 자기한정이다. 허공의 기능은 이미 밝힌 바와 같이 세계연소 동안 세계팽창과 확대를 위한 여지를 제공하는 것이다. 구어(口語 : Lekta), 즉 다른 사람이 이해하도록 계획된 의미로 인간의 사상과 언어의 뒤에 깔려 있는 지적인 개념으로 정의되고 있다. 렉타는 구체적인 사상과 단어 그리고 사상과 단어를 표현하는 외적인 실재와 구분된다. 사상과 말은 구체적이고 유형적이다. 렉타는 순수내면적이고 정신적인 것이다. 렉타는 스토아 논리학에서 주요한 역할을 한다. 스토아 사상가들에게 있어 공간과 시간은 그들 안에 존재하고 작용하는 실체로서 정의되는 순수중립적인 특성이다. 공간은 실체의 외면적인 범위일 뿐이다. 스토아 사상가는 공간을 시간으로 정의하지 않는다. 그들은 시간을 운동의 거리와 간격으로 정의한다. 설사 우리의 언어가 현재 우리의 과거와 미래에 대하여 말하는 것을 허락하지만 사실 현재만이 존재할 뿐이다.[12] 시간은 실체의 행위를 기록하고 나타내는 단순한 수단일 뿐, 결코 사건을 유발하게 하는 것은 아니다.

---

11) A.A. Long, "Language and Thought in Stoicism", in *Problems in Stoicism*, ed. A.A. Long(London, 1971), pp.90~104.
12) 사실 이 점에 관해서는 A.C. Lloyd, "Activity and Description in Aristotle and the Stoa", Dawes -Hicks Lecture on Philosophy, 1970, *Proceedings of the British Academy*, 61(1971), pp.8~16.

스토아 사상가들은 그들이 살았던 시대의 전통적 우주론에서 우주는 태양·위성들 그리고 어느 일정한 궤도에서 지구의 주위를 회전하는 별과 함께 지구중심의 질서 안에 있다고 주장한다. 전체 세계는 균형잡힌 구형의 형태다. 그러나 스토아 사상가의 힘과 정신의 원리는 이 이론에 동적인 힘을 제공한다. 허공이 시작되는 바로 직전 우주의 외부 끝부분에 불과 공기가 정화된 결합체인 일단의 영기가 있다는 것이다. 그 영기는 천체의 형성을 위해 응축하는 작용과, 천체를 그들의 궤도에서 벗어나지 않게 하는 힘을 갖는다. 또한 천체를 허공으로 날아가 버리지 않게 하는 것은 땅의 중심에서 생성되는 우주의 힘인 토노스나 혹은 정령, 즉 뉴마라 했다. 땅은 성군(星群)과 위성에게 자양분을 공급하고, 중력과 구심력의 기능과 유사한 힘을 작용하게 한다. 스토아에 있어 우주에 대한 표준은 분명 생물학적인 표준이었다.

세계는 대체로 힘·정신 그리고 로고스를 가진 존재로, 세계 안에 있는 모든 개체는 각기 물리적·형이상학적 대사 작용을 하며 자신을 보호하고 또 생명의 기능을 유지하는 힘, 정령 그리고 로고스를 지니므로 일체의 모든 것, 모든 사물은 우주의 생명력과 연관관계를 가진다. 왜냐하면 힘과 생명력은 우주나 개인·개체의 작용에 전혀 차별을 두지 않기 때문이다. 그러나 이 힘은 다른 피조물에게는 다르게 작용한다. 생활기능이 없는 비유기적인 것은 핵시스(hexis)에 의해 생명력을 가지게 되고, 생활기능을 가진 유기체적인 것은 자연에 의해 그리고 인간은 정신 즉 프시케(psyche)에 의해 생명력을 가지게 된다. 한편 스토아 사상가는 프시케와 핵시스, 그리고 다른 한편 프시케와 프시시스 사이를 엄히 구분하였거니와, 그것은 단순한 양이 아니라 질이었다. 그들에게 있어 프시케만이 신성한 로고스의 단면으로 합리적인 것이었다. 스토아 사상가들에 의하면 동물은 전혀 합리적·이성적인 기능이 없는 기본적으로 인간과 다르기 때문에 그들에게서 그 어떤 도덕적 공동체를 위한 기초를 발견할

수 없다.13)

3) 스토아의 심리학

스토아 사상가는 인간이성을 인간의 지배원리로 규정한다. 인간이성은 신의 이성과 동질이다. 신의 로고스가 전체세계에 침투하고 세계질서를 확립하듯 인간의 이성이나 정신은 모든 인간에게 침투하여 인간활동을 주관한다. 고대 스토아 심리학은 자연학의 한 국면으로 일원론이다.14) 심리학은 정신의 원리에 기초한다. 인간의 정신은 세계정신처럼 따뜻한 생명이요 호흡이며, 공기와 불의 원소들의 결합체다. 대부분의 스토아 사상가들은 정신은 피에서 발산하여 생성하는 것으로 생각했다. 어떤 스토아 사상가는 정신의 생리학적 위치를 심장으로 보는 데 반해 다른 이는 정신이 머리 안에 있다고 주장한다. 인간의 영혼은 정신과 육체의 모든 활동을 지시한다. 고대 스토아 사상가는 인간영혼의 기능을 8개 부분으로 구분하거니와, 오관과 언어 즉 음성부분·생식부분과 그리고 지배적인 로고스인 중추부분(hegemonikon)이다.15) 스토아 사상가는 자기보전을 위한 본능을 인정한다. 그러나 본능적 행위와 감각적 행위는 로고스와는 별개의 것으로 육신에서 생성되는 것이 아님을 강조한다. 감각은 사유작용을 통제하는 힘, 즉 인간의 지배원리인 헤게모니콘에 의해 지배받는다.

스토아 윤리학의 체계에서 심리적 일원론의 요지는 무엇인가? 그 원

---

13) 스토아 사상과 아리스토텔레스 사상 사이에 첨예한 대조를 보이는 이 문제에 관한 연구는 O. Brink, "*Oikeiosis and Oikeiotes*: Theophrastus and Zeno on Nature in Moral Theology", *Phronesis*, 1(1956), pp.123~145.
14) M.L. Colish, *op.cit.*, p.22 ; J.M. Rist, *The Stoics*, pp.233~246.
15) *Diogenes Laertius* 7. 110 ; 7. 157.

리를 고찰할 때 우리는 중기 스토아 철학자와 소수의 후기 스토아 철학자로부터 그 이론이 인정받지 못했음을 발견하게 된다. 파나이티오스는 정신의 기능과 역할을 언어와 생식을 제외시킨 6개의 부분으로 나누고 있다. 파나이티오스는 정신의 기능을 비합리적 기능과 영양섭취·성장, 그리고 생식의 기능으로 구분했다. 포세이도니오스 역시 정신의 기능을 합리적 기능과 비합리적 기능으로 구분했다. 특히 그는 정신의 비합리적 기능은 쾌락을 추구하는 탐욕적 기능과 권력을 추구하는 두 기능으로 세분한다.[16] 중기 스토아 사상가에게 플라톤과 아리스토텔레스의 심리학이 기여한 바는 컸을 것이지만 어느 정도였는지는 아직도 정확하게 밝혀지지 않고 있다. 왜 중기 스토아 사상가는 초기 스토아 사상가 제논이 반대한 인간의 합리적 기능과 비합리적 기능의 차이를 인정했는지에 대해 여전히 의문이 제기되고 있다. 만일 파나이티오스와 포세이도니오스가 일관성없는 절충주의 철학자였다는 가설이 전제되지 않을 경우에 중기 스토아의 두 기능의 가능성은 어느 정도 인정할 수 있을 것이다.[17]

중기 스토아 사상가의 윤리적 목적은 초기 스토아의 윤리적 목적과 일치하는, 즉 모든 인간활동은 이성에 따라 판단하고 행한다는 것이다. 중기 스토아 사상은 정통 윤리의 목적에 도달하기 위해 비정통적인 심리학적인 방법을 받아들였다. 세네카와 마르쿠스 아우렐리우스까지도 일관성이 없었던 인물이었다. 이와 같이 그들은 로고스에 대해 언급하는 과정에서 영혼과 그리고 영혼의 삼중적 기능에 관해 말하고 있다.[18] 그 삼중적 기능 가운데 두 기능이 비합리적인 기능이다.[19] 이 두 스토아 철학자들은 육신을 영혼의 거처를 감금하는 족쇄이거나 시체로 정의한다.[20]

---

16) M.L. Colish, *op. cit.*, p.227.
17) Edelstein, *Meaning of Stoicism*, pp.60~70.
18) Seneca, *Epistulae* 106. 3~5.
19) Seneca, *Epistulae* 92.1 ; 92. 8 ; Marcus Aurelius, 3.16, 7.55, 7.57, 12.3, 12.30.
20) Seneca, *Epistulae* 24.17, 65.16, 65.21, 70.17, 79.12, 88.34, 92.13, 92.33~34, 102.26~27,

그러나 세네카와 마르쿠스 아우렐리우스는 중기 스토아 윤리학의 입장에서 정통적 일원론의 윤리학을 고수하는 경향을 보였다. 결국 그들은 윤리학을 심리학과 연관시키려고 하지 않았다.

4) 스토아의 범신론적 일원론

육신은 스토아 사상가에게 있어 복합적 개념이다. 사실 이 같은 개념의 설정에 있어 스토아 사상은 에피쿠로스학파가 지향했던 다원적·기계론적 원자론의 개념에 반대되는 방법을 따랐다. 스토아 사상가에게 있어 육신은 구조적으로 서로 분리될 수 없는 질료와 현상이다. 현상은 원인 혹은 행위의 능동적 원리인 데 반해, 질료는 수동적 원리다. 전자는 항상 후자에게서만 내재하며, 그 어떤 경우에서도 분리될 수도 스스로 존재할 수도 없다. 세네카는 다음과 같이 밝히고 있다.

> 우리들이 아는 바와 같이 세계의 모든 것은 원인과 질료가 있으며, 질료는 사용하고 쓸 수 있는 실체이다. 그러나 그 누구도 그 질료를 움직이지 못한다면 쓸 수 없다. 그러나 우리가 이성이라고 의미 짓는 원인은 질료를 만들고 또 질료가 원하는 바대로 가도록 하고 그리고 여러 가지 구체적 결과를 생성한다. 따라서 모든 것은 그것이 만들어지고, 또 그것이 만들어지게 하는 행위자가 있다. 전자는 그것의 물질이며, 후자는 그것의 원인이다.[21]

수동적 원리로부터 능동적 원리의 '불가분성(inseparability)'을 많은 전거가 제시하고 있다. 칼키디우스(Chalcidius)의 주장에서 우리는 두 원리의

120.14, 120.16 ; *Ad Helviam* 11.7 ; *Ad Marciam* 23.2 ; *de Beneficiis* 3.20. 1 ; Marcus Aurelius, 4.41 ; Epictetus, *Discourses* 1.1.9.
21) Seneca, *Epistulae* 65.2.

구조적 결합과 영속적인 결합의 개념을 매우 효과적인 방법의 표현을 발견한다. 그것은 모든 변화에 종속하고, 분리할 수 있다. 사실 존재하는 모든 것 가운데 일부분은 움직이지만 변하지 않는다. 왜냐하면 질료는 수천 가지의 모양으로 나타낼 수 있는 밀초(wax)처럼 온갖 자태를 이루기 때문이다. 질료는 그 고유의 특성을 가지지 않는다. 또 질료는 무에서부터 유래하지 않기 때문에 원칙도 목적도 없다. 그것은 무에로 전락되지도 않는다. 그러므로 이성에 따라 움직이는 질료는 영원한 정신과 활력이 있다. 그것은 세계의 격렬한 변화의 원인이기도 하다.[22] 디오게네스는 다음과 같이 기술하고 있다.

> 스토아 사상가는 세계의 두 원리를 밝히면서 그 하나는 동적·능동적 원리이고 다른 하나는 수동적 원리라 했다. 수동적 원리는 질료없는 본체이며, 능동적 원리는 질료 안에 있는 이성, 즉 신이다. 영원한 신은 질료로 모든 것을 만드는 창조적인 기공(craftsman)이다.[23]

테미스티우스는 체논의 제자는 신은 모든 실재하는 것에 침투하는 지(知)이며, 영혼이고 자연이라고 주장한다"[24]라고 말한다. 스토아 사상에 있어 질료와 모든 본체에 신의 침투는 '육신의 총체적 혼합'에 의해 가능하다. 스토아 사상가는 에피쿠로스학파의 원자설을 부인하면서 육신의 무한한 분리와 육신의 여러 부분의 긴밀한 제휴와 결합으로 두 육신은 완전한 하나로 융합될 수 있다"고 했다.

① 그러므로 스토아의 자연학은 기본적으로 일종의 유물주의라 하겠다. 왜냐하면 스토아 자연학은 구체적인 물질에로의 복귀이기 때문이다.

---

22) Giovanni Reale, *The systems of the Hellenistic Age*. State University of Newyork press 1985, p.240.
23) *Diogenes Laertius* 7. 134.
24) Thenistius, *In Arist. de Anim* 35. 32~34.

② 스토아 자연학의 유물주의는 에피쿠로스학파에서처럼 기계주의(우주 기계관)와 원자론적 다원주의의 형태보다 오히려 물활론(hylozoism)과 그리고 일원론(monism)을 취했던 것이다. ③ 능동적 원리인 신은 질료로부터 분리될 수 없고, 또한 형태없는 질료는 존재하지 않기 때문에 신은 전체 안에 있으며 또한 전체다. 신과 우주는 하나이다. 디오게네스 라에르티우스는 신과 우주에 대해 다음과 같이 설명한다.

"신의 본체는 우주이며 천국이다"라고 제논은 주장했다. 제논은 "신의 실체를 전체 세계와 천국(heaven)이라고 정의했다". 크뤼시포스는 그가 쓴 『제신에 관해(On the Gods)』 제1권에서 그리고 포세이도니오스는 같은 제목의 책 제1권에서 같은 주장을 했다. 다시 안티파트로스도 그의 저서 『우주에 관하여(On the cosmos)』 제7권에서 신을 공기와 유사한 실체라고 말하고 있다.[25] 스토아 사상가는 우주를 세 가지의 의미로 정의했다. 첫째는 신이다. 신의 특성은 세계의 모든 실체의 특성과 같다. 그래서 신은 어느 정해진 시기에 세계의 전 실체를 흡수하고 그리고 다시 신 자신으로부터 전 실체를 발생하게 하는 세계질서의 창조자로 불멸하며 자생적이다.[26] 둘째로 스토아 사상은 우주를 천체의 규칙적인 배열이라고 규정한다. 셋째로 우주는 온전한 실체로서 신의 존재로 정의되고 있으며, 그 같은 사실은 많은 전거에서 밝혀지고 있는 바와 같이 스토아 사상은 우주 전체와 그 일부분을 '신'이라 불렀다.[27]

5) 스토아의 신의 개념

우리는 스토아 자연학의 핵심적인 문제라 할 수 있는 신의 개념에 주목해야 할 것이다. 이미 스토아 사상에서 신과 자연을 동일시한 사실을

---

25) *Diogenes Laertius* 7. 148.
26) *Diogenes Laertius* 7. 137.
27) Giovanni Reale, *op. cit.*, p.242.

밝힌 바 있다. 하지만 우리는 다음과 같은 사실을 다시 언급할 필요가 있다. 소크라테스 이전의 철학에서 자연학은 유물주의의 원리였으나 플라톤 사상에서 자연은 형이상학적인 이데아로 표현되고 있다. 그러나 아리스토텔레스는 자연을 형상(eidos · forma)으로 혹은 사물의 성장을 발전시키는 내재적 원리(immanent principle) 혹은 일체사물의 내재적 부동의 본질로 설명하고 있다. 스토아 사상가들에게 있어 자연은 물질(matter)을 의미하지만 그러나 고유한 작인(作因), 어떤 현상을 일으키는 동인의 원리다. 그래서 자연은 모든 사물의 형태를 이루는, 즉 모든 것이 생성되고 증가하고 그리고 존재하는 원리다. 스토아의 자연은 자연주의적인 의미와 정신적인 의미를 포함한다. 그러므로 스토아의 자연은 기본적으로 신의 내재적이고 범신론적인 개념 이외에 그 어떤 것도 내포하지 않는다는 것을 이해할 수 있다.[28]

스토아 사상에서 신은 자연이며 로고스로 표현되고 있으며 또한 지성 · 합리성 그리고 정신의 원리다. 이러한 지성과 합리성의 원리는 필연적으로 사물에 내재한다. 왜냐하면 스토아 사상에 있어 본질과 실체는 존재하나 물질의 구체적인 유형의 존재는 인정하지 않기 때문이다.

크뤼시포스와 제논은 신의 존재를 모든 것의 원리로 규정하는가 하면, 가장 완전한 본체로 생각했다.[29] 플라톤과 제논은 신의 본질문제를 다루었다. 그러나 그들은 그 문제를 똑같은 방법으로 생각하거나 이해하지 않았다. 플라톤은 신을 영적 · 정신적인 것으로 이해한 데 반해 제논은 신을 실체로 생각했다.[30] 스토아 사상가의 신에 대한 이 같은 해석은 필연적이었다. 왜냐하면 스토아 사상가에게 있어 육신적 실체가 아닌 것은 실재하는 것이 아니었기 때문이다. 존재하는 모든 것은 육신적인 것

---

28) 스토아 자연학과 그리고 그것에 대한 다양한 의미의 분석은 M. Pohlenz, *Die Stoa* 1: 126~128.
29) Giovanni Reale, *op. cit.*, pp. 242~243.
30) *ibid.*, p. 243.

이며 신 또한 육신적·실체적인 존재였던 것이다.

그러므로 우리는 스토아 사상가가 왜 신-자연-로고스가 일체의 것을 다스리는 헤라클레이토스의 불 및 정령(精靈)과 동일시했는지를 이해할 수 있다. 사실 불은 모든 것을 변형시키고 모든 것을 침투하는 원리이다. 열(heat)은 모든 탄생, 성장과 같은 일체 생명의 필수조건(sine qua non)이다. 키케로는 다음과 같이 기술하고 있다.

> 성장할 수 있는 모든 것은 그 안에 열의 공급을 할 수 있다. 열의 공급없이 모든 사물은 성장이 불가능할 것이다. 왜냐하면 뜨거운 불의 본성을 가진 모든 것은 그 자신이 운동의 원천을 공급한다. 그러나 영양을 받아 성장하는 것은 일정불변의 운동을 한다. 이 같은 운동이 우리 안에 있는 한은 우리는 우리의 지각과 생명을 지켜간다. 그에 반해 우리의 열이 식어가고, 꺼져갈 때 우리는 멸하여 사라져 가버릴 것이다. 클레안테스는 여러 전거를 기초로 모든 생명체에 열의 공급이 왕성하다는 사실을 강하게 주장하고 있다.… 그러므로 모든 생명체는 그것이 동물이건 식물이건 간에 그 안에 열의 생명력을 가진다. 이러한 사실에서 열의 요소는 전세계를 침투하는 생명력을 지니고 있다는 사실을 추론할 수 있다.[31]

이와 같이 신에 대한 범신론적이고 유물론적 개념은 다신론을 배제하지 않는다. 사실 모든 그리스인에게서와 같이 스토아 사상가에 있어서도 일신(one-god)과 다신(many-gods)의 개념, 이른바 일신론과 다신론은 서로 반립적이지 않았다. 결론적으로 스토아 사상가는 일신과 다신에 관해 자유롭게 말했던 것이다. 또한 그들은 제신과 인간 사이의 중간 조정자 '수호신(daimons)'과 '영웅(heroes)'에 관해 말했다. 그리고 그들은 신은 로고스인 동시에 불(logos-fire)이며, 최고의 행동원리라고 정의했다. 또한 신은 우주의 총체이다. 많은 신들은 별이며, 우주의 특권이 부여된 부분이다.

---

31) Cicero, *De natura deorum* 2. 9. 23~25.

그래서 신들은 살아 있는 지성인으로 인식되었다. 디오게네스는 다음과 같이 밝히고 있다.

> 스토아 사상가는 인류를 동정하고, 인간의 문제를 돌보는 수호신들의 존재를 확신하고, 육신을 살아 숨쉬게 하는 정의로운 자인 영웅을 믿는다.[32]

그러나 스토아 사상가는 로고스만이 참 영원한 신이며, 로고스가 아닌 다른 것들은 단지 장수하는 제신이라고 밝히고 있다. 그러나 제신은 태어나 불에 의해 사멸되고 다시 재탄생을 반복하면서 우주의 주기와 함께 죽어간다.

> 모든 신들은 태어나 그리고 영원한 불과 같이 지고한 신을 제외하고는 죽어간다. 그리고 신들은 세계의 대화재와 성공적인 혁신과 개혁을 통해서 살아남게 된다.[33]

비유적인 해석이지만 자연적 진리에 대한 시적 표현으로 생각되는 다신교 신화는 스토아 사상가에게 수용되었으며 그들의 가르침과 조화를 이룰 수가 있었다. 디오게네스 라에르티우스는 이 점을 어떻게 스토아 사상의 가르침에서 취급했는가에 대해 다음과 같이 밝히고 있다.

> 스토아 사상가들은 신은 살아 있는 존재이며, 영원불멸하는, 합리적이고 완전한 지적인 존재라고 말한다. 그리고 그들은 신에게 있어 악은 존재하지 않으며, 세계를 섭리할 뿐이라고 믿었다. 신은 인간의 형상을 가지지 않았지만, 세계를 만든 조물주이며 모든 사람의 아버지다. 신은 다양한 힘, 권능에 따라 많은 이름으로 불려졌다. 디아(Dia)라는 이름도 주어지게 되었다. 일체의 것은 디아에 의해

---

[32] *Diogenes Laertius* 7. 151.
[33] Plutarchos, *De comm, not.* 31. 1066 A.

유래한다. 신은 모든 생명에 침투하고 또 생명의 원인이기도 하다. 신의 지배가 하늘 저 높은 곳에(αἰθέρα)까지 뻗치기 때문에 신 아테네라는 이름이 주어졌으며 헤라(hera)는 대기에까지 뻗어간다. 헤라 신은 창조적인 불로 확대해 가기 때문에 헤파이스토스(Hephaestos)로 불렸다. 포세이돈(Poseidon)은 바다로 뻗어간 신이다. 데메테르(Demeter)는 바다가 아닌 지상의 땅위로 뻗은 신이다. 사람은 제신에게 다른 칭호를 붙였다.[34]

스토아의 논리학에 따르면 신은 자연과 같은, 자연이기 때문에 인격적일 수가 없다. 결론적으로 스토아의 신은 비인격적인 로고스와 자연이기 때문에 신에 대한 기도는 아무런 의미가 없다. 그래서 우리들 인간은 자신의 삶의 의무를 다하기 위해 신의 도움을 필요로 하지 않는다. 그러나 스토아의 역사에서 신은 더더욱 영적이고 인격적인 특징을 나타내는 경향을 보이고, 종교적 색채가 아주 강하게 침투해 가고 있었다. 그래서 스토아는 결국 유신론으로 회귀하지만, 그러나 완전한 유신론으로의 도달은 아니었다. 스토아 사상에서 신의 영적 본질로서의 종교적 감각은 클레안테스에 이르러 강하게 나타났던 것이다. 스토아 사상은 잘 알려진 『제우스의 찬미(Hymm to Zeus)』에서 종교적 감각과 의미를 잘 나타냈던 것이다.

6) 스토아의 합목적성과 신의 섭리

스토아 사상가는 에피쿠로스학파의 기계론적 유물사상에 반대하여 엄격한 합목적성의 개념을 철저히 옹호했는데 반해 플라톤과 아리스토텔레스는 이미 우주의 목적론적 개념을 확실하게 정립했다. 그러나 스토아 사상가는 이 두 철학자들을 능가했다. 사실 일체의 것은 예외없이 로

---

34) *Diogenes Laertius* 7. 147.

고스, 지성 그리고 이성과 같은 내재적·신적 원리에 의해 생성되는 것으로 합리적이다. 모든 것은 이성이 바라는 바대로 신의 원리대로 되어야 하고, 그리고 이성은 내재적·신적 원리를 벗어날 수 없다. 모든 것이 신의 원리대로 되고 또 될 수 있는 한은 실재하는 모든 것은 완전하다. 사물 자체가 신의 전달수단이기 때문에 내재적인 조물주인 신의 작업에 그 어떤 장애도 있을 수 없다. 그러므로 존재하는 모든 것은 그 존재적 가치와 의미를 가지며, 최선의 방법으로 만들어졌다. 전체는 그 자체로 완전하며, 개별적인 것은 설사 불완전하더라도 전체의 계획에서 완전하다. 키케로는 다음과 같이 밝히고 있다.

> 사실 부족함이 없는 것은 오직 세계일 뿐이다. 세계는 모든 부분에서 완전하며, 중요한 요소들을 충분하게 갖추고 있다. 크뤼시포스가 밝히고 있듯이 방패집은 방패를 위해 만들어졌으며, 칼집은 칼을 보관하기 위해 만들어졌듯이 세계 이외의 모든 것은 다른 것을 위해 창조되었다. 그러므로 땅에서 생산된 곡식과 과실은 동물을 위해, 또 동물은 인간을 위해, 좀 더 구체적인 예를 들자면 말은 타기 위해, 소는 밭갈이를 위해, 개는 사냥과 집을 지키기 위해 창조되었다. 그러나 인간은 세계를 관조하고 모사할 목적으로 태어났다. 인간은 결코 완전하지 않으나 '완전한 세계의 하나의 작은 파편'이다.[35]

세계만이 완전하다. 그러므로 세계는 도덕적이고 합리적이며 신성하다. 세네카는 세계의 보편적 종국과 완전을 위해 라이프니츠가 이론적 체계를 세운, 그래서 그를 유명하게 했던 논리를 이미 제시했던 것이다. 주지하는 바와 같이 스토아 사상은 다음과 같은 내용을 강조해 왔다.

> 두 생명체는 같지 않다. 일체의 존재자들의 실체를 살펴보면, 모든 것은 각각

---

35) Cicero, *De natura deorum* 2. 14. 37~39.

특유의 색·모양 그리고 크기를 갖는다. 나는 창조주 신의 특징에서 반복작용이 없다는 사실을 발견한다. 현저하리만큼 유사한 것이 있지만 서로 다르다. 우리가 보고 있는 많은 식물의 잎은 신이 창조했지만 그 모든 것은 각기 특유한 모양을 지니고 있다. 모든 동물도 크기에 있어 유사하지 않고, 항상 차이를 보이고 있다. 창조주는 모든 것을 서로 다르게 만들었다.36)

종말이 인정됨으로써 신의 섭리(pronoia)문제가 필연적으로 제기되었다. 소크라테스 이전의 철학에서 신에 있어 의지의 개념은 거의 나타나지 않고 있다. 아리스토텔레스 자신도 신의 개념에 종말의 개념을 다루지 않았다. 오히려 종말론은 크세노폰의 『회상록』에서 나타나고 있다. 플라톤의 『티마이오스(Timaeos)』에서 조물주는 세계창조자인 데미우르고스(Demiurgos)의 개념과 연대적인 개념을 갖는다.37) 이미 밝힌 바와 같이 스토아의 신은 결론적으로 세계종국(universal finality)일 뿐이다. 스토아의 신은 모든 것을 지금 있는 대로 만들었으며, 그래서 선하며 로고스의 부분인 것이다. 스토아 신은 초월적이 아닌 내재적 조물주·세계정신 그리고 세계 그 자체로 범신론적으로 이해되고 있다. 이 같은 해석에 대해 우리는 키케로의 두 명확한 증거를 제시할 수 있다.

제논은 자연을 "생성과 창출의 일을 정연하게 수행하는 자연은 장인의 기교를 부리는 불이다"라고 정의한다. 왜냐하면 예술이나 기교의 기능은 새로운 것을 창조하고 생성하기 때문이다. 그리고 그는 기술이 손에 의해 행해질 때 더 능숙한 기능이 요구된다고 주장한다. '장인과 같은' 불은 다른 기술의 교사이다." 제논은 모든 것을 포함하고 포용하는 세계의 본성을 장인다움만이 아니라, 실제 장인으로 표현한다.

세계의 본성은 의지의 행위를 경험한다. 그러한 세계정신의 본성 때문에 자연은

---

36) Seneca, *Epistulae* 113. 15~17.
37) Platon, *Timaeus* 29E~30B ; *Laws* 10.

실천적 지혜, 혹은 신으로 지칭될 수 있다.[그리스어로 자연을 신성한 섭리자 pronoia 로 표현되었기 때문이다] 그리고 프로노이아, 즉 신성한 섭리자는 세계의 안전을 위해 세 가지 목적을 추구해 간다. 첫째, 생존할 수 있는 최고의 적합한 자로 만드는 일, 그리고 조금도 부족함이 없는 완전한 것으로, 그리고 다음으로 최고의 미와 그리고 온갖 것으로의 장식인 것이다.

그리고 두 번째의 증언을 키케로는 그의 『신의 본질에 관하여』에서 "제신은 그 권능과 힘으로 일체의 것들을 만들고, 작동하고, 개조할 수 있듯이 인간의 사지도 정신과 의지로써 쉽게 움직일 수 있다. 신이 이룰 수 없는 것이란 아무것도 없다"는 것을 강조한다.

이러한 사실을 미신적인 이야기나 혹은 늙은 아내의 이야기처럼 말하기보다 오히려 그것에 대해 과학적이고 체계적인 해설을 전개하고 있다. 역시 일체의 것을 포함하고 구성하고 있는 질료가 유연하고 변화한다고 주장하면서 아무리 갑작스런 변화라 할지라도 질료로부터 만들어지고 변형되지 않는 것은 하나도 없다. 이 세계의 실체를 만드는 자와 조정하는 자는 신성한 섭리자인 프로노이아다. 그러므로 프로노이아는 무엇이든 그 의지대로 수행할 수 있다.[38]

프로노이아(pronoia)는 자연적이고 내재적이다. 그래서 프로노이아는 개인에게보다 종에게 더 많은 것을 공급하므로 인간 개개인에 관심을 갖지 않는다는 것은 놀랄 일이 아니다. 프로노이아의 개념은 신의 개념과 한 인격체로서 효력을 나타낼 것이다.[39]
세계와 그리고 세계의 모든 사물은 내재적인 로고스에 의해 결정된 독특한 물질적 토대 위에서 출생한다. 세계는 역시 유일무이한 것이나

---

38) Cicero, *De natura deorum* 3. 39. 92.
39) 결국 스토아 사상은 무엇보다 종교적 문제에 더 깊은 관심을 보이고 있으나 그 이론적 기초가 무엇인지 정확하게 밝힐 수 없다. 로고스=불=자연=세계정신은 비인격적·추상적 원리이므로 비인격 프로노이아는 관념적인 법이 될 수 있다.

헤아릴 수 없는 많은 것으로 구성되어 있다. 로고스는 일체 사물의 씨와 같으며, 또한 많은 씨앗을 포함하고 있는 하나의 대표적인 씨앗과 같은 것이다.[logoi spermatikoi: 라틴어로 rationes seminales로 번역된다] 아에티우스 (Aetius)는 다음과 같이 설명하고 있다.

스토아 사상가는 신은 우주의 생성을 조직적으로 진행하는 지적이고, 창조적인 불이며, 그리고 생식적인 이성을 가지고 있다고 주장한다.[40]

또한 디오게네스 라에르티우스는 "신은… 세계창조의 생식적 이성이다"라고 밝히고 있다.[41]

플라톤의 이데아와 아리스토텔레스의 형상은 무한한 창조적 씨, 혹은 창조력, 혹은 생산력을 나타내는 독특한 로고스를 포함하고 있다. 최초의 불의 로고스로부터 4개의 원소가 형성되었다. 즉 불과 공기이다. 공기가 불에 의해 가열될 때 영기(靈氣)가 된다. 그 다음에 액체와 고체가 형성되고 그리고 난 다음에 우주 전체와 그리고 이 우주의 일체의 모든 것들은 불과 그리고 일체 사물 속에 순환하고 있는 영기에 의해 형성된다. 스토아 사상가는 힘(tonos)의 개념과 불의 팽창, 즉 영기의 팽창을 강조했다. 영기는 중심에서 극한으로 그리고 다시 중심으로 회귀하면서 각 개체와 전체를 통일하는 일종의 추진력이 될 것이다.[42]

영기는 다른 세기와 크기 그리고 순정(純正)으로 전세계로 확대하면서 다양한 것을 생산한다. 비유기체적인 것들은 이런 식으로 생산된다. 영기는 여러 사물 속에서 사물의 지속과 결합을 유지하는 힘으로 작용한다. 영기는 일체의 생명력이 없는 사물에 생존의 능력, 세력증대 및 재생산의 능력을 가능하게 하거니와, 특히 피시스로 작용하고, 결국 동물이

---

40) Giovanni Reale, op. cit., pp. 254~255.
41) Diogenes Laertius 7. 136.
42) Giovanni Reale, op. cit., p. 256.

생산된다. 영기는 동물에서 영혼, 즉 프시케로 나타난다. 즉 실생활의 원리인 것이다. 그리고 정신은 인간의 감각·본능 그리고 로고스로 나타난다.

고대 스토아에 의하면 우주는 구형이다. 별들은 우주의 밖에 있으며, 불로 만들어진 것이다.[아리스토텔레스가 주장한 바와 같이 aither로 만들어진 것은 아니다] 이와 같이 별은 생명을 가진 신성한 존재다. 지구는 별 가운데 있으며 우주의 신성한 집의 난로와 같다. 에피쿠로스의 주장과는 달리 스토아의 우주는 유한하다. 그러나 우주는 무한한 공간으로 에워싸여 있다. 섹스투스(Sextus)는 다음과 같이 설명하고 있다.

> 이제 스토아학파의 철학자들은 '전체'는 '모두'와 다르다고 생각하고 있다. 왜냐하면 그들은 전체는 우주인 데 반해 모두는 우주와 더불어 그 외적 공간으로 생각하기 때문이다. 이와 같이 전체는 우주로 제한되었다. 그러나 모두는 우주 밖의 공간까지 포함하는 무제한적인 것이다.[43]

지상의 식물과 동물은 인간의 목적을 위해 존재한다. 지구상에 존재하는 일체의 것은 인간을 위해 창조된 것이다. 그러므로 스토아 사상가가 밝힌 정의에 의하면 우주는 제신과 인간에 의해 형성된 체계이며, 그리고 일체의 모든 것은 제신과 인간을 위해 만들어졌다는 것이다. 막스 폴렌츠(M. Pohlenz)에 의하면 스토아 사상가가 주장한 인간중심주의 사상(anthropocentric)은 크세노폰의 『회상록(memorabilia)』과 아리스토텔레스의 『정치학(politics)』에서 밝혔다는 이유만으로 그리스적 기원을 갖는다고 말할 수 없다고 말한다. 그리고 폴렌츠는 말한다.

> 우리는 스토아 우주론에서 아주 진귀한 생의 감정을 느끼거니와, 그것은 다름

---

43) *ibid.*, p.255.

아닌 인간의 목적이 세계형성이라는 점과, 모든 것은 인간을 위해 창조되었다는 사실이다. 이와 같은 경향은 구약성서를 통해 아주 친숙하게 접근할 수 있는 것인데 반해 고대 그리스에서는 아주 생소한 것이었다.[44]

폴렌츠에 의하면 제논은 신의 개념과 그리고 인간중심의 개념이 그의 조국에서 유래했다고 주장하고 있다. 그러나 대부분의 사람은 인간중심주의 사상의 발전을 이미 언급한 바와 같이 크세노폰과 아리스토텔레스의 작품의 영향이었다고 생각하고 있지만, 어떤 경우에서든 그 개념의 근원은 스토아 사상에서 유래되었다고 말할 수 있을 것이다.

스토아 우주론의 주요개념은 소크라테스 이전의 철학자들이 인식했던 바와 같이 세계는 생성되고 그리고 다시 사멸해 버리는 것으로 생각했다. 불은 창조자일 뿐만 아니라 모든 것을 태워 재로 만들고 파괴해 버린다. 사실 이 세상의 모든 것은 부패하게 마련이다. 결론적으로 불은 생산자와 파괴자의 이중적 속성을 갖는다. 그러므로 언젠가 우주의 연소인, 우주의 대화재가 나타날 것이다. 그것은 일종의 우주의 정화이며, 불로써만이 가능할 것이다. 세계파멸이 지난 다음 새로운 탄생이 따를 것이다.(*palingenesis*) 그리고 모든 것은 정확히 같은 방법으로 회귀할 것이다.(*apokatastasis*) 그래서 이와 똑같은 우주가 다시 생성될 것이다. 우주는 영원히 파괴를 계속할 것이며, 그 일반적 구조뿐만 아니라 특별한 사건을 재연하게 될 것이다. 인간도 역시 이 지상에 다시 나타나 전생에서 했던 아주 작은 일까지도 다시 하게 될 것이다. 불의 로고스는 생식의 이성이고, 씨 또한 생식의 이성이다. 이와 같이 불의 로고스는 생식이성의 완성의 법칙이다. 생식이성은 불의 로고스에 따라 일반적이고도 특수하게 발전한다. 네메시우스(Nemesius)는 다음과 같이 밝히고 있다.

스토아 사상가는 행성이 우주의 생성시기에 나타나기 시작했듯이 경도와 위도

---

44) M. Pohlenz, *Die Stoa* 1:197.

의 똑같은 12궁의 별자리로 회귀할 때 대화재와 인간의 파멸이 발생할 것이다. 그리고 처음 나타났던 우주와 똑같은 모양의 우주가 다시 생성되고 별도 똑같은 길로 운행한다. 전시대에 나타났던 사건 하나하나가 다시 변함없이 나타난다. 그 결과 소크라테스와 플라톤도 다시 나타나게 되고 그와 동시에 모든 사람도 지난날의 똑같은 친구와 시민과 함께 나타나게 될 것이다. 모든 것은 옛날의 존재가치를 그대로 가지게 될 것이며 또한 같은 취급을 받게 될 것이다. 그리고 모든 도시·촌락 그리고 농촌은 옛날과 조금도 다를 바 없는 형태로 나타날 것이다. 일체 사물의 이 같은 재생은 한 번에 그치지 않고 끊임없이 반복될 것이다.… 이러한 반복을 통해 윤회되는 것은 전과 조금도 다르게 나타나지 않을 것이다.… 옛날에 발생하지 않았던 것은 결코 발생하지 않는다. 모든 것은 같은 방법으로 재생될 것이다. 아니 아주 보잘것없는 미세한 것도 변함없이 똑같은 모양으로 윤회할 것이다.[45]

이 같은 사실에 대해 타티안(Tatian)은 다음과 같이 생각하고 있다.

대화재에 의하여 세계는 다시 새롭게 탄생되고, 인간은 물론 아주 미세한 것까지도 다시 만들어진다. 똑같은 조건과 활동으로, 즉 아니투스(Anytus)와 멜레투스(Meletus)는 고지자(告知者)로, 부시리데스(Busirides)는 그의 손님을 살해하는 자로, 그리고 헤라클레스는 노동을 지속하여 가는 자로 태어날 것이다.[46]

이제 인간은 세계 안에서 고귀한 존재로 등장한다. 이 같은 특권은 궁극적으로 어떤 다른 생명체보다 신의 로고스를 배분받았다는 데에 기인한다. 사실 인간은 육신뿐만 아니라 우주 영혼의 일부분이며, 신의 부분품인 영혼으로 형성되어 있다. 왜냐하면 세계정신은 신이기 때문이다. 물론 스토아의 존재론에서 정신은 비물질적 본질이라기보다 오히려 완

---

45) Giovanni Reale, *op. cit.*, p.257.
46) *ibid.*, p.257.

전한 특권을 가진 육신적인 본체인, 불 혹은 프네우마인 영기다. 제논에게 있어 생명의 씨앗은 불이다. 불은 영혼이며 지성이다. 제논은 영혼을 따스한 호흡이라 정의했다.[47] 영혼은 피를 공급한다. 그래서 영혼의 본질은 프네우마다. 영혼은 자연의 모든 유기체에 침투하여 생명을 준다. 스토아 사상가는 육신의 침투를 인정하기 때문에 영혼의 물질적 본성을 문제삼지 않는다. 영혼은 인간의 모든 유기체에 침투하여 그 주요 기능을 지배하기 때문에 스토아 사상가는 그 기능을 8개의 부분으로 구분하였고 그 중심이 되는 것은 이성이다. 8개의 부분 이외에 스토아 사상가는 각 부분의 다른 기능을 다시 구분하고 있다. 즉 영혼의 지배적 부분은 욕망이 무엇이며 이성이 무엇인지 지각할 수 있다.

죽음은 육신으로부터 영혼의 분리다. 플라톤이 생각했던 것처럼 에피쿠로스학파 사람에게도 죽음은 형이상학적 분리가 아니라,[48] 육신의 분리이다. 에피쿠로스학파 사람들은 영혼이 육신으로부터 분리하자마자 산산이 흩어져 버린다고 주장한 데 반해 스토아 사상가는 비록 일시적이지만 영혼의 지속을 인정했다.

스토아 사상가가 영혼의 구조와 생존에 관해 취했던 입장은 플라톤과 에피쿠로스의 중간적인 것이었다. 디오게네스 라에르티우스는 이 문제에 관해 다음과 같이 설명한다. 즉 "스토아 사상가는 첫째로 영혼은 육신이며, 둘째로 영혼은 죽음을 구조하는 것으로 생각했다. 또한 그들은 영혼을 세계정신으로 정의하지만 사라져버리는 것"으로 보았다.[49] 다시 키케로는 "스토아 사상가는 영혼의 문제를 설명하면서 영혼은 오랫동안 존속하지만 영원한 것은 아니다"라고 밝히고 있다.[50]

스토아 사상가는 영혼은 인간이 죽은 다음에 얼마나 오랫동안

---

47) *Diogenes Laertius* 7. 157.
48) Platon, *phaedo* 67D.
49) *Diogenes Laertius* 7. 156.
50) Cicero, *Tusc. disp.* 1. 31. 77.

존재할 수 있으며, 얼마나 오랫동안 살아남을 수 있는가 하는 시간
적 한계(terminus ad quem)의 문제는 세계대화재에 의해 결정된다고 생각
했다. 그러나 그들은 이 같은 주장에 대해 전적으로 동의하지 않았다. 클
레안테스와 몇몇 스토아 사상가들은 모든 생명체의 영혼은 세계 대화재
까지 살아남는다고 생각했지만 크뤼시포스는 오직 현자의 영혼만이 살
아남는다고 주장했다.51)

   스토아 사상가는 영혼이 살아남는다는 것[계속적인 윤회에서 재탄생은 물
론]은 이 지상의 삶이 도덕적이었는가에 관계가 없다고 말한다. 마치 우
자의 운명이 일종의 형벌인 것처럼, 현자의 영혼이 살아남는다는 것이
일종의 보상이라 하더라도 사후에 현자의 영혼이 갖는 특권적 운명은 미
덕에 대한 현자의 선택에 영향을 미쳐서는 안될 것이다. 락탄티우스는 다
음과 같이 밝히고 있다.

> 스토아 사상가 제논은 지옥의 존재를 인정하기 때문에 선한 자가 사는 곳은
> 불경한 사람들이 사는 곳으로부터 격리되어야 한다고 가르쳤다. 현자는 기쁘고
> 평화로운 장소에서 사는 데 반해 사악한 자는 먼지와 진흙으로 뒤덮인 공포의
> 심연에서 벌을 받으며 살아간다.52)

   그러나 락탄티우스의 이 같은 진술에 대해 다소 의아한 생각을 가졌
던 사람이 많았다. 스토아 사상가에게 있어 보상과 형벌은 필연적으로
이 지상의 삶에 나타난 미덕과 악덕에 많은 관련이 있음을 강조한다. 우
리가 알고 있는 바와 같이 미덕은 우리가 살고 있는 바로 이곳이 미덕의
낙원이며, 악덕의 지옥일 것이다. 스토아 사상가는 본래 여기 그리고 지
금(here and now)'을 중시했다. 비록 그들이 내세를 인정했을지라도 그들
은 여기 그리고 지금을 평가절하 할 만큼 내세의 가치를 중요하게 생각

---

51) *Diogenes Laertius* 7. 157.
52) *ibid.*, p.259.

하지는 않았다. 우리는 이 세상에서 발견할 수 있는 행복을 진정한 행복으로 생각했듯이 그들도 이 지상의 삶을 진정한 아름다움의 삶으로 생각했다.

제2절 스토아 사상의 윤리학

1) 스토아의 윤리와 로고스

스토아 철학의 가장 중요한 영역은 자연학이 아니라 윤리학이다. 스토아 사상가는 그들의 윤리적 교의에 따라 5세기 이상 동안 가치있는 처세지를 가르칠 수 있었다. 그들의 교의는 인간을 환상으로부터 벗어나게 하고, 또 인간의 고통을 위안함으로써 삶의 의미를 밝히는 것이었다.

에피쿠로스학파는 물론 스토아학파에 있어 인간의 삶의 목적은 행복에 도달하는 것이었다. 그러므로 윤리학은 행복의 본질과 행복에 도달하는 방법을 해결해야 했다. 주지하는 바와 같이 에피쿠로스학파에 있어 행복의 문제는 고전사상의 체계와는 달리 철학의 부분적 목표로서가 아니라 전체적인 주요목표였던 것이다. 에피쿠로스 사상과 스토아 사상의 윤리문제의 해결은 자연에 대한 새로운 해석에 나타난 새로운 표준에 따른 전통적인 헬레니즘적 도식(圖式) 밖의 추구였다. 스토아의 삶의 표준은 "자연에 따라 사는", 즉 "자연의 명령에 따라 사는 것"이다. 우리는 자연을 이해하듯이 세계실체와 그리고 그 실체의 일부분인 인간의 실체를 이해해야 할 것이다.[53]

그러나 우리는 이 같은 본질과 특성을 정의하려고 할 때 에피쿠로스 사상과 일치할 수 없는 점을 발견할 수 있을 것이다. 스토아 사상은 인간의 본능이 쾌락인 동시에 그것과 반대되는 고통이라고 하는 사실을 인정하지 않았다. 만일 인간의 본능이 쾌락과 고통이라고 한다면 인간과 동물은 같은 수준으로, 별 차이가 없을 것이다. 인간본성을 객관적으로 고려해 볼 때 이성은 인간만이 가질 수 있는 고유의 특징이다. 그러나 인간이성의 가치는 쾌락의 한계를 능가한다. 이와 같이 인간의 또 다른 형이상학적 시각은 스토아 사상이 지향했던 합리적인 정신과 이성에 있어 에피쿠로스 학파의 이성보다 분명 우위적 가치를 가지는 것으로 보고 있다.[에피쿠로스 학파에 있어 인간이성은 신의 이성의 단편이며 순간이다] 제논과 그의 제자들은 인간은 다른 생명체들과 다른 특징은 물론 보다 심원한 존재론적 심연을 가진다는 점을 강조한다. 후기 스토아 사상의 윤리적 교의를 되풀이하여 강조한 세네카는 어떠했는가? 세네카는 다음과 같이 말했다.

> 인간만이 갖는 가장 우수한 특성은 무엇인가? 그것은 이성이다. 이성을 가지고 있기 때문에 동물보다 우수하다. 인간을 능가할 수 있는 존재는 제신뿐이다. 그러므로 완전한 이성은 인간만이 갖는 인간 고유의 속성인 선이다. 다른 특성이나 자질을 동물이나 식물과 함께 인간은 공유한다.… 그러므로 만일 모든 것이 상찬받을 수 있고 또 그것의 본성에 따른 목적에 도달했다고 한다면 그 때 그것은 완전한 선을 이루었다고 하겠다. 그리고 만일 인간만이 갖는 고유한 선을 이성이라고 한다면, 그리고 만일 어떤 사람이 완전한 이성적 인간이라고 한다면 그는 칭찬받을 수 있고 또 그의 본성에 합일하는 목적에 도달했다고 하겠다.[54]

그러므로 인간만이 가지는 고유의 특성인 피시스는 인간의 로고스, 즉 이성이다. 인간의 목적은 완전한 피시스, 즉 완전한 이성에 도달하는

---

53) ibid., pp.261~262. Pohlenz, *Die Stoa* 1:223~227 참조.
54) Seneca, *Epistulae* 76. 9.

것이다. 결과적으로 일체 도덕적 행위의 규범은 완전한 이성에 기초되어야 한다.

이상에서와 같이 인간의 독특한 피시스는 일반적인 피시스 안에서 그 존재가치가 무엇이었는지를 보다 구체적으로 보아야 할 것이다. 만일 우리들은 어떤 생명체를 고찰할 경우에 그것들은 지속적으로 자기 자신을 보존하고, 생명을 유지해 가기 위해 유해한 것을 피하는 경향을 발견한다. 스토아 사상가는 인간의 기본적인 특징을 그리스어로 '점유한다'는 오이케이오시스(oikeiosis)로 표현한다. 그러므로 윤리학의 원리는 오이케이오시스에서 찾아야 할 것이다.

일반적으로 식물과 채소는 자기 자신을 보존하는 생존적 애착에 있어 완전히 무의식적인 데 반해, 동물의 경우에서는 본능적이고, 충동적이라고 할 수 있다. 그러나 인간에 있어 그 같은 충동은 이성의 중재로 조화롭게 유지해 간다고 할 수 있다. 자연과의 조화, 또 자연에 일치하는 삶은 자신을 보존하고 잘 조절해 가는 삶이다. 특히 인간은 동물과 같은 생명체일 뿐만 아니라 합리적이고 이성적인 존재이다. 자연에 따라, 자연과 조화를 이루며 사는 것은 자신을 위해 무엇이든 보존하고 점유의 성취를 이루는 것을 의미한다. 인간은 생명을 가진 이성적인 존재이기 때문에 자연에 따라 살며, 합리적인 것에 애착을 느끼며 살아간다.[55]

스토아 사상가는 동물의 첫째 충동은 자기 자신의 보존이라고 설명한다. 왜냐하면 크뤼시포스의 『목적론』 제1권에서 주장하고 있는 바와 같이 처음부터 동물은 자기 보전에 대한 강한 집착 때문이다. 크뤼시포스는 다음과 같이 말하고 있다.

모든 동물에 있어 가장 진귀한 것은 육체이며 그리고 그것에 대한 의식이다.

---

[55] M. Pohlenz, *Die Stoa* 1:228~230. 인간이 식물과 다른 것은 영혼이 있다는 것이다. 인간은 흰 것과 뜨거운 것을 지각할 수 있는 존재이다."

왜냐하면 자연은 생명체를 멀리하거나 혹은 동물의 신체구조에 대해 애착이나 혹은 증오없이 만들었던 피조물을 그대로 내버려두지 않을 것이다. 우리는 자연이 동물의 신체를 구성함에 있어 동물과 잘 조화될 수 있고 적합할 수 있도록 만들었다고 말할 수 있다. 왜냐하면 동물은 해를 주는 모든 것을 피하고 자신에게 도움이 되는 것에 자유로이 접근하기 때문이다. 에피쿠로스학파는 쾌락을 동물의 제일의 충동이라고 주장하지만, 스토아 사상가는 그 주장에 반대했다.… 스토아 사상가는 본래 자연은 식물과 동물 사이에 그 어떤 차이나 구별을 하지 않는다고 말했다. 왜냐하면 자연은 식물의 생명을 조정하기 때문이다.… 스토아 사상가는 동물들이 충동의 명령에 복종하는 것이 자연의 법칙이라고 설명한다. 그러나 완전한 지배와 통솔의 기능을 발휘할 수 있는 이성이 인간에게 부여되었기 때문에 인간은 합리적이고 이성적인 존재다. 왜냐하면 인간은 이성에 따라 살고, 이성에 따라 사는 삶은 자연에 부합하는 삶이기 때문이다. 이성만이 충동을 진정시킬 수 있는 원천이다.[56]

또한 키케로는 "생명을 가진 피조물은 자신에 대한 애착과 자신을 보존하려는 충동 그리고 자기 자신의 몸에 애착을 가지는 반면 파괴와 그리고 파괴를 위협하는 것에 대해 반감을 가진다"고 기술하고 있다.

이와 같이 스토아 사상가는 어린아이의 건강에 도움이 되는 것을 요구하고, 또 그들이 쾌락이나 고통을 감지하기 전에[에피쿠로스학파 사람들이 주장하는 것과 반대의] 그 반대의 것을 거부한다고 주장한다. 그리고 또 스토아 사상가 육신에 대한 애착과 그리고 육신의 파멸을 두려워하지 않는다고 한다면 그 사실을 사실로 받아들일 수 있을까? 그리고 또 스토아 사상가가 자의식과 자신에 대한 애착마저 가지지 않았다고 한다면 그 어떤 욕망도 느끼지 못했을 것이 아닌가?[57] 세네카는 말하기를 "여러분은 모든 생명체가 처음부터 그 신체구조에 적합하게 만들어졌다고 주장

---

56) *Diogenes Laertius* 7. 85. "동물의 제1의 충동은 자기보존[자위적 본능]의 본능이라고 스토아 사상가들은 말한다."
57) Cicero, *de finibus* 3. 5. 16.

하지만, 인간의 신체구조는 이성적인 구조를 가진 단순한 생명체가 아니다. 인간은 그 자신이 인간이라는 사실 때문에 존귀하다"[58]라고 했다. 인간의 주요본능으로부터 선과 도덕적 선택을 보다 상세하게 밝힌 키케로는 "자연에 일치하는 것은 그들 자신을 위한 것이며, 자연에 일치하지 않는 것은 그 반대이다. 인간에게 있어 가장 바람직한 행위는 각자의 타고난 신체를 보존하는 것이며, 그 다음으로 자연에 일치하는 것을 유지해 가면서 그 반대의 것을 배제하는 것이다.… 이러한 선택과 거부의 원칙은 적절한 행위에 의해 다음의 선택을 따른다"[59]라고 말했다.

이상의 내용을 요약해 보면 오이케이오시스의 원리 때문에 모든 것은 그 고유의 존재를 적절하게 사용하고 그리고 사랑하며, 그 고유의 존재를 보존하고 증대해 간다. 모든 것은 유용한 것에 애착을 가지나 해가 되는 것을 피한다.

인간은 동물적 본성보다 합리성을 훨씬 더 증진시키고 보존하며, 적절하게 유용하는 경향이 있다. 그러므로 인간은 그의 합리적 본성에 도움을 주는 것을 선택하고 해치는 것을 피한다. 그래서 인간은 합리성의 증진과 함께 완성의 경지로 향해간다. 에피쿠로스학파는 선을 쾌락으로 악을 고통으로 생각했다. 또 이들은 선과 악, 쾌락과 고통을 식별하고, 정확하게 평가하는 것 이외에 다른 아무것도 없다고 생각했다. 오이케이오시스의 교의에 따라 스토아 사상가는 급진적인 주의 주장을 가진 에피쿠로스학파의 사상과 원칙에 반대했다. 사실 쾌락이 가장 우선적인 것이 아니고 오히려 결과적인 현상이라고 한다면 선한 것과 악한 것의 평가를 쾌락에 의존한다는 것은 불가능하다. 오히려 근원적이고 원초적인 것으로 돌아가는 것이 필요하다.

보존의 본능과 점진적인 발전을 추구하는 경향이 인간이 지향하는

---

58) Seneca, *Epistulae* 121. 14.
59) Cicero, *de finibus* 3. 6. 20.

근원적이고 기본적인 본능이기 때문에 다음과 같이 평가할 수 있을 것이다. 우리 인간을 보존하고 발전을 가능하게 하는 것은 선이며, 우리들을 훼손하고 발전을 저해하는 것은 악이다. 그러므로 평가의 경향은 필연코 원초적인 본능과 직결된다. 왜냐하면 모든 것은 그것들이 원초적 본능에 유용되거나 혹은 유용될 수 없는 해로운 것일 경우 선이나 혹은 악으로 고려되기 때문이다. 그러므로 선은 유익하고 쓸모있으며, 악은 유해하다. 그러나 스토아 사상가는 인간이 순수동물적 본성에 의해서뿐만 아니라 합리적 본성, 즉 인간이 갖는 로고스의 특별한 현시에 의해 결정된다고 하는 사실을 밝힘으로써 인간을 다른 것과 구분했던 것이다. 그러므로 이미 밝힌 바와 같이 평가의 원칙은 동물적 본성이냐 아니면 이성적이고 합리적 본성이냐에 따라 두 다른 국면을 생각할 수 있을 것이다. 사실 동물적인 삶을 보존하고 발전시키는 데 도움이 될 수 있는 것은 이성적인 삶을 보존하고 증진시키는 데 도움이 되는 것과는 다르다.

결과적으로 선은 유용하고 이성을 증진시키는가 아니면 단순한 동물적인 삶만을 증진시키는가에 따라 선의 체계와 구조를 구분해야 할 것이다. 사실 이러한 구분에서 스토아 사상가는 로고스를 증진하는 선을 진정한 선으로 생각하고, 합리적 자연에 반하는 악을 진정한 악으로 생각함으로써 비타협적인 엄격주의의 입장에 서게 되었다. 스토아 사상가에게 있어 로고스를 증진시키는 선, 그러한 선만이 도덕적 선이며, 그것은 인간 자체에 관한 선이다. 결과적으로 스토아 사상가는 인간은 무엇이며, 또 무엇이 되어야 하는지를 인식하게 한다. 그러므로 스토아 사상가는 존재론적 의미에서 인간을 '선한' 그리고 '미덕의' 인간으로, 그래서 인간을 행복에 도달하게 한다. 그들은 선에 반하는 것만을 악으로 규정한다. 왜냐하면 악은 인간이 해서는 안되는 것을 하게 하기 때문이다. 이상에서와 같이 스토아 사상은 "미덕만이 선이고, 악덕은 악이다"라고 정의한다.

인간의 육신과 생물학적 본성에 유용한 것이 무엇이라고 생각하는

가? 그리고 그것에 반하는 것을 무엇이라 규정하는가? 스토아 사상의 기본적인 경향은 모든 것은 선하다거나 혹은 사악하다는 생각을 부인하는 것이다. 왜냐하면 우리들이 알고 있는 바와 같이 분명 선과 악은 단지 쓸모 있는 것과 로고스를 해치는 것, 다시 말해 도덕적인 선이나 도덕적인 악일 뿐이다. 그러므로 우리의 육신에 관한 모든 것[아무리 해가 되는 것이든, 혹은 해가 되지 않는 것이든 간에]은 '무관심한(adiapora)', 좀더 정확하게 말해서 도덕적으로 무관심한 것으로 고려되고 있다. 결과적으로 생명·건강·미·부 등과 같이 자연적 혹은 생물학적으로 긍정적인 것은 죽음·병·추악·가난 등 자연적 혹은 생물학적으로 부정적인 것과 같이 도덕적으로 무관심한 것들이었다. 디오게네스 라에르티우스는 "스토아 사상가들은 모든 것 가운데 어떤 것은 선하고, 어떤 것은 악하다. 그리고 어떤 것은 선하지도 악하지도 않은 무관심적인 것이라고 말한다. 선은 사려·정의·용기·절제의 미덕과 그리고 그 미덕에 참여하는 모든 것을 포함한다. 그에 반해 이들에 반대되는 어리석음·불의 그리고 악덕이나 악덕에 참여하는 모든 것은 사악한 것이다. 무관심적인 것[선도 악도 아닌]은 인간에게 유익도 해도 끼치지 않는 생명·건강·기쁨·아름다움·부·명성 그리고 훌륭한 가문 그리고 이것과 반대되는 죽음·질병·고통·추악·허약·가난·불명예·낮은 가문과 같은 것이다"[60]라고 말했다.

스토바이우스는 선과 악을 정의하면서, "모든 것은 선과 악 그리고 무관심적인 것으로 구분된다. 선한 것 [혹은 유익한 것]은 지성·절제·정의·용기 그리고 미덕이나 혹은 미덕에 관여하는 모든 것이 선한 것의 속성이다. 사악한 것은 어리석음·방종·불의·비겁 그리고 악덕이나 악덕에 관여하는 모든 것이 사악한 것의 속성이다. 삶과 죽음, 명예와 불명예, 고통과 기쁨, 부와 빈곤, 병약과 건강 그리고 그와 유사한 것은 모두

---

60) *Diogenes Laertius* 7. 102.

무관심한 것이다"[61]라고 밝히고 있다.

스토아 윤리학의 가장 특징적인 성격은 선한 것과 악한 것들 그리고 다른 한편 무관심적인 것에 대한 확실한 구분이라고 하겠다. 이미 고대 시대에 이러한 분류와 구분은 놀라움을 자아냈으며, 일치와 불일치를 조성하고, 심지어 스토아 사상가들 사이에 많은 논쟁을 야기했던 것이다. 사실 스토아 사상가들은 그들이 살았던 당시의 악폐로부터 인간을 보호하기 위해 이 같은 급진적인 변화를 지향했다.

스토아 사상가가 살았던 시대의 대표적인 악폐는 고대 폴리스의 붕괴로 야기된 일체의 해악과 정치적·사회적 혼란으로 발생한 재난으로 이 모든 것은 단순히 사악한 것이라기보다 무관심적인 것이었다. 스토아의 윤리에서 선과 악은 언제나 인간 자신에게서 오는 것이지 외부에서 오는 것이 아니라는 것을 가르치고 있다. 그러므로 스토아 사상가에게 있어 인간의 행복은 외면적인 사건과 전혀 관계없이 성취될 수 있다는 것을 강조한다.[62]

그러나 우리는 스토아의 윤리를 주의 깊게 고려해 볼 경우 선과 악 그리고 행복이 인간의 외면적인 것과 관계가 없다는 주장은 충분한 존재론적·형이상학적인 지지를 받지 못한다는 사실에 주목해야 할 것이다. 이 같은 행복·선 그리고 악이 인간의 외면적인 것과 무관하다는 주장은 소크라테스와 플라톤의 철학에서 이미 제시한 바 있다. 소크라테스와 플라톤은 인간의 영혼과 정신에 도움을 줄 수 있는 것만이 참선이라는 사실을 이미 지적한 바 있다. 그러나 플라톤은 '제2의 항해', 즉 초감각적인 발견을 통해 소크라테스의 직관을 정확히 채울 수 있었다. 소크라테스의 이론을 지지한 플라톤은 인간은 구조적으로 다를 뿐만 아니라 서로 반목과 모순되는 감각적인 요소와 초감각적인 요소로 형성되어 있다고 주장

---

61) G. Reale, *op. cit.*, p.266.
62) J.M. Rist, *Stoic philosophy*(Cambridge, 1969) pp.1~21.

한다. 그러므로 인간의 과업은 초감각적인 요소를 감각적인 요소로부터의 해방과 자유롭게 하는 것이다. 이러한 의미에서 스토아의 윤리는 물질적인 이익이 선이라는 사실의 부인과 함께 육신적·물질적인 것을 무가치한 것으로 평가했다.

오이케이오시스의 일반적 법칙에 따르면 모든 생명체는 자신을 보존하는 본능을 가진다. 그리고 모든 생명체의 가치는 바로 이러한 자기보존의 본능에 좌우되는 것이다. 그러므로 모든 생명체를 보존하고 발전해 가는 것이면 무엇이든, 심지어 그것이 단지 물리적 그리고 생물학적인 수준이라 하더라도 긍정적으로 고려해야 할 것이다. 그러므로 동물을 위해서 뿐만 아니라 인간을 위해 모든 생명체가 자연에 일치하고, 또 건강·힘·육신과 사지와 같이 생을 보존하고 증진시키는 것이면 무엇이든 긍정적으로 인식해야만 했다. 스토아 사상가는 자연을 따르는 적극적인 태도를 가치있는 것으로 그리고 그에 반하는 것은 모두 무가치한 것으로 보았다.

그러므로 선과 악 사이의 '중간적인 것'은 모두 무관심적인 것일 수 없으며, 혹 그 중간적인 것이 도덕적으로 무관심적인 것이라 하더라도 더 좋은 것이다. 그 중간적인 것은 자연적인 관점에 볼 때 가치있는 것이기도 하고 그리고 무가치하기도 하다. 키케로는 그것에 대해 "모든 것은 선하지도 악하지도 않지만 그러나 그들 가운데 어떤 것은 자연에 일치하지만 다른 것은 자연에 반하기 때문에 이들 가운데 중간물, 중용적인 것을 생각하면서, 자연에 일치하는 것은 가치있는 것으로 평가되어야 하지만 그에 반하는 것은 선택될 수도 평가의 대상이 될 수도 없다고 가르쳤다"[63]라고 했다.

그러므로 도덕적으로 선한 것과 도덕적으로 악한 것 가운데에 어떤

---

63) Cicero, *Acad. post.* 1. 10. 36.

것은 가치가 있고, 어떤 것은 가치가 없다. 또 어떤 것은 약간의 가치가 있는가 하면, 그 어떤 것은 반대이기도 하고, 약간 무가치하기도 하다. 결과적으로 약간의 가치가 있는 것은 우리의 동물적 본성을 위해 선호의 대상이나 다른 것은 혐오의 대상들이다. 그러므로 우리가 선호하는 무관심적인 것과 선호하지 않는 무관심적인 것 가운데 다소 가치가 있는 것에 의존하게 마련이다. 그러므로 선호의 대상이 되는 것은 실제적이고 긍정적인 가치를 가진다.

1. 정신적으로 우위적 특성을 지니고 있는 것으로서 타고난 능력·기술과 도덕적인 진보 그리고 그것과 유사한 것.
2. 육신적 특성을 지니고 있는 것 가운데 ; 생명·건강·힘·좋은 조건·건강한 육체의 기관 그리고 아름다움과 같은 것.
3. 외면적인 것 가운데 ; 부·명성·고귀한 가문, 그리고 그것과 유사한 것.

거부하고 배척해야 할, 예컨대 선호의 대상이 될 수 없는 속성도 있다.

① 정신적 특성 가운데 특히, 능력의 결여, 기능의 결여, 그리고 그와 유사한 것.
② 육신적 특성 가운데 특히, 죽음·질병·허약·나쁜 조건·신체적 불구·추악, 그리고 그것과 유사한 것.
③ 외면적인 것 가운데 특히, 가난·치욕·불명예·낮은 가문, 그리고 그것과 유사한 것.[64]

이상에서 언급된 사실을 우리는 다음과 같이 요약할 수 있다.

① 도덕적 선만이 진정한 선이다. 그것만이 합리성과 로고스를 보존하며 증진시킨다. 그에 반해 도덕적 악은 오직 실제적인 악이며, 그래서 이성과 로고스를

---

64) *Diogenes Laertaius* 7. 106.

침해한다.
② 도덕적 선은 절대적 가치인 데 반해 도덕적 악은 절대적 무가치이다.
③ 설사 무관심적인 것은 도덕적인 견지에서 똑같은 것일지라도 자연적·생물학적 견지에서 볼 때 똑같지 않다.
④ 결과적으로 도덕적으로 무관심한 것은 가치있거나 혹은 가치가 없거나, 혹은 자연적·생물학적인 견지에서 볼 때 완전히 중립적이다.
⑤ 자연적 가치를 가지는 것은 선호의 대상인 데 반해, 무가치한 것은 선호의 대상이 아니다.
⑥ 도덕적 선은 절대적인 가치이기 때문에 우리는 도덕적 선을 더 나은 것, 더 바람직한 것이라는 말로 정의할 수 없다. 도덕적 선이 가지는 절대적 가치는 다른 것과의 관계를 벗어난 상태에서 그 절대적 가치를 갖는다.

이러한 구분은 위에서 언급된 이분법보다 더 스토아 사상체계의 제 원리와 일치한다. 그러므로 우리는 선한 것과 악한 것에 대해 무관심한 태도를 주장한 아리스토네스(Aristones)와 헤릴루스(Herillus)의 입장이 왜 크뤼시포스에게서 전혀 찾아볼 수 없는지 이해할 수 있다. 크뤼시포스는 제논의 입장을 옹호하고, 명확하게 확립했다.

우리는 플라톤과 아리스토텔레스 못지않게 스토아 사상가들이 그리스의 도덕과 윤리사상의 가장 전형적인 특징이라 할 수 있는 미덕의 개념을 확실하게 밝힌 사실을 알 수 있다. 그들에게 인간의 우수성은 인간이 갖는 가장 특징적인 미덕의 완성인 것이다. 강조하거니와 그들에게 있어 인간의 특성은 이성이며 미덕은 이성의 완성이었다.[65] 그러므로 우리는 스토아 윤리학의 기본적 교의인 자연에 따라 사는 삶은 이성에 따라 사는 삶이며, 곧 그것은 미덕에 따라 사는 삶이었다. 왜냐하면 미덕은 인간본성의 극치요 완성이기 때문에, 행복이다. 사실 축복 받는 삶, 즉 행복은 인간본성의 완전한 실현이다. 스토바이우스는 행복과 미덕에

---

65) Seneca, *Epistulae* 76. 9.

대해 다음과 같이 말하고 있다.

> 스토아 사상가는 행복이 그들의 궁극적 목적이라고 말한다. 우리는 행복을 위해 모든 것을 한다. 행복은 미덕에 따라 살고 자연과 조화를 이루며, 다시 자연에 따라 사는 것이다. 제논은 행복을 삶의 성공과정이라고 정의한다. 클레안테스와 크뤼시포스, 그리고 크뤼시포스의 제자들도 행복을 이런 식으로 정의했다. 그들은 행복이 목적이며, 반면에 목적이 행복을 획득하는 것이고 행복해지는 것이라고 말한다. 결과적으로 자연에 일치하는 삶은 '선과 고상함'·'미덕과 미덕에 참여'·'유복한 삶'·'고상한 삶'과 똑같은 가치를 갖는다. 미덕은 선이며 악덕은 악폐이다. 그러므로 스토아의 목적은 미덕에 일치하는 삶이다.[66]

이 같은 전제에 기초한 스토아 사상가는 미덕을 쾌락에 종속시킨 에피쿠로스학파의 교의와 그리고 미덕을 초 세속적 보상으로 관련지은 종말론적 개념에 대해 반대했던 것이다. 인간이 우월한 존재라는 사실은 미덕에 있으며, 그래서 미덕은 고대 사회에서 추구되어야 할 최고의 가치였던 것이다. 설사 미덕이 쾌락이나 초 세속적인 보상처럼 행복에 기여하지 못한다고 해서 무가치하다고 할 수 없다. 왜냐하면 미덕 그 자체가 행복이기 때문이다. 그러므로 고대사회에서 미덕은 항상 요구되고 추구되었던 것이다. 디오게네스는 다음과 같이 말한다.

> 그리고 미덕은 그 자체가 조화의 경향과 선택의 가치를 지닌 것으로 희망·공포 혹은 그 어떤 외적 동기로부터 오는 것이 아니다. 행복은 미덕에 있으며, 미덕만이 인생을 조화롭게 하는 정신상태다.[67]

그러므로 스토아 현자는 미덕을 가진 자이기 때문에 자족한다. 또한

---

66) G. Reale, *op. cit.*, pp. 269~270.
67) *Diogenes Laertius* 7. 89.

그들은 인간본성을 개선하지 못하는 쾌락을 필요로 하지 않는다. 쾌락은 스토아 현자에게 있어 부수적 현상일 뿐이며, 어떤 경우에서도 현자 자신이 완전히 통제할 수 있는 것은 아니었다. 스토아 현자는 미덕에 의해 완전함을 지니게 되었기 때문에 미래의 생활에 더 이상 무엇을 요구하지 않으며, 미덕을 그들로부터 그 누구도 가져갈 수 없다는 것을 확신하고 있기 때문에 미덕이 상실할 것이라는 두려움을 가지지 않았다. 사실 미덕은 본질상 현자의 속성이며 그들에게서 유래한다. 스토아 현자는 인간은 오직 미덕에 의해 제신과 같은 완전한 신의 위치에 도달할 수 있다고 확신했다.

그리스 사람들 가운데 특히 철학자들이 미덕을 완전한 극치로 표현한 것처럼 스토아 사상가도 미덕을 삶의 최고의 가치로 인식했다.

> 미덕은 여러 형태로 설명되고 있다. 미덕은 인간을 올바른 길로 인도하기 때문에 선으로 표현되었으며, 또한 미덕은 완전한, 절대적인 것이기 때문에 즐거움이고, 최고의 가치를 가지고 있기 때문에 귀중하다.… 사실 우리는 미덕을 찬양한다. 미덕은 아름다움이다. 왜냐하면 미덕은 본래 미덕을 추구하기 위해 노력하는 자들을 외면하지 않기 때문이다.[68]

현대의 독자들이 미덕을 단순한 수사적인 표현으로 생각할지 모르지만 사실 그렇지 않았다.[69] 스토아 사상가는 혼란기의 악폐를 막을 수 있는 길을 미덕으로 보았다. 그들은 오직 미덕에서 그리고 미덕 안에서만이 마음의 평정을 찾을 수 있다는 확신을 가지고 있었다.[70]

---

68) ibid., p.270.
69) 그리스어에서 미덕을 의미하는 arete는 우리들이 현재 사용하고 있는 미덕을 의미하는 영어의 virtue와는 개념상 다른 의미를 갖는다.
70) 에피쿠로스는 실천적 미덕, 즉 실천적 지혜(phronesis)와 자기 자신과 관련이 있다는 것을 강조한다.

2) 스토아 사상에서 현자

아우구스티누스가 밝힌 바와 같이 그리스 철학의 기본명제는 최고선(*summum bonum*)이다.[71] 고전적 그리스의 사상체계에서와 같이 스토아 사상에 있어서도 삶의 최고선은 행복(*eudaimonia*)이다.[72] 아우구스티누스의 행복에 관한 언급에서 그리스도 교도는 희망을 주고, 희망을 실현하는 신에 의해 행복이 얻어지는 데 반해, 이교철학자인 스토아 사상가들은 불행한 처지와 생활에서도'자신의 노력에 의해 행복에 도달할 수 있다고 확신했다.[73] 그러므로 스토아 사상가에게 있어 생의 목적은 곧 미덕의 삶인 것이다.[74]

이와 같이 스토아 사상가는 진정한 선은 오로지 도덕적 선이었으며 도덕적 선만이 행복에 도달하기에 충분하다고 생각했다. 칸트가 밝힌 도덕적 선처럼, 선이나 행복은 인간 내면의 선의지(善意志)에 있다. 도덕적 선은 인간에게 무엇이 발생하는가에 대한 관심보다, 인간의 정의와, 정의의 구현 그리고 모든 일을 정의롭게 수행하는 것이다. 스토아 사상이 강조하는 자제의 덕과 미혹으로부터의 벗어남은 소크라테스 · 플라톤 그리고 아리스토텔레스가 이미 강조한 도덕률이었다. 자신을 다스려 나가는 극기와 자제에 대해 스토아 사상은 어떻게 설명하고 있는가? 의심의 여지없이 스토아 사상에서 강조하는 자유는 밖으로부터의 영향을 받아 생기는 감정으로부터 초연한 무감동의 경지에 이르는 아파테이아다. 미덕은 사건이나 어떤 일로 해서 마음이 불안해지거나 방해를 받지 않는

---

71) Augustinus, *Civitas Dei* 19. 1.
72) L. Edelstein, *op. cit.*, p.1~2
73) *ibid.*, p.1.
74) *ibid.*, p.2.

데에 있음을 강조한다.

    르네상스 시대나 17세기 데카르트, 그리고 18세기와는 달리 고대의 문명인들과 스토아 사상가들은 격정이 인간을 선으로 인도할 수 있다는 사실을 인식하지 못한 것은 아니다. 아리스토텔레스와 테오프라스토스는 인간의 중요한 행위를 유발하는 매체로 감정의 분노를 지적했는데 반해 스토아 사상가는 격정이 정의의 원인을 제공했다는 사실에 의문을 제기했다. 스토아 사상가는 심지어 선한 열정마저도 생사의 투쟁에서 사악한 병사, 사악한 동맹자로 간주했다. 왜냐하면 인간은 올바른 방향으로 가기 위해 선한 열정의 인도에 의지할 수 없기 때문이다. 이와 같이 격정은 궁극적으로 인간을 파멸의 길로 인도할 것이며, 만일 인간이 격정의 지시와 방향대로 행동한다면 선한 사람은 물론 악한 사람도 충동에 휘말릴 것이다. 이와 같이 스토아 사상가는 '비정상적인 병적인 미덕', 다시 말해 감정에 기초한 미덕에 대해 회의적이었던 것이다. 스토아 사상가는 원칙에 기초한 미덕을 요구한다. 만일 현자가 격정을 모두 소거해 버린다면, 그리고 격정을 적당히 허용하기를 거부한다면 소요학파의 철학자들에서처럼, 현자에 관한 포우프(Pope)의 다음의 언급이 타당한 지적이라 할 수 있을 것이다.

> 스토아 철학자들은 냉담과 무관심 속에 산다는 것을 자랑으로 여긴다. 그들의 미덕은 융통성이 없이 틀에 박혀 있다. 마치 모든 것을 수축해 버리고, 애틋한 심정을 뒤로하면서 서릿발 속에 결빙되어 있듯이 고정되어 있다.[75]

    스토아 현자는 인간에 대한 동정마저 악덕으로 간주하고 있는 사실을 볼 때 우리는 현자 자신이 그들의 형제와 동포에 대해서도 무관심으로 일관했음을 알 수 있다. 스토아 현자들이 강조했던 신조에서 '나의 영

---

[75] *ibid.*, p.2.

혼과 신'은 "나의 영혼, 나의 형제의 영혼과 신이 아니다"라고 외쳤다. 스토아 현자는 다른 사람의 슬픔을 말하면서, 슬픔은 마음으로부터 오는 것이 아니고 어디까지나 세련된 가장이며 정중한 겉치레라고 말한다. 에픽테투스는 "재난을 당해 괴로워하는 자를 동정하라. 그리고 기회가 있으면 함께 슬픔을 나누어라. 그러나 너는 마음속으로 슬퍼하지 않도록 주의해야한다"고 강조한다.[76]

그러나 설사 이 같은 해석이 이미 테오프라스토스와 키케로에 의해 되풀이되고, 그 후 르네상스 시대의 스토아 사상가들의 비판과 현대학자들에 의해 달리 표현되었지만 정확한 해석은 되지 못했다. 고대의 주석자 가운데 어느 한 사람이 말한 바와 같이 현자의 동정심은 겉치레나 허식이라고 할 수 없다. 왜냐하면 현자가 거짓말을 한다는 것은 허용되지 않기 때문이다. 더욱이 동정은 요구되는 것이다. 동정없이 인간은 다른 사람을 도울 수 없다. 인간은 누구나 자신이 학대받을 경우에 동정이나 도움을 요구한다. 에픽테투스도 이러한 경우에 예외일 수 없다. 다른 사람을 불쌍히 여기고 도움을 주는 것은 마치 물에 빠진 사람을 구조하는 것과 같다. 우리는 해변에 서서 외쳐봤자 물에 빠진 사람을 구할 수는 없다. 우리는 물속에서 허우적거리는 사람을 구하기 위해서 물속으로 들어가야 하지만, 그것은 동정일 뿐이다. 그러다 자신이 조류에 휩쓸려 위기에 처해진다면 무슨 의미가 있겠는가? 그러므로 물에 빠진 사람을 지나치게 동정하는 것은 분수에 맞지 않는 일이다. 왜냐하면 물에 빠진 자와 그를 구조하려는 사람 모두 희생을 초래할 수 있기 때문이다. 스토아 현자는 폭넓은 안목과 생각을 가져야 한다고 가르친다. 소크라테스가 크리토(Crito)에게 요구한 내용이 바로 그것이다.

스토아 현자는 힌두교의 현자와 다르다. 힌두교의 현자는 다른 사람

---

76) *ibid.*, p.3.

을 동정하지 않는 행위를 선한 행위로 생각하지 않는다. 제논이 말했듯이 마음의 고통, 정욕의 자취는 인간의 영혼 속에 남아 있다.[77] 크뤼시포스도 제논과 같은 생각을 가졌다. 하지만 세네카는 "만일 우리가 마음의 느낌으로 흔들리지 않는 암석이나 강철의 견고함을 가지고 있다 해서 그것을 현자의 힘이라고 할 수 없다"[78]고 말한다. 확실히 현자는 자신의 감정을 극복하고, 통제하지만 그러나 감정으로부터 완전히 떠나지는 못한다. 오직 메가리아(Megaria)의 현자만은 감정에 사로잡히지 않는 무감정, 이른바 냉정하기를 원한다. 왜냐하면 스토아 철학에서 아파테이아를 정의함에 동정으로부터 벗어난 자유, 서릿발 속에 결빙된 고정된 미덕을 의미하지 않기 때문이다. 현자는 격정이나 고정화된 관습을 단순하게 조색(調色)하는 것을 만족하게 생각하지 않는 것처럼 격정과 관습으로 성숙해 가는 한순간의 반작용을 허용하지 않는다. 스토아 현자가 추구하는 첫 단계는 오직 격정으로부터 해방하는 스토아적 자유인 아파테이아다. 어떤 면에서 스토아의 자유는 소극적이다. 오히려 스토아 현자는 건전한 감정에 의해 격정을 대신할 수 있는 것을 추구해 간다. 이와 같이 스토아 현자는 격정을 탈피하여 건전한 정조(情操)를 지향한다. 동정은 하나의 열정이며 재난을 당한 자는 물론 동정을 베푼 자에게도 해를 줄 뿐이다. 그러나 동정은 선이다. 그래서 자선이기도 하다.

세네카가 말한 바와 같이[79] 방법에 있어 다르기는 하지만 열정적인 사람의 모든 것을 우리도 할 수 있다는 것이다. 애정은 애정이지 달리 표현할 수 없다. 스토아의 전문용어의 표현을 빌리면 스토아 현자가 추구하는 것은 아파테이아가 아니라 에우파테이아(eupatheia) 즉 위안이다. 스토아 현자는 쾌락·공포 그리고 격정보다 기쁨, 그리고 호의를 느끼려

---

77) *ibid.*, pp.2~3.
78) Seneca, *de Constantia* X. 4.
79) Seneca, *de Clementia* II. 6.

고 노력한다. 이러한 것들은 격정을 대신한 주요한 감정이다. 라틴어의 *eupatheia*를 우리말로 정확하게 옮기는 일은 쉽지 않다. '올바른 열정'·'순수한 열정'·'선한 감정상태'로 번역되어 왔지만, 아마도 에우파테이아는 '올바른 정신에 의해 생성되는 감정'이라고 표현하는 것이 타당할 것이다. 제논이 말한 바와 같이 세네카도 에우파테이아를 생의 순탄한 흐름이며, 감정의 부단한 지속, 마음의 평정과 고요로 특징짓고 있다. 그러나 이러한 표현은 기만이라고 생각된다. 지금까지 인용한 특징들은 현자에게 있어 마음의 평정, 정신의 해방 그리고 현자의 내적 평온 이외에 그 무엇도 중요한 것이 아니라는 사실을 숨기는 것이 될 것이다.

우리가 에우파테이아에 관해 말하든, 아니면 아파테이아에 관해 말하든 스토아 사상은 체념과 수용의 교의라는 사실을 잊어서는 안될 것이다. 이 같은 사실은 스토아 사상가의 행위의 결과에 대한 태도에 잘 나타나 있다. 스토아 철학에서 인간의 행위는 주소를 찾아 소포를 배달하기 위해 파견된 배달부의 행위와 같다. 훌륭한 소포 배달부는 주소를 정확하게 찾아내어 배달해야 한다. 그러나 만일 소포를 받을 사람의 주소가 분명치 않을 경우에 그것은 배달부에게 그렇게 중요한 문제가 되지는 않는다. 왜냐하면 배달부에게 소포는 소포를 받을 사람만큼 그렇게 중요한 관심의 대상이 될 수 없기 때문이다. 욕망은 결코 자신의 행위와 일치하거나 조화를 이루지 못한다. 모든 것은 의지의 문제이며, 내면적인 태도의 문제이다. 그래서 결국 이러한 내면적 태도는 완전한 무관심의 태도인 것이다.

그러나 만일 내면의 태도가 무관심의 태도라고 한다면 스토아 현자는 사실상 퀴니코스 사상가나 혹은 회의론자라 해도 이상할 것이 없을 것이다. 스토아는 무관심주의이론을 결코 찬성하지 않았다. 제논에서부터 에픽테투스와 마르쿠스 아우렐리우스에 이르는 스토아 사상가는 미덕만을 선이라 했지만, 그밖의 것도 그들이 창안한 가치를 가진다고 주장했다. 삶에 있어 선은 왕의 궁전과 다를 바 없다. 분명 왕은 가장 높은 지위다. 그러나 다른 사람들도 그들에 상응하는 직무를 가진다. 설사 신분이 낮은 사람이라 하더라도 그들만이 갖는 지위가 있다. 비록 미덕이 유일한 선일지라도 그밖에 다른 것들도 선호될 수도 또 거부될 수도 있다. 그래서 선과 가치있는 것 사이의 구분은 타협도, 조화도 아니다. 그 차이는 지워질 수 없다. 왜냐하면 미덕이 스토아 사상의 본질이기 때문이다. 감히 이러한 차이를 부정한 스토아 사상가 아리스톤은 정통 스토아 사상에 반하는 이단자가 되었다. 왜냐하면 만일 일체의 것들이 도덕적 가치를 결여하게 되면 파괴될 수밖에 없다는 것이 스토아 사상가의 신념이기 때문이다. 크뤼시포스는 선만이 도덕적 가치임을 주장하면서 개인의 건강문제·재산관리·정치참여 그리고 삶의 의무를 다 무시해 버릴 것을 강조한다. 이와 같이 스토아 사상은 형식윤리와 실천윤리를 동시에 함축하고 있다. 또한 스토아는 니힐리즘, 법의 취소, 그리고 인간이 무엇을 하든 인간의 태도 자체만을 중시하는 고대와 현대의 신념에 상반하고 있다.

    스토아 사상가는 인생을 하나의 경기, 즉 승리를 그렇게 중요하게 생각하지 않는 계산 게임에 비유한다. 그들에게 있어 중요한 것은 승리가 아니라 경기의 태도이다. 에픽테투스는 소크라테스를 공놀이를 하는 사람에 비유한다. 소크라테스가 놀이를 했던 공은 무엇이었는가? 생명·투옥·유배·음독이나 아내의 빼앗김, 자식을 고아로 방기하는 것. 이 모든 것이 소크라테스가 놀이했던 것이다. 그래도 그는 놀이를 했으며, 균형을 잃지 않고 공을 던지곤 했다. 우리는 가능한 모든 주의를 기울이고 기술을 동원해서 게임을 해야 하지만 그러나 공 자체를 무관심하게 다루어야 할 것이다.[80] 우리는 소크라테스가 어느 때 이러한 게임을 하는지

---

80) Seneca, *de Clementia* II. 5.

잊어서는 안된다. 도덕적 선이 진정한 선이라는 원칙이 인정될 때가 가장 위대한 결정의 순간이다. 에픽테투스는 소크라테스가 말한 것을 정리하면서 "나는 어리석고 볼품없는 것을 하라고 명령받지 않는 한 나는 가서 사람을 돕는 게임을 계속할 것이다. 그러나 만일 가서 살미스(Salmis)의 레온(Leon)을 잡으라고 명령한다면 나는 가지 않을 것이며, 더 이상 게임도 하지 않을 것이라고 말할 것이다. 하지만 너와 투옥된다면 그 경기를 할 것이다"[81]라고 말했다.

다른 말로 표현하자면 상대적 가치의 영역에서 그 경기는 규칙에 따라 행해진다. 성공과 실패, 획득과 상실은 훌륭한 운동정신에서 인정된다. 물론 훌륭한 경기자는 승리를 희망한다. 또한 훌륭한 선수는 결과가 확실치 않는 한 그 가치를 따지게 된다. 설사 경기가 그에게 불리한 상황으로 전개된다 하더라도 그는 용기를 잃지 않는다. 이와 같이 훌륭한 경기자는 경기를 마치고 실패를 기쁜 마음으로 받아들인다. 만일 스토아 현자에게 있어 인간의 삶이 하나의 운동경기라고 한다면 그것은 특별한 규칙을 가진 경기이다. 그 규칙은 어떠한 상황에서든 경기자가 자기의 손으로 죽음을 선택하거나 혹은 경기에서 오히려 다른 사람들로부터 죽음을 당하기를 요구한다. 스토아 현자는 그의 운명이 어떻든 체념의 교의나 혹은 즐거운 수락을 주장하지 않는다. 스토아 현자는 무엇을 해야 하고, 또 무엇을 하지 말아야 하는지에 관한 동의를 인간적인 판단의 원리에 따른다. 그렇다면 스토아 현자는 삶에 대한 영웅적인 태도를 받아들일 수 있는 힘을 어디서 끌어내는가? 스토아 현자는 사후의 벌이나 보상을 받는다는 것을 믿지 않고, 또 영혼의 불멸에 대해서도 믿지 않고 있다.

후기 스토아 사상가의 신학적 언어와 표현에서는 인간을 신의 동료

---

81) Seneca, *de Clementia* IV. 7. 30.

로 보고 있다.[82] 그러므로 인간은 신의 자유의지를 따른다. 그러나 만일 스토아 현자가 정의를 수행할 수 없는 곳이나 혹은 그런 상황에 처하게 되면 죽는 것이 마땅하다고 생각했다. 그리고 현자는 신에게 다음과 같은 말로 표현할 것이다.

> 천국의 출입을 금하라 그대를 버리지 않으리라! 그러나 나는 그대가 나를 필요로 하지 않는다는 것을 알고 있다.[83] 그러므로 그대들끼리 잘 살기를 기원한다.[84]

이 말은 "주여, 나의 주여, 왜 당신은 나를 버리셨나이까?"라고 외친 예수님의 말씀과 무엇이 그렇게 다를까? 스토아 사상가들은 현자와 신은 동등자이기 때문에 같은 수준의 친구라고 감히 말한다. 그러므로 현자는 신처럼 원하는 힘도 그리고 원하지 않는 힘도 가지고 있으며, 또 거부하고, 갈구하는 능력, 자신의 생각을 지배하는 힘도 가지고 있다. 현자는 선과 악의 참 본성을 지니고 있다.[85]

현자는 신과 같고, 다른 점은 자신의 도덕률을 수단으로 한다는 점에서 신과 구분된다. 분명히 말해서 신이 인간보다 더 선행을 할 수 있는 한에서는 현자는 신보다 못하다. 그러나 두 현자 가운데 더 부유한 현자가 더 선하지 않다. 불행한 세계에서 현자가 획득한 행복은 신에 의해서가 아니라 현자 자신이 만든 것이다. 아우구스티누스는 그리스도교 사상과는 달리 현자는 지고하신 신에 의해서보다 자기 자신에 의해 신적인 존재가 되었음을 밝힌다.

이러한 사실에서 우리는 스토아의 이상이 그리스도교의 이상과 전혀 다르다는 사실을 발견한다. 파스칼은 현대의 해설자보다 더 예리한 말

---
82) Epictetus II. 17. 29 ; IV. 3. 9.
83) Epictetus III. 24. 101.
84) Epictetus III. 24. 97.
85) Epictetus I. 1. 10.

로, 스토아 현자는 겸손의 미덕을 결여하고 있으며, 더 나아가 자신들이 신과 같은 위대한 힘을 가진 존재임을 자만에 차서 말하는 자들이라고 비판했다.

개략적이나마 이상의 언급에서 스토아 현자의 특징을 설명했다. 스토아 사상가는 현자를 상찬하면서, 현자만이 행복하고, 아름답고, 자유롭고, 부유하며, 모든 것을 바르게 하는 진정한 정치가요, 남편이며 아버지라 했다. 현자는 다른 사람에 대해 냉혹하지 않다. 그렇다고 현자가 도덕성에 있어 엄격하고, 금욕적이었다는 사실을 부인해서는 안될 것이다. 왜냐하면 현자는 쾌락을 추구하거나, 쾌락에 추호의 관심도 또 가진 자를 너그러이 보아주지도 않기 때문이다.[86]

현자는 다른 사람에게는 물론 자신에 대해서도 탁월하리만큼 정의로운 존재이며, 필요할 경우 어느 곳에서든 처벌과 징벌을 일삼는 동정도 관용도 모르는 자다.[87] 현자의 정신 상태는 언제나 합리적 환희이며, 이러한 합리적·이성적 환희는 스피노자가 묘사한 현자의 특징이라고 말할 수 있다. 스토아 현자는 특별한 존재가 아니다.[88] 스토아 현자는 어디까지나 인간일 뿐이다. 제논은 스토아 현자의 가르침을 수용한 자는 비루해지고 편협하며, 가혹하고, 단호하며, 엄격하고 융통성이 없으며, 신랄하고 냉정하지만 모난 데가 많다고 지적했다.[89] 현자의 인생관은 '숭고하고 고무적'이다. 그러나 현자를 완전히 도깨비 같은 비인격적인 '괴물'로 생각해서는 안될 것이다. 현자의 위대성은 보통사람이 피할 수밖에 없는 고통으로부터 성취하는 것이다.

세네카는 스토아 사상가와 다른 철학자 사이의 차이를 남자와 여자의 차이라고 설명한다. 스토아를 택한 자들은 남성다움과 영웅적인 명분

---
86) *Diogenes Laertius* 7. 117.
87) *Diogenes Laertius* 7. 123.
88) Marcus Aurelius III. 7.
89) L. Edelstein, *op. cit.*, p.10.

을 선택했다.[90] 세네카는 남성다움의 미덕과 영웅적인 미덕은 남자와 여자 모두가 도달할 수 있다고 확신했다. 비록 스토아 현자들의 모습이 기형적이라고 생각하지 않겠지만 인간적인 폭이 축소된 존재임에는 틀림없다. 그러나 그들은 고결한 존재다. 그러므로 우리는 현자가 도달할 수 있는 것을 보통사람이 어떻게 도달할 수 있을까 의문을 제기하는 것은 당연하다. 비록 스토아 사상가들은 현자를 모든 시대에 찾을 수 없는 비범한 사람으로, 또 역사의 전과정에서 출현할 수 없는 존재라고 확신하지만 인간이 현자에 도달할 수 있다고 하는 사실에 대해서는 의심하지 않았다. 에델슈타인은 인간이 현자가 될 수 있는지 없는지는 스토아 사상가들에게 있어 중요한 문제가 아니라고 기술하고 있다. 왜냐하면 스토아 사상들이 현자에 관해 말하는 것은 플라톤이 이상국가에 관해 말하는 것과 유사하기 때문이며, 또한 이상국가가 존재하느냐 혹은 존재하지 않느냐, 그리고 이상국가가 이 지상에서 어떻게 실현될 수 있느냐 하는 문제는 전혀 중요하지 않기 때문이다. 플라톤의 이상국가처럼 스토아 철학은 현자가 되는 것이 바로 이상이었다. 헬레니즘 시대는 개인주의의 발전으로 이상국가에서 남자의 시민권이나 신분 같은 것은 스토아 현자가 바라는 이상은 아니었다.

　현자의 용모가 곧 사람을 판단하는 표준이 되었다. 인간은 자기가 해야 할 일이 무엇인가를 인식할 때 자신이 어떠한 존재인가를 발견할 수 있다. 왜냐하면 인간은 각자의 진보와 발전 그리고 현자에로의 접근을 측정할 수 있기 때문이다. 인간은 각기 무한한 인격의 완전에 도달할 수 있다는 확신에 기초한 극치(perfectionsim)의 정신은 스토아 사상의 발전 초기부터 말기까지 지배한 스토아 철학의 본질이다. 인간의 도덕적 의식의 발전과 완전함의 추구가 스토아 철학의 표어이기도 하다. 이 도덕적 발

---

90) Seneca, *de constantia* I. 1.

전은 플라톤이 도덕적 사려를 떠난 무의식의 영역에까지 정복하려 했다. 왜냐하면 플라톤은 도덕적 사려를 저버린 무의식의 영역을 합리적인 의지로 헤아릴 수 없다고 생각했기 때문이다. 제논은 현자는 꿈과 몽상에서도 발전하는지 혹은 발전하지 못하는지를 말할 수 있다고 하면서 현자는 잠자는 동안에도 현자라고 말했던 것이다.

스토아 철학의 지도적인 학자들, 이른바 제논·크뤼시포스·클레안테스·파나이티오스·포세이도니오스·세네카·에픽테투스는 결코 현자임을 자처하지 않았다. 그들의 태도는 에피쿠로스와 전혀 달랐다. 만일 그들이 스토아 현자에 도달하지 못했다고 한다면 다른 사람에게 무슨 희망을 줄 수 있었겠는가? 아마도 희망이란 다 사라져 버렸을 것이다. 이 문제에 대한 해답으로 "플라톤이 현자가 아니라면 플라톤과 폭군 디오뉘시오스 사이에 어떠한 차이가 있을까 하는 질문에 제논은 두 사람 사이에 큰 차이가 있다고 말했다. 디오뉘시오스는 지혜를 획득할 수 있다는 희망이 없으므로 죽는 것이 최선이며, 그에 반해 플라톤은 자신이 현자가 될 수 있다는 기대에 차 있기 때문에 사는 것이 최선이라고 생각했다"[91]라고 했다.

분명 인간은 어떠한 존재이든 "생을 마치는 최후의 시간과 그리고 생명의 태양이 서쪽으로 넘어가는 마지막 단계에서만이 완전에 도달할 수 있다"[92]는 것이다. 이러한 도덕적 이상주의와 낙천주의 그리고 현자를 향한 목적에 도달할 수 있는 가능성과 확신을 가지게 한 것은 스토아 철학의 영향이라 하겠다. 에픽테투스는 "비록 내가 현재 소크라테스가 아니지만 나는 소크라테스 같은 사람이 되려고 노력하면서 살아야 한다"고 가르쳤던 것이다.[93]

---

91) Cicero, *de Finibus* IV. 20. 56.
92) Ludwig Edelstein, *op. cit.*, pp.7~12.
93) Epictetus, *Manual* 50(51).

이 같은 새로운 이상은 어떻게 나타날 수 있었을까? 그 배후의 동기가 되는 힘은 무엇이며, 또한 그 요소는 무엇인가? 고전고대의 초기 철학, 특히 소크라테스의 철학과 스토아 철학은 아주 밀접한 관계를 가진다고 하겠다. 이 같은 내용은 에델슈타인의 많은 언설 가운데에서 밝혀지고 있으며,[94] 특히 고전고대 초기 철학에서 그와 같은 사상의 전개를 발견할 수 있다. 그 새로운 사상과 이상은 어디에서 유래했는가? 대부분의 해설자들은 스토아 사상에서 아주 특기할 만한 새로운 사상의 발전을 보았으며, 기원전 4세기 말에 만연한 역사적·정치적 상황에 의해 생성될 수 있었다는 데에 동의하고 있다. 기원전 4세기 말은 그리스 세계의 정치와 도덕이 타락하고 소멸하는 시기였으며 도시국가의 가치와 종교적 이상은 파괴되고 말았다. 이제 그들에게 삶의 새로운 가치와 토대가 확립되어야만 했다. 당시의 사람들이 직면했던 도덕적·정치적 공포의 분위기는 점차 완화되어야 했고, 또 저마다의 욕구는 제한되어야만 했다.[95]

기원전 5세기부터 4세기까지 그리스 세계는 바로 위기의 시대로 특징지을 수 있다. 그래서 이 위기가 4세기 말의 위기보다 더 큰 위기가 아니었는지는 단정하기 어려울 것이다. 여하튼 고대 초기의 위기에 대한 해답은 플라톤의 이상주의 철학이었다. 과연 플라톤의 이상주의 철학이 기원전 4세기의 위기에 대한 해답이 될 수 있을까? 그 해답은 스토아 사상이라고 단언하여 말할 수는 없을 것이다. 에피쿠로스의 철학은 두려움과 공포를 완화시켜 주고 각자의 욕망을 억제케 하였으나 그 방법이 서로 다르다고 하겠다. 그럼에도 불구하고 '무모하고도 절망적인 위기'가 발생하고[96] 에피쿠로스 자신이 그 위기에 직면했을 때 그는 제논 못지않게 모든 사람을 위해 동시대의 위기를 해소하는 데 기여했을 것이다.

---

94) Ludwig Edelstein, *op. cit.*, pp. 2~13.
95) *ibid.*, p. 13.
96) *ibid.*, p. 13.

만일 그러한 위기상황에서 받은 스토아 사상의 특징을 찾는다면 그것은 에피쿠로스 사상과 유사성이었다고 하겠다. 기원전 4세기에 일기 시작한 인간의 힘, 인간의 능력에 대한 새로운 인식, 인간을 신성시하는 신념은 진정 의미있는 것이라고 생각된다. 얼마 후 제논은 기원전 307년에 아테네로 갔다. 그리고 그는 알렉산드로스의 후계자 가운데 한 사람인 데메트리오스 폴리오르케테스를 환영하는 아테네인들의 외침을 들을 수 있었다. 당대의 어떤 역사가는 그 사건에 대해 다음과 같이 기술했다.

> 데메트리오스가 레우카스와 코르키라에서 아테네로 돌아왔을 때 아테네 사람들은 그에게 방향(芳香)과 관 그리고 신주(神酒)를 제공할 뿐만 아니라 합창대의 행렬로 환영했다. 그가 군중 속에 자리잡았을 때에 아테네 사람들은 데메트리오스가 포세이돈과 아프로디테의 유일한 신의 아들이었다고 하는 사실을 반복하여 노래했다. 인간의 모습을 한 살아 있는 신이 돌이나 금 혹은 상아로 만들어진 신을 대신했다.

우리는 제논이 최초로 연구한 스토아 현자들을 퀴니코스의 사상가들은 어떻게 생각했으며, 알렉산드로스의 후계자의 전 세대와 그와 같은 세대를 어떻게 생각했는지를 밝혀야 할 것이다.

> 필립포스와 그의 동료는 늘 약탈과 방탕한 생활을 했다. 그리고 필립포스의 동료는 전 그리스 세계에서 특별히 선발된 자들로 구성되었지만 질적으로 우수하지 못한 자들이었다. 하지만 역사는 필립포스와 그의 동료는 살인자이기에 적합했으나 그들을 짐승으로 취급하지는 않았다. 자연의 여신은 그들을 살인자로 규정했다. 그러나 그들의 습성과 기질은 그들 자신을 변절자로 전락시켰다. 그러한 변절과 야수적인 인격의 소유자가 되는 것이 성공과 명성 그리고 광대무변한 제국으로 가는 길인 것처럼 보였을 것이다.[97]

---

97) Seneca, *de Beneficiis* VII. 2. 5.

스토아 사상가는 세계국가와 인류통일체의 꿈을 상속받게 될 위대한 왕 알렉산드로스를 어떻게 생각했을까? 알렉산드로스는 인간의 탐욕이 최고에 달했던 자였으며 그가 인도양의 해변에 우뚝 섰을지라도 그가 지배했던 영토보다 훨씬 더 많은 영토의 지배를 갈구했던 자였다고 세네카는 술회한 바 있다. 또 알렉산드로스는 지배욕에 취해 자연의 무한한 경지 위로 손을 뻗어, 아직 탐험되지 않은 넓고 넓은 바다로 무모하게 침투하였으니 그야말로 그는 탐욕으로 가득 찬 인간이었다. 그는 탐욕만큼 욕망도 많았다.

스토아 사상가는 이 세상의 모든 것은 현자의 것이라고 강조했다. 그러나 세네카는 알렉산드로스는 적은 것에 만족하지 않았으며, 모든 것은 알렉산드로스 자신의 것이라고 생각하고, 또 그렇게 되었기 때문에 그가 가진 모든 것은 현자의 것이 아니라고 말했다.[98]

스토아 현자는 세계를 정복하기보다 자신을 정복한다. 그래서 현자는 인간과 일체 사물을 지배하는 제국의 건설보다 지성에 의해 자신을 통제하고 이성에 의해 자신을 지배하는 삶을 확립해 산다. 그러나 분명히 현자가 작용하는 힘과 능력 그리고 그가 행하는 초인적인 노력은 필립포스·알렉산드로스 그리고 알렉산드로스의 후계자로 비유된다.

스토아 사상에서 현자는 이미 에델슈타인이 밝힌 바와 같이 도덕적 행위를 위해 사는 사람일 뿐만 아니라 많은 것을 알고 있으면서도 아는 체 하지 않는 탁월한 사람이다.[99] 이 같은 사실은 일찍부터 그렇게 인식되어 온 것은 아니다. 스토아 현자는 진리에 대한 욕구에서 완전을 추구하고 또 그것을 이상화했다. 더욱이 제논 이래 스토아 사상의 역사를 통해, 물론 중세 스토아에서 그러하지 않았지만, 현자는 자연 질서의 증인이며, 자연의 찬탄자요 숭배자였다. 조사와 탐구 그리고 깊은 사려와 명

---

[98] Seneca, *de Beneficiis* VII. 2. 5.
[99] L. Edelstein, *op.cit.*, p.14.

상이 인간을 하나의 실존적 존재로 세웠으며, 그런 까닭에 세네카는 스토아 철학은 게으른 자들의 도피처나 은신처가 아님을 강조했다. 또한 세네카는 "제논·클레안테스과 크뤼시포스야말로 진리탐구에 매진한 자들로 그들은 정치활동에 종사한 모든 사람보다 인류를 위해 더 많은 기여를 했다"[100]고 확신했다.

이와 같이 스토아 사상가가 인류에 기여한 사실을 통해, 우리는 그들의 생의 철학(Lebens-philosophie)이 단순한 이상만이 아니었다는 사실과, 그리고 자연학과 논리학으로부터 윤리학을 분리시키려 했던 자들에 대한 스토아 사상가의 반대는 단지 다른 사람을 지배하려는 욕망에서 분출된 것이 아니라는 점, 그래서 그들의 생의 철학이 전시품이 아니었다는 것을 생각하게 된다. 스토아 현자의 최고목표는 삶을 어떻게 영위해 갈 것인가 하는, 소위 처세지를 배우는 것이다. 그러나 제논과 다른 스토아 사상가는 충고가 도덕적인 명령에 기초했다기보다 진리와 세계이해에 기초했다는 것을 의심하지 않았다.

사실 스토아 사상에 대한 다른 여러 철학파는 스토아에 찬미를 보내거나 혹은 거부의 태도와 같은 반작용은 현자의 도덕적인 마음가짐의 기초가 된 논리적이고 형이상학적인 것과 같은 여러 가지 이유가 있었다고 하는 사실에서 찾을 수 있다. 고대에서 플라톤과 아리스토텔레스의 윤리학 그리고 스토아 윤리학은 그 내용에 있어 그렇게 큰 차이를 나타내지 않는다. 단지 그들 사이의 차이점은 실제적인 것에서보다 외관상의 차이었으며, 해석상의 차이보다 오히려 용어와 표현의 차이였다. 그렇지만 스토아 자연학과 논리학은 새로운 면을 내포하고 있다. 이와 같이 스토아 철학이 진기한 사상으로 평가되었던 것은 그 독자적인 교의에서, 또한 고대 회의학파의 공격에서 찾을 수 있다. 특히 섹스투스 엠피리쿠스

---

100) Seneca, *de Otio* 5. 6.

의 편람(便覽)에서 스토아 철학을 독단적 철학이라고 규정했다.

초기 헬레니즘 시대의 회의학파 카르네아데스(Carneades)의 주요목표는 크뤼시포스였으며 "만일 크뤼시포스가 없었다면 나도 이렇게 될 수가 없었다"고 말한다. 그러나 이러한 공격은 스토아 사상의 취약성 때문만은 아니다. 오히려 회의학파 철학자들이 스토아 인식론과 형이상학을 공격하지 않았다면 회의학파는 위험에 처할 수밖에 없었다고 하는 사실을 입증하는 것이다. 키케로 시대에 제논의 인식론은 여전히 변질되지 않았으나, 어떤 면에서 회의학파 사상의 일시적인 소멸의 원인이 되었던 것이다. 왜냐하면 제논의 사상은 안티오코스에게 반박할 수 없는 것으로 보였기 때문이다. 에델슈타인은 스토아 철학을 단순한 생의 철학으로, 또 철학적 통찰력의 윤리를 결여한 도덕적 실천의 윤리주의로 취급하는 것은 이에 대한 인식결여라고 지적했다. 스토아 사상이 신앙의 길이었다는 사실은 아놀드(Matthew Arnold)의 다음과 같은 지적에서 밝힐 수 있다.

스토아 사상은 신소나 상령이 아니나. 그것은 신앙에 의해서가 아니라, 지혜에 의해 처세하는 철학이라고 하는 진리에서 유래한 것이다.

에델슈타인은 스토아 사상에 대한 이 같은 인식은 기원전 4세기의 철학논쟁에서 생성한 것으로 밝히고 있다. 19세기와 20세기 초에는 스토아의 자연학과 논리학을 잘 다듬어지지 않은 조잡스러운 것으로 보았다.[101] 스토아의 자연학은 유물주의적이고, 스토아 논리학과 인식론은 융통성이 없는 완고 그 자체일 뿐이다. 스토아 사상을 플라톤과 아리스토텔레스의 사상과 비교해 볼 때 세련미를 결여한 또 시대에 역행하는 단순한 이상주의에 불과했던 것이다. 그렇다고 해서 스토아 사상이 새로운 사상을 무비판적으로 수용했다거나, 스토아 사상가들이 그들 이전의

---

101) Beran, *Stoics and Sceptics*, pp.21~22 · 25 · 32 · 75.

사상을 간과했다는 것은 아니다. 스토아 사상가들이 소크라테스 이전의 사상으로 회귀한 것은 여러 이유 때문에서가 아니다. 그들은 설사 이해할 수 없는 진리라 하더라도 포기하지 않았다. 제논은 가장 선한 생활을 이루기 위해 무엇을 해야 하는지를 알기 위해 신탁을 고려했으며, 그 결과 신의 응답은 그가 죽은 사람의 모습을 취해야 한다고 했다. 제논은 신탁에서 신이 내린 명령이 무엇을 의도하는 것인지 깨닫고 고대의 저술가를 연구했다. 그리고 우연히 마주친 사람이 당대의 유명한 크라테스였다.[102] 다른 말로 표현하면 스토아의 도덕적 실천은 현실적이고 실제적인 모럴리즘은 아니다. 스토아의 모럴리즘은 오히려 잡동사니 같은 교훈에 의해 도움이 될 수도 혹은 절망적인 위기에 직면할지도 모르는 사상을 수용함으로써 윤리적 혼돈을 초래하게 되었던 것이다. 정당한 일을 하는 현자는 자연을 따라야 한다는 확신 때문에 정당한 일을 했던 것이다. 현자는 진리에 대한 연구에서 자연을 이해하였듯이 자연은 현자를 안내하는 별이었던 것이다.

3) 스토아의 자연관

에델슈타인은 기원전 4세기 말에 발전한 스토아 철학은 주지주의에서 출발했다고 설명한다. 그러므로 스토아학파가 형성되기 이전의 철학 논쟁의 결과를 먼저 논의해야 할 것이다. 기원전 4세기의 지적 풍토는 이상주의 철학의 발전이었다. 플라톤은 소크라테스 이전의 철학자들이 발견한 형이상학의 문제를 그의 이데아론에 의해 풀었다고 확신했다. 본질은 불변하다는 신념은 도덕적 탐구뿐만 아니라 과학적 연구에도 확신을 제공했다. 천문학·물리학·생물학에서 물체와 운동의 원인을 목적론

---

102) *Diogenes Laertius* 7. 2.

적 인과로 모든 것을 설명하는 것처럼 보였다. 사물을 형성하는 힘은 이 세계의 힘이 아니다. 부수적이고 결정된 존재와 비교되는 이데아·형상·원인은 존재의 부수물보다 훨씬 이전에 존재한 것이다. 스토아 전문 용어로 표현하면 우주와 이 세계는 일체의 것이 존재하기 이전에 존재했다는 것이다. 모든 것은 어떻게 존재할 수 있었는가 하는 문제에 플라톤 철학은 만족할 만한 해답을 내지 못했다. 플라톤은 일체의 사물에 영향을 주는 이데아의 힘, 세계를 창조한 신의 기교, 그리고 감각적 육체를 움직이고 지배하는 정신에 관해 말하고 있다. 이 용어 가운데서 그의 사상을 가장 적절하게 표현해 주고 있는 것이 무엇인지 확실하게 제시하고 있다. 그것은 곧 영혼이다. 플라톤은 세계를 지배하는 것은 자연이 아니라고 말했다. 소크라테스 이전의 철학에서 표어로 삼았던 자연, 그리고 이오니아 자연철학과 유물론의 상징인 자연은 플라톤의 사상체계에서 그렇게 중요하게 취급되지 않았다.

   아리스토텔레스부터 자연은 그리스 관념론자의 세계이해에 주요한 역할을 했다. 세계는 이제 더 이상 현상 밖에 그리고 현상을 초월한 존재로 생각되지 않았다. 세계는 현상 안에 있는 존재자다. 그리고 모든 것은 현상 안에서 본래의 유형이나 이데아를 실현하려고 노력하고 있는 것이다. 아리스토텔레스는 자연 그 자체가 목적론적이며, 인간의 예술처럼, 또 인간다운 예술가처럼 창조하고 활동하는 것으로 인식했다. 자연과 예술의 차이는 자연은 안으로부터 창조하는 데 반해 예술은 밖으로부터 창조한다는 점이다. 아리스토텔레스의 자연관을 통해 우리들은 자연의 진행을 이해하게 된다. 만일 자연의 진행과정에서 신의 역할이 무엇인가라고 묻는다면 그 해답은 일체 사물을 움직이게 하는 부동의 원동력 즉 신의 사랑이라고 말할 수 있을 것이다. 일시적인 진행에 빠지지 않는 신은 자연의 진행을 주관하며, 명령하고 조정한다. 그것은 마치 장군이 군대에 명령하고 군의 동작을 지시하는 것과도 같다.[103)]

아리스토텔레스의 형이상학에서 관념론적 이상주의는 점점 퇴색되어 자연주의로 되어갔다. 가시적인 것, 즉 물질세계는 불완전한 방법으로 재생산하는 이데아의 힘이라는 단순논리를 더 이상 수용할 수 없었다. 아리스토텔레스는 물질도 선에 기여하는 그 고유의 특성을 가진다고 말하면서, 이데아의 무상적(無上的) 지고성과 절대성을 엄격히 제한했다. 그러나 그의 이데아에 대한 평가절하마저 자신을 따랐던 후계자들에게 만족을 주지 못했다. 아리스토텔레스의 이러한 견해에 대해 테오프라스토스(Theophrastos)는 주의 깊은 사려와 검증을 통해 비판하였다. 만일 모든 것이 선을 실현하려고 한다면 적어도 생명·영혼·감각을 가져야 한다. 도대체 무엇이 우주를 이루고 있는가 하는 질문에 대한 해답은 생명력이라고 말해야 한다고 강조한다. 그는 우주 자체를 살아 있는 동물이며, 철학이 해야 할 주요과업은 물질과 이데아 혹은 이 양자의 관계가 아니라 삶 그 자체다. 이와 같이 아리스토텔레스와 플라톤의 이상주의는 아리스토텔레스학파에게 비판의 대상이었으며 거부되었던 것이다.

기원전 4세기에 가장 돋보인 승리의 철학으로 인간과 우주의 본질문제에 다룬 플라톤과 아리스토텔레스의 관념철학은 이제 인식론에 그 위치를 상실하게 되었다. 제논이 연구한 퀴니코스학파의 사상은 유명론이다.[104] 그래서 퀴니코스학파의 철학자들은 우주 삼라만상의 실존을 모두 부인하기에 이르렀다. 플라톤학파에서까지도 보편적인 세계지(世界知)를 추구함에 있어 변증법적 혹은 인간이 탄생 이전에 나타난 사물에 대한 기억의 이론이나 혹은 독립적인 이해의 원리인 이성으로 더 이상 찾을 수 없음을 밝히고 있다. 플라톤의 후계자들은 공동의 요소를 실제로 파악하는 과학적인 지각과 관련이 있는 인식론의 문제를 풀려고 노력했다. 한 세대가 지난 다음 플라톤학파는 회의론의 희생물이 되고 말았다. 경

---

103) Ludwig Edelstein, *op. cit.*, p.20.
104) *ibid.*, p.20.

험과 사유 사이에 조화와 균형을 찾아내려고 노력한 아리스토텔레스의 경험론은 사물이 가지는 힘의 인식에 의해 바뀌었다. 윤리학·물리학·생물학에서 경험적인 연구가 일반화되어 가고 있었다. 아리스토텔레스는 만일 비물질적 실체의 존재를 인정하지 않을 경우 물리학은 제1의 과학으로 고려될 수 있었는데 반해 형이상학이 제1의 과학으로 고려될 수 없음을 두려워했다. 우리는 이러한 주장을 일반화할 수 있을 것이고, 또한 자연주의와 유물주의가 자연과 인간의 이상주의 철학을 극복했다고 말할 수 있을 것이다. 물질과 감각적 지각, 공간에서 발생하는 것에 대한 실제적 경험은 철학적 연구와 통찰, 그리고 철학의 초석이 되었다.[105]

제논이 철학적인 삶을 시작했을 때의 철학사상 운동은 르네상스의 초기와 매우 비슷한 상황이었다고 말해도 지나친 표현은 아닐 것이다. 중세를 지배한 리얼리즘은 마멸되고 말았다. 이성과 세계에 대해 새로운 이해가 조성되면서 기원전 4세기 말에 이르러 그리스 관념철학은 다시 연구가 시작되었으나 그 내용에서 많은 오류가 발견되었다. 현상인식에 있어 새로운 접근방법이 모색되었으며, 철학연구의 새로운 계획도 수립되었다. 당시 철학의 학문적 발전을 위해 필요로 했던 것은 베이컨(Bacon)이 근대 경험철학에서 착수했던 것과 크게 다르지 않았다. 왜냐하면 기원전 4세기에 관념철학으로부터 새로운 철학의 접근과 그리고 근대 베이컨이 추구한 학문 영역에 나타난 두 철학사조의 경향은 이상이나 관념보다 지금 그리고 여기에서의 삶과 같은 현실문제와 경험을 강조했기 때문이다. 자연주의와 유물주의는 모든 철학사상의 일반적 기초였다. 제논이 자연주의와 유물주의를 수용한 사실을 예외적이라기보다 일반적이었다고 할 수 있다.[106]

그러나 존재하는 것은 개별적인 것이며, 세계는 공간과 시간 속에 확

---

105) *ibid.*, p.21.
106) *ibid.*, p.22.

대된 조직의 구성이며 그것이 보이고 관찰된 바대로, 실재하는 것으로 설명한 제논의 주장을 전적으로 받아드릴 수 있다 하더라도 개별적인 것의 본성이 어떻게 결정될 수 있었는지는 분명치 않았다. 그러나 이 문제에 대해 제논은 확실한 해답을 제시했으며, 회의론자에 반대주장을 폈던 것이다. 개별적인 것, 개개의 사물의 실존은 어떻게 이해될 수 있는가? 개개의 사물의 본성은 무엇이며 개별성을 이루는 것은 무엇인가? 분명 일체의 사물은 실질적인 구성요소인 일종의 질료가 있다. 그것은 단순한 질료가 아니다. 각 개체는 하나이며 동시에 다수이고, 부분의 결합이다. 스토아 사상가는 그러한 부분의 결합은 유기체적인 존재인 동물과 인간뿐만 아니라 비유기체적인 물질에도 존재한다는 사실을 최초로 인식했다.[107] 스토아 사상가는 모든 것은 통일체를 이루는 유기체적인 조직의 원리를 가지며, 또한 비유기적인 물질에도 그러한 배열의 형식을 가진다고 주장했다. 유기체적인 식물과 동물에서 통일체를 이루는 유기체적 원리는 본질이기에 충분하다. 인간에게 있어 통일체를 이루는 유기체적인 원리는 정신이요 영혼으로서 모든 것을 지배한다. 유기체적인 원리가 모든 유기체의 중심으로부터 표면으로 그리고 표면에서부터 다시 중심으로 작용한다. 전체를 이루는 각 부분의 요소를 관찰할 때에 유기체적인 힘의 효과는 계속적인 운동에 의해 이루어질 수 있다. 전체적인 견지에서 볼 때 그 운동은 동시 발생적인 것으로 특징된다. 스토아의 용어를 빌리면 현존하는 모든 것에는 개개의 현상을 나타내는 부분 사이의 관계를 이루는 긴장이나 소리가 있다. 이러한 긴장이나 소리는 개체가 존재하는 시간의 흐름 속에 존재한다. 이와 같이 한 개체가 시간의 흐름 속에 나타나는 긴장과 소리는 그 개체의 개별성이다. 그러므로 각 개체의 시작과 종말에로의 지속과 같은 사라져버리는 것은 동시대적이다.[108]

---

107) *ibid.*, p.23.
108) *ibid.*, p.23.

각 개체의 실존양식에 나타나는 모든 현상은 스피노자(Spinoza)의 본질에 대한 설명에 비유되는 힘의 전개다. 그리고 그 힘은 비물질적인 것으로 생각되어서도 안될 것이다. 만일 정신이 물질이 아니라고 말한다면 어떻게 영혼이 육신을 극복할 수 있으며, 자식의 영혼과 부모의 영혼 사이에 어떻게 유사성이 있을 수 있다고 말할 수 있을까? 우리는 통일된 유기체적인 힘이 육신을 만드는 힘의 표현이고, 충동이며, 운동이라고 말할 수 있을 것이다. 이 통일된 유기체적인 힘은 육신을 만들고 성장하게 하는 일종의 정액이요 씨앗이다. 또한 이 유기체적인 힘은 일종의 불이며 정제된 정기(精氣)이다. 이와 같이 유기체적인 힘은 특별한 존재를 생산하기 위해 체계적으로 작업하는 생산적이고 생식적인 이성이다. 제논이 강조한 바와 같이 불은 창조와 발생을 지향하는 기술과 기예의 제공자다.[109]

물론 일체의 현상은 물질적인 본체인 본질로 이루어져 있다. 그러므로 모든 현상은 사실상 두 물체·질료 그리고 질료의 결정 혹은 질료의 특수화, 어떤 것은 능동적이고 또 어떤 것은 피동적인 두 가지의 것으로 나타난다. 왜냐하면 이 두 원리는 스토아 사상가에 의해 어떤 의미에서 물질적인 것으로 취급되었기 때문이다. 이 두 원리는 그들의 동일성을 상실하지 않고 완전하게 스며들고 침투한다.

결국 스토아 사상가는 각 개체는 두 가지의 요소로 되어 있다는 사실을 인정하지만 그들은 모든 사물의 참 본질을 실제적인 원리에서 발견할 수 있다고 확신한다. 지도 원리인 유기체적인 힘은 일체 사물의 참 본질이다. 그래서 우리는 모든 현상의 지도 원리를 생산하는 에너지의 전개로 이해하는 것이 온당할 것이다. 달리 표현해서 지도 원리는 세계를 살아 있는 생명체, 하나의 전체로서 작용하는 신과 똑같은, 모든 사

---

109) *ibid.*, p.23.

물 안에 있는 신성한 신의 요소이다. 개개의 사물처럼 세계도 1년 4계절에서, 인간육신의 작용에서, 식물의 성장에서, 또 다른 유기체에서 볼 수 있듯이 서로 결속하고, 협동하고 그리고 서로의 동정과 유기적인 협력을 할 수밖에 없는 부분으로 구성되어 있다. 그래서 모든 것은 물질이기 때문에 역시 신적이다.[110]

이와 같이 세계는 자연적인 발생, 자연적인 생식에 의해 생성되는 것으로 이루어진다. 유기체적 원리는 물질의 개별현상을 창출한다. 사물의 생명과 활동은 사물 자체가 만든다. 시간과 공간, 혹은 역사 속에서의 일고 있는 변화가 세계의 역사이다. 마치 조각가에 의해 동상이 만들어지듯 밖으로부터 사물의 본질, 사물의 참 존재가 이루어지기보다 안으로부터, 다시 말해서 그들 자신들로부터 이루어진다. 일체 사물은 일반 법칙의 특수한 경우가 아니다. 순수 자연적·물질적인 형태로서 세계는 외적 요소로부터 독립적인 존재로 설명되고 있다. 그리고 플라톤과 아리스토텔레스가 설명할 수 없었던 현상인 일체 사물의 개별화는 철학적 이해의 요소가 되었다.[111]

이와 같이 스토아 사상가는 사물이 스스로 그리고 자력으로 존재하지만, 그러나 상호 작용하는 존재라고 생각했다. 사물의 상호관계, 상호 영향 또는 상호작용의 결과는 무엇인가? 스토아 사상의 이론은 여기서 이상한 아니 전혀 기대하지 않은 방향으로 변화했다. 우리는 일체 사물의 물질적·감각적 특징과 색·소리와 같은 물질적 현상만을 보고 느끼면서 그것이 현존하는 모든 것의 실재라고 생각했다. 그러나 어떤 본체가 다른 본체에 작용할 때 상황은 변화하게 마련이다. 모든 원인은 사물의 가시적 본체이며, 그 본체는 영적인 비실체의 원인이라고 섹스투스(Sextus)는 말한다. 그러므로 무형의 영적인 것은 비실재하는 것이다. 왜

---

110) *ibid.*, p.24.
111) *ibid.*, p.24.

냐하면 유형적인 본체만이 실재하는 것이기 때문이다.

사물 자체에서 볼 때 현존하는 개별의 새로운 것이란 하나도 없으며, 그리고 개별의 본성에 실제적인 변화가 나타나지 않는다. 사물의 참존재, 엄격한 의미에서 사물의 본질은 불변적이다. 일체의 것은 같다. 새로운 고유의 특성을 가지는 것이란 하나도 없다. 사물의 특성은 일시적으로 덧없을 뿐이다. 다른 말로 표현해 사물의 상호작용은 마치 그 표면에서 있었던 것처럼 발생하는 사건이다. 그러므로 사물들은 자체의 역사 속에서 일시적인 순간을 형성하며 본질의 변화없이 정해진 길을 갈 뿐이다. 사물의 상호관계에서 무엇이 발생하는가에 대한 스토아의 개념은 흄(Hume)이나 혹은 밀(Mill) 같은 경험주의자의 현대적 개념과 매우 유사하다. 사물에 대한 스토아의 개념과 그리고 현대적 개념 사이의 차이는 간과해서는 안될 것이다. 스토아 사상가는 참내면적인 존재에 대해 확신을 가지고 있다.[112]

스토아 사상에 의해 발전한 실재에 대한 새로운 개념은 대체로 스토아 논리학에 의해 잘 설명되고 있다. 19세기와 20세기의 해설자는 대체로 스토아 논리학을 무시해 버렸다. 만일 그 해설자가 스토아 논리학을 고려해 보았다면 그들은 스토아 논리학은 볼품없는 그리고 아직도 덜 성숙된 것으로 거부했을 것이다. 최근의 연구에서 스토아 논리학은 현대 수학적 논리학이나 혹은 기호논리학(Symbolic logic)으로 설명되었다. 그러나 대부분의 학자들은 이 사실에 흥미를 가지고 스토아 논리학을 형식논리학으로써 보다 오히려 그것의 형이상학적 의미와 관계에 대해 관심을 가지고 있었다. 스토아 사상가는 논리학을 철학에 없어서는 안될 본질적인 요소로 생각했으며, 형식적인 의미보다 오히려 구체적이고 실제적인 의미를 가진다고 보았다.[113]

---

112) *ibid.*, p.26.
113) *ibid.*, p.26.

무엇보다 스토아 사상가는 아리스토텔레스와 플라톤과는 달리 사물을 종류와 특별한 차이에 의해서보다 각기 가지는 특성에 의해 정의한다. 스토아 사상가들은 인간은 두 다리를 가진 동물이 아니라 언젠가 죽어야 할 이성과 지식을 부여받은 생명체로 보았다. 이와 같이 그들은 인간을 여러 다른 부분이 하나의 통일체로 통합된 개별적인 존재로 정의하고 과학적인 증거와 논증에서 무조건적인 3단논법에 의존하기보다 가설적 3단논법에 의존했다. 분명 가설적 3단논법(hypothetical Syllogism)은 아리스토텔레스에게는 미지의 것이었다. 결국 가설적 3단논법은 테오프라스토스에 의해 논의되었던 것으로 스토아 논리학에서 가설적 3단논법은 논증의 기초가 되었다.[114]

인간의 주변세계는 질서의 세계, 법의 세계 그리고 법칙과 규범의 세계라는 과학적 사실은 기원전 5세기와 4세기의 연구에 의해 확실해졌으며, 수학·천문학·생물학은 체계화되었다. 플라톤과 아리스토텔레스 못지않게 스토아 사상가들도 과학을 높이 평가했다. 그럼에도 불구하고 현대학자들은 스토아 사상가에 대해 상반된 견해를 가지고 있었으나, 그들은 반과학적이지 않았다. 클레안테스는 아리스타르코스(Aristarchos)의 태양중심설과 그리고 형이상학적인 추론을 부인했다는 것이 사실로 밝혀지고 있다.[115] 그래서 베이컨(Bacon)은 코페르니쿠스의 지동설을 인정하지 않았으며, 그리고 플라톤과 아리스토텔레스는 철학적 진리에 일치하는 것으로 생각했던 진리를 자유롭게 택했다. 관념과 현상 혹은 천상의 세계와 지상의 세계 사이, 즉 이 두 세계 사이의 차이는 사라지게 되었고, 질서와 필연은 새롭게 설명되었다.

우주의 질서가 기회와 기계적인 힘의 결과로 이해될 수 있다는 사실은 스토아 사상가에게 상상할 수 없는 것이었다. 질서는 외부에서 오는

---

114) *ibid.*, p.27.
115) *ibid.*, p.30.

것이 아니다. 질서는 모든 사물이 갖는 질서 안에 있다. 분명히 말해 스토아 사상은 유물주의는 아니다. 소크라테스 이전의 사상 체계는 물활론(物活論)이었던 것처럼 스토아 사상도 어떤 의미에서 물활론이라 하겠다. 왜냐하면 스토아 사상은 이성과 조화를 소크라테스 이전의 사상체계에서 볼 수 없었던, 어떤 의미에서 물질 안에 내포되어 있는 것으로 생각했기 때문이다.[116]

또 한편 스토아 사상가는 그리스어의 로고스의 역사에 관해 자주 언급해 왔다. 로고스는 지(知)의 객관적 내용도, 질료 위에 놓인 형태도, 혹은 목적의 개념도 아닌 사물을 구성하고 길러내는 힘, 즉 구성력이었는데, 스토아 사상에서 그것이 물질의 원료나 재료로 동일시된 것에 중요한 의미를 부여하지 않았다. 스토아 사상가가 지적했듯이 자연은 예술적이고 우아한 방법으로 지향해 가는 불이다. 이성은 일반적인 개념으로 말한다면 행위에 종속되는 것이며 성장의 원리다. 스토아 사상가는 소크라테스의 로고스 개념을 정확히 인식하고, 그것에 따른 방법론을 제시했다. 아리스토텔레스처럼 스토아 사상가는 의술을 건강의 공식인 동시에 원칙이며, 건강을 해명하고 설명해 주는 처방으로 설명하였다. 그러나 신체 모든 부분의 로고스, 즉 긴장과 장력은 씨앗과 같다. 로고스의 이완은 파괴의 원인이고 또 로고스의 강화(긴장의 강화)는 신체의 각 부분의 생명과 활력을 가져온다.[117] 이와 같이 스토아 사상에서 로고스는 아마도 영원한 재기와 재현의 특성을 갖는다. 생물학적 현상처럼 세계는 그 필연적인 붕괴나 쇠퇴 이후에 재생된다. 세계의 영속, 세계의 진정한 영원성은 오직 이러한 재생적 생명에 있을 뿐이다. 다른 한편 플라톤의 로고스는 하나의 세계, 즉 최선의 세계를 창출한다. 오직 하나의 가장 좋은 세계만이 존재하기 때문에 최선의 세계일뿐이다. 모든 가능한 세계 가운

---

116) *ibid.*, p.31.
117) *ibid.*, p.32.

데 최선의 세계가 영원하다는 것은 필연적인 결과다. 니체가 주사위 게임이나 기계의 힘에 관해 말한 것처럼 스토아 사상가는 생물학적 추이와 변천의 단조로움에 관해 말했다.

그리고 이 점에 있어 스토아 사상가는 실재적이고 현실적인 목적 추구도, 합리적인 과정의 추구도 아니었다는 사실이 충분히 입증되었다. 스토아 사상가들이 추구했던 것은 현실적이고 실재적인, 즉 실천적 이성이었다. 분명히 세계는 연관 관계의 목적이 있다. 많은 별은 세계를 위해 유용하며, 자연은 아름다움을 만들기 위해 많은 일을 한다. 왜냐하면 자연은 미를 사랑하고 다양성과 변화를 좋아하기 때문이다. 동물과 식물은 인간을 위해 존재하고, 세계는 인간과 신을 위해 존재한다. 또한 인간과 신은 세계에 거주한다. 왜냐하면 세계는 마치 아테네와 스파르타의 주민들이 사용할 수 있는 도구인 것처럼 인간과 신을 위한 것이기 때문이다.[118] 이 세상에 공허하고 무익한 것은 아무것도 없다. 그러나 이 모든 것은 성장의 역사 안에서만이 참이다.[119]

우리는 다음과 같은 사실에 이의를 제기할 것이다. 즉 스토아 사상가는 신의 힘에 대해 가장 솔직한 옹호자가 아닌가? 신은 모든 곳에 있지 않은가? 신은 모든 것을 창조하지 않는가? 신이 모든 것을 창조하지만 전지전능한 존재는 아니다.[120] 세계는 필연적으로 도덕적이고 물질적인 악을 내포한다. 신은 이러한 악을 벗겨버릴 수 없다.[121] 스토아 사상가는 선은 필연적으로 그 반대인 악을 내포하고, 또 악은 형벌이나 혹은 전체를 다스릴 수 있는 것이 요구되지만, 신은 도덕적·물질적인 악을 제거하지 못한다고 설명한다. 여하튼 스토아 사상에서 말하는 신은 절대적인 신이 아니다. 유대의 신과는 달리 스토아의 신은 명령에 의해 세계를 낳

---

118) *ibid.*, p.32.
119) *ibid.*, p.33.
120) *ibid.*, p.32.
121) Epictetus, I, 1, 10.

지 못한다. 이러한 스토아의 신의 개념이 곧 그리스적 개념이다. 왜냐하면 갈렌(Galen)이 말한 바와 같이 모세의 생각은 그리스 사람들 가운데 자연을 정확하게 조사하고 탐구했던 사람들의 생각과는 아주 달랐다. 모세는 신이 세계를 창조하려고 했으며, 또 신에 의해 세계가 창조되었다고 생각했다. 하지만 스토아 사상가는 일체 모든 것은 자연에 의해 가능하다는 사실과 신은 모든 것을 창조하려는 시도조차 하지 못했다고 확신하였다.

더욱이 스토아의 신은 그 힘이 제한되고 그리고 적어도 그 신의 현시(顯示) 속에서 사멸되기 쉽다. 왜냐하면 스토아의 신은 불이며 주기적으로 파멸되어 버리는 물리적이고 비인간적인 힘이기 때문이다. 또한 신인동형동성설(神人同形同性說)의 영향과 흔적은 플라톤에 의해서보다 스토아 신학에서 정화되고 청산되었다. 왜냐하면 플라톤을 신뢰하는 철학적 신학은 존재하지 않기 때문이다. 신인동형동성설의 모든 흔적과 자취는 아리스토텔레스에 의해 희미해지고 정화되었다. 왜냐하면 세계에 대한 신의 관계는 군대에 대한 장군의 관계라고 하는 유사한 진리가 존재할 수 없기 때문이다.[122]

우리는 스토아 자연의 개념에 관해 살펴보았다. 스토아 세계에서 인간의 미덕은 말할 나위없이 현란한 자줏빛 의상이다. 스토아 사상가들이 인식하고 있는 세계는 무엇이며 그 세계에는 도대체 얼마나 도덕률이 존재할 수 있으며, 그리고 도덕률이 자연과 어떻게 일치할 수 있는가 하는 의문은 당연한 제기될 것이다. 이 문제의 해답을 위해 우리는 스토아의 인간본성의 개념을 깊이 생각해 보아야 할 것이다.

---

[122] L. Edelstein, *op. cit.*, pp.33~35.

제3절 에피쿠로스학파의 사상과 윤리학

1) 에피쿠로스 사상과 아타락시아

기원전 323년 알렉산드로스의 죽음은 세계사의 새로운 한 장의 시작이었다. 그의 정복사업의 결과로 문명의 융합과 인종의 혼합은 그리스의 전성기의 이상과 관념을 전복하는 데 성공했다. 바야흐로 그리스와 오리엔트의 요소의 혼합에 기초한 새로운 유형의 문명이 점진적으로 나타났다. 이 새로운 문명은 그리스도교 시대가 시작할 때까지 지속되었다.

헬레니즘 시대는 자주 그리스 역사의 마지막 장으로 인식되어 왔지만 그 같은 주장은 결코 올바른 해석이라 할 수 없다. 알렉산드로스의 이후 여러 세기는 그리스의 황금시대와 전혀 다른 시기였으므로 이를 그리스 황금시대의 연속이라고 생각할 수 없다. 헬레니즘 시대의 언어는 그리스어였으며, 그리스의 국적을 가진 사람들이 많은 문제를 해결하는 데 중요한 역할을 하였지만 그 문화의 특징은 대체로 오리엔트의 정신이었다고 하겠다. 이제 민주주의의 고전적 이상은 일찍이 이집트나 페르시아에서 출현한 전제정치로 교체되었고 소박함과 중용을 사랑했던 헬레니즘의 일상사는 사치와 향락의 삶으로 전락했다. 아테네의 소규모적 생산의 경제체제는 대규모의 사업으로 발전하면서 무자비한 이익 경쟁체제로 바뀌게 되었다. 과학이 지속적으로 진보해 갔으나 탈레스로부터 아리스토텔레스에 이르는 대부분의 철학자의 가르침에서 보인 정신의 힘에 대한 절대적 확신은 패배주의와 논리학의 희생물이 되고 말았다. 이러한 변화의 연속에서 현대문명이 중세시대와 다르듯이 헬레니즘 문명은 그리스 문명과 구분되는 새로운 문명의 시대였다고 생각하는 것이 당연하다고 할 것이다.

헬레니즘 철학은 그 고유의 발전과 퇴보를 거듭했다고 말하는 것이 옳을 것이다. 헬레니즘 철학은 초기에 그리스 사상의 영향하에 있었으며, 그래서 인간문제를 푸는 열쇠로서 이성에 대한 관심을 보였다. 두 번째로 고려되었던 것은 일체 진리와 가치에 대한 회의로 이성을 거부하는 결과에 도달하게 되었다. 그리스 문명의 종말에 철학은 무미건조한 신비주의로 타락해 버렸으며 결과적으로 이성에 기초한 것이나 혹은 경험에 기초한 모든 지적 접근은 포기되었다. 헬레니즘 시대 철학자들은 자신들의 가르침에 기본적으로 차이가 있었지만 고난과 악폐로부터 인간을 구제하는 방법, 이른바 처세지를 찾는 것에 있어서는 차이가 있을 수 없었다.

헬레니즘 철학파 가운데 가장 중요한 학파는 기원전 3백 년경에 출현한 에피쿠로스 사상(Epicureanism)과 스토아 사상(Stoicism)이다. 이 두 학파의 창시자는 에피쿠로스와 제논이었다. 에피쿠로스는 사모스섬에서 태어났고, 제논은 아마도 페니키아의 혈통을 가진 퀴프로스의 원주민이었지만 모두 아테네에서 거주하였다. 에피쿠로스 사상과 스토아 사상은 몇 가지 점에서 공통점을 발견할 수 있다. 그것은 무엇보다 사회와 국가문제에 관심을 두지 않고 개인의 선에 관심을 둔 개인주의적 내지는 이기주의적이었다는 점이다. 에피쿠로스학파의 사상과 스토아학파의 사상은 정신적 실체의 존재를 단호히 거부하는 유물론적이었다. 심지어 신성한 존재자인 제신과 영혼까지도 물질로 구성되었다고 강조한다.

이 두 학파의 사상은 고대사회의 카오스 시대에 대단히 인기가 있었다. 스토아 철학은 각자의 본분을 다하고 세계의 법칙과 우주의 섭리에 따르는 금욕사상을 지도이념으로 하고 있으며 인간은 자연의 법칙에 따라 삶을 영위해 간다면 행복을 얻을 수 있다고 확신했다. 개인의 의무와 내면적 수양을 강조하는 스토아 사상은 로마의 상류 지배계급을 매혹시

컸다. 에피쿠로스학파는 쾌락설을 추구함으로써 개인의 의무에 집착하는 것과 극심한 고통과 즐거움, 구속과 곤궁으로부터 피할 것을 조언했다. 에피쿠로스 사상은 로마의 번영을 가져왔으며 카이사르를 암살한 두 인물도 스토아학파의 브루투스와 에피쿠로스학파의 카시우스였다. 로마의 시인 루크레티우스는 철학적 교훈시『우주의 본질에 관하여』는 로마 세계에서 에피쿠로스 사상에 대한 훌륭한 자료가 되었다. 에피쿠로스 사상이 로마의 상류 지배계층에게 스토아 사상보다 더 영향력을 작용하지 못한 이유는 에피쿠로스 사상 자체가 방종의 윤리로 생각되었기 때문이었다.

스토아 사상과 에피쿠로스 사상은 세계에 대한 지(知)와 인간의 경험에 대한 이해를 강조한 플라톤과 아리스토텔레스의 교훈과는 근본적으로 다르다. 고대 그리스 철학의 특징은 창조적인 힘의 약화라고 챔버스는 지적하고 있다.[123] 헬레니즘의 대표적 철학파인 스토아・에피쿠로스 및 회의학파는 새로운 사상의 출발로서 지난날의 고루했던 전통으로부터 벗어나 세계의 불안에서 인간의 생존과 회복을 위해 새로운 길을 열었던 것이다. 그러나 이 두 학파는 패배주의적이며 인간의 노력보다 오리엔트의 정적주의를 참인간이 되는 목표로 삼았다.

그러나 스토아 사상과 에피쿠로스 사상은 여러 가지 면에서 매우 달랐다. 제논과 그의 제자는 세계는 질서정연한 전체이고, 세계 안에 있는 모든 모순과 부정은 근본적인 선에 의해 해결된다고 가르쳤다. 그렇기 때문에 악은 상대적이며, 인간에게서 일어나는 불행은 세계완성에 부수적으로 생기는 필연적인 것이다. 모든 것은 합리적 목적에 따라 엄격하게 정해진 것이다. 인간은 자신의 운명을 좌우할 수 있는 주인이 아니다. 인간의 운명은 쇠사슬로 연결된 고리다. 인간은 자신의 운명을 받아들일

---

123) M. Chambers, *The Hellenistic World*, University of California, 1979, pp.150~151.

수 있고 거역할 수 있는 지각의 상태에서 자유다. 그러나 인간은 자신의 운명을 받아들이든 말든 그 운명을 극복할 수는 없다. 인간의 최고 의무는 질서가 선이라는 사실을 인식하고 세계질서에 복종하는 것이다. 다시 말해 인간은 모든 것을 체념하고 운명에 내맡기는 것이 유익한 일이며 이러한 체념적인 행위를 통해서만이 마음의 평정과 같은 최고의 행복에 도달할 수 있다고 생각했다. 그러므로 가장 행복한 사람은 세계의 목적에 자신의 삶을 완전히 조정하는 데 성공한 사람이며, 사악한 운명에 맞서 모든 고뇌와 고통을 자신의 영혼으로부터 내던지는 사람이다.

스토아 사상가는 우주의 개념을 해석함에 있어 대체로 헤라클레이토스를 표준으로 했는데 반해, 에피쿠로스학파의 형이상학은 데모크리토스를 기초로 했다. 에피쿠로스는 모든 것의 기본성분은 아주 작고 보이지 않는 미세한 원자이고, 변화와 성장은 이 작은 미립자의 결합과 분리의 결과라고 가르쳤다. 이와 같이 에피쿠로스는 원자론자의 유물론을 인정하면서도 그 절대적 메커니즘에 대해서는 거부적인 반응을 보였던 것이다. 에피쿠로스는 원자의 자동적이고, 기계적인 운동이 우주만물의 원인이 될 수 있다는 사실을 인정하지 않았다. 에피쿠로스는 원자는 무게 때문에 수직으로 하향한다고 주장했지만, 원자는 수직선에서 벗어나 서로 결합하는 독립적인 능력을 가지고 있다고 강조했다. 원자이론의 이 같은 고유의 변화와 조정은 인간의 자유를 신뢰하게 할 수 있는 중요한 요소였다. 만일 원자만이 기계적 운동이 가능했다면 원자로 구성된 인간 또한 자동조작의 존재로 전락해 버리고 그리고 운명론은 우주의 법칙이 될 것이다.

에피쿠로스학파의 윤리관은 인간의 최고선을 쾌락이라 정의하였으나 순수쾌락의 범주 안에 좋지 못한 유흥이나 색다른 도락을 포함시키지 않았다. 소위 타락한 자가 일삼는 쾌락은 허용되지 않았다. 왜냐하면 지나친 정욕이나 음욕적인 행위는 고통과 삶의 아픔을 통해서만이 균형을 유지할 수 있기 때문이다. 또 한편 에피쿠로스학파에서 정욕에 대한 절제된 충족을 허용하고, 그러한 행위를 선으로 간주했다. 그러므로 에피쿠로스학파에게 있어 정욕이나 육체적인 쾌락보다 더 좋은 쾌락은 정신적인 쾌락이었다. 이와 같이 그들이 추구한 최고의 쾌락은 정신적 고뇌와 육체적 고통이 완전히 해소된 마음의 평정이며 평온이다. 에피쿠로스학파에서 말하는 마음의 평정은 불안과 공포, 특히 초자연에 대한 두려움이 해소될 때에 도달할 수 있다. 인간의 영혼은 물질이므로 육신을 살아남게 할 수 없으며, 우주는 스스로 움직이고, 제신은 인간문제를 간섭하지 못한다는 사실의 인식으로부터 에피쿠로스학파의 철학이 출발한다. 이와 같이 에피쿠로스학파 제신은 세속에서 멀리 떨어져 살고 자신의 행복에 너무 열중한 나머지 이 세상에서 일어나는 일에 대해 관여하지 않는다고 생각했다. 왜냐하면 제신은 인간의 현세적 삶이나 앞으로 도래할 미래의 삶에 상을 주고 벌을 주는 일이 없기 때문에 그 무엇도 두려워 할 이유가 없기 때문이다. 그러므로 에피쿠로스학파의 사상가들은 스토아 사상가와 다른 길을 걸었지만 최고의 선이 마음의 평정에 있다는 주장은 스토아 사상가의 선과 일치한다.

    에피쿠로스학파의 정치이론은 물론 윤리학도 철저히 공리주의에 기초하고 있다. 스토아 사상가와는 달리 에피쿠로스학파의 철학자들은 미덕을 그들이 추구해야 할 궁극의 목적으로 보기보다 오히려 인간이 왜 선해야 하는지에 역점을 두었다. 에피쿠로스학파의 철학자들은 그 이유를 선이 인간 자신의 행복을 증가시키기 때문이라고 가르쳤다. 마찬가지로 그들은 절대적 정의의 존재를 부인하고, 법과 제도는 단지 그것이 개인의 복지에 기여하는 한에서만이 정당하다고 생각했다. 말할 나위없이 법규와 규범은 복잡한 사회에서 안전과 질서의 유지를 위해 요구되는 것이다. 이와 같이 에피쿠로스학파는 국가의 구성원은 법에 복종해야 하며, 그렇게 사는 것이 그들에게 유익하다고 말한다. 왜냐하면 국가의 기원과 실체는 권익에 근거하기 때문이다. 일반적으로 그들은 정치적인 삶이나 사회적인 삶에 높은 관심을 가지지 않았고, 국가를 편리한 도구로 생각하고, 현자는 공공생활에 적극적인 관심과 참여를 기피해야 한다고 가르쳤다. 퀴니코스학파 사람들과는 달리 에피쿠로스는 인간은 문명을 포기해야 한다는 것과 자연으로 돌아가야 한다는 것을 강조하지 않았다. 오히려 에피쿠로스에 있어 가장 행복한 삶이란 본질적으로 수동적이고 패배주의적인 삶이었다. 그러므로 에피쿠로스는 아무리 지적이고 열성적인 노력을 한다 하더라도 현자는 세상의 죄악과 악폐를 근절시킬 수 없다고 말했다. 그러므로 에피쿠로스는 '그의 철학연구(Cultivgate his Garden)'에서 벗어나 몇몇 마음이 맞는 친구와 우정을 나누며 즐기는 일에 열중했던 것이다.

급진적 패배주의 철학은 회의론자에 의해 주창된 철학이었다. 회의론(Skepticism)은 제논과 에피쿠로스 동시대의 필론에 의해 창시되었으나 카르네아데스(214~129 B.C.)의 영향 하에 약 1세기 이후까지 별 인기를 끌지 못했다. 회의론은 일체의 지(知)는 감각적 지각에서 유래하기 때문에 제한적이고 상대적이어야 한다는 소피스트의 가르침에 기초하고 있다. 그래서 회의론자들은 스스로의 논리적 내지 인식론적 연구란 그 자체를 목적으로 삼았던 것이 아니라 오히려 그 모든 것의 불가지적 성격을 통찰함으로써, 이를 바탕으로 하여 그 무엇도 증명할 수 없고 판단할 수 없다는 결론에 도달하게 되었다. 우리의 지각은 우리 자신을 속이고, 그어떤 진리도 정확할 수가 없다. 우리가 말할 수 있는 일체 모든 것은 이러저러한 겉모습일 뿐이다. 우리는 일체 모든 것의 참이 무엇인지 알 수 없다. 사실 우리는 초자연적인 것, 생의 의미, 혹은 옳고 그름에 대한 정확한 지식을 가지고 있지 않다. 그러므로 결국 이 모든 것을 추구함에 있어 현명한 길은 판단중지(epoche)'이다. 이 판단중지만이 인간을 행복으로 이끌 수 있다. 만일 인간이 절대 진리에 대한 무익한 탐구를 포기하고 그리고 선악에 대해 판단을 중지한다면 삶이 제공하는 최고의 만족인 마음의 평정에 도달하게 된다고 역설했다.

회의론자는 정치적·사회적인 문제에 대해 에피쿠로스학파의 철학자들만큼 관심을 가지지 않았다. 회의론자는 이해할 수도, 개혁할 수도 없는 세계로부터 도피를 하는 전형적인 헬레니즘적 이상을 가진 자들이었다. 그들은 서로 모순되는 두 명제 중 어느 하나가 다른 것보다 더 진리라고 할 수 없다는 것과 모든 판단에 대해 우리는 동등한 권리를 가지고 그와 반대되는 주장을 대립시킬 수 있음을 확신했다. 그것은 우리의 인식능력이 주관을 넘어서 물자체(Ding an sich)'에 도달할 수 없는 고로 판단은 모든 주관적인 테두리를 벗어날 수 없기 때문이다. 다시 말해서 안다는 것 자체는 불확실하며 물(物)의 성질은 불가지(不可知)이므로, 인간은 진리에 도달할 수 없고 따라서 사물에 대한 선악·미추·진위판단을 중지하고 사실상 개연성을 승인하는 것으로 그쳐야 한다. 여기에서 우리는 회의론자들이 판단중지를 실천적 이상으로서 마음의 평정에 도달하기 위한 전제조건으로 삼고 있었음을 알 수 있다. 이러한 점에서 그들은 특히 윤리적 측면에서 스토아학파나 에피쿠로스학파에 비견될 만하다고 하겠다.

에피쿠로스학파의 창건자인 에피쿠로스는 기원전 342/1년에 사모스에서 태어났다. 그는 사모스에서 플라톤주의자인 팜피루스에게 청강하고[124], 그리고 그 후 테오스(Teos)에서 에피쿠로스에게 많은 영향을 준 데모크리토스의 제자 나우시파네스(Nausiphanes)의 강의도 청강한 바 있다. 18세가 되던 해 에피쿠로스는 자신의 군복무를 위해 아테네로 왔다. 그 후 콜로폰(Colophon)에서 연구에 몰두했던 것으로 추측된다. 기원전 310년 그는 아테네에서 이오니아로 이동하여 미틸레네(Mitylene)에 학교를 세

---

124) *Diogenes Laertius* 10. 14.

워 가르치기 시작했다.125) 이 학교는 에피쿠로스가 구입한 그의 정원에 세워졌으며, 그의 유언에 따라 집과 정원은 후에 그의 제자들에게 양도되었다고 디오게네스 라에르티우스는 기술하고 있다. 학교의 위치나 상황으로 보아 에피쿠로스학파 사람들에 의해 유지되었다고 하는 사실을 확신케 한다.126)

에피쿠로스는 많은 작품을 쓴 작가였다.[디오게네스 라에르티우스에 의하면 약 3백 권의 작품을 썼다고 전한다] 그러나 그 작품의 대부분은 전해지지 않고 있다. 디오게네스 라에르티우스는 교훈적인 세 서신을 우리에게 전하고 있다. 그의 서신 가운데 헤로도토스와 메노에케우스(Menoeceus)에게 보낸 편지는 신뢰할 수 있는 것이지만 피토클레스(Pythocles)에게 보낸 편지는 에피쿠로스의 제자에 의해 만들어지고 에피쿠로스의 작품에서 발췌한 것으로 믿어진다. 그에 의해 쓰인 여러 단장은 역시 그의 주요작품 『자연에 관하여(Peri physeos)』에 수록되어 있다.

에피쿠로스는 미틸레네의 헤르마르코스(Hermarchos)에 의해 철학학교 교장의 자리에 앉게 되었다. 헤르마르코스는 폴리스트라투스(Polystratus)에 의해 교장이 되었다. 에피쿠로스의 직접적인 제자는 헤르마르코스와 폴리아에누스 그리고 람프사쿠스의 메트로도루스(Metrodorus of Lampsacus)였다. 키케로는 기원전 90년 로마에서 파에드루스(Phaedrus : 78~70 B.C.경 아테네 철학학교 교장)에게서 청강했다. 그러나 에피쿠로스학파의 가장 유명한 문하생은 라틴시인 루크레티우스 카루스(T. Lucretous carus; 91~51 B.C.)이다. 루크레티우스 카루스는 그의 시 『사물의 본성에 관하여(de Renum Natuara)』에서 인간의 기본적인 목적은 제신과 죽음의 공포로부터 영혼의 평화에 도달하는 참 해방이라고 에피쿠로스 철학의 본질을 인용했던 것이다.127)

---

125) *Diogenes Laertius* 10. 8.
126) *Diogenes Laertius* 10. 12.
127) Frederick Copleston, S.T. *A History of philosophy*(Greece and Rome) Westminster 1960, pp.401~402.

2) 에피쿠로스 사상의 규준학

에피쿠로스는 변증법이나 논리학에 관심을 가지지 않았다. 그가 논리학에서 다소나마 흥미를 가졌던 부분은 진리의 표준에 관한 것이었다. 30년 동안에 걸쳐 아테네에서 은둔생활을 했던 그는 인간의 목적은 철학을 논하고 추리에 의하여 행복을 획득하는 쾌락으로 규정하고 윤리학·자연학 그리고 규준학(規準學)의 3부로 나누었다. 규준학[128]은 자연학의 전제이고 자연학은 윤리학의 전제였다. 그는 자연학을 윤리학의 보조학으로서만 관심의 대상으로 보았다.

그러므로 에피쿠로스는 순수과학적 탐구를 경시하고 그리고 수학의 무용론을 주장하면서 스토아 철학이 윤리학에 대해 보였던 관심보다 더 큰 관심을 가지고 있었다. 왜냐하면 에피쿠로스는 과학이나 수학이 인간의 삶, 삶의 행동양식과 무관하기 때문이었다. 메트로도루스(Metrodorus)는 만일 어느 누구든지 호메로스의 글을 단 한 줄도 읽은 적이 없다면 그리고 핵토르(Hector)가 트로이 사람이었는지 아니면 그리스 사람이었는지 알지 못했다면 아무 걱정거리가 없을 것이라고 말했다. 에피쿠로스가 수학을 반대한 이유 가운데 하나는 현실세계에서 기하학자의 점과 선 그리고 표면은 그 어느 곳에서도 찾을 수 없기 때문에 감각적인 지식에 의해 실증되지 않는 것으로 생각했다. 에피쿠로스는 지식의 유일한 기반이며 기원을 지각이라고 생각했다. 어떤 하나의 판단은 지각이 그것을 확인하고 입증하는 경우에서만 참이며 그렇지 않을 경우는 거짓이라는 것이다.[129]

---

[128] 에피쿠로스학파에서 논리학을 규준학(規準學 : canonie)이라 부른다. 진리의 규준에 관한 학이라는 뜻이다.

에피쿠로스는 감각적 지를 모든 지식의 기초로 생각했다. "만일 네가 너의 모든 지각에 맞서 싸운다면 너는 논리의 표준을 가지지 못할 것이며, 또 네가 거짓이라 단언하는 지각들마저도 판단하지 못할 것이다." 루크레티우스는 감각보다 더 신뢰할 수 있는 것이 무엇인가 하고 묻고 있다. 감각적 사실, 감각적 지식을 판단하는 이성은 완전히 감각기관에 기초하고 있다. 그리고 만일 감각이 허위일 경우에 이성도 거짓이다.[130] 더욱이 에피쿠로스학파는 천체의 문제에 있어서도 확신에 도달할 수 없다고 주장한다. 왜냐하면 하늘의 현상은 많은 다른 이유에 의해서 서로 다른 모습이 연출되기 때문이다.[131]

그리스 사람들은 현대적 과학기구를 가지지 못했으며, 또 과학문제에 대해 대체로 정확한 관찰에 의해 사실을 실증하기보다 상상이나 추측에 의해 접근했다. 에피쿠로스의 논리학이나 규준학은 지식의 표준이나 규범들, 그리고 진리의 기준을 다루고 있다. 진리의 기본적인 기준은 정확과 확실(enargia)에 도달하는 지각이다. 지각은 사물의 형상(eidola)들이 감각기관을 침투할 때에 발생하며[데모크리토스와 엠페도클레스의 원자론을 참조] 지각은 항상 참이다. 에피쿠로스학파는 지각 속에 상상적인 개념작용을 내포하고 있으며, 일체의 지각은 사물들의 표면에서 끊임없이 나오는 에이돌라(eidola)의 체득(reception)에 의해 발생한다고 강조하고 있다. 이러한 형상, 즉 에이돌라는 같은 사물에서 지속적으로 흐르고 감각기관에 의해 들어가게 된다. 우리는 좁은 의미의 지각을 가지고 있거니와, 즉 개개인 형상이 몸의 작은 구멍을 통해 들어갈 때 그들은 서로 뒤엉키어 마치 반인반마(半人半馬)와 같은 모습들을 나타나게 된다. 어느 경우에서든 우리는 지각을 가지며, 에이돌라의 종류는 객관적인 근거인 사물에서

---

129) *Diogenes Laertius* 10. 146.
130) Giovanni Reale, *op. cit.*, pp. 183~185.
131) *Diogenes Laertius* 10. 86.

나타나는 것처럼 지각의 형태도 참이라는 것이다. 도대체 착오는 어떻게 발생하는가? 판단에 의하기 때문이라고 할 수 있다.

에이돌라가 외계의 사물과 언제 부합하고, 또 언제 부합하지 않는지를 인식한다는 것은 쉬운 일이 아니다. 그러므로 첫째의 기준은 지각이다. 두 번째의 기준은 개념(prolepeis)에 의하여 제공된다. 에피쿠로스학파에 의하면 개념은 단순한 기억의 상(memory image)이다.132) 우리가 하나의 사물, 예를 들자면 한 인간에 대하여 지각을 한 다음에 인간에 대한 기억의 형상이나 일반적인 상이 우리가 '인간'이라는 말을 들을 때에 떠오르게 된다는 것이다. 이러한 기억에 의한 표상들의 개념은 항상 참이다.

또한 제3의 기준은, 즉 감정이다. 감정은 행위의 기준이다. 그러므로 쾌락의 감정은 우리가 무엇을 선택해야 하는가의 기준인 데 반해, 고통의 감정은 우리가 무엇을 피해야 하는지를 보여준다. 그러므로 에피쿠로스는 진리의 기준은 감각·선입관 그리고 격정이라고 말했다.133) 이와 같이 그는 「규준」에서 우리들의 지각과 선입관 그리고 감정들은 진리의 표준이라고 주장하고 있다. 일반적으로 에피쿠로스학파는 정신적인 묘사나 표현의 지각을 진리의 표준으로 삼고 있다. 에피쿠로스는 모든 지각은 이성의 결여이며, 기억의 불능이라고 말한다.134)

3) 에피쿠로스의 자연학

에피쿠로스의 자연학은 실제 목적에 적용되어 인간을 신이나 초자연

---

132) *Diogenes Laertius* 10. 33.
133) *Diogenes Laertius* 10. 31.
134) *Diogenes Laertius* 10. 31~32.

의 공포와 사후세계의 공포로부터 해방하여 영혼의 평화를 주는 것이었다. 그는 제신의 존재를 부인하지 않으면서도 신이 인간의 문제를 간섭하지 않고, 또 인간은 대체로 신의 노여움을 달랜다거나, 청원한다거나 그리고 미신에 사로잡힐 필요가 없다는 것을 밝히려고 했다. 더욱이 그는 영혼불멸을 부인하면서 죽음의 공포로부터 인간을 해방시키려고 했다. 만물은 인간의 영혼이나 제신까지 포함하여 모두 원자와 그 운동에 유래한다. 죽음은 영혼을 구성하는 원자를 산일(散逸)시키고 감각작용을 종식시킨다. 에피쿠로스는 재판도 없고, 형벌도 없으며, 일체 의식이나 감정도 없는, 오직 사멸만이 존재하는 죽음의 세계를 무엇 때문에 두려워 하는가 하고 묻고 있다.

죽음에 대해 많은 고려를 한 에피쿠로스는 데모크리토스의 원자론을 채택했다. 왜냐하면 데모크리토스의 사상체계가 에피쿠로스의 목적을 충족시키는 가장 훌륭한 것으로 생각되었기 때문이다. 데모크리토스의 원자론은 원자의 기계적 운동에 의해 모든 현상을 설명하지 못했는가? 그리고 그 원자설은 원자로 구성된 육체는 물론 영혼이 불멸한다는 사실을 쉽게 거부하지 못했는가? 에피쿠로스의 자연학의 실제목적은 루크테티우스의 『자연에 관하여』에서 보인 특기할 만한 것이다.[135]

과거 우주론자들의 사상을 되풀이한 에피쿠로스는 무는 무에서 유래하고, 다시 무로 돌아간다고 선언했다. 무는 존재하고 있지 않는 것에서 오는 것이다.[136] 또한 존재하는 모든 것은 모든 것에서 생성되므로 그 어떤 씨앗이 필요치 않다. 그리고 존재하는 모든 것이 소멸되어 자취를 감춘다면 완전히 존재할 수 없는 것으로 파멸되고 만다.[137] 우리의 경험

---

135) *Diogenes Laertius* 10. 139~140.
136) 무는 무에서 온다는 설은 소크라테스 이전의 학자들의 공통적인 주장으로 에피쿠로스가 제시한 새로운 이론은 아니다. 이오니아인이 주장한 유일자인 자연은 생성과 파멸에 의해 변화될 수 없는 것이다.[Aristoteles, *Metaphysics* I. 3. 984 a 31]
137) *Diogenes Laertius* 10. 38~39.

적 실존인 육신은 그것의 앞선 존재인 물질적 실체, 즉 원자로 구성되었다. 그리고 육신의 파멸은 그 육신을 구성하고 있는 실체인 원자들의 분해이다. 그러므로 우주의 근본적인 구성요소는 원자와 허공이다.

> 이제 전우주는 하나의 몸이다. 왜냐하면 우리의 지각은 어떤 경우에서든 모든 실체가 참 실존을 가진다는 것을 증명하고, 또한 지각의 증거가 직접적으로 인식할 수 없는 모든 것에 판단의 규범이 되어야 하기 때문이다. 그러나 허공·공간, 즉 실체가 없는 본성이 참 존재가 아니라고 한다면 거기에는 실체와 그 실체의 운동이 존재하지 않을 것이다.[138]

세계의 기원을 설명하기 위해 에피쿠로스는 원자들의 충돌을 고려하지 않을 수 없었다. 더욱이 그는 동시에 인간의 자유(에피쿠로스학파가 주장한)에 대해 밝히려고 했다. 인간의 영혼은 평탄하고 둥근 원자로 구성되어 있다. 그러나 인간의 영혼은 동물과는 달리 두려움과 기쁨의 감정을 나타내는 가슴속에 합리적 부분을 가진다. 삶의 원리인 비합리적 부분은 몸 전체에 깔려 있다. 죽음에 이르면 영혼의 원소들은 분산되어 더 이상 지각작용을 할 수 없다. 그래서 죽음은 곧 지각의 결여다.[139]

그러므로 세계는 기계적 원인에 기인하기 때문에 목적론을 요구하지 않는다. 그에 반해 에피쿠로스학파 사람들은 스토아 사상가의 인간중심의 목적론을 전적으로 거부했으며, 또한 스토아의 신정론(神正論)과도 전혀 무관했다. 인간의 삶을 괴롭히는 죄악은 신의 섭리로, 조화할 수 없다는 것이다. 신들은 그들의 거처지(intermundia)에서 산다. 그 곳은 인간만사를 생각하지 않는 먹고, 마시고 그리고 그리스어를 말하며 사는 아름답고 행복한 곳이다. 그 곳에서 신들은 인류학적으로 표현되고 있다. 그 이유는 역시 원자로 구성되어 있고 -비록 신들이 가장 아름다운 원소로

---

138) Frederick Copleston, S.J. *op. cit.*, pp.404~405.
139) *ibid.*, p405.

구성되고 그리고 영묘한 몸체나 혹은 인간과 유사한 몸을 지니고 있을지라도- 그리고 성적으로 구분되었기 때문이다. 신은 인간의 모습과 같고, 우리가 먹고 호흡하듯이 그들도 똑같이 먹고 호흡한다. 에피쿠로스는 그의 윤리적 이상인 마음의 평정을 구체적으로 표현하기 위해 제신을 필요했을 뿐만 아니라, 제신을 믿는 것은 대체로 그들이 객관적 실존이라는 전제에서 설명될 수밖에 없다고 생각했다. 제신도 그 표면에 끊임없는 에이돌라가 있다. 그 에이돌라는 우리에게 이르는데, 특히 잠에서 나타난다. 그러나 우리는 지각작용을 통해 제신의 존재와 그리고 그들이 인간의 동형동성(同形同性)임을 인식할 수 있을 것이다.[140] 또한 제신의 행복의 조건은 이성에 의해 도달된다. 이와 같이 인간은 신들의 전지전능함을 찬송하고 숭배하는 전통적인 의식에 참여할 것이다. 그러나 제신에 대한 모든 두려움은 적절하지 못한 행위다. 더욱이 희생 제물에 의해 제신의 은총을 얻으려는 모든 시도는 부당한 짓이다. 제신에 대한 참경배는 바른 생각에 있다. 그러므로 현자는 죽음을 두려워하지 않는다. 왜냐하면 죽음은 단순한 사멸이기 때문이다.

4) 에피쿠로스의 윤리학

키레나이코스의 사상가들처럼 에피쿠로스도 쾌락을 인생의 목적으로 삼았다. 모든 사람은 쾌락을 얻으려고 노력한다. 행복은 쾌락에 있으며 쾌락은 행복한 삶의 시작이며 목적이다. 왜냐하면 그는 쾌락을 인간과 동시에 태어난 선천적인 제1의 선으로 인식했기 때문이다. 인간은 쾌락의 결여 때문에 고통 속에 있게 되었을 때, 쾌락의 필요를 느끼게 된

---

140) *ibid*., p406.

다. 이와 같이 인간은 쾌락의 결여로 말미암아 고통 속에 있게 되는 순간, 그 때 쾌락의 필요를 느끼게 된다. 그러므로 에피쿠로스는 쾌락을 행복한 삶의 알파요 오메가라고 평가했다. 쾌락은 인간의 제일의 선인 동시에[141] 모든 선택과 혐오의 출발점이다. 마치 인간이 일체의 선을 감정에 의해 판단하고, 또 감정을 규범으로 삼듯이 인간은 쾌락으로 돌아간다. 이와 같이 쾌락이 인간이 추구하는 제일의 선이며, 또 선천적인 선이기 때문에 쾌락자체가 조건없이 선택되어서는 안된다. 자주 인간은 많은 쾌락으로부터 큰 고난을 당할 때에 쾌락을 무시해 버린다. 인간은 자주 오랜 기간 동안 고통을 감수하고 고통에 복종하는 삶을 통해 오히려 더 큰 기쁨을 느끼게 된다. 그 때마다 인간은 자주 고통이 쾌락보다 더 가치 있는 것으로 생각한다. 일체의 쾌락은 본래 우리 가까이 있기 때문에 선이다. 하지만 모든 고통이 사악한 것이어서 회피되어야 할 것이 아니듯이, 모든 쾌락은 선택될 수 있는 가치가 아니다.[142]

에피쿠로스는 쾌락을 생의 목적으로 삼을 때, 쾌락에 의해 판단하고, 이해하는 것에 대해 의문을 제기한다. 그는 두 가지 사실에 역점을 두고 있다. 첫째로 에피쿠로스는 순간의 감정적 쾌락보다 삶의 연속에서 생성하는 쾌락이다. 그리고 둘째로 에피쿠로스는 쾌락을 현실의 삶에서 오는 만족에서보다 오히려 고통의 곁에서 찾았다. 이와 같이 에피쿠로스의 쾌락은 영혼의 고요이며, 마음의 평정(psyche ataraxis)이었다. 에피쿠로스에게 있어 육신의 건강은 이러한 마음의 평정과 연대였던 것이다. 그러나 에피쿠로스가 강조한 것은 오히려 지적 쾌락이다. 왜냐하면 가혹한 육신적 고통은 단기적 고통이며, 다소 덜 가혹한 육신의 고통은 지적 쾌락에 의해 극복되고 정제된다고 생각했다. 에피쿠로스는 육신의 건강 유지는 선택하여 취할 것과 피할 것, 그리고 영혼의 불안으로부터 벗어나는 자

---

141) *Diogenes Laertius* 10. 128~129.
142) *Diogenes Laertius* 10. 129.

유라고 밝히고 있다. 인간은 고통이 쾌락으로부터 발생하게 될 때에는 쾌락으로부터 도피해야 한다고 그는 말했다. 그리고 그는 잠시 고통을 참고 견디면 고통으로부터 더 큰 쾌락을 얻게 될 것이라고 확신했다.[143] 에피쿠로스는 많은 쾌락 가운데 선택할 수 있는 쾌락과 거부해야 할 쾌락을 구분하면서, 그는 결국 순간의 감각적 쾌락이 아니라 영구불변의 도덕적·정신적인 쾌락을 찾았던 것이다.

사실 우리는 어떤 쾌락이 더 큰 고통을 낳지 않고, 그리고 어떤 고통이 더 큰 쾌락을 낳지 않는지 고려해야 할 것이다. 쾌락이 순간적으로 그 도가 지나칠 때에 몸을 병들게 하거나 습관의 노예로 만들 것이다. 이럴 경우에 쾌락은 더 큰 고통으로 빠지게 할 것이다. 그에 반해 고통이 순간적으로 증가할 경우, 마치 수술에서 보듯이 더 좋은 건강을 가져올 것이다. 그러므로 모든 고통은 사악한 것이고 그리고 모든 쾌락은 선하고 유익한 것이라고 생각하겠지만 우리는 사실상 미래를 내다보고 또 우리의 영원한 쾌락의 극대치에 도달하도록 노력해야 할 것이다. 그것은 바로 에피쿠로스의 사상에서 밝히고 있는 육신의 건강과 영혼의 평정이다. 에피쿠로스의 쾌락설은 성도덕(性道德)의 자유와 같은 방탕과 무절제가 아니라 평온함과 평정의 삶이다. 왜냐하면 인간의 불행은 두려움이나 무한한 헛된 정욕에서 오는 것이기 때문이다. 만일 인간이 두려움이나 정욕에 구속된다면 자력으로 이성의 축복을 받도록 노력해야 할 것이다.[144]

현자는 그가 필요로 하는 것들을 배로 요구하지 않을 것이다. 왜냐하면 그 같은 요구는 고통을 배로 증가시키는 것이 되기 때문이다. 이와 같이 현자는 그가 필요로 하는 것을 오히려 최소화할 것이다. 에피쿠로스는 현자는 육신적 고통을, 심지어 고문까지도 참고 견딜 때에 완전한

---

143) *Diogenes Laertius* 10. 128~129.
144) *Diogenes Laertius* 10. 133~142.

행복에 도달할 수 있다고 말하고 있다. 그러므로 에피쿠로스는 설사 현자가 고문대에서 고문을 받을지라도 여전히 행복하다고 말할 것이다.[145] 그러므로 에피쿠로스의 윤리학은 자제와 독립으로 통하는 절도있는 금욕주의라고 하겠다. 에피쿠로스학파의 철학자들에게 있어 자신을 검약하고 정욕에 물들지 않도록 하는 것이 완전한 건강을 유지하는 필수요건이다. 에피쿠로스는 미덕의 가치를 쾌락을 만드는 힘에 따라 평가하고 있지만 미덕은 아타락시아(ataraxia)나 혹은 영혼평정의 조건이다. 에피쿠로스는 허식이 없는 소박함·절제·온건·기쁨과 같은 미덕은 방종한 사치보다 더 큰 쾌락과 행복으로 인도한다고 강조하고 있다. 분별있는 현명한 삶과 명예로운 삶 없이는 즐거운 삶을 살 수 없다. "불안과 공포로부터 떠난 사람이 모든 사람들 가운데에서 가장 자유로운 사람이다." "불공평은 본질적으로 사악하지 않다."[146] 재앙은 그것이 감지되는 경우에만 재앙이 되나 죽음은 그 감지하는 힘을 빼앗는 것이므로 하등 나쁜 것이 아니다. 죽음은 우리와 아무 관계가 없는, 즉 무관계(無關係)이다. 왜냐하면 우리가 현재할 때 죽음은 현재하지 않으며 죽음이 현재할 때에 우리의 존재는 현재하지 않기 때문이다.

더욱이 에피쿠로스학파의 윤리학은 개인의 쾌락에 기초하고 있다는 점에서 이기적이거나 자기중심적(egocentric)이라고 하지만 사실 우리가 생각하는만큼 그렇게 이기적이지 않았다. 에피쿠로스학파의 철학자들은 친절이나 호의를 받기보다 오히려 베푸는 것을 더 즐거워했다. 특히, 에피쿠로스는 다른 사람들에 대해 두려워하지 않고 평온한 마음으로 살려고 하는 자를 친구로 삼아야 하며, 그리고 "가장 행복한 사람은 자신의 주변에 있는 사람에 대해 두려워하지 않는 사람이며, 그러한 사람은 서로 융화하면서 살 수 있으며, 서로의 신뢰를 쌓아가며 살아간다. 또한

---

145) *Diogenes Laertius* 10. 118.
146) *Diogenes Laertius* 10. 150~153.

그들은 서로 우의를 나누면서 친구의 때 이른 죽음을 슬퍼하지 않는다"[147]고 했다.

에피쿠로스는 특히 우의를 강조했다. 그는 삶에 있어 행복을 제공하는 모든 것 가운데에서 가장 중요한 것을 우의의 획득이라 했다.[148] 우의 없는 삶은 인간을 안전하고 평온한 삶으로 인도할 수 없다. 또한 우의는 쾌락을 선사한다. 그러므로 우의는 개인의 이익, 이기적인 기초에 근거한다. 이러한 이기주의는 에피쿠로스의 다음과 같은 사상과 교의에 의해 완화되었다. 즉 이타적인 사랑은 우의에서 생성하고, 현자는 우의 속에서 친구를 자신처럼 사랑한다. 그럼에도 불구하고 에피쿠로스학파의 사회사상은 이기적인 특성을 지니고 있다. 우의는 이기적인 사려에서 발아한다. 에피쿠로스학파의 이 같은 이기주의적 사회사상은 에피쿠로스가 지적한 바와 같이 현자는 영혼의 평정을 가로막는 정치에 관여하지 않는다는 가르침에서 명시되고 있다. 그러나 다음 두 가지는 예외다. 첫째로 자신의 안전을 확보하기 위해 정치참여를 필요로 하는 자, 둘째로 마음의 부동, 평온의 상태가 불가능하여 정치적인 삶에 강한 충동을 가진 자다.[149]

에피쿠로스의 법이론에서 쾌락과 개인의 이익을 강조된다. 법이 지배하고 정의가 존중되는 사회에서 사는 것이 만인의 만인에 대한 투쟁(*bellum omnium contra omnes*)의 상태에서 사는 것보다 더 기쁘다. 이러한 만인의 만인에 대한 투쟁의 상태는 결코 영혼의 평정이나 마음의 부동을 승인하지 않을 것이다. 에피쿠로스학파는 스토아 사상이 헤라클레이토스(Heraclitos)의 우주론에 회귀하였듯이 레우키포스(Leucippos)와 데모크리토스학파의 자연학에 기초했다. 또한 에피쿠로스학파의 윤리학은 키레

---

147) *Diogenes Laertius* 10. 154.
148) *Diogenes Laertius* 10. 132.
149) Frederick Copleston, S.J. *op. cit.*, p.411.

나이코스학파의 윤리학과 어떤 점에서 일치하고 있다. 키레나이코스학파의 창시자 아리스티포스와 에피쿠로스는 인생의 목적을 쾌락이라고 생각하였다. 이 두 학파의 관심은 미래였으며, 그래서 쾌락과 고통에 대해 계산하고 측정하였다. 그러나 에피쿠로스학파와 키레나이코스학파 사이에는 많은 차이가 있다. 키레나이코스학파는 일반적으로 적극적이고, 양성적 쾌락(조용한 움직임, 운동, 즉 *kinesis*이다)을 목적으로 하는 데 반해, 에피쿠로스학파의 쾌락은 소극적이고, 음성적인 고요와 평정의 쾌락(*katastematike hedone*)을 보다 강조했다. 또한 키레나이코스학파는 육신적 고통을 정신적 고통보다 더 사악한 것으로 생각했는데 이에 반해 에피쿠로스학파는 정신적 고통을 육신적 고통보다 더 사악한 것으로 보았다. 그러나 키레나이코스 사상은 결국 에피쿠로스 사상에 흡수되었다고 말할 수 있다.

에피쿠로스가 추구한 쾌락은 육신적인 환락이 아니라 고통과 혼란으로부터의 소극적인 해방, 말하자면 번뇌없는 평정, 아타락시아를 의미한다. 그것은 신체의 건강과 마음의 평정이며 다른 사물에 의존하지 않는 자유로운 정신 상태이다. 키레나이코스학파는 쾌락을 행복과 유덕한 삶의 최고원리로 삼았지만 에피쿠로스는 정신적인 평온한 쾌락, 즉 아타락시아를 최고의 덕으로 삼았다. 그는 이러한 가르침을 아테네 정원을 방문하는 사람들에게 가르쳤고 그 가르침은 빠른 속도로 그리스와 이탈리아로 번져갔다.

에피쿠로스의 철학은 영웅이나 주요 인물에 관한 철학이 아니다. 또한 스토아 철학의 강령에서 볼 수 있는 도덕적 장려(壯麗)함이나 숭고함을 지니고 있는 것도 아니다. 더욱이 에피쿠로스의 철학은 그 기본교리에서 볼 수 있듯이 그렇게 이기적이지도 또 비도덕적인 철학은 아니었다. 에피쿠로스의 철학이 당시에 매력을 끌었던 것은 시대적 요청에 일치한 점이었을 것이다. 아테네의 정원에 친구와 제자를 모아놓고 강의를 시작한 에피쿠로스의 정원학도는 우의의 생활을 가르쳤으며, 그가 죽은 뒤에도 이 학통은 오래 지속되었다. 다른 학파가 시대의 흐름에 따라 많은 변화를 보인 데 반해 이 학파에서는 개조(開祖)의 설이 거의 그대로 전해졌다. 에피쿠로스의 유명한 직제자로는 메트로도로스(Metrodoros)·헤르마르코스(Hermarchos), 그리고 아폴로도로스(Apollodoros) 등이 있다. 특히 뛰어났던 인물은 에피쿠로스 사상이 로마에 들어간 뒤 철학시『사물의 본성에 관하여』를 쓴 루크레티우스였다.

루크레티우스는 에피쿠로스의 학도로서 신들이 일체 세상사를 간섭한다는 두려움과 그리고 영혼이 내세에서 받을 벌에 대한 공포를 제거하는 것이 목적이었다. 진실로 존재하는 모든 것은 무수한 원자와 그것들이 운동하기 위한 텅 빈 공간뿐이며 물체는 다만 원자가 결합한 결과에 불과하다고 인식할 때 일체의 공포는 모두 소멸된다고 하였다. 그러나 그는 데모크리토스처럼 철저한 결정론적이었다기보다 인간을 위하여 의지의 자유를 요구하고 그로 인한 원자의 운동에 어떤 종류의 자발성을 인정했던 것이다.

☐ 쉼터 ☐

제4장
초기 스토아의 세계국가 사상

1) 폴리스에서 코스모스로의 발전

　세계국가 사상의 발전과 체계적인 완성을 위한 기초와 전제조건들은 다양하게 제시되어 왔다. 이오니아 철학자들·소피스트들·귀니코스학파와 키레나이코스학파, 그리고 플라톤과 아리스토텔레스의 학문적 기초가 스토아 철학이 세계철학으로 발전할 수 있는 튼튼한 기초를 제공해 왔다. 스토아 철학의 창시자 제논은 퀴프로스인으로 그리스인이 아니었으며, 오리엔트의 영향을 받은 사람이었다. 이제 헬레니즘 세계의 주변에서 발전한 인류애 사상은 그의 조국 그리스로 진입했다. 스토아 철학의 발전은 당시의 대외 정치적 사건이 중요한 계기가 되었다. 이 외적·정치적 사건은 유산으로 받은 정신의 재화를 수집하여 새롭게 정리한 스토아 사상가들에게 장애가 되었다.
　당시의 세계질서는 알렉산드로스의 정복사업에 의해 변화되었거니와, 이는 단순한 외적·정치적 변화만이 아니라 인간의 의식과 정신생활까지 변화를 초래하였다. 스토아학파의 창시자 제논은 알렉산드로스와 그 후계자의 통치(diadochenherrschaft)에서 보여준 영토 확장과 같은 성공적인 노력에 의해 그 시대를 발전으로 이끌었던 당시의 세계사에 참여할 수 있었다. 알렉산드로스의 세계주의 정신, 초기 스토아 사상가들의 초국가주의는 헬레니즘의 시대정신에 기인한 것이라 하겠다. 이제 헬레니즘의 순수 개인주의적 사고는 세계주의 지향을 위해 편협했던 폴리스적 한계를 극복하고 세계지배를 추구하는 데 박차를 가하기 시작했다.

세계국가 이념은 내면적·이성적 원리에 의한 세계국가 형성, 즉 세계구축이었다. 세계의 모든 지역은 내적·경제적 관계를 가지며, 왕이 모든 신적·인간적인 사건을 지배하듯이 세계는 그 지배원리이며 법칙인 로고스와 오르토스 즉 이성과 정의(*logos · orthos*)에 의해 결속되었다.[1] 우리는 여기에서 인간의 법을 창출한 헤라클레이토스에 의해 제기된 신적 세계법을 생각해야 할 것이다. 그의 세계이성은 스토아 세계통일체 사상의 기본이념이 되었으며, 피타고라스와 엠페도클레스(Empedokles)의 보편적 세계지배 이념은 스토아 세계국가 사상의 기초가 되었던 것이다. 세계통일·세계결합, 그리고 세계지배법칙이 스토아 세계국가 이념으로 발전할 수 있었던 것은 고대 그리스 철학자의 세계문화에 대한 깊은 인식과 그들의 사상에서 찾을 수 있을 것이다.

세계의 모든 사람이 동종이라는 사실은 인간 자체가 이성적 존재이며 제신과 인간의 결속에 기인한다. 그러므로 인간은 공동운명체다.[2] 이와 같이 인간이 공동체적 존재라는 표현은 아리스토텔레스의 폴리스적 인간보다 훨씬 발전한 보편적 세계인을 지칭하는 것이었다. 스토아 세계국가에서 인간의 합일과 통일은 플라톤의 폴리스 시민공동체의 모사에 불과한 것이다. 스토아 세계국가의 시민은 플라톤의 도시국가에서와 같

---

1) M. Mühl, *Die antike Menschheitsidee in ihrer geschichtlichen Entwicklung*, Leipzig 1928, ss. 70~99.
2) *ibid.*, ss. 68~72.

이 하나의 일치된 생의 목적을 위해 단일한 생의 법칙 아래에 결속했다. 폴리스의 법이 세계로 전이(轉移)되고 발전할 수 있었던 것은 헤라클레이토스의 세계법에 기초했다고 하겠다. 그래서 우리는 인류애 사상에서 세계가 폴리스로, 폴리스가 다시 세계로 회귀하는 과정을 보게 된다.

세계시민 사상은 비로소 그 완성을 스토아에서 보게 되었다. 인류가 하나라는 사상은 고대의 여러 철학파 가운데 특히 소피스트 철학에서 가장 체계적으로 정리되었다. 소피스트들이 주창한 인간공동체는 통일체적이고 유기체적인 전체 세계사의 톱니바퀴와 같은 것이지만 플라톤의 이상주의 철학과 친화적 관계에서는 역사적 발전이 불가능했던 것이다.

플라톤의 국가는 영원한 평화와 안식이며, 영원히 불변하는 존재의 상징이듯 스토아 세계공동체도 도시국가의 역사적 개념을 소거(消去)한 하나의 완고한 조직으로 표현되고 있다. 그래서 스토아 세계공동체는 민족과 국적제한의 폐지, 역사적 생성물인 기존질서와 제도로부터 탈피함으로써 인간을 긴밀한 유기체적 공동체의 존재로 간주하였으나 창조적 생명력은 결여되어 있었던 것이다. 그러므로 스토아 세계공농체에서 전체는 물론 개인도 세계법칙에 따름으로써 인류는 이러한 공동체성과 더불어 그들이 추구하는 지상목표에 도달하게 된다. 인류가 세계법과 끊을 수 없는 관계 속에 행한 공동체 생활의 모든 생명력과 활동은 필연적으로 자연법의 지배를 받게 된다. 스토아 세계공동체는 만물의 창조자이며, 인간운명의 주관자요, 민족들 사이의 이해상충을 조정하는 조정자요, 그리고 인류의 생사와 성쇠, 노동과 업적을 촉진하는 경쟁, 즉 아곤(Agon)이기에 여기서 싸움은 사라지게 된다. 그러나 스토아 세계공동체는 초자연적인 신적 본질과 의지에 대한 윤리적·역사적 책임인 전쟁에 대한 인식을 결여하고 있는 동시에 초월적인 신의 개념과 신국에 대해 기대할 수 없는 관조의 세계에서 자연에 맞서 대립하는 인류역사의 독자적인 모습을 보일 수도, 작용할 수도 없었다. 형태의 관념을 제기할 수도 작용할 수도 없었던 것이다.3) 영원히 불변하는 것에 대한 성찰과 관조는 일찍이 그리스 정신의 본질에서 기초하였지만, 로마제국의 권위와 같은 지상권(*imperium*)은 비로소 실제적인 생명력을 가진 스토아 통일체 사상을 실현할 수 있었다.

그래서 스토아 세계사상에 내재하는 보편적 세계 문화공동체 개념은 영원한 휴지(休止)이며 생기없이 죽어가는 빈혈의 형체인 하나의 도식에 불과하다고 하겠다. 그러므로 인류 전체가 세계이성에 관여하여 오직 그들의 윤리적 가치만을 찾아 내적 활력이 없는 집단으로 전락할 때 영원히 불변하는 세계법과 이성의 법은 개인의 정신적·영적 생활을 마비시키겠지만4) 아마도 각 개인을 역사적 사건의 울분과 인간의 사유와 행위의 전횡으로부터 해방시킬 것이다. 자연법에 기초한 인간의 자유는 역사적 국가공동체의 산물인 계급과 차별을 철폐함으로써 이제 노예제는 그 정당성을 상실하고 말 것이다.5)

다른 한편 위대한 세계법과 이성의 법은 인간성과 인류에 강한 족쇄를 채웠으며, 자발적이고 역사적인 행위와 모든 독창적이고 윤리적인 행위의 저지와, 또한 윤리적·역사적 책임의식에서 나타난 개인의 독립적인 삶을 사멸시킨다. 그래서 어떤 의미에서 인간의 도덕성을 파멸시켰던

---

3) 고대적 세계관과 그리고 그리스도교의 신적 개념에 반하는 것으로 J. Kaerst, *Die Reformation als deutsches Kulturprinzip*, München 1917, ss.7~9.
4) *Diogenes Laertius* VII.128. Cicero, *de Finibus* III.71 ; *de legibus* I.28. 현대 인권문제와 스토아 자연법에 대해서는 Kaerst, *Geschichte des Hellenismus*, 11, ss.128~129참조. Hildenbrand, *Geschichte und System der Recht-und Staatsphilosophie* I, 600ff. 스토아 자연법에서 로마의 자연법 사상의 기초를 찾을 수 있다. 로마 자연법의 지적 기원은 스토아 자연법 사상이다. 우리는 마치 마르크스 공산당 선언에서 혹은 1875년 고타에르(Gothaer)의 강령에서 밝힌 바 있는 사회민주주의 강령이 현대 사회주의 사상의 기초를 이루었던 프랑스 혁명의 인권과 같듯이 로마인들의 자연법은 스토아 자연법과 같다.
5) 초기 스토아는 노예제의 존속은 자연법에 일치하지 않는다는 노예제의 비판을 자연법 사상에서 원용하지 않았다. 비로소 중기 스토아 포세이도니오스의 노예제 사상에서 새로운 견해와 방향이 제시되었다.[M. Mühl, *Die antike Menschheitsidee in ihrer geschichtlichen Entwicklung*, Leipzig, 1928, S.126]

것이다. 초기 스토아의 이성의 법과 자연법은 국가공동체의 문제를 간과했으나 중기 스토아 사상이라고 명명되는 로마 스토아 사상에서 인간의 내면적인 것에 깊은 관심과 가치를 인식하게 되었다.

전인류가 기대하는 인간애 사상은 세계결합과 인류통합을 주창한 스토아 사상의 산물이라 할 수 있다. 이와 같이 인류애 개념은 좀더 구체적으로 말해 스토아 통일체 사상과 스토아의 주지주의의 산물이라고 말할 수 있다. 스토아의 인간애 사상은 인간정조(情調)의 무한한 심연에서, 감각적 삶의 형이상학적 욕구에서, 그리고 영혼의 창조적 힘에 의해서가 아니라 거대한 세계통일체의 세계조화, 세계 전체의 우의의 자연적 상관개념에서 탄생했다. 스토아 철학의 주지주의적 인간애와 예수·바울의 인간애 사이에는 큰 차이가 있다. 스토아 사상에 나타난 인간애는 영적인 힘과 문화적인 성취와 그리고 그 실현을 요구하기보다 철학적인 요구에 불과했다. 그러므로 스토아 인간애는 윤리적·도덕적 활동이나 사회문제에 대한 내적 욕구보다 개인과 전체와의 관계인식에서 기인했다고 하겠다.

그리고 이러한 인식은 역사적 형성물인 개별국가에 대한 입장에서 상세히 명시되고 있다. 퀴니코스학파의 사상을 강력히 지지한 제논은 코스모폴리타니즘을 설파하면서 다음과 같이 말하고 있다.

> 우리는 각기 고유한 국가법을 가진 개별국가와 어느 지방의 규범에 따라 사는 것을 원치 않는다. 그 이유는 세계 모든 사람은 동료이며 같은 시민이기 때문이다. 마치 같은 목초지에서 사는 가축떼들의 생활에서처럼 세계의 모든 사람은 공동의 법에 따라 살아가기 때문이다.[6]

스토아 세계국가에 있어 각자의 사회신분적 차이, 심지어 성별의 차

---

6) Plutarchos, de fort. Alex. I. 6p. 329A. 크뤼시포스는 세계를 공동체의 이상으로 보았다.[phaedr. Epicur. de nat. deorum ed. Petersen p.19. Vgl. die Fragmente der politeia bei V. Arnim, Stoic. vet. fg. I S.72]

이도 관심대상은 아니었다. 그러나 제논은 퀴니코스학파 사람들은 극단적이고 과장된 주장이나 그 학파가 추구했던 이상을 거부했다. 이를테면 그 구체적인 사실로 퀴니코스학파 사람들은 자신들을 가리켜 세계시민이며 어느 특정한 도시국가 시민이 아님을 강조했다. 또한 그들은 기존의 전통·관습·법에 의해서보다 미덕의 법에 의해 국가제도와 국가법을 부정하고 더 나아가 정규화된 도시국가에서 살기를 거부했다. 퀴니코스학파의 사람들이 필요했던 것은 선한 삶을 위해 요구되는 인격적이고 도덕적인 힘이었다.[7]

제논은 그의 『국가론(*Politeia*)』에서 퀴니코스학파의 공허한 세계주의를 이상화하고, 그것을 추구하기 위해 절충안으로 일찍이 퀴니코스학파에서 볼 수 없었던 개별국가의 공동체 생활을 밝힌 바 있다.[8] 제논은 안티스테네스의 영향을 받은 자로 퀴니코스학파 사람들의 공허한 인생관과 세계관 그리고 개별국가와 그 개별국가의 법의 철폐와 같은 반사회적·반정치적(*apolites*)인 태도, 그리고 자유로운 성관계를 미덕의 행위이며 법과 무관한 것으로 치부한 그들의 입장에 절충적 규범을 제시하였던 것이다.

플라톤의 국가에서처럼 스토아 세계국가도 세속국가의 정치적 특성을 결여하고 있다. 이와 같이 권력의 이념에 반대하여 투쟁한 그리스 관념철학이 스토아 세계국가의 이념적 기초였다고 하는 사실을 확인할 수 있다. 플라톤의 국가는 그 지고의 목적을 이데아세계와의 관계에서 찾았다고 한다면 스토아 세계국가는 종의 근원인 이성을 낳는 신성한 질서를 구체화했다고 하겠다.

스토아 세계국가의 이상과 관련한 현자의 이상은 자족으로부터 삶의 본질을 찾았다. 우리가 사는 세계나 또 다른 세계에서 흡사 완전함을 의

---
[7] *Diogenes Laertius* 6.71 ; 6.104
[8] Plutarchos. *Vit. Lyc.*, C.31.

식하며 사는 스토아 현자는 가장 고상한 이상적인 인간유형이며, 참 로고스의 화신이었다.[9] 그렇다면 스토아 현자는 진정으로 저 거대한 인간 공동체 밖의 존재인가? 아니면 세계국가의 장식품에 불과한 존재인가? 스토아 현자는 교육자적 책임과 과업을 완수해야 하고 그럼으로써만이 스토아 사상은 세계공동체에서 파괴되지 않을 것이다. 높은 합리성을 지닌 스토아 사상은 하나의 통일된 세계 안에서 두 세계로의 첨예한 분리를 허용하지 않을 것이다. 그러나 스토아 세계공동체 사상에서 현자가 우월한 존재라는 사실은 결코 부인될 수 없다.[10] 스토아 사상의 가르침은 하나의 문제로 제기되기에 충분하다. 초기 스토아 사상가들에게 부과된 많은 문제를 그들 자신이 다 해결하기에는 역부족이었다. 우리는 스토아 사상가에게서 모든 사람을 포용하는 세계 문화공동체 사상의 출현을 보았다. 그러나 스토아 사상가는 보편적 인간애의 설파자이지만 스토아 철학의 주지주의적 형이상학적 욕구에서 인간애 사상의 개화와 결실을 맺기에는 미흡했다. 하지만 인류의 내적 결속과 통일체 사상을 처음으로 부식시킨 것은 초기 스토아 사상이었다. 인간과 인간 사이의 분열의 요인이 되는 모든 제한의 극복, 인류통일체, 동종의 공속성, 모든 사람이 같은 시민이며 동포인 세계국가의 건설, 그리고 범세계적 정신문화 공동체에 의한 권력이념의 구축은 스토아 인간애 사상의 거대한 위업의 결과라 하겠다. 그러므로 스토아 세계공동체 이상은 미래의 기대와 희망을 제시하고 현재를 살아가는 새로운 인도주의 세계관의 길을 열어놓았다고 하겠다. 이 같은 초기 스토아 사상의 냉혹성과 엄격성을 극복하고 세계국가 이념을 성숙된 현실의 바탕 위에 세우는 것이 그리스·로마 스토아의 후계자들에게 부과된 문제였다.

---

9) Seneca, *dialog*. II.15.2.
10) Cicero, *de nat. deor*. 7.44.121.

2) 플라톤의 이상국가와 계급분화

① 계급분화와 평등

헬레니즘 지성사를 논함에 있어 플라톤의 이상국가와 계급분화에 대한 이해는 곧 초기 스토아 사상의 국가관을 체계화한 제논의 이상국가 실체를 밝히는 데 도움이 되리라는 생각에서 단편적이나마 개관해보려고 한다. 본서의 제목이 시사하듯이 플라톤은 헬레니즘 지성사의 시대적 범주보다 앞선 시대의 인물이지만 제논을 비롯한 초기 스토아 국가관에 직·간접으로 영향을 주었다. 데카르트에 견줄 만한 20세기의 수학자이자 철학자인 영국의 화이트헤드(A.N. Whitehead)는 고대에서 현대에 이르는 모든 사상은 플라톤과 아리스토텔레스를 뛰어넘을 수 없으며, 그들의 연속일 뿐이라고 말했다. 제논은 그의 『국가론』에서 플라톤의 이상국가를 비판하고 있지만 많은 현대학자들은 제논의 이상국가의 건설은 플라톤의 『국가론』의 영향이었다고 말하고 있다. 그러므로 제논의 이상국가의 실체는 무엇인가를 이해하기에 앞서 플라톤의 이상국가는 무엇이며 어떠한 관계를 가지고 있는지 살펴보아야 할 것이다.

플라톤의 사회·정치이론은 기본적으로 계급 이기주의나 개인의 권력의지(Wille zur Macht) 혹은 민주정에 대한 반대나 저항이 아니었다는 것이 오늘날 일반화된 견해다.[11] 그 결과 자주 회자되고 있는 플라톤의 아테네 민주정에 대한 냉소와 경멸은 본질적인 것이었다기보다 오히려 외면적이고 주변적인 것이었다는 다양한 비판이 제기되고 있다. 특히 그의 작품 『프로타고라스(Protagoras)』에서 민주정의 전문가와 정치가, 정의와 자제에 대한 다양하고 흥미로운 설명을 하고 있다.[12] 그리고 자존

---
11) H. Thesleff, "plato and inequality" in *societas scientiarum Fennica*, 1984, p.17.

과 공평의 균등한 배분을 가지지 못한 사람에 대해서도 흥미로운 관심을 보였다. 또한 그는 『고르기아스(Gorgias)』에서 개인이나 집단을 고려치 않은 권력의 야수성을 비난한다. 그는 『국가론(The Republic)』 Ⅵ 492bc에서 민주정은 몇몇 유능한 개인의 비행 때문에 비난을 받게 되었다고 진술하고 있다.13) 그러나 정작 민주정에 대한 주요비판은 『국가론』 Ⅷ, 555b~557c(특히 주목할 만한 것은 『국가론』 558c, 561b~e)에서 제기하고 있다. 여기서 그는 민주정을 전제정 다음으로 인간사회를 타락시키는 것으로 사치와 이기, 잔인함과 지나친 관용으로 묘사하고 있다. 또한 플라톤은 『파에드루스(The Phaedrus)』에서 선동정치가와 전제적 참주를 공격하는 데 반해 『정치가(The Statesman)』(298a~299a, 특히 303a)에서는 민주주의 비능률성에 대한 비판의 강도를 오히려 낮추고 있다. 특히 그의 『법률론(The Laws)』 Ⅲ에서 직접 민주정치를 극장정치에 비유하고 『법률론』 Ⅲ 684에서 재산 분배가 평등을 충족시키지 못한다고 생각했다. 하지만 그는 여전히 『법률론』 Ⅳ 709e~710b에서 민주정은 전통적인 과두정보다 선호되었음을 밝히고 있다. 플라톤은 평등개념의 모순을 발견했지만 그렇게 심각하게 생각하지 않았다. 단순화한 사회·심리적 전제 그리고 그것과 대립하는 반대의 것으로부터 플라톤의 불평등 이론을 설명하려는 모든 시도는 실패할 수밖에 없었을 것이다.

플라톤의 이상국가는 다름 아닌 인간사회에 바람직한 정의의 이론이요, 그리고 다양한 이기(利己)와 야수성에 대한 도덕적 의문이며, 당시의 모든 정치형태에 대한 불만으로 진정한 사회윤리의 확립을 위해 철학적 하부구조의 형성과 모든 사람이 가지는 최고의 정의와 공평 그리고 행복을 위한 국가건설임을 확인할 수 있다.14) 이 같은 내용은 그의 『국가론』 전체에

---

12) W.K.C. Guthrie, *History of Greek Philosophy*, Cambridge Uni press, p.316.
13) Platon, *Republic* Ⅵ. 492bc.
14) Platon, *Republic* Ⅱ. 370ab, Ⅳ 420b.

내포하고 있으며, 또 그의 『일곱 번째 서한(the seventh letter)』 325c~236b[또 그의 『국가론』 V, 473c~e와 유사한 내용]의 자서전적 대목에서 분명히 밝히고 있다. 우리는 플라톤의 인간과 사회에 대한 견해를 이해함에 있어 그의 국가사상의 근저에 깔려 있는 철학적 사고의 인식이 무엇보다 중요하다고 생각한다. 특히, 그의 이상국가론을 철학적 연관관계에서 유추할 때 그의 해석과 어긋나는 많은 과오를 범하는 결과를 초래할 것이라고 생각한다.

플라톤의 이상국가론을 좀더 자세히 분석해 볼 경우 우리는 그가 『국가론』에서 의도했던 바가 관념적이었지 정치적이지 아니었다고 하는 사실을 밝힐 수 있을 것이다.[15] 특히 그는 『국가론』에서 기본적으로 철학적[윤리적·자연적·심리적·논리적·우주적·존재론적·형이상학적 등등] 진리에 일치하는 국가건설을 최선의 국가(the Best State)건설이라고 생각했다. 플라톤의 허구적인 이상국가론은 당시 사회의 기본원리로부터 점진적으로 새로운 사회건설의 에너지가 될 것이라고 많은 사람들은 생각했지만, 그러나 플라톤은 그의 이상국가론에 의해 새로운 이상사회의 건설이 실현될 것이라고 생각하지 않았다.[16]

플라톤의 이상국가의 본질은 순수 이론적·철학적인 체계로 종종 비인간적인 것으로 묘사되는 이상사회의 완성을 위한 급진주의적 산물로 이미 소크라테스가 주장한 것들을 플라톤이 도달해야 할 궁극적 목표로 삼았다는 사실이 인식될 때에 그것에 대한 이해의 접근이 가능해질 것이다. 플라톤의 이상국가의 내용과 구조를 구체적으로 분석해 볼 경우 우리는 무엇보다 계서제적인 것을 발견할 수 있을 것이다. 플라톤은 『국가론』에서 단순한 공상적인 이상국가를 생각했던 것은 아니다. 그는 현실에 부합하는 이상국가의 실현을 위해 시라쿠사의 참주 디오뉘소스를 방

---

15) 플라톤의 『국가론』에 대한 많은 해석에서 이러한 경향을 띠고 있다.
16) Platon, *Republic* III. 369c, V 473e, VI 501e, IX 592a.

문했다. 노예로 팔리는 운명을 체험했음에도 불구하고 그는 두 번씩(367·361 B.C.)이나 시라쿠사를 찾아갔다. 그의 이상국가는 실현되기 어려웠으나, 그렇다고 절대로 실현될 수 없는 것은 아니었다. 플라톤은 당시에 현존한 정체에 대해 비판한 바에 의하면 페르시아의 군주정치는 전제정치로 타락하고, 시라쿠사의 군주정치는 참주정치로 타락했다는 것이다. 대체로 정치의 타락은 국민을 수탈하고 권력을 남용하여 정의를 유린하는 데서 연유한다. 군주정치는 한 사람에게 권력이 집중하는 것을 의미하거니와 과도한 권력의 집중은 파괴를 초래하고, 과도한 권력은 부패의 원인이라고 플라톤은 지적한다. 스파르타에서 전사가 정권을 장악하여 일반 서민의 재산을 약탈해서 권력은 금력을 겸유하는 금권정치, 그 위에 명리까지 겸하는 공명정치(timocracy)가 되고 말았다. 아테네의 민주정치는 민중으로부터 선출된 대표자가 통치하는 것이었으나, 이제까지의 통치자나 전사 계급의 공명 대신 서민 대표들의 공명욕이 맹위를 떨치게 되었다. 그들은 자유·평등을 주장하나 그 자유는 방종이며, 그 평등은 무차별이었다. 지배만 알고 복종을 모르는 인민이 생겨 무정부상태를 초래하였다. 드디어 민중은 폭민화하고, 그 대표는 선동가로서 중우정치가 출현한 것이다. 이것이 당시의 아테네의 중우정치였고, 소크라테스가 처형된 것은 바로 이런 시대였다.[17]

이와 같이 당시 아테네 시민들의 부패와 어리석음을 가까운 곳에서 보았던 젊은 플라톤은 정치는 덕에 기초한 정의의 실현이라는 그의 스승 소크라테스의 절규를 보면서 '정의의 국가'·'현자인 철학자들이 통치하는 국가'의 건설을 위해 부심했던 것은 당연한 일이었다. 그렇다면 플라톤은 철학자들이 지배하는 엘리트정치의 기초와 전제조건은 무엇이었으며, 그의 이상국가에서 계급분화의 불평등은 무엇이었는가? 또한 이상국가

---

17) 소광희·이석윤 공저, 『철학의 제문제』(지학사, 1975), 459쪽.

건설을 위해 지향했던 선의 이데아 실현의 교육의 본질과 목표는 무엇이 었는가? 이러한 일련의 문제를 플라톤의 『국가론』과 『법률론』을 중심으로 전개하려고 한다.

플라톤은 『국가론』에서 계급분화를 기초로 통치자에게는 오직 통치권만 배분하는 한편, 법만으로 지배하는 것을 지양하여 법 이전에 철학자들의 덕과 지혜로 통치하는 우수자 지배라는 아리스토크라티아(Aristocratia) 즉 귀족정치를 제창한다.[18] 통치자는 세습적 지배자가 아니라 선발된 우수자요 탁월한 이성으로 훈련된 자다. 플라톤은 이를 철학자라 한다. 그는 "우리들 가운데 한 사람도 자기 개인을 위해서 태어난 자는 없다. 우리의 존재는 우리나라에 도움이 되는 한에서 어떤 의의를 갖는다"[19]고 했다. 인간은 본래 폴리스적 존재이며, 폴리스는 인간존재의 기초로서 공동체인 것이다. 폴리스는 우주의 조화와 질서를 이데아로 삼는 존재로서 개인에 대하여 초월적인 일반자요 개인의 이데아다.

플라톤의 『국가론』 제2권의 처음에서 글라우콘(Glaukon)은 공평과 평등은 이익을 위해 투쟁하는 자들이나 집단 사이의 불화를 화합과 타협을 이루게 하는 것이라 말하고 있다.[20] 그러나 플라톤의 견해는 다르다. 그는 『국가론』 8권에서 타락과 쇠퇴의 문제가 도래하면 몰라도 실생활에서 타협이나 절충은 그에게 있어 그렇게 중요한 관심사는 아니었다. 그는 '일치'와 '통합'의 의미를 나타내는 '호모노이아(ὁμονοία)'에 새로운 가치와 의미를 부여하고, 특히 이상국가의 시민들이 가져야 할 표준적인 태도를 생각했다. 하지만 그의 사상체계에서의 호모노이아는 형이상학적인 의미를 강하게 나타내고 있다.[21]

우리에게 보다 흥미로운 것은 지배계층, 즉 국가수호자들 사이에 성의

---

18) 아리스토크라티아는 원래 '귀족정'을 의미하는 것이 아니라 '우수자 지배체제'라는 뜻이다.
19) Platon, *Epistles* 358a.
20) Platon, *Republic* II. 358c, 359c.
21) Homonoia는 기원전 5세기 말과 4세기 초 아테네에서 일반화된 슬로건이다.

평등과 재산공동체를 망라한 총체적 평등의 적용이다. 플라톤의 『국가론』에서 밝힌 국가수호자들은 실생활에서 그 어떤 그리스인보다 훨씬 평등하다. 이 기초적이고 혁신적인 단계는 현대적 관점에서 볼 때 지극히 진보된 것처럼 보인다.

그리고 플라톤은 분명 『국가론』 II권과 V권을 통해 기원전 390년대에 『국가론』의 초기 출판에서부터 『티마이우스(Timaeus)』와 『법률론(The Laws)』에서까지 이 기초적 단계를 매우 중시했다. [특히 주목할 것은 그가 『법률론』 제5권에서 공산주의는 인간보다 제신에게 훨씬 어울리는 것으로 밝힌 사실이다 그의 이 같은 견해의 표명은 아마도 형이상학적 일원론의 작용과 영향이었을 것이다. 그러나 이 경우에 플라톤의 소망은 원초적으로 스파르타의 사회적·정치적 상황으로부터 영향을 받았다고 생각해야 할 것이다. 인간사회의 지배계층이나 혹은 그밖의 다른 폐쇄된 집단의 완전히 일치하는 평등은 바로 고대적 개념의 평등이다. 그래서 사실 평등은 마치 자유와 박애처럼 본래 상류계층의 특권이었다고 주장할 수 있다.

플라톤은 스파르타의 고유한 유형에 기초하여 계급차별을 주장했던 것이다. 그것은 곧 그가 말하는 지배계층과 그리고 이상국가의 대다수의 주민들 사이에 필연적인 불평등이 존재하고 있음을 말하는 것이다. 우리는 플라톤의 국가수호자들, 즉 지배계층 사이에 공산주의를 주창하는 인류평등의 동조자를 발견한다는 것은 기대할 수 없다. 소크라테스가 주장하였듯이 그 역시 '진정한 박애'는 국가수호자들 사이에 차별없는 잡혼이나 혼교의 결과에 있다고 밝힌다.[22] 그 이유는 그 누구도 자기 자신을 알아볼 수 없기 때문이며, 그리고 누구이든 모든 사람의 시민으로 되어야 하기 때문이다.

이러한 점에서 최선자의 평등개념은 아마도 플라톤의 개인적인 신념

---

22) Platon, *Republic* V. 461d.

에 부합하고, 사상과 비판의 자유로운 교환이 형성된 플라톤적 다이아로 그로 보아 아카데미학파에 영향을 주었다고 할 수 있다. 대체로 국가는 유감스럽게도 아카데미도 아니고 또 철학적인 대화도 아니다. 진정한 국가는 순수 플라톤 철학의 광범위한 합성체위에 그의 이상국가론을 밀접히 결속하고 혼합하는 것이다. 이러한 국가는 한편으로 이상국가와 세계, 그리고 다른 한편으로는 영혼과 그리고 잘 균형 잡힌 인간육신의 유기체적 조화를 이루는 국가라고 할 수 있다. 이처럼 개인과 국가에서 미덕의 균형과 조화의 주장은 플라톤 철학사상과의 결합이었으며, 그의 인체 삼분설은 국가이론으로 구체화되었다.[23] 또한 플라톤의 계급구조의 이론은 그의 인식론과 변증법론의 많은 부분을 차지하고 있다.

플라톤의 유토피아는 국가의 모든 시민의 행복을 최대화하기 위해 불평등한 자들에게 균형과 평등을 유지해 가는 것이며 내적 결속·충성 그리고 설득과 교육에 의해 도달될 수 있는 것이다. 이리하여 이상국가는 가장 현명한 철학자가 덕으로 통치하고, 전사는 국가의 욕망을 위해서 싸우기보다 악을 극복하기 위해서 싸우며, 일반대중은 자기의 직분에 따라 제 능력을 발휘하며, 모든 계급은 자신의 고유한 덕을 실현하고 권리를 나누어 갖는 국가인 것이다. 그리고 그것은 동시에 정의의 실현이요 이데아의 실현이기 때문에 모순과 불평등·유약함이 없는 국가인 것이다. 루소(J.J. Reusseau)나 테일러(A.E. Taglor)는 플라톤의 『국가론』을 교육서로 받아들이고 있다. 그만큼 플라톤은 철인교육의 양성에 정열을 기울였다. 이와 같이 그의 국가는 단순한 지배와 피지배로 이루어지는 조직사회가 아니라, 최고의 도덕적 이상인 선의 이데아를 실현하기 위해 시민을 그 목적에 부합할 수 있도록 교육시키는 교육기관이었다.[24]

---

23) H. Theslefff, *op. cit.*, p.21. 이 인체삼분설과 관련된 몇 가지 이론이 있다. 영혼은 육신보다 항상 우선하는 것처럼, 인간이나 사회의 지적부분이 비지적 부분들을 지배해야 한다는 것이다.
24) 플라톤의 『국가론』에서 설득의 사용은 분명 트라쉬마코스(Thrasymachos)의 잔인한 폭력적 특

플라톤이 자주 강조했던 주제는 힘이나 폭력 대신에 사용되는 도덕적 개선으로서의 설득이다. 특히 그가 교육받을 수 있는 능력을 가진 자들에게 체계적이고 차원 높은 교육을 주창했다는 것은 유럽 문명에 대한 그의 기여라 하겠다. 여기서 상세하게 밝힐 수 없으나 몇몇 호의적인 해설자의 견해에 반하는 사실, 즉 플라톤은 여자의 교육을 중시했으나, 모든 사람을 위한 교육을 좋게 생각하지 않았다는 사실은 강조되어야 할 것이다. 플라톤은 『법률론』에서 오히려 일반교육을 강조하고 있으나, 그러나 적어도 농촌주민과 노예는 일반교육으로부터 제외되었다.25)

지적인 재능과 그리고 다른 재능(물론 좋지 않은 기질도 포함해)은 대체로 유전적이지만 그러나 모두가 그렇지 않다는 플라톤의 확신은 -사실 이 중요한 문제에 다소 반론도 제기되고 있다- 그의 『국가론』 3권에서 많이 논의되고 있는 페니키아의 신화, 즉 인간'본질의 신화'에 의해 설명되고 있다. 이 신화에서 우리는 모두 지모신(地母神)에서 태어난 같은 형제이지만은 계급 사이에 불평등은 여전히 존재한다는 것이다. 물론 이 신화에 나타난 인간의 개념은 플라톤의 인류통일체 사상의 하나의 희미한 반향이 되었으나26) 여전히 우리 인간들은 서로 다른 종족으로 구성되어

징과 대비시키기 위한 시도였다. 또한 『고르기아스』와 『파이드루스』에서도 왜곡된 설득에 대해 비판을 하고 있다.[Platon, Laws 4. 722~724]
25) 플라톤의 교육관은 그의 비판자들에 의해 자주 제기되었거니와, 그의 교육사상은 시대착오적인 과대평가를 받게 되었다. 그의 『국가론』 VI 501aff에서 백지상태(tabula rasa)의 개념과 그리고 『법률론』과 비교하여 『국가론』 VII 540e~541a의 말미를 잘 분석해 보아야 할 것이다. 물론 특수 훈련은 철학자를 위해 유보되지 않았다. 농촌주민은(노예를 포함해) 교육으로부터 제외되었다. 그러나 미래의 기술자는 자유민의 일원이 될 수 있으며, 군사 훈련과 지식교육은 모든 자유민의 어린아이, 소년과 소녀에게 의무적으로 받아 야 하는 것으로 생각하였다. Platon Laws 794eff.[노예는 제외되었다. Platon Laws VII 817c. 그리고 아마도 농촌주민도 제외되었을 것이다] 플라톤은 미덕을 위해서 자유로운 경쟁을 유익한 것으로 생각하고 평등의 증진을 교육의 목적으로 삼지 않았다.
26) Platon, Republic VI. 486a ; H.C. Baldry, The Unity of mankind in Greek thought, 1965 pp.76~78. 플라톤은 인류통일체사상을 논하지는 않았지만 그 사상을 받아들인 것처럼 보인다고 밝히고 있다.

있다.

플라톤과 고대사회는 인간의 차이를 인위적으로 평등하게 하기보다 오히려 인간의 선천적 불평등을 수용하는 것이 더 합당하다는 신념에 그 어떤 의문도 제기하지 않았던 것이다. 플라톤의 광범한 교육계획은 예외적인 것이 아니다. 다시 말해 그 계획은 적성과 소질이 미치는 한에서만 가능했다. 이와 같이 플라톤이 강조하려 한 것은 모든 사람이 이상국가에서 자신에게 적합한 지위를 배분받고 그것으로 행복하게 살아가는 분업적 능률주의 제도를 최고의 공평이며 정의의 실현으로 생각했다.27)

다른 실체의 조화와 균형을 위해 플라톤은 『국가론』 제4권에서 공평과 정의의 개념에 일치시킨다. 모든 사람은 자신에게 배분된 일을 해야 하고, 또 배분된 것만을 가져야 한다. 플라톤 철학에서 특히 강조되고 있는 것은 기하학적 평등과 그리고 그것의 기초가 되는 형이상학적 원리에 일치하는 것이다.28) 세계적 혹은 형이상학적인 조화, 즉 보다 높은 고상한 통일체에 대한 신념은 피타고라스학파에서 그 기원을 찾을 수 있다. 피타고라스학파는 세계 전체의 통일성과 공동체 사상은 단순한 이념이나 고정화된 형식보다 현실적으로 적용할 수 있는 인간애와 인간상호의 협력과 부조(扶助)의 강조인 것이다. 그들은 고결한 사람들은 공간적 제한없이 모든 사람을 우의와 공동체적 연대로 포용한다.29)

---

27) 플라톤은 그의 계급분화의 경향 때문에 그의 이상국가는 계급사회라는 인상을 주고 있다. 그러나 아마도 이상국가는 각 계층간의 지속적인 협력을 통해 하나의 공동체를 구성하는 것이 궁극의 목적이다.
28) 플라톤은 작품 『정치가(Statesman)』에서 '함께 만든' '함께 구성된(woven together)'이란 표현은 지배보다 오히려 조화를 강조하는 의미를 함축한다.[Platon, Laws III 693b~694b, V 731b~d, 733~734c, 756e]
29) 피타고라스학파의 공동체 사상은 후기 고대 철학과 초기 그리스도교의 바울 그리고 세례 요한의 설교를 통해 철학적 귀족주의의 극복과 같은 조화로운 통일체 이념의 형성을 구체화했다. 초기 스토아 그리고 그 이전의 데모크리토스, 특히 에우리피데스의 사상에서도 보편적·공동체적인 이념과 세계주의를 강조하고 있다.[R. Gayer, Die Stellung des Sklaven in den paulinischen Gemeinden und bei Paulus, Frankfurt 1996 ss.32~35]

기하학적 비례는 다른 수예를 들면 1:3=4:12 사이의 비례적 평등개념을 내포한다. 정치이론에 적용된 이 기하학적 평등은 소수엘리트의 안정과 조화를 위해 더 많은 권력·재산·특권 등을 가지는 것으로 정의될 수 있다. 그에 반해 산술적 비례는 민주주의의 완전한 평등을 반영하는 것이라 할 수 있을 것이다. 정치에 수학이론의 도입은 본래 반민주주의적인 피타고라스학파가 창안한 것으로 아마도 피타고라스학파의 고유원리라고 생각한다. 자주 언급되었던 두 평등, 즉 민주적 평등과 기하학적 평등은 플라톤의 『고르기아스』에서 그리고 그의 『법률론』에서 밝힌 내용과 비교된다.30) 그리고 물론 제한적이지만 플라톤은 기하학적 평등을 선호했지만 그의 국가론에서 기하학적 평등개념을 확실하게 밝히지는 않았다. 더욱이 최근의 연구자들 가운데 그의 이상국가에서 기하학적 평등을 전혀 적용하지 않았다는 새로운 주장을 제기하기도 한다.31)

이상적인 치자들은 특권이나 재산을 취하기보다 지식·책임 그리고 존엄과 같은 일찍이 플라톤이 중요하게 평가한 것을 더 많이 취하고 있다. 주지하는 바와 같이 기하학적 평등원리는 플라톤이 이상화했던 모든 제도와 그리고 그의 『법률론』 제6권의 끝부분에 분리주의의 비유에서도 나타나고 있다.32) 그러나 그의 정치적 표어인 평등(isonomia)은 '비례적 평등'과 밀접한 관계를 가지고 있다는 사실을 밝혀둔다.

플라톤의 인간불평등의 전형에 관한 설명에서 철학적·형이상학적 기초의 언급을 발견할 수 있다. 특히 우리는 플라톤 철학에서 이성과 지식의 가치와 그것을 신성시한 사실에 주목해야 할 것이다. 인간을 우월한 집단

---

30) Platon, *Laws* 756e~758a.
31) G. Vlastos, *The Theory of Social Justice in the polis in plato's Republic Interpretations of Plato*(ed by Heln F. North) pp.22~24. 마우러(Maurer)를 포함한 많은 학자들은 플라톤의 국가론에서 기하학적 평등이 강조되고 있다고 주장한다.
32) Platon, *Laws* 509d. Holger Thesleff는 피타고라스학파는 '참평등(true isonomia)'을 '기하학적 평등'이라고 주장하고 있다.

과 비천한 집단으로 구분한 전통적인 견해에 대해 그는 항상 냉담하였거나 아니면 평등적 입장을 취했던 것이다. 그는 그리스 사람과 비그리스 사람 사이의 선천적 차이와 그리고 적의를 강조한다. 그러나 그리스 사람이 다른 사람보다 더 우수하다는 뜻은 아니다. 여자의 성적 평등은 그의 이상국가에서 그리고 특히 『법률론』에서 강조하고 있다. 플라톤이 이런 주장을 할 수 있었던 것은 다른 나라, 다른 학자들로부터의 영향이었다. 그 가운데에서도 스파르타·피타고라스학파·소크라테스 그리고 안티스테네스의 영향이 컸으며, 성의 평등은 자신의 철학적 목적을 위해 발전시켰던 것이다. 그는 여자를 나약한 존재로 규정한 전통적인 견해를 수용했다. 또한 그의 노예관은 의심의 여지없이 노예제 인정이었다. 레빈손(Levinson)의 『플라톤의 옹호론(In defense of Plato)』에서 시사하는 바와 같이, 그의 이상국가가 과연 노예없이도 유지해 갈 수 있는지는 이론이 분분하다. 또한 그는 『국가론』에서 그리스 사람을 노예로 삼지 말라고 충고하지만 그것은 만인이 인종적으로 그리스 사람들과 다르다는 데에 기인하는 것이지 그들이 그리스 사람보다 열등하다는 사실에 기인하는 것은 아니다. 플라톤은 『법률론』에서 우리는 노예와 결코 친구가 될 수 없다는 것을 강조한다. 그는 여기서 순수군주정 하에서의(군주정하에서 시민들은 전제군주의 노예이다) 사회적 불안은 순수민주정 하에서와 유사한 것이 발생한다고 생각했다. 또한 그는 하나의 계급으로서의 노예를 이상국가의 조화로운 통일체의 구성원으로 포함될 수 없음을 밝힌다. 그는 『법률론』에서 장로정치(gerontocratic)에 대한 편견 때문에 과거의 전통이나 관례에서 벗어나지 못했다. 특히 부자와 그리고 각자가 추구하는 부는 아테네와 무관한 것으로 부패의 근원이라고 했다. 사실 우리는 플라톤의 여러 작품에서 비천한 자에 대한 실제적인 경멸과 멸시의 사실을 발견할 수 없다. 플라톤이 경멸하고, 혐오했던 것은 로고스를 결여한 비지성적인 행위였다고 하겠다.[33] 플라톤이 항상 중시했던 사람들 사이의 유일한 차이는 숙련자와 비숙련자, 지자와 무지자의 차다. 그가 이렇게 주장할 수 있었던 것은 본래 소크라테스가 밝힌 내용을 그의 철학에서 거의 수정 없이 수용했다는 데에 있다. 그는 철학자들이 도덕적으로 우월한 사람이 될 수 있으나, 무지한 자들은 비행과 타락 그리고 야수적인 성향을 가질 수밖에 없다고 보았다. 숙련자와 비숙련자 사이의 기본적인 차이는 제한적인 의미를 가지지만, 국가수호자는 선과 지도력을 가진 숙련자이다. 그래서 선을 행하는 숙련자들만이 철학자들의 보충이 가능하다고 했다. 이와 같이 국가수호자가 될 수 있는 자는 소수이며, 철학자가 될 수 있는 자는 더 극소수이다.[34]

결과적으로 플라톤이 지향했던 정치구조는 구시대의 낡은 귀족정이 아니라 지식인이 지배하는 새로운 귀족정이다. 이 새로운 귀족정치의 기준은 세습적 권리가 아니라 우수자 지배라는 자격과 능력이다. 이 원칙은 플라톤의 정치이론에서 가장 새롭고도 혁명적인 것이라 할 수 있다. 탁월한 이성으로 훈련된 자들에 의한 통치, 이른바 철인정치[새로운 귀족정치]이며, 그 정치적 특징은 특권의 결여로서 그 지도자들은 지배를 원하지 않으며, 어떤 경우에서든 개인의 이익을 위해 지배하지 않는다.[35] 철인정치의 지도자들은 의무와 책임의식을 통치의 가장 중요한 요건으로 생각한다. 왜냐하면 그들만이 시민들에게 유익한 것이 무엇인지 알고 있으며, 그리고 모든 시민의 정신적인 행복을 실천에 옮길 수 있기 때문이다. 플라톤의 우수자 지배라는 귀족정치의 강조는 그의 계급적 이데올로기에 근거한 것이라 할 수 있다. 이와 같이 귀족정치의 지도자들이 행복의 기여자라는 주장도 플라톤의 철학과 그의 형이상학에서 유래한 것이다. 그는 가장 순수한 영혼·정신 그리고 이성이 세계를 지배해야 한

---

33) Platon, *Republic* v. 470c~472b.
34) Platon, *Republic*. 291d~303d.
35) Platon, *Republic* vi. 4996-d ; vii 520de.

다는 것을 강조한다. 그의 새로운 귀족정인 철인정치는 이상국가의 정수(精髓)이며 혼이다.[36]

플라톤의 이상국가의 필수요건은 철학자의 최고선에 일치하는 통치다. 플라톤철학에서 최고선은 주지하는 바와 같이 그의 작품 『티마이우스(Timaeus)』와 『필레부스(Philebus)』 그리고 특히 '최고선에 관하여'라는 유명한 강연에서 세계적 그리고 형이상학적 특성을 보여주고 있다. 초인간적인 선에 일치하는 통치조건은 플라톤이 시인한 바와 같이 실현될 수 없을 것이다. 플라톤은 궁극적으로 '선'은 무엇인가에 대해 새로운 기준을 확립함으로써 실망을 가지게 되었을 것이다. 우리는 플라톤과는 달리 인간에게 선하고 유익한 것이 세계선(世界善)·세계이익과 관계가 있다고 생각하지 않을 것이다. 인간의 선의 영역이 세계안정·세계정책 및 생태학의 당면문제에까지 확대되고 있지만 참인간의 선은 경험적인 문제이지 플라톤적 추론의 문제는 아니다. 그러나 과거 플라톤에 홀려 그 미몽에서 깨어나지 못한 대부분의 사람들과 그리고 그들의 비판자들은 플라톤 사상체계의 기초적인 조건을 실현하지 못했다.

플라톤의 『국가론』은 철학에 기초한 관념적인 논리라고 한다면 -어떤 의미에서 그의 모든 철학은 인간과 인간사회에 대한 추론의 필연적 산물일 것이다- 그의 『법률론』에서 밝힌 차선의 국가(The Second-Best State)인 '크레타 도시국가'는 현실 생활과 인간본성의 요구를 절충한 것으로 특징지을 수 있다.

개인 사이에는 서로 다른 불평등한 계급사회이나 조화로운 통일체로서의 차선의 국가개념은 그 본질에 있어 이상국가와 다르지 않다고 하겠다. 그래서 그의 이상국가의 특징이 그대로 재현되고 있으며, 특히 두 가지 측면에서 이상국가의 실제와 일치한다고 할 수 있을 것이다.

---

36) Platon, *Laws* v 726a.

㉠ 국가는 선의 특수 지(知)에 일치하는 행위를 하는, 즉 특수 훈련을 받은 철인군주에 의해서가 아니라 법과 철인원로들의 야간회의(Nocturnal council)에 의해 통치된다. 초인적 특성을 가진 이 체제는 신정적이며, 이 체제는 궁극적으로 제도의 안전한 확보와 모범적인 체제를 제공하는 형이상학적인 원리가 아니라 제신이다.[플라톤에게 있어 신학은 형이상학이라기보다 자연학의 문제였다] 그에게 있어 종교의 도입은 이 세계에 실재하는 것에 대한 양여(讓與)요 특허였다. 그래서 플라톤은 다소 실제적인 형이상학과 제휴한 『법률론』을 세상에 내놓으려 했던 것이다.

㉡ 이미 시사한 바와 같이 정치적·법적 그리고 행정적 장치들은 사실 그가 살았던 동시대의 현존적 기구와 제도인 스파르타의 과두정과 아테네 민주정에 기인한다. 플라톤이 개략적으로 묘사하고 그리고 다음 세대의 유산으로 물려준 혼합정체는 금세기의 자유주의자들과 그리고 마르크스주의자들에 의해 민주주의의 이상에 반하는 것으로 인식되었다. 왜냐하면 혼합정체는 민주주의의 원리를 악화시키고, 또한 플라톤의 『국가론』에서 밝힌 불평등 이론을 기본적으로 주장하고 유지해 가기 때문이다. 일반적으로 플라톤이 위배한 것은 그의 이상향인 최상의 국가, 즉 이상국가의 순수이론이다.

② 엘리트 통치와 이상국가

플라톤은 아테네 민주정의 지도자 페리클레스(Pericles)가 죽은 해인 기원전 428년에 태어났다. 이 때 엄청난 전염병이 돌아 아테네를 휩쓸고 있었으며 펠로폰네소스 전쟁의 음산한 세월이 바로 시작하는 때였다. 장성(長城)에 의해 외항인 피라이오스(piraeos)와 연결된 아테네는 여름마다 스파르타의 침입에 대피하고 농작물이 불타지 않도록 지키려는 아티카 반도의 농민들로 소란스러웠던 군사기지였다. 소년 플라톤은 전쟁과 전쟁의 소문, 혁명과 혁명의 소문밖에는 듣는 것이 없었다. 전쟁은 민주주의에 건전한 영향을 끼치지 못했고, 플라톤이 성장하는 기간에 아테네는 긴장 속에서 붕괴되기 시작하였다.[37]

기원전 430년 아테네는 자신의 제국을 수호하기 위해 싸웠으나 416년경에는 침입을 격퇴하는 것뿐만 아니라, 전쟁의 손실을 보충하기 위한 물질적 획득의 필요를 느끼게 되었다. 따라서 지중해의 가장 부유한 시칠리아의 정복을 시도했다. 하지만 당시 소크라테스가 총애했던 제자 알키비아데스는 시칠리아원정을 제창함으로써 원정군의 장군이 되었으나 이 원정은 실패로 끝나게 되고 결국 아테네는 몰락하게 되었다. 이러한 국가적 위기의 시기에 플라톤은 24살의 청년이었다. 그는 아테네의 명문 집안의 태생이었으므로 보수적인 분위기 속에서 자랐다. 이 당시 귀족계급 사이에서 민주주의는 부패와 계급정치의 상징이었으며, 그래서 그들은 무장 혁명을 통해 그리스를 붕괴로부터 구할 수 있다고 생각했던 것이다. 플라톤은 결코 페리클레스 시대의 아테네를 경험하지 못했을 뿐만 아니라 부유한 귀족이 강경한 민주주의자들의 비능률과 저속함을 심하게 조롱하는 것을 들었고, 국가의사의 결정권을 가진 교육받지 못한 하층계급의 증가에 공포를 느꼈다.

아테네의 정치적 상황이 악화될수록 강력한 지배에 대한 요구는 더욱더 커져갔고 마침내 사람들은 자유에 염증을 내기 시작했다. 이는 당시의 타락한 민주정치의 한 사회적 반영이라고도 볼 수 있다. 민주주의가 타락하면 중우정치가 되거나 금권정치가 된다. 이러한 아테네를 구출하기 위하여 거리로 뛰어나가 젊은이들을 각성시키고 스스로 아테네를 위해 등에가 되고자 했던 자가 소크라테스다.

---

[37] R.H.S. Grossman "Plato and the perfect state," in *Plato: Totalitarian or Democrat?* ed, by T.L. Torson(Englewood Cllifis, N.T. Prentice-Hall, 1963), pp.15~40. Grossman은 영국 노동당 하원의원이며, Oxford New College의 교수였다. "Plato and the perfect state"는 그의 Plato Today에서 발췌한 것이다.

소크라테스에 있어 정치란 덕에 기초를 둔 정의의 실현이다. 덕은 지(知)에 근거한다. 그러므로 그는 정치는 윤리에 기초해야 한다고 주장한다. 그러나 당시의 어리석고 부패한 아테네의 시민들은 이러한 소크라테스의 절규를 알아차리지 못한 채 끝내 그를 처형하고 말았다. 이를 목격한 플라톤은 이제 전환점에 이르게 되었으며, 귀족주의 정치가들은 그들에게 기회가 온 것을 알았다. 오랜 시간이 지난 후에 플라톤은 그의 『서한(Epistles)』에서 혼란한 당시의 상황에 대한 그의 감정을 다음과 같이 기술하고 있다.

> 젊었을 때의 나의 경험은 특별한 것은 아니었다. 나는 성인이 되면 즉시 공공생활을 시작해야겠다고 생각했다. 그러나 정치상황은 하루가 다르게 변하여 이 계획에서 나를 이탈시켰다. 그 때 민주정치는 혐오를 받고 있었으며 혁명이 일어났다.… 나는 어떤 도시나 예외없이 모두 부당한 통치를 받으며 그들의 입법상태는 모두 다 한심스럽기 때문에 어떠한 행운이 결합된 철저한 재건이 없이는 어떠한 정부도 불가능하다는 결론을 내렸다. 그러므로 나는 참된 철학을 칭송했고, 단지 그것을 통해서만 국가와 개인 양자를 위한 실제적인 정의가 발견될 수 있고 실시될 수 있다고 외치지 않을 수 없다. 나는 말했다. 인류는 참된 철학자가 정치적 통제력을 장악하든가, 어떤 기적을 통해서 정치가들이 참된 철학자가 되지 않는 한 재앙에서 떠나지 못할 것이다.[38]

인용문에서 볼 때 반민주주의 혁명이 보여준 명확한 결함이 그의 인생에 있어서 최초의 커다란 실망이었다. 그 결점은 플라톤에게 실망을 주었으며 그가 서야 할 올바른 위치를 재고하게 했다. 지금까지 그는 귀족이 권력을 잡을 경우 모든 것이 올바르게 될 수 있다고 생각해 왔다. 이제 그는 귀족들이 하층계급의 선동가들보다 더욱 심하게 행동할 수 있다는 것을 깨달았다. 그러나 그것이 노동계급에 대한 그의 깊은 경멸감

---

38) *ibid.*, p.19.

을 바꾸어 놓지는 못했다. 플라톤은 여전히 귀족주의자였고 농부나 수공업자 그리고 상인들은 정치적 책임을 질 능력이 없다고 믿었다. 통치란 생활비의 걱정이 없고 따라서 그들의 생활을 전쟁과 정치의 책임에 바칠 수 있는 귀족계급의 특권이었다. 젊은 플라톤의 눈에는 영구적으로 지배하는 귀족과 복종하는 대중이 있어야 한다고 생각했다. 후자는 물질적 부의 생산자이자 분배자였으며, 플라톤은 이들 대중의 미천한 직업에 대한 그의 경멸을 표현하기 위해 '실용적(banausic)'이라는 특별한 단어를 사용하였다. 전자는 국가를 자애로운 아버지같이 보살피며, 비록 예속대중의 노동으로 생활하고 있기는 하지만 그들에게 그 보답으로 안전과 정의를 제공하여 국가를 수호한다.[39]

귀족계급은 고귀한 혈통이므로 문화와 교육은 그들의 것이고, 반면에 예속대중은 장인과 농부로서 그들의 능력을 최고로 배가시킬 수 있는 기술훈련이 부과된다. 젊은 플라톤의 정치철학은 근본적으로 호메로스 시대로의 복귀를 뜻하는 것이었다. 『일리아드(Iliad)』에서 나온 귀족의 명예는 사회질서의 근본적인 재건을 요구하였다. 노동계급은 그들의 천직을 지켜야 하고 귀족은 그들의 유서 깊은 자신감과 책임의식을 회복해야 했다. 플라톤은 소크라테스가 지녔던 귀족들의 파벌에 대한 혐오와 그들의 현실정치에 대한 경멸을 놓치지 않았다.[40]

플라톤은 수년 동안 소크라테스와 대화하고 그와 함께 새로운 학문에 관심을 가지고, 수학과 신학 연구에 몰두했다. 누구보다도 그는 소크라테스의 정신세계를 이해했다. 플라톤은 정치에 대한 깊은 혐오감을 극복하고 소크라테스가 이루지 못한 일을 해야 했다. 플라톤은 그의 전생애를 통해 자신을 소크라테스의 완성이라고 간주했다. 플라톤이 현실생활을 부인하지 못한 것은 소크라테스의 영향 때문이었다. 아테네와 번잡

---

39) *ibid.*, pp.18~19.
40) *ibid.*, p.19.

한 도시생활의 즐거움에 대한 소크라테스의 감정은 죽음에 닥쳐서도 결코 흔들리지 않았다는 사실은 플라톤에게 위대한 스승은 역시 그의 동포와 인간을 사랑하고 이해하는 소박한 인물이어야 한다는 것을 끊임없이 되새기게 했던 것이다. 플라톤은 결코 그렇게 될 수는 없었다. 그러나 적어도 그는 그가 얻은 지식을 그의 동포의 불행을 치유하는 방법을 발견하는 데 적용할 수 있었다.[41]

소크라테스의 죽음 직후에 그는 아테네를 떠나 지중해 지역을 여행하였으며 그 중에서도 북아프리카 · 이집트 · 시칠리아를 방문하였다. 그는 이상국가를 실현하기 위하여 시라쿠사의 참주 디오뉘시오스(Dionysios)를 방문하여 그의 궁전을 처음 보고 느낀 인상을 다음과 같이 기록하고 있다.

> 나는 그 곳에서 보았던 끊임없는 방탕으로 이루어진 '축복의 생활'에 만족할 수 없었다. 하루에 두 번 포식하고 밤에는 그의 침대를 공유하는 등의 생활을 하는 사람은 결코 참된 지혜를 얻을 수 없다. 인간의 구조는 이런 생활을 오래 지속할 수 없다. 그는 결코 자제나 다른 미덕을 배우려고 하지 않을 것이다. 공의로운 법이 있다고 해도 시민들이 이렇게 미친 듯이 방탕과 먹고 마시는 행위를 몰두하고 이성간의 문란한 정욕의 생활을 추구한다면 그 어떤 국가도 자존할 수 없을 것이다. 이러한 국가에서는 필연적으로 독재정치 · 과두정치 그리고 민주정치가 끊임없이 이어지고 정치가들은 정의로운 지배나, 법 앞에서의 평등을 언급하는 자체를 용납하지 못할 것이다.[42]

이와 같이 시칠리아와 남이탈리아의 방문은 플라톤의 이상국가의 발전에 중요한 계기가 되었다. 노예로 팔리는 운명을 체험했음에도 불구하고 그는 두 번씩(367·361 B.C.)이나 시라쿠사를 찾아갔다. 그것은 그의 이상국가 실현을 위한 열망 때문이었을 것이다. 플라톤은 그의 『국가론』에

---

41) *ibid.*, pp. 22~23.
42) *ibid.*, p. 23.

모든 시민은 진정으로 행복한 생활을 누릴 수 있는 완전한 국가의 건설에 대한 계획을 포함하고 있다. 플라톤은 자신에게 최고의 권력이 주어졌다고 상상하고, 그가 인류를 현재의 재난으로부터 구하기 위해 어떻게 그것을 사용할 것인가를 자문한다. 그는 이상국가를 건설하려고 한다면 현재의 제도를 재구성함으로써만 가능하다고 생각했다. 그는 아테네에서 무엇이 잘못되었는지를 자문한다. 그는 아테네의 악폐를 발견했을 때 아테네를 무질서로부터 자유로운 도시로 건설할 수 있었을 것이다.[43]

플라톤은 아테네의 폐단은 계급투쟁과 부패한 정부 그리고 저급한 교육, 이 세 가지라고 믿었다. 계급투쟁은 이 셋 가운데 가장 위협적인 것이었다. 아테네의 민주정치는 민중으로부터 선출된 대표자들이 통치하는 것이었으나, 이제까지의 통치자나 무사계급의 공명(功名) 대신 서민대표들의 공명욕이 맹위를 떨치게 되었다. 그들은 자유·평등을 주장하나, 그 자유는 방종이며, 그 평등은 무차별이었다. 지배만 알고 복종은 모르는 인민이 생겨 무정부상태를 초래하였다.[44]

대부분의 그리스 도시들은 과두정이거나 민주정이며 일련의 혁명을 통하여 이런 두 가지 형태의 계급독재자가 교체되고 있다. 전자에서 정치적 세력은 농민들의 지지를 받은 지주와 상인의 연합으로 이루어지고, 후자에서는 도시의 하층계급의 지도자가 몇몇 상업조직의 불확실한 후원 하에서 정책을 결정한다. 양자 모두 반대파를 무자비하게 수탈한다.

플라톤은 계급투쟁의 종식없이 그리스문화는 영속할 수 없다는 것을 깨달았다. 그러나 투키디데스처럼 그도 역시 좌파나 우파 사이에서 선택할 수 없었다. 양자는 자기 파의 이해관계에 따라 움직이며, 그들 지지자들의 직접적인 이익을 위해서는 국가적 복리도 희생할 수가 있기 때문이

---

[43] 소광섭·이석윤 공저, 『철학의 제문제』(지학사, 1975), 457~463쪽 참조.
[44] 앞의 책, 459쪽.

었다. 양자는 그들의 물질적 목적을 달성하기 위해 수사적 수단으로 종교와 도덕을 이용했다. 정치적 장점을 가진 정치형태를 선택한다면 그것은 과두정이었다. 왜냐하면 이 정치형태는 소수자에 의해 정책이 결정되며 민중의 열망이라는 돌풍에 쉽게 동요되지 않기 때문에 보다 더 안정된 체제이기 때문이다. 플라톤은 계급투쟁이 계속 허용될 경우 결국 모든 사회생활은 붕괴될 것이라고 경고했다. 왜냐하면 생존을 위해 필요한 성질은 고결함이나 지혜 또는 정의가 아니라 잔인함과 교활함이기 때문이다.[45]

플라톤은 국가의 통치란 전문적인 직업이며 특별한 능력이 요구된다고 믿고 있었다. 올바르게 통치할 수 있는 사람들이 정치를 해야만 국가가 부강해질 수 있다. 그러나 과두정치가들은 통치를 부의 특권으로, 민주주의자들은 시민권의 특권으로 간주한다. 그리고 이 두 정파의 통치능력과 무관한 정부가 선택된다. 이 결과 국가의 기구는 계급이해의 도구가 되는 것이다. 법은 군림하지 못하고 어떤 집단의 특수한 목적에 종속되고 만다. 이러한 이유에서 플라톤은 아테네 민주정을 신랄하게 비난한 것이다. 아테네 시민은 이제 스스로 지배하기를 주장하면서 전문 정치가의 정책통제를 반대했다. 대신에 민회가 모든 중요결정을 내리는 결과를 초래했다. 하지만 민중은 무능했으므로 선동정치가의 손아귀에 권력이 넘어갔으며, '통치'란 현명한 정치가의 특권이 아니라 민중을 선동하고 그들의 기초에 영합할 줄 아는 대중선동가의 특권이 되었다. 플라톤은 그의 『국가론』에서 다음과 같은 비유를 통해 아테네 민주정을 비난하고 있다.

선장은 선원보다 몸집이 크고 강하지만 귀가 먹고 근시안이다. 그의 조종술은 그의 청각처럼 결함이 있다. 선원들은 항해에 대해 다툰다. 각 선원은 항해술을

---

45) R.H. Grossman, *op. cit.*, p.28.

배운 바도 없지만 자신이 조종해야 한다고 생각한다. 그들은 한 술 더 떠 항해란 배울 수 있는 것이 아니라고 주장하며, 이 견해에 반대하는 사람에게 폭행을 가하려 한다. 그들은 고립된 선장을 둘러싸고 자기들에게 키를 맡기라고 온갖 말로 설득하기 시작했다. 종종 한 패는 설득에 실패했으나 다른 패거리는 성공했을 때 그들은 다른 편을 죽여 바다로 던지며, 선장을 결박하였다. 선원들은 배를 지배하고 뱃짐을 멋대로 사용했다. 게다가 그들은 선장을 설복하거나 강압해서 그들이 배 위로 올라갈 수 있게 만드는 기술을 가진 사람을 칭찬하고 그를 훌륭한 선원이며 항해술의 통달자라 불렀으며, 다른 종류의 사람들은 아무 쓸모없다고 무시했다.… 참된 항해자란 해와 계절, 하늘과 별, 그리고 바람, 기타 배의 기능에 대해서도 주의를 기울여야 한다. 그러나 그들은 이러한 것들에 생각하지 않는다. 만일 배가 이런 식으로 운행된다면 참된 항해자는 분명히 여기서 기술한 배의 승무원에 의해 별이나 바라보고 말도 서투른 쓸모없는 사람이라고 불리지 않겠는가?46)

한 패거리의 무뢰한들에 의해 위협받고 기만당하는 가련한 늙은 선장—이것이 플라톤이 본 아테네 민주정의 모습이었다. 플라톤은 이와 같은 재난은 정부가 그 임무를 위해 특수하게 훈련을 받은 엘리트들이 통치를 담당했을 때만 법질서가 가능하다는 사실을 부인했기 때문에 일어난 것이라고 생각했다. 여기서 자연히 아테네에 대한 그의 세 번째 비판이 나오게 되었다. 플라톤은 국가의 중추인 교육·교사·학교담당자 그리고 소피스트에 대한 국가의 자유방임 정책은 잘못된 것임을 밝힌다. 그들이 무엇을 가르치든 그것으로 돈을 버는 것이 허용된 것이다. 그 결과 도시의 시민들은 무책임한 정치평론가·대중선동가·수사학자들의 영향으로 법이나 정의 같은 것이 존재한다는 것을 믿지 않게 되었다. 각 사람의 의견은 그들 이웃의 의견과 마찬가지 효력을 갖는다고 주장하는 평등주의 철학은 국가권위에 대한 도전이며 파괴이고, 민주주의를 방종

---

46) Platon, *Republic*, 488.

한 무정부주의로 이끌어간 것이라 하겠다.47) 이것에 대해 플라톤은 국가의 무관심에 첫째 책임이 있다고 지적했다.

아테네 민주정의 이러한 세 가지의 주요결점에 직면한 플라톤은 자연스럽게 스파르타에 주목하게 되었다. 스파르타야말로 사회안정과 정치안정을 2백 년 동안 유지해 갔다. 스파르타는 계급투쟁을 피하지 못했지만, 그러나 그것에 성공적으로 대치하여 혁명을 피할 수 있었다. 플라톤은 여기에 세 가지 이유가 있다고 보았다. 첫째로 스파르타의 경제는 자급자족이었으므로 제국주의적 지배가 필요없는 국가였다. 둘째로 국가권력과 정부는 부와 사치가 금지된 특별히 훈련된 세습적 특권지배층의 수중에 있었다. 끝으로 스파르타의 교육은 국가에 의해 엄격히 통제되었다. 스파르타는 아테네 민주정의 모든 폐해를 버리고 정치적 안정의 유지와 상업과 자율적 지배의 표준을 플라톤은 숭배하지 않을 수 없었으며, 그의 이상국가의 모델도 스파르타였던 것이다.48)

그러나 그는 정치경험을 통해 스파르타가 이상국가가 아니라는 사실을 인식하게 되었다. 무엇보다 농노인 헤일로타이(heilotai) 계층에 대한 무자비한 억압과 그에 따르는 반란에 대한 끝없는 공포는 모든 시민을 행복하게 할 수 있기를 바라는 이상주의자를 만족시켜 주지 못했다. 플라톤은 스파르타의 농노도 백성이 되고 법의 지배를 받으며 비밀경찰의 공포에 떨지 않는 개화된 스파르타를 생각했던 것이다. 그러나 플라톤의 생애에서 스파르타의 통치계급은 더욱 심하게 한계를 드러냈다. 사회적 금기에 의해 억압되었던 병사들은 아무런 저지없이 무제한의 권력을 행사하고, 행정관들은 명령을 받기보다 명령을 내리는 새로운 즐거움과 쾌락의 신천지를 발견하였다. 이제 스파르타는 잔인하고 부패한 행정으로 악명을 떨치게 되었다.49)

---

47) R.H. Grossman, *op. cit.*, p.29.
48) *ibid.*, p.30.

플라톤은 이런 사태의 발생을 보고 아테네를 치유하기 위해서는 스파르타의 모방만으로는 충분치 않다는 것을 깨달았다. 그는 다른 무엇을 찾아야만 했거니와, 그것은 곧 아카데미와 같은 교육이었다고 하겠다.

③ 플라톤의 교육과 철인선발

진정한 자유를 누리기 위해서는 선에 대한 지식과 일단 밝혀진 선을 선택할 수 있는 의지가 요구된다. 그 어느 하나를 거부하는 것도 자유를 거부하는 것이며 자유를 거부하는 것은 인간성을 특징짓는 인간 내면의 도덕적 기능을 거부하는 것과 같은 것이다. 플라톤의 이상국가는 정치권력과 선에의 사랑이 동일인들 속에 결합되는 것으로 나타나고 있다. 바로 이 점이 이상국가에서는 철학자가 왕이 되고 왕이 철학자가 될 것이라고 한 그의 선언의 취지인 것이다. 그가 생각한 '철학자'란 지혜를 사랑하는 자들, 선을 추구하는 자들이었다. 그러나 플라톤은 사회의 소수 구성원들만이 덕성(areté)스러운 삶을 희구할 수 있다고 믿었다.

플라톤의 이상국가는 단순히 지배와 피지배 사이의 조직사회가 아니라, 최고의 도덕이상인 선의 이데아를 실현하기 위하여 국민을 그 목적의 실현을 위해 교육시키는 교육기관이며, 그래서 교육의 주제가 플라톤에게 있어 가장 중요한 사안이었다. 그의 『국가론』1권에서 밝힌 교육의 목적은 "소년들로 하여금 지배하는 방법과 정의의 지배에 복종하는 방법을 아는 완전한 시민이 되고자 열망하는 덕성을 개발하는 것이다"[50]라고 정의하고 있다. 플라톤은 유희와 노래 및 무용의 교육적 중요성을 언급하고 있다. 물론 그 외에도 학문적인 교과과정이 제시되고 있다. 특히 그는 교육의 지도자는 국가의 고귀한 자들 중에서도 가장 고귀한 자로 대우받아야 한다고 강조한다.

---

49) *ibid.*, p.32.
50) Platon, *Republic*, 643e.

전국의 어린이는 일정한 나이에 달하면 국가가 설치한 교육장에 수용되어 처음의 3년 동안은 순전히 체육훈련을 받는다. 다음에는 정신의 수련을 쌓는데 이때는 신화를 가르친다. 그러나 독신적이거나 부도덕한 신화는 가르치지 않는다. 동시에 읽기와 쓰기를 배운다. 3~6세의 어린 아이들은 성격형성을 위해 유희가 필요하다. 그래서 아동들은 마을의 유희단체에 가입하며, 그 곳에서 그들은 자기들의 게임을 궁리해낸다. 이 나이에 속한 모든 아이들은 마을의 사원에 모여야 하고, 행동 하나하나를 보모에게 감시받으며 지도를 받아야 한다.51) 학교 교육은 6세부터 시작하며 의무적이다. 이제 어린이들은 그들의 부모보다 공동체에 속하는 존재가 되는 것이다.52) 아마 교사들은 외국인으로서 국가로부터 급여를 받았을 것이다.

소년과 소녀는 반드시 육체적·군사적 훈련을 포함한 동일한 교육을 받아야 했으나,53) 학교는 분리되었다.54) 처음에는 주로 무용과 노래로 즐기는데 이에 관한 내용은 그의 『법률론』 7권에서 아주 상세하게 논하고 있다. 읽기와 쓰기는 10세부터 13세까지 배우게 되며, 음악(특히 서정시를 읊는 것은 13세부터 16세까지 배운다. 기본적으로 읽기와 쓰기는 반드시 습득되어야 하나, 속기와 달필은 우둔한 학생들에게는 면제되어야 한다.55) 이 단계에서 교사는 읽을 교재를 제공해야 한다. 그리스 문헌 전체가 적절하지 않다. 플라톤은 자신이 쓴 『법률론』이 최선의 입문서라고 생각했다. 교사들은 이 책을 연구하여 그것의 교훈과 일치하는 시나 산문을 첨가하여 학생들에게 가르치도록 지시받았다.

---

51) Platon, *Laws* 794c-d.
52) 스파르타도 역시, Plutarchos, *Lycurgos* 15 참조. 리쿠르고스는 어린 아이를 그들의 부모에 속하는 존재로 생각하지 않고 국가의 공동재산으로 보았다.
53) Platon, *Laws* 804d~e.
54) Platon, *Laws* 794c~d 6세 이후에는 남자와 여자는 분리되어, 남자는 남자끼리, 여자는 여자끼리 더불어 시간을 보내야 했다.
55) Platon, *Laws* 810b.

다른 교과목은 산술과 측량 및 천문학으로서 배워야 할 연령이 밝혀지지 않았을 뿐만 아니라 그다지 발전하지도 못한 주로 실제적인 목적을 위한 것이었다. 문필과 산술은 가정과 국가 및 전쟁을 수행하는데, 천문학은 축제와 신들을 위한 의식을 거행하는 시기를 정하는 데 필요했다.[56] 산술은 아이들 사이에 사과를 분배하는 놀이 등을 통하여 아주 어려서부터 배우게 된다. 플라톤조차도 만년에야 산술을 배웠으며, 그의 선배의 '돼지 같은' 우둔함을 부끄러워한 사실에서 플라톤의 산술에 대한 무지는 충격적이다. 또한 천문학의 가르침도 배제되어야 할 비난이 가해졌거니와, 그것은 신적인 항성들의 운동이 불규칙적이라는 이론(異論)의 제기 때문이다. 플라톤은 성년기에 이르러서야 비로소 이 이론으로부터 벗어났다. 그러나 만일 그가 이 견해를 입증할 수 있다면 그것은 젊은이들로 하여금 신성모독의 죄를 면하게 하는 교육에서 한 위상을 차지해야 할 것이다.

플라톤의 이상국가의 첫째 요건은 우수한 국민을 양성하는 것이다. 그것은 시민적 덕성의 교육에 의해 가능할 것이다. 이와 같이 그는 교육을 이상국가 건설에 불가결한 요소로 중시했던 것이다. 교육은 출생 이전부터 실시되어야 하기 때문에 부모가 다 같이 완전한 건강을 가지는 것이 필수적이었다. 이미 밝힌 바와 같이 14~16세의 감수성이 예민할 시기에는 시와 음악을 배우게 된다. 일반적으로 시와 음악은 한결같이 훌륭한 시민을 육성한다. 16~18세의 청년기에는 정신수련기로서 수학과 과학을 배운다. 18~20세에 실제적인 지적 교육과 군사교육을 받는다. 이러한 교과과정은 신체적·정신적으로 조화를 이룰 수 있도록 용이주도하게 짜여 있다. 부도덕하거나 유약한 것, 비본질적인 것은 모두 교육에서 배제된다.

---

56) Platon, *Laws* 809c~d, 819c.

이상의 전과정을 마친 뒤에 제1회의 국민선발시험이 실시된다. 학문적 재능이 없는 자는 전사계급에 머물고, 학문적 인식이 우수한 자는 다시 더 높은 진리 인식과 군사 교육을 10년 동안 받게 된다. 이 때 제2회의 시험이 시행된다. 합격되지 못한 자는 국가공무원으로서 행정사무의 보좌관이나 군인의 사관이 되고, 합격한 자는 다시 5년 동안 진리탐구의 방법인 변증론(dialektike) 교육을 통해서 이데아 특히, 선의 이데아의 인식에 전념한 뒤, 실지의 국사교육(國事敎育)을 위하여 고급 공무원이 되기도 하고, 군대를 지휘하기도 한다. 이후 15년 동안 실무를 통한 교육과 변증론 교육을 받고 50세가 되어 완성의 경지에 달한 자가 통치자이자 철학자로 추앙된다. 그들은 국가의 통치자로서 국사를 다스리게 된다.[57]

이러한 최고의 철인교육에 의해 생산된 우수자들이 지배하는 최상의 지배, 즉 귀족정치를 플라톤은 철인정치라고 한다. 어린 시절부터 지배계급은 시민과 격리되고 특별한 교육을 받는다. 그들은 귀족이 되고 농업이나 수공업 같은 천한 노동과 상업에 물들지 않는다. 반면에 시민은 그의 기능과 부의 축적 그리고 가족생활과 같은 세속사에 관심을 가지는 타고난 피지배자이며, 높은 지성과 도덕적 능력의 사회적 책임을 자각하고 있는 통치자는 선천적 귀족이다.[58]

플라톤의 이상국가에서는 우수자인 현명한 철학자들만이 통치할 수 있다. 왜냐하면 지혜는 본래 탁월한 이성으로 훈련된 극소수의 선발된 철학자들의 것으로, 그들이 국정의 통치자가 되지 않으면 플라톤이 바라는 이상국가(선한 국가)의 기대는 불가능하기 때문이다. 어릴 때부터 귀족은 엄격한 훈련을 받아야 한다. 그들의 성격을 형성하는 우화·노래·춤은 검열을 받아야 하고 통제되어야 한다. 왜냐하면 그들의 내부의 알력과 외부의 공격에 맞서 국가의 수호자가 되어야 하는 것은 그들의 책무와

---

[57] 소광섭·이석윤·김정선, 앞의 책, 461쪽.
[58] R.H.S. Grossman, *op. cit.*, pp.36~38.

성실에 공동체의 복지가 달려 있기 때문이다. 그러므로 그들의 교육은 다음 세 가지를 확립시키는 데 있다. 첫째 부·가족·육체적 쾌락과 같은 욕망의 개인 권리는 억제되어야 한다.[59] 왜냐하면 이런 권리는 통치생활이 절정에 달했을 때 그의 통치를 부패하게 하고, 그를 보통사람과 다를 바 없는 그리고 다른 임금 노동자로 전락시키기 때문이다. 플라톤이 말하는 우수자 지배는 선의 이데아를 인식하는 철학자적 엘리트의 귀족정치이며, 그들은 엄격한 도덕적 훈련을 쌓아 그 무엇에도 설득당하지 않고 국가에 봉사한다. 둘째로 그들은 육체적으로 건전해야 하며 따라서 음식과 의복에 대한 스파르타와 같은 간소함으로 양성되어야 한다. 그것은 그들이 관리임과 동시에 군인이 되어야 하고 어릴 때부터 군사훈련으로 단련되어야 하기 때문이다. 마지막으로 그들에게 지적인 기초훈련이 부과되어야 한다. 그러나 실제적인 지적 교육은 20세 때에 시작한다.[60]

그들은 10년 동안 고등수학과 변증법에 몰두한 다음 30세에 시험을 치르고 여기서 장차 '신과 같은 사람'으로서 영원히 국민의 숭배를 받게 되는 철학자들이 선발된다. 시험에 합격하지 못한 사람은 관리로서 철인왕의 명령을 수행하는 것이 그들의 임무다. 철학자가 될 능력이 없기 때문에 그들은 단지 철학에 복종하는 것만이 인간에게 평화와 안정을 가져온다는 것을 인식한다.[61]

철학자들과 행정가들은 일반인과 격리된 막사에서 생활한다. 모든 군사와 행정력이 그들의 수중에 있으나, 그들은 주민으로부터 소액의 급료를 받을 뿐 부와 결탁하는 것은 금지되었다. 아무것도 소유하지 않는 반면에 그들은 타인의 재산을 보호해야 한다. 플라톤은 정치권리와 부의 소유를 완전히 분리함으로써만이 계급투쟁은 사라진다고 믿었다. 요컨

---

59) *ibid.*, p.37.
60) *ibid.*, p.37
61) *ibid.*, p.38.

대 이익의 추구는 사회의 폭군이 되는 것이 아니라 노예가 된다는 것이다. 이러한 방향으로 재건된 국가에서 모든 개인의 행복은 보장될 수 있다고 플라톤은 확신했다. 각 계급의 희생이 요구되었지만 그것은 단지 국가의 지배적인 이해관계를 만족시키기 위해서였다. 단지 계급투쟁을 초래할 뿐인 정치적 자유를 제한하고, 통치자가 정의를 분배하며, 잘 훈련된 병사가 국가를 수호하는 그러한 안정된 정부를 시민은 가지게 될 것이다. 이와 같이 사회질서가 진정으로 정의롭고 공평하기 때문에 공공의 자유가 필요없다. 통치자의 부패한 곳에 비판이 필요하지만 시민들은 그러한 지식도 훈련도 받지 못했으므로 비판할 수 없다는 것이다.[62]

플라톤은 통제력과 자유를 각기 제한하면서 철인왕이 지배하는 귀족정치를 주장한다. 그에 의하면 지나친 자유는 모든 자유의 종언이다. 제한된 자유는 무제한한 자유보다 우월하다고 생각했다. 자유란 개인을 국가로부터 해방하는 것이 아니라, 개인이 국가에 협력하는 것이다. 국가와 대립하는 자유가 아니라 국가와 공존하는 자유라야 진정한 자유라고 한다. 이와 같이 그리스의 구제를 위해 계획된 플라톤의 이상국가의 일반적인 윤곽을 통해서만 계급투쟁, 부패한 정부, 저급한 교육이라는 세가지의 폐단이 치유되고 시민에게 행복이 찾아올 수 있다. 그러므로 아카데미는 그리스사회의 양심이자 정치적 지배가 되어야 했던 것이다.

플라톤의 우수자 지배라는 귀족정치의 강조는 그의 계급적 이데올로기에 근거한 것이라 할 수 있다. 그는 인간이 폴리스적 존재임을 강조한다. 폴리스는 인간존재의 기초로서 개인에 대하여 초월적인 일반자요, 단순한 개인의 집합체가 아니다. 그것은 개인에 선행해서 개인을 규정하는 보편자요, 개인의 이데아다. 그래서 국가는 고유한 질서와 조화를 갖지 않으면 안된다. 그것은 정의다. 정의는 지혜·용기·절제의 덕의 총

---

62) *ibid.*, p.38.

화요 통일이다. 플라톤은 각각의 덕을 각 계급에 배당하여 계급분화를 설정했다. 그러나 그것은 계급사회를 이상화한 것은 아니다. 요컨대 권력의 분립을 통한 각 계급의 고유한 덕을 실현하는, 이른바 국가정의를 실현하는 것이다. 그것이 플라톤이 지향한 모순과 불평등·유약함이 없는 이상국가의 건설인 것이다.

이와 같이 플라톤은 우수자인 철인통치자들에게는 철학을 나머지에게는 선전을, 이것이야말로 피를 흘리지 않고 최선의 지배를 확립하고 유지할 수 있는 최선의 방법이라고 강조한다. 특히, 플라톤은 그의 스승인 소크라테스의 과오는 이성의 법이 모든 사람에게 적합하다고 믿은 데 있다고 지적하고, 그는 수사학적인 교육과 소피스트적인 교육은 아테네를 인식하지 못하고 곡해하며 단지 사회불안을 가중시킬 뿐이다. 대중에게는 진리가 아니라 편리한 오류가 필요할 뿐이라고 강조했다. 그러므로 그는 이와 같이 현대에 있어서 플라톤을 반박하는 것은 그가 인간성을 분석하는 데 있어 지나치게 '현실적'이었다는 점에 있다.

3) 제논의 『국가론』에 나타난 세계국가 사상

완전한 유토피아에 도달하는 데 있어 이상정치의 사회적 혹은 정치적 제안들은 기원전 4세기와 3세기 사이에 널리 일반화되었다. 플라톤의 『국가론』 그리고 안티스테네스의 다소 비정통적 국가관과 더불어 디오게네스, 스토아 철학자 이암불루스(Iambulus)와 제논은 '이상국가'에 관해 기술했다. 또 같은 시기에 적어도 안티스테네스에게서 추미(追尾)될 수 있는 '군주에 귀감이 되는 문헌(mirror of princes literature)'에 불과하였던 『왕권론(On kingship)』 같은 많은 논문이 기술되었다. 제논의 이상국가를 포함한 초기국가는 인도주의와 혹은 세계주의를 이상화하기보다 지극히 협소하고 제한된 목적을 가진 작고도 분절된 도시국가를 획일적으로 옹호한 사실에 주목해야 할 것이다. 이른바 스토아 세계국가 사상은 제논의 『국가론』보다 뒤에 알렉산드로스의 정복사업의 철학적 결과라고 생각된다. 제논의 『국가론』과 『정체론』은 플라톤의 『국가론』 때문에 빛을 보지 못했을 뿐만 아니라 거의 주목조차 받지 못했다.

정치와 국가문제에 관심을 가졌던 제논은 간결하고도 단편적인 작품인 『국가론』을 썼다. 제논의 국가는 현자들의 사회, 즉 현자들로 구성된 사회를 이루기 위한 철학적 요구였다. 그에 의해 쓰인 다른 작품이나 혹은 어떤 다른 스토아 사상가들에 의해 쓰인 것도 그의 『국가론』만큼 관심을 끌었던 것도 없다. 이와 같이 제논의 『국가론』은 초기 스토아 정치사상을 조명하는 데 가치있는 것이기 때문에 그것은 오늘날 중요한 연구의 주제가 되었다.

제논의 『국가론』은 단 한 권의 비교적 간결하게 구성된 것으로, 그 기초는 보잘것없지만 플라톤의 『국가론』에 대한 비판이며 항변의 시도였다고 생각할 수 있다. 제논은 『국가론』에서 플라톤이 밝힌 몇 가지 견해에 대해 사례별로 비판하고 있다. 그가 이렇게 비판하게 된 이유의 하나는 동시대인들이 많은 사회적 문제를 푸는 데 기여하는 것이었으며, 다른 하나는 그리스의 전통적 교육이 전혀 무가치하다는 것을 선언하는 데 있었다. 제논은 그의 『국가론』의 서문에서 밝히고 있듯이 전통적인 그리스 교육은 실패한 교육으로 "진정한 현자와 미덕을 갖춘 사람들의 사회를 만들기 위해 인간교육에 있어 새로운 효과적인 제도의 고안이 필요하다"는 사실을 그의 독자에게 주입시키려 했다.[63] 이와 같이 우리는 제논의 『국가론』에서 그의 구체적인 구상과 계획을 발견할 수 있다.

우리는 제논의 국가사상을 논함에 있어 그의 『국가론』의 기초가 무

---

63) *Digenes Laertius* 7. 32.

엇인지 밝히는 것이 필요하다. 제논의 『국가론』은 그가 퀴니코스학파의 철학자 크라테스의 제자였을 시기였거나 아니면 그가 퀴니코스 사상의 교육을 마치고 난 다음 얼마 안된 그의 젊은 시절에 쓰인 작품으로 전해지고 있다.[64] 그러나 이러한 사실을 뒷받침할 수 있는 자료들이 거의 없는 실정이다. 제논의 『국가론』은 그의 젊은 시절의 작품이라는 사실에서 그 작품이 퀴니코스 사상의 영향을 많이 받았을 것으로 생각된다. 이 같은 논증이 타당한가에 관한 설명은 계속 논의될 것이다. 더더욱 중요한 것은 고대의 두 저술가가 밝힌 내용에서 발견할 수 있다. 이 두 저술가는 필로데모스(Philodemos)와 디오게네스 라에르티우스로서 필로데모스는 『스토아 사상가들에 관하여(on the Stoics)』 9. 1~6과 그리고 디오게네스 라에르티우스 7.4에서 일찍이 제논의 『국가론』에 관해 언급하고 있다.

    몇몇 스토아 사상가들은 제논이 스토아학파의 창시자였다는 사실을 부인하면서, 오히려 스토아학파의 기원은 소크라테스와 그의 제자 안티스테네스 그리고 퀴니코스학파의 대표자인 디오게네스로부터 유래했음을 강조했다. 그에 반해 몇몇 다른 스토아 사상가들은 제논을 가리켜 단지 인간의 삶의 방향과 목적을 제시했던 자로서, 그의 사상과 주장에 대해 크게 인정하려 하지 않았던 것이다. 또 다른 스토아 사상가들은 제논을 그렇게 중요한 인물로 평가하지 않았으며, 제논 자신도 그 사실을 부인하지 않았다고 주장한다. 제논에 대한 비판은 스토아학파에서 제논의 가치와 중요성을 최소화하려는 것이었다. 왜냐하면 그의 『국가론』에서 주장한 것들은 너무 급진적인 혁신들로 당시에 수용하기 어려운 내용으로 일관하고 있기 때문이다.[65]

---

64) J.M. Rist, *Stoic philosophy*(Cambridge 1969), p.64. F.H. Sandbach, *The Stoics*, London 1975, p.20.
65) Andrew Erskine, *The Hellenistic Stoa, political Thought an Action*, Cornell University Press 1990, pp.10~14.

제4장 초기 스토아의 세계국가 사상

이러한 점에서 제논에 의해 주장되어 온 급진적인 개혁의 내용을 요약해 보는 것이 필요할 것이다. 특히 그의 『국가론』에서 그의 사상의 면모를 엿볼 수 있을 것이다. 제논을 포함한 스토아 사상가들은 행복을 인생의 목적으로 규정한 사실에서 그들의 선대 철학자들과 다를 바 없다. 또한 그들은 행복의 도달에 있어 미덕의 필요성을 강조했다. 이와 같이 스토아 사상가들은 행복의 요건은 선한 삶을 사는 것으로, 고대사회에서 자주 비판받은 도덕적 선만이 선이라고 주장함으로써 아리스토텔레스학파의 철학자들이 주장한 내용과 아주 달랐던 것이다. 그들은 행복은 오직 미덕에 달려 있음을 강조했다. 이상에서와 같이 그들은 미덕에 일치하는 삶이 곧 자연에 일치하는 삶이었다.[66)]

스토아 사상은 자연을 강조하고, 자연은 스토아 사상의 기본요소로 작용했다. 자연은 세계의 활동과 작용을 안내하고 처리하는 창조적이고 합리적인 힘으로, 그것은 응집된 세계제도를 형성한다. 왜냐하면 자연의 특성 가운데 하나는 완전한 이성이라는 사실이다. 이 이성의 현시(顯示)는 정의의 선이다. 이 세계 안에 있는 모든 것은, 설사 그것이 식물이든 동물이든 간에 각기 고유한 본성을 갖는다.

그러나 인간은 동물과 식물의 특성과는 달리 자연처럼 이성을 가지고 있으나 그러나 동시에 인간은 자연과 일치하지 않는 행위를 할 수 있는 이성도 가진다. 그 이유는 인간은 도덕적인 행위자, 도덕적 행위의 주체자라는 것을 선택할 수 있는 힘을 가지고 있기 때문이다. 자연은 올바른 이성 (orthos logos)일 뿐만 아니라 법이기도 하다. 자연법·관습법 그리고 신법(神法)으로 널리 알려진 이 법(즉 자연)은 해야 할 것을 명령하고, 해서는 안되는 것을 금지케 한다.[67)] 자연에 일치하는 삶은 인간이성의 완전한 성숙을

---

66) *Diogenes Laertius* 7.87.
67) 자연법에 관한 가장 잘 알려진 진술은 크뤼시포스에 의해서다.[Stob, Ecl.2.96. 10~17. 102.4~10] 그러나 자연법 사상은 아마도 발전적이지는 못했지만 제논에게서 잘 나타나고 있다. 특히 자연과

의미한다. 오직 인간은 이렇게 자연에 일치하는 삶을 살 때에 자연의 기준에 도달할 수 있을 것이다.

이렇듯 자연에 합일하는 삶을 사는, 그래서 인간이성의 발전과 자연의 기준에 도달하는 자만이 현자(*sophos*)다. 현자의 이성은 세계이성이므로 현자는 자연이 행하고 작용하는 것을 이해하게 된다. 결과적으로 현자는 선악을 인식하고 또 선악의 인식 위에서 행동할 수 있다. 또 한편 현자 이외의 모든 사람은 우자와 사악한 자로 분류되지만, 선한 자만이 현자일 뿐이다. 이성을 기준으로 한 선과 악의 첨예한 구분보다 또 다른 구분이 있다. 그것은 도덕적 선과 그리고 그밖의 것의 구분이다. 도덕적 선만이 선이며, 도덕적으로 악한 것은 오직 악인 것이다. 그리고 그밖에 모든 것은 무관심(*adiaphoron*)인 것이다.

모든 것은 도덕적 무관심의 대상일지라도 그 어떤 차이도 있을 수 없는 같은 수준으로 평가될 수 없다. 왜냐하면 그것은 도덕적 관계에서 무관심적인 것이기 때문에 개인의 행복과는 무관하다. 이들 무관심적인 것은 선호되는 것(*proegmena*)과 선호되지 않는 것(*apoproegmena*)으로 분리되는바, 전자는 자연에 일치하는 것(*takata Phusin*)이며 후자는 자연에 반하는 것(*ta para phusin*)이다. 스토바이우스는 자연에 일치하는 것을 건강·힘·감각으로 보는 데 반해, 자연에 반하는 것을 질병·허약 그리고 신체 불구를 들고 있다.

제논의 이상사회는 계급사회를 옹호한 주장에 반대하지 않는다. 플

의 관계에 대해서는 *Diogenes Laertius* 7.87~88,128. 스토아 사상에 나타난 자연법은 아리스토텔레스와 플라톤의 자연적 정의와 구분된다.[G. Striker 'origins of the Concept of Natural Law' in Cleary, J.J. *Proceedings of the Boston Area Colloquium in Ancient philosophy*, vol.2(Lanham/London 1987), pp.79~94] 자연법에 관한 실제 내용은 다소 애매모호하다. 그러나 초기 스토아가 자연법을 일련의 고정된 규칙으로 인식한 것과는 다르다. 오히려 자연법은 현자가 그의 이성에 의해 인식하고 이해하게 되는 일련의 원리였다.[B. Inwood, *Ethics and Human Action in Early Stoicism*, Oxford 1985, pp.105~111 그 후 스토아 사상가들과 그리고 키케로의 작품에서 어느 정도 자연법에 대한 엄밀한 정의를 내리고 있다]

라톤과 아리스토텔레스는 호모노이아와 계급사회를 조화롭게 결합했다. 그러나 그들에게 있어 호모노이아의 유지, 즉 계급사회의 통일체 유지는 지배계급의 자질과 능력에 좌우되었다.[68] 제논은 이와 같이 호모노이아의 발전과 유지는 플라톤과 아리스토텔레스가 강조했던 지배계층의 자질에 있다는 사실의 주장을 받아들이지 않았다.

플라톤은 『국가론』에서 가장 비천한 계층을 우자로 규정했는가 하면, 사회로부터 노예와 적으로 취급했다.[69] 그래서 이들 우자의 행위는 호모노이아에 접근할 수 없는 존재로 인식되었다. 그에 반해 현자는 시민·친구인 동시에 같은 혈족관계요 그리고 자유민이었다. 그러므로 현자는 호모노이아에 아주 적합하고 일치를 이룰 수 있는 자들이었다. 그래서 신 에로스(eros)는 우정·자유 그리고 호모노이아와 제휴한다는 것이다. 왜냐하면 우정과 자유는 선자들의 것이지 사악한 자들의 속성이 아니기 때문이다. 이와 같은 사실에서 호모노이아는 현자들만의 속성으로, 그들만이 일치를 이룰 수 있음을 강하게 나타내고 있다.[70] 이상에서와 같이 호모노이아를 현자들만이 가능한 것으로 규정지었던 것은 초기 스토아가 지향한 일반적인 특징이었다. 그러나 제논은 이 사실을 분명하게 밝히지 않았다.

제논은 리쿠르고스(Lykurgos)의 스파르타를 그의 이상국가의 표준으로 삼았다. 제논이 상찬하고 아마도 모방했던 것은 엄격한 훈련과 규율을 지키기를 좋아하는 스파르타의 생활방식이 아니라 스파르타의 제도에 나타난 즉 "개인의 행복처럼 국가의 행복도 국가시민의 조화로운 화합과 미덕의 실현에 있다"고 하는 원칙이었다. 플루타르코스가 강조했듯이 미덕의 실행만이 국가시민을 자유와 자족으로 이끌기 때문이다. 제논의 정

---

68) Platon, *Republic* 4. 432a 플라톤과 아리스토텔레스는 호모노이아 라는 말을 항상 사용하지 않았다. 그들은 정체(stusis)에서 벗어나 계급사회로 되는 폴리스를 최선의 국가로 생각했다.
69) *Diogenes Laertius* 7. 32~33.
70) Andrew Erskine, *The Hellenistic Stoa*, pp.18~19.

치적 이상은 곧 비타협적인 스파르타의 국가제도와 정치보다 미덕의 실현과 시민의 화합을 기초로 하는 도덕정치다.

스파르타의 리쿠르고스 의해 시작된 도덕정치는 제논의 『국가론』의 기본이념이 되었다. 제논의 이상국가에 있어 미덕의 행위는 인간 상호간의 사랑이며, 시민적 화합이요, 개인의 경우에서는 내면의 조화였다. 이와 같이 제논은 국가는 개인처럼 미덕과 내적 조화에 의해 행복에 도달할 수 있다고 생각했다. 이상에서와 같이 리쿠르고스는 국가건설에 있어 미덕과 내적 조화를 강조하였거니와, 고대의 국가문제를 다룬 플라톤·디오게네스 그리고 제논에게 있어 이상국가의 모델은 플루타르코스가 밝힌 바와 같이 스파르타의 리쿠르고스의 군국적 생활양식과 국가원리의 수용에서 찾을 수 있을 것이다.[71] 그러나 제논을 비롯한 초기 스토아 사상가들은 리쿠르고스를 입법자로서의 능력을 결여하고 있는 인물로 평가했다.[72] 그러므로 다른 한편 제논의 이상국가의 모델이 스파르타였다고 하는 개연성은 희박하다고 말할 수도 있을 것이다.

그밖에 또 플루타르코스는 알렉산드로스와 제논시대의 업적과 철학을 하나하나 비교하고, 그리고 이상사회에 사는 모든 사람은 서로 동료이며, 동포라고 강조한 제논의 주장을 상세히 밝히고 있다. 어떤 사람은 여기서 말하는 모든 사람이란 현자와 우자도 포함된다고 주장한다.

폴리비오스(Polybios)가 밝힌 바와 같이 제논은 현자들의 국가개념을 이질적인 것으로 생각하지 않았으며, 또한 그가 그러한 현자들로 이루어진 이상사회가 이미 시도되어 왔다고 하는 사실을 깊이 인식하고 있었다는 것을 시사하고 있다. 폴리비오스는 로마에서 미신과 종교가 신분적으로 낮은 하층계급을 보호하고 수호하는 수단으로 장려되었다고 주장하고 있지만 그는 미신이나 종교 자체가 현자들의 국가에서는 결코 필요한

---

71) W.W. Tarn, *Alexander the Great* 2. pp.417~423.
72) Plutarchos, *st. Rep* 1033~1034.

것이 아니라고 생각했다. 그는 플라톤이 추구하고 갈망했던 이상국가에 대해 깊은 관심을 가지고 언급한 것처럼 보이지는 않았다. 왜냐하면 무엇보다 제논에게 비친 플라톤의 이상국가는 현자들만이 아닌 다양한 계층으로 구성된 철저한 계급사회였으며, 또한 주민을 다스리기 위해 신화의 사용을 지지했기 때문이다.

제논의 이상국가는 스토아 사상에서 유래되었다. 제논은 그가 살았던 당시의 불합리하고 부패한 사회에 대해 비판적인 시각에서 『국가론』을 기초(起草)하기 시작했다. 제논에게 비친 당시 사회의 모습은 적대적이고 예속적인 모습을 가진 사악한 우자들로 우글거리는 사회였다.[73] 이러한 우자들의 집단은 지혜를 결여한 자들로 자연이나 올바른 이성에 일치하는 조화로운 삶을 살아가지 못한다고 그는 생각했기 때문에 자연과 조화를 이루며 살아야 하는 이상사회에 대해 깊이 생각하게 되었다. 그는 자연과 조화를 이루는 사회는 인간의 자연적 상태가 유지되는 사회라고 확신했다. 또한 그는 자연과 조화를 이루는 사회는 역사적 혹은 지리적으로 고립된, 그 무엇과도 연관관계를 가질 수 없는 고독한 사회였던 것이다. 그래서 그의 이상국가는 다른 여러 나라와 공존하는 국가가 아니다. 제논의 이상국가는 플라톤의 이상국가와 달리 외국과의 교역이나 해외여행을 위한 화폐주조까지도 막았을 뿐만 아니라 우자들의 공동체와 상거래 같은 그 어떤 관계를 유지하지 않았다.[74] 제논은 그의 『국가론』에서 강조한 것은 세계국가나 혹은 우리가 생각할 수 있는 공동체에 관한 기술이 아니라 철학적인 탐구였다. 다시 말해 그의 『국가론』에서 이상화한 국가는 어느 특정한 시대나 장소에 제한되지 않은 이상적이고 자연적인 국가다. 그것은 그가 당시에 보았던 단순한 도시국가가 아닌, 어떤 면에서 국가의 한계를 분명하게 정의할 수 없는 국가형태다.

---

73) *Diogenes Laertius* 7.32.
74) *Diogenes Laertius* 7.33 ; Platon, *Laws* 5.742.ab.

제논이 말하는 이상국가에는 사원·법정·체조장 그리고 제신의 조상(彫像)들이 없을 뿐만 아니라[75] 화폐주조 금지와[76] 결혼제도의 폐지, 그리고 여자를 공동으로 소유할 수 있는 여자공동체를 확립하는 국가형태다. 제논은 이러한 국가형태에서만이 남자는 모든 어린 아이에 대해 아버지의 정을 가지게 된다고 확신했다.[77] 그의 이상국가에서 남자와 여자는 복장의 통일과 신체의 어떤 부분도 감추지 않는 것을 원칙으로 하고 있다. 또한 그의 이상국가에서 착용될 의복은 아마도 순수기능적인 것에 불과하였다.[78] 그러므로 제논의 이상국가에서는 자유로운 혼교와 호모섹스가 인정되었다.[79] 이와 같이 그의 이상국가에서 여자들의 공동체가 있었던 것처럼 남자들의 공동체도 있었다고 생각할 수 있다.[80] 그러나 필로데모스(Philodemos)가 밝힌 바에 의하면 이 같은 주장은 설득력이 없다고 하겠다.

제논의 『국가론』에서 밝힌 이상국가는 도덕적으로 완전한 국가였다. 그러나 고대의 많은 지식인들이 도덕적으로 혐오했던 그러한 이상국가를 그는 어떻게 이상화하게 되었으며, 또한 사원·체조장·돈 그리고 재생산을 위한 제도나 기구를 무관심적인 것으로 그의 이상국가에서 모두 사라져야 할 대상이었다고 생각하게 되었는가? 제논은 전쟁의 일체 수단과 그리고 사회의 타락과 악폐를 폐지하고 제거할 수 없었다. 그래서 그는 사원·체조장·돈 그리고 재생산을 위한 제도나 기구를 위한 유사한 일을 금지시켰다. 사원의 건립은 단순한 기능공과 같은 우자들에게 주어진 일이었기 때문에 지식을 사랑하고, 지적 표현만을 존엄하게 생각한

---

[75] *Diogenes Laertius* 7.33.
[76] *Diogenes Laertius* 7.33.
[77] *Diogenes Laertius* 7.33,131.
[78] *Diogenes Laertius* 7.33.
[79] *Diogenes Laertius* 7.129.
[80] 이러한 내용을 시사한 학자는 J.M. Rist이다.

현자들에게는 무가치한 것이었다. 그는 이상국가에서 사원의 건축과 체조장의 설립은 비천한 기능공의 출현을 요구하는 것으로 생각하고, 비천한 비지성적인 우자들과 같은 가치없는 자들의 출현은 결과적으로 이상국가의 타락을 초래하게 된다고 경고했다. 그는 스토아의 미덕과 지혜 그리고 상호간의 사랑이 지배되는 완전한 사회에서는 법정이나 법률가를 필요로 하지 않을 뿐만 아니라, 스토아 현자들 사이에는 전쟁도 법정 소송도 발생하지 않는다고 말했다. 초기 스토아 사상가는 육신의 안락과 행복은 미덕과 지혜의 참 행복과는 전혀 무관한 것이기 때문에 육신의 행복과 같은 물질문화에 관심을 갖지 않았던 것이다.[81] 제논의 이 같은 급진적인 논리에서 결국 현자는 먹지도 입지도 말아야 한다는 사실을 발견할 수 있다. 왜냐하면 현자들에게 있어 음식 또한 무관심적인 것이기 때문이다. 사원과 같이 체조장·돈·사회제도는 결코 무관심적인 것이라고 단순화할 수 없다. 만일 이 모든 것이 그의 이상국가에서 양립될 수 없는 것이었다면 그것은 자연에 반하는 것임에 틀림없을 것이다.

왜 사원이 제논의 이상국가에서 불필요한 것인지 밝히고 있지만, 그는 어떠한 이유에서 특별한 것을 그의 이상국가에서 배제하게 되었는지 전거가 될 자료를 발견할 수 없다. 건축가와 노동자에 의해 만들어진 것은 제신에게 신성한 것도 또 가치있는 것도 아니었기 때문에 사원은 그의 이상국가에서 불필요한 것이다. 여기에서 우리는 사원이 제신에게 아무 쓸모없는 것이라고 한다면 무엇이 진정 가치있는 것인지 의문을 제기하게 된다. 그 해답은 제논의 『국가론』에서 밝히고 있는, 에피파니우스(Epiphanius) SVF 1. 146에 있다. 제논은 사원건축을 반대했으나 인간의 영혼은 불멸하기 때문에 사람들은 자신의 마음(nous) 안에 신을 지니고 있어야 한다고 말했다.[82] 그러므로 제논은 사원건축을 통해 제신을 찬양하

---

81) F.E. Devine, Stoicism on the best Regime, *Journal of the History of Ideas* 31 1970, pp.326~327.

고 경배하기보다 마음으로 찬양하고 경의를 표할 것을 강조했다. 제논은 인간과 제신은 모두 로고스를 공유하고 있는 존재이기 때문에 인간은 마음으로 제신을 찬양하고 경배해야 한다고 강조한다. 또한 제논은 제신을 경배함에 있어 제물을 헌정하는 의식에 의해서가 아니라 미덕에 의해 장식되어야 한다고 도시국가에 충고한다.[83]

    호모노이아, 즉 통일체는 동시대의 그리스 도시국가의 몇몇 상황에 대해 거부할 수 있는 이유를 제공했다. 이러한 그리스 도시국가와 그리고 그 겉모습에 대해 거부적이었던 것은 호모노이아의 지향 때문이 아니라 조화로운 삶을 영위해 가는 사람들에게 도시국가의 모습과 상황이 요구되지 않았기 때문이다. 모든 사람이 우의와 조화로움 속에서 사는 동료의 집단에서 법정은 결코 필요한 존재가 아니었다. 법정을 요구하고 그것을 필요로 하는 자들은 오직 우자일 뿐이다. 이처럼 법정을 필요로 하지 않는 것은 이상국가의 구성원이 현자라는 사실을 전제로 하고 있기 때문이다. 스토아 사상가에게 있어 우의와 박애는 모든 사람에게 사랑을 베풀고 이익을 주는 마음의 표현인 것이다.[84] 디오게네스 라에르티우스가 밝힌 바와 같이 우의는 제논의 『국가론』에서 나온 말이 아니며, 우리와 공생하는 동료들을 우리 자신과 똑같은 존재로 생각하고 취급하기 위해 삶과 관련한 모든 사람에게 공용되는 표현인 것이다.[85] 우의와 연대한 호모노이아는 모든 것을 공용한다. 그래서 그는 화폐주조와 가족의 단위를 거부했던 것이며, 그것은 곧 그의 이상국가에서 사유재산을 인정하지 않았음을 의미한다.

    체조장(gymnasia)은 신체건강과 육체적 후생을 위해 중요하지만 조화로운 통일체의 형성에 모순되는 경쟁적인 면과 그리고 개인으로 하여금 육

---

82) Andrew Erskine, *The Hellenic Stoa*, pp.23~24.
83) *ibid.*, p.24.
84) *ibid.*, p.24.
85) *Diogenes Laertius* 7.124.

신에 대해 지나친 관심을 가지게 하는 현상을 초래했다. 발드리는 체조장이 현자들의 행복과 무관하기 때문에 제논의 이상국가에서 거부되었다고 밝히고 있다.[86] 사실 그의 이상국가에서 현자들은 무엇이 적합한 것이고, 사람들은 어떻게 훈련되어야 하는가에 대해 인식하고 있다. 그러나 이상국가에서 적절한 훈련이나 단련을 위해 체조장이 필요한 것은 아니었다.[87]

현자들로 구성된 제논의 이상국가에서 여자는 모든 남자의 아내가 되는 공동소유물(koinós)이기를 기대했다. 그러므로 결혼제도와 가족제도는 부적절한 제도로 인식되었던 것이다. 제논은 여자를 공동으로 소유해야 하고, 동시에 전통적인 결혼제도와 가족제도의 거부는 배타적인 파당의 조성과 자기 가족의 이익만을 생각하는 사회적 불화와 질투를 해소시키고 시민들 사이에 우의를 보증하는 조화로운 이상국가를 만드는 데에 목적이 있었기 때문이다. 그는 심지어 이상국가의 조화와 일치를 위해 국가구성원을 남녀 구분없이 모두 같은 복장의 착용을 강조했다. 결혼제도와 가족제도 그리고 그것과 부수되는 성적 금기(sexual taboos)는 모든 문제의 결정에 있어 완전히 자유롭게 할 수 있는 현자에게는 불필요한 제한이었다. 현자가 선호하는 것을 단순한 전통적 관행에 따라 임의로 제지하고 제한해서는 안된다는 것이 그의 이상국가의 요지다. 한편 어린 아이는 환경의 영향을 받게 되므로 가능한 그들은 이러한 조화의 통일체를 볼 수 있도록 하는 것이 필요하기 때문에 스토아 사상가는 어린 아이에게 조화로운 환경을 조성해 주는 것이 필요하다고 강조했다.[88]

가족의 구분과 성의 분류는 현자에게 중요한 것이 아니지만 현자의 자식들은 가족과 성을 구분할 수 있을 것이라고 제논은 생각했다. 그러

---

86) H.C. Baldry, 'Zeno's ideal State' *JHS* 79 1959, p.11.
87) *Diogenes Laertius* 7.123.
88) A.A. Long, *Hellenistic Philosophy*, London, 1974, 2nd ed., 1986, p.77.

나 현자의 자식들은 가족과 성의 구분과 분류를 완전히 이해하지 못했기 때문에 결국 그들에게 좋지 않은 영향을 끼치게 될 것이라고 생각했다. 그러므로 앞으로 현자가 될 자식에게 환경의 적응과 훈련은 현자로 성장해 가는 데 중요한 일이었다. 더욱이 가족과 성을 구분하지 않았고 모든 것에 흥미를 가지고 탐닉하는 어린아이에게 훈련은 자신과 용기를 넣어주는 것이다. 이와 같이 현자의 다음 세대를 이을 보다 더 현명한 현자들을 확보하는 것만이 이상국가의 통일체를 보존할 수 있는 지름길이었다. 아이에게 올바른 생각과 태도를 주입시키기 위해 현자들은 모든 아이의 아버지처럼 행동해야 하며, 그리고 무차별적인 자유로운 성관계를 통해 생긴 자식이 누구의 자식인지 식별할 수 없어야 할 것이다. 결국 현자는 자기 자식이 있다고 하는 생각을 가지지 말아야 했다.

제논의 이상국가에서 자식과 아버지의 관계는 같은 혈연의 영속적인 관계가 아니다. 만일 그들 사이에 영속적인 부자의 관계가 발생한다면 사회적인 분열과 불일치가 나타난다고 생각했다. 그러나 결혼을 묵인하는 대목도 있다. 제논은 그의 『국가론』에서 현자는 결혼하여 자식을 낳는다(paidopoieisthai)고 기술하고 있다.[89] 확실히 현자는 자식을 낳아야 할 것이다. 그러나 결혼을 의미하는 가메인(gamein)은 앞에서 지적된 성관계와는 일치하지 않는 것처럼 보인다. 다양한 해석이 제시되어 왔지만 결혼은 자유롭게 선택된 영원한 관계의 형태였다. 즉 결혼은 오직 정규국가에서 사는 현자들의 삶과 밀접한 관계가 있으며 제논의 이상국가 이념을 보다 확고하게 일치시키기 위한 노력이 있은 후에 생각할 수 있었다.[90] 문제는 가메인을 현대적 의미의 결혼제도로 보는 데 있다.[91] 만일

---

89) *Diogenes Laertius* 7.121.
90) J.M. Rist, op.cit., p.67 ; Baldry, op.cit., pp.9~10.
91) Aristoteles의 *Politics* 1253b 9에 남자와 여자의 결합(Sujeuxis)이라는 말이 없음을 주목해야 한다. 고전고대 그리스에서 결혼은 단순하게 정의될 수 있는 법적 형태가 아니라 다른 여러 요소의 혼합이다.

제논의 이상국가에서 가족이나 결혼형태가 없었다면 결혼을 의미하는 가메인은 단순히 성교의 의미로 사용될 수 있었을 것이다. 플라톤의 『국가론』에서 여자는 공동소유였으며 그리고 거기에서 '결혼과 자식을 낳는다(gamvi kai paidopoiiai)'는 말은 인간의 남녀가 부부가 되는 것일 뿐만 아니라 동물의 암수가 짝짓는 의미로도 사용되었다.[92]

모든 사람이 현자인 계급없는 이상국가에서 통치기술의 문제는 불필요한 것이었다. 플라톤은 지혜를 가진 자들은 지혜롭지 못한 우자들에게 이성의 제공을 강조함으로써 이성을 가진 지혜로운 계층이 이성을 가지지 못한 계층에 대한 지배를 정당화했다.[93] 플라톤의 이와 같은 계급분화는 지혜의 차이가 없는 사회에서는 정당화될 수 없으며, 정당한 행위가 무엇인지 인식할 수 있는 자들 사이에서 총체적인 협력이 이루어지게 된다는 것이다. 그래서 제논의 이상국가는 계급이 없는 평등한 국가다. 왜냐하면 제논은 그의 이상국가의 모든 구성원은 똑같은 지혜와 미덕을 가진 현자들이기 때문에 그 국가구성원의 밖의 모습과 그리고 그들에게 보일지도 모르는 불평등의 원인들은 다 사라지고 만다고 생각했다. 이와 같이 그의 이상국가는 경쟁이 없는 사회. 전통적으로 고대사회에서 여자들은 남자와 평등한 존재가 아니었다. 그러나 제논의 이상국가에서 남자와 여자는 똑같은 복장을 착용하는 평등한 존재였다. 다른 스토아 사상가들도 제논과 같이 남자나 여자 모두 같은 미덕을 가진 존재라고 생각했다.[94] 제논은 이 세상 모든 사람은 서로 동료이며 친구이므로 공동의 이익을 위해 진력하고 자기 자신과 같이 사랑으로 대해야 할 것을 강조했다. 그러나 현자는 전지전능한 자들이 아니기 때문에 행정적 편의를 위해 선거나 추첨에 의하거나 혹은 연장자 순위에 의해 선출되는 공직자

---

92) Platon, *Republic* 5. 459a, d.
93) Platon, *Republic* 9.590cd.
94) Andrew Erskine, *The Hellenistic Stoa*, p.26.

도 있었을 것이다.[95]

이것은 아리스토텔레스가 민주주의에 관한 그의 논고에서 인정하고 있듯이 평등과 일치하는 것이다. 왜냐하면 민주주의적 자유에서 사람들은 지배자가 되기도 하고 혹은 피지배자가 되기도 하기 때문이다. 이와 같이 민주주의적 자유는 평등에 기초한 자유(kata to ison)다.[96] 아리스토텔레스와 유사한 개념을 가진 스토아 사상가들은 민주주의적 자유와 평등을 말하면서 현자는 지배자가 되기도 하고, 피지배자가 되기도 한다는 사실을 강조했다.[97]

4) 제논의 이상국가의 철학적 배경

제논의 이상국가의 주요 특징은 무엇이었는가? 어떤 학자는 제논을 그리스 철학과 그밖의 다른 사상을 체득한 후 아테네에 등장한 인물로 보았다.[98] 그밖에 다른 많은 저술가는 퀴니코스 사상과 그의 『국가론』의 관계를 강조하고 있다. 그러나 일찍이 제논이 크라테스의 제자였다는 사실을 주장할 만한 합리적 근거를 찾을 수 없다는 주장도 있었다. 이와 같은 사실에 비추어 제논의 『국가론』은 퀴니코스 사상의 영향에 의해 기술되었다는 주장은 과장이라 할 수 있을 것이다. 왜냐하면 퀴니코스 사상은 본질적으로 소극적이고 부정적이었는데 반해 제논의 『국가론』은 주지하는 바와 같이 퀴니코스 사상가들보다 플라톤의 영향을 받아 적극적이고 긍정적이었기 때문이다. 퀴니코스 사상가들은 전통적인 관례를 무

---

95) *ibid.*, p.26.
96) Aristoteles, *Politics* 1317a 40~18a 10 ; 연장자에 관한 내용은 Aristoteles, *Politics* 1332b 32~41.
97) Stobaeus, *Ecl.* 2.102-11-19.
98) M. Pohlenz, *Die Stoa ; Geschichte einer geistigen Bewegung*, 2vols Göttingen 1980, ss.22, 48, 164~165. 여기서 폴렌츠는 제논과 크뤼시포스의 유태적 배경을 강조한다.

시하였는가 하면 현자 이외에 그 무엇도 인정하기를 거부한 반전통주의자들이었다.

제논이 제시한 건설적이고 적극적인 이상국가 사상에서 퀴니코스학파가 그린 이상사회를 결코 찾아볼 수 없다. 퀴니코스 현자들은 그들의 동료 현자와 밀접한 관계를 유지해 가지만, 그들은 세계의 어느 특정한 지역의 시민이라기보다 세계의 시민이었다.99) 이 같은 사실은 세계의 무대 위에 퀴니코스 국가를 포함시키지 않았다는 의미이기도 하지만 동시에 퀴니코스 사상가들이 전통과 관례에 대한 태도에서처럼 그 어떤 국가도 인정하지 않았음을 의미하기도 한다.100) 우리는 디오게네스의 『국가론』에서 현자 이상의 것을 취급한 사실을 발견할 수 없다.101) 디오게네스가 강조한 것은 제논의 이상국가에서 밝힌 현자들의 사회와 연관시킬 수 없다.

제논의 이상국가와 관련이 있는 사례는 그 무엇보다 전통적 관례에 대한 디오게네스의 태도에서 나타나고 있다. 제논은 여자는 공동의 소유여야 하기 때문에 공유되어야 하고 그리고 더 나아가 인육까지도 먹어도 좋다고 주장함으로써 그의 이상국가에서는 물론 현자들의 현재의 상태

---

99) *Diogenes Laertius* 6. 72, 63.
100) W.W. Tarn, *Alexander the Great*(Cambridge, 1948), 2. pp.404~407.
101) 디오게네스의 『국가론』은 과연 실재했던 작품이었던가에 대한 고대적 증거는 불확실하다. *Diogenes Laertius* 6.80에서 그의 『국가론』을 포함한 일련의 작품을 열거하고 있다. 그러나 사티루스와 소시크라테스는 디오게네스가 그 어떤 작품도 남기지 않았다고 주장한 사실을 디오게네스 라에르티우스에서 밝히고 있다. 필로데모스는 디오게네스의 『국가론』을 잘 알고 있었으며, 또 그 『국가론』에 정통했던 두 스토아 사상가, 즉 클레안테스와 크뤼시포스를 자주 인용했다. 필로데모스는 디오게네스의 『국가론』이 그의 작품이 아니라고 부인된 사실도 잘 알고 있었다.[D.R. Dudley, *History of Cynicism*, London 1937, pp.25~27] 탄이 지적한 바와 같이 사티루스와 소티온은 스토아 사상가가 아니라 아리스토텔레스학파의 철학자였다. 기원전 3세기 사티루스시대의 스토아 사상가들은 디오게네스의 『국가론』은 디오게네스 자신에 의해 쓰인 진품임을 확신했다. 왜냐하면 사티루스와 소시크라테스는 그것이 디오게네스의 작품이 아니라는 사실을 인정했기 때문에 그의 『국가론』의 출처에 관심을 가지지 않았다. 그러나 클레안테스와 크뤼시포스는 『국가론』이 디오게네스의 작품이라는 사실을 인정했으며, 설사 그것이 디오게네스의 작품이 아니라고 하더라도 적어도 키니코스 사상을 대표하는 작품이라는 데에 이의를 제기하지 않았다.

에서도 적용될 수 있었다.[102]

제논은 지관절(指關節)의 뼈를 화폐주조용으로 제의한 사실로 보아 그가 화폐주조의 폐지를 제안하지 않았다는 것을 발견할 수 있으며, 그 같은 사실은 아주 의미있는 일이다. 제논은 그의 이상국가에서 모든 것은 현자들의 공동재산이기 때문에 화폐주조는 불필요한 사업이라고 생각하였다.

또 한편 제논은 현자들이 사는 사회에서 사는 방법과 다른 사회의 문제도 다루고 있다. 왜냐하면 그는 법정·사원 그리고 체조장의 폐지를 주장하였으며, 이러한 기구는 국가와 긴밀한 관계없이는 존재 자체가 불가능하기 때문이다. 사실 제논은 국가에 관해 언급하고 있지만[103] 디오게네스는 그 반대이었다. 특히 디오게네스는 사원에서 무엇인가 훔치는 행위는 사악한 행위가 아님을 강조한다. 필로데모스 역시 여자는 체조장에서 나체의 몸으로 운동해야 하고 그 곳에서의 훈련은 미덕을 위한 유익한 행위로 규정하고 있다.[104]

퀴니코스학파의 철학자들은 법정·사원 그리고 체조장이 존재했든 혹은 존재하지 않했든 간에 중요하게 생각하지 않았으며, 오직 사회적 관습을 단절시키는 것이 그들의 관심사였다. 이러한 전통적인 사회제도나 기구는 그들의 도덕과 관계가 없기 때문에 중요한 것이 아니었다. 관례적이든 아니든 간에 그들에게는 모두 도덕적으로 무관심적인 것이었기 때문에 관례에 따르는 것이 관례에 따르지 않은 것들보다 우선 할 수 없었다. 올바른 행위의 가치결정은 현자의 손에 달려 있으며, 그래서 전통적 관례에 의해 행위의 가치와 정당성이 인정되는 것을 거부했다. 그

---

102) *Diogenes Laertius* 6.72~73.
103) D.R. Dudley, *History of Cynicism*, London, 1937, p.99. 디오게네스가 법정, 체조장 그리고 사원의 폐지를 제안했음을 밝히고 있지만 어스카인은 이에 대한 사실을 인정하려 하지 않는다.[J.M. Rist, *Stoic philosophy*, p.68]
104) *Diogenes Laertius* 6.70.

들은 사원의 존재를 부인하고, 심지어 사원에서 도둑질하는 행위마저 허용했다. 이 같은 사실의 인정은 제논의 생각과는 아주 달랐다. 그에게 있어 사원·법정, 그리고 체조장은 무관심적인 것으로서, 그의 이상국가에서 이러한 전통적 기구의 존재를 철저히 거부했다.

디오게네스의 제자 크라테스는 유희적인 이상국가를 기대했다. 또한 그의 이상국가는 세계나 혹은 도시국가 규모의 이상사회가 아니었으며 자족을 상징한 철학자의 가방(pera)이었다. 그래서 크라테스는 국가공동체로부터 떠난, 개별국가로부터의 독립이었다.[105] 그러므로 퀴니코스의 현자는 모든 것을 자기의 고유한 방식에 따라 현실사회 밖에서 살기를 원하면서 자신이 처한 사회제도와 법으로부터 벗어나려고 했다. 결국 제논은 사회제도와 기구의 폐지를 제안했으며, 오늘날의 사회와 전혀 다른 사회를 그렸다는 것은 중요한 변화다. 이러한 변화에서 제논은 다수의 현자에 관해 이야기했는데 이에 반해 퀴니코스 철학자들은 소수의 현자에 관해 이야기했다는 사실에 주목해야 할 것이다. 제논의 새로운 사회를 만들기 위한 이른바 이상국가 건설은 중요한 변화로서 아카데미아와 뤼케이온에서 가르친 내용과 전혀 다른 것이라는 사실을 발견할 수 있다.[106]

퀴니코스 철학자들은 이러한 변화를 이끌지 못했다. 왜냐하면 비록 현자일지라도 반드시 고립된 삶을 살아야 할 필요가 없으며, 설사 그러한 삶을 살았다 하더라도 그것이 그렇게 중요한 의미를 가지지 않기 때문이다. 그들에게 있어 국가와 제도는 도덕적으로 무관심적인 것일 뿐이었다. 그래서 현자가 사회와 국가에 연관되어 있을 때 행복하지도, 그리고 도덕적으로 미덕의 인간이 될 수 없다는 것이 퀴니코스 철학자들의 기본적인 입장이었다. 제논은 퀴니코스 철학자들처럼, 사회와 국가제도를 묶어내는 순간 현자는 행복한 삶을 살아갈 수 없다는 주장에 동의했

---

105) H.C. Baldry, "Zeno's ideal State"; *JHS* 79(1959), p.14; *Diogenes Laertius* 6.85.
106) Andrew Erskine, *The Hellenistic Stoa*, p.29.

다. 현자는 행복한 미덕의 인간이 되기 위해 갖추어야 할 요소는 자족이었다. 그렇다면 제논은 자족의 단계를 어떻게 도달할 수 있었는가? 앞에서 언급한 바와 같이 제논은 그 단계를 세계제도와 자연의 개념, 자연법 사상을 강조한 플라톤과 아리스토텔레스의 사상에 기초했던 것이다. 모든 것은 이 세계제도 안에서만 그 가치를 가지며 그리고 그 평가기준은 자연이었다. 그러므로 현자는 그에 상응하는 역할을 할 수 있는 사회를 창조하는 것이 유일한 책무였던 것이다.

스토아 사상가들은 말한다.

> 현자는 자유로울 뿐만 아니라 역시 왕과 같은 존재였다. 왕권은 현자만이 유지할 수 있는 책임지지 않는 지배요 통치다.… 크뤼시포스는 제논이 사용한 용어에 대해 정당함을 인정했다. 왜냐하면 제논은 선한 지(知)와 사악한 지는 통치자의 필연적 속성이며, 사악한 자는 이 같은 원리를 인식할 수 없기 때문이다. 이것과 유사한 표현으로서 현자와 선자만이 행정장관·재판관, 혹은 변론가가 될 수 있는 데 반해 사악한 자는 단 한 사람도 그러한 자격을 가질 수 없다는 것이다. 현자는 결코 잘못을 범하지 않는 완전한 사람이다. 그래서 현자들은 반칙이나 무례를 범하지 않는다. 또한 현자는 다른 사람을 해치지도, 그리고 그 누구에게 동정심을 가지거나 어떤 사람을 특별히 잘 보살피는 자도 아니다. 또 법에 정해진 형벌을 감해 주지 않는다. 왜냐하면 너그럽게 보아주는 관대함이나 동정 그리고 심지어 공평한 고려마저도 나약한 정신의 표현으로 보았기 때문이다.[107]

그래서 스토아 사상가는 현자는 홀로 외롭게 살지 않는다는 것이다. 왜냐하면 현자는 태어날 때부터 공동협력할 수 있는 우의적 공동체를 만들기 위해 생성된 자이기 때문이다.

제논보다 먼저 이상사회에 대한 논의는 플라톤의 『국가론』에 나타나

---

107) *Diogenes Laertius* 7.123.

고 있다. 제논의 『국가론』은 여러 면에서 플라톤의 『국가론』과 대비되는 아주 급진적인 작품이다. 그러나 이 두 작품 사이에 나타난 차이에서 제논이 『국가론』을 썼을 때에 그의 마음속에 플라톤을 염두에 두고 기술했다고 생각한다. 하지만 이 두 작품은 철학적 혹은 사상적인 면에서 서로 다르다는 것을 지적할 수 있을 것이다. 플루타르코스는 이미 제논이 플라톤의 『국가론』에서 밝힌 이상국가의 내용을 비난한 사실을 기술하고 있다. 플루타르코스는 제논이 어느 작품에서 그를 공격했는지 밝히지 않았지만 아마도 그의 『국가론』을 통해 비난했을 것이라고 생각했다.[108] 그러나 제논이 『국가론』을 쓴 동기는 단지 플라톤을 공격하기 위한 것은 아니었다. 그는 『국가론』을 기술함으로써만이 그가 추구했던 이상사회의 건설을 위한 자신의 견해를 피력할 수 있었을 것이다. 어떤 학자들은 적어도 제논의 『국가론』의 두 부분에서 플라톤과 아주 긴밀한 관계를 가진다고 지적하고 있지만 우리는 거기에서 플라톤과 관련된 많은 부분의 언급을 발견할 수 있다. 제논은 아카데미학파와 제휴하고 또 그 일원으로서 플라톤의 이상국가 사상을 접할 수 있었다. 폴레몬(Polemon)은 심지어 제논을 가리켜 플라톤의 이상국가 사상을 도둑질한 자라고 비난하기까지 했다.[109]

플라톤의 『국가론』은 사회적 신분을 가진 엘리트 계층에 의해 지배되어야 한다는 일련의 편견을 반영한 귀족사회에 대한 철학적 정당화로 해석될 수 있다.[110] 하지만 제논이 인간을 현자와 우자로 구분했다 해서 그러한 비난을 할 수 없을 것이다. 왜냐하면 제논의 이상국가는 계급이 없기 때문에 그의 이상국가의 모든 구성원은 현자들이었다. 그러나 플라톤의 이상국가에서 열등한 계층은 이상국가를 형성하는 데 없어서는 안

---

108) Plutarchos, *St. Rep* 034e.
109) *Diogenes Laertius* 7.25.
110) E. Wood and N. *Class Ideology and Ancient political Thought*, Oxford, 1978, pp. 119~208.

될 요소였다. 이와 같이 제논의 이상국가는 평등을 지향한 계급제도의 타파라는 점에서 플라톤의 이상국가와 다르다.

플루타르코스는 디오게네스·플라톤 그리고 제논의 이상국가는 리쿠르고스로부터 호모노이아의 개념을 인용했다고 기술하고 있다.[111] 특히 퀴니코스학파의 디오게네스에 의해 호모노이아 개념이 강조되었다. 호모노이아에 관한 한 제논은 오히려 플라톤과 아리스토텔레스와 공통점을 가지고 있었다. 플라톤과 아리스토텔레스는 국가와 사회에 호모노이아의 기초를 확립했다. 기원전 4세기의 정치상황 속에서 정치적 안정의 필요성을 인식했던 플라톤과 아리스토텔레스는 당시 사회의 구조적 관계에서 폴리스에 기초한 계급사회를 필요로 했지만 제논은 이 두 철학자과는 달리 계급사회는 계급들 사이의 대립과 투쟁을 조장하고 국가붕괴의 위험을 필연적으로 초래하게 하는 것으로 정치적 안정을 위해 폴리스의 해체와 계급사회의 폐지를 요구했던 것이다.[112] 제논은 계급사회의 해체를 위해 다양한 방법을 찾은 데 반해 플라톤은 계급없는 사회란 상상조차 할 수 없다고 말하면서 계급사회의 해체보다 지속적인 유지를 주장했던 것이다.

그러나 플라톤과 제논 사이에 몇 가지 점에서 서로 유사점을 발견할 수 있다. 플라톤은 그의 국가구성원을 세 계급으로 분류했다. 즉 철인군주, 철인군주의 보조자 그리고 일반대중이다. 이러한 계급분화에도 불구하고 플라톤은 국가를 정욕을 자제할 수 없는, 즉 제논이 사용한 용어에 의하면 이른바 '우자들'을 다스리는 현자들의 지배라고 생각하고 있다.[113] 플라톤은 엄격한 계급구조와 계급분화의 관계에서 각 계급에 속하는 사람은 자신의 위치를 인식하는 질서와 공평으로써만이 하나의 조화로운

---

111) Plutarchos, *Lycurgus* 31.
112) Andrew Erskine, *The Hellenistic Stoa*, p.30.
113) Platon, *Republic* 4. 431cd.

통일체의 호모노이아가 형성된다고 생각했다.[114] 플라톤의 이상국가는 공명한 사람의 영혼과 유사한 정의의 국가다. 인간도 국가의 세 계급에 일치하는 세 부분이 있거니와, 즉 이성·용기 그리고 비합리적인 욕망인 정욕이다.

분명히 제논은 우자를 적으로 생각하고, 호모노이아에 양립할 수 없는 그리고 그 무엇에도 조화할 수 없는 존재로 취급한 플라톤의 계급분화 이론에 동의하지 않았다. 그러므로 제논은 플라톤의 계급분화와 같은 파열과 붕괴의 원인이 도사리고 있는 한은 조화로운 이상국가의 통일체가 이루어질 수 없다고 주장하면서 그의 그릇된 계급분화론을 공격했다. 제논이 주창한 호모노이아는 계급 사이의 관계가 아니라 현자 개개인의 관계이었다. 호모노이아는 반항적인 요소의 억제가 아니라 그러한 요인이나 요소를 제거해 버리는 것이다. 우리는 제논과 플라톤 사이에 나타나고 있는 그 같은 관계를 다소 공상적인 것이라고 생각할 수도 있을 것이다. 그럼에도 불구하고 플라톤의 이상국가의 구조는 그의 심리학에서 그 유례를 찾을 수 있듯이 제논의 이상사회도 역시 그러하다. 제논에 의하면 우자들은 이상사회에서 조화를 이루지 못하므로 양립할 수 없는 존재였다.[115] 그래서 우자들의 출현은 이상국가 건설에 저해가 되는 요소이므로 이상사회의 극치를 제공하지 못하는 것으로 보았다. 마찬가지로 혹자가 정욕에 따른 행위를 하든, 하지 않든 간에 부당한 욕망을 가지는 한 현자가 될 수 없다. 부당한 욕망의 결과에서 오는 정욕(pathē)과 비도덕적인 행위는 인간이성의 결여를 의미하는 것으로, 인간의 합리적인 부분과 이성이 없는 비합리적인 부분 사이에서 일어나는 투쟁에 기인하는 것은 아니다. 왜냐하면 현자의 이성은 완전하기 때문에 정욕에 휘말리지 않는다. 제논은 현자의 모든 욕망은 올바른 것이며, 완전한 합리성의 반

---

114) Platon, *Republic* 4. 432a.
115) Andrew Erskine, *The Hellenistic Stoa*, p.31.

영이라 했다.116) 이와 같이 제논의 이상국가에 우자들은 존재하지 않으며, 선자인 현자들로 구성된 이른바 정욕이 없는 사회였던 것이다.

그러나 다른 한편 플라톤의 이상적인 인간이나 혹은 이상적인 국가는 전체 인간과 국가에 적대적인 요소를 가지나, 그는 이상적인 인간에 의해 전체 시민과 국가가 다스려질 것을 강조한다. 이와 같은 사실은 그의 『파에드루스(Phaedrus)』의 신화에서 가장 생생하게 나타나고 있거니와, 즉 인간은 선하고 순종 잘하는 말과, 악하고 욕심만을 채우는 말, 이 같은 두 말에 비유되고 있다. 전차를 모는 사람은 난폭하여 다루기 힘든 말이라 하더라도 명령에 잘 따르고 복종할 수 있도록 훈련시켜야 한다. 광포한 말에게 설득과 명령은 아무 효과가 없기 때문에 강제와 무력으로 복종하게 해야 한다. 만일 보다 더 효과적인 방법으로 사악하고 난폭한 자들을 복종하게 한다면 그때의 노력은 행복하고(makarios) 조화로운(homonoétikos) 삶으로 이끌 것이다.117) 하지만 제논의 이상국가의 개념은 현실과 너무 동떨어진, 허구에 찬 표현이라 하겠다. 이와 같이 제논은 플라톤의 『국가론』에서 결여하고 있는 순수현자들의 국가를 세우려 하였다.

초기 퀴니코스 철학자들은 제논과 같은 결론에 도달했다고 주장할 수 없다. 제논은 퀴니코스 사상에서 인식하지 못한 복잡한 심리학을 소개했을 뿐만 아니라 우자들이 적이라는 사실을 깊이 인식시켰던 것이다. 퀴니코스 철학자들은 우자를 가리켜 이성과 합리가 결여된 예속적인 존재들이라고 주장해 왔지만,118) 그러나 우자가 적이라는 기록은 그 어디에서도 발견할 수 없다. 그렇다고 퀴니코스 철학자들이 우자를 적이라고 주장하지 않았다고 보아서는 안될 것이다. 사실 퀴니코스 철학자들은 현

---

116) ibid., ss. 70~74.
117) Platon, *Phaedrus* 246a~257a, 253c~256c ; Platon, *Timaeus* 69b~72d.
118) *Diogenes Laertius* 6. 33, 43.

자들만의 친구요 동료라는 사실을 견지하고 있었다.

플라톤에 대한 제논의 공격은 이미 밝혀진 바와 같이 주로 그의 『국가론』에 집중되었다. 플라톤과 제논 사이의 차이는 제논은 법정·체조장 그리고 사원의 철폐를 주장했는데 반해 플라톤은 그의 『법률론(Laws)』에서 이러한 전통적인 기구의 가치를 인정하고 그것이 유지되어야 한다고 하는 점이다.[119] 제논은 사실상 플라톤이 아테네의 전통적인 제도와 기구를 인정한 사실 때문에 그를 직접적으로 비판했다고 생각할 수 없다. 플라톤은 그의 두 작품 『국가론』과 『법률론』에서 그의 이상국가를 그가 살았던 당시의 현실 속에서 생각했기 때문에 혼란을 초래하게 되었다. 그러나 제논은 현실과 너무 동떨어진 이상국가를 추구하였기 때문에 외적인 영향에 크게 관심을 가지지 않았던 것이다. 외국의 문물로부터의 격리를 강조한 플라톤은 외국인의 방문을 금지시켰는가 하면, 제논 역시 외부 세계와의 교류에서 오는 아테네 시민의 윤리적 타락을 염려한 나머지 40세 이하 모든 사람의 해외여행을 금지시켰던 것이다.[120]

플라톤은 전쟁발발의 가능성 때문에 국가재원의 대부분을 국가수호에 사용토록 했다. 특히 그는 『국가론』에서 전체 수호자 계층은 그 무엇보다 국가수호에 최선을 다할 것을 강조한다. 그러나 제논의 이상국가 공동체는 평화를 유지해 갈 수 있다는 확신 때문에 수호자 계층의 필요성을 느끼지 않았다. 더욱이 여자공동체(*koinônia gunaikôn*) 개념은 플라톤과 제논에게서 공히 나타나고 있으나, 플라톤은 『국가론』에서 여자공동체를 거의 불가능한 공동체로 생각했다. 왜냐하면 플라톤의 이상국가에서 단순한 무차별적인 성적 혼교 같은 것은 없었으나, 오히려 제논의 이상국가에서 인정하지 않은 이른바 우생학적인 선택이 강조되었다. 플라톤의

---

119) Platon, *Laws* 761C, 778cd.
120) Platon, *Laws* 12. 950~952. 제논의 이상국가에서 현자는 정의로워 부패할 수 없으나 이성의 나이에 도달하지 못한 자들은 부패하기 쉬운 자들로 취급하고 있다.

'성정책'은 주로 '우생학적 정책'에 기인한 데 반해 제논은 우생학적 정책의 개념을 수용하지 않았다. 제논은 한 사회를 구성하고 있는 미덕을 갖춘 자와 현자는 '선택된 우생학의 정책'이 결코 요구되지 않는다고 주장한다.121) 이와 같이 제논은 현자는 지혜의 차이가 없다는 것을 강조한다. 그러나 플라톤은 모든 국가수호자들이 모두 현명하다고 생각하면서도 그는 여전히 우생학적 선택을 지지했던 것이다. 왜냐하면 우생학적 선택은 가장 명민한 배우자뿐만 아니라 국가의 수호를 위해 전투에서 가장 능력있는 전사를 생산하는 데 목적이 있기 때문이다.122) 그러나 제논의 현자들에 의한 국가공동체는 수호자 계층뿐만 아니라 우생학적 선택의 요구도 필요로 하지 않았다.

플라톤의 『국가론』에 대해 정면으로 반대한 제논은 그의 『국가론』에서 유통화폐의 폐지와 그리고 그것이 상거래와 외국여행에 필요한 것이 아니라는 것을 밝히고 있다.123) 이와 같이 제논은 『국가론』에서 교역과 외국여행을 위해 화폐를 주조하고 사용하는 것을 금지했는데 반해 플라톤은 『국가론』 2. 371b에서 외국과의 교역을 위해 화폐사용은 불가피한 것으로 인정하고 있다. 그러나 이 두 사람 사이에 대비되는 사례들이 정

---

121) *Diogenes Laertius* 7.131 ; "… 제논은 『국가론』에서 현자들은 배우자를 자유롭게 선택할 수 있는 '아내들의 공동체(Community of Wives)'를 주장한다.…" 플라톤 역시 같은 이유에서 '아내들의 공동체'를 강조한다. 플라톤은 완전한 국가는 국가시민들 사이에서[일부일처로 살려고 하는 비천한 demiourgoi 사이에서가 아닌] "모든 아내들과 아이들은 공동의 소유이므로 그 누구를 자기의 아내·자식이라고 생각하기보다 모든 아내와 아이들을 우리 모두의 아내·자식으로 생각할 때 완전한 이상국가의 유지가 가능하다"라고 주장한다.[Platon, *Timaeus* 18C : Platon, *Republic*. 416D ; 449E ; 450C ; 457D]
122) Platon, *Republic* 5. 460b. "가능한 최선의 남자는 최선의 여자와 결혼해서 살아야 한다. 그리고 가장 사악한 남자와 여자는 동거하는 것을 피해야 한다. 그리고 전자의 자손은 잘 길러내야 하지만 후자의 자손은 육성해서는 안된다"고 경고했다.
123) 제논은 『국가론』에서 선자들 만이 진정한 시민·친구·친척 혹은 자유민이 될 수 있다고 말했다. 그 역시 다른 스토아 사상가들처럼 부모·자식은 현자가 아니기 때문에 적들이었다. 아내들의 공동체를 주장한 반면 사원·법정 그리고 체조장의 건축을 금지했다. 또한 교역이나 외국여행의 목적으로 화폐가 주조되는 것을 막았다.[*Diogenes Laertius* 7.33~34]

면으로 모순이 되는 것이라고 말할 수 없다. 왜냐하면 플라톤도 국가를 지키는 수호자들에게 돈을 허용하지 않았기 때문이다.[124] 이와 같은 사실은 그의 이상국가에 오직 현자들만이 있다는 제논의 주장과 상당한 일치를 보이고 있다.[125]

그럼에도 불구하고 화폐주조를 왜 삼가야 하는가에 대한 이유에 있어 두 사람의 견해가 다르다. 플라톤은 화폐제도는 국가의 수호자들을 타락시킨다고 생각했는데 반해[126] 제논은 화폐제도는 현자들의 미덕을 타락시키지 않는 다는 이유를 강하게 제기했다. 제논의 주장은 플라톤의 『법률론』에서 밝힌 견해와 상치한다고 하겠다. 플라톤은 『법률론』에서 매일 매일 교역에 필요한 통화는 모든 주민들에 의해 사용되어야 하며, 더욱이 군사적인 목적과 외국무역을 위해 그리스에서 유통되고 있는 화폐를 항상 비축할 것을 강조했다.[127]

5) 제논의 이상국가의 정치적 배경

제논의 『국가론』은 플라톤의 『국가론』에 대한 의식적인 거부로 보일 수 있으며, 동시에 플라톤의 『국가론』은 제논의 이상국가 구상을 위한 촉매제로 작용했다고 말할 수 있다. 분명히 밝히거니와 플라톤과 퀴니코스학파의 철학자들은 제논의 『국가론』에 많은 영향을 주었다고 말할 수 있다. 그러나 그들은 그러한 사실을 드러내지 않았다. 오히려 제논은 플라톤이나 혹은 아카데미학파 외에 또 다른 사상의 영향을 받았으며 그

---

124) Platon, *Republic* 3. 417a.
125) A.H. Chroust, 'The Ideal polity of the early Stoics ; Zeno's *Republic*', *Review of Polities* 27(1965), p.180.
126) Platon, *Republic* 3. 417ab.
127) Platon, *Laws* 5.742.

무엇보다 키나코스 사상으로부터 그의 이상국가의 기초를 다질 수 있었을 것이다. 또한 제논의 이상국가의 사상적 기초를 설명함에 있어 기본적으로 퀴니코스학파 이전의 사상으로부터 많은 영향을 받았을 것으로 추정된다. 그러므로 우리는 아직 밝혀지지 않은 다른 많은 사상의 영향에 대해서도 주목해야 할 것이다. 제논은 포레몬의 가르침을 통해 그의 인격형성과 정치사상의 기초를 이루었다는 사실은 만족할 만한 답이 될 수 없다. 제논의 정치사상의 발전은 그의 단순한 내적인 힘에 의해 추진된 것으로 단순화 할 수 없다. 정치사상은 분명 그 시대의 정치적 상황에 영향을 받을 수밖에 없었을 것이다. 만일 그의 정치이념이 동시대의 정치상황에서 배태되고 생성되었다고 한다면, 그것은 국가로부터 호평을 받게 되고 국민의 마음에 일치하는 조화를 이루어가게 될 것이다. 한 국가의 정치이념이 그 국가에 어떠한 영향을 줄 것인가에 대한 답을 한마디로 단언하여 말한다는 것은 쉬운 일이 아니다. 이러한 문제에 직면할 때 대체로 사람들은 매우 진부한 생각으로 일반화하는 경향이 허다하다. 여기서 말하는 당시의 정치적 상황들이 제논의 정치사상의 특별한 국면을 형성하는 요인이 되었다고 한다고 해서 그가 살았던 이전의 정치사상으로부터 하등의 영향을 받지 않았다고 말할 수 없을 것이다. 오히려 제논은 당시의 지배적인 정치상황 때문에 그가 살았던 이전의 초기 사상에 관심을 가지게 되었으며, 오히려 그 사상을 강조하는 입장에 서게 되었다. 일반적으로 제논의 앞선 선대 정치사상과 철학사상은 그가 『국가론』을 썼던 당시의 정치상황에 의해 어느 정도 파악이 가능할 것이다. 우리는 하나의 결론을 이끌어내는 데 있어 동시대의 여러 문제를 깊이 있게 성찰하여야 할 것이다.[128]

 제논의 정치사상에 기본적으로 작용한 외적 영향 가운데 가장 주목

---

128) 아테네의 철학과 정치적 변화의 관계는 Andrew Erskine, *The Hellenistic philosophy*, pp.75~89.

할 만한 것은 알렉산드로스의 요절로 인해 초래된 혼란으로 국제적 혹은 국가적으로 돌이킬 수 없었던 정치적 변화라 할 수 있다. 그러나 발드리는 알렉산드로스의 정복사업이 제논의 정치사상 및 그의 통일체 이념과 아무런 관련이 없다는 극단적인 주장을 제기했다. 왜냐하면 알렉산드로스의 유산은 통일체가 아니라 기원전 2세기까지 계속된 분열의 연속이었기 때문이다.[129] 아마도 이와 같은 알렉산드로스의 유산인 헬레니즘세계의 분열이 곧 제논에게 끼친 영향이라고 할 수 있을 것이다. 비록 짧은 기간이지만 알렉산드로스는 거의 모든 세계를 결속시킬 수 있었으며, 만인과 그리스인이 그가 세운 제국의 신민이 되었음을 보여주었다. 그러나 그는 젊은 나이에 죽었으므로 그의 제국은 무질서가 반복되는 위기 상황이 초래되고 말았다. 제논과 그의 동시대인들은 알렉산드로스의 죽음으로 혼돈과 환란을 겪게 되었다. 그러나 여전히 헬레니즘 세계통일체의 가능성은 남아 있었다. 제논이 말하는 통일체는 현실과 거리가 먼, 이른바 현자들로 구성된 현자들의 이상향이었다. 그는 선자인 현자만이 참시민이며, 친구요 혈족이요 자유민이라고 생각했으며, 사악한 우자는 적이며, 예속적 천성을 가진 존재로 심지어 자식과 부모의 관계, 형제 사이의 관계, 그리고 친척들의 관계마저도 서로 조화할 수 없는 대상으로까지 생각했다.[130]

제논은 인류통일체의 형성에 있어 부모와 자식, 형제와 친척의 혈연적 관계에서보다 지혜와 선의 관계에서 찾았다. 그는 알렉산드로스가 세계를 통일할 것이라고 생각했다. 그러나 그는 도덕적 선에 기초하지 않은 통일체는 실패할 수밖에 없으며, 그의 시대에서처럼 어지러운 상황이 초래될 수밖에 없다고 생각했다. 제논은 도덕적 선에 기초한 통일체의

---

129) W.W. Tarn, *Alexander the Great* 2, p.448. 탄의 주장에 대한 반박은 E. Badian, 'Alexander the Great and Unity of mankind' *Historia* 7(1958), pp.425~444.
130) *Diogenes Laertius* 7.32~33.

장애요소는 인종이나 폴리스 사이의 이질적인 요소가 아니라 지나친 어리석음과 도덕적인 악폐라고 규정했다.

제논의 이상국가의 범위와 규모는 모든 사람이 현자라는 가정 위에 국가구성원 숫자의 제한이었다. 이와 같이 그의 이상국가는 플라톤의 『국가론』에서 밝힌 폴리스로 제한한 이상국가와 전혀 다른 국가이며, 설사 국가구성원인 현자들이 흩어져 있더라도 그들은 지혜의 공동결속력을 가진 자들이라고 생각했던 퀴니코스 사상가들의 견해와도 달랐다.

알렉산드로스제국이 페르시아제국보다 훨씬 더 영향력을 작용했는지에 관한 충분한 근거를 제시한다는 것은 쉬운 일이 아니다. 그리스인들은 페르시아제국을 단지 먼 곳에 있는 나라로만 생각했으며, 그래서 그들은 그리스가 페르시아제국의 일부분이 아니었다는 사실에 안도했으며, 더욱이 그들은 페르시아제국을 야만인들의 나라로 생각했다. 그러나 그리스인들이 페르시아제국을 인정하든 하지 않든 간에 페르시아는 이제 알렉산드로스 제국의 일부분으로 그의 계승자들에 의해 지배를 받는 예속국가가 되었다. 더욱이 그리스인들은 알렉산드로스제국을 위해 싸웠으며, 소아시아 도처의 그리스 도시에 살았던 사람들은 이제 알렉산드로스제국으로 이주하기 시작했다.[131]

초기 헬레니즘 시대의 도시들은 내적으로 심히 불안한 상태에 있었다. 특히 기원전 323년과 261년 사이의 아테네는 많은 정치적 변화가 난무한 격변기였다. 그리스 전역으로 확대된 정치적 불안은 알렉산드로스 계승자들에 의한 전제정·과두정·민주정의 정치형태와 관계없이 그들에게 이로운 정체로 판단되면 그것이 어떠한 정체이건 관계없이 채택했다는 것과 도시 주민들 가운데 불만세력이 많았다는 사실이 불안요인으로 작용했다. 이와 같이 당시에 이 두 요인이 동시에 작용할 수 있었으

---

131) Andrew Erskine, *The Hellenistic Stoa*, p.35.

며, 때로는 각기 독립적으로 작용할 수도 있었다. 전자는 단순한 외적 문제의 징후였다. 이와 같은 정치적 불안과 불화를 제논은 심히 염려스러운 마음으로 접근했다.

그러나 도시주민들의 불만과 같은 정치적 불안문제는 무엇이었는지를 파악하기 위해 제논의 반응이 있었던 이전의 시기가 고려되어야 할 것이다. 사회적인 대립과 분열은 알렉산드로스의 정복사업으로 악화되었으며, 기원전 4세기에는 날로 더해 가고 있었다. 왜냐하면 화폐의 다량 유통으로 물가상승이 초래되었으며, 3백 년에 50퍼센트의 물가상승에 비해 임금은 전과 같았거나 오히려 내려갔다.[132] 토지없는 사람 수의 증가와 같은 또 다른 사회적 문제와 통화량의 증가가 그리스 도시의 내부적 갈등과 사회적 불안을 초래하였다. 이러한 일련의 문제로 토지의 재분배와 부채폐지의 요구가 강력하게 제기되었다. '토지의 재분배'와 '부채폐지'의 지속적인 요구는 사회적 불안의 신호이기도 했다. 이와 같은 사회적 갈등은 당시 그리스가 감당해야 할 역사적 과정이라고 말할 수 있을 것이다.[133]

전 그리스의 유산계층들에게 경종을 울린 초기의 사회적 충돌은 기원전 370년 아르고스(Argos)에서 발생하였다. 당시 아르고스에서는 1천2백 명 이상의 부유계층들이 사형선고를 받고, 또 구타에 의해 죽어갔으며 재산을 몰수당했다.[134] 이소크라테스는 당시의 가난한 사람은 전쟁에서 적을 죽이는 것보다 부자를 처형하는 것을 훨씬 기뻐했다고 전하고 있다.[135] 그 때부터 부자와 가난한 사람 사이에 감정의 대립이 깊

---

132) W.W. Tarn, "The Social question in the third century" in *the Hellenistic Age*, G.E. M. de ste Croix, *The elass Struggle in the Ancient Greek world*, Cornell Univ 1981, pp.186~187. 쌩크와 교수는 대중들의 상태가 현저하게 악화되어 갔다는 탄의 견해를 수용하고 있다.
133) A. Fuks, 'Social revolution in Greece in the Hellenistic Age' *La Parola del Passato* 111(1966), p.441.
134) *Diodorus* 15. 57. 3~58.
135) A. Erskine, *op.cit.*, p.36.

어지고 계급투쟁이 계속되었다. 이런 계급투쟁의 결과로 클레아르쿠스(Clearchus in Heracleia Pontica, 364~352) · 카이론(Chairon in Pellene, 336~335) · 아가토클레스(Agathocles in Syacuse, 317~316) · 아폴로도로스(Apollodoros in Cassandrea, 280~276) 같은 많은 참주들이 나타나게 되었다.

아이네아스 타크티쿠스(Aeneas Tacticus)는 당시 그리스의 계급투쟁을 보면서 공포와 두려움을 가지게 되었다. 그래서 그는 국가가 위기에 직면하게 될 때 국가시민의 대부분은 믿을 수 없는 자들로 바뀌게 되므로 그들과의 관계를 끊는 것은 물론 그들의 충성심을 유지하기 위해 크고 작은 문제에까지 영향력을 행사해야 한다고 강조했다. 또한 그는 가난한 사람들과 생활필수품의 부족으로 어려움을 겪는 사람들에 대해 주의를 기우려야 한다고 권고한다. 당시 아래로부터의 혁명에 대한 부자들의 공포는 가난한 사람들에 대한 경각심뿐만 아니라 법적 협약을 통해 그들에 대한 지배를 강화하였다.

기원전 353년 아테네의 헬리아이아(Heliaea) 법정의 재판선서는 배심원이 선서해야만 했던 조항이 있었거니와, 즉 배심원은 개인의 사사로운 부채를 해제시킬 수 없다는 것과 아테네 시민들의 토지와 가옥을 재분배할 수 없다는 내용이다. 코린토스 동맹(The League of Corinth, 338~337 B.C.)은 재산몰수 · 토지분배 · 부채말소나 노예해방과 같은 혁명운동의 시도를 금지하는 규정을 정하고 있다. 이러한 규정은 기원전 302년 안티고노스(Antigonos) I세와 데메트리오스(Demetrios) I세에 의해 이루어진 헬라스 연맹에서 나타났던 것으로 보인다.

이러한 어지러운 시대적 배경에 맞서 나타난 작품이 제논의 『국가론』이다. 제논은 국가의 정치적 안정에 지극한 관심을 가진 자였다고 하는 사실을 이미 밝힌 바 있다. 이러한 국가의 안녕과 질서의 문제는 계급투쟁과 그리고 부자에 대한 가난한 자의 반목과 질투 때문에 야기된 것으로 보고 제논은 계급없는 사회를 동경했다. 결국 제논은 국가 내에서의 알력은 부자와 가난한 사람들 사이에 대립을 조장하는 첨예한 계급분화의 결과라고 인식했다. 이러한 사회계층들 사이의 계급분화는 플라톤과 아리스토텔레스에 의해 이미 인정되었다.[136] 이들 고대의 두 사상가 플라톤과 아리스토텔레스는 계급없는 사회란 도저히 상상할 수 없으며, 가능하지도 않다는 것을 강조했다. 그들은 사회를 계급조직(hierarchy)으로 보았으며, 이 계급분화에 의해 사회의 안정이 유지될 수 있다고 확신했다. 그러므로 플라톤은 정치권력을 경제활동으로부터 분리시키는 다소 모호한 요구를 제안했다. 이와 같이 경제활동으로부터 정치권력의 분리는 폭력을 야기하는 사회문제를 해결할 수 없었을 것이다. 동시에 그는 권력계층은 세습적이라는 사실을 확고히 하면서 사회문제를 정치영역과 별개로 인식했다.

아리스토텔레스는 부자와 가난한 사람들의 빈부의 지극한 불균형보다 오히려 적당한 부를 가진 자들이 더 많이 있을 경우에 국가는 물론 계급질서의 안정을 유지할 수 있다고 생각했다. 제논도 역시 국가의 안정을 추구했다. 그러나 그가 추구했던 국가의 안정은 동시대가 요구했던 안정과는 기본적으로 다른 이상국가를 위한 것이었다. 아리스토텔레스와 플라톤은 아주 현실적이었는데 반해 제논은 불만세력에 대한 구체적인 대안없이 막연히 그들의 불평을 동정했던 비현실적 이상주의자였다. 그는 이들 사회적 불만세력을 억압하기보다 오히려 이들 나약한 자들에게 도움을 줄 수 있는 이상사회의 건설을 급선무로 생각했다.

당시 사회에 대한 불만세력은 부채의 폐지와 토지의 재분배를 요구했다. 그래서 제논은 화폐와 사유재산의 폐지를 제안했다. 왜냐하면 그는 모든 것은 사회적 신분과 관계없이 모든 사람이 소유할 수 있는 공동 소유물로 생각했기 때문이다. 제논은 플라톤이 제시한 두 계급의 계급분화를 비

---

136) Platon, *Republic* 8. 551d ; Aristoteles, *Polities* 1296b. 34~97.

판했다. 한편 제논은 사회적 반목의 원인인 돈과 재산의 벽을 헐어버리고 돈과 재산으로 인해 발생하는 계층 사이의 알력을 철폐함으로써만이 전쟁에서 서로가 하나가 될 수 있다고 생각했다. 제논은 가난한 사람들을 동정했다. 동시대의 티몬(Timon)이 밝힌 기록에서 밝히고 있듯이 제논은 그의 주변에 사는 거지(Penestai)들의 무리를 모아 자선을 베풀었다.[137]

제논은 국가의 내적 불안은 사회-경제적인 문제에서보다 국가구성원들의 사악함과 우매함에서 기인하는 것으로 생각했다. 그러므로 국가의 안정을 이루기 위해 먼저 모든 구성원은 선자나 현자가 되어야 하며, 현자와 선자로 구성된 국가에서는 그 어떤 사회적 불안이 발생하지 않는다고 확신했다. 제논은 현자는 어떻게 살아야 하고 그리고 당시의 세계가 결여하고 있는 것이 무엇이며, 시대적 특성을 어떻게 생각해야 할 것인가를 자세히 밝히고 있다. 제논은 사회적·경제적인 문제가 국가의 불안을 초래하는 원인이 될 수 있으나 그보다는 국가구성원들의 사악함과 어리석음이 국가불안의 직접적인 요인으로 보았던 것이다. 따라서 제논은 이상국가 안에서 현자는 사회-경제적 어려움없이 살아가는 자들이라는 사실과 그리고 그들이 어떻게 어려움을 어렵게 생각하지 않고 살아갈 수 있는지를 보여주려 했다. 이를테면 현자는 에로스(Eros)의 역할을 하면서, 또 현자의 잘 훈련된 고고한 인격에 의해 아무 어려움없이 살아간다는 사실을 보여주는 것이다. 제논은 현자의 편에서 모든 현자는 친구라는 사실, 바로 그러한 사실을 요구했던 것이다.[138]

제논은 그의 『국가론』에서 현자를 시민·친구 그리고 자유민으로 특징지었던 것은 현자의 모든 특성이 이상국가와 밀접한 연관관계를 가지기 때문이다.[139] 퀴니코스 철학자들은 그 무엇보다 자유(eleutheria)의 가치

---

137) *Diogenes Laertius* 7.16.
138) Andrew Erskine, *The Hellenistic Stoa*, p.38.
139) *Diogenes Laertius* 7.33.

를 인식하였으며, 특히 디오게네스는 자유를 이 세상의 그 어떤 것보다 가치있는 것이라고 말했다.140) 자유에 대한 평가에서 디오게네스는 국가의 전통과 사회적 규범으로부터의 해방을 진정한 자유로 생각했다. 스토아 사상에서 자유는 퀴니코스의 자유와 다르며 오히려 더 강조되고 있다. 스토아 사상가들은 정치적·법적인 자유보다 인간내면의 정신적 자유를 참자유로 그들이 추구해야 할 최고의 가치로 그리고 현자를 참자유민으로 생각했다. 스토아 사상가들은 현자를 자유민으로, 우자를 예속적 속성으로 규정하는, 어떤 면에서 자유에 대한 의미와 해석에 있어 특징적이라 할 수 있는 데 반해 퀴니코스 철학자들은 스토아 사상가와는 달리 현자를 자유민으로 우자를 예속적인 존재로 구분하지 않았다.141) 이와 같이 제논은 현자를 자유민, 우자를 노예로 규정하는 그의 이분법적 정의를 완전한 것으로 생각했다. 그의 이분법적 정의는 퀴니코스 사상보다 훨씬 급진적인 개념으로서 제논의 이상국가에서 없어서는 안될 요소였던 것이다. 현자는 자연과 이성에 일치하는 삶을 살아가기 때문에, 현자가 도덕적인 행위를 한다고 해서 자유민이 되는 것은 아니었다. 이러한 관계의 설정은 다른 현자들과의 관계에서도 일치되는 것은 아니다. 제논의 『국가론』은 여전히 현자들 사이의 관계인 것이다. 왜냐하면 아테나이우스는 에로스가 자유와 우의의 신이며 호모노이아의 제공자였음을 강조하고 있기 때문이다.

　기원전 4세기 말에는 자유가 정치적 주요 이슈로 등장했다. 기원전 315년 그리스 도시국가의 자치회복을 약속한 안티고노스는 그리스의 자유 투사였다. 일찍이 자유의 문제는 스토아 사상과 퀴니코스학파 사이에 서로 다르게 나타났다. 사실 자유는 제논 이전에 철학의 주요 문제로 그리고 철학의 이상으로 취급되지 않았다. 그리스인의 자유는 펠로폰네소

---

140) *Diogenes Laertius* 6.71.
141) *Diogenes Laertius* 6.33, 43.

스 전쟁에서 스파르타에 의해 하나의 표어에 불과하였다. 그러나 당시 철학의 중심지인 아테네는 압제자에서 피압제자가 되었다. 제논 이전의 철학자들은 자유를 이상화하지 않았으나 노예적 예속보다 선호했다.[142] 이와 같이 고대적 자유는 상류 지배계층에게만이 요구할 수 있는 것이고, 낮은 신분계층에게는 전혀 어울리지 않는 것이었다. 왜냐하면 낮은 신분계층들은 노예와 같은 예속적인 존재(douleia)로 살아가는 것이 적합하기 때문이다.[143] 결국 플라톤은 자유는 전제정에서 혹은 민주적인 아테네에서 원하는 바를 할 수 있는 단순한 허가장에 불과하다고 비난했다.[144] 왜냐하면 그 같은 자유는 사악하고 우매한 자들의 자유이기 때문이다. 아리스토텔레스에게 있어 자유는 법의 제한을 받아야 하는 민주주의적 특징을 갖는 자유이다.[145] 그러므로 그는 자유는 지체 높은 상류계층의 유한인사(有閑人士)들, 다시 말해 정치와 철학을 주업으로 했던 자들의 속성임을 강조하고 비천한 일반대중·장인들에게는 적용될 수 없다고 생각했다. 그는 자유민의 범주를 노동을 하지 않는 자, 또 다른 사람의 유익을 위해 살지 않는 것을 특징으로 한다.[146]

현자의 자유를 강조한 스토아 철학은 개인에 집중하는 개인주의적이면서 이기적인, 또 그것에 기여한 철학이었다고 말할 수 있을 것이다. 그러나 이 같은 견해는 보는 관점에 따라 다를 수 있을 것이다. 스토아 철학은 인간의 내면을 성찰할 수 있는 철학사상으로 그리스 폴리스의 해체와 함께 헬레니즘 세계의 새로운 이상을 열어갔다.[147] 이상사회에서 현

---

142) Aristoteles, *Protrept* B.25.
143) Xenophon, *Ath. pol.* 1. 8~9. 플라톤과 아리스토텔레스의 견해에 대해서는 Andrew Erskine, *The Hellenistic Stoa*, pp.58~63 참조.
144) Platon, *Republic.* 562bc, Gorgias 492c.
145) Aristoteles, *politics* 1310a 24~38.
146) Aristoteles, *Rhet* 1. 1367a 28~32 ; G.E.M. de Ste Croix, *The Class Struggle in the Ancient Greek World*, pp.116~118.
147) W.W. Tarn, *Hellenistie Civilization*, London, 1952, p.327.

자는 단순한 주민이 아니라 이상국가 통일체의 적극적인 구성원이 되는 것이다. 그래서 현자는 이상국가의 능동적인 참여자요 시민으로 묘사되고 있다.[148] 제논에게 영향을 주었을 것으로 생각되는 또 다른 정치상황은 기원전 317년부터 307년까지 아테네의 실질적인 전제군주인 팔레론(Phaleron)의 데메트리오스(Demetrios)의 통치다.

데메트리오스는 테오프라스토스의 제자였으며, 또 아리스토텔레스의 양자 니카노르(Nicanor)의 친구였다. 그는 권력을 상실한 다음부터 알렉산드리아에서 학문에 몰두하며 철학자로 살아갔다. 우리는 그의 저술과 법사상에서 아리스토텔레스학파의 영향을 받은 흔적을 발견할 수 있다. 키케로는 그의 『법률론』에서 데메트리오스를 정치에 철학을 소개한 인물로 전하고 있다.[149] 대부분의 현대 비판자들은 데메트리오스를 아리스토텔레스학파의 정치이론을 실천한 대표적인 인물로 평가한다.[150] 데메트리오스는 1백 드라크마에 해당하는 재산만을 허용함으로써 시민권을 제한했다. 그러나 그는 국가의 안정과 평화를 위해 다수의 민중들에게 시민권을 주었으나 행정장관직은 시민들 중에서도 상류계층에게만 허용했던 것이다.

대체로 이 같은 사실은 널리 인식되어 왔지만 혹자는 데메트리오스가 도덕적 개혁을 시도했다는 사실에 의문을 제기한다. 특히 데메트리오스가 강조한 사치금지 법은 그 동기가 경제적 이유에서였지만 그보다 철학의 영향이었다는 사실을 간과할 수 없을 것이다. 그가 자주 채택했던 경제정책은 실효를 거두기도 했지만 대체로 공론에 불과했던 것으로

---

148) *Diogenes Laertius* 7.33.
149) Cicero, *de Legibus* 3.14.
150) F.L. Vati, *Intellectuals in politics in the Greek World*, London 1984 pp.118~120에서 정치가로서의 데메트리오스와 철학자로서의 데메트리오스는 구분되어야 한다고 밝히고 있다. 데메트리오스는 정치가로서 실용주의를 지향한 인물이었다. 그가 청지권력을 행사했던 시기는 정치현실과 정치이론 사이에 조화를 이룰 수 없었으며, 그의 정치행위에서 우리는 아리스토텔레스학파의 정치사상과 일치한 점을 발견할 수 있다.

세심한 계획과 절차없이 즉흥적으로 만들어낸 정책이었다고 생각된다. 기원전 3세기에 활동한 사미아(Samia)의 역사가 두리스(Duris)는 데메트리오스가 모든 사람을 위해 법을 제정하여 법의 규범에 따르는 삶을 요구했으나 정작 그 자신은 법에 어긋나는 삶을 살았다고 기록하고 있다. 물론 두리스는 신뢰할 만한 권위있는 역사가는 아니었다. 그래서 데메트리오스에 대한 두리스의 공격은 다소 의혹을 가지게 하지만, 그가 도덕과 윤리의 개선에 노력했다고 한다면 어떤 점에서 두리스의 공격과는 다르게 새로운 평가를 받을 수 있는 인물이 되었을 것이다. 데메트리오스가 법에 의해 도덕성을 개선하려고 했던 계획은 아리스토텔레스의 의도와 일치했다. 왜냐하면 아리스토텔레스는 대다수의 사람들이 올바른 이론이나 사상의 영향을 받기보다 오히려 법적 제재에 더 영향을 받는다고 주장해 왔기 때문이다.[151] 위로부터의 정치적·도덕적인 명령과 규범의 강요는 모든 사람에게 도덕적인 행위를 촉구하는 것이며 궁극적으로 안정된 사회를 만들기 위한 것이었다. 이와 같이 데메트리오스는 모든 사람은 도덕적인 인간이 되기를 원해야 한다고 주장한 제논과 완전히 반대되는 면을 보였다. 데메트리오스는 안정된 사회를 유지하기 위해서 법에 의한 도덕성의 개선과 증진을 강조했는 데 반해 제논은 사회구성원들 모두 현자가 되는 것이었다. 제논의 작품은 데메트리오스에게 공격이었으며 반작용이었다. 정치적 수준에 있어 데메트리오스에 대한 제논의 악의에 찬 평가와 증오는 그가 동시대의 다른 철학자들과 깊은 관계를 유지하고 있었지만 아리스토텔레스학파와 그 어떤 결합이나 관계를 가지지 않았다는 데에서 연유할 것이다.

    제논은 분명 동시대의 그리스 사회와 밀접히 관련된 『국가론』을 기술했다고 할 수 있다. 그렇다면 그의 이상사회는 어떤 점에서 그리스 사

---

151) Aristoteles, *NE* 10. 1179b 4~20, 1179b 31~80a 5.

회와 관계가 있는가? 제논의 『국가론』은 그가 살았던 당시의 사회가 얼마나 타락했으며, 아니 그의 표현대로라면 얼마나 도덕성을 결여하고 있는 사회인지를 간파할 수 있을 것이다. 제논의 『국가론』에서 밝힌 이상사회는 무계획적이고 임의로 선택한 이상론은 아니었다. 그가 추구했던 이상사회는 동시대의 정치상황 속에서 발전한 것으로 그 시대정신을 반영하는 것이라 하겠다. 제논은 『국가론』을 기술하면서 당시의 세계를 비판했던 것이다. 이른바 그의 『국가론』은 현자들의 이상사회뿐만 아니라 당시 사회에서 현자들이 취해야 할 태도를 기술한 것이다.

6) 제논의 정치적 이상과 아테네

기원전 3세기 아테네는 마케도니아의 안티고노스(Antigonos)왕조와 광활한 영토를 가진 이집트 프톨레마이오스(Ptolemaios)왕조의 강력한 왕들 사이에 끼여 있는 정치적으로 보잘것없는 하찮은 국가였다. 오랜 기간 아테네는 종종 프톨레마이오스왕조의 도움으로 독립을 주장했지만 안티고노스 왕조의 지배를 받을 수밖에 없었다. 하지만 아테네 민주주의 지지자들은 마케도니아로부터 독립을 지원받게 되었다. 여기서 우리는 당시의 스토아 사상가들이 아테네의 독립에 적극적인 지지를 보내고 또한 노력을 아끼지 않았던 사실을 발견한다. 사실 스토아 사상가들은 독립적이고 민주주의적인 아테네를 지지한 자들이었다.

아테네가 안티고노스 왕조의 지배 하에 있었던 기원전 3세기 초 제논은 마케도니아 왕 데메트리오스 I세의 아들 안티고노스 II세인 안티고노스 고나타스(Antigonos Gonatas)와 제휴했다. 그 후 마케도니아가 피라이오스에서 그의 수비대를 수호하려고 결심한 사실이 드러났을 때 제논은 크레모니데스(Chremonides)와 그의 조카 데모카레스(Demochares)와 같이 급진적인 민주주의자로 변신하게 되었다. 그 때 만일 스토아 사상가들이 외국의 세력과 제휴했다면 그것은 마케도니아가 아니라 이집트였을 것이다. 제논의 이념과 사상은 크레모니데스 전쟁으로 알려진 기원전 3세기 후반기에 반마케도니아 전쟁의 선전에 사용되었다. 그 후 아테네가 멸망하고 완전히 마케도니아의 지배 하에 들어가 버렸을 때, 당시의 아테네에서는 반마케도니아의 정치적 항쟁보다 스토아 철학이 지향했던 마음의 평정을 회복하기 위해 정치문제에 대한 무관심이 나타나게 되었다.[152]

그러나 기원전 230년대에 스토아 사상은 반마케도니아 항쟁에 그리고 기원전 229년에는 아테네 해방을 지지하고 투쟁했던 자들에게 영향을 주었다. 플루타르코스는 정치참여에 소극적이었던 초기 스토아 사상가들을 비판했다. 제논·클레안테스 그리고 크뤼시포스는 정치·지배·피지배 그리고 유사한 피지배자에 관한 다수의 책을 쓰는 것을 즐겨했지만 그러나 이 세 사람 가운데 그 누구도 정치에 참여하려고 하지 않았다.[153] 오히려 당시 제논은 대중목욕탕을 수선하는 일에 종사했다.[154] 스토아 사상가들은 국가의 공무에 별 능력이 없었지만 그들은 자신들이 살았던 당시의 정치에 연루된 것처럼 보였을 것이다.

또한 그들은 마치 정치참여를 주장한 사람들처럼 당시의 정치문제에 대해 다양한 견해를 가진 사람도 다수 있었다. 그러므로 그들의 작품은 당시의 정치적 상황을 이해하는 데 많은 기여를 했다고 하겠다. 대다수의 스토아 사상가는 정치이론에 있어 논리적이었으나 현실정치 문제에 있어서는 많은 모순을 드러내었다. 이와 같이 스토아 사상가들은 그들이 살았던 현실정치 문제에 혼돈과 불일치를 보였던 것은 당시의 시대상황이 정치적으로 혼란한 시기였기 때문이었을 것이다.

---

152) Andrew Erskine, *op. cit.*, p.75.
153) Plutarchos, *St. Rep.* 1033bc.
154) *Diogenes Laertius* 7.12.

제논은 그의 『국가론』에서 밝힌 바와 같이 국가는 현자만을 위한 이상적인 것으로서 현실과 유리된, 그리고 우자를 필요로 하지 않는 존재였다.155) 시몬(H. Simon)과 또 다른 시몬(M. Simon)은 이 문제를 다루기 위해 다른 접근방법을 시도했다. 그들은 제논이 기원전 307년 데메트리오스 폴리오르케테스(Demetrios Poliorcetes)를 접근했듯이 안티고노스의 지지자였다고 주장한다. 제논은 낮은 계층을 지지하고 그리고 지배계층에 적대적이었던 데메트리오스를 동정했다. 마케도니아의 왕 안티고노스와의 합병과 통합을 강화한 스토아 사상가는 새로운 세력을 결집시킬 수 있었다. 그러므로 혁명의 시작에서부터 스토아 사상가들은 마케도니아 국가권력에서 그리고 그 이후 왕정에서 대표할 수 있는 존재가 되었던 것이다. 그 가능성은 제논의 급진사상이 데메트리오스를 지지하고 적극적으로 후원했다는 데에서 기대할 수 있었을 것이다. 이러한 해석이 가능할 수 있었던 것은 당시에 이미 출간된 그의 『국가론』을 통해 확인할 수 있다. 비록 제논의 『국가론』은 초기의 작품이었지만 그 후 크뤼시포스의 스토아 사상에서도 그와 유사한 급진적인 사상이 제기되고 있었다. 더더욱 제논의 『국가론』은 하나의 이상일지는 몰라도 그것은 안티고노스 같은 인물을 반대하고 오히려 혐오를 가지게 하는 내용을 구체적으로 묘사하고 있다.

또한 스토아 사상의 정치적 경향과 노선에서 설명할 수 없는 변화가 기원전 3세기 말에 발생하였다. 페르구손(W.S. Ferguson)이 지적한 바와 같이 스토아 사상은 제논의 지도하에 마케도니아의 궁전철학으로부터 크뤼시포스에 의한 '완고한 공화주의의 강령(the Creed of uncompromising republicanism)'으로 급진적인 변화가 있었다. 시몬 역시 스토아 사상의 방향 변화를 밝히고 있다. 클레안테스처럼 당시의 스토아 사상가는 이집트를 위해 마케도니아에 대한 충성심을 포기하기에 이르렀다. 그 변화의

---

155) Andrew Erskine, *op. cit.*, p.76.

조짐은 클레안테스의 영향이었을 것이다. 클레안테스 자신이 변화의 태도를 보이게 된 주요원인은 그의 스승이자 변화의 주요 고리였던 제논의 죽음이었다.

크뤼시포스와 제논은 예속과 복종, 이른바 노예제의 만연은 인류 통일체 형성과 발전에 장애 요소였다고 보았다. 크뤼시포스와 제논은 이 같은 예속의 형태를 아테네에서 보았으며, 아테네 자체를 마케도니아의 예속 국가로 규정했던 것이다. 또한 그들은 민주정을 지지하고 아테네 독립국가의 발전과 유지를 위해 노력한 사람들에게 찬사를 보냈다.[156]

스토아 사상은 인간을 현자와 우자로 구분하는 이분법적 엘리트주의를 지향했지만 당시 스토아 사상가들은 아테네는 현자의 국가로 발전할 수 없다고 비판했다. 만일 그 같은 비판이 사실 정당한 비판이었다고 한다면 현자에게 집중되었던 모든 스토아 윤리체계는 무기력하게 되었을 것이다. 사악한 사람도 진보할 수 있으며, 또한 현자와 우열을 다투는 경합도 할 수 있을 것이다. 마찬가지로 어느 한 국가가 이상국가로 발전할 수 있다는 기대는 현재와 무관하지 않다는 것도 명확하게 제시하고 있다. 제논의 『국가론』은 실제적인 제안이라기보다 오히려 철학적인 이상이라고 할 수 있을 것이다. 그러나 제논은 그의 『국가론』이 당시세계에 중요한 가치를 갖는 국가개혁론임을 확신했다.[157]

기원전 3세기 스토아 사상가들의 일관된 태도는 민주적이고 독립적인 아테네의 유지였다. 그러나 그 같은 태도는 스토아학파와 마케도니아와의 사이의 관계에서 그리고 군주제 이론에서 왕들의 관계를 지나치게 강조함으로써 흐려지게 되었다. 당시의 모든 주요 세력들은 군주정이었다. 더욱이 스토아 사상가들이 그들이 추구했던 정치적 이상을 현실에서 찾으려고 했다고 하는 것은 망상이라 하겠다. 왜냐하면 그것은 두 극단

---

156) *ibid.*, p.77.
157) F.H. Sandbach, *The Stoics*, London 1975, p.24.

적인 결과로 나타나기 때문일 것이다. 그 하나는 스토아 사상가들이 이상 사회 건설을 위해 시도한 것은 마치 스파르타에서 스파이로스(Spaerus)가 시도한 것과 유사한 것이었으며, 다른 하나는 스토아 사상가들이 결코 하지도, 또 할 수도 없었던 것, 그리고 이상사회와 관련한 개념이 정치적으로 정당하지 못했다는 것이다. 이미 크뤼시포스는 현자는 불완전한 국가를 개선하고 타개해 나갈 것이라고 생각했다. 이와 같이 스토아 사상가들은 두 가지 유형의 정치활동에 참여할 수 있었거니와, 그 하나는 직접적인 정치활동이었으며, 다른 하나는 민주주의적이고 독립적인 아테네의 정치이념의 제안자로서 정치활동의 참여였다.158)

외부세력과 여러 철학파와의 관계에서 스토아 사상가들은 일반적으로 그들의 정치적 신념을 반영하였음을 확인할 수 있다. 아리스토텔레스학파 사람들은 전통적으로 그리스에서 과두주의자를 지지한, 특히 마케도니아에 호의적인 성향을 보였다. 그러므로 317년부터 307년까지 아테네의 소요학파의 철학자이자 정치가인 팔레론의 데메트리오스(Demetrios of phaleron)는 마케도니아 왕 카싼드로스(Cassandros)에 의해 아테네의 지배자로 임명된 참주로서 개혁을 단행하였다. 반면 과두주의적인 소요학파 철학자에 대한 민주주의자들의 적의는 철학자 테오프라스토스의 고발에서159) 그리고 기원전 307년 민중의 허락을 받지 못한 아테네의 모든 철학파들의 활동을 금지시킨 법에서 잘 나타나고 있었다.160) 이 법에 의해 당시 아테네의 여러 철학파는 민중의 허락을 받을 수 있었을 것으로 추정된다. 마케도니아와의 이 같은 친화는 297년 카싼드로스의 죽음을 초래한 마케도니아의 혼란으로 깨지고 말았다. 일찍이 마케도니아는 안정된 국가로 새로운 통치자들은 아테네 철학파를 승인함으로써 정상적인

---

158) Andrew Erskine, *op. cit.*, p.78.
159) *Diogenes Laertius* 5.37.
160) *Diogenes Laertius* 5.28

관계를 회복하게 되었다. 크레모니데스 전쟁 이후 아테네에 지난날의 마케도니아정부가 수립되고, 뤼케이온의 수장 리콘(Lycon)은 안티고노스와 제휴함으로써 기원전 243년 아테네의 자선사업(epidosis)에 돈을 기증했던 것이다.161) 또한 로도스의 히에로니무스(Hieronymus of Rhodes)는 안티고노스의 죽은 아들 할키오네우스(Halcyoneus)를 기념하는 제례를 매년 올렸다.162) 마케도니아와 소요학파 철학자들 사이의 화해의 진전은 안티고노스가 이 시대의 중요한 위치에 있었던 입법자인 테스모테타이(Thesmothetai)에 팔레론의 데메트리오스의 손자를 임명한 사실에서 확인할 수 있다. 이와 같이 마케도니아와 소요학파 과두주의자와 밀접한 관계를 유지했던 결과로 민주주의를 찬성했던 민주주의자들과 그리고 민주적인 철학자들은 이 시기에 이집트가 자신들을 지원하는 세력의 편에 서게 될 것이라고 생각했다. 민주주의자들과 민주적 철학자들은 이집트가 원칙적으로 민주주의를 지지하고 찬성하리라고는 생각하지 않았다. 그러나 이러한 상황에서 이집트는 그럴 수밖에 없었을 것이다.

다음으로 제논과 안티고노스 고나타스(Antigonos Gonatas)의 관계를 살펴보아야 할 것이다. 기원전 3세기 아테네 정치에 스토아 사상은 어떤 작용을 했는지를 밝히기 전에 제논과 마케도니아 왕 데메트리오스의 아들 안티고노스 고나타스 사이의 관계에서 있을지도 모를 오해를 해소시키는 것이 필요하다. 대체로 이 문제와 그리고 스토아 사상가의 정치활동에 관한 몇몇 전거에 나타난 일화를 보다 구체적으로 밝혀야 할 것이다.

제논과 안티고노스는 아주 가까운 사이였다는 것이 당시의 지배적인 견해였다. 페르구손은 안티고노스가 아테네를 지배하고 있었을 때 그는 제논의 강의를 빼놓지 않고 열심히 들었던 청강자요, 친구요 교사였으며, 심지어 그는 스토아 현자에 대한 안티고노스의 생각을 구체적으로 기술

---

161) *Diogenes Laertius* 5.65.
162) *Diogenes Laertius* 4.41~42, 5.68.

하면서 그리스에서 참주의 임명과 같은 마케도니아의 정책을 실행해 보기까지 했다고 밝히고 있다. 빌라모비츠(Wilamowitz) 역시 제논은 안티고노스의 친구이며 교사였으며, 스토아 사상은 이론상 군주정을 지지하는 데 적합한 사상이며 본질적으로 민주정에 맞지 않는다고 했다. 탄은 빌라모비츠와 여러 가지 점에서 견해를 달리하고 있지만 안티고노스와 제논의 지속적인 우정의 관계에 대해서는 그의 주장과 일치하고 있다. 동시에 그는 마케도니아가 지난날의 마케도니아가 아님을 강조하고 있다. 이러한 견해는 많은 학자들의 논증에 기초하고 있다.163) 제논과 안티고노스 사이의 관계가 우의적이지 않았다는 반대의견을 가진 자들도 있지만, 대부분의 학자들은 이 두 사람 사이의 관계를 지나치게 강조하는 경향이었다.164) 이 두 사람 사이의 관계가 우의적이었다는 주장은 아마도 철학과 정치의식의 수용을 거부한 강력한 세력의 철학자들이었던 초기 스토아 철학자들에게 지나친 열정과 기대를 반영하는 것이라 하겠다.

최근 하비히트(Christian Habicht)는 기원전 3세기의 아테네 역사를 재검토하면서 피라이오스에 마케도니아 수비대의 상주는 아테네에 대한 위협을 주는 일이기는 하지만 아테네는 기원전 287년부터 크레모니데스 전쟁이 끝날 때까지 마케도니아의 도움없이 자주적인 국가체제를 유지해 갔다고 주장했다.165) 이 같은 사실은 제논과 안티고노스의 관계에 대한 의혹을 제기한다. 왜냐하면 안티고노스가 자주 그리고 자유롭게 아테네에 갈 수 있었으며, 그리고 260년대에 크레모니데스 전쟁이 발발하기까지 제논의 강의를 들었다는 사실 때문이다. 그러나 안티고노스가 287년에 그의 추종자들이 아테네를 잃은 다음에는 다시 그 도시로 들어가지 않은 듯하다. 그러므로 제논과 안티고노스 사이의 화합을 기술한 많은 자료들

---

163) Andrew Erskine, *op.cit.*, p.79.
164) *ibid.*, p.79.
165) *ibid.*, p.79.

이 있지만 이 두 사람의 회합은 안티고노스가 아테네에 있을 수 있었던 마케도니아의 점령시기인 기원전 294~287년 사이의 기간으로서, 이 시기에 안티고노스는 테바이에서 발생한 폭동으로 다른 생각을 할 수 없었던 절박한 때이기도 하였다.166) 디오게네스 라에르티우스는 안티고노스가 아테네에 있을 때면 제논의 강의를 빼놓지 않고 청강했다고 전하리만큼,167) 아테네는 그가 활동하기에 아주 좋은 곳이었다. 또 이 두 사람은 같이 주연(酒宴)에 참석할 정도로 친근했다고 전해지고 있다.168) 이 모든 일은 기원전 287년 아테네 폭동 이전에 있었던 사건이었다.

이 사건이 있은 후 제논은 다시 안티고노스의 만남을 꺼려했다. 안티고노스는 에레트리아 출신의 메네데모스(Menedemos of Eretria)와 보리스테네스 출신의 비온(Bion of Borysthenes) 같은 다른 문인과 철학자들을 원했던 것처럼 그의 궁전에서 제논과의 해후를 원했던 것이다. 제논은 안티고노스의 수차에 걸친 초대를 받았지만 기원전 276년경 그의 제자 페르세우스(Persaeus)와 필로니데스(Philonides)를 보내면서도 자신이 참석하는 것은 계속 거절했다.169) 그가 거절한 이유는 그 자신이 너무 늙어 노쇠해졌기 때문이었다. 그러나 이 같은 주장의 기초가 될 만한 것은 디오게네스에 의해 인용된 두 서한으로 설명될 수 있지만 그것조차도 믿기 어려운 것이었다. 더욱이 제논이 72세의 나이로 죽었다고 한다면 기원전 276년은 그의 나이가 50대 후반으로 아직 노쇠할 정도는 아니었다고 생각된다. 우리는 그가 항상 아픈 몸이었다고 생각했지만 죽을 때까지 그의 건강은 좋았다고 전해지고 있다.170) 사실 안티고노스의 초청을 제논이 거부했다는 점에서 우리는 그들 사이에 정말 우의가 지속되었는지 의심을

---

166) *ibid.*, p.80.
167) *Diogenes Laertius* 7.6.
168) *Diogenes Laertius* 7.13.
169) *Diogenes Laertius* 7.6~9.
170) *Diogenes Laertius* 7.27,162.

가지지 않을 수 없다. 기원전 2세기에 에픽테투스도 안티고노스와 제논의 제휴가 당연한 것으로 생각했지만 그들에 관한 어울리지 않는 많은 일화들이 난무하여 의혹이 더욱 증폭되고 있다.171) 그 해답은 제논의 제자 페르세우스가 할 수 있을 것이다. 페르세우스는 마케도니아의 왕실에서 주요한 역할을 했을 뿐만 아니라 주연(Sumposia)을 주제로 한 책도 썼다. 이 주연, 즉 숨포시아(Sumposia)는 제논과 안티고노스의 관계에 관한 자료이며, 이 책에서 제논은 분명 핵심적인 존재였다.

다음으로 제논과 아테네 민주정과의 관계를 생각해 보아야 할 것이다. 제논이 아직 왕위에 오르지 않은 안티고노스와 제휴했던 것은 기원전 287년 이전 기원전 3세기 초의 몇 년 동안이었다. 이 시기는 정치지도자들이 어떤 정치적 견해를 제시해야 할지 예측하기 어려웠던 정치적 혼란기였다. 거대한 헬레니즘의 왕국들은 아직도 튼튼한 국가기반을 가지지 못한 국가형성의 초기 단계에 있었다. 이 시기의 많은 역사적 사건을 고려해 볼 때 아테네와 제논의 관계를 충분히 밝히는 데에는 미흡하지만 제논의 입장과 처지를 이해하는 데에 무엇보다 당시의 불확실한 시대적 배경이 먼저 고려되어야 할 것이다.172)

팔레론의 데메트리오스 전복 이후 기원전 307년 데메트리오스 폴리오르케테스는 자신이 스스로 해야만 했던 아테네 민주정을 부활시켰다. 물론 부분적이기는 하지만 그는 그의 해방선전에 맞는 삶을 살았으며, 동시에 과두정의 요소가 그의 마케도니아 적수인 카싼드로스에게 유익했기 때문이었을 것이다. 얼마 후 데메트리오스 폴리오르케테스가 기원전 294년에 아테네를 재정복했을 때 카싼드로스는 이미 죽었다. 데메트리오스 폴리오르케테스는 이미 기원전 301년 입소스(Ipsos) 전투 이후 온건한 민주정의 거부를 체험하리만큼, 아테네 민주정은 예부터 독립을 찾

---

171) Epictetus, *Discourses* 2.13~15.
172) Andrew Erskine, *op. cit.*, p.84.

앉다. 그는 민주정은 열등하고 종속적이기 때문에 자신의 문제를 통제하지 못하는 모순된 정치체제가 된다고 생각했다. 왜냐하면 권력과 힘은 궁극적으로 민중들의 손안에서보다 지배계층과 점령자들의 손안에 있기 때문에 민주정보다 과두정이 더 신뢰받는 체제가 될 것이라고 확신했다.

기원전 294년에서 287년까지 데메트리오스는 아테네를 지배했던 정체는 온건한 민주정이라고 자주 언급되어 왔으나 최근의 연구결과에 의하면 당시의 정치형태는 사실 과두정이었음이 확실시되고 있다.[173] 데메트리오스의 지배 하에 있었던 당시의 아테네는 민주주의 제도를 유지해 갔을지는 몰라도 사실 과두정의 성격을 띠고 있었다. 그 한 예로 아테네의 최고의 관직인 아르콘도 선출에 의해서가 아니라 왕에 의해 임명되었다. 또한 아르콘의 임기도 반드시 일년으로 제한하지 않았다. 민주적인 서기나 비서들은 과두적인 등기관(anagrapheis)으로 바뀌었다.[174] 더욱이 데메트리오스는 무세이온과 피라이오스에 도시 수비대를 임명함으로써 도시의 통제를 강화했던 것이다.

그러나 데메트리오스의 정책이 바뀜으로써 그에 대한 시민들의 태도도 바뀌었다. 한때 카싼드로스의 적이었고, 또 안티고노스의 추종자들의 친구들 그리고 보에오티아의 지도자 피시스(Pisis of Thespiae) 같은 사람은 이제 데메트리오스의 적이었다.[175] 결국 마케도니아인들은 페이라이오스 지역을 제외한 아테네에서 쫓겨나게 되었다.

아테네의 해방자들은 이집트로부터 지원을 받았다. 그리고 당시의 이집트의 원조는 민주주의적인 독립국가 아테네를 옹호했던 자들에게는 중요한 일이었다. 왜냐하면 페이라이오스가 아직도 마케도니아의 주둔군에 의해 점령되어 있었기 때문에 이집트는 다른 항구를 통해 곡물수입을

---

[173] *ibid*., p.84.
[174] Plutarchos, *Demetrius* 34.
[175] *ibid*., p.85.

도왔던 것이다.176) 아테네인들의 곡물에 대한 관심은 그들의 동화(銅貨)에 새겨진 특징에서 볼 수 있다. 아테네인에게 있어 페이라이오스 항구의 상실은 엄청난 타격이었다. 그래서 아테네인은 페이라이오스 항구를 다시 찾는 것이 주요 정책목표 가운데 하나였다.177)

제논은 이 시기 아테네에 있었다. 그러나 이 시기 그에 대한 정확한 기록은 없다. 시티움(Citium) 출신으로서 아테네 시민이 아니었던 그가 정치상황과 정치문제에 관심을 가질 이유가 없었다고 말하는 편이 타당할 것이다. 그러나 그가 정치참여를 지지한 사실로 보아 결코 정치문제에 무관심했던 사람은 아니었다.

제논의 정치적 식견은 그가 늘 관찰했던 민주적인 독립국가 아테네의 정치적인 상황과 악폐를 통해 생성하게 되었다고 이미 논증한 바 있다. 우리들이 알고 있는 바와 같이 안티고노스 고나타스가 아테네에 있을 때 제논의 강의를 청강하고, 자주 그와 친교를 나누었으나 그들 사이에 이루어진 친교는 정치적인 의미가 전혀 없는, 스승과 제자 사이의 순수한 인간적인 관계의 만남이었다고 단정적으로 말할 수는 없다. 이와 같이 아테네에서 안티고노스 고나타스의 위치와 권세로 보아 그가 정치로부터 실제적인 분리를 시도하리라고는 생각할 수 없을 것이다.178) 어떤 학자들은 제논과 그의 학파는 데메트리오스가 최초의 아테네 점령시기부터 크레모니데스 전쟁 이후 아마도 기원전 230년대까지 아테네에 데메트리오스와 안티고노스의 지지자들이 많았다고 주장하고 있다. 이 같은 주장은 신뢰성이 없어보이지만 기원전 294년에서 287년의 정치에서 제논은 그들에게 희망을 가지고 있었다고 밝히고 있다. 처음에는 안티고노스의 편을 들고 그들에게 호의적이었지만 그들의 정책이 바뀠을 때 적

---

176) *ibid.*, p.86.
177) *ibid.*, p.86.
178) *ibid.*, p.86.

의를 품었던 사람들처럼 그도 환멸을 느끼게 되었다. 제논에서부터 크뤼시포스까지 그들의 국가관에서 중요한 변화의 증거를 찾을 수 없다.

이미 밝힌 바와 같이 이러한 해석이나 분석은 마케도니아의 종주권과 일치하지 않았다. 해가 거듭하면서 제논은 안티고노스의 일당들로부터 소외의 징조를 보였으며, 그래서 그는 크레모니데스와 결속하고 제휴함으로써 결국 반마케도니아 운동(antimacedonian movement)에 가담한 것으로 보인다. 이 같은 내분과 불화는 아마도 데메트리오스가 아테네 점령 시기에 발생했을 것이다.[179] 그 때 제논은 더 이상 마케도니아 통치자들의 관심과 이해에 일치하지 않았던 것이다. 이러한 불화는 과두주의적인 소요학파 철학자들과 안티고노스 그리고 지난날 안티고노스를 추종한 그 일당의 전체적인 불만의 점증과 일치했다. 왜냐하면 당시의 정치상황은 충성과 신의의 재평가를 요구했기 때문이다.

해방 이후에 제논의 첫 반감은 안티고노스에 대한 그의 주의 깊은 접근에서 잘 나타나고 있다. 아테네 시민들은 아테네의 성벽 열쇠를 제논에게 맡기는 등 그를 최고의 인물로 존경했다. 또한 그들은 제논을 금관과 동상으로 찬양했다. 그에 대한 존경의 마지막 표현은 그의 고향사람들에 의해서였다. 그의 고향 사람들은 그의 동상을 그들이 사는 도시의 빛을 더해 주는 장식품으로 생각했다. 그래서 시돈에 살고 있는 시티움 사람들은 그를 자신들의 명예로 생각했다. 안티고노스 고나타스는 제논을 존경했으며, 그래서 제논이 아테네에 올 때면 그의 강의를 청강하고 자주 그를 궁전으로 초대했다. 하지만 그는 이러한 제안이나 요구를 단호하게 거부했다.[180]

---

179) *ibid.*, p.86.
180) *Diogenes Laertius* 7.6.

제5장

스토아의 자유와 노예제 개념

1) 스토아의 내면적 자유와 정치사상

　스토아 사상가들은 그리스의 철학자·시인·사상가의 지적 풍토에서 성장한 자유와 평등에 대한 신념을 가진 이른바 인도주의자들이다. 그리하여 초기·후기 스토아 사상가는 아리스토텔레스의 선천적 노예제 이론에 대해 반론을 제기해 왔으나, 이방인과 노예들은 인문학(studia humanitatis)에 의해 보급된 인간의 이상으로부터 여전히 배제되었던 것이다.[1]
　스토아 사상에 있어서 자유와 평등의 이념적 가치는 인간의 내면적·정신적 원리에 기초한다. 그러므로 영적 인간만이 그 존엄적 가치를 가지며, 육신적인 것은 비본질적 형상(imago)으로서 죄의 실체이며 예속의 본질로 인식되었다.[2] 이와 같이 스토아 사상의 자유의 본질은 이성에 합일하는 내면적인 것으로서, 초기 그리스도교 교의의 표준과 그 맥을 같이하고 있다. 특히 스토아 사상가는 현자와 신을 동등한 존재로 생각했

---

1) J. Vogt, *Sklaverei und Humanität*, Wiesbaden, 1972, s.118.
2) Epictetus, *Discourses* III. 20. 8.

다. 그러므로 스토아 현자는 지고한 하느님이 자신들을 신의 존재로 만든 것이 아니라 자기 자신에 의해서 만들어진 신임을 상찬한다. 더욱이 절대자인 하느님이 오늘의 우리를 되게 하였다든지, 앞으로 어떻게 되게 할 것이라는 신념은 전혀 찾아볼 수 없다. 이와 같이 스토아 현자는 그리스도교의 신과 같은 자유로운 자였다. 파스칼은 이러한 스토아 현자를 가리켜 겸양의 미덕도 없는, 인간의 나약함을 외면한 위세와 거만으로 차있는 자들이라고 비난했다.[3]

결국 스토아 사상가들이 말하는 자유·평등 그리고 행복은 전지전능한 신에 의해서가 아니라 인간 자신에 의해서만이 가능해지는 것으로 생각했다. 그래서 그들은 외면적인 법적·정치적 자유보다 내면적인 평정을 위한 최고선에 도달하는 것이 그들의 이상이었다.[4]

그러므로 스토아 사상가는 각자에게 법적·정치적 자유가 부여되었다고 해서 외면적인 자유가 확보되었다든가, 또는 법적으로 부자유한 신분이라고 해서 내면의 자유로부터 제외되었다고 말하지 않는다. 어떠한 경우에서든 인간에게 있어서 선한 부분인 영혼은 노예로 전락할 수 없는 영원히 독립된 자유의 실체이며 그 자체가 주인이지만, 육신은 주인의 소유물로 주인 마음대로 처분할 수 있는 종속적인 것이었다.[5]

이와 같이 스토아 사상에 있어 자유와 예속은 정신과 육신으로 대비되는 이중 구조로서, 육신은 노예화의 필연적 속성이나 영혼은 최고선의 일부분으로 자유의 속성이다.[6] 그러므로 스토아 사상가는 실정법적 자유와 예속은 외면적인 것으로서, 그들의 이상인 미덕에 하등의 기여를 하지 못하는 것으로 인식하였다. 그래서 그들에게 생명·건강·재산·명예 등과 같이 모든 사람들에 의해 존중되는 것과 노령·질병·죽음·빈곤·예

---
3) L. Edelstein, *The Meaning of Stoicism*, Havard University, 1980, p.2.
4) Augustinus, *Civitas Dei* IXI. 1.
5) Seneca, *de Beneficiis* II. 20 1~2.
6) Seneca, *Epistulae* 41. 4

속·불명예 등과 같이 흔히 혐오의 대상인 것은, 그 모두가 좋은 것도 그리고 나쁜 것도 아닌 단지 무관심의 대상일 뿐이었다. 결국, 자유는 정욕으로부터 해탈한 무감동의 경지, 즉 아파테이아(apatheia)의 상태에 도달한 현자들만이 성취할 수 있는 것으로 인식되었다.

스토아 사상에 있어 인간의 영혼구원과 행복의 성취도 신에 의해 이루어지는 것이 아니라 자기 자신에 의해서만이 도달할 수 있는 것으로 생각했다. 이러한 인간의 본원적 평등과 자유에 대한 이론적 기초는 인간 내면을 추구했던 시대, 이른바 인간문제와 정치문제에 관심을 가졌던 저 그리스 철학자들, 소피스트들 및 헬레니즘의 보편적 세계주의 사상을 주창한 스토아 사상의 이상주의적 도덕론자와 이것과 상승작용을 한 원시 그리스도교 사상의 교의에서 그 역사적 근원을 찾을 수 있을 것이다. 필립 사프(Philip Schaff)는 그의 명저인 『그리스도교 교회사(Histroy of the Christian Church)』에서 그리스도교와 스토아 철학을 다음과 같이 비교하고 있다. 즉 그리스도교와 스토아 사상은 그 본질상 유사한 점도 있지만 상반되는 것도 있다. 바울과 동시대인 세네카는 이론에 해박한 스토아 사상가로서 실천적 윤리에 있어서는 그리스도교의와 다르다. 특히, 그리스도교와 유사한 점은 순결·고상·검약·평정 그리고 자제의 미덕이며, 전능하신 신에게 복종하는 것이다. 반면 그리스도교와 상반하는 덕은 자만심·교만·자신·경멸 그리고 철저한 무관심이라고 하겠다. 자만은 스토아의 미덕의 기초이며, 겸손은 그리스도교 신성(神性)의 기초이다. 전자가 이기주의적이라고 한다면 후자는 신과 인간의 사랑에 의한 이타주의라고 하겠다. 스토아 사상가들은 구세주를 요구하지 않으며 집이 연기에 휩싸여 타고 있을 때에도 일체의 것에 무관심한 채, 심지어 이 세상과 등지는 자살만을 호소한다. 죽음만이 모든 것을 평등하게 해주며 전인류를 동등하게 해주는 권리로 간주한다. 반면에 그리스도교의 생은 죄의식에서 시작하여 죽음을 극복, 승리로 끝난다. 스토아 사상에서의 인종(忍

從)은 운명에 복종하는 것이며, 그리스도교의 인종은 하늘에 계신 전지전능하시며 자비로우신 신의 뜻에 기꺼이 따르는 것이다. 스토아 현자는 냉정하고 부동적인 조상(彫像)과 유사하며 그리스도교의 성자는 살아 있는 육신이며 모든 사람의 기쁨과 슬픔을 진심으로 동정한다. 스토아 사상은 소수를 위한 철학에 불과하지만 그리스도교는 만인을 위한 종교이다.[7]

스토아 사상의 발전단계는 초기·중기·후기의 3단계로 구분지어 생각할 수 있다. 제논·클레안테스·크뤼시포스를 중심으로 한 초기 스토아와 파나이티오스·포세이도니오스를 중심으로 하고 또 여기에 플라톤과 아리스토텔레스의 사상이 융합하여 로마로 전해진 것이 중기 스토아이다. 중기 스토아는 키케로 이전 기원전 150~50년 동안의 시대로서 제논과 그의 제자들이 보여준 순수논리학과 철학으로부터 이제 실용적인 자연학과 현실정치 문제에 관심을 가지게 되었다.[8]

그러나 중기 스토아는 오래 지속되지 못하고, 다시 후기 스토아로 넘어갔다. 로마 제정의 출발과 함께 세네카와 노예였던 에픽테투스 그리고 황제 마르쿠스 아우렐리우스를 중심으로 하는 후기 스토아시대가 등장하기 시작했다. 이들 후기 스토아 사상가는 논리학이나 자연학보다 개별에 대한 윤리, 이른바 주인은 주인으로서, 또 노예는 노예로서의 각기 고유의 인격과 독립된 개별자로서의 이상 실현을 위한 윤리문제에 초점을 맞추었던 것이다. 후기 스토아는 퀴니코스학파의 이기주의적인 현자관이 지배적이었음에도 불구하고, 정의와 박애에 기초한 이타주의적 사회 건설을 강력히 요구하게 되었다. 이와 같이 후기 스토아의 인류의 보편적 사랑과 이타주의의 사회적 요구는 일찍이 고대 세계에서 그 유례를 찾아볼 수 없었다. 정의와 박애의 요구는 만인에게 해당하는 것으로서,

---

7) P. Schaff, *History of the Christian church*, Michigan, 1978, Volume II, pp.320~332.
8) L. Edelstein. *op.cit.*, p.146

말하자면 노예와 만인(蠻人)까지도 그 대상이 된다는 점에서 실로 혁신적인 일이었다. 이러한 후기 스토아의 이타주의에로의 발전에서 키케로와 세네카는 인간을 한 몸의 구성원이요, 지체로서 서로 형제임을 강조한다.9) 그 당시까지만 해도 인간이라고 하면 누구나 자유민으로서의 그리스 및 로마시민만을 생각했던 것이다. 그 결과 후기 스토아의 이타주의와 박애사상은 노예의 인간화를 위한 로마 노예법의 완화와 같은 인도주의와 세계시민 사상에 크게 기여할 수 있었다.

소위 스토아 사상가들이 말하는 자유와 인간존엄은 윤리적·도덕적 이상으로 사회질서와 제도의 개혁에 의해서보다 윤리의 내면화에 의해 완성되는 것으로 보았다. 그래서 그들은 자유와 평등을 위해 사회 혁명을 요구하고 주장하는 사회개혁론자와는 거리가 멀었다. 특히 정치질서나 사회제도에 대해 냉담했던 그들은 노예제에 대해 계몽된 견해와 노예에 대한 학대에 대해서는 반대했으나 노예제의 폐지는 주장하지 않았다.10) 초기 그리스도교도들이 세속의 모든 고통에 대한 보상으로 천국의 상을 강조하면서 노예제를 인정했던 것처럼 그들도 노예제를 인정하지 않을 수 없었다.

스토아 사상가는 고결한 현자만을 자유로운 인간으로, 비천하고 비굴한 자를 노예의 속성으로 규정했다.11) 이와 같이 그들은 자유와 예속은 법적·정치적 신분과 별개의 것으로 인식했다. 더욱이 그들은 진정한 자유는 내면적인 것임을 강조하면서 당시의 계급 분화의 구조에서12) 자유민과 노예의 출신 혈통과 종족적 차별을 있는 그대로 유지해 갔다.13) 결

---

9) Cicero, *de Finibus* III. 63.
10) Keith Hopkins, "The Growth and Practice of Slavery in Roman Times", in Conquerors & slaves : *Sociological Studies in Roman History* I(Camb. Univ Press, 1978), pp.123~125.
11) Dio Chrysostomus, *Dis* 15. 31.
12) Roland Gayer, *Die Stellung des Sklaven in den Paulinischen Gemeinden und bei Paulus*, Frankfurt a.M 1976, s.43.

국 스토아 사상가에게 인간이 무엇을 하든 또 신분이 어떠하든 그것은 결코 관심의 대상이 될 수 없었다. 왜냐하면 각 개인은 같은 세계이성을 가진 한 몸의 지체이며, 같은 질료의, 같은 운명적 존재이기 때문이었다.[14] 특히 세네카는 그 누구도 다른 사람보다 더 고귀하거나 자유일 수 없다고 말한 바 있다. 어떤 사람이 다른 사람보다 더 고귀하다는 것은 덕성과 정의의 실현에서만이 가능한 것으로 생각했다.[15] 이와 같이 그는 인간의 외면적 가치의 허구성을 지적하면서, 부자유한 인간이 노예에로 전락할 수밖에 없었던 것은 당시의 사회적·법적인 문제일 뿐, 선천적으로 노예인 자는 없다고 말했다.[16]

아리스토텔레스는 인간은 이성을 균등하게 공유하지 못했다는 이유에서 선천적 불평등론을 제시한 데 반해 스토아 사상가는 인간은 이성의 균등한 배분으로 평등하다고 주장했다. 그들은 인간을 이성적이며 신적 법칙을 인식하고 순응할 수 있는 가치를 부여받은 존재임을 확신했다. 그들이 말하는 한 아버지의 자손으로서의 형제적 평등은 어디까지나 비본질적인 육신적 평등이기보다 초자연적·비인격적·영적인 것이었다. 따라서 스토아 사상가에게 있어 자유민과 노예의 신분적 차별이나 남자와 여자의 성의 구별마저도 비본질적인 것으로 관심의 대상이 될 수 없었다. 그러므로 그들에게 있어 주인과 노예의 신분적 차별은 내면적 자유 앞에 무가치할 뿐이었다.

이와 같이 스토아 사상에서의 자유는 정신적인 것이 인간을 고결하게 한다(animus facit nobilem)는 내면적·도덕적인 것으로, 고대의 법적 기초인 외면의 세계에로부터 내면의 세계에로 가는, 이른바 도덕적 최고선

---

13) A. Bonhöffer, *Die Ethik des Stoikers Epiktet*, Stuttgart, 1894, s.100. Bonhöffer는 스토아 사상가들은 자유민과 노예의 선천적 차별의 편견을 극복했다고 주장한다.
14) Seneca, *de Beneficiis* 3. 28. 1.
15) Seneca, *de Beneficiis* 3. 28. 2.
16) Seneca. *Epistulae* 31. 11 ; Dio Chrysostomus, *Oratio* 15.11~12.

의 도달이었다. 이 최고선에 도달한 내면적·도덕적 최선자인 현자만이 자유로운 자였다. 에픽테투스는 자유에 관한 그의 『강론(Discourses)』에서 지적한 바 있거니와 "자신의 의지에 따라 행하는 자는 자유민이며, 의지가 자유로운 자는 그 누구에게 불평도 비난도 하지 않는다"[17]고 설파했다. 그는 『강론』 제4권 1장에서 '자유에 관하여(περι ελευθερις)'라는 주제로 인간의 자유의 문제를 보다 구체적으로 다루고 있다.

> 그 어떤 강제나 방해나 폭력에 굴하지 않고 자기 고유의 의지에 따라 사는 사람은 자유민이다. 도대체 누가 죄 가운데에서 살기를 원하는가? 그럴 사람은 하나도 없다.… 그러므로 자신의 의지에 따라 사는 사람은 선하며, 따라서 선한 자는 자유인이다.[18]

이와 같이 스토아 사상가는 미덕의 실천적 행위자요, 자유를 자신의 판단이나 사려에 의하는 것으로 그 누구에 의해 저지되거나 방해받지 않는 이른바 독립적인 의지를 자유로 정의한다.[19] 그러므로 스토아 사상가들에게 있어 일체의 외면적인 것, 즉 재산·신분·명예·생명은 제한적이고 무관심적이며 이방적인 것으로 인식될 수밖에 없었다. 결국 에픽테투스는 당시 많은 스토아 사상가의 자유에 대한 정의에서 일체의 외면적인 것과 예속적인 것으로부터 평등을 결정지어 주는 것은 죽음[자살]이며, 그래서 그들은 죽음의 세계를 상찬해 왔다고 밝히고 있다. 스토아 사상가는 주인의 허락없이 노예의 굴레를 벗어나 영원한 자유를 취하게 하는 것은 죽음이며, 이 죽음을 말하는 자야말로 영원한 자유에로 도달할 수 있는 자라고 말했다.[20]

---

17) Epictetus, *Dis* I. 17. 18.
18) Epictetus, *Dis* IV. 1. 1 ~3.
19) Epictetus, *Dis* I. 17. 28.: I. 19.7.
20) Seneca, *Epistulae* 26. 10.

세네카도 인간은 자살을 통해 자유로울 수 있다고 확신했기 때문에 예속의 상태를 그대로 유지해 간다는 것, 그것은 수치일 수 없으며 오히려 자유에로 향하는 도정이라고 생각했다.[21] 그래서 그는 높은 신분의 사람이라도 자신의 운명을 마음대로 주관할 수 없는 것처럼 황제라고 해서 가혹한 운명에 처하지 말라는 법이 없음을 밝혔다.[22] 궁극적으로 세네카는 자살을 찬양하면서 죽음만이 모든 사람에게 자유와 평등을 부여하는 기회로 생각했다. 결국 인간이 죽음 후에는 다른 사람의 의지에 예속될 수 없는, 각자의 비천한 신분을 영원히 탈피할 수 있음을 강조했다.[23] 그는 인간은 모두가 불평등한 존재이지만 결국 평등한 존재로 갈 수 있는 유일한 방법은 죽음뿐이라고 하는 극단적인 표현을 서슴지 않았다.[24] 스토아 사상에서 말하는 평등과 자유는 시민적·법적이라기보다 철학을 통해 진정한 내면의 자유를 획득하는 것이며, 그것을 실패한,[25] 이른바 아파테이아의 경지에 도달하지 못한 자들에게 있어 마음의 영원한 평정은 결국 자살에 의해서만이 성취되는 것으로 생각했다.[26]

에픽테투스는 인간이 자유에로 도달할 수 있는 유일한 방법은 육신의 창살을 떨쳐버린 의지의 자유로운 행사로 보았다. 인간은 자신을 온전하게 하기 위해 다른 사람의 지배로부터 벗어나야만 한다는 것은 공통된 생각이다. 그러나 자기의 육신이라고 해서 꼭 자기의 소유물이라고

---

21) Seneca, *de Ira* 3. 15. 3.
22) Seneca, *de Marc* 5. 1.
23) Seneca, *de Marc* 20. 2.
24) Seneca, *Epistulae* 91. 16.
25) Seneca, *Epistulae* 8. 7. 세네카는 인간이 진정한 자유를 향유하려면, 철학의 노예가 되어야 한다는 것이다. 철학에 자신을 맡기는 자는 바로 그 순간부터 해방이 된다고 했다.
26) A. Steinmann, *Sklavenlos und alte Kirche*, Braunsberg, 1910, s.41. 세네카는 인간의 불행을 치유해 주는 만능약을 자살이라고 찬미한다. 자살을 통해서만이 새로운 삶의 세계에 진입할 수 있다는 것이다.

자신할 수 없다는 것이다. 그것은 자기보다 더 강한 자가 나타나 지배하게 되면 자신의 육신도 필연적으로 강자의 소유물이 될 수밖에 없다. 대체로 인간은 누구나 할 것 없이 자기 자신이 원하지 않는 것을 죽음이나 구속의 공포로 위협할 때 단호하게 거부한다는 것은 현실적으로 불가능한 일일 수밖에 없을 것이다. 그래서 에픽테투스는 사람들이 육신, 그 육신의 일부인 재산·자식·형제·명예의 결박으로부터 과감히 탈피할 것을 촉구한 바 있다.[27]

스토아 사상가에게 있어서 인간이 노예로 굴종하는 가장 비천한 형태는 자의지(自意志)의 종속이었다.[28] 법적으로 자유민이라 하더라도 외계에 탐욕하는 자는 노예로 전락할 수밖에 없다. 그러므로 그들은 노예의 법적·정치적 자유는 외면적인 자유로서 내면적인 자유를 진정한 자유로 인식함으로써 내면적 자유와 외면적 자유를 혼동하지 않는 참 자유에 도달할 수 있다고 생각했다. 이와 같이 스토아 사상가는 인간이 소유할 수 있는 고유의 것,[29] 즉 본질적·내면적인 것은 지고한 가치를 가지며, 외면적인 것은 인간을 구속하는 장애물로 간주했다.[30] 결국 그들은 외면적인 구속으로부터 벗어날 수 있는 자의지의 용기, 그 용기로만 자유의 획득이 가능한 것으로 생각했다.[31]

스토아 사상은 일반대중을 대상으로 한 사상이라기보다 문화와 학식을 갖춘 교양지배계층의 전유물이었다. 그러므로 스토아 사상은 그 윤리체계나 우주와 인생문제에서 철학이나 신학으로서보다 종교로 전화(轉化)

---

27) Epictetus, Dis Ⅳ. 1. 66~67.
28) Epictetus, Dis Ⅱ. 6. 9.
29) 에픽테투스는 육신을 작은 당나귀에 비유한다.[Epictetus, Dis Ⅳ. 1. 80. 81]
30) Epictetus, Dis Ⅳ. 66~74. :Ⅳ.1.1.
31) 칸트는 『계몽이란 무엇인가(Was ist Aufklärung)』에서 이성에 충직할 수 있는 용기를 가져야 한다는 스토아적 인간이성을 계몽의 표어로 삼았다. 그러나 스토아의 용기는 내면의 자유에로 진입하기 위한 도구인 데 반해 18세기 계몽주의 시대의 이성의 용기는 사회적·정치적 개혁에 의한 정치적·법적인 자유의 확대였다.[W. reue, Deutsche Geschichte, Stuttgart, 1958, ss.398~399]

하는 경향을 보였다. 초기 로마제국에 있어서 스토아 사상은 도덕적 이상으로부터 벗어난, 이른바 세속적인 것들에 대한 지나친 사치로 야기되는 인격의 파손으로부터 영혼을 구하는 것이었다.[32] 이와 같이 영적 세계의 위안과 영원한 내면의 세계를 추구하는 스토아 사상가의 정치적 이상은 이성의 법칙에 따라 폭력이 없고, 계급이나 사유재산에 의한 차별이 없는, 자유로운 공동체적 국가건설이었다.[33]

이미 밝힌 바와 같이 후기 스토아는 후마니타스를 기본이념으로 인도주의를 표방하고 있었지만 진정 인간으로서의 존엄의 대상과 표준은 로마의 귀족이었다. 로마 귀족정치의 전통과 편견에 의해 구체화·이념화된 스토아의 후마니타스는 사회 제도의 개선이나 변혁을 요구하기보다 인간관계의 재구성을 강조하는 것이었다.[34] 그래서 스토아 사상가들은 정치적 야심의 억제, 전쟁에 의한 적의 파멸보다 승자도 패자도 없는 세계창조가 목표였다. 근대 시민국가의 발전에서 시민의 정치적·법적 자유의 요구와는 달리 그들은 개별국가의 정치형태와 사회제도의 정당성이나 부당성에 대해서는 일체 언급하지 않았던 것이다. 그들의 정치가에 대한 요구는 세계주의 이상실현과 그 확대이었거니와, 그러므로 정치권력의 억제, 적에 대한 관용, 정치적 민족주의의 포기였다.[35]

이상에서와 같이 스토아 사상가는 정부형태에 있어서 왕정·민주정·과두정 중에 어떤 형태의 정체이든 간에 그 자체를 합법적인 정치기구로 인정할 것을 요구해 왔던 것이다.[36] 그 중에서도 그들에게 가장 이상적인 정부형태는 민주정·귀족정의 정치원리가 결합된 군주정이었다.[37]

---

32) Samuel Dill, *Roman Society from Nero to Marcus Aurelius*, Newyork, 1956, p.334.
33) *ibid.*, p.42.
34) H.C. Baldly, The Impact of Rome ; *in the Unity of Mankind in Greek Thought* (Cambridge University Press, 1965), p.203.
35) L. Edelstein, *op.cit.*, pp.84~86.
36) *ibid.*, p.85.
37) J.M. Rist, *Stoic Philosophy*, Cambridge, 1969, pp.199~200.

그 이유는 이 세상의 모든 것은 제도에 의해서가 아니라 인간에 의해 결정되는 것으로 생각했기 때문이었다. 스토아 사상에 있어 군주는 통치와 지배 자체를 봉사로 생각하고 자신의 교양과 도덕률을 확대해 갈 수 있는 신하를 구하여 혁명적 개혁에 의해서보다 자선을 최우선으로 하는, 이른바 세계주의 이상을 실현해 가는 것이 지상의 과제였다.[38]

헬레니즘의 정치적 왕권론에서 제시하고 있듯이 왕은 법의 원천이며 살아 있는 법이었다. 군주만이 아니라 모든 최선자는 살아 있는 법이다. 그러므로 스토아 사상가는 국가시민에게 국법의 준수, 기존의 사회질서와 윤리에 대해 복종하는 선한 시민과 미덕의 추종자가 될 것을 요구한다. 이러한 미덕을 추구하는 스토아 사상가는 그들이 영원한 자유라고 정의한 내면적 자유만을 추구했을 뿐, 정치적·법적 자유는 그들에게 있어서 명목에 불과했던 것이다. 엄격한 의미에서 스토아의 내면적 자유는 인도주의자로 자처한 몇몇 스토아 교양계층들만이 이상화했던 것으로, 어떤 면에서 그들 소수의 현자만을 위한 것이었다. 다시 말해서 이러한 자유는 정치적으로 자유로운 상층계급, 즉 군주·귀족·인문학자들에게만 실제적으로 적용되었다는 사실에서 우리는 스토아 사상과 그 사상가들이 갖는 귀족적 배타성과 자유의 한계성을 인식할 수 있을 것이다.

2) 스토아의 노예관

노예의 법적·정치적 자유와 해방은 기원전 5세기 이후 소피스트들 이외에는 그리스·로마 세계에서 거의 제기되지 않았다고 말해도 지나친 표현은 아닐 것이다. 소피스트 철학자들은 노예제를 반자연적인 것으로

---

38) Seneca, *de Clementia* I. 2. 2.

비판하고 인간존엄성을 강조해 왔지만 그리스・로마의 사회・정치적 현실에서 전통적으로 노예가 재산의 가치로 취급되어 왔던 상황에서 반노예제 운동은 기대할 수 없었다.[39] 당시의 소피스트들은 노예제가 자연법(ψύσις)이 아닌 실정법(νόμος)에 기초했다는 사실에 대해 비판했다. 그들은 인간에 대한 인간의 지배를 정당화한 아리스토텔레스의 선천적 노예제 이론은 강제와 폭력을 수단으로 한 강자의 법에 기초했다는 이유에서 그 정당성을 인정하려 하지 않았다.

노예였던 자는 누구나 이미 예속적 본성을 지니고 있었거나 특성을 나타내고 있었다고 하는 견해가 일반화되어 있었다. 그 결과 비그리스인인 만인은 노예에 적합한 대상으로 규정지었던 것이다.[40] 2세기 말경 플라비우스 필로스트라투스(Flavius Philostratus)는 전제군주와 예속적인 전제정치를 묵인한 만인은 그리스인들보다 더 노예적 근성을 가진 자들이었다고 말한 아리스토텔레스의 진술에 공감했다.[41] 플라톤은 그의 『국가론』에서 비천한 자는 우월한 자의 지배를 받아야만 하고,[42] 몇몇 사람들은 태어날 때부터 노예이며, 그러한 자들을 위해서 노예제의 조건은 유익하며 정당하다고 했다.[43] 선악의 기준에서 그리고 정사(正邪)의 기준에서 볼 때 우월한 자가 지배자와 주인이 되어야 한다는 것은 최선인 동시에 정당한 것이었다.[44] 이와 같이 스토아 사상에 있어 법적・정치적인 예속과 노예문제는 인간의 외면적 세계로부터 내면적인 영적・윤리적인 지평으로 바뀌게 되었다. 이 같은 사상의 발전은 우선 에우리피데스

---

39) Roland Gayer, op.cit., s.30.
40) Victoria Cuffel, "The classical Greek Concept of Slavery," in Journal of the History of Idea, Vol. xxvii, no.3(1996), pp.327~328. 특히 Henri Wallon, Hostoire de L'esclavage dans L'antiquite (Paris, 1879), I, 60을 참조.
41) ibid., p.328.
42) Platon, Republic. 590c.
43) Aristoteles, Politics I. V. 11.
44) ibid., I. IV. 4.

(Euripides)의 다음과 같은 언급에서 찾을 수 있다.

> 아무리 비천한 가문의 출신이라 하더라도 인간은 각기 고유한 가치를 갖고 있다. 이름이 어떤 차별을 결정하는 것은 아니다.[45]

에우리피데스는 비천한 자(κακός)와 신분이 높은 자(ἐσθλός) 사이의 신분적 차별을 인정하고 있으나, 인간은 그 본질에 있어서 차별이 있을 수 없다. 그에게 인간의 본질적 가치는 법적·사회적인 신분보다 내면적인 것을 기초로 하기 때문에 한 인간의 사회적 신분이란 한낱 명목에 불과할 뿐이다.[46] 그래서 그는 인간의 자유를 정치적·법적 지평에서 윤리적·도덕적 지평으로, 인간의 외면에서 내면의 세계로의 진입으로 보았다. 특히 노예의 정치적·법적 해방문제에 무관심했던 그는 인간을 주인과 노예로 구분하는 것에 대한 공격도 그리고 사회적·정치적 자유에 대한 요구도 하지 않았다. 에우리피데스는 참 자유를 인간의 내면적 자유라고 정의하였으며, 소포클레스노 그의 난상에서 "육신은 노예로 예속되나 정신은 자유다"[47]라고 인간 내면의 윤리적인 면을 강조했다. 이와 같은 내면적 자유의 문제는 그 후 스토아 철학과 그리스도교 교리에서 보다 심화되었던 것이다.

에우리피데스 이후 퀴니코스학파의 자족과 자제의 덕에서도 내면적 자유의 문제가 강조되었으며, 그러므로 결국 인간의 자유와 부자유는 개인의 법적·사회적 신분과는 무관한 것으로 이해되었던 것이다. 이와 같이 소피스트의 자연법적 인간평등론 그리고 에우리피데스·소포클레스 및 퀴니코스학파의 철학자들이 제시한 정치적·법적으로서가 아닌 순수

---

45) R. Gayer. *op.cit.*, s.32.
46) *ibid*, ss.32~33.
47) H. Greeven, *Das Hauptproblem der Sozialethik in der neueren Stoa und im Urchristentum*, Gütersloh, 1936, ss.13~16.

내면적·정신적인 자유의 전통은 스토아 사상에서 더 강조되었다.

결국 스토아에 있어 인간은 본질적으로 동질이며 동종이기 때문에 평등한 존재로 인식되었다. 그러나 그것은 어디까지나 영적 평등이었다. 그러므로 스토아 사상은 노예를 정의함에 있어 육신이 다른 사람에게 예속된 상태를 노예로 보지 않고 정신의 예속만을 노예로 규정했다.[48] 그러므로 스토아 사상은 인간이 태어날 때부터 모두가 평등하다는 만인평등을 강조하면서도 주인의 예속으로부터 벗어나 사회적·법적 평등의 노예해방이나 노예제 폐지를 요구하지 않았다.[49] 이 같은 사실에서 우리는 스토아 사상과 노예제의 관계가 어떠했는지 그 실제를 밝힐 수 있을 것이다.

초기 스토아의 노예제 문제는 순수한 도덕적·윤리적인 인간내면의 문제였지 법적·사회적인 문제는 아니었다. '모든 선한 사람은 자유로우며, 모든 악인은 노예'라는 언명은 아마도 제논에 의해 공식화되었을 것이다. 어떻든 모든 선한 사람은 자유민이며, 모든 악인은 노예라는 역설은 초기 스토아에서 시작되었으며 그 후 이 문제에 대한 많은 언급들이 절충적인 철학자 키케로와 유대철학자 알렉산드리아의 필론 그리고 서방의 교부인 밀라노의 암브로시우스(Ambrosius)에게서 반복되었던 내용이다. 법적 노예제와 자유의 문제에 관해서는 후기 스토아 사상가 특히 에픽테투스의 『강론(Discourses)』 4. 1과 그리고 세네카의 『자선론』 3. 18~20과 『도덕서한』 47에서 밝히고 있다. 여기서 세네카와 같은 스토아 사상가의 철학적인 논거들, 그리고 특히 모든 사람들은 그들이 처한 사회적 계급질서에서 그 신분과 지위에 관계없이 그들 모두는 영적 세계에서 평등하다는

---

48) Diogenes *Laertius* VIII. 122.
49) A. Bonhöffer는 스토아 철학이 고대 노예제 폐지에 크게 기여했다는 주장에 대해 반대했다. 그의 저서 *Epiktet und das Neue Testament*, Giessen, 1911, ss.379~380과 *Die Ethik des Stoikers Epiktet*, Stuttgart, 1984, s.100에서 스토아와 초기 그리스도교의 노예제 종식에 앙리 발롱과 파울 알라드의 견해에 반대했다.

주장은 주인들로 하여금 그들의 노예를 학대하는 행위를 완화하는 데 기여했다. 하지만 플라톤과 아리스토텔레스 사상을 기초로 한 중기 스토아 사상에서의 노예제 문제는 극히 현실주의적이었다.

중기 스토아의 대표자라고 할 수 있는 파나이티오스는 초기 스토아의 자연법론을 비난하면서, 아리스토텔레스의 선천적 노예제이론에서 제기된 만인에 대한 도덕적으로 우수한 자들의 지배를 오히려 정당화했던 것이다. 이와 같이 중기 스토아는 노예문제의 접근에 있어 초기 스토아와 다르다. 초기 스토아의 현자와 우자의 이원론적인 맹목적 세계관으로부터 중기스토아는 보편적 인간 그리고 자연주의·경험주의·이성과 합리의 현실세계로의 접근과 같은 변화가 일기 시작했다. 특히 그들의 변화는 재산에 관한 해석에서 그리고 동시대의 법과 관습에 대한 점증적 관심에서 볼 수 있다. 초기 스토아에서 사유재산은 자연에 반하는 것으로 인식되었는데 반해 중기 스토아에서 사유재산의 소유는 정당한 것으로 평가되었다. 중기 스토아 사상을 이끌었던 파나이티오스와 포세이도니오스는 지역과 파당의 구분없이 모든 사람을 포함하는 공동체의 형성을 촉구했다. 최고선과 같은 절대적 완전미의 추구와 현자의 신화를 비판한 그들은 실천적 미덕을 위해 재산·건강·힘은 자족과 행복의 필수요건으로서 국가·재산·부 등 일체의 외적인 것에 대한 새로운 의미와 가치를 부여했다. 이와 같이 중기 스토아 사상가들은 국가와 정치사상에 있어 로마의 정치제도와 정치수단 같은 로마적 기초에 깊은 감명을 받았다. 하지만 그들은 로마에서 권력투쟁과 같은 조야한 정치현실이 전개되고 있는 현장을 보았다. 결국 그들이 찬양한 힘과 권력의 상징은 현자들의 지배 하에 있어야만 하는, 그리고 현실을 외면한 저 이상의 나라가 아닌 이 지상의 나라 로마였다.

아우구스티누스가 그의 『신국론』에서 밝히고 있듯이[50] 파나이티오스와 키케로를 비롯한 중기 스토아 사상가는 나약하고 자존능력이 없는 국가를 지배하는 것은 정당하다고 생각했다. 왜냐하면 우수한 능력을 가진 국가와 개인에게 지배받거나 예속된다는 것은 국가와 개인에게 유익한 것으로 보았기 때문이다. 중기 스토아 사상가들은 나약하여 자존능력이 없어 다른 나라의 지배를 받을 수밖에 없는 사람들은 다른 사람의 지원없이 방치될 경우 강탈이나 내란에 의해 생존의 위협을 받게 되므로 강대국의 지배 하에 예속되는 것이 독립이나 해방보다 유익하다고 강조했다.

중기 스토아 사상가들은 재산과 로마제국에 대해 비판적이었다기보다 우호적이었다. 특히 파나이티오스는 전통적인 고대 사회구조의 변화와 같은 그락쿠스 형제의 개혁에 반대 입장을 취한 반개혁적 인물이었다. 그래서 그는 노예제의 폐지보다 노예 취급의 개선만을 요구했던 것이다. 그러나 세네카와 해방노예 에픽테투스가 중심이 된 후기 스토아 사상은 초기 스토아 사상에서와 같이 인간의 내면적 자유와 평등을 이상화하고 그것을 진정한 자유로 인식했다.[51]

후기 스토아 사상가 세네카는 "노예와 자유민은 같은 인간성을 가진 자들이지만 주인은 노예의 몸을 사고팔며 오직 그들의 몸은 주인 마음대로 처분할 수도, 또 양도할 수도 있다. 모든 결정은 주인의 의지대로 할 수 있으며 자유다"[52]라고 하였다. 그러면서도 세네카는 노예에게 자유를 선사하고 주인을 자유로부터 도태시키자는 노예에 대해 우호적인 태도의 말을 해왔지만, 그것을 해방의 가능성이나 기회로 삼지는 않았다.[53] 이와 같이 당시 후기 스토아 사상가들이 노예의 인간화를 자주 강조했던

---

50) Augustinus, *de civitas Dei* 19. 21. 성 아우구스티누스는 본문에서 지배와 예속 그리고 제국주의를 정당화하면서 다음과 같이 밝히었다. 즉 "어떤 국가와 개인은 다른 사람의 지배를 받는 것이 오히려 유익하다"고 했다.[Aristoteles, *politics* I. 1254 A~B]
51) U.R. Kugler, *op. cit.*, s.45.
52) Seneca, *de Beneficiis* III. 20.
53) Seneca, *Epistulae* 47. 17.

것은 주인과 노예의 우의적 관계를 유지하려는 것이었지, 결코 노예의 법적 신분을 개선하려는 이른바 노예제의 폐지는 아니었다.[54]

다른 스토아 사상가는 차치하더라도 동시대에 있어 인간애·인류애 사상을 그 누구보다 강조했던 키케로와 세네카 같은 인물도 상당히 많은 노예를 소유하고 있으면서도 항상 자유와 박애를 외친 자들이었다.[55] 그들도 예외없이 노예의 육체는 그 주인의 예속물이며, 정신은 그 누구에게도 예속될 수 없는 자유로운 것으로 규정했다.[56] 그들에게 있어 한 인간의 사회적 지위는 의상과도 같이 우리의 외피(外皮)를 감싸주는 것이기 때문에 인간을 평가하는 가치의 기준이 외식적인 의복이나 사회적 지위가 표준이 될 수 없으며 그저 공허한 것일 뿐이라고 생각했다. 일찍이 노예를 생명을 가진 살아 있는 도구라고 규정했던 아리스토텔레스의 노예제 사상에서와 같이 키케로와 세네카도 노예제를 옹호한 자들로 노예는 그들의 삶에 편의를 제공하는 일상적인 도구의 표준을 뛰어넘을 수 없는 존재로 노예제를 동시대의 세계질서로 생각했다.[57]

스토아에 있어 자연·세계 그리고 인간은 하나의 통일된 기능적인 유기체요 세계는 조화로운 코스모스로서, 신의 지배와 법칙을 따른다는 것이다. 이러한 조화의 질서 속에서 생존하는 인간은 신으로부터 일정한 직분을 부여받게 되고 그 부여받은 직분을 거부하거나 불만을 표출하기보다 충직히 수행해야만 했다. 지난날 노예였던 에픽테투스는 주인과 영혼을 부패시키지 않는 한 육신의 노예를 가치있는 직분으로 생각했던 것이다.[58]

---

54) Seneca, *Epistulae* 47. 18.
55) Seneca, *de Vita Beata* 17. 3 ; *de Ira* I. 14 ; 2II. 27. *de Tranq. Am.* 8 ; *de Beneficiis* II. 11. 마태복음, 6:3의 자선에 관한 태도를 참조.
56) Seneca, *de Beneficiis* III. 7.
57) W. Richter, 'Seneca und die Sklaven', *Gymnasium* Bd 65, 1958, s.202. 리히터와 유사한 주장을 제기한 Pohlenz, *Stoiker*, S.139와 Schulz *Gott ist kein Sklavenhalter*, ss.78~79에서 공히 노예제를 당시의 세계질서로 보고 있다.

에픽테투스는 노예의 신분은 신이 인간에게 명령하고 배분한 직분으로서 다음과 같은 두 가지의 의미로 비유한다. 우선 그는 인간만사를 전쟁터에서 진행되고 있는 격렬한 투쟁에 비유하면서 생사를 결단하려는 의지로 전투에 임해야 하는 전사로, 다른 하나는 거대한 세계극장으로 보았다. 또한 그는 인간을 이 거대한 세계극장에서, 각자의 연기를 발휘하는 연기자로 보았다. 특히 그는 "우리들 모두는 감독이 배정한 배역을 연기하는 배우라는 사실을 잊지 말아야 한다. 감독이 거지의 배역을 명하면 그 배역의 성격에 맞도록 연기를 해야 한다. 만일 불구자·통치자 혹은 서민의 역을 해야 한다고 하면 역시 해내야 한다"[59]고 강조한다. 이처럼 그는 훌륭한 연기자의 자격을 규정함에 있어 자신에게 부여된 배역을 충실히 수행하는 자를 표준으로 삼았다. 이와 같이 각자의 배역을 충직히 이행할 때 조화로운 사회질서가 유지된다"[60]고 강조했던 것이다.

이미 밝힌 바와 같이 스토아 사상가에게 있어 참 자유는 내면의 자유를 위해 육신적인 것으로부터 벗어나는 것이며, 그것이 자유에로 가는 유일한 길이었다.[61] 이와 같은 그들의 관념적인 현자의 이상에서, 그리고 각자에게 부여된 직분에 대한 배분적 책임과 사명에서, 노예제의 폐지는 기대할 수 없지만 그렇다고 그들이 결코 노예운명의 인간화에 기여하지 못했다고 말할 수는 없을 것이다. 리히터(W. Richter)는 스토아 사상이 로마제국의 노예제 완화에 있어 특히 하드리아누스(Hadrianus)와 안토니누스 피우스(Antoninus pius) 시대에 노예의 인간화와 해방에 얼마나 영향력을 작용했는지에 관해 의문을 제기하면서도 결코 스토아 사상이 과소

---

58) Epictetus, *Dis* III. 24. 99 ; *Dis* III. 16. 42 ; *Dis* I. 13. 3~4.
59) Epictetus, *Dis* III. 29. 31~34 ; *Dis* II. 16. 42. 일체의 직분은 신이 부여한 것이라고 에픽테투스는 말한다.
60) Epictetus, *Dis* IV. I. 13 ; *Dis* IV. 4. 34 ; II. 32. 2. 그리고 Seneca, *Epistulae* 107. 11 ; Epictetus, *Dis* II. 23. 38 ; I. 12. 7. 이것과 유사한 고린도전서, 7. 21~24를 참조.
61) Epictetus, *Dis* I. I.131.

평가될 수 없다고 말한 바 있다.[62]

고대 노예제의 종식과 노예해방에 관심을 가진 몇몇 역사가들은 스토아와 초기 그리스도교의 박애사상이 노예제에 미친 영향에 대해 종종 언급해 왔다. 그러나 그들은 스토아 철학의 인류애 사상이 로마제국의 노예법 완화에 의한 노예의 권익을 어느 정도 보호할 수 있었으나 노예제를 폐지시킬 수는 없었다고 주장한다. 분명히 로마사회는 애타주의 사회가 아니었다. 더욱이 노예는 자유민의 환락과 경제적 가치의 대상으로서 그들에 대한 인간적인 보호가 절실히 필요했을 것이라고 생각한다. 스토아 철학에 대한 학문적 애착과 젊은 시절에 스토아 철학자들로부터 교육을 받았던 박식한 교양을 갖춘 철인황제들은 노예제 완화를 위한 칙령을 반포했지만 당시의 지배계층의 의식에 그 어떤 영향을 주지 못했다.[63] 이러한 점에서 스토아 사상가들이 외친 인도주의와 박애는 그들의 일상생활의 편리함을 유지하기 위한 오히려 노예들의 환심과 노예제의 존속을 묵인케 할 수 있었던 한낱 사리(私利)의 보충물에 불과하였다.[64] 독일의 역사학자인 퀴블러(Bernhard Kübler)는 로마법의 기본이념인 평등(aequitas)을 강조한 자들은 스토아 사상가들이 아니라 오히려 스토아 사상을 비판했던 그들의 반대자들이었다는 주장을 제기한 바 있다. 이와 같이 그는 고대 노예제 폐지와 노예 인구수의 감소원인을 스토아 사상의 영향이라고 주장했던 몇몇 역사가들의 논증에 대해 비판적이었다.[65]

크뤼시포스가 노예를 '영원한 상품(Servus perpetus mercennarius est)'으로 정의한 데 대해 세네카는 반대했다. 특히 그는 『자선론(de beneficiis)』 3, 17~28과 『도덕서한(epistulae morales)』 47에서 노예에 대한 주인의 바람직한 인간관

---

62) W. Richter, *op.cit.*, ss.215~261. R. Gayer, *op.cit.*, s.48.
63) K. Hopkins. *op.cit.*, pp.125~126.
64) *ibid.*, pp.121~123.
65) W.L. Westermann, *The slave Systems of Greek and Roman Antiquity*, Philadelphia, 1955, p.116.

계의 유지를 촉구한다. 자유민이 노예에게 자선을 베풀어야 하듯이 노예 역시 자유민에게 봉사할 것을 강조하면서, 그는 노예에 대한 잘못된 인식을 불식시키려고 했다. 그리하여 그는 노예도 정의와 용기·관용, 그리고 자선을 실행할 수 있는 자들이라는 것을 널리 인식시키려 했던 것이다.[66]

세네카의 『자선론』 3과 『도덕서한』 47은 같은 시기에 쓰인 것으로, 주인과 노예의 관계에서 외연적(外延的)인 입장은 그대로 유지되어야 한다고 강조한다. 이와 같은 주인과 노예의 관계유지는 비단 스토아 사상가들만이 아닌 초기 그리스도교의 사도와 교부들에게도 그대로 유지되었던 것이다. 더욱이 스토아 사상에서 인간의 행복은 전적으로 정신적인 것으로, 물질적인 조건과 전혀 관계가 없다고 생각했다. 따라서 세네카는 불행의 근원도 자신이 격정의 노예가 되는 것에 있으며, 법적으로 노예상태에 있다고 하더라도 도덕적으로 주인이 될 수 있다고 확신했다. 이와 같이 스토아 사상가들은 현재 처해있는 예속적인 상태에 대해 번민할 필요가 없음을 자주 강조했다. 세네카의 주장에서 우리는 그가 노예제를 하나의 사회제도로 계속 유지하려 했던 의도가 다분히 있었다고 하는 사실을 엿볼 수 있다.[67] 그는 노예의 의무를 부여된 일에 대한 충직한 수행(*ministerium*)과 자선(*beneficium*) 및 주어진 운명에 대한 순응이라고 했다. 이와 같이 스토아 사상에 있어 인간의 가치는 각자의 법적 신분에 의해서보다 정신에 의해 평가되었다.[68] 주인에 대한 봉사를 거부하는 자는 인간의 권리를 포기했거나 무지한 자로 규정하였다. 이와 같이 스토아 사상은 인간의 가치를 신분보다 행위의 의도와 내면적인 것에 두었다. 세네카는 자선행위를 주인과 노예의 관계를 친근한 친구(*ad fectus*

---

66) Seneca, *de Beneficiis* III. 18. 4.
67) P.A. Brunt, "*Work and Slavery*" in the Romans(ed), by J.P.V.D. Baldson(The New Thinkers Library : C.A. Watts & Co., LTD. 1965), pp.183~184.
68) Seneca, *de Beneficiis* III.18.2.

amici)의 관계로 발전시키는 것이라고 생각했다.[69] 이와 같이 그는 주인의 자선과 노예의 봉사에서 노예에 대한 주인의 지배적 예속관계는 외면적인 것일 뿐 내면적으로 해소되어 버린다는 이상론을 제시했던 것이다.

세네카는 노예를 가족의 일원으로, 또 우의적인 친구로 대할 것을 촉구하면서[70] 노예의 주인들에게 다음과 같이 충고했다. 즉 "그대는 높은 신분의 사람들로부터 인간적인 대우를 원하는 것처럼 그대 또한 비천한 신분의 사람들과 친교를 유지하는 것을 잊지 말아야 한다"[71]는 인간우의론을 강조했다. 하지만 그의 이와 같은 자선과 우의는 어디까지나 노예에 대한 외면적인 우의로서, 어떤 점에서 노예를 더 선량한 노예로 부리기 위한 선도와 자선으로서 노예제 폐지를 전제로 한 것은 아니었다는 것이 일반적인 견해다. 스토아 사상가들은 주인에 대한 노예의 관계를 신에 대한 인간의 관계로 정의하는 데까지 비약했던 것이다. 세네카는 노예에게 자유를 부여하는 것이야말로 주인의 권위를 파괴하는 행위로서, 노예를 굴종 잘하는 노예로 만들어 주인에게 복종하고 존경을 표하도록 만들어야 한다.[72] 이와 같이 세네카는 그의 『도덕서한』에서 시사하고 있듯이 그의 자유의 이념과 해방사상은 다른 스토아 사상가들 같이 현실과 유리된, 이른바 주인에 대한 복종이며 신에 대한 충복이었다.

세네카의 『도덕서한』에 비친 노예와 주인에 대한 설유(說諭)에 대해 리히터는 현실성이 없는 그저 관념과 이상에 찬 허울 좋은 예술적 표현일 뿐이라고 비판했다.[73] 이러한 점에서 중기·후기 스토아 사상가는 일반적으로 호사한 외계에 병들지 않은 자연적인 것을 보호하려 할 뿐 타

---

69) Seneca, *de Beneficiis* III.21.1.
70) Seneca, *Epistulae* 47.16.
71) Seneca, *Epistulae* 47.11.
72) Seneca, *Epistulae* 47.18.
73) W. Richter, *op.cit.*, s.202.

락한 통치자의 정치윤리와 전횡으로부터 벗어나 실질선을 추구했다기보다 그저 박학의 길을 가는 로마의 형식주의자·위선자들로 평가될 수밖에 없었을 것이다.[74] 그러므로 그들은 자유와 해방 및 노예문제에 대해서도 노예의 주인에 대한 복종을 오히려 신에 대한 복종으로 해석함으로써 주인에 대한 노예의 복종을 강화하는 기능적인 작용을 하는 데 기여했다고도 말할 수 있을 것이다. 이러한 점에서 스토아 사상가들이 강조해 온 자유와 박애, 그리고 인간성 문제는 교양있는 귀족계층의 관념적인 도덕률에 불과한 것이었다. 결국 그들이 표방한 인간우의론은 결국 다수의 비판적인 현대학자들에 의해 인간을 현혹시키는 공리공담이었을 뿐이라고 자주 비난을 받아왔다.[75] 이처럼 스토아 사상가의 노예제에 대한 인도주의적 교훈은 설사 노예에게 위안이 될 수 있을지는 몰라도 실질선이나 법적 자유의 획득을 위한 정론은 될 수 없었다고 생각한다. 뮐(M. Mühl)에 의하면 도덕과 윤리를 강조한 후기 스토아 사상가들은 노예를 포함한 모든 사람은 내면적으로 단일체적 존재라는 점에서 도덕적 평등을 강조하였을 뿐 노예제 폐지에 대한 의지나 결의는 결코 제시하지 않았다. 이러한 점에서 그들이 주장하는 보편적 인간애 사상은 노예에 대한 편견을 완화하는 문화적인 교의는 될 수 있을지언정 그들의 사회적·법적 권리를 확립할 수 있는 실천적인 동력으로 작용할 수 없었다.[76] 이같은 사실은 당시에 고결한 현자로 자처했던 스토아 사상가들마저도 개인적으로 많은 노예를 소유하고 있으면서 그들을 전혀 해방시키려는 의지가 없었던 데에서도 잘 나타나고 있다. 키케로와 세네카는 인간의 자유·평등을 이상화했지만 사실상 많은 노예를 소유하고 사치를 부린 자들이었다.[77] 독일의 역사학자 니부르(B.G. Niebuhr)는 스토아 사상가들을 비

---

74) H.W. Stock, *Die Tragödie des Humanismus*, Heidelberg, 1953, ss.138~140.
75) W. Richter, *op.cit.*, s.198.
76) M. Mühl, *Die antike Menschlichkeitsidee*, Leipzig, 1928, ss.82~83.
77) Seneca, *Epistulae* 4.2 ; 31. 11.

판하는 글에서, 세네카는 거리를 활보할 때 그가 소유한 33명이나 되는 노예들의 호위를 받으면서 자신의 위상을 뽐낸 자로, 다른 사람을 위해 만든 도덕률을 무용지물로 만드는 역할을 한 인물이었다고 비난했다. 또 영국의 역사학자 맥콜리(T.B. Macaulay)도 "스토아 철학자들이 행한 일은 고리대금으로 얻은 많은 돈을 가지고 있으면서도 가난을 찬양하고, 가난하게 살 것을 소리쳐 열변을 토하는 일이며, 폭군이 부린 오만하고 방자한 해방노예에게 아첨하면서 자유를 외치며 호언장담하는 것이며, 심지어 어머니가 아들에게 살해당한 행위마저 옹호하는 글을 쓴 그러한 펜으로 미덕의 신성함을 찬양하는 일이었다"고 비판했다.[78]

역시 세네카와 같이 인도주의와 만민평등을 강조했던 키케로도 비천한 노예에 대한 인도적인 취급을 강조하면서도 지극히 현실적이고 타산적이었던 로마인의 의식이 짙게 깔려 있었다. 그는 인도주의를 찬양하였지만 인도주의자이기보다 귀족적이고 배타적인 현실주의자였다. 그는 특히 노예를 상품으로 취급하는 등 실리와 사리에 비중을 두었던 것이다. 심지어 그는 어떤 사람이 폭풍우가 몰아치는 바다 위에서 선적한 화물의 일부를 바다 속으로 버려야만 했을 때에 값비싼 말과 헐값인 노예 가운데 어느것을 희생시켜야만 할까 하는 질문을 받았을 때 얼른 판단이 서지 않을 것이라고 말하면서 이 경우에 재산의 가치를 우선 고려하여 후자인 노예를 바다에 던져버릴 것을 충고한 바 있다.[79]

세네카 역시 예외는 아니었다. 그 역시 노예를 고문하고 구타하여 불구자로 만들고 심지어 그들을 십자가형에 처하는 주인의 권리마저도 인정했다. 그는 자신을 회고하는 글에서 다음과 같이 솔직하게 기술하고 있다.

나는 실천적인 행위자라기보다 위선적인 인간이다. 나는 선한 자도 아니며…

---

78) P. Schaff, *History of the Christian Church*, Michigan 1978. Vol. II p.320 : Seneca, *de Ira* 1. 14 ; II. 27 ; *de Tranq Am.* 8 참조.
79) Cicero, *de officiis* I. 13. 41 ; III. 22. 89.

나는 그저 사악한 자보다 약간 나은 자에 불과하다. 나는 완전한 자에 도달하지 못했다.[80]

그러나 스토아 사상가들은 14세기 아리스토텔레스의 연구에서 도저히 거둘 수 없었던 계몽주의 시대의 인간이성과 인간애 이념을 조성한 정신문화의 창조자로서의 역할과 가치를 인정받게 되었다. 하지만 그들이 과연 노예의 인간화 같은 인도주의의 발전에 기여한 실용주의자들로서 정신세계와 그리고 그들의 작품이 문화와 인간 이상에 상응할 수 있었는지 여전히 의문으로 남아 있다.[81] 그들은 자신들이 살았던 시대의 가치질서에 대해 어떠한 생각과 판단을 했는지는 당시의 노예제 문제에 대한 견해와 태도에 잘 나타나고 있다. 당시에 있어 노예제는 사회의 필연적 현상으로, 노예를 소유하고 사용하는 그 자체가 현세의 부와 재산의 일부분으로, 그 이상은 고려의 대상이 될 수 없었다.

스토아 사상가에게 인간의 평등적 가치는 모든 사람이 가지는 영혼에로의 복귀이었다. 그렇기 때문에 그들에게 있어 정의롭고 선하고 위대한 것은 영혼이었다. 인간의 육신에 거하는 영혼은 해방노예, 노예에게는 물론 로마의 귀족과 기사에게도 똑같이 전해 오고 있기 때문에 인간을 무엇으로도 차별할 수가 없다. 세네카는 말하거니와 "도대체 로마기사와 해방노예의 아들 및 노예의 존재는 무엇인가? 그들은 야욕과 공허와 불의에서 소산된 단순한 호칭에 불과하지 않은가"[82] 하고 인간의 평등을 강조했던 것이다. 그리고 그들은 인간의 법적 신분에 관계없이 모든 사람에게 덕이 열려 있음을 강조하고 각자의 법적 출신성분의 표준으로서 보다 미덕을 가진 내면적인 인간을 자유민으로 정의했던 것이다.[83]

---

80) Seneca, *de vita beata* 17. 13.
81) *ibid.*, s.198.
82) Seneca, *Epistulae* 4.2 ; 3. 11 ; *de Beneficiis* III. 28. 3 ; II. 28. 1.
83) Dio Chrysostomus, *Dis* 14. 11~13 ; 15. 29.

모든 스토아 사상가가 그러하였거니와 그 중에서도 키케로와 세네카는 노예문제에 대해 많은 관심을 가지고 있으면서도, 노예를 그들의 일용품이나 재산 이상으로 생각하지 않았다. 그러므로 그들은 노예와 주인은 기존의 신분을 그대로 유지해 가면서, 그들 사이에 진정한 인간적 우의의 관계 유지를 촉구하였다. 정리하면 다음과 같다.

① 자유민과 노예는 존재론적 원리에 따라 원칙적으로 불평등이 존재할 수 없다. 우리가 노예라고 부르는 자도 같은 종에서 태어났으며, 같은 하늘 아래에서 살고, 같은 공기를 마시며, 같이 살고, 죽는 동등한 자라는 사실을 인식하는 일이며,[84]

② 인간의 운명은 성쇠의 부단한 교차와 유위변전(有爲變轉)하는 것으로서 인간을 보다 인간적으로 취급해야 한다는 것이다. 이른바 노예가 주인을 노예로 보듯이 주인은 노예를 자유민으로 보아야 한다.[85]

③ 스토아 사상은 외면적으로 부자유한 예속상태에 있는 자를 노예로 규정하지만 참 자유로운 자는 내면이 자유인 자로서 이러한 자만이 주인이 될 수 있다는 내면적 자유의 개념과 해방이념을 제시했던 것이다.[86]

세네카 이후 노예에 대한 관용과 인간적 우의의 요구는 부단히 지속되었다. 소 플리니우스(Plinius)도 그의 『서한(Epistulae)』에서 노예에 대한 관용과 우의를 강조한 바 있으며, 플루타르코스도 역시 노예 취급에 있어 공정과 친절을 촉구한 바 있다.[87] 이상의 언설을 기초로 스토아 사상에 비친 노예관을 다음과 같이 요약할 수 있다.

첫째로 스토아 사상에 있어 자유의 문제는 법적·정치적 문제가 아니

---

84) Seneca, *Epistulae* 47. 10.
85) Seneca, *Epistulae* 47. 11.
86) Seneca, *Epistulae* 47. 17.
87) R. Gayer, *op. cit.*, s.51. 플루타르코스는 노예에게 관용과 우의를 강조하면서도 노예를 구입하고, 전쟁포로로 잡은 어린 아이들을 개나 말처럼 양육하는 일이야말로 수지가 맞는 일이라고 말하고 있다.

라 영적·윤리적인 문제였다. 그래서 이제 노예문제는 법적 지평에서 윤리적 지평으로, 인간의 외면의 세계로부터 내면의 세계에로 전위(轉位)되었다. 이와 같이 내면적 자유는 모든 사람에게 -각자의 법적 신분과 관계없이- 열려 있으므로 법적·정치적 자유는 추구의 대상이 될 수 없었다.

둘째로 스토아 사상에서 노예법을 유지하고 노예제 폐지를 반대했던 것은 노예제의 질서에서도 인간의 참자유와 자유의식이 발전한다는 확신에서였다.

셋째로 세네카를 비롯한 후기 스토아 사상가는 노예문제 언급에서 노예의 인간화를 요구하면서도 노예제 폐지를 강조하지 않았다는 점이 특기할 만하다.

스토아 사상은 노동을 미덕의 추구와 미덕의 생활에 없어서는 안될 요건으로 생각했다.[88] 이같이 스토아는 고대사회에서 일찍이 볼 수 없었던 육체노동의 인정과 금욕적 직업윤리를 확립하였다. 그것은 중세 수도원 교육과 초기 그리스도교의 직업에 대한 소명의식과 유사한 의미를 갖는다. 아리스토텔레스는 『정치학』에서 노동자의 기량을 보조역으로 규정하고, 어디까지나 인간의 존엄한 가치기준을 미덕에 두었는데 반해, 스토아는 인간의 윤리와 도덕성의 기초를 노동을 통해서만이 가능한 것으로써, 금욕주의적 직업윤리를 체계화했다. 이와 같이 스토아는 그리스의 자유교양인들처럼 어떤 특정한 기술에 집중하는 인간을 멸시하기보다 개인의 쾌락과 영예를 희생시키면서 엄격한 규율 밑에 헌신적으로 노력하는 직업에 대한 소명감을 강조했다. 이것은 초기 그리스도교의 직업 윤리관 형성에 기초가 되었다.[89] 이미 밝힌 바와 같이 스토아 사상가는 인간의 법적·정치적인 자유보다 내면적인 자유에 초점을 맞추었던 것처럼, 그들의 내면적 자유는 사회나 국가를 위한 것이라기보다 순수개별의 문제였다.

---

88) L. Edelstein, op.cit., p.75.
89) H. Greeven, op.cit., s.37.

스토아 사상에 있어 인간의 보편적인 사회적 가치와 존엄은 세네카가 지적했듯이 그가 무엇을 하느냐에 있는 것이 아니라, 인간으로서 어떠한 사람이냐에 있었다. 즉 사회적 활동에서가 아니라 인격여하에 따라 결정되기 때문에 외적인 요건과는 무관한 것으로 보았다.[90] 세네카는 인간은 모두 영적으로 자유민이며, 사실 노예 아닌 자가 있을 수 있는가? 어떤 사람은 정욕의 노예, 이욕의 노예, 명예욕의 노예 그리고 공포의 노예일 수밖에 없다는 것이다.

중기 스토아의 후마니타스 개념은 그 특징과 성격으로 보아 현명한 정치가의 덕이었지 친절한 주인의 덕은 아니었다. 그러므로 중기 스토아는 로마 귀족정치와 밀접한 관계 속에서 공화정 초기에 만연했던 노예제도의 법적 완화에 기여하지 못했지만 기원전 2세기 외국인에 대한 인간적 우의와 관용을 확대함으로써 노예의 운명을 완화하는 데 기여했다.[91] 그러나 후기 스토아의 윤리학에서 점진적으로 고조되기 시작한 인간애 사상은 아우구스투스에서부터 클라우디우스에 이르는 기간에 실천적 강령으로서 개인의 사회적·법적 권리의 확대에 기여할 수 있었다. 특히 노예를 죽인 주인은 살인자로서 법정에 고발되거나, 또 병에 걸린 노예를 방치할 경우에 그 주인은 주인으로서의 권리를 상실하게 되는 등,[92] 로마제국 초기 노예의 인간화 운동은 소수의 제국황제들에 의해 추진되었으며, 그 동기는 역시 스토아 사상의 영향이었다. 특히 세네카와 동시대 인물인 콜루멜라(Columella)의 노예에 대해 우의적인 태도를 강조한 배경도 스토아 사상의 영향 때문이었다.[93]

---

90) Seneca, *Epistulae* 95. 53~55.
91) W. Richter, *op. cit.*, ss.212~213.
92) Just, *Cod.* 7. 6. 3. Seneca, *de Clementia* I. 18. 1~2 ; *Epistulae* 14. 1 ; 47. 13~4 ; *De Ira* I. 5. 2.
93) 이 문제에 대한 윤리적 근거는 Seneca, *Epistulae* 47.13과 콜루멜라, 『농업지(*de re Rustica*)』 I. 8. 15는 유사성을 가진다. 현대의 많은 학자들은 콜루멜라가 노예에 대해 우의적인 태도를 가지게 된 동기를 세네카의 영향으로 보고 있지는 않지만 리히터는 그의 견해에 반대했다.[W.

이제 우리는 스토아 사상이 노예제 완화와 노예해방에 어떠한 작용을 할 수 있었는가에 대해 현대학자들의 견해를 살펴보아야 할 것이다. 후기 스토아에서 강하게 제시되어 온 인도주의와 박애사상이 제국황제[특히 아우구스투스와 소위 오현제 시대]들과 소수의 법학자들에게 노예의 법적 권리를 위한 노예법 완화와 노예제 종식에 기여할 수 있었다는 앙리 발롱(Henri Wallon)・파울 알라드(Paul Allard)・프란츠 휠만(Franz Vollmann)의 주장에 대해 웨스터만과 리히터는 반론을 제기하고 있다.[94] 웨스터만은 로마 노예제 쇠미와 노예 인구수의 감소 원인을 스토아 사상이나 초기 그리스도교의 인간애 사상에서보다 당시의 사회적・경제적 그리고 정치적인 많은 변화의 결과로 보고 있다.[95] 많은 점에서 웨스터만과 견해를 같이했던 리히터도 노예법 완화와 같은 노예운명의 호전과 같은 노예의 신분적 상승의 법적 가능성은 세네카를 비롯한 스토아 사상가의 작품에 나타난 인도주의와 박애사상이 그 직접적인 동기가 될 수 없었다고 주장한다.[96] 그러나 스토아 사상가가 표방한 인도주의와 박애사상은 로마 법학자의 노예법 완화를 위한 법 제정에 많은 영향을 끼쳤다는 휠만의 주장은 우리들의 동의를 구하기에 충분하다. 물론 당시 스토아 사상가들이 강조한 바 있는 인도주의와 박애는 단지 현자의 이상이며 덕일 뿐, 인간 개체와 개별사회의 인간화를 위한 제도개선이나 개혁의 진보적인 이념은 되지 못했다고 볼 수 있다. 그러나 스토아의 박애와 인도주의는 노예의 인간화를 위한 황제와 법학자들의 노예법 완화에 기여해 왔다는 데에 반론의 여지가 없을 것이다. 하지만 당시 로마 법학자들이 시도한 노예의 인간화는

Richter, Seneca und die Sklaven을 참조]
94) W. Richter, op.cit., s.216.
95) W.L. Westerman, op.cit., p.120. 이 문제에 대한 종합적인 분석은 J. Vogt의 Die antike Sklaverei als Forschungsproblem Von Humboldt bis heute, in ; Gymnasium 69, 1962, 306~379 참조 ; Gymnasium 69에서 ;" 생략.
96) W. Richter, op.cit., ss.216~217.

어디까지나 노예에 대한 잔학한 학대를 막기 위한 노예법 완화였지, 노예제 자체를 폐지하려는 것은 아니었다.

요컨대 스토아 사상과 사상가들은 인간의 참 자유와 해방을 내면적인 정신세계에서 찾았고 그러므로 정치질서와 사회제도의 개혁에 무관심했다. 그들이 말하는 박애(philanthrophia)와 인간애(humanitas) 개념은 정치적으로 자유로운 시민계급에만 적용되었던 것이다.[97] 이와 같이 스토아 철학은 당시 사회의 상층계급, 즉 황제와 몇몇 귀족들만을 위한 그들의 전유물이었다. 그리하여 그것은 당시 보편적 개인이 아닌 지배층의 인격개발을 위한 수단으로서 중시되었을 뿐이다. 지혜, 덕 및 자유정신 — 한마디로 스토아 철학은 보편적 인간(homo universale)과 그들의 생계를 위한 수단이 아니라 귀족계층의 자유교양학(studia liberalia)으로서 오히려 도덕과 명예를 조장하기 위한 것이라고 할 수밖에 없다.[98] 20세기 휴머니스트들도 이런 말을 사용할 때 유보조항없이 받아들였던 것이다.[99] 독일의 역사가 트라이취케(Heinrich von Treitschke)는 독일의 강단사회주의자(Kathedersozialisten)에 대한 공격에서 노예제의 도입을 "문명을 구하는 행위(eine rettende Tat der Kultur)로까지 묘사하였거니와[100] 이러한 논증은 스토아 사상가들에게 있어서도 예외일 수는 없었을 것이다.

3) 스토아 철학과 로마황제

독일의 그리스 고전학자인 『그리스 예술의 모방론(Gedanken über die

---

97) J. Vogt, op.cit., s.111.
98) J. Vogt, Sklaverei und Humanität, Wiesbaden, 1972, ss.112~113.
99) ibid, s.111.
100) 휴머니스트인 빙켈만(Winckelmann), 훔볼트를 계승한 빌라모비츠, 심지어 예거(Jaeger)와 액톤(Acton) 같은 사람들도 노예제는 문화발전을 위해서도 있어야 할 제도로 생각하였다.(J. Vogt, Sklaverei und Humanität ss.112~129 참조).

Nachahmung der griechischen Werke in der Malerei und Bildbauerkunst)』을 쓴 빙켈만(Johann Joachim Winckelmann)은 "자연을 모방한다는 것은 완전하지 못하지만 그리스인을 모방한다는 것은 완전하다"고 생각했다. 그는 "로마인들은 그들이 정치적으로 정복한 그리스인에 의해 문화적으로 정복되었다"[101]고 말하면서 그리스 고전문화의 우수성을 찬양한 바 있다.

빙켈만 이래 로마문화는 그리스문화의 모방으로 독창성을 상실했다는 것이 정설로 받아들여지게 되었거니와 여기에는 그럴만한 상당한 이유가 있다. 우선 로마제국은 정치적·사회적으로 문화의 독창성을 창출할 수 있는 결의도 없었을 뿐더러 그러한 처지도 못되었다. 그것은 로마인의 민족정신의 탓도 있겠지만 그보다는 제국의 정치적 현실에 더 큰 비중을 두어야 했기 때문일 것이다. 울리히 폰 뤼프토브(Ulrich Von Lübtow)는 로마인의 정신의 특징을 엄격하고 냉정하며 명쾌한 통찰력과 분별력을 지니고 있었기에 헬레니즘적인 심미주의와 걷잡을 수 없는 독단적 주관주의를 거부하고, 배타적이며, 불굴의 지배욕과 권력의 의지로 충만되어 있으며, 신중하고 자유를 사랑하되 방종하지 않는 엄정한 내적 규율을 갖추고 있었다고 말한다.[102] 그리고 다음으로 로마는 오랫동안 보수적인 농업국가로 발전하였기 때문에 로마인들 대부분이 농민으로 고도의 문화를 창조할 여력이 없었으며, 귀족계층들은 정치와 군사에 몰두함으로써 철학이나 예술의 필요성을 인식하지 못했던 것이다. 이러한 상황에서 그리스인의 폴리스적 성격인 개별의 자유와는 대조적인 세계제국의 창건이라는 대명제 앞에 개별성을 부정하고 보편성위에 제국적 성격이 성립되었던 것이다. 이 같은 이유에서 로마제국은 새로운 정신문화의

---

101) G. Friche, *Geschichte der Dichtung*, Lübeck, 1961, ss.131~133.
102) Werner Dahlheim, *Geschichte der Römischen Kaiserzeit*, München, 1984, ss.1~4 ; ss.79~96.
　Ulrich Von Lübtow, "Charateristik des römischen Volkes" in das römische Volk ; *sein Staat und sein Recht*, Fankfurt am Mein, 1955, ss.16~24.

창조와 발전에 관심이 있었다기보다 모방하여 실제 생활에 적용시키는 것으로 만족했다. 키케로에 의하면, 로마인들은 자연·전통·경험으로부터 체득한 덕성이 그리스의 정신문화에 대한 탐구를 통해 성숙해졌을지는 몰라도, 대체로 그리스인들보다 로마인들이 도덕 및 정치생활에 있어서보다 명민한 실천가로 표현되고 있다.[103] 이러한 점에서 로마인들은 다른 민족, 특히 그리스인들과 대비되는 성격을 보여주고 있다.

그리스인의 아이들이 호메로스의 시를 낭독하는 데 반해 로마인의 아이들은 12표법을 필창가로 암송하였다. 알렉산드로스 대제는 호메로스의 아킬레우스를 생각하느라고 잠을 못 잤지만, 카이사르는 잠 안 오는 밤이면 라틴어의 명사와 동사의 변화를 암기했다고 한다. 그리스인은 장소의 위치를 정할 때에 별에 의존했으나, 로마인은 도로 표시가 되는 군석(軍石)에 의존했다. 그리스인에게 있어 시업(詩業)은 명예였으나, 로마인에게 있어 시인이란 환영받지 못하는 존재였다. 배우는 고리대금업이나 매음업(賣淫業)과 함께 천직으로 여겨졌다. 화가를 직업으로 삼는 것은 자기를 천대하는 것이라 하여 귀족으로부터 백안시(白眼視)되었기 때문에 공화정 시기의 화가는 거의 모두가 그리스 출신의 외국인이었다.[104] 로마인들은 이론보다는 실제, 과학보다는 조작, 사변보다는 실천, 추리보다는 경험, 비합리보다는 합리를 존중했다.

이와 같이 로마인들은 정치와 법에 탁월한 경험을 가진 자들로서, 권위에 절대복종하고 자연적·역사적으로 형성된 계급을 존중하였기에 공화정 그 자체는 개혁의 대상이 된 적이 없었다. 로마인의 정치적·문화적 현실은 한가로운 사색이나 관념적인 이상세계의 추구와 같은 것은 아니었다. 그들은 세계를 그 자체로서 관조하고 이해하는 것으로 현실을 초

---

103) Cicero, *de Rep* I. 13 ; III. 4~6.
104) Karl Meister, *Die Tugenden der Römische Wertbegriffe*, Darmstadt, 1983, ss.5~22. 소광섭·이석윤 공저, 『철학의 제문제』(지학사, 1975), 520~522쪽.

극하려는 명상이나 가없는 꿈의 세계에로의 몰입이 아닌 하루하루의 절박한 사건의 연속 속에서 개인과 사회가 요구하는 긴박한 현실문제로 몰두하는 이른바 정치적 현실주의자였다.[105]

기원전 2세기 중엽부터 로마로 유입되기 시작한 그리스 철학은 파나이티오스에 이르러 초기 스토아 사상과 융합함으로써 중기 스토아 시대를 열었다. 파나이티오스는 그리스인의 정치의식과 로마인의 실용주의 정신에 대한 폭 넓은 체험을 통해 정치에 대한 관심을 가지면서 관념적이며 이상주의적인 스토아적 미덕의 자족을 거부했던 것이다. 파나이티오스의 사상체계는 키케로에 의해 발전해 가면서도 여전히 순수관념의 미덕이 실천적 미덕에 우위를 점하고 있었다.[106] 그리스 철학은 로마제국의 교양있는 귀족계층을 중심으로 수용되기 시작했다. 그리하여 제국 초기 이후 그리스 철학의 학문적 연구는 로마 지배계층 자식들이 중심이 되었다. 이들은 그리스 철학을 공부하기 전에 문법과 수사학의 교육을 받았다. 제국의 청년들은 그리스 철학을 통해 윤리적 인간으로 성숙하게 되었으며, 성인이 된 다음에는 자연법에 일치하는 생활을 영위해 가야만 했다.[107]

세네카가 동시대인들의 철학에 대한 무관심과 경시한 태도를 보고 개탄한 사실로 보아, 로마제국 초기에 여전히 철학의 가치가 인정되지 않았다.[108] 플루타르코스는 철학을 일체의 학식과 교양 그리고 인도주의의 모태로서 다음과 같이 찬양했던 것이다.

자유민의 자식들이 지식없이 살아가는 것은 용납할 수 없는 것이다. 우리는 철학

---

105) Ulrich Von Lübtow, op.cit., ss.18~20.
106) Otto Leggewie, Die Welt der Römer, Münster, 1982, ss.189~208.
107) Heing Haffter, "Die Römische Humanitas" in Römische Wertbegriffe herausgegeben Von Hans Oppermann, Darmstadt, 1983, ss.469~479.
108) F. Vollmann, Über das Verhältnis der Späteren Stoa zur Sklaverei im römischen Reiche, Regensburg, 1890, s.23.

을 가장 존귀하게 생각해야 한다.… 교육에 있어서 가장 중요한 것은 철학을 배우는 일이다. 인간육신을 보호해 주는 것은 의학과 체조인바, 의학은 육신의 건강을 체조는 육신의 불굴을 키워줄 뿐이다. 철학을 통해서만이 명예로운 것이 무엇이며, 수치스러운 것이 무엇인지를 구분할 수 있을 뿐만 아니라, 정의가 무엇이고 불의가 무엇인지 판단할 수 있다. 결국, 철학은 우리가 무엇을 선택해야 하고 무엇을 피해야 하는지에 관한 판단을 가능하게 해준다.[109]

플루타르코스는 철학을 어린이 교육의 필수과목으로 생각하였다. 그래서 그는 로마의 귀족자제들의 교육을 철학자에게 맡겨야 한다고 강조했다.[110] 정신의 병을 치료함에 있어 철학보다 더 좋은 특효약은 없다고 말한[111] 그는 인간이 요구할 것이 무엇이며, 요구하지 말아야 할 것이 무엇인지, 그 이성적인 판단도 철학자로부터 배워야 한다고 강조한 바 있다. 특히 그는 철학자들이 청년들에게 가르친 노예와의 교제 방법은 의미있는 것이라 할 수 있다. 또한 그는 철학을 공부하는 자들에게 충고하는 글에서 노예와의 교제에 있어서 노예를 학대해서도 안되고, 노예보다 행복하다고 오만해서도 안된다"[112]고 했다.

플루타르코스는 철학수업을 단순히 피상적이고 맹목적으로 공부하고, 또 그 가치를 경시하는 자들에 대해 비난과 함께 엄중한 경고를 했다. 그리고 그는 기회가 있을 때마다 윤리와 도덕을 이상화한 철학의 나라 그리스의 위대함을 찬양하면서 철학을 열심히 경청하는 것, 그것이 윤리적인 삶의 시작이라고 밝힌 바 있다.[113] 플루타르코스는 학사원의 교수로서 스토아 철학의 발전에 크게 기여하였다. 특히 우리는 이러한

---

109) Plutarchos, de liberis educandis C. 10.
110) Plutarchos, de liberis educandis C. 7.
111) Plutarchos, de liberis educandis C. 10.
112) Plutarchos, de liberis educandis E. 7.
113) Plutarchos, de Retine Audiendi C. 13~15 ; C. 18.

경우를 시리아에서 군단사령관으로 봉직하고 있었던 소 플리니우스에게서도 발견할 수 있다.[114] 그도 청년시절 무소니우스 루푸스의 강의를 듣고 철학에 심취했다. 그리고 그는 귀족으로, 정치가로, 때로는 문인으로 활약했다. 그는 스토아 철학을 학문적 가치뿐만 아니라 자신이 살아가는데 없어서는 안될 윤리의 규범으로, 또 종교로까지 생각했던 것이다.[115] 이와 같이 로마의 교양계층들은 스토아철인들의 윤리적 생활규범을 동경하면서, 불의의 사고가 발생하거나 혹은 가족 중에 누가 죽음의 위험에 직면했을 경우에 신망이 있고 존경을 받는 스토아 철학자들로부터 위로와 조언을 듣기 위해 자주 그들을 초빙했다.[116]

로마제국 초기 2세기 여에 걸쳐 스토아 철학은 학문적 기여와 함께 많은 교양 계층과 심지어 황제들로부터 그 가치를 인정받음으로써 이제 스토아 철학은 일반 교양학으로서만이 아니라, 정치기술의 기본학으로 이용되었다. 네로의 어머니 아그리피나로부터 추방당한 세네카는 다시 왕실의 부름을 받아 왕자 네로의 교육을 전담하고, 또 그가 왕위에 오른 후에는 그의 정치를 측근에서 보필하는 위치에 서게 되었다. 그러나 세네카는 베스파니우스와 도미티아누스의 통치하에서 두 번씩이나 추방당했다. 아마도 그가 취했던 스토아 사상의 관념적 경향성 때문이었을 것이다. 특히 스토아 사상가의 정치적 이상은 제국의 현실문제와 황제의 정치이념에 반하는 것이 많이 표출되고 있었다. 왕정이건, 민주정이건, 과두정이건 정치체제에 관계없이 정치적 야욕을 버리고 적까지도 보호해야 한다는 그들의 정치적 이상은 스토아 철학에 정통하지 못한 황제들에게는 정치적 정론이라기보다 도덕적이고 종교적인 교설로서 인식될 수밖에 없었을 것이다. 그러므로 세네카의 스토아 철학의 윤리와 도덕의

---

114) Plinius, *Epistulae* 11. 5.
115) Plinius, *Epistulae* I. 10.
116) Seneca, *de Tranq*. Am. C. 14.

강조와 같은 정치적 조언은 그들에게 있어 마음의 평정과 같은 위안이나 정신생활을 되돌아보게 하는 것에 불과했다.[117)]

외정(外征)에 성공한 후부터 엄격한 규율과 질서를 존중했던 베스파니아누스와 도미티아누스 부자(父子)는 철학의 가치를 인정하려 하지 않았을 뿐만 아니라, 정치에 있어서도 융통성이라고는 찾아볼 수 없었다.[118)] 역사가 타키투스는 도미티아누스가 고매한 정신세계를 추구하는 자와, 철학을 전파하는 자들에 대해 일일이 간섭했던 것으로 기술하고 있다.[119)] 특히 도미티아누스는 철학을 추방되어야 할 대상으로 규정했다. 그는 선대왕들이 철학에 대해 취했던 선행조처를 그대로 받아들여 철학교사들을 천시했는가 하면 추방령까지 내렸던 것이다.[120)] 그러나 도미티아누스 이후의 제국황제들은 스토아 철학에 대한 새로운 학문적·윤리적 가치를 재인식하기 시작했다. 도미티아누스 치하에서 문란해진 사회기강을 회복한 네르바는 도미티아누스로부터 추방당했던 철학자들을 다시 초빙하여 양자로 삼았는가 하면, 심지어 철학자에게 왕위까지 계승케 하였던 것이다. 로마제국에 있어서 최초의 양자 황제인 트라야누스(Trajanus)는 국가교육의 진흥을 위해 스토아 철학과 같은 인문학의 가치를 재인식하고 철학자들을 우대하기 시작했다. 그의 통치하에서 철학자들은 지난날 그리스에서 누렸던 명예와 권위를 회복할 수 있었다.[121)]

트라야누스는 전형적인 실천적 로마인인 데 반해, 하드리아누스는 그리스 고전학의 애호자로서 특히 시·음악을 보호 육성하기 위해 많은 철학자와 수사학자를 초빙했다. 당시는 철학자들이 명성을 떨칠 수 있었던 이른바 그리스 고전철학자의 전성기였다. 하드리아누스는 해방노예

---

117) F. Vollmann, op.cit., s.26. L. Edelstein, op.cit., pp.85~86.
118) M. Grant, The twelve Caesars, Newyork, 1975, pp.215~225 ; 248~259.
119) Plinius, Epistulae IV.22.5.
120) F. Vollmann, op.cit., ss.26~27.
121) Plinius, Panegyricus. 17.

출신인 스토아 철학자 에픽테투스를 그의 가장 친근한 친구로 생각하고, 그의 철학 저작물을 탐독했는가 하면 심지어 그를 보필했던 귀족들에게까지도 그의 철학을 탐독할 것을 촉구했던 것이다. 5현제 시대에 이르러 스토아 철학은 이제 학문적으로 또 윤리적 교설로서 절정에 달하게 되었다. 그 결과 스토아 철학은 로마 지배계층을 중심으로 발전해 가기 시작했다. 이와 같이 제국 초기에 로마 귀족계층은 그들의 도덕과 정신세계를 스토아 철학에서 찾았다고 말할 수 있다. 결국 5현제 시대에 스토아 철학은 로마인의 단순한 교양학이 아니라 그들의 삶을 주관하는 종교로 그리고 처세지로 변신할 수 있었다.

이상에서와 같이 로마제국 초기 제국황제들과 귀족들이 스토아 철학을 그들의 교양을 증진시키는 자유 교양학으로 중시할 수 있었던 것은 세네카를 중심으로 한 다른 많은 후기 스토아 사상가의 영향이었다고 생각할 수 있으나, 그보다는 전쟁포로로 잡혀온 속주 출신의, 특히 그리스 출신의 학식있는 박식가를 노예로 삼아 로마 귀족계층의 자제들을 가르치는 보호자·가정교사로 이용한 것이 더 큰 비중을 차지했을 것이다. 이들은 인류를 교육하는 철학자의 과업을 수행한 모범적인 철학교사였다.[122] 당시의 대표적 인물은 이미 언급한 바와 같이 프리지아의 출신 에픽테투스였다. 로마제국 초기에 로마의 귀족가문에서 가장 인기있었던 가재노예는 그리스어를 말할 수 있는 노예였다. 그 이유는 그리스 출신의 자유민 노예들이 로마제국 귀족가문의 자제들을 교육할 수 있는 개인교수나 가정교사로 가장 적합했기 때문이었다. 이러한 문화 활동뿐만이 아니라 과학에 대한 이해와 함께, 그리스 출신 의사로부터 질병치료는 물론 제국황제들이 박애주의와 평등사상에 대해 이해할 수 있는 기회가 되었다.[123]

---

122) J. Vogt, *op.cit.*, ss.74~78.
123) *ibid.*, ss.76~78. 의사의 지위에 대해서는 Cicero, *de officiis*. I. 150~152.

그리스 출신의 자유민 교복은 로마제국의 교양과 고도의 지식사회 형성이나 귀족가문 자제들의 학문과 인격형성에 적지 않은 영향을 끼쳤다. 그러나 공화정 시기에 철저한 애국주의자 카토는 반계몽주의적 민족주의를 지향함으로써 헬레니즘의 화려한 풍조와 그 나약한 정신 문화 및 스토아 철학으로부터 벗어나 고대 로마의 실질 강건한 생활에로의 복귀를 주장하였거니와, 이러한 민족주의 운동은 2백 년 뒤에까지도 계속되어 그리스문화를 반계몽적으로 취급하는 로마의 심각한 폐쇄성을 발견할 수 있다.[124]

아우구스투스에서부터 180년에 이르는 황제들, 이른바 5현제와 법학자들은 스토아 철학에 심취한 박식가들이었다. 그들은 인류애와 탈민족적 경향성을 가진 자들로서 노예의 인간화와 형제적 우의를 정치현실에 반영했다.[125] 그러나 유감스럽게도 그들이 제시한 인간애는 로마제국의 지배계층을 표준으로 삼았다는 점에서 한계성을 드러냈던 것이다. 그래서 그들은 소위 폭넓은 문명사회의 구성원으로서 가져야 할 기본적인 속성과 그리고 인간의 보편적 사랑과 같은 인류애를 인식하는 것이 고작이었다. 결국 그들은 사회제도의 혁명적 변혁을 추구하기보다 인간관계의 재구성 그리고 인간을 영원히 인간으로 통칭할 만한 가치있는 존재라는 사실의 인식을 뛰어넘지 못하는 한계에 직면했던 것이다.

4) 스토아 철학과 로마황제의 노예제 완화

그리스인은 인간을 하나의 예술품으로 이해했기 때문에 육체적 활동이나 노동은 그들에게 있어서 비천한 것으로 간주되었다. 로마인은 노예

---

124) Plinius, *Naturalis Historiae* 29. 1. 1.~28.
125) M. Mühl, *op.cit.*, s.108.

제도를 어느 한 부류의 사람을 제물로 바쳐 자유민을 위해 힘과 미를 확보하기 위한 것으로 생각했던 점은 그리스인과 다를 바 없었다. 로마제국에 있어 노예제의 비인간적인 행위에 대한 관용과, 오히려 노예를 재산으로 규정하여 노예제의 발전을 꾀했다는 주장은 홈볼트 이후의 인도주의적 학자와 작가들의 경우에서도 반복되고 있는 형편이다.[126] 이러한 이유에서 노예의 가치는 어떠한 의미로든 현실적으로 인정될 수밖에 없었다. 노예는 자유민의 환락과 경제적 가치의 대상으로 인식되었던 제국 초기의 사회적 현실에서 과연 스토아 사상가들이 고창했던 평등사상이 노예제도를 완화하고 해방을 실현시킬 수 있었을까? 설사 그들의 평등사상과 인간애 이념이 강하게 작용했다 하더라도 당시 노예해방의 가능성은 결코 기대할 수 없는 일이었다고 말하는 것이 옳을 것이다.[127]

노예의 운명의 완화는 법에 의한 제도개혁이나, 혹은 주인 자신이 노예에 대한 인간적이고 우의적인 관계에서만이 기대할 수 있었다. 이미 밝힌 바와 같이 로마제국 초기 황제들 가운데 많은 황제들은 청소년기에 스토아 철학을 공부하고 제위기간에도 철학자들과의 빈번한 교분을 통해 그들의 처세지와 경세학을 익힐 수가 있었다. 이와 같이 황제들은 스토아 철학을 그들의 교양학으로, 또 정치와 인문학의 기초로 삼았던 것이다. 그 결과 스토아 사상은 제국 초기 몇몇 황제들의 세계시민적 인도주의의 정치이념 구현에 많은 영향을 주었다.[128] 스토아 사상가들 가운데 고결한 인품과 신망이 있는 자는 황제의 친구로서, 혹은 그들의 정치 조언자로서 발탁되기도 했던 것이다.[129]

---

126) J. Vogt, *op. cit.*, ss. 127~128.
127) F. Vollmann, *op. cit.*, s. 43. 세네카는 노예와 자유민을 동등한 자들이라고 강조하면서도 "주인은 노예의 몸을 사고 팔 수 있으며, 양도할 수도 있다. 모든 결정은 주인에게 있다…"라고 말한 바 있다.[Seneca, *de Beneficiis* II. 20.]
128) F. Vollmann, *op. cit.*, s. 41.
129) *ibid.*, s. 42.

로마제국의 귀족 교양계층은 스토아 철학자와 밀접한 관계를 유지함으로써 그들의 도덕적 이상과 정신세계를 충족시킬 수가 있었다. 스토아 철학은 정신적 학문으로서만이 아니라 교양 지배계층의 종교와 처세학으로 되었다. 그 같은 사실은 로마 교양계층의 지적 향상과 철학에 대한 관심으로 그들의 전통적인 민족 신앙과의 관계를 소원하게 한 것에서 증명할 수 있다.[130] 스토아와 로마법 관계에 관심을 가지고 깊이가 있는 연구를 시도한 바 있는 휠만이나, 최근 그의 견해를 따른 휘그트(Vogt)도 스토아 사상에 기초한 초기 2세기 로마법에 의한 노예의 인간화와 같은 노예제 완화의 과정을 어느 정도 인정했던 것이다.[131]

로마공화정 말기 로마법학자들은 자유의 확대와 평등의 기초적 원리를 그리스 철학과 헬레니즘 시대의 스토아 사상에서 찾았다. 그들이 노예제를 반자연적(contra naturam)인 것으로 단정할 수 있었던 것도 스토아 사상에 기초한 것이다. 이와 같이 로마 법학자들은 로마 법사상의 기초를 스토아 사상의 자연법적인 방법론을 수용했다고 보아야 할 것이다.[132] 이러한 사상의 기초 위에 로마 법학자와 몇몇 제국황제는 노예의 인간화를 위해 가혹했던 노예법을 완화할 수 있었다.

중기 스토아 철학자 파나이티오스의 정치사상으로부터 영향을 받은 키케로의 『국가론』은 중기 스토아 사상에 기초한 실용주의 정치논술로서 또 당대의 철학적 지침서로서, 로마제국 원수정의 정치윤리의 기초를 제공했다.[133] 특히 현자들이 강조하는 인간애와 세계공동체 사상은 아우구스투스 원수정의 정치적 지도이념이 되었다.[134] 스토아 철학에 도취한

---

130) *ibid.*, s.28.
131) *ibid.*, s.29.
132) *ibid.*, s.42. 휠만의 견해를 동조한 F. Storux도 로마 법학자들의 자연법 사상은 그리스 철학과 헬레니즘 시대의 스토아 사상에 기인한 것으로 보았다.[T. Stroux, *Römische Rechtswissenschaft und Rhetorik*, Postsdam, 1949, ss.51~52]
133) Cicero, *de officiis* 1.85. 키케로의 정치도덕에 관한 문제는 그의 형 쿠인투스(Quintus)에게 보낸 서한 Cicero, *Epistulae Ad Quintum* I. 1. 24을 참조.

아우구스투스는 철학자를 사모한 나머지 철학자의 수염까지 단 하드리아누스와 함께 스토아 이상세계를 구축하려는 것이 그의 목표였다.[135] 아우구스투스는 노예문제에 특별한 관심을 가지고 있었다. 그래서 그는 노예에 대한 고문행위를 반대했다.[136] 그러나 아우구스투스 통치시기에 그에 의한 고문과 같은 가혹행위를 개선했다고 해서 노예에게 자유민과 같은 법적 권한이 부여되었다고는 말할 수 없을 것이다. 황제 자신이야 어쨌건 당시의 페트로니아법에서 규정하고 있듯이 노예가 주인의 짐승 몰이꾼으로 이용된 사실이라든가, 아우구스투스 황제의 친구인 베디우스 폴리오(Vedius Pollio)가 노예를 처벌하면서 조금도 거리끼지 않고 칠성장어의 먹이로 양어장에 던져 버릴 것을 승낙한 사실 등을 생각할 때 당시에 노예제도가 완화되었다고 말할 수는 없을 것이다.[137]

나약하고 염세적인 클라우디우스 황제는 그의 전기에서, 늙고 병들어 버려진 노예를 자유민으로 해방시키고 그들을 살해한 자를 살인자로 처형할 것을 명령한 바 있다. 한때 세네카의 학문세계에 몰입하고 또 그를 자신의 개인교사로 선택하는 등 그의 가르침에 몰두한 바 있었던 폭군 네로도 그의 통치시기에 스토아 철학이 지향했던 인간애 사상을 깊이 인식하고 황제의 품위를 개선하는 데 노력했다. 그는 노예의 인간화에 있어서 세네카의 주장을 따랐고 이에 따라 법령을 발포했다.

> 자선과 상해는 서로 상반되는 것으로 노예가 주인으로부터 불의의 상해를 입을 가능성이 있다고 하더라도 노예는 그 주인에게 은전을 베풀 수 있어야 한다. 그러나 주인이 노예에게 상해를 가하고 또 그것이 밝혀지게 될 경우에 주인은

---

134) M. Mühl, op.cit., s.102.
135) ibid., ss.62~63.
136) Just., Dig. 48.18.1.
137) J. Vogt, "Wege zur Menschlichkeit in der antiken Sklaverei"[조남진 역, 「노예제에 있어서 인간관계」, 『서양고전고대경제와 노예제』(법문사), 331쪽].

노예가 입은 상해에 상당하는 보상으로 노예에게 생활필수품을 공급해야 한다.[138]

이와 같이 세네카의 노예에 대한 관심과 그들에 대한 우의적인 태도는 네로시대에 있었던 노예제 완화에 기여할 수 있었다고 생각한다. 그러나 세네카가 네로로부터 실각당한 이후 정치적 실권은 다시 네로의 수중으로 돌아가게 되면서부터 그의 정치적 전횡은 노골화되고, 노예에 대한 인도적 은전도 더 이상 기대할 수 없었다.

갈바(Galba)·오토(Otto) 그리고 비텔리우스(Vitellius)를 거치는 짧은 기간의 정치적 불안과 그들의 무능에서 야기된 정치적 파국은 수습할 수 있는 기대와 방법을 찾을 수 없게 되었다. 이들 다음으로 계승한 플라비우스(Flavius)가 출신의 베스파니우스·티투스·도미티아누스가 황제권을 장악하면서부터 철학은 이제 인문학으로서 가치를 상실하게 되었다. 이들 플라비우스가 출신의 황제들은 황제 법을 통해 노예의 처지를 개선하기보다 오히려 악화시켰던 것이다.[139]

트라야누스는 노예의 처지를 개선하기 위한 칙령을 발포하지 않았지만 노예법 완화를 위한 새로운 입법에 관심을 가졌다. 그 후 트라야누스의 자문을 받은 바 있는 철인군주 하드리아누스는 철인정치의 이상을 실현하기 위해 법학자의 충고와 조언을 정치에 반영하였다. 그리하여 하드리아누스는 로마제국의 위대한 입법왕이라는 칭송을 받을 만큼 법학자들에게 주요한 집정관직을 주어 그들의 권위를 지난날보다 더욱더 상승시켰던 것이다. 이제 원로원의 모든 입법문제와 재판에 따른 사법적인 문제는 법학자로 구성된 왕의 자문위원에게로 넘어갔다. 그는 사건

---

138) Seneca, *de Beneficiis* III. 22.
139) 노예에게 불리한 법령은 Just., *Dig.* 40. 16. 1 ; *Dig.* 48. 3. 2 ; *Dig.* 48. 16. 6. 그리고 노예에게 유리했던 법령, Just., *Dig.* 40. 8. 6 ; 4. 2. 6.

을 심리하고 정사를 논할 때에 법학자 중에서 특히 유벤티우스 켈수스(Juventius Celsus)・살비우스 율리아누스(Salvius Julianus)・네라티우스 프리스쿠스(Neratius Priscus) 그리고 원로원이 인정한 다른 모든 사람을 의회에 참석시켰다.[140] 이와 같이 하드리아누스는 칙령을 통해 법학자에게 자문의 전권을 부여하고(*ius publice respondendi*), 법학자의 합의적인 결정에 대해 법적 가치와 효력을 인정함으로써[141] 당시의 법학자의 권위는 그 후 오랫동안 유지되어 갈 수 있었다.

하드리아누스는 노예제 완화를 위한 법을 제정하여 법정의 승인없이 남자 노예나 여자 노예가 검노로 또 뚜쟁이에게 팔려 가는 것을 막았던 것이다.[142] 그 중에서도 특별히 그는 노예를 혹사시킨 농장을 자유민과 노예를 체벌하는 곳으로 더 이상 이용되지 못하도록 폐지시켜 버렸다. 더욱이 노예의 주인이 그의 집에서 살해되었을 경우에 과거와는 달리 범죄의 가능성이 있다고 생각되는 노예만을 조사의 대상으로 심문할 수 있도록 법을 성문화했다.[143] 이와 같이 하드리아누스는 노예 매매행위와 같은 비인간적인 처사를 개선하고 주인 임의로 자행한 가혹한 학대행위를 막기 위해 엄격한 형벌제도를 도입했던 것이다. 그는 이제 주인 마음대로 노예를 살해할 수 있었던 권리까지도 모두 박탈해 버렸다.[144] 이와 같이 하드리아누스는 노예 보호법에 대해 관심을 보였으며, 그 실례는 그의 아내 움브리카(Umbrica)가 사소한 과오를 범한 그녀의 노예에게 가한 학대행위로 인해 5년 동안 추방당한 사실에서 그리고 주인이 자신의 노예를 죽이거나 다른 자로 하여금 죽이게 하는 행위를 일체 금지시킨 데에서 잘 나타나고 있다.[145]

---

140) *Scriptores Historiae Augustae*, Hadrianus, XVIII. 30.
141) Just., *Dig.* 1. 2. 1.
142) Just., *Institutes*, 4. 56. 1.
143) *Scriptores Historiae Augustae*, Hadrianus, XVIII. 9~11.
144) *Scriptores Historiae Augustae*, Hadrianus, XVIII. 7.

제5장 스토아의 자유와 노예제 개념

하드리아누스는 노예의 친족이나 노예 가족에도 많은 관심과 개선에 노력했다. 그는 또 노예 가족이 가질 수 있는 권리와 또 그들이 모두 함께 살 수 있도록 하기 위한 칙령을 입법화했다. 그리고 노예가 저축한 돈이나 재산도 그들의 것으로 인정하고, 그것으로서 자유를 구할 수 있는 기회도 부여했던 것이다. 그는 노예가 유언에 의해 자신의 재산의 반을 마음대로 처분할 수 있는 권리도 부여했다. 그는 노예를 확보하기 위해 당시 만연하던 어린이 유괴행위에 대해서도 중벌을 가했다.[146]

이와 같은 하드리아누스의 노예보호를 위한 금령은 노예의 처지를 개선하고 그들의 신체적 보호를 위한 보다 발전적인 노예보호법이라고 할 수 있다. 로마제국 초기 2세기와 3세기에 성문란과 같은 사회적 기풍을 더럽힌 여자노예들을 창녀로 팔아넘길 수 있는 권한을 제한함으로써 법정 판결에 의해서만이 가능할 수 있게 했던 것이다. 특히 그는 자유를 찾기 위해 도주한 노예에게 망명비호권을 확대하고 도망노예를 주인에게 다시 돌려보내지 못하도록 하기 위해 성지보호까지 요구했던 것이다. 그는 이미 도미티아누스에 의해 금지된 바 있었던 노예를 거세하는 행위에 대해서도 중형에 처했던 것이다. 당시 이 법을 어기고 노예를 거세한 의사는 물론 거세에 자진해서 참여한 노예도 함께 처형되었다.[147]

이와 같은 노예의 인간화와 그들의 신체적 보호를 위한 하드리아누스의 인도주의적 통치이념은 스토아의 보편적 세계주의와 인류애에 기초했다고[148] 보아야 할 것이다. 그의 통치목표는 어느 면에서 역사의 완

---

145) Just., *Dig.* 1. 6. 2.
146) *Scriptores Historiae Augustae*, Hadrianus, XVIII. 8.
147) Just., *Dig.* 48.8.4.
148) 하드리아누스가 지향한 인류의 통일체 사상의 기초는 플루타르코스와의 교분에서 그리고 그의 철학적 교훈의 영향이었다. 플루타르코스는 "모든 사람은 신 앞에 평등하며 모든 사람은 이성에 의해 동등하다. 그리스인과 만인, 남부 민족과 북부 민족 사이에 차별이 있을 수 없기 때문에 민족적 개념의 용어도 있을 수 없다"고 말했다.[P. Geigenmüller, *Plutarchs Stellung zur Religion und Philosophie seiner Zeit* 1921. 6. u. 7. Heft, S.265]

성품으로서 모든 사람에 대한 자선과, 세계를 하나의 무대로 정치적·문화적 통일체를 위한 세계제국 건설이었던 것이다.149) 이른바 그는 '인간의 아버지'로서 인간의 보편적 권위와 인도주의의 실현을 위해 노예의 인간화와 사회제도 개선에 노력했다.150)

스토아와 퀴니코스의 정치이념과 유사한 하드리아누스의 제국 통치이념은 만인 평등적·보편적 인간애 사상에서 유래했다고 할 수 있다. 그는 통치자의 직무를 신의 사명으로 인식한 어느 면에서 실천적 정치가의 이상을 추구한 자요, 또 다른 한편 낭만적·신비주의적·철학적 지성을 한 몸에 지닌 자였다.151) 그는 스토아의 자선과 인간적 우의를 겸비한 지배자로서, 인류와 세계의 통치자요, 지고한 제우스의 천품을 타고난 세계정부의 지도자로 평가되고 있다.152) 그리스인들 중에서도 특히 아테네인을 열렬히 사랑하고, 존경한 그리스 애호자(Philhellene)였던 그는 그리스문화와 예술을 지극히 애호하고 찬미했다. 그러나 하드리아누스의 정치적 이상은 파나이티오스가 찬양한 힘과 권력에 기초한 실천적 미덕을 추구했다기보다 현실과 실제를 외면한 관념적인 이상에 충만한 자였다고 하는 사실을 지적하지 않을 수 없다.153) 요컨대 그가 플라톤의 관념철학과 이데아론에 깊은 감명을 받았다는 데에서 그의 정치사상의 특징을 찾을 수 있을 것이다.

로마제국은 하드리아누스·안토니누스 피우스·마르쿠스 아우렐리우스로부터 노예제 완화 운동이 점진적으로 구체화되기 시작했다. 소위

---

149) Giovanni Reale, *The Systems of the Hellenistic Age*, State University of New York Press, p.295. 파나이티오스가 지적했듯이 스토아 사상의 지배적인 경향은 인간적인 것, 즉 개인의 의무에 대한 강조이었다. 파나이티오스는 고대 시민적 이상은 로마에서 부활했다고 밝히고 있다.
150) Max Mühl, *op.cit.*, s.103.
151) *ibid.*, ss.103~104.
152) *Diogenes Laertius* 4. 88.
153) G. Reale, *op.cit.*, p.295.

5현제 시대부터 노예에게 유익한 법이 제정됨으로써 노예보호의 기초가 확립되었으나 그렇다고 그들에게 사회적·법적 권리가 부여된 것은 아니었다. 일찍이 5현제 이전 61년 페트로니아법과 그 후 원로원 의결을 통해 노예의 취급에 대한 인도적인 완화책이 확대해 갈 수 있었지만 결코 "노예는 어떠한 법적 권리를 요구할 수 없다(Servile caput nulum ius habet)"고 하는 기본원칙은 바뀔 수 없었다.154)

로마제국 법학자들이 제시한 노예에 대한 자유와 해방의 결의는 특히 하드리아누스 재위시기에 이루어지게 되었다. 그가 공포한 법령에 의하면 허위로 판명된 유언장에 의해 노예가 자유민이 되었을 경우에라도 그 때에 이루어진 노예의 해방은 무효화될 수 없었으며 단지 그에 따른 상속배상금을 지불함으로써 가능하게 되었다.155) 더욱이 하드리아누스는 유언에 의해 직접적인 자유(libertas directa)'를 획득한 노예는 유산을 상속받을 수 있으나 유산을 상속받지 못한 노예는 노예의 신분을 그대로 유지해 가야만 한다고 규정하고 있다.156)

노예제의 개선과 노예보호법 규정에 있어 하드리아누스와 거의 같은 입장을 취한 안토니누스 피우스도 노예를 심문함에 있어 고문 방법의 철폐와 노예에게 유리한 신탁과 유증에 의한 해방의 새로운 법령을 공포했다.157) 하드리아누스와 안토니누스 피우스보다 노예제 문제에 더 많은 관심을 가진 마르쿠스 아우렐리우스는 노예 보호법의 제정과 노예의 인간화에 주력했다.158) 그는 주인이 노예를 짐승몰이꾼으로, 그리고 어떤 개인이나 행정장관에게 팔아넘기지 못하도록 금령을 발포했다.159) 사실

---

154) F. Vollmann, op.cit., s.27.
155) Just., Dig. 7.4.1.
156) Just., Dig. 26. 5. 13 ; 40. 5. 24.
157) Just., Dig. 48.18.9.
158) Just., Dig. 40.5.12.
159) Scriptores Historiae Augustus. Marcus Antoninus. IX. 9.

상 마르쿠스 아우렐리우스는 해방선언에 관한 모든 법을 강화하여 국고 채무의 지불능력조차 없는 사람이 기만적인 방법으로 노예를 해방시켰을 경우의 해방은 무효로 규정했다.[160] 법학자 울피우스 마르켈루스(Ulpius Marcellus)는 "법은 자유를 부여하기 위해 만들어진 것"이라는 원리에 따라 마르쿠스 아우렐리우스는 유언장에 기록된 해방자의 이름이 유언자에 의해 삭제되었다 하더라도 해방을 인정하였으며, 또 돈 때문에 해방이 지연되는 것을 막았던 것이다.[161] 더욱이 주인이 해방시키려했던 노예를 문서상의 기록만 남기고 유언장 하나 남겨 놓지 않은 채 죽었을 경우에도 이들 노예에게 해방을 부여하도록 규정하고 있다.[162] 또한 노예를 구입한 자와 매각한 자가 상속인을 채 정하기도 전에 죽었을 경우에 팔려간 노예는 일정기간이 지난 다음 해방이 인정되었다. 이와 같이 마르쿠스 아우렐리우스는 유언장에 의한 해방을 가장 합리적인 해방으로 간주했다.[163]

노예에 대해 증오와 적대감을 가지기보다 오히려 친구와 같이 우의를 강조한 마르쿠스 아우렐리우스는 선대의 왕들처럼 인류를 널리 사랑하는 인도주의적 정치이념을 추구했다. 우리 모두는 "두 발·두 손·두 눈, 그리고 치아도 상하의 일정한 배열로 이루어져 있듯이 공동협력하기 위해서 이 세상에 태어났다. 그러나 공동협력에 반하는 행위와 질서가 있다면 그것은 자연에 반하는 행위이며 질서"이기 때문에 각자는 모두를 위하여 인류애를 발휘해야 한다고 촉구했다.[164]

휠만은 마르쿠스 아우렐리우스의 노예에 대한 관용과 우의는 당시 스

---

160) Just., *Dig.* 40.9.11.
161) Just., *Dig.* 40.5.37.
162) Just., *Dig.* 40.5.2.
163) Just., *Dig.* 40.8.1. 마르쿠스 아우렐리우스가 유언장에 의한 해방을 장려한 사실은 *Dig.* 405. 30 ; *Dig.* 40.5.16.
164) F. Vollmann. *op. cit.*, 19.

토아 철학자의 노예관에서 제시되었던 것처럼 자구적 의미의 표현이었을 뿐 실천적 강령은 아니었다는 것이다. 물론 휠만은 마르쿠스 아우렐리우스가 지향한 관념적인 인도주의만을 비판한 것은 아니었다. 그의 선대 황제와 같이 철인군주론을 표방하고 인간우의를 강조한 마르쿠스 아우렐리우스도 12세의 어린 나이에 스토아 철학에 입문하여 학문을 연마하고 윤리적인 인간으로 성장할 수 있었으며 또한 스토아 철학에 내재되어 있는 인간애 사상을 깊이 인식할 수 있었다. 그러나 그는 정치적 현실에서 황제권의 침해를 우려한 나머지 황제의 권위에 반하는 일체의 행위를 용납하지 않았던 것이다. 그는 로마제국의 통치자로서 스토아 철학의 인간애 사상을 깊이 인식하고 있었지만 그가 처했던 정치현실로부터 벗어날 수 없었을 것이다. 더욱이 그는 당시 원형투기장에서 행해진 검노들의 비인간적인 투기행위를 보면서도 그 어떤 비난도 하지 않았던 사실로 미루어 그의 인도주의와 박애사상이 얼마나 로마의 귀족적 편의주의에 일관하게 되었는지는 후세의 사가들에 의해 비난을 면치 못한 사실에서 알 수 있다.[165] 플리니우스는 노예에게 온정과 관용을 촉구하면서도 현실을 초연한 채 고루한 윤리세계에 침잠되었던 황제와 스토아 사상가들을 혐오했던 것이다.[166] 휠만 역시 마르쿠스 아우렐리우스의 관념적인 윤리관을 비난하는 글에서 그가 항상 입버릇처럼 말해 온 인간애야말로 허구에 찬 고매한 언설(言說)에 불과할 뿐이라고 비판했다.[167]

다음으로 우리는 스토아 사상과 로마 법학자와의 관계를 살펴보아야 할 것이다. 로마제국시대의 법 제정은 일차적으로 원로원의 일이었으나 그것은 사실상 명목에 불과했다고 하겠다. 어디까지나 황제는 자신의 견해와 일치하지 않는 것에 대해서는 동의하기를 거부하는 등 황제 임의로

---

165) *ibid*., s.19.
166) Plinius, *Epistulae* VII. XV. 4~6.
167) F. Vollmann, *op.cit.*, s.20.

법을 제정 공포할 수 있었다. 더욱이 당시에 황제의 명령은 그대로 법의 효력을 가질 수 있었다.[168] 그러나 원로원과 황제의 입법과정에서 의혹이나 애매모호한 점이 발생했을 때에는 중재적 역할자인 법학자의 감정이 필요하게 되었다. 이와 같이 로마제국 초기 법학자들은 황제나 원로원이 제정 발포한 입법이 정당한 것인가에 대한 평가를 함으로써 그들의 명망과 위신을 더해 갈 수 있었다.

아우구스투스는 일체의 법은 법학자의 전문적인 감정에 의해서만이 법정의 권위를 확립할 수 있다고 인식하고 그들에게 법의 감정권을 부여했다. 그러나 법학자에게 재판할 수 있는 재판관의 직만은 인정치 않았던 것이다. 아우구스투스는 제국의 국가적 중대사를 심의 의결할 때에는 많은 법학자의 자문을 구했다. 특히 하드리아누스의 정치적 이상인 철인정치의 실현에 법학자의 지원은 절대적이었으며, 하드리아누스를 계승한 안토니누스 피우스도 법학자의 자문과 조언에 의해 정사를 수행할 수가 있었다. 마르쿠스 아우렐리우스와 셉티무스 세베루스 및 카라칼라 황제도 법의 중요성을 인식하고 법학자 파피니안 · 울피아누스 · 파울루스 · 클라우디우스와 아리우스 메난더를 그의 정치고문으로 삼았다. 이 시기에 로마 법학자 가운데 파피안은 황제를 조력할 수 있는 동료로서 (Papinianam amicissimum fuisse imperatori servo) 그들의 권세는 최고에 달했던 것이다. 이들 법학자들은 그리스 고전학과 철학에 해박한 지식을 가진 박식가로서 스토아 철학을 대표하는 자들이었다. 이와 같이 당시의 법학자들이 독창적인 법사상을 확립할 수 있었던 것은 스토아 철학자의 지적 교양의 영향이라고 생각할 수 있다. 보이그트(Voigt)는 로마제국의 자연법과 로마 법학자들의 자연법 사상을 스토아 철학에서 그 기초를 찾았으며, 그것이 로마 법학자들의 법이념의 기초가 되었

---

168) *ibid.*, s.30.

다고 밝힌 바 있다.[169]

이와 같이 스토아 사상을 법이념으로 체계화한 법학자들은 인간의 존엄성과 노예의 인간화를 위한 노예의 법적 신분 개선에 노력했다. 울피아누스는 『자연법에 관하여(Quod ad ius naturale attinet)』에서 '모든 사람은 평등한 존재(Omnes homines aequales sunt)'[170]라고 말하였다. 법학자 파울루스와 모데스티누스(Modestinus)는 자연에 의해 인간은 하나의 동질적 혈족관계로 되었다는 철학적 이상론을 밝힌 바 있다.[171] 특히 법학자 가이우스(Gaius)와 프로렌티누스(Florentinus)는 노예법에 대해 반박하는 글에서 자연법은 시민의 법적 권리를 보호하는 장치인데, 주인이 된 자들은 무엇 때문에 외국인이나 이방인을 자연에 반하는 노예로 만들 수 있는가 하고 비난한 바 있다.

법학자들은 스토아 사상을 기초로 노예의 법적 신분문제에 대해 그들의 전통적인 견해를 수정하기 시작했으며 만민법으로서가 아닌 자연법에 의해 노예의 법적 권리와 인간으로서 존엄한 가치를 갖는다고 주장함으로써 노예를 양도상품으로 취급하는 것을 반대했다.[172] 그러므로 이제 법학자들은 고결한 철학자와 귀족이 노예를 물건으로 취급하여 매각하는 행위를 용인하지 않았다.

마르쿠스 아우렐리우스 시대에 명성이 높았던 법학자 스카이볼라(Q. Cervides Scaevola)는 주인의 유언장에 의해 노예인 에로스(Eros)와 스티쿠스(Stichus)가 해방된 사실을 보고, 유언장에 의한 노예 해방을 가장 적합한 제도로 생각하고 노예를 가족구성원으로서 재산까지 취득할 수 있는 권리를 부여했다.[173]

---

169) *ibid.*, s.34.
170) Just., *Dig.* 1.1.4.
171) Just., *Dig.* 1.1.3.
172) Just., *Dig.* 50.16.20.
173) S. Lauffer, *Die Sklaverei in der griechisch-römischen Welt*, in : *Gymnasium* 68, 1961, s.373.

노예는 그들의 생존을 유지해 가는 데 있어 불리했던 많은 제약이 점진적으로 완화되었지만 사실상 노예의 운명은 개선되지 않았다. 더욱이 몇몇 법학자는 노예해방의 문제에 관심을 가지고 있었으나 실효를 거두지 못했다. 법학자 파울루스와 울피아누스는 유언에 의한 해방을 언급하면서 노예 해방의 기간을 제한하는 것을 반대했다.[174] 울피아누스는 법에 의해서만이 노예의 자유가 확대될 수 있는 것으로 보고 유언장에 의한 해방(*manumissio testamento*)'보다 법에 의한 해방(*manumissio vindicta*)'을 가장 표준이 되는 합리적인 해방으로 생각했다.[175] 그래서 그는 법에 의해서만이 노예의 자유가 획득될 수 있다고 생각하고 다른 많은 법학자와 같이 노예를 동산이나 저당품으로서가 아니라, 그들의 교육정도에 상응하는 일에 종사케 함으로써 굴종과 학대의 대상으로부터 제외시켰던 것이다.[176]

5) 스토아 사상이 노예제에 미친 영향

스토아 사상은 인간은 태어날 때부터 평등하다는 주장과 함께 자유민과 노예 사이의 엄격한 차이를 완화하는 데 많은 기여를 했으나 노예제의 폐지나 혹은 노예제의 기본적인 변질을 주장한 스토아 사상가는 찾아볼 수 없다. 이와 같이 당시의 스토아 사상가들이 인간의 선천적 평등과 인류애를 강조하면서 노예제 폐지를 주장하지 않은 이유는 무엇이었는가? 피가니올(A. Piganiol)은 '로마제국은 노예제 국가다'라고 말하였듯이 노예제는 로마사회에서 없어서는 안될 사회제도였다. 인간의 본질과 세

---

[174] Just., *Dig.* 40.4 33~34.
[175] Just. *Dig.* 40.4.1.
[176] F. Vollmann, *op.cit*, ss.38~39.

계 속에서 인간의 지위에 대한 자신의 생각을 토대로 인간성에 대한 일관성 있는 견해를 훔볼트(Wihelm von Humboldt)는 『국가활동의 제한에 관한 사상(Thoughts on the Limitation of State Activity : 1792)』이라는 제목의 논문에서 다음과 같이 말하고 있다.

> 고대인들 가운데 그리스인들은 육체적인 힘의 활용과 관계되는 활동은 모두 해롭고 비천한 것이라고 생각하였다. 그러므로 가장 박애주의적인 철학자들조차도 노예제를 인정하였다. 그 목적은 부당하고 야만적인 제도에 다른 부류의 사람을 제물로 바쳐 한 부류의 사람들을 위한 힘과 미를 확보하기 위한 것이었다.177)

그리고 그는 고대인들이 존재할 수 있기 위해서는 노예제가 있어야만 한다고 주장했다.

그리스인과 로마인으로 하여금 인간으로서의 발전을 이룩할 수 있도록 만들어 준 비인간성에 대한 관용은 훔볼트 이후의 인도주의적인 학자와 작가의 경우에서도 똑같이 반복되었다. 확실히 19세기에 고대의 도덕적·사회적인 상황을 비판하고, 노예제 및 여성과 이방인에 대한 경멸을 비난하는 소리가 끊이지 않았다. 그러나 고대를 이해하고 찬미했던 사람들은 노예제의 부정적인 요소보다는 노예제가 사회의 구조적 발전과 문화를 위해 기여한 가치가 더욱 큰 것이라고 생각하였다. 액튼(Acton) 경과 같이 자유정신을 가진 사람조차도 역사상 민주주의와 노예제는 항상 병행해 왔다고 생각했다. 액튼 경은 페리클레스(Pericles)가 육체노동으로부터의 자유를 아테네인의 특권으로 묘사했다고 주장했으며, 심지어는 "노예제 폐지의 찬반논쟁을 통하여 우리가 노예의 주인이 되었을 때 자유가 얼마나 가치있는 것인가 인식하게 된다는 버크(Burke)의 말에 친숙하게

---

177) J. Vogt, "Slavery and the Humanist" in *Ancient slavery and the Ideal of Man* (Oxford : Blackwell, 1974), pp.208~210.

되었다"178)고 언급하였다.

　독일의 강단사회주의자들(Kathedersozialisten)에 대한 공격에서, 역사가 트라이취케(Heinrich von Treitschke)는 노예제의 도입을 문명을 구하는 행위로 묘사했다. 그리고 그는 "2~3천 명이 연구·회화·통치생활을 할 수 있도록 하기 위해서는 수많은 사람이 농부·장인·목수로서 일해야 한다"는 견해를 수긍했던 것이다. 이와 같이 트라이취케는 페리클레스 시대의 귀족사회를 찬미하면서 "이 사회는 생활의 모든 관심사를 참을성 있는 노예의 어깨 위에 부과하였으며, 확실히 소포클레스의 비극작품과 피디아스(Phidias)의 제우스상을 위하여 노예의 고역에 대한 대가로 지불된 것이 그다지 큰 것이 아니었다"179)고 지적했다. 그리스의 자유에 관한 내용을 비교적 상세하게 밝힌 막스 폴렌츠(Max Pohlenz)는 자유롭지 못한 사람들, 즉 노예가 존재함으로서만이 다른 사람들의 자유의 진가가 나타나게 되었다고 주장했다. 또한 그는 노예의 필요성을 주장한 플라톤과 아리스토텔레스의 선천적 노예제 이론을 언급하면서도 그들의 주장에 대해 그 어떤 비판도 하지 않았다.180)

　그러나 고대 스토아 사상가들이 노예제를 수용할 수밖에 없었던 철학적 이유가 있었을 것으로 생각한다. 스토아 사상가는 노예에 대한 평가에 있어 정신이나 이성과 같은 철학적인 판단에 기초했다. 정신 혹은 이성을 소유하고 있느냐에 따라 노예는 자유민에게 부여된 것과 똑같은 인간취급, 자유민과 똑같은 행위의 평가를 받을 수 있다. 왜냐하면 노예의 정신과 이성은 그가 인간적이고, 인도적인 취급을 받는 데에 없어서는 안될 본질적인 것이기 때문이다. 키케로는 『국가론』에서 "죽는 것은 네 자신이 아니라 너의 육신이다. 인간의 모습은 외적 모습이 인간 자신

---

178) *ibid.*, pp.209~210.
179) *ibid.*, pp.208~209.
180) M. Pohlenz, *Griechische Freiheit*, Heidelberg 1955, ss.7,9~10,50,52,80,90,94,105.

의 모습이 아니다. 정신과 이성이 인간의 참모습이며, 육신의 자태가 진정한 모습이 아니다.(non esse te mortalem sed corpus hoc ; nec enim tu is es, quem forma ista declarat, sed mens cuiusque is est quique, no ea figura)"181)라고 지적했듯이 인간의 정신과 이성은 그 무엇에도 속박될 수 없다.

스토아 철학과 그 사상가들은 미덕의 소유자로 어떤 경우에서든 외적인 것, 외적인 상황에 의해 침해되거나 변화될 수 없는 것을 인간이성과 정신으로 보았다. 이와 같이 스토아 사상가는 진정한 선은 올바른 정신, 즉 이성에 있다고 확신했다. 이 올바른 정신과 이성을 가진 자는 외적인 것, 법적 상황에 영향을 받지도, 침해되지도 않는다. 그러므로 노예의 법적 신분은 스토아 사상가에게는 합리적 회피(apoproegmenon)'의 대상이었으며, 궁극적으로 무관심적인 것(adiaporn)'이었다. 결과적으로 인간의 법적 신분의 가치를 인정하기를 거부한 스토아 철학은 노예를 비롯한 그 어떤 혜택을 받지 못한 집단을 위해 급진적인 개혁운동을 전개하지 않고, "인간은 비록 쇠사슬에 매여 있다 하더라도 자신의 윤리적 의무를 실현함으로써 행복하게 살 수 있다"고 강조한다. 스토아 사상의 교의와 신약성서의 여러 서신의 가르침에서 우리는 많은 유사성을 발견할 수 있다. 이 같은 사실은 신약성서의 가르침이 의식적이든 무의식적이든 스토아 사상의 교의에 유래했다는 것보다 자유와 노예의 조건에서 스토아 사상과 신약성서는 법적인 것보다 오히려 영적인 조건에 초점을 맞추었다는 점이다. 바울은 노예와 자유민 사이의 차이는 유대인과 그리스인 사이의 차이만큼 중요하지 않다고 말한 바 있다. 바울은 갈리디아서 3장 28절에서 "유대인이나 그리스인이나 노예나 자유민이나 남자나 여자나 아무런 차별이 없다. 그리스도 예수 안에서 여러분은 모두 한 몸을 이루었기 때문이다"라고 쓰여 있다. 이 같은 사실은 "주

---

181) Cicero, de Republica 6.26 이것과 유사한 내용은 Seneca, Ad Mare 24.5; Epistulae 71.27 ; 121.64 Epictetus 4.11.26~27.

님은 곧 성령이다. 주님의 성령이 계신 곳에는 자유가 있다"는 데에 기초한다. 그러므로 노예는 스토아 사상과 그리스도교 사상의 교의에서와 같이 영적으로 자유로운 존재다. 스토아 사상과 그리스도교 교의는 주인들에게 노예를 친절과 관대로 대할 것을 권고하고 있다. 골로새서 4장 1절에 "주인된 사람은, 여러분에게도 하늘에 주인이 계시다는 것을 알고 자기 종을 정당하고 공정하게 대우하라"고 충고하는가 하면[에베소서 6.5 ; 디모데전서 6.1 ; 디모데후서 2.9-10 ; 베드로전서 2.18], "모든 사람은 부르심을 받았을 때의 상태를 그대로 유지하라"로 가르치고 있다.[고린도전서 7.20] 웨스터만은 "기본적으로 바울의 노예관은 초기 · 중기 스토아 사상의 교의와 크게 벗어나지 않았다"고 주장한다.[182]

더욱이 스토아 사상가의 신의 섭리설은 당시 사회질서를 수용하는 데 기여했다고 하겠다. 스토아 사상가는 전체우주는 신성한 원기(*pneuma*)'로 가득 차 있으며, 이 원기는 우주의 운동을 가장 가능한 길로 움직일 수 있도록 한다고 확신하였다. 그래서 그들에게 있어 부분적인 선은 전체의 선보다 별 의미가 없었다. 이 신성한 힘인 원기는 신 혹은 자연으로 다양하게 표현되었으며 개인의 운명을 보다 더 나은 상태로 만들 수 있었다.[183] 만일 어떤 사람이 노예였다고 한다면 그것은 결국 신이 그 사람을 노예로 만들기를 원했기 때문이다. 그러한 경우에 노예가 된 자의 의무(καθήκον, *officium*)는 신의(神意), 즉 자연을 따르고, 자연과 조화하여 사는 (*congruenter naturae convenienterque vivere*) 것이다. 사실 신의와 같은 자연에 순응하고 일치를 강조한 스토아 사상은 키케로와 플리니우스가 명령한 것처럼 몇몇 로마인이 소유하고 있는 노예에 대해 온유와 관용의 마음을 가지게 하는 동기가 되었다.[184]

---

182) Max Pohlenz, *Die Stoa. Gesshichte einer geistigen Bewegung;* 2nd Edition, Göttingen 1959, s.136.
183) Seneca, *Epistulae* 74.20.
184) 노예에 대해 온유의 마음을 가질 것을 강조한 내용은 Cicero, *Ad. Att.* I.12.4 ; Plinius,

초기 스토아 사상에서 노예에 대한 온유의 강조는 자연법과 실정법[185] 사이의 대조를 이루는 개념으로 우의와 온유의 개념을 순화시켰던 것이다. 파나이티오스의 영향을 받은 키케로는 의무(officia)는 우아함(decorum)에서 유래한다고 정의했다.[186] 또한 그는 자연(natura)이 우리에게 부여한 합리적인 인격의 배분과 천부적 재질과 같은 두 역할을 소유하게 된 개인에 세심한 주의를 기울여야 한다고 강조했다. 키케로는 인간의 두 역할을 설명하면서, 그 하나는 기회나 혹은 상황이 준 것이고, 다른 하나는 우리의 자력으로 선택한 것으로 보았다. 키케로는 이 역할에 대한 책임을 자연에 돌리려 하지 않았는데 반해 스토아 신학은 상황(tempus)에 의해 주어진 역할을 신의 섭리로 자연의 명령밖에 있는 그 무엇이라고 생각하지 않았다. 스토아 사상에서 강조하는 책임은 사회 안에서 개인의 신분이 높든 낮든, 신분에 주어진 책임과 제한을 모두 수용하고 자연에 순응하는 삶이었다.

세네카는 노예도 자선을 행할 수 있음을 강조하면서, 자선(beneficiis)은 노예 자신이 필요로 하는 것 이상의 것(plus quam quod servus necesse est)을 베푸는 것이라고 가르쳤다. 그러므로 그는 노예에게 자신의 신분에 따른 광범한 시중(ministeria)을 유지해 갈 것을 촉구했다.[187]

노예제 개선을 위한 법은 지난 세기 이래 많은 학자에 의해 논의되어 왔다.[188] 노예의 처지를 완화하고 개선하기 위한 입법은 두 개의 범주로

Epistulae 8.16.3.
185) 퀴니코스학파에서 실정법과 자연법의 대비에 관한 내용은 H.C. Baldry, *op.cit.*, p.106. 그리고 과 그리고 퀴니코스 교사들의 관계에 관해서는 *ibid.*, pp.154~158.
186) C.E. Manning, *op.cit.*, pp.1531.
187) Seneca, *Beneficiis* 3.21. "법은 명령도 금지도 않는 조항들이 있다. 이 조항에서 노예가 자선을 수행하는 기회를 찾는다. 노예가 요구하는 것을 주인이 공급하면 그것은 봉사이다. 노예가 필요로 하는 것보다 더 많은 것을 공급하면 그것은 자선이다."
188) W.W. Buckland, *The Roman Law of Slavery*, Cambridge, 1908, pp.36~38. R.H. Barrow, *Slavery in the Roman Empire*, London, 1928, pp.151~153. W.L. Westermann, *op.cit.*, pp.109~118.

나누어 생각해 볼 수 있을 것이다. 그 하나는 노예에 대한 주인의 절대적인 권력을 제한하는 것이며, 다른 하나는 개개인의 신분에 따른 불공평한 사례나 억압이 나타났을 때 자유의 은전(favor libertatis)을 제시하는 것이었다. 안토니누스(Antoninus)의 통치시기까지도 노예에 대한 주인의 지배는 제한되거나 침해되지 않았으나 원수정 초기 이래로 계속적인 제한이 있어왔다. 적어도 네로의 원수정과 그리고 그가 왕권을 행사하기 시작했던 시기에 로마시의 행정장관은 노예의 불평이 무엇인지 잘 청취해야만 했다. 그리고 만일 주인에 대한 노예의 불평이 사실로 나타났을 경우에 당시의 법규정에 따라 노예는 다른 사람에게 팔려갈 수 있었다.[189] 속주의 총독은 노예가 황제의 조상(彫像) 앞으로 도주했을 때에도 유사한 조처를 취해야만 했다.[190] 티베리우스나 혹은 네로의 원수정에서 유래한 페트로니아법(Lex petronia)에 의하면 주인이라도 법절차없이 노예를 투기장에 흥행목적으로 넘기는 것이 금지되었다.[191] 클라우디우스는 병에 걸려 티베르 강의 섬에 내버려진 노예에게 자유를 주고 또 병에 걸린 노예를 고쳐주었는가 하면, 도미티아누스는 주인의 쾌락과 이득을 위해 노예를 거세하는 행위를 일체 금지시키기까지 했다. 더욱이 철인군주 하드리아누스는 이탈리아의 노예농장을 폐지했으며, 주인이 노예를 죽이려고 할 때에는 죽이기 전에 그에 상응하는 법절차를 밟아야하는 제도를 합법화했다.

세기의 전환기에 많은 사상가들은 노예조건의 변화가 대체로 스토아 사상의 영향이었다는 사실에 의심하지 않았다. 이 견해에 대해 기본적으

---

189) 이 사실에 대한 초기의 증거자료는 Seneca, *Beneficiis* 3.22.3.
190) Gaius, *Inst.* I.53. 그리고 특히 Plinius, *Epistulae* 10.74.1~2
191) *Dig.*48.8.11.2 Buckland, *op.cit.*, p.36. 페트로니아법은 A.D.19년에 제정된 것으로 되어 있으나 아마도 A.D.61년 네로시대에 법으로서의 실현이 가능했을 것으로 생각된다.[M. Griffin, *Seneca, a philospher in politics*, Oxford, 1976, pp.278~280] 이와 같이 노예들이 흥행목적으로 투기장에 투입되는 것을 금지한 내용은 *Dig.* 18.1.42에서 반복되고 있다.

로 두 가지의 사실을 제시할 수 있을 것이다. 첫째, 로마의 위대한 스토아 철학자들은 그들의 철학을 통해 노예를 인간으로서의 가치와 능력을 가지고 있다고 가르침으로써 보다 더 인간적이고 인도적인 법 제정을 촉구했다. 그 한 예로 발롱은 도시 행정장관은 노예의 고통스러운 불평에 귀를 기울여야 한다는 규정에 관해 이미 언급한 바 있으며,192) 프리츠 프링스하임(Fritz Pringsheim)은 철학자들의 토론을 즐겨 청취한 하드리아누스의 치하에서 "스토아 철학은 인간의 보편적 권리를 옹호하고 애호한 사상으로 하드리아누스의 정사와 입법에 영향을 주었다"고 말했다. 그러므로 마르쿠스 아우렐리우스 시대의 노예제 완화와 같은 인도적인 법의 제정은 자연스러운 경향이라고 생각할 수 있다. 둘째, 스토아 철학을 깊이 연구한 로마황제들의 노예제 완화를 위한 입법과 그 시행에 스토아 사상의 영향을 강조하고 있지만 많은 비판자들은 스토아 사상이 강조한 인도와 인간애는 한낱 구두선(口頭禪)에 불과했을 뿐이라고 비난했다. 이 같은 사실에서 로마법은 항상 재산소유자의 권리를 보호하는 데 주력했다고 하는 사실을 지적하지 않을 수 없다.193)

지난 30여 년간 학문 연구의 추세를 보면, 노예제 완화의 주요 입법변화의 동기가 스토아 사상이나 그리스도교에서 기인했다고 주장되어 왔다. 그러나 웨스터만은 이러한 입법의 변화는 사회의 현실문제와 같은 국가의 조정이 시급히 요구되는 데에 기인했던 것으로 스토아 사상이나 그리스도교에 의한 입법변화의 주장을 부인했다. 웨스터만은 기원 2세기 많은 해적의 출현과 전쟁으로 인해 노예의 이용이 감소되고, 특히 양육에 의한 노예의 공급가격이 너무 고가였기 때문에 노예에 의한 토지개간은 이제 콜로니에 의한 토지개간으로 바뀌게 되었다고 본다. 이와 같이

---

192) H. Wallon, *Histoire de l'esclavage dans l'antiquité* III. Paris 1847, p.56.
193) 키케로는 원로원의원을 중심으로 한 소위 유산자들의 사유재산의 보호가 국정 담당자의 역할이며 국가가 안정되어야 할 이유라고 강조했다.

국가가 경제적 가치를 가진 집단을 어느 정도 보호한다는 것은 중요한 일이었다.[194]

웨스터만을 비롯한 서방학자들은 소비에트를 중심으로 하는 동구권 사회주의 학자들의 연구에 지대한 관심을 보였다. 동구권 사회주의 학자들은 마르크스주의자 이데올로기와 더불어 노예취급의 변화의 동기는 사상적인 원인보다 오히려 정치적·경제적인 원인에 기인했다고 강조했다. 스테르만(E.M. Staerman)이 밝힌 내용은 우리의 주목을 끌기에 충분하다. 스테르만은 2세기 노예노동의 경제적인 이익의 변화에 대한 웨스터만의 견해를 그대로 수용하지 않았다. 스테르만은 2세기 노예구입 가격과 노예물량의 부족현상이 문제가 되었다고 할 만한 고대의 전거자료는 거의 발견할 수 없지만 소수귀족이 토지를 집중화한 현상에 관한 자료는 비교적 충분하다고 말하고 있다. 이제 농업관련 저술가들, 특히 당시의 콜루멜라(Columella)는 노예의 주인이 감시할 수 있는 곳에서의 노예노동은 가장 효과적인데, 반해 감시가 소홀한 곳에서 노예 노동은 성실하게 이행되지 않았기 때문에 경제적이라고 할 수 없으며, 더욱이 약탈행위를 일삼고 그것을 생활 수단으로 하는 도망노예의 문제가 날로 증가하게 될 것을 경고한 바 있다. 이와 같이 노예의 주인이 노예노동의 감시와 통제가 소홀할 수밖에 없는 곳에서는 노예의 침해를 막기 위해 국가가 직접 개입했다고 스테르만은 주장하고 있다.[195]

국가의 법적·행정적 조처에 의해 노예에 대한 학대행위가 감소되리라는 기대와 함께 아울러 포세이도니오스의 시대에 노예에 대한 학대행위가 곧 노예반란의 원인이 될 것이라는 인식이 널리 확대되었다. 그러나 대체로 '자애로운 피우스'라는 별명과 인정(仁政)을 베푼 계몽적인 안토

---

194) W.L. Westermann, op.cit., pp.116~120.
195) C.E. Manning, "Stoicism and Slavery in the Roman Empire", in ANRW Band II. 36.3(1989) pp.1518~1541.

니누스 피우스 시대의 노예에 관한 입법 역시 스토아 사상의 영향에 의한 인도적 개혁의 지향이라기보다 노예주인의 이익을 도모하기 위해 포장된 것이라고 생각할 수 있다. 이와 같이 스토아 사상의 영향은 법 개혁의 원인이 되었다기보다 오히려 노예의 운명을 노예 자신이 스스로 수용하게 하는 동기가 되었다고 할 수 있을 것이다. 초기 2세기에 걸쳐 노예제 완화를 위한 법개혁의 조처들이 스토아 사상의 영향이었다는 주장에 대하여 비판적인 학자는 스테르만을 비롯한 그리핀(M. Griffin)·휜리(M.I. Finley) 그리고 브래들리다.[196]

우리는 스토아 철학이 세계질서·세계법의 규정과 그리고 진정한 선은 외면적인 것에 영향을 받지 않는다는 가르침이 노예법 개혁을 요구하지 않았음을 다시 확인할 수 있다. 그러나 노예법 개선에 스토아 사상의 영향을 강조한 전통적 견해를 고수한 학자들은 당시의 법들이 노예제 완화에 방해적 기능을 가지고 있었지만 그 어떤 영향을 작용하지 못했다고 밝히고 있다.[197] 더욱 주목을 끄는 것은 로마 법사상도 기본적으로 노예제는 자연에 반하는(contra naturam) 제도라고 스토아 사상가의 주장과 같은 입장이었다는 데에 있다.[198] 하지만 로마의 입법자와 행정관들이 노예제를 자연에 반하는 제도라고 주장한 사실은 난세의 표어와 같은 구두선에 불과한 표현이라고 하겠다. 하지만 로마 원수정시기의 첫 2세기 동안 노예제 완화와 같은 모든 법제정은 현대의 인도주의와 평등주의의 사상과 일치하지 않는다. 그러나 스토아 사상가나 혹은 스토아 사상의 영향을

---

196) ibid., pp.1535~1537. M.I. Finley, *Ancient Slavery and Modern Ideology*, pp.40~44. 휜리는 스토아 후마니타스가 노예법의 완화에 기여했다는 사실을 논평하면서, 세네카와 플리니우스의 후마니타스는 노예제의 완화보다 노예제 강화에 기여했다고 주장한다. 스토아 사상가들의 영향에 관해, 특히 휜리는 세네카와 에픽테투스 그리고 디오 크리소스토모스 같은 스토아 사상가는 인간애를 강조하고 있지만 노예제와 같은 정치적·사회적 문제에 무관심했던 것으로 특징짓고 있다.[K.R. Bradley, op.cit., pp.127~129]
197) Seneca, *Epistutae morale* 94.37.
198) C.E. Manning, op.cit., pp.1536~1538.

받은 사람이 로마정부에서 권력을 행사했을 때와 또 권력을 행사하지 못했을 때 달라진 것이 없다고 단언할 수 없을 것이다. 또한 인도적이면서도 엄정한 법을 제정한 것은 단지 노예 소유계층 가운데 특히 많은 가재노예를 소유하고 있는 자들의 개인적인 이욕의 동기라고 단정할 수 없을 것이다.[199]

원수정 초기의 입법은 대체로 해방노예의 수와 권리의 제한을 완화했다기보다 오히려 강화한 경향을 보였다는 데에 주목해야 할 것이다. 센티아법(Lex Aelia Sentia)은 해방자와 해방노예의 나이를 제한하는 데 역점을 두었다. 이우니아법(Lex Iunia)은 해방노예에게 자유를 보장했지만 그들에게 시민권과 유언장에 의한 해방의 가능성을 인정하지 않았다. 이 법에 관한 상세한 내용은 법자료와 법교과서에서 발견할 수 있다. 그러나 수에토니우스의 간략한 법요약서는 아우구스투스의 입법방향을 설정할 수 있는 기회를 제공했다.[200]

이러한 경향은 원수정 초기에만 나타난 현상은 아니었다. 클라우디우스는 로마의 기사로 행세하려 했던 해방노예들의 재산을 몰수했다. 반면 네로는 해방노예의 자식들이 원로원 의원이 되는 것을 막았을 뿐만 아니라 그가 왕위에 오르기 이전에 해방노예에게 주어진 공직까지도 모두 박탈했다. 또한 도미티아누스와 그리고 그 후의 마르쿠스 아우렐리우스는 법적 결정에 의해 해방노예에게 자유민의 요구와 그리고 자유민의 조건(ingenuitas)을 획득하기 위해 그들 보호자와 충돌함으로써 해방노예들이 최고의 직에 오르는 것을 막았던 것이다.[201]

그러나 노예에게 자유와 해방을 제한했던 가장 확실한 경우를 우

---

199) Justinianus, *Dig.*1.5.4.1, *Inst.*I.3.2. 그리고 *Dig.*50.17.32. 현실제도의 구조 속에서 고전 법학자들은 자연법은 현재 실시되고 있는 법보다 더 우위적인 법이라기보다 그만 못한 열등한 법이라고 생각했다.[E. Lery, *Natural law in Roman Thought*, S.D.H.I.18, 1949, pp.1~19]
200) Buckland, *op.cit.*,533~553.
201) *Dig.*40.16.1~2.

리는 노예들이 해방시기 동안 해방에 대한 고마움을 모르는 해방노예에게 가해진 가혹한 형벌에서 볼 수 있다. 원수정 초기에 노예보호자는 해방노예를 로마에서 단지 1백 마일 떨어진 곳으로 추방했던 것으로 보인다. 역사가 수에토니우스(Suetonius)는 클라우디우스 황제가 노예신분으로부터 해방의 몸이 된 것에 감사할 줄 모르고 그들 보호자에 대해 불평만 일삼는 해방노예를 다시 노예로 전락시킨 사실을 전하고 있다.202) 원로원의원은 해방노예들이 복종을 모르고 방자한 행위를 하는 모습이 발견될 때에 다시 노예로 환원시켰으며, 네로는 해방노예의 불성실한 사례에 대한 원로원의 주장을 경청했다. 또한 안토니누스 시대의 속주 행정장관은 해방의 은전을 감사하게 생각하지 않는 해방노예에 대해 재판할 수 있는 권리가 부여되었다. 그 결과 울피아누스 시대에 이르러 해방노예들이 범한 범죄의 유형이 분류되었고 가벼운 범죄에서부터 무거운 범죄에 이르는 모든 형벌을 지방총독이 관장하도록 규정하고 있다.203)

그러나 로마제국의 입법은 해방노예를 제한했을 뿐만 아니라, 적어도 만민법에 의해 자유민으로 될 수 있는 자들을 노예로 삼았던 것이다. 만민법에 따라 당시에 자유민 여자가 노예와 동거하여 낳은 아이들은 어머니의 신분을 가지지 못했다. 52년 클라우디우스는 이 같은 규정을 바꾸어 놓았다. 타키투스에 의하면 노예와 동거한 자유민 여자는 만일 남자노예의 주인이 동의하지 않으면 노예로 될 수밖에 없었으나 남자노예의 주인이 승낙했을 경우에 자유민 여자는 해방노예로 되었다. 가이우스는 자유민 여자가 노예와 동침할 경우 노예로 전락하게 되고, 또한 그녀의 아이들까지도 노예가 되었다고 밝히고 있다. 가이우스가 증언한 바와 같이 만민법에로 복귀하려 했던 하드리아누스의 시도는 단명했고,204) 클

---
202) *Dig.*37.
203) *Dig.*1.16.9.3, 37.14.1 그리고 37.15.4.

라우디우스 원로원 칙령(*Senatus Consultum Claudianum*)은 왕실에서 널리 적용되었다.

우리는 노예주인의 이익이 위협받았을 때 그것은 단순한 노예에 대한 해방의 은전일 뿐만 아니라 노예제도가 파기될 수 있는 요법이었다고 인식해야 할 것이다. 10년 시라니아눔의 원로원 칙령은 노예의 주인이 소유하고 있는 노예에 의해 살해되었을 때 그 주인의 집에 살고 있는 모든 노예는 살인혐의로 고문을 당해야 하고 모두 처형되어야 한다고 규정하고 있다. 살인 증거를 찾아내는 과정에서 처벌을 받을 수 있는 범위는 살해행위에 도움을 주었던 모든 자들이 포함되었다.[205] 주인을 살해한 노예에 대한 처벌 규정이 자주 수정되면서, 네로는 유언에 의해 해방된 노예까지도 그 범주에 포함시켰다.

스토아 사상은 초기 원수정의 입법에 과연 어떤 작용을 할 수 있었는가? 스토아 사상에 비판적인 입장을 고수한 학자들은 스토아 사상의 영향이 반세기 이전에 공통적으로 생각했던 것보다 훨씬 못 미쳤다고 생각했다. 그러나 아마도 휜리는 노예제가 자연에 반한다는 법 문헌의 언급은 현실의 삶과 그 어떤 연관이 없는 황금시대의 낡은 원시적 전통에서 떠돌았던 무상한 허풍이었다고 밝히고 있다. 법원리들은 입법이 아니고 법 해석자가 밝힌 무언의 억측 가운데 하나이었던 것이다. 노예제가 부자연스럽고 비인도적이었다는 사실은 단순한 가설에 불과했다. 남아프리카 백인들 가운데 인종차별정책에 대해 반대한 사람 가운데는 개혁을 지지한 사람도 분명히 있었다. 왜냐하면 그들은 궁극적으로 살아남을 수 있는 유일한 길은 개혁이라고 확신했기 때문이다. 그러나 인종이 법적차별의 그 어떤 이유도 될 수 없다고 확신한 사람도 있었으므로 그들은 인도주의적 동기로부터 개혁을 주장했다. 마찬가지로 로마에 있어서도 노

---

204) Gaius, *Inst* 1.84 ; Ulpianus, *Frag* 11.11.
205) *Dig.* 29.5.1.26 ; 29.5.3.17.

예는 인간의 기본적인 특징을 모두 가지고 있다고 확신한 사람도 있었으며, 그래서 기회가 있을 때마다 노예를 재산의 한 품목으로서보다 하나의 인격체로 취급할 것을 요구하는 법개혁도 제안했던 것이다. 휜리는 노예에 대한 주인의 행위 하나 하나가 변화되었음을 시사해 주고 있지만 그것을 일반화할 수 있는 증거는 거의 없다고 지적했다. 하지만 우리는 적어도 노예주인은 자신과 노예 사이에 태어날 때부터 차별이 없기 때문에 보다 더 인도적으로 다루었다고 생각할 수 있다. 하지만 우리는 기본적으로 노예제에 대해 인도적이어야 한다는 주장의 확대가 스토아 사상의 작용과 역할이었음을 쉽게 넘겨버려서는 안될 것이다.

□ 쉼터 □

제6장
중기 스토아 사상의 국가관과 실용주의

1) 폴리비오스의 정치사상과 로마제국관

고대 그리스의 세계시민 교육은 폴리스(Polybios)의 법(nomos)에 일치하는 시민을 생산하는 것이었다면, 윤리학은 폴리스의 정치사상의 기초 위에 확립되었거나 정치사상의 부수물이었다. 그래서 플라톤과 아리스토텔레스의 윤리학은 정치학에 도달하고 정치학은 윤리학에 기초했다고 할 수 있을 것이다. 이에 반해 헬레니즘 시대의 도덕철학과 지성은 개인의 발견과 인간본성의 유일성의 기초 위에 절대적 자율을 생의 표준으로 삼았기 때문에 당시의 지성인들은 미덕에 따라 사는 것이 그들의 목적이었다. 헬레니즘 시대의 지성인들에게 있어 미덕은 곧 행복과 최고선(summa bonum)으로 가는 길이었으며, 미덕의 생활에 가장 위험한 것은 폴리스와 같은 개별국가에서의 삶이라고 생각했다.

헬레니즘 시대 철학자들이 이상화한 현자와 세계공동체는 퀴니코스학파와 초기 스토아에서 그 이념적 기초를 찾을 수 있을 것이다. 퀴니코스학파의 창시자 안티스테네스의 이상을 계승하고 그것을 삶의 지침으로 삼은 시노페의 디오게네스는 그리스 고전적 이상으로부터 벗어나, 그의 스승 안티스테네스가 비판했던 도시국가의 삶과 법 그리고 아리스토텔레스의 그리스인과 비 그리스인의 구분까지도 단호히 거부했던 것이다. 이와 같이 그리스 고전적 전통을 비판한 퀴니코스학파의 철학자들은 폴리스의 시민보다 자신들이 더 자유로운 사람이라고 생각하고, 가족·동료·동족과의 관계, 그리고 국법·전통·관례, 심지어 국가의 존재마저도 인정하지 않았다. 이들 퀴니코스학파의 철학자들은 통일된, 그리고 정규적인 도시국가의 노모스 철폐와 같은 유행과 문명의 혜택을 기대하지 않은 반문화적인 집단이었다. 그들은 국가의 시민이 아니라 세계의 시민이었다. 그래서 그들은 세계시민사회 형성의 기초를 도시국가의 전통적 관례와 무관한 결혼에 두었다.

초기 스토아 사상에 끼친 퀴니코스학파의 영향은 제논의 『국가론』 기초의 제공이었다. 크라테스의 제자였던 제논은 퀴니코스학파의 철학자들의 세계관에서처럼 모든 사람을 동료·동포·형제로 생각하는 세계국가의 기초를 확립했다. 퀴니코스학파의 반국가적·반문화적 세계국가 사상을 지지한 제논은 "우리 모두는 고유한 국가법을 가진 개별국가의 규범에 따라 사는 것을 원치 않는다. 그 이유는 세계 모든 사람은 동포이며 같은 시민이기 때문"[1]이라고 말했다. 제논은 퀴니코스학파의 극단적이고 과장된 주장을 비판하면서, 그의 이상국가의 모델을 그린 『국가론』에서 퀴니코스학파의 공허한 세계주의의 이상화에 대한 절충안으로 일찍이 퀴니코스학파에서 볼 수 없었던 국가공동체의 표본을 제시하였다.

퀴니코스학파의 국가관에서 개별국가와 세계국가 사이에 반목현상이 나타났듯이 제논도 개별국가를 세계국가의 영원한 부속품으로 규정하고, 국가의 경계 푯말은 세계를 가로막고 역사와 이념을 분열시키는

---

1) Plutarchos, *de fort. Alex.* I. 6p. 329A.

장애물로 생각했다. 플라톤의 국가에서처럼 스토아의 세계국가도 세속 국가의 정치적 특성을 결여하고 있거니와 그것은 스토아 세계국가의 이념적 기초가 그리스 관념철학이었다고 하는 사실에서 찾을 수 있을 것이다. 초기 스토아는 국가에 대해 소극적이고 피동적이었기 때문에 그들의 세계국가 이념추구는 곧 민족국가 이념의 후퇴이며 약화였다. 초기 스토아 사상가들의 이상이었던 세계국가는 결국 그들의 철학에 의해서가 아니라 로마 병기(兵器)의 힘에 의해 성취될 수 있었다. 퀴니코스학파와 초기 스토아 사상가가 지향한 미덕, 그리고 이 미덕의 생활에 가장 위험한 것을 도시국가의 생활과 관습이라고 지적한 그들의 관념과 이상 그리고 철학적 사유와 예술의 감각은 자연주의와 경험주의 앞에 무력하게 되었다. 이와 같이 자연주의에로의 발전은 중기 스토아 사상의 기여라고 할 수 있을 것이다. 그래서 철학도 이제 관념과 이상의 세계보다 살아 움직이는 현실문제에 초점을 맞추게 되었다.

초기 스토아의 세계관에 대한 중기 스토아의 기본적인 변화는 현실의 치밀한 파악과 인식이었다. 초기 스토아가 추구했던 고고한 현자의 이상세계로부터 중기 스토아의 현실세계에로의 발전과 전환은 초기 스토아가 이상화한 현자들의 세계공동체 실현의 불가능성을 간파한 아카데미학파의 카르네아데스의 영향을 받은 파나이티오스·포세이도니오스·키케로의 사상에서 찾을 수 있을 것이다. 로도스의 출신 철학자 파나이티오스는 폴리비오스와 마찬가지로 로마의 정치제도와 정치수단과 같은 로마적 기초에 깊은 감명을 받았고, 또 로마에서 권력 투쟁과 조야한 정치현실이 전개되고 있는 현장을 보았다. 그래서 그는 고고한 사색과 관념의 이상세계에서 현실세계로 시선을 돌리게 되었으며, 그의 철학세계도 로마적 본질인 현실과 실제를 중시하는 실천적 지식인으로 국가의 존재가치를 새롭게 인식한 최초의 사람이었다.

파나이티오스의 영향을 받은 중기 스토아 사상가 키케로는 모든 공동체 가운데에서 인간을 위한 국가공동체보다 더 가치있는 공동체는 없으며, 그래서 시민공동체인 국가를 위해 헌신적인 복무와 희생까지도 주저할 수 없다는 점과, 국민과 국가없이 인류와 세계국가의 형성도 이룰 수 없음을 강조한다. 요컨대 그들의 국가사상은 모든 공동체의 중심으로서의 국가로부터 더 높은 통일체인 세계국가의 발전이었다. 이같이 초기 스토아의 세계국가 이념으로부터 중기 스토아의 파나이티오스·폴리비오스 그리고 포세이도니오스 국가이념에로의 발전에서 민족과 개별국가의 가치와 실체는 무엇이었으며, 로마 세계지배의 제국적 지상권(*imperium*)에 대한 그들의 태도는 어떠했는지를 밝혀야 할 것이다. 나약한 개인이나 국가는 오히려 강력한 개인과 제국적 국가권력의 지배를 받는 것이 유익하다는 그들의 주장의 이론적 기초는 무엇이었던가? 그리고 왜 중기 스토아 사상가는 로마 세계지배에 대해 우호적이었던가? 이러한 일련의 문제에 대해 중기 스토아 사상가들의 노예관을 비롯한 정치사상과 국가관을 중심으로 밝혀야 할 것이다.

　제논을 비롯한 초기 스토아 사상가는 노예제를 예속의 모든 형태들 가운데 가장 사악한 형태로 보았다. 노예 주인으로서든 혹은 제국적인 국가로서든 간에 전제적 권력을 행사하는 것은 그들이 볼 때 부당했다. 이와 같이 제논과 초기 스토아 사상가는 노예제뿐만 아니라 다른 국가를 지배하기 위해 권력을 행사하는 것도 비난했다. 당시의 노예제와 제국적 지배 권력 사이의 주요한 차이점은 스케일이었다. 기원전 3세기에 제국적 지상권은 마케도니아에게 있었으나, 기원전 2세기에는 로마가 차지했다. 그러나 기원전 2세기 중엽부터 제국과 그리고 가재 노예제에 대한 스토아의 태도는 변화하기 시작했다. 특히 로마의 지배가 점점 그리스의 지성인들로부터 비난과 공격을 받기 시작했을 때 중기 스토아 사상가는 제국의 적대자로서가 아니라 수호자로 등장했다. 따라서 중기 스토아는 실용주의적 학자로 노예와 주인의 관계를 더 이상 부인하려고 하지 않았다. 마침내 기원전 2~1세기 중기 스토아는 초기 스토아가 일관되게 주장했던 사악한 자는 노예라는 노예제 개념에 반대하여 아리스토텔레스의 노예제 이론을 수용하기 시작했다. 이제 노예제는 호모노이아와 양립할 수밖에 없었으며 노예제에 의해서만이 노예와 예속민의 호모노이아가 이루어지게 되었다. 아리스토텔레스의 노예제 이론이 옹호될 수 있었던 것은 민주주의적인 아테네가 자유롭지도, 민주주의적이지도 않은 계급적인 국가 로마에 동화되었을 때 아테네의 나약한 민주주의 이념에 불안을 씻어버릴 수 없었기 때문이었을 것이다. 로마사회는 철저한 계서적일 뿐 아니라 수없이 많은 예속민을 지배했던 최고의 권력국가였다. 중기·후기 스토아 사상은 노예제와 로마 세계지배를 정당화했다. 에픽테투스는 기원전 2세기 초와 1세기 말의 사회를 노예제 사회로 묘사하고 있다. 중기·후기 스토아 사상가는 초기 스토아 사상가의 견해와는 달리 노예제가 노예를 위해 유익하며 자신을 통제할 수 없는 사람은 통치능력이 있는 사람의 지배를 받는 다는 것은 자연적인 것이며, 노예와 피지배자들에게 유익하기 때문이라고 보았다.[2] 이 같은 지배의 이론은 로마제국을 정당화할 수 있는 기초가 되었다. 지배력을 가진 나라가 지배력을 결여한 나라를 다스려야 한다는 당시의 지배원리는 기원전 1세기의 지배적 경향이었다. 최초의 지배 원리는 주인과 노예의 관계인 노예제와 유사한 형태로, 로마는 보호자로 로마의 지배를 받는 피정복국가는 보호를 받는 피보호자로서, 지배와 피지배의 개념은 로마제국의 기본 정신이었다고 할 수 있다.

    원수정의 초기 로마는 공평과 정의 그리고 자선을 지배의 기본이념으로 삼았다. 리비우스(Livius)는 캄파니아의 로마 동맹국들은 한니발의 전쟁 시기 동안 로마의 지배가 공평하고 온건했으며, 또 자신들보다 우월한

---

[2] Epictetus, *Discourses* 4·1 ;33. 40. Andrew Erskine, *The Hellenistic Stoa*, p.62

(*melioribus parere*) 자이기 때문에 로마에 복종과 충성을 표했다고 주장한다. 베르길리우스는 안키세스(Anchises)의 유명한 글에서[Aeneid 6.851-3] 로마제국의 운명을 다음과 같이 노래했다.

> 로마제국이여, 인민을 다스리고, 평화의 기초 위에 문명을 세우고, 피정복민에게 인정을 베풀고 그리고 오만한 자들을 정복하는 것을 잊지 말라(*Tu regere imperio populos, Romane, memento, pacique imponere morem, parcere subiectis et debellare superbos*).

키케로는 로마가 세계를 지배함에 있어 '후원(*patronago*)', 혹은 '보호'를 의미하는 *patrocinium*이 절대적 지상권보다 더 적절한 표현이었다고 생각했다.[3] 그리고 그는 여러 서한에서 로마가 지배하고 있는 속주민에게 선한 정치와 공평 그리고 그들의 이익을 항상 고려할 것을 강조했다. 키케로의 로마제국에 대한 시각은 순수 이타주의에로의 지향이었다.

한편 우리는 로마가 행한 많은 전쟁이 정당했으며, 제국이 공평했다는 로마의 주장들 사이에서 차이점을 발견할 수 있다. 로마인은 그들이 벌인 전쟁이 정당했다고 오랫동안 주장해 왔다. 물론 그들은 자신들의 많은 전쟁이 정당했다고 선전해야 할 충분한 이유가 있었다. 기원전 230년 일리리아의 여왕 테우타(Teuta)에게 간 로마의 대사는 로마인은 개인이 범한 부당한 행위에 대해 처벌하고, 또 불의와 불공평으로 희생된 자들을 지원한다고 그 여왕에게 말했다고 전해지고 있다. 폴리비오스는 로마인의 전쟁은 정의로워야 한다는 로마인의 관심을 특별히 강조하여 말했다. 기원전 2세기 중엽에 사회적인 분위기가 안정될 때까지 카르타고의 공격으로부터 로마인을 보호하는 것이 주요관심사였다. 그러나 폴리비오스는 로마는 세계지배의 욕망과 같은 세계적 목표를 지향했다는 견

---

3) Cicero, *de officiis* 2.27.

해를 밝히면서 로마가 공평했다는 주장에 대해 냉소적으로 평가했다.[4]

로마제국에 대한 기원전 2세기 스토아 사상가의 입장은 어떠했는가 는 이제 폴리비오스에게서 해답을 찾는 것이 용이할 것이다. 폴리비오스 는 로마제국에 대한 당시의 논쟁을 너무 잘 알고 있었지만 그가 스토아 사상의 입장에서 인식했는지는 확실치 않다. 만일 그가 로마제국을 스토 아의 입장에서 인식했다면 그의 진술에서 스토아 사상의 여러 국면을 추 적할 수 있을 것이다. 폴리비오스는 피드나(Pydna) 지역의 역사를 기술하면 서 로마의 지배가 증오의 대상(pheukte)이었는지 혹은 호의적(hairete)이었는 지는 동시대인이 결정할 수 있기를 기대한다고 서술하고 있다. 호의적이 었느냐, 아니면 증오의 대상이었느냐 하는 그리스어의 *hairete*와 *pheukte* 는 강한 스토아적 의미를 내포하고 있으며, 제국의 지배, 제국의 권력에 대한 스토아 사상가의 논쟁에 영향을 미쳤을 것이다. 스토아 사상에서 도덕적 선만이 환영받았으나 도덕적 악은 증오의 대상이었다. 폴리비오 스는 이 두 단어를 다른 곳에서 사용하고 있다. 특히 그는 『역사』 3. 4에 서 정복과 예속은 종언될 수 없는 것이라고 주장한다. 즉 그는 "그 누구 도 바다를 횡단하기 위해서 항해하는 것만은 아니며, 또 지식 그 자체를 얻기 위해 예술과 기능을 취하는 것은 아니다. 이러한 행위와 작업에서 생성되는 쾌락과 선 그리고 이로움 때문에 행해지는 것이다"라고 했던 것이다. 여기서 폴리비오스는 지식의 공리 및 실용적 개념과 같은 세 가 지 행위의 동기를 밝히고 있거니와 그것은 중기 스토아 사상의 영향이었 을 것이다. 폴리비오스는 정복자와 피정복자의 관계를 밝히면서 속국민 을 스토아의 중요한 용어로 *hupotattomenoa*, 즉 예속민이라 표현했다. 그 는 피드나 전투 이후 로마인은 그리스의 평화와 질서의 사절로, 또 마케 도니아의 내란과 대학살의 종결자로 그리고 아이톨리아의 탐험대들이

---

[4] Polybius, *The Histories* 1.36.6.9~10.

자행한 약탈행위를 저지시킨 자들로 설명하고 있다.[5]

로마인이 행한 전쟁이 정당했다고 주장할 수 있는 이유는 있지만 그들의 제국이 정당하고 공평했다고 밝힐 수 있는 사실을 제시하기란 용이한 일이 아니었다. 전쟁은 사건의 상황변화와 연관관계를 가지기 때문에 정당화 될 수 있을 것이다. 또한 합법적인 선전포고는 계획된 전쟁에 직접적인 선전효과가 있을 것이다. 그러나 로마제국은 당시 많은 문제를 지니고 있었으며, 외부로부터 위협을 받았을 때 제국을 수호하고 정당화할 필요가 있었다. 제국은 합법적인 전쟁에 의해 정당한 제국으로 보일 수 있을 것이라고 확신했다. 그러나 그 같은 생각은 아마도 무의식적인 억측에 불과했을 것이다.

도덕과 정의의 개념은 제도나 현재의 상황(status quo)이 외부의 세력으로부터 안전하였을 때 강하게 작용할 수 있다고 생각한다. 그러한 사실은 아리스토텔레스의 노예제 인정과 같은 주장에서 잘 나타나고 있다. 그의 노예제의 옹호는 노예제가 자연에 반하고 부당하다고 주장한 자들의 비판에 대한 반작용이었다.[6] 우선 우리는 이러한 변호에 대한 반대비판이 요구되고 그러한 비판이 제기될 때에 올바른 답에 접근할 수 있다고 생각한다.

기원전 2세기 중엽에 로마의 통치는 바야흐로 그러한 공격을 받게 되었으며, 당시의 몇몇 지성인들의 비판에 주목해야 할 것이다. 강연 잘 하기로 유명했던 이소크라테스는 오만불손한 명령과 권력을 남용한 로마인의 태도를 힐난하게 비난했다.[7] 아마도 기원전 146년 카르타고의 파멸 이후 로마에서 심한 우롱을 당한 크니도스(Cnidos)의 아가타르키데스(Agatharchides)는 사바에아인과 이웃 사람들이 여러 지역으로 군대를 배치

---

5) Polybius, *The Histories* 10.36.4 ; 36.7 "카르타고인은 그들의 속국민을 동맹자와 친구로 생각하기 보다 적으로 취급했다"[*Diogenes Laertius* 7.122]
6) Aristoteles, *Politics* 1253b20~23, 1254a17~55b15.
7) Polybius, *The Histories* 31.33.5, 32.2.4~8.

한 로마인들로부터 아주 먼 곳에 떨어져 살고 있었기 때문에 많은 재산과 부를 그대로 유지할 수 있었다고 기록하고 있다. 또한 이들 사바에아인과 그들 이웃 사람은 강력한 힘을 가진 자들이었기 때문에 다른 사람의 재산과 부의 관리자가 되었을 것이다. 폴리비오스는 이러한 문제에 관심을 가지고 지배자에 대한 피지배자가 가져야 할 태도를 상세하게 밝히려고 했다. 이 시기 로마 제국주의에 대해 가장 심하게 공격한 사람은 아카데미학파의 학두(學頭)인 카르네아데스(Carneades)였다. 카르네아데스는 로마제국에 대한 언급에서 특히 제국의 부당성·불공평성을 지적했다. 따라서 카르네아테스는 로마의 많은 지식인들로부터 반대와 저항을 받게 되었다. 기원전 140년에 마케도니아에서 로마제국주의를 반대하는 안드리스쿠스(Andriscus)의 봉기와 그리고 아카이아 반란이 일어났다. 하지만 로마는 마케도니아를 속주로 만들고 또 코린토스를 완전히 파괴시킴으로써 로마의 국가적 권위를 다시 확고히 했던 것이다.

바로 이 시기에 우리는 발전하는 로마 세계지배의 정당화를 기대할 수 있을 것이다. 왜냐하면 카르네아데스와 많은 스토아 사상가의 주장은 키케로의 『국가론』에 기초하기 때문이다. 그래서 우리는 당시의 전거자료를 참고하고 고증해 보는 것이 필요하다. 폴리비오스는 로마인들이 제3차 마케도니아 전쟁에서 마케도니아 왕 페르세우스(Perseus)를 패배시킨 이후 기원전 167년에 로마로 온 수천 명의 아카이아인의 인질 가운데 한 사람이었다. 폴리비오스는 로마의 가장 탁월했던 정치가들 가운데 한 사람이었던 스키피오 아이밀리아누스(Scipio Aemilianus)와 아주 가까운 사이가 되었다. 그는 철학자는 아니었지만 그의 작품은 당시의 그리스와 로마의 사상과 시대정신, 로마제국의 세력팽창과 그리고 그 이후의 문제를 잘 반영해 주고 있다.[8] 폴리비오스는 로마의 지배가 어떤 점에서 유익했

---

8) Andrew Erskine, *The Hellenistic Stoa*, p.183.

는지 당시에 전개되었던 논쟁을 잘 파악하고 있었으며, 또 이 문제에 대해 그 자신이 기여한 바도 적지 않았다. 결국 우리는 폴리비오스의 역사를 통해 로마의 역할과 그리고 로마로 말미암아 야기된 이득의 정도가 어떤 것이었는지를 고찰할 수 있을 것이다.

폴리비오스가 『로마사』를 쓰게 된 본래의 의도는 햇수로 53년이 채 안돼서 로마가 어떻게 거의 전세계의 지배자로 성공할 수 있었는지를 설명하는 것이었다.[9] 로마가 전세계를 지배했던 시기는 한니발 전쟁의 시작에서부터 페르세우스의 패배로 마케도니아 왕국의 해체에 이르는 기원전 220년부터 167년까지이다. 기원전 146년 이후에 기술된 것으로 생각되는 그의 『로마사』에서 그는 로마의 세력 팽창을 완전무결하다고 생각한 기원전 167년 이후 시기까지 확대하려고 결심한 이유를 우리에게 설명하고 있다. 폴리비오스의 목적은 독자들 스스로 로마지배에 대한 판단을 내릴 수 있도록 자료를 제공하는 것이었다. 결국 그는 동시대인들은 물론 다음 세대까지도 로마의 지배가 환영받아야 할 일인지 아니면 비난받아야 할 일인지 판단할 수 있어야 한다고 강조한다.

물론 이 같은 목적을 위해 폴리비오스는 자료의 선택을 중시했다. 그러므로 폴리비오스는 로마제국의 지배에 대한 판단을 내릴 수 있는 중요한 것이 어떤 것인지를 다음과 같이 밝히고 있다.

> 이러한 문제 이외에 나는 정복자들이 어떤 정책을 펼쳤으며, 또 그들은 세계를 어떻게 다스렸고 그리고 다른 사람들은 이 같은 사실을 어떻게 평가했는지 밝혀야 한다. 더더욱 나는 로마 정복자들의 사생활과 국가정책 그리고 그들의 지배적인 경향성과 야심까지도 고증해야 할 것이다.[10]

폴리비오스는 그 이후의 시대 로마 통치자들이 행했던 내용을 밝힘

---

9) Polybius, *The Histories* 1.1.5.
10) Andrew Erskine, *op. cit.*, p.184.

에 있어 피드나전투에서 발생한 가지가지의 행태에 관해서도 부언할 것을 제안한다. 그러나 그 사건에 대한 부언은 피치자가 당시의 지배자에 대해 생각하고 있었던 것을 밝힘으로써 객관적인 접근이 가능할 것이다. 로마의 지배에 대한 평가는 단지 지배자의 행위나 피지배자의 판단을 기록하는 것으로 충분할 수 없다. 그는 사건의 표면에 나타나지 않은 부분을 찾아내는 것이 중요한 작업이라 생각했다. 이와 같이 그는 역사 연구의 본질을 역사적 사실의 접근이며, 또 그것을 역사 연구의 단계로 삼았다는 점이다. 폴리비오스는 통치자와 피치자의 사생활, 국가정책의 지배적인 경향들, 그리고 그들의 야욕이 무엇이었는지를 규명하는 것이 중요하다고 했다.[11]

우리는 지배자들의 행위와 그리고 그들 행위에 대한 피지배자들의 판단에 기초하여 로마제국의 통치의 성격을 평가한다는 것은 바람직한 평가라 할 수 없다. 로마인은 그들의 예속민을 취급함에 있어 관용적이었다는 사실만으로 제국을 찬양하기에는 충분하지 않으며, 또한 마케도니아가 로마의 지배를 증오했다 해서 로마의 지배가 비난받아 마땅하다고 말할 수는 없을 것이다. 로마가 정복한 지역의 예속민에게 인간적이고 우의적이었던 것은 로마제국의 지배를 유지하기 위한 최선의 방법이었기 때문이며, 마케도니아가 로마의 세력팽창과 제국적 지배를 분개했던 것은 전쟁에 의해 마케도니아의 자유를 구속했기 때문이다. 그래서 전쟁으로 인한 자유의 제한과 같은 행위는 고려되어야 한다고 강조했다.

폴리비오스는 그의 『역사』에서 피드나 전투 이후의 시기에 마케도니아를 비롯한 주변지역의 예속민에게 자유의 제한과 같은 행위의 금지를 강조했다. 이러한 문제는 폴리비오스의 『역사』에서 밝히고 있는 또 다른 내용을 살펴보는 것이 유익할 것이다.

---

11) Polybius, *The Histories* 5.88.3 ; 6.48.3.

정치적 성공과 전투에서의 승리는 위대한 일이다. 이러한 성공과 승리를 잘 유용하는 데는 더 많은 노련미와 주의가 요구된다. 우리는 역사에서 승리한 자들이 승리를 유익하게 이용하는 자들보다 훨씬 많았다고 하는 사실을 발견한다. 바로 이 같은 사실은 이 시기에 카르타고인에게서 발생했다. 카르타고인은 로마의 군대를 패퇴시키고 그리고 로마의 두 사령관 푸블리우스(Publius)와 스키피오(Gnaeus Scipio)를 죽인 다음 그들은 승리에 도취해 스페인에서 오만방자한 모습으로 권력을 휘둘렀으며 원주민을 능멸하기 시작했다. 그 결과 피정복민은 그들의 맹우(盟友)나 혹은 친구가 되기보다 적이 되었다. 카르타고는 무력에 의한 지배와 그리고 무력의 지속적인 유지를 가장 자연스러운 지배방법으로 생각했다.… 카르타고는 피정복민을 죽이고 학대했다.12)

폴리비오스는 전쟁에서 얻은 승리와 성취보다 그 성취를 잘 다스리고 유용하는 것이 훨씬 어렵다는 사실을 되풀이하여 강조했다.13) 카르타고는 기원전 212년 스페인을 정복하여 지배했지만 사실상 그 지배력을 상실했다. 왜냐하면 카르타고는 오만했으며 스페인의 주민을 멸시하고 권력을 남용했기 때문이다.14)

더욱이 카르타고 사람들은 그들의 예속민(*hupotattomenoi*)을 가까운 동료나 동맹자로 생각하기보다 적으로 간주했다. 폴리비오스는 민족과 국가의 우월성은 자신의 이웃을 선대(善待)하는 자세를 가진 자에게만이 얻어지는 것이라 했다. 이와 같이 그는 지배자는 우의와 관용의 정책을 추구할 때 지배자적 우위를 유지해 갈 수 있다고 강조한다. 만일 카르타고 사람들이 했던 것처럼 지배국가가 사악한 전제적(*despotikos*) 지배를 행사한다면 지배국가에 대한 예속민의 태도는 적대적인 태도로 바뀌게 될 것이다. 그러므로 폴리비오스는 다른 나라를 다스리는 지배국가는 예속민에게 자선과 관용을 베풀어야 한다고 다시 역설했다. 그러나 이러한 피

---

12) Polybius, *The Histories* 4.10.36.
13) Polybius, *The Histories* 3.4.1~5.
14) Polybius, *The Histories* 10.36.3 ; 10.7.3.

지배국가의 예속민에 대한 자선과 호의적인 태도를 보여야 한다는 그의 주장은 로마제국의 도덕적 의무 때문이 아니라 정략적 필요 때문에서였다. 폴리비오스가 밝힌 이 같은 경고는 당시의 로마제국이 당면한 과제를 분석하여 판단한 결과라 하겠다. 다시 말해 그는 로마제국의 지배 하에 있는 국가와의 관계에서 로마를 당시 세계의 지배자로 유지함에 있어 로마제국의 지배자들이 취해야 할 태도와 그리고 더 나아가 지배자와 지배국가의 사리사욕과 욕망 때문에 피정복국가의 예속민에게 나타날 수 있는 적대감을 깊이 있게 다루고 있다.

피드나 전투 이후에 대한 폴리비오스의 기술이 그의 계획과 일치하는 것이었는지는 이 시기를 다루고 있는 『역사』 마지막 10권 가운데 원본이 빠져있다는 사실로 보아 부분적으로 불확실하다. 폴리비오스의 『역사』의 첫 5권은 완전하고 마지막 10권의 양보다 두 배 이상의 장문의 글이다. 그는 피드나 전투 이후의 시기를 두 부분으로 나누었고, 첫 부분에서 로마의 지배 상태를 밝히고, 두 번째 부분에서는 기원전 151년경부터 기원전 145~144까지 계속된 혼란의 시기를 설명하고 있다.[15] 그러나 이와 같이 이 시기를 두 부분으로 구분하는 것은 쉬운 일은 아니다.

우리는 이 두 대목에서 로마의 정복국가에 대한 경영과 처리방식은 지배와 야욕의 지향이었다고 말할 수 있다. 그러므로 로마는 예속민을 때로는 인간적으로 혹은 비인간적으로 취급해야 했을 것이다. 하지만 폴리비오스는 로마가 제국적 지위의 유지를 위한 욕망과 그리고 국가적 실리 추구에 몰입하지 말 것을 경고했던 것이다.[16] 로마 원로원은 소(小) 프톨레마이오스와 그의 형 사이에서 소 프톨레마이오스의 요구를 따랐다. 왜냐하면 그것이 로마 원로원에 유익했기 때문이었다.

이와 같이 로마 원로원이 소 프톨레마이오스의 요구를 따른 것은 로

---

15) Polybius, *The Histories* 3.4.12~13.
16) F.W. Walbank, *Historical Commentary on Polybius*, vol 1(oxford 1957), p.303.

마의 많은 결정들 가운데 가장 전형이 되는 것으로, 다른 사람의 과오를 이용하여 자신의 실리를 챙기고 동시에 잘못으로 인해 어찌할 바를 모르고 당황하는 자들에게 은전과 호의를 베푸는 체하면서 자신들의 세력을 구축하는 것이라고 폴리비오스는 말한다.[17] 카르타고와 누미디아의 이웃 마씨니싸(Massinissa) 사이를 중재했던 로마는 항상 마씨니싸의 편에서 판단했다. 그것은 마씨니싸의 주장이 정당했기 때문이 아니라 마씨니싸 자체가 로마에게 이익이 되었기 때문이다.[18]

여러 사건을 처리함에 있어서 로마 자신의 이익을 고려한 많은 실례를 폴리비오스의 『역사』에서 발견한다.[19] 설사 오드리시아의 왕 코티스(Cotys)가 페르세우스 편에서 싸웠을지라도 그의 아들을 돌려보내고 왕에게도 관용을 베풀었다. 이러한 행위는 왕 코티스로 하여금 자선과 관용에 굴복시키기 위한 것으로 생각된다.[20] 폴리비오스는 『역사』 10. 36에서 로마제국은 피정복 예속민을 취급함에 있어 형제적 사랑으로 대하는 것이 제국의 이익이라고 강조한다. 이와 같이 폴리비오스가 비록 로마의 이익이 무엇이며, 요구가 무엇인지 분명하게 밝히지는 않았지만 로마인은 평화와 질서의 사절로 대표될 수 있다는 사실을 각인시키는 것이 중요하다고 강조한다. 아이톨리아인은 다른 그리스 국가를 약탈하고, 그들이 필요로 하는 것을 취하곤 했다. 그러나 그들은 로마가 이 곳을 지배했을 때 더 이상 약탈행위를 할 수 없었다.[21]

로마인은 정치적 억압과 많은 도시에서 발생한 내란과 유혈참사를 겪고 있는 마케도니아인에게 많은 은전을 베풀었다. 이와 같이 로마는 마케도니아의 억압적인 정치체제와 국가의 내란 그리고 유혈적인 살육

---

17) Polybius, *The Histories* 31.10.
18) *ibid.*, 31.21.
19) *ibid.*, 31.2 ; 32.13.8~9 ; 36.2.
20) *ibid.*, 30.17.
21) *ibid.*, 30.11.

행위를 진압하고 새로운 질서를 확립했다.[22] 폴리비오스는 개인의 사사로운 생활에서 나타나는 지배의 경향과 야욕을 연구할 것을 약속한 바 있다. 아마도 폴리비오스의 의도는 로마의 세계지배가 적합했는지 독자들로 하여금 판단할 수 있게 하는 것이었을 것이다. 당시에 스키피오는 세계지배를 할 수 있는 대표적인 인물이었다는 데에 의심의 여지가 없을 것이다. 그는 세계지배에 적합한 인물로 미덕의 삶을 위한 지배(horme)와 야망을 가진 자였다. 그러나 로마의 많은 젊은이들은 비도덕적인 경향성만을 보였을 뿐이다.

이와 같이 방탕에 빠지게 된 것은 페르세우스와의 전쟁이 그 원인이다. 스키피오가 추구했던 바는 무엇보다 도덕적 삶의 첫길은 절제와 극기의 삶을 산다는 평판을 얻는 것이고 그리고 같은 나이의 다른 젊은이들을 능가하는 것이다. 이것은 고귀한 이상이지만 도달하기 어렵다고 생각했다. 당시 대부분의 로마 청년은 타락하였기 때문에 절제와 극기의 삶을 살아가기에 쉽지 않았을 것이다. 많은 소녀는 자신을 포기해버리거나 혹은 고급 매춘부로 전락했다. 또한 그들은 노래와 춤을 즐기며 연회를 일삼았다.[23]

페르세우스와의 전쟁기간에 그리스인의 사치와 방탕한 생활 풍습이 빠른 속도로 로마의 청년들에게 전해지기 시작했다. 당시 로마의 청소년을 타락시킨 것은 음란을 조성하는 매춘행위였다. 여자들은 마음에 드는 인기 있는 남자에게 심지어 1탈렌트나 되는 거금을 지불했으며, 철갑상어의 알젓과 같은 진미식품 한 항아리에 3백 드라크마씩이나 주고 사먹었다. 이러한 사치와 타락을 직시했던 카토(Cato)는 분노하여 대중 앞에서 애국적 연설을 토로했다. 그는 아름다운 청소년이 싸움터나 경작지보다 사치와 타락의 소굴에 매료될 때 국가의 운명은 절망에 이르게 된다

---

22) *ibid.*, 36.17.13.
23) *ibid.*, 31.25.1~4

고 개탄했다.[24]

로마제국은 정당한 국가였는가에 대한 평가를 위해 로마의 피정복 예속민의 생각과 입장은 어떠했는지 역시 조명해야 할 것이다. 로마제국에 대한 평가는 대체로 로마의 지배에 호의적이었거나 혹은 적대적인 것만을 대상으로 하고 있다. 적대적 판단을 하게 된 사건은 기원전 149년 안드리스쿠스의 지도하에 발생한 마케도니아인의 폭동에서 그 한 예를 제시할 수 있다.[25] 그러나 이 폭동이 곧 마케도니아에서 로마의 지배가 비난받을 만한 것이었다고 말할 수는 없을 것이다. 폴리비오스도 그렇게 생각하지 않았다. 로마제국을 지지한 그리스의 정치가 에피루스의 카로프스(Charops of Epiras)와 아이톨리아인 리키스쿠스(Lyciscus)도 로마의 지배를 지지했다고 말할 수 없을 것이다. 카로프스와 리키스쿠스가 자기 나라의 동포를 살해하고, 강탈하고, 추방한 로마와의 관계를 개선하려고 한 것은 자신들의 위치를 확고히 하고 조국의 이득을 얻기 위해서였다고 볼 수 있다.

또한 분명한 사실은 한 로마의 장교가 함대를 불사르고 코끼리들을 무력하게 하기 위해 기원전 162년 시리아에 왔을 때 대중들의 소동이 일어났으며, 레프티네스(Leptines)는 라오디케아(Laodicea)에서의 살인행위를 제신이 정당화한 행위라고 주장하면서 장교 가운데 한 사람인 옥타비우스(Gn. Octavius)를 암살했던 것이다. 대중연설가인 이소크라테스는 그들의 살상행위를 찬양하고 더 나아가 로마인의 오만불손한 명령과 폭력사용을 비난했던 것이다. 로마에 대한 레프티네스와 이소크라테스의 태도는 아주 유사했으며 그들의 행동과 특징은 폴리비오스에 의해 아주 다르게 표현되었던 것이다. 이소크라테스가 로마에 대한 공격에 고무되었던 것은 그가 경멸했던 시리아인에 대한 동정 때문이 아니라 욕망 때문이었

---

24) *ibid.*, 31.25.1~8.
25) *ibid.*, 36.17.13~16.

다. 레프티네스는 용감하고, 고상한 품격을 갖춘 인물로 라오디케아인의 운명에 지극한 관심을 가졌던 이타적인 인물이었다.[26]

기원전 146년 로마와 아카이아인 사이의 전쟁에서 아카이아의 군사령관(strategos) 크리톨라오스(Critolaos)는 로마를 비난하고 악평을 했던 것이다. 크리톨라오스는 로마인의 친구가 되는 것이 그의 소원이었다고 밝히고 있으나 로마인을 지배자로 인정하지 않았다. 하지만 로마인은 친구가 아닌 주인으로 처신하고 있었다.[27] 크리톨라오스가 목표한 바는 대중을 선동하여 전제적 권력을 획득하는 것이었다.[28]

폴리비오스는 이소크라테스와 크리톨라오스에 대해 심히 적대적이었으나 그들의 비판을 로마 지배의 판단 자료로 삼을 수 있었다. 만일 그들의 견해가 사실이라고 한다면 그것은 로마제국 정부의 주요한 비판이 될 것이다. 폴리비오스는 스페인에 있는 카르타고인에 대해서도 그들과 유사한 비판을 했다. 카르타고는 스페인에서 전제적 지배자로서 피정복 예속민을 동료로서가 아니라 적으로 취급하는 등 오만했던 것이다.[29] 폴리비오스가 열렬히 찬양한 필로포이멘(Philopoemen)은 이미 다른 국가도 로마에 의해 예속되었던 것처럼 아카이아인도 로마에 의해 피정복 예속민으로 전락하게 되었다고 경고했다.[30]

그러므로 폴리비오스는 로마제국의 이로운 점들을 평가할 때 고려되어야 할 관련 요소를 특별히 강조하고 그 기초 위에서 그의 역사를 기술했다. 그는 결론을 내리지 못하고 결론에 필요한 정보만을 제공하였다. 올

---

26) *ibid.*, 32.2~3.
27) *ibid.*, 38.11.8, 12.8.
28) *ibid.*, 38.11.7~13.7. 특히, 13. 7은 전제적 권위의 획득에 관해 기술하고 있다. 크리톨라오스는 명목상으로는 반스파르타 전쟁을 결의하였으나 사실상 반로마의 결전을 위한 아카이아인을 설득했다. 그는 아카이아인이 뽑은 사람들을 전략가로, 절대 권력을 가져야 한다는 법에 반하는 포고령을 내렸다. 이러한 방법에 의해 그는 일종의 전제적 권위를 획득하게 되었다.
29) *ibid.*, 10.36.
30) *ibid.*, 24.13.4.

바른 평가와 판단을 위해서는 다른 요소가 전제되어야 할 것이다. 그는 전쟁의 원인을 밝힘에 있어 유사한 절차를 따랐던 것이다. 그는 전쟁 참여자들의 결정에 영향을 미친 요인들을 밝혀내려고 했다. 그러나 전쟁책임을 할당하려는 것이 그의 관심사는 아니었다. 로마제국은 어떻게 평가되어야 하는가에 대한 평가기준의 제시에 실패한 폴리비오스는 정복과 예속보다는 다른 면에 제국의 목적을 두어야 한다는 신념을 가졌다. 폴리비오스는 다음과 같이 밝히고 있다.

> 지배자와 그 지배자에 대한 비판자들은 행위의 목적을 정복이나 그리고 그들의 지배 안에 모든 사람들을 예속시키는 것으로 생각해서는 안된다고 했다. 왜냐하면 건전한 의식을 가진 사람이라면 대양을 횡단하기 위해 바다위로 가지 않듯이 오직 적을 분쇄할 목적으로 이웃과 전쟁에 참전하지 않기 때문이다. 또한 인간이 지식 그 자체만을 위해 예술과 기능을 배우는 것이 아니라 인간에게 기쁨·선, 혹은 공익을 위해 연마하는 것이다.[31]

폴리비오스는 이러한 제국의 목적이 어떠해야 한다고 밝히지 못했지만 그러한 목적에 대한 동시대의 논증과 해석에 대한 그의 인식을 반영하고 있다.

로마지배에 대한 비판과 비난의 사례를 검증한 폴리비오스는 로마의 전쟁술과 그리고 카르타고의 멸망에 관한 그리스인의 견해를 장문의 글로 기술하고 있다. 스토아 사상가들은 이 문제에 적법한 해석과 논증을 해야 할 책임이 있다고 이미 시사한 바 있다. 그러나 스토아 사상가는 키케로의 『국가론』에서 밝힌 바와 같이 로마 지배에 대한 비판에 답하여 권력의 획득을 정당한 것으로 보았다. 키케로의 『국가론』 제3권에 나타난 여러 주장은 폴리비오스가 제시한 기원전 2

---

31) *ibid.*, 3.4.9.

세기의 국가구조와 일치한다. 그는 『국가론』에서 로마제국은 피정복국가의 예속민에게 은전을 베푸는 자로서, 또한 평화와 질서의 수호자로 정의하고 있다.

폴리비오스는 그가 쓴 『로마사』에서 위대한 창조력의 근본이 되는 것으로서 로마인의 정치제도와 정치수단이라고 강조하였다. 조국내의 민주파와 과두파의 대립 및 로마의 정복에 의해 와해되어 간 조국의 정치제도에 비해 전혀 다른 로마적인 것을 발견하였던 것이다. 그 정치제도와 정치수단은 바른 정복자와 피정복자의 인종적 차이에 관련된 귀족과 평민의 긴 대립과정에서 발전된 로마사의 본질적인 요소였다. 폴리비오스의 작품에서 서술하고자 했던 것은 다름 아닌 인간행위의 역사였다. 고대의 많은 역사가가 신화·족보·식민지·도시기원에 관한 주제를 취급했지만, 폴리비오스는 특별히 행위의 역사(History of actions)'를 취급했다. 폴리비오스는 투키디데스가 그러했던 것처럼 역사에서 초자연적인 힘을 믿지 않았다. 이와 같이 그는 "하나의 도시국가 로마가 세계제국으로의 발전이 운명에 의해서, 아무 이유도 없이 이루어진 것은 아니다. 로마의 발전은 자연스러운 것이다. 그것은 로마인의 훈련과 원칙 때문이었다. 그 결과 로마는 세계를 지배했고, 목적을 달성했다"고 말했다.[32] 그는 어떤 사건이라도 원인없이 일어나지 않음을 강조하였는데, 그에게 있어서 원인이란 어디까지나 인간적인 것이었다.

이러한 원인을 그는 정치적·군사적인 관계에서 찾았다. 그가 분석한 로마의 위대성의 원인이 되는 정치제도와 정치수단은 투키디데스의 정치사에 대한 관심과 같은 것이었다. 그 역시 고대의 다른 역사가들처럼 영웅들이나 개별 인물의 작용을 중시했다. 그러나 그밖에 그는 민족적 특성과 기후의 영향을 고려했으며 무엇보다도 한 민족의 제도, 특히

---

32) Bury, *The Ancient Greek Historians*, p.4.

정치제도를 민족성격에 결정적인 영향을 주는 요소라 생각했다. 폴리비오스는 "국가의 법제도가 행복과 불행의 가장 중요한 원인으로 간주되어야 한다. 왜냐하면 그것으로부터 모든 계획들과 노력들이 나오며 성공적인 완성을 위한 힘을 얻기 때문이다"[33)]라고 했다.

폴리비오스는 국가의 힘이 곧 정치적 목표라고 생각했다. 이와 같이 그는 정치제도로서의 국가체제를 통해 로마의 세계제국의 성공을 이해했던 것이다. 실제로 그는 로마가 군주제에서 전제제로, 또는 귀족제나 과두제로, 또는 민주제나 중우제로 나아가는 순환적인 전개로부터 탈피할 수 있었던 것은 로마가 군주제적·귀족제적·민주제적인 세 가지 요소가 혼합한 정치체제를 갖고 있었기 때문이었다고 보았다. 따라서 로마가 세계제국으로 발전할 수 있었던 것은 단순히 무력 때문만은 아니었고, 로마국가의 정치제도의 위대성이라고 폴리비오스는 강조했다.

2) 카르네아데스의 로마제국에 대한 비판

기원전 155년 아테네인은 오로포스(Oropos)를 침략한 대가로 부과된 5백 탈렌트의 벌금을 면제받기 위해 로마에 대사를 파견했다. 대사파견은 부분적으로 성공적이었다. 그래서 벌금은 1백 탈렌트로 삭감되었다. 당시 파견된 대사는 세 명의 명성 높은 철학자 아카데미학파의 학두인 카르네아데스, 스토아학파의 학두인 디오게네스 그리고 소요학파의 학두인 크리톨라오스였다. 특히 카르네아데스는 정의와 공평에 관해 두 번에 걸쳐 강연을 함으로써 크나큰 인상을 남긴 인물이었다. 어느 날 그는 정의와 공평을 지지하는 발언을 했으며, 다음날 그는 전날 주창한 내용

---
33) *ibid.*, pp.203~204.

을 번복했다. 이 같은 그의 번복 발언은 놀라움을 야기했다. 카토는 로마에 파견된 이 세 명의 철학자를 가능한 빨리 먼 곳으로 내 보낼 것을 요구했다. 왜냐하면 카르네아데스는 로마청년의 마음을 '법과 행정장관'으로부터 관심을 돌리게 하는 혼란을 초래했기 때문이었다. 더욱 염려되었던 것은 카르네아데스의 정의의 지지발언과 주장에서 참이 무엇인지 구분하기가 어려웠기 때문이었다.[34]

키케로의 『국가론』 제3권은 정의에 관해 푸리우스(Furius)와 라일리우스(C. Laelius) 사이에 기원전 129년에 시작한 논쟁을 내용으로 하고 있다. 푸리우스가 밝힌 정의와 공평에 반하는 연설은 카르네아데스의 두 번째 강연의 내용에서 많이 인용되고 있다.[35] 정의와 공평이 무엇인지는 라일리우스에 의해 해답되었다. 불행히도 이 책의 많은 부분은 행방불명되었으며, 그 부분들은 그 후 아우구스티누스·락탄티우스(Lactantius) 그리고 노니우스(Nonius) 같은 작가의 해설로 채워지게 되었다. 아우구스티누스에 의해 인용되고 의역된 것들은 특별한 가치를 갖는다. 아우구스티누스는 본문에 대한 확고한 지식을 가지고 있었으며 그리고 자신의 앞 시대에 『국가론』이 있었다고 생각하고 있었다.[36]

푸리우스의 연설은 공평의 일반적 개념과 철학자의 정의의 일반론에 대한 공격이었다. 그래서 스토아 사상가는 카르네아데스의 주요 표적이었다는 것이 입증되었다. 그러나 카르네아데스가 제물로 삼은 자에는 플라톤과 아리스토텔레스 그리고 에피쿠로스학파의 철학자들도 포함되어 있었다.[37] 왜냐하면 회의학파와 카르네아데스는 플라톤을 교의적인 인간으로 생각하지 않았기 때문이다. 키케로는 카르네아데스가 밝

---

34) Plinius, *Natural History* 7. 112~113, Cicero, *Acad* 2.137, *de orat* 2. 155. *Tusc. Disp.* 4.5.
35) Cicero, *de Republica* 3.8.
36) H. Hagendahl, *Augustine and the classics*, Göteborg 1967, pp.540~553. 아우구스티누스의 『신국론』은 키케로부터 많은 인용을 하고 있다.
37) Cicero, *de Republica* 3.26.

힌 주장의 요지에서 정의가 무엇인지 납득할 만한 설명을 결여하고 있다고 지적했다.

인간의 행위를 결정하는 것은 정의가 아니라 그리스어의 *sumpheron*, 즉 사리사욕이다. 그가 "나약은 정의의 어머니다(*imbecillitas mater iustitiae est*)"[38]라고 언제인가 말한 바 있다. 그럼에도 불구하고 카르네아데스는 정의와 실천적 지(知) 혹은 사려분별을 할 수 있는 지혜(*sapientia*)를 가진 최선자로 믿었던 플라톤·아리스토텔레스 그리고 스토아 사상가의 견해에 대해 직접적인 공격을 계속했던 것이다. 비록 정의와 공평의 존재를 확신할 수 있지만 그것의 요구는 사려분별 즉 지혜의 요구와는 매우 다르다고 카르네아데스는 주장한다.

카르네아데스는 공평한 정의의 국가는 다른 국가의 이익에도 주목해야 한다는 것을 강조한다.

> 지혜는 우리의 자원의 증대와 우리의 부의 증가와 우리의 경계를 확대해 갈 것을 우리에게 촉구한다. 우리의 위대한 장군들을 추모하는 비석에 새겨진 저 칭송의 말은 무엇을 의미하는가? 지혜의 현명한 행위는 가능한 많은 예속민을 지배하고, 기쁨을 누리고, 부를 축적하여 지배자와 주인이 될 것을 우리에게 촉구한다. 다른 한편 정의는 모든 사람을 용서하고, 전인류의 이익을 고려하고, 모든 사람을 공평하게 취급하고 그리고 신성한 것이나 공공의 재산 혹은 다른 사람의 것에 손을 대지 말 것을 우리에게 가르치고 있다. 만일 너희들이 지혜를 따른다면 어떤 결과가 도래하겠는가? 그것은 개인에 관해 말하든 혹은 국가에 관해 말하든 부·권력·재산·공공업무·군사적 명령 그리고 왕권의 도래이다.[39]

하지만 이와 같이 정의의 명령대로 모든 사람을 용서하고, 전체 인류의 이익을 고려하고, 모든 사람을 공평하게 다루는 것이야말로 국가가

---

38) Cicero, *de Republica* 3.23.
39) Cicero, *de Republica* 3.24~25.

취해야 할 현명한 정책은 아니다. 현명한 국가는 국가의 부를 증대하고, 국력을 확대하고 그리고 다른 국가를 희생시켜서라도 영토를 확대해 가야한다. 제국주의자의 세력팽창은 대규모적인 약탈행위일 뿐이다.[40] 한 실례로 카르네아데스는 전세계를 지배하는 로마를 소개하고 있다. 그러나 로마는 정의와 지혜에 의해 세계지배자가 되었는가? 분명히 말해서 로마는 정의에 의해 세계지배자가 된 것은 아니다. 왜냐하면 정의는 로마의 속성이 아니었다는 것이 확실하기 때문이다. 그러므로 로마인은 그들의 오막살이로 돌아가 가난하게 살아야 할 것이다.[41]

아우구스티누스에 의하면 카르네아데스는 노예와 주인관계를 정의에 반하는 것으로 주장하였으며(*iniustum esse ut homines hominibus dominantibus serviant*) 또한 제국의 지배를 주인과 노예의 부당한 관계와 다를 바 없는 것으로 보았다.[42] 카르네아데스는 초기 스토아 사상가의 정치사상에서 노예제와 제국의 지배를 서로 유사성을 지니고 있다고 밝힌 사실을 인정하였다.

카르네아데스는 로마에서 정의에 관해 두 번 강연을 했지만 과연 그 강연에서 로마제국주의의 부당성을 진술했는지는 확인할 수 없다. 왜냐하면 카르네아데스는 그 어떤 기록물이나 저술서를 남기지 않았기 때문이다.[43] 키케로도 카르네아데스의 강연 내용을 직접 대할 수 없었다. 안드류 어스카인는 만일 라일리우스의 대답들이 카르네아데스를 공박한 스토아 사상가의 자료에서 기초했다고 한다면 그 자료는 카르네아데스에 의해 사용된 논거와 함께 그에게 제공되었을 것이다. 카르네아데스의 두 강연

---

40) Cicero, *de Republica* 3.24.
41) Cicero, *de Republica* 3.21, 3.24, 3.36. Augustinus, *de Civitas Dei* 19.21.에서 아우구스티누스는 노예제와 제국주의의 정당성을 밝히고 있다. 어떤 나라와 어떤 사람은 다른 나라와 다른 민족에게 예속되는 것이 더 유익하고 적합하다고 주장한다.[Aristoteles, *Politics* I, 1254 A~B에서도 이와 유사한 내용이 주장되고 있다]
42) Cicero, *de Republica* 3.36. Augustinus, *de Civitas Dei* 19.21.
43) Diogenes Laertius 4.65.

내용은 그의 제자 클리토마쿠스(Clitomachus)에 의해 정리되었으며, 키케로는 그 정리된 작품을 사용할 수 있었을 것이다. 로마제국주의를 비판하는 비난이 클리토마쿠스 자신의 공헌일지는 몰라도 그가 기원전 110~109년에 죽었기 때문에 그의 비판이 기원전 2세기의 논쟁의 근거가 될 수 있었을 것이며,[44] 또한 그것은 로마나 혹은 아테네에서 카르네아데스가 밝힌 정확한 기록이라고 할 수 있을 것이다. 카르네아데스는 그가 살았던 당시의 시대상황을 자주 풍자하곤 했다.[Perseus와 L. Aemilius Paullus에 관한 카르네아데스의 진술은 플루타르코스의 *Tranq. Au.* 474 F-5A 참죄 그리고 그의 연설에서 당시 로마의 시대상을 잘 반영하고 있다. 카르네아데스의 두 강연은 로마에 많은 영향을 끼쳤기 때문에 설사 그 강연의 내용이 기록으로 남지는 않았지만 로마인의 부당성을 카르네아데스가 얼마나 비난했는지 로마의 전설을 통해서 알려지게 되었을 것이다. 일찍이 카르네아데스의 강연을 들은 로마의 청중 가운데에 카토(Cato), 아킬리우스(C. Acilius) 그리고 포스투미우스 알비누스(Postumius Albinus)와 같은 저명한 인사들도 있었다.[45] 폴리비오스는 카르네아데스의 두 강연을 그의 역사에서 다루고 있지만 지금 전해지지 않고 있다. 그리고 그 강연은 또 루틸리우스 루푸스(P. Rutilius Rufus)에서도 언급되고 있다.

폴리비오스는 카르네아데스가 제기한 그런 유형의 문제들이 기원전 2세기에 유행했던 것으로 생각하고 있다. 로마가 일으킨 전쟁들이 정당했는가에 대한 문제는 기원전 2세기 중엽 그리스인[46]과 로마인[47] 사이에 격렬한 논쟁의 주제이기도 했다. 로마는 자신의 전쟁을 정당화하기 위해서는 합리적인 논증이 필요했던 것이다. 이와 같이 로마는 자신이 일으킨 전쟁을 정당화하려고 했던 것은 카르네아데스의 많은 비판에 대

---

44) Adrew Erskine, *op. cit.*, p.190.
45) Plutarchos, *Cato Mai* 22 ; Cicero, *Acad* pr. 2.137.
46) Polybius, *The Histories* 36.9.
47) Polybius, *The Histories* 3.29.

한 응답이었을 것이다. 로마제국은 정당한 나라였는가에 관한 문제는 로마의 역할이 어떻게 평가되어야 할 것인가가 관심의 초점이었다고 폴리비오스는 밝히고 있다.[48]

두 가능성을 설정할 수 있지만, 그 가운데 어느 하나도 확실한 답이라고 할 수 없다. 만일 카르네아데스가 로마에서 행한 강연에서 로마제국주의를 지적했다면 그것은 그의 두 강연에 의해 로마에서 야기된 놀라운 사건을 설명하는 것이 될 것이다. 왜냐하면 로마는 자신이 저지른 행위가 정당하게 평가되기를 바랐으며, 그래서 로마는 매우 엄중한 대처와 공격을 했던 것이다. 이제 로마제국에 절실히 요구되었던 것은 철학이었다.[49] 사실 키케로도 제국에 있어 철학의 중요성과 그 시급함을 강조했다.

플루타르코스는 철학자 카르네아데스·디오게네스 그리고 크리톨라오스에 대한 적의(敵意)는 대체로 철학에 대한 적대감에서 유래하였다고 밝히고 있다. 플루타르코스는 자신의 논거와 주장을 지지하는 다른 철학자에 대해 카토가 보인 증오의 실례를 인용하고 있다. 그러나 플루타르코스는 카토가 증오한 철학자는 단지 카르네아데스였다고 지적한 사람들과는 견해가 달랐다. 어떤 학자는 카르네아데스의 강연의 주요 부분이 로마에 관한 것이라고 생각하지 않았다. 왜냐하면 로마에 관한 진술은 로마 원로원과 사절의 관계에 있어 바람직한 일이 아니었기 때문이었다.[50]

그러나 또 다른 사람은 그가 행한 로마에 관한 진술이 그의 외교정책의 전부였다고 주장했다. 카르네아데스의 외교정책은 무례하기는 하지만 관대함과 관용을 위한 청원이었다고 할 수 있다. 아테네는 소규모였는데 반해 로마는 대규모였다. 로마에 대한 언급은 아우구스티누스와 락

---

48) Andrew Erskine, op. cit., p.191.
49) F.W. Walbank, 'Political morality and the friends of Scipio' JRS(1965), pp.1~16.
50) Andrew Erskine, op. cit., p.191.

탄티우스 두 사람에 의해 키케로의 해설을 해독하리만큼 중요했다. 로마 제국에 대한 비판 강연에서 논쟁이 발생하게 된 것은 강연의 내용이 아니라 해석의 방법이었을 것이다.[51] 카르네아데스는 문제의 두 측면을 논증하고 해석하는 데 있어 평소 불안한 관행을 따르고 있었다는 것이 확실하다.

3) 파나이티오스와 포세이도니오스의 생애와 사상

파나이티오스(Panaitios)는 클레안테스(Cleanthes) 이후 순수 헬레니즘 지방출신 최초의 학자였다. 고대 도리아 전통의 피를 받았으며, 폴리스의 정신이 살아 움직이고 있던 로도스(Rhodos)가 바로 그의 고향이었다. 상업과 무역으로 부를 누린 로도스는 정치와 정신문화에 있어 주변국들보다 앞서 갈 수 있었기 때문에 열강의 틈바구니 속에서도 국가의 자존과 독립유지는 물론 강력한 세력을 유지할 수 있었다. 파나이티오스는 기원전 185년 린도스(Lindos)에서 태어난 투기와 스포츠에서 다양한 재능을 가진 부유한 귀족가문 출신이었다. 그의 아버지 니카고라스(Nicagoras)는 기원전 169년에 사절로 로마에 파견되었다. 이제 파나이티오스는 훌륭한 가정배경과 그의 출신성분 때문에 인생행로가 어느 정도 정해지게 되었다. 그는 제3차 마케도니아 전쟁의 시작 이래 로마와의 관계에서 많은 어려움을 경험한 작은 나라 로도스의 출신으로 로마의 지도층들과의 우의, 그리고 로마인의 정책에 지지와 후원을 보낼 수 있었던 것은 무엇보다 그의 재산권 보호의 문제 때문이었을 것이다. 제3차 마케도니아 전쟁시기에 로마를 위해 지원을 찬성했던 자들과 그것을 반대했던 자들 사이에

---

51) *ibid.*, p.191.

로도스에서 심각한 투쟁이 있었다. 로마에 대한 지원을 반대했던 사람은 데이논(Deinon)과 폴리아라투스(Polyaratus)였다. 파나이티오스의 가문은 전통적으로 국가의 공직자로 봉사해 왔기 때문에 이러한 상황에 무관심할 수 없었다. 페르세우스의 패배 이후 로마인의 제의에 따라 로도스인은 로마를 위한 후원을 반대했던 자들을 모두 숙청했다. 말로 또 행동으로 페르세우스를 후원하고 지지함으로써 유죄선고를 받은 모든 사람까지 사형선고를 받게 되었다. 파나이티오스는 로마의 입장을 강하게 지지했지만 그의 아버지는 필시 그렇게 할 수 없는 상황에 처했던 것처럼 보인다.[52]

그러나 이 시기에 파나이티오스의 아버지 니카고라스는 어떠한 자세를 취했는지 확실하게 밝힐 수 없다. 기원전 169년에 헤게시아스의 아들 하게시로코스(Hagesilochos), 그리고 로마를 찬양하고 지지한 집단인 니카고라스와 니칸데르(Nicander)와 같은 지도적인 인물로 구성된 로도스의 한 사절은 시칠리아로부터 곡물수출의 허가를 받기 위해 로마로 파견되었다. 부유한 귀족가문의 출신인 파나이티오스는 돈과 시간의 구애없이 여행을 자주하면서 페르가뭄을 방문했다. 파나이티오스는 본래 정치적·군사적인 문제보다 학문과 세계관찰에 주력함으로써 미적·문학적인 문제에 관심을 가지게 되었다. 특히 그가 학문에 관심과 열정을 가지게 되었던 것은 페르가뭄의 크라테스의 강의를 청강한 때부터였다. 그리고 얼마 후 그는 아테네로 가서 디오게네스의 문하에서 스토아 철학에 입문할 수 있으며, 디오게네스의 사후 그는 다시 안티파트로스 밑에서 스토아 철학에 온 정력을 바쳤다.

우리들이 파나이티오스의 삶에 관해 알고 있는 사실 가운데 대부분은 그의 로마와의 제휴, 스키피오(P. Scipio Aemilianus)와의 교제에 관한 것

---

[52] Dio Cass. 20.68.1.

이다. 파나이티오스는 라일리우스를 통해 스키피오를 알게 되었으며, 라일리우스는 파나이티오스의 스승인 바빌론의 디오게네스의 제자였다. 파나이티오스가 로마에 와서 당시 세계의 운명을 주도했던 스키피오 집단을 발견하고 그 집단의 한 구성원이 되었다는 것은 그의 생애에 하나의 주요 전환점이기도 했다. 스키피오는 당시 로마의 대외정책에 있어 동방과의 복잡한 관계를 현장에서 연구하기 위해 기원전 140~139년에 동방의 여러 곳들 가운데 로도스와 페르가뭄에 방문사절로서 여행을 시작하면서 이 지역의 전문지식을 가진 파나이티오스를 여행동반자로 불러들였던 것이다. 이를 계기로 파나이티오스는 로마에서 스키피오의 집에 체류할 수 있었다.[53]

파나이티오스는 스키피오와 라일리우스에게서 그가 관심을 가진 귀족사회로부터 많은 영향을 받았으며, 또한 스키피오와 라일리우스는 파나이티오스에게서 그리스 교사가 아닌 동등한 자격과 권리를 가진 같은 신분의 동료라는 사실도 확인했다. 그래서 스키피오와 라일리우스는 자신들의 존재를 보완하기 위해 헬레니즘의 정신세계에로 진입해야만 했으며, 그 진입의 안내자를 파나이티오스라고 생각했다. 파나이티오스는 라틴어에 능통했으므로 로마인들 앞에서 아피우스 클라우디우스(Appius Claudius)의 고대시를 비평할 정도였다. 그는 오리엔트 지방을 1년 이상 여행하면서 그의 정신적 지평을 확대해갔다. 파나이티오스는 로마에서 자신과 전혀 다른 민족 그리고 동시대의 세계를 지배했던 세력들을 직접 볼 수 있었다는 것이 무엇보다 중요했던 것이다. 그는 그 무엇보다 정치적 시사문제에 깊은 관심을 가지고 있었다.

철학자이기보다 역사가로서 로마의 세계지배를 역사적 필연성으로 보았던 연상의 폴리비오스와의 사상교류는 파나이티오스에게 있어 큰

---

53) Cicero, Pro Mur. 66. *Tusc. Disp.* 1.81.

수확이었다. 파나이티오스는 청년시절부터 역사에 관심을 가졌다. 교육의 일로 노쇠해진 안티파트로스를 지원하고 후에 그의 사업을 계승하기 위해 아테네로 다시 돌아갔다. 기원전 129년에 안티파트로스가 세상을 떠났을 때 파나이티오스는 그 학파를 주도해 갈 수 있는 인물로 지목되었다. 이제 파나이티오스에 의해 스토아 철학은 다시 새로운 선도적인 철학의 한 학파가 되었으며, 지중해 세계로부터 그의 강의를 듣기 위해 많은 사람이 몰려들었다. 파나이티오스는 고향 로도스에서 스토아의 역사를 서술하고, 스승을 특별히 존경하는 글을 쓴 스트라토클레스(Stratocles)와 로마에 있으면서 스키피오 집단과 가까이 교류했던 헤카토를 알게 되었다. 아테네 사람 므네사르크(Mnesarch)와 다르다노스(Dardanos)도 역시 파나이티오스의 지도 아래서 스토아 철학에 몰두하게 되었다. 하지만 그의 제자 가운데 가장 뛰어난 사람은 아파메이아(Apameia) 출신의 포세이도니오스였다.[54]

스토아 사상의 눈부신 발전은 아파메이아 출신인 포세이도니오스(Poseidonios)와 더불어 새로운 전기가 마련되었다. 여행과 자연의 관찰을 좋아했던 그는 지중해의 전체해안과 시칠리아를 비롯한 아드리아 해안 알프스 너머 골 지방(Transalpine Gaul) 그리고 스페인 해안을 두루 섭렵했다. 스페인에서 그는 대서양의 조류의 간만을 보고 그 현상을 연구하기 시작했다. 기원전 104년 이후 포세이도니오스는 로도스에 거주하면서 스토아학파의 학두로 일해 왔으며, 동시에 시장으로서 중요한 정치적 역할도 수행했던 것이다. 그는 제1차 미드리다테스 전쟁시기에 근동의 여러 나라들 가운데 그 어떤 나라도 로마 편에서 지지를 보내지 않았을 때에도 그는 로마와 지속적인 관계를 유지해 갔다. 그는 로도스가 로마로부

---

54) Max Pohlenz, *Die Stoa, Geschichte einer geistigen Bewegung*, 2 Vols. Göttingen, 1959, s.193. Émile Bréhier, *The Hellenistic and Roman Age*(Translate by wade Baskin), University of Chicago Press, 1971, pp.133~139.

터 지원을 받기 위해 대사의 직분으로 로마에 갔다. 당시에 폼페이우스는 개인적으로 포세이도니오스와 친분이 있는 친구였기 때문에 그는 자주 로도스를 방문했다.

폼페이우스와 포세이도니오스 사이에 있었던 대화의 회상록은 키케로와 대 플리니우스 그리고 플루타르코스에 의해 보존되었다. 포세이도니오스는 키케로의 친구이자 스승이었다. 파나이티오스처럼 포세이도니오스도 로마제국의 힘을 잘 알고 있었다. 파나이티오스와 포세이도니오스는 명민한 현실주의자로 로마에 충직한 지지자였다. 이 두 사람의 정신적 지주는 역사가 폴리비오스였다. 폴리비오스도 이미 로마의 정치적 수완과 지배력에서 역사의 종국과 완성을 보았던 것이다. 파나이티오스는 폴리비오스의 친구였으며, 포세이도니오스는 그의 역사를 계속 이어갔다.

포세이도니오스의 과학 · 수학 · 역사 그리고 지리에 관한 작품은 모두 소멸되었다. 그의 사상을 재구성하는 데는 키케로의 작품 『제신의 본성에 관하여(de Natura Deorum)』· 『투스쿠란의 논쟁(Tusculan Disputations)』 그리고 『역점에 관하여(de Divinatione)』에 주의를 돌려야 할 것이다. 포세이도니오스는 스토아 사상과 플라톤 사상을 종합 정리한 뛰어난 저술가요 신앙심이 깊은 사상가이며, 신플라톤주의의 창시자이기도 했다.

포세이도니오스는 크랏수스(L. Crassus)가 아테네를 방문했을 때 스토아 철학을 파나이티오스가 아닌 므네사르크에게서 청강했다. 바로 이 시기에 파나이티오스는 나이와 또 다른 이유를 들어 스토아학파의 지도적인 위치에서 물러나게 되었다. 기원전 1세기 초까지 살면서 주요 작품을 세상에 발표하는 등 뛰어난 학문 활동을 시작한 그는 겨우 30세에 죽었다. 그는 자신의 고향 린도스에 충성하고, 아테네 시민권을 정중히 거부한 자로, 그가 죽었을 때 스트라토클레스(Stratocles)는 '최초의 철학자들과 시인, 학식과 교양을 갈구했던 모든 사람이' 그의 장례에 참석했다고 전하고 있다.

파나이티오스는 순수 그리스인으로서, 또 귀족으로서 그리고 위대한 세계인으로서 자신의 독자적인 정신세계에서 제자들을 교육한 스토아 철학의 신기원을 연 인물이다. 그러나 그의 주요 과제는 대체로 학파나 학통이 아니라 삶이었다. 그리고 그가 인식했던 논리학은 그의 현실적이고 실용적인 가치를 충족시키지 못했기 때문에 유감스럽게도 그의 학문적 가치를 인정받지 못했다. 파나이티오스는 스토아 철학은 역사적으로 아티카 철학과 아주 밀접한 관계를 가지고 있다고 생각하고 엄격한 언어학적 방법론에 따른 그의 몇몇 단편에서 소크라테스와 플라톤의 생에 관한 내용과 소크라테스학파의 학문적 순수성과 합법성에 대해 비판을 가했던 것이다. 그러나 이 같은 연구는 단지 『철학자들의 학파에 관하여』라는 작품의 가설만을 제시했을 뿐이다. 파나이티오스는 지난날 중요하게 취급되었던 우주론적이고 변증법적인 문제에 관심을 가졌던 시기에서부터 소크라테스에게 집중된 이른바 철학이 천상의 세계에서부터 이 지상의 인간생활의 문제를 밝히는 내면적인 발전을 설명하려 했다. 그러므로 소크라테스와 더불어 그의 새로운 철학, 즉 현대철학이 시작되었던 것이다[55]. 파나이티오스 이후의 모든 학파들, 그리고 그 이전의 아카데미학파, 소요학파는 물론 스토아학파도 소크라테스로부터 그 기원을 찾을 수 있다. 이와 같이 여러 학파로 발전한 소크라테스의 철학은 하나의 공통된 사상으로 통일성을 이루었다. 소크라테스학파 인물인 파나이티오스는 스토아 철학을 대표하는 철학자로 플라톤과 아리스토텔레스의 영향으로부터 탈피할 수 없었으나, 헬레니즘의 정조(情操)와 세계관에 이끌린 독자적인 학문세계와 새로운 통일적인 지적 세계를 확립한, 이른바 순수 헬레니즘 스토아 사상을 발전시킬 수 있었다.

---

[55] *ibid.*, ss.194~195.

파나이티오스의 영향을 받은 로마 스토아 사상가들은 후에 '소크라테스학파 사람'으로 명명되었다.[56] 파나이티오스의 제자들은 모든 학문 분야에서 정통한 자들로, 역사·수학·자연과학 분야에 많은 연구업적을 이룬 스승의 강의를 들으면서 감탄했다. 더욱이 그는 학문 연구에서 세계관의 문제와 세계를 정확하게 관찰하기 위해 부단한 노력을 경주했다. 그래서 그는 세계의 미와 합목적성이 창조적인 힘에 기인한다고 말한 초기 스토아 사상가들의 학문과 기예에 깊은 관심을 가지게 되었다.

파나이티오스는 세계의 합목적성이 곧 세계가 이성에 합일하는 것으로 보고 세계 안에서 미를 찾았다. 동시에 그는 그리스인의 탁월한 미적 감각도 가지고 있었다. 그는 자연에 대한 새롭고도 예리한 시각과 철학적 세계관찰에 심취하여 그리스의 자연을 다음과 같이 찬양했다.

> 눈을 황홀하게 하는 하늘의 별들 그리고 그들의 규칙적인 운동만을 찬미하지 않는다. 이 지상의 광경, 그리스의 풍경에서 나타나는 것들, 바다와 육지의 무수한 순환과 변화, 헤아릴 수 없는 많은 섬, 아름다운 언덕과 가파른 산, 험준한 암석, 또 그리스의 자연에서 생육하는 다양한 식물과 동물에 대한 환희, 그리고 동시대인이 창조한 예술을 언어와 그림으로 표현한 수많은 것에 대해 환희에 차있었다. 이성적 존재로서의 인간은 미적인 희열로 관찰하고, 또 인간의 고유한 창조에 의해 이 세상에 실현시킨 것들은 단순한 맹목적인 산물이라기보다 이성과 미적 감각을 가진 고차적인 재능에서 산출된 창조력이다.[57]

세계의 미는 완전함에 있다고 말한 파나이티오스는 나일 강과 유프라테스 강이 평야를 비옥하게 하고, 또 세계 도처에서 바람과 기후 그리고 낮과 밤, 여름과 겨울, 생명과 성장을 가능하게 하기 위해 끊임없는

---

56) *ibid.*, s.195.
57) *ibid.*, ss.195~196.

변화 속에 조화를 유지해 간다는 것은 합목적인 창조력을 가진 자연의 작품이며 힘이라고 인식했다. 파나이티오스는 자연의 모든 개체는 일시적으로 제한된 생존기간 동안 자신의 보존뿐만 아니라 개개의 실체를 만들었고, 영원히 존재할 수 있는 가능성을 제공했으므로 경이적이라고 찬탄했다. 그는 우주는 조화로운 구성과 그 구성체의 균형을 지속시킨다고 말했다. 식물과 동물은 유기적이며, 각 개체는 제한된 생존기간 동안 자신을 보존할 수 있을 뿐만 아니라 종족의 생식력에 의해 영원히 보존되고 지속될 수 있다고 생각했다. 그러나 그에게 있어 창조의 극치이며 만물의 정화(精華)는 역시 인간이었다. 그의 인간에 대한 새로운 이해는 후마니타스 운동의 자연적인 출발점이기도 했다. 그는 인간이 동물보다 우월하다는 것은 미적 감각과 예술창조의 합리적 인식을 가지고 있다는 사실이며, 그러므로 우리는 미적 인간으로서의 가치를 가지는 존재임을 확신했다.[58]

이와 같이 파나이티오스의 인간애, 인도주의 사상은 키케로의 『의무론(de Officiis)』을 통해 후기 휴머니즘 발전의 기초가 되었던 것이다. 그의 후마니타스는 그의 철학에서 가장 기본적인 교의이며, 도덕률이었다. 초기 스토아에서와 같이 파나이티오스도 로고스와 육신의 합리적 구성을 찬미하고, 인간을 동물과 구분하는 기준을 인간만이 가지고 있는 직립적(直立的) 자세에서 찾았다. 동시에 파나이티오스는 인간의 삶의 가치와 행복을 이상의 세계에서보다 자연에 일치하는 삶, 자연에 따라 사는 삶에서 찾았다. 그가 말하는 자연에 따라 사는 삶이란 초기 스토아 사상가들이 말하는 삶과 행위에 있어 추상적(in Abstractio)'이 아닌 현세에서 각자의 도덕적 과업이 곧 개인의 과업으로서 현세와 자연적 섭리에 따라 보편적 인간으로서 의무와 책임을 완성해 가는 인간화 운동이었다.[59]

---

58) *ibid.*, s.196.
59) Giovanni Reale, *op.cit.*, p.296.

키케로가 살았던 이전시대 기원전 150년과 기원전 50년 사이에 스토아 사상은 그 교의에 있어 중기 스토아와 더불어 하나의 거대한 변화를 직면하게 되었거니와 파나이티오스와 포세이도니오스에 의해 플라톤주의와 아리스토텔레스주의의 기초 위에 발전해갔던 것이다. 이러한 점에서 우리는 초기 헬레니즘 시대의 스토아와 로마세계의 스토아가 전혀 다르다는 사실을 발견할 수 있다. 제논과 그의 제자들이 간과했던 철학의 여러 국면들은 이제 중기·후기 스토아 사상가들의 새로운 연구영역으로서, 초기 스토아 사상가들이 가지지 못했던 과학적이고 철학적인 조망과 시야를 가지고 있었다. 초기 스토아 사상이 지향했던 이상국가, 예술적 감각 그리고 철학적 사유는 파나이티오스를 비롯한 중기 스토아 사상의 자연주의와 경험주의에 심취하면서 이제 현실세계의 실용적 가치에 시선을 돌리게 되었다.[60] 최고선과 같은 절대적 완전미의 추구로부터 후퇴한 파나이티오스의 윤리학은 중기 스토아 사상의 기본이념인 보편적 인간애 사상의 구현에 주요한 역할을 했다. 파나이티오스의 국가 및 정치사상에 영향을 준 것은 아카데미학파의 회의론만이 아닌 동시대의 로마 정치제도와 정치수단 같은 로마적 기초였던 것이다. 그는 로마에서 진행되고 있는 권력투쟁과 같은 조야(粗野)한 정치현실이 전개되었던 그 현장을 보았으며, 그는 기회가 있을 때마다 로마의 정치투쟁에 직접 관여하는 등 그는 학문의 세계에 있어서도 로마적 본질인 현실과 실제를 중시하는 실용실리의 지식인으로 활동했던 것이다.[61]

이와 같이 로마적 기초 위에 국가의 존재가치의 중요성을 강조한 최초의 사람은 중기 스토아의 대표자 파나이티오스였다. 파나이티오스를 비롯한 중기 스토아에서 우리는 로마의 정치현실과 그리스 사상의 접합과 같은 인류애와 국가이념의 조화와 균형 그리고 인간상호의 화해의 가

---

60) M. Mühl, *op.cit.*, ss.60~62.
61) *ibid.*, s.61.

능성을 발견할 수 있다. 초기 스토아 공동체 사상은 현자, 즉 철학적 개인(philosophisches Individumm)'만이 갖는 독특한 생의 목적에 기초했다고 한다면 파나이티오스는 오히려 보편적 인간에 기초했다.[62] 인간을 현자와 우자로 구분한 초기 스토아의 이원론적 세계관은 중기 스토아에서 점점 그 구분이 희미해지고 새로운 현실 세계에로 접근하기 시작했던 것은 파나이티오스에게 영향을 주었던 카르네아데스였다. 그는 감각적 충동과 관련하여 스토아의 이상 추구와 완성에 현자의 한계성을 밝히면서 그의 철학에서 스토아 현자의 이상을 배제했던 것이다. 특히 파나이티오스와 포세이도니오스는 지고한 도덕과 현자의 이상에 도달할 수도 접근할 수도 없는 모든 사람을 공동체에 포함시킨, 이른바 인류 전체를 고려하는 보편적 사랑을 강조함으로써 지역과 파당의 구분이 없는 스토아 인간애 사상을 구체화했던 것이다.[63] 파나이티오스는 그락쿠스 형제와 그 주변 인물을 동정하면서도 보수주의적 국가관을 견지하고 사유재산의 침해와 같은 법질서의 기초를 위태롭게 하고 국가의 존립을 저해하는 혁명적 기운을 매우 염려했다.

    파나이티오스는 국가의 기원과 성립에 관한 해설에서 국가의 기초는 사유재산의 보호에 있다는 것을 강조했다. 특히 대외 정책에 있어서 스키피오 집단의 견해를 대표하기도 했다. 카르네아데스의 저 유명한 강연에서 밝힌 국가와 국가 사이의 관계에서 폭력으로 법을 결정하지 못한다는 사실을 깊이 인식한 파나이티오스는 국가와 민족의 안전을 위해 소수 엘리트계층에 의해 지배되는 것이 유익하다는 귀족정치를 강조했다. 더욱이 그는 지배와 복종은 윤리적 책임을 의미하는 것으로 지배자는 피지배자를 착취하기보다 복지와 향상된 생활을 제공해야 한다고 했다. 이것은 로마 정부에 대한 경고만이 아니라 로마 총독들의 속주에서 권력남용

---

62) *ibid.*, s.60.
63) *ibid.*, s.61~63.

에 대한 경고였다. 정치에 있어 실제, 실용을 강조한 그의 정치사상은 키케로의 『국가론』을 낳는 결과를 가져왔다.[64] 경험적이고 실천적인 지식인이었던 파나이티오스가 찬미한 힘과 권위는 국가와 법 그리고 재산과 부를 외면한 현자들이 이상화한 나라가 아니라 지상의 나라 로마였다.

그는 초기 스토아 사상가들이 주창한 미덕은 자족일 수 없으며, 재산·건강 그리고 힘이 자족과 행복의 필수요건으로 국가·재산 등 일체 외적인 것에 대한 새로운 의미와 가치를 부여했던 것이다.[65] 이와 같이 파나이티오스는 재산·건강 그리고 힘없이는 행복에 도달할 수 없음을 강조한다. 초기 스토아 현자의 신화에 대한 그의 비판과 실천적 미덕의 강조에서 우리는 그의 아리스토텔레스의 자연주의적·합리적인 윤리세계를 엿볼 수 있으나, 아리스토텔레스 사상의 부활은 아니었다. 그에게 있어 실천적이고 실제적인 미덕은 정의요, 관용이며 절제이었다.[66] 그러나 파나이티오스는 실제적인 미덕이 이론적인 미덕보다 우위의 가치를 갖는다고 주장하지는 않았다. 그에게 있어 미덕은 이성에 일치하는 욕망의 완성이었다.[67]

이 같은 파나이티오스의 미덕에 대한 해석과 견해에 동의를 표한 사람은 세계국가와 민족국가에 대해 강한 의식을 가진 키케로였으며, 그는 초기 스토아 사상가들의 애매모호한 코스모폴리타니즘을 비판했다.[68] 파나이티오스는 미덕은 도덕적 선이지만 이 도덕적 선만으로 인간의 행복을 충족시킬 수는 없다고 생각했다. 그래서 그는 초기 스토아 사상에서 강조한 아파테이아(apatheia)를 거부했다. 그의 이 같은 거부는 아마도 초기 스토아 사상의 정신과 단절을 표현한 것으로 생각할 수 있다. 그러

---

64) M. Pohlenz, *op.cit.*, ss.205~206.
65) *Diogenes Laertius* 7.128.
66) Cicero, *de Officiis* 1.5.15~17.
67) Cicero, *de Officiis* 1.4.11~14.
68) Cicero, *de Officiis* 1.63.152~154.

나 에피쿠로스는 아포니아(aponia)와 아타락시아(ataraxia)에서 그리고 피론(Pyrrhon)은 아파테이아에서 인생의 목적을 구했다. 그들은 고전고대의 이상의 좌절과 그들 주변의 모든 파괴와 타락을 보았다. 그러므로 그들은 자신을 보호할 수 있는 유일한 방법은 각 개인이 자신에 의존할 수 있는 윤리의식을 가져야 한다고 생각했던 것이다. 하지만 파나이티오스는 이미 밝힌 바와 같이 로마에서 고대 시민의 이상의 부활을 보았으며, 강력하고 활력에 넘치는 국가를 보았다. 그리고 그는 실천적이고 자신의 직무를 다하는 정직한 사람이 성공할 수 있다는 사실도 보았다.[69] 그는 애매한 가상의 세계에 지나친 관심을 가졌던 초기 스토아 사상가들을 인간성과 인격의 균형을 파괴한 자들이라 비난하였다.[70] 더욱이 그는 초기 스토아 사상의 교의를 지나친 엄숙주의와 윤리적 독단, 세련미라고는 없는 편협한 모럴리즘으로 규정했던 것이다.[71]

지혜와 무지, 현자와 우자들 사이의 반목에 대한 파나이티오스의 입장에서 현실주의와 현실에 대한 의무의 강조는 소크라테스·플라톤·헤라클레이토스와 다른 전기 소크라테스학파에서부터 퀴니코스학파와 그리고 스토아 사상가들까지 거슬러 올라가는 기나긴 역사를 가진다. 제논·클레안테스·크뤼시포스 그리고 그밖에 많은 사상가는 이성을 공유한 모든 사람에 의해 형성되는 단일체보다 인류를 현자와 우자로 구분하여 형성하는 분립체를 지향했던 것에 반해 파나이티오스는 위대한 사람들의 성공에 별로 가치없는 낮은 신분계층의 기여를 높이 평가하고, 또 역사는 위대한 자에 의해서만이 아니라 보통사람의 노력이 큰 비중을 차지하고 있다는 사실을 강조하면서 "아무리 위대한 장군이나 정치가라도 보통사람의 열렬한 후원없이 국가이익을 달성할 수 없다"고 말했다.[72]

---

69) M. Pohlenz, op.cit., 1 : ss.418~420.
70) Cicero, de Officiis 1.4.11~14. de Finibus 4.79.
71) L. Edelstein, op.cit., 46.
72) Cicero, de Officiis 2.16.

이와 같이 파나이티오스의 현실과 실제는 기본적으로 인간을 현자와 우자로 구분하지 않는 하나의 결속된 통일체의 추구이며 궁극적으로 인간(humanus)에 대한 존엄적 가치를 부여하는 후마니타스의 지향이었다.[73] 그는 귀족주의적이지만 관용과 공평의 미덕을 정의와 밀접하게 관련시킨 온정주의자였다.[74]

파나이티오스는 세계의 모든 것은 인간을 위해 창조되었다고 생각한 초기 스토아의 인간중심주의를 찬양했다. 또한 소포클레스처럼 동물과 식물을 지배하고, 땅과 바다, 그리고 전세계의 지배자인 인간과 인간의 지고함을 찬양했다. 그의 '자연적 목적론'은 크세노폰·아리스토텔레스 그리고 의사(擬似) 에라시스트라토스(Erasistratos)의 목적론적 생리학에 기초했던 것이다. 탐미주의자의 열정을 가진 파나이티오스는 폴리스의 후예로서 국가종교의 필요성을 인식하고 자연으로부터 세계이성의 작용을 인식하게 되었다. 파나이티오스의 개인적 신앙은 로고스이며, 로고스만이 진정한 신성(神性)이었다. 그래서 그는 초기 스토아 사상가들처럼 죽음 후의 영혼불멸은 전혀 의미없는 것으로 확신한 순수현세적인 인간이었다. 파나이티오스는 인간의 영혼은 생식에 의해 생성되는 무상한 것으로 보에토스(Boethos)의 주장에서와 같이 영혼불멸을 부인함으로써 그가 존경했던 플라톤의 주장에 반론을 제기하게 되었다. 그 어떤 스토아 사상가도 파나이티오스만큼 인간이성의 우위를 밝힌 사람은 없다. 그래서 그는 인간의 활동과 발전을 위해 육신은 필연적이고 건강한 손을 가지는 것을 무관심적인 것(adiaphora)으로 생각하지 않았다. 그에게 있어 인간의

---

73) 자연적 목적론은 파나이티오스의 속성이다. 죽음 후에 영혼불멸이란 의미없는 것으로 생각했던 파나이티오스는 지극히 현세적인 인간(ein reiner Diesseits Mensch)으로서, 그의 후마니타스는 키케로에 의해 발전하게 되었으며 르네상스의 정신운동과 근대 독일 휴머니즘의 기초가 되었다. 고전적 후마니타스의 사회적·도덕적 이상은 그리스의 이상주의 철학과 플라톤·아리스토텔레스의 사회윤리학 그리고 스토아 철학의 인류보편성의 이념과 박애사상에서 그 기원을 찾을 수 있을 것이다.[Reitzenstein, *Humanität* s.8.]
74) Cicero, *de Officiis* 1.20.

사명은 윤리적인 행위이며, 그래서 윤리적인 것만이 인간의 진정한 선이라고 주장했다. 그러나 그는 '자연에 합일하는 것'만을 참 가치로 생각했다. 파나이티오스는 도덕이 자족의 전부라고 주장한 초기 스토아의 주장에 반대하는 것 자체가 그 정통성에 반하는 것이지만 당시의 윤리적 이상을 위태롭게 하는 것으로 생각하지 않았다. 더욱이 그는 현세적·외적 생활조건인 건강·힘 그리고 재산을 완전한 행복에 도달하는 요건으로 생각한 실용적 현실론자였다[75].

초기 스토아의 윤리는 태어날 때부터 같은 미덕을 부여받은 모든 사람은 평등하다는 민주주의적 도그마에 기초하고 있다. 파나이티오스는 귀족 출신이었다. 그는 자신의 삶을 통해 다양한 사람과 다양한 민족과의 접촉을 하면서, 고대 히포크라테스적 인식에 근거하여 자연 환경이나 기후의 조건과 같은 영향에 의해 개인과 민족의 특성이 규정지어지는 것으로 보았다. 그래서 그는 이집트의 토착민에게서 로마의 위대성과 같은 도덕적·윤리적 인륜과 같은 것을 요구한다는 것은 현실적으로 부합될 수 없는 것이라고 생각했다. 파나이티오스는 그의 윤리학에서 인간의 자연적인 다양성을 제시한다. 그가 확신하고 있는 바는 인간은 무대 위의 배우처럼 단순히 변장한 '가면'이 아니라 보편적인 인간본성으로서의 본체, 인간이 태어날 때부터 지닌 고유한 본질, 이른바 제2의 가면을 지니며, 또 후에 외적 생활조건과 상황에 의해 그리고 직업선택과 같은 각자의 고유결정에 따라 제3, 제4의 가면'이 나타나게 된다고 보았다. 그리고 이 4개의 요소들의 공동작용에 의해 비로소 구체적인 개별인간, 개인의 인격이 형성되며, 그리고 이 네 가지 요소는 자연의 조건에 귀속한다고 말했다.[76] 이와 같이 그는 자연조건에 따라 인간은 자신의 생활을 정비하고, 영혼의 조화와 윤리에 합당한 생활을 할 것을 강조했다.

---

75) *ibid.*, ss.197~199.
76) *ibid.*, s.201.

파나이티오스의 저술들이 소실되어 우리들이 그에 대해 연구할 수 있는 범위는 극히 제한되어 있다. 그러나 다행스럽게도 그의 윤리문제에 대한 논술은 키케로의 작품들 속에서 찾을 수 있지만 확신할 수는 없다. 단지 『의무론』 I·II권에서 그에 대한 설명이 단순한 인용이 아니고 키케로 자신의 견해였음을 밝히고 있다. 여기서 키케로는 파나이티오스를 초기 스토아 사상가 제논과 대비시키고 있다. 요컨대 파나이티오스는 실용주의를 지향한 인물로 우주의 로고스에 집착한 현실과 동떨어진 이상세계에 대한 관심보다 현실세계와 그 현실세계에서 살고 있는 보편적인 인간의 의무에 관심을 집중했던 것이다. 이와 같이 그는 현실세계에 대한 강조와 일반대중에게 적용될 수 있는 보편적 가치의 도덕률을 선포했다. 동시에 그를 따랐던 철학자들은 그의 영향으로 인간을 관념적 유형으로서 뿐만 아니라 인격적 개체로 보았던 것이다. 지혜와 무지, 이상적인 현자와 다수의 우자의 반목현상에 대한 파나이티오스의 새로운 실용주의에로의 지향과 발전은 소크라테스·플라톤·헤라클레이토스 그리고 전기 소크라테스학파에서부터 퀴니코스학파와 스토아 사상가까지 거슬러 올라가는 긴 역사를 가진다. 비현실적인 이상세계에 불과했던 '현자들의 공동체'에 대해 비판한 폴리비오스의 풍자적인 말에 동감하고 실용주의와 사실주의의 입장을 취할 수 있었던 것은 그가 전시대의 사상가 플라톤·아리스토텔레스의 여러 작품들과 그리고 아카데미와 뤼케이온 학원 출신의 사상가들의 학문에 대한 관심과 연구의 결과였다. 키케로는 그에게 '박학자(eruditissimus)'라는 별명을 붙일 정도로 그는 다양한 분야에 박식한 지식을 가지고 있었다.

  파나이티오스는 현자뿐만 아니라 보통 사람도 인간의 범주로 고려할 것을 강조한다. 그는 "인간의 삶이 완전하리만큼 현자의 지혜를 갖춘 사람과 사는 것이 아니라 유사한 미덕을 가진 사람과 살기 때문이다. 단지 선의 추구를 외면하는 자가 한 사람도 없어야 한다"고 말했다.[77] 파나이티오스는 위대한 사람의 성공에 별로 가치없는 낮은 신분의 사람의 기여에 관해 비교적 상세히 밝힌 인물로 키케로는 평가하고 있다[78]. 파나이티오스는 위대한 전략가나 혹은 정치가라도 보통사람의 후원없이 국가의 위업을 이룰 수 있었을까? 하고 반문하면서 현자의 행위보다 보편적인 너와 나에 대해 더 깊은 관심을 보였다. 이와 같이 '너와 나(mihi et tibi)'의 규범은 가장 높은 계층을 위해서뿐만 아니라 전체 보편인을 위해서도 존중되어야 한다고 강조했다. 그리고 그는 "우리의 동포와의 관계에서 최상의 사람을 위해서뿐만 아니라 일반대중도 존중해야 한다"[79]고 강조한다. 파나이티오스의 인간의 보편적 사랑은 민족의 모든 구성원인 인간(humanus)에서 기인하는 인간애(humanitas)이다. 그의 후마니타스(humanitas)는 소요학파의 혈연관계와 스토아 사상의 동족관계 이론의 결합이라고 할 수 있을 것이다.

파나이티오스는 로마의 위대한 사람을 위해 활동할 것을 결심했다. 그는 고유민족의 뿌리를 가진 로마의 위대한 사람들을 이상으로 삼았다. 그러나 출신성분과 민족적 제한으로부터 모든 사람이 평등한 가치와 대우를 인정받을 수 있는 이상사회의 목표를 그린다는 것은 그에게 있어 너무나 거리가 멀었다. 우리는 파나이티오스를 고대 인도주의와 인간애 사상의 창시자로 생각해서는 안될 것이다. 후마니타스의 개념은 키케로시대에 비로소 발전하기 시작했다. 그러나 파나이티오스는 스토아 사상가로서 인간개성의 보편성의 존중과 그 자신이 고결한 인간성의 완성을 추구하고 당시의 세계를 지배한 지배자들을 후마니타스의 의지와 그러한 정신의 인간으로 교육시키려 했다는 점에서 그가 확실히 인도주의의 이상의 길을 열었다고 생각할 수 있을 것이다.

---

77) Cicero, de officiis I. 46.
78) Cicero, de officiis II. 16.
79) H.C. Baldry, The Impact of Rome ; in the Unity of Mankind in Greek Thought(Cambridge University Press, 1965) pp.167~203.

4) 파나이티오스와 포세이도니오스의 과학과 실용주의

초기 스토아 사상이 위선과 형식주의였다고 한다면 중기 스토아는 관대한 인간적 포용력과 보다 자유주의적이고, 보다 인간의 의무를 강조한, 규범과 법칙의 확립을 현실의 삶에서 가장 중시했다고 하겠다. 중기 스토아는 초기 스토아에 비해 실용주의적인 새로운 인간화 운동의 시작이었다고 말할 수 있을 것이다. 그 대표적인 인물이 파나이티오스와 포세이도니오스다.[80]

스토아 사상에 관한 현대학자들의 연구에서 많은 관심을 가지게 된 부분은 초기·중기·후기 스토아 사상의 특징을 구분하는 것이다. 고대의 몇몇 사람이 지적했듯이 제논은 많은 사실을 입으로 정의하고, 클레안테스는 19년간 제논의 가르침 안에서 학문을 배우고 그를 계승하여 학두가 되었다. 제논의 제1세대와 제2세대의 제자에서까지도 제논의 사상에 대한 해석의 차이가 발생했을 때 클레안테스는 "나는 제논의 짐을 나를 수 있는 당나귀이다"라고 말하면서 갈라진 견해를 조정했던 것이다. 아테네에서 클레안테스에게 배우고 스토아학파의 학설을 체계화한 후 학두가 된 크뤼시포스도 제논의 가르침을 변질시키려고 하지 않았다. 그는 스토아의 교의를 보다 더 확실하고 합리적인 기초 위에 세우려고 했다. 대체로 클레안테스와 크뤼시포스는 제논의 입장과 그의 사상을 체계화하는 데 노력했다. 다른 학파의 사상이나 학설에 비판적이었던 제논·클리안테스 그리고 크뤼시포스는 초기 스토아학파의 학풍을 계승 발전시켰다.

---

80) Émile Bréhier, *op. cit.*, p.129.

키케로와 그리고 그가 살았던 이전 세대인 기원전 150년과 기원전 50년 사이에 스토아 사상은 그 교의에 있어 중기 스토아와 함께 큰 변화가 나타났다. 스토아 사상은 파나이티오스와 포세이도니오스에 의해 플라톤주의와 아리스토텔레스주의의 표준에 따라 개조되었다. 이와 같이 중기 스토아가 헬레니즘 시대의 초기 스토아와 다르다는 사실을 부인할 수 없을 것이다. 제논과 그의 제자들이 간과했던 철학분야는 이제 스토아의 연구대상이 되었던 것이다. 과학적인 관점에서는 물론 정치적 관점에서 중기 스토아는 지난날 초기 스토아에서 찾아볼 수 없는 중요한 요소를 가지고 있었다.

중기 스토아의 위력은 오래 지속되지 못했다. 기원전 1세기 후기 스토아의 시작과 함께 우리는 다시 제논과 크뤼시포스 사상에로의 복귀를 주목하게 된다. 하지만 초기 스토아에서보다 강조했던 점은 도덕과 윤리 문제였다. 후기 스토아를 대표하는 에픽테투스와 마르쿠스 아우렐리우스는 논리학과 자연학에 관심을 가지기보다 개인의 삶에 윤리적인 면을 구체화하고 발전시키는 데에 노력했다. 그러므로 후기 스토아 사상가는 소위 전통이 이룬 업적을 망각한 채 결국 편협한 모럴리즘으로 귀착하게 되었다. 지난 수십 년 동안 스토아 철학연구에서 얻은 결과는 파나이티오스와 포세이도니오스에 관한 새로운 접근이라 할 수 있다. 이 두 사람의 학문세계에 대해 현대 철학자들 사이에서 많은 이견이 있어 왔기 때문에 그들의 업적을 쉽게 평가할 수 없을 것이다.[81]

중기 스토아의 새로운 변화는 현실주의와 자연주의에로의 변화였다고 설명할 수 있다. 고대의 비판자들은 스토아학파가 전통적으로 사실과 실용에 경시의 태도를 비난했다. 이와 같이 고대의 비판자들은 플라톤과 그리고 특히 아리스토텔레스의 과학적 사실의 세부묘사와 같은 탐구능

---

81) Edelstein, *op. cit.*, p.47.

력을 비교할 때 초기 스토아의 도그마는 '사실의 결여'라고 규정했다. 초기 스토아 사상가들이 과학에 무관심했다고 지적되어 왔지만 에텔 슈타인은 이미 초기 스토아 사상가들은 과학이론과 같은 과학의 영역에 관심이 없었던 것은 아니었다고 밝히고 있다.[82]

파나이티오스와 포세이도니오스는 같은 중기 스토아 사상가이지만 서로 다른 견해를 가지고 있었다. 과학에 관한 한 이 두 사람은 서로 편견을 가질 수 있는 이유가 있었을 것이다. 기원전 3세기부터 기원전 2세기에 이르는 시기는 서양 고대의 과학탐구에 가장 진보한 시대라고 특징지을 수 있을 것이다. 이 시기에 천문학·지리학·자연에 관한 연구는 날로 발전한 시기였다. 제논의 시대에 시작된 이 분야의 발전은 기원전 2세기에 절정에 달하게 되었다. 르네상스 초기에 발전의 기틀을 다지게 된 현대과학도 그 기초 역시 기원전 2세기였다고 할 수 있다. 중요한 사실은 당시의 과학이 어떤 특별한 결과에 도달했다기 보다 체계적인 완성의 단계에 이르렀다는 사실이다.[83]

중기 스토아 사상가는 다음 세대와의 협력에 의해 보다 원대한 발전을 예기할 수 있는 새로운 과학의 탐구정신을 일깨워갔다. 중기 스토아 사상가 파나이티오스와 포세이도니오스는 과학을 철학자의 관점에서 검토했을 뿐만 아니라 그들 자신이 과학자였다. 파나이티오스는 천문학뿐만 아니라 문학에 있어서도 뛰어난 재질을 발휘하였다. 포세이도니오스는 역사와 지리에 해박한 지식과 훌륭한 저술을 남긴 인물이었다. 이 두 사람은 여러 지역을 여행했다. 중기 스토아 사상의 괄목할 만한 발전은 전적으로 포세이도니오스에서 출발했다고 말해도 지나친 표현은 아닐 것이다. 그는 위대한 여행가요 자연의 관찰자로 전지중해 해안과 시칠리아·아드리아 해안, 알프스 너머 골 지방 그리고 스페인 해안까지 갔다.

---

82) *ibid.*, p.49.
83) *ibid.*, p.50.

그는 다시 스페인에서 대서양까지 여행하면서 조수의 간만현상을 주의 깊게 관측했다.84) 이와 같이 파나이티오스와 포세이도니오스는 과학적인 사고에 기초하여 사실에 대한 치밀한 분석과 완전한 판단에 이를 때에 결론을 내렸다고 전해지고 있다.

파나이티오스는 행복의 개념을 자연에 일치하는 삶으로 정의한 사실은 그가 현실에 대한 새로운 인식에 따른 것이라고 생각할 수 있다. 초기 스토아는 인간과 인간의 삶 그리고 인간의 행위를 자주 관념적으로 표현했지만, 인간의 본성은 모든 사람이 공유하는 보편적인 것, 즉 이성이다. 플라톤과 아리스토텔레스는 모든 사람이 마치 그리스인들인 것처럼 인간본성에 관해 말한 데 반해 스토아 사상가는 모든 사람이 이성을 가진 동등한 존재 그리고 개인이 존재한다기보다 인간이 존재하는 것처럼 인간본성을 취급했던 것이다. 만일 모든 것은 도덕적 행위의 기초라고 한다면 그들은 쇠사슬의 고리처럼 연계 작용의 계획에 통합되는 순간에 그들 고유의 특수성을 상실하게 되고 그래서 결국 모든 것은 같은 존재로 동일시된다고 생각했다. 건강·부·영광은 하나의 계획된 구조에서 나타나는 것으로 이러한 구조는 그것을 구성하는 개인의 가치보다 더 중요했다. 이와 똑같은 유시(諭示)는 칸트의 도덕론에서 강조한, 즉 "이 세상에서 생각할 수 있는 오직 선한 것은 선의지"라는 사실에 중기 스토아 사상가는 반대입장을 보였을 것이다. 그리고 중기 스토아 사상가들은 이 선의지가 목적하는 바는 무엇인가 하고 물었을 것이다. 개인의 행위는 그 특징을 잃고, 오직 하나의 통일된 불변적인 사실만이 있게 되었을 것이다. 즉 그것은 의지 그 자체일 뿐이다. 결론적으로 도덕적 요구는 애매모호할 뿐이라고 말할 수밖에 없었을 것이다. 그래서 중기 스토아 사상가들은 철학자들이야말로 빵 대신에 돌을, 구체적인 지식 대신에 추상적인

---

84) Wade Baskin, *op.cit.*, p.134.

빈말만 하는 자들로 비난을 면할 수 없다고 비난했다.

이러한 철학자의 관념적인 공론을 직시하고 비판한 사람이 파나이티오스였다. 그는 바리세인들처럼 형식주의에 치우친 스토아 사상을 다시 정의했던 것이다. 그는 인간의 삶에서 네 가지의 역할을 강조했다. 제1의 역할은 인간은 모두 똑같은 의무의 배분이며, 제2의 역할은 모든 사람이 특수한 지적·정서적 재능을 부여받고, 자신의 출신에 따른 사회적 역할을 가지게 되는 것이다. 마지막 역할은 개인 자신의 고유한 자유의지를 나타내는 것이다. 이론적으로 모든 역할에서 실현된 미덕은 같다는 것이다.

파나이티오스는 오직 선한 것만이 도덕적인 선으로 규정하고 선과 유용 사이에 알력이 있을 수 없다고 생각했다. 그는 이미 클레안테스가 언급했던 것처럼 인간은 자연이 준 충동을 따라야 하며, 일체의 정욕은 억제되어야 한다고 강조했다. 플라톤과 아리스토텔레스처럼 파나이티오스는 인간내면의 두 힘, 즉 욕망과 이성에 관해 말한 바 있다. 그는 욕망은 인간을 방황하게 하는 데 반해 이성은 행위의 한계와 목적을 가르치고, 이성이 갈구하고 설정한 목표를 결코 정욕이 뛰어넘지 못한다고 말한다. 이와 같이 파나이티오스는 이성의 위력을 다시 강조했다.[85]

파나이티오스가 스토아의 도그마를 얼마나 변화시켰는지 정확하게 말할 수 없을 것이다. 그는 분명 종국에 세계가 파멸할 것이라는 스토아 사상가의 확신을 부인했다. 또한 그는 세계가 조화에 의해 결속된 살아 있는 생명체라는 억측도 부인했다. 인간은 별들에서 간파될 수 있는 운명의 제물이 아님을 강조했다. 천국은 인간이 살고 있는 세계와 너무 먼 곳에 떨어져 있어 인간의 삶의 문제에 별들이 그 어떤 영향력을 행사할 수 없다. 인간은 자신의 행위에 의해 결정되며 그것은 현실적으로 지배

---

[85] Edelstein, *op. cit.*, p.53.

하고 있는 지리적인 조건이라고 강조했다.[86]

파나이티오스는 스토아 사상의 역사와 발전에서 어떠한 새로운 해석을 하게 되었는가? 그는 인간개별에 대한 개념을 확실히 파악하고 인격에 대한 현대적 개념을 이해했다. 파나이티오스는 인격적 존재인 개인에게보다 높은 권위에 대한 의식있는 자아의 책임이 있으며, 각자의 행위를 지배하는 최고의 법, 즉 이성의 법이 있다고 생각했다. 그러나 이성의 법인 도덕률은 하극상의 사건을 관장하는 초월적 신법은 아니라고 말했다. 파나이티오스와 더불어 스토아 사상은 이제 세속사에 집착하는 '세속성'이 더 한층 강하게 유지되었다. 바야흐로 도덕률은 현재와 세계를 지배하는 법과 동일하게 되었다. 우리는 파나이티오스의 인간개별에 대한 새로운 이해가 기원전 2세기부터 1세기까지의 전환기에 시작한 인도주의 운동의 출발점이었다고 하는 사실을 새롭게 강조할 필요는 없을 것이다. 키케로는 파나이티오스는 스토아 철학에 대해 새로운 인식과 해석을 통해 후마니타스의 신기원을 이룬 요체였다고 강조한 바 있다. 그는 이 같은 사실을 그의 『의무론』을 통해 밝히고 있다.

인간은 본래 선한 천성을 가진 존재자라는 스토아 사상의 인간관은 기본적으로 스토아 사상이 인간을 이기적이고 염세적인 존재라는 사실을 부인했다. 인간은 태어날 때부터 자신을 사랑하는 존재이며 자신을 사랑하는 만큼 다른 사람을 사랑하는 것을 배운다. 인간은 자신의 계획과는 달리 본성에 따라 항상 행동한다. 인간은 선만을 추구해 가는 경향이 있다고 하는데 왜 악의 방향으로 선회할 수 있는지 의아하게 생각할 것이다. 왜 인간은 본성에 일치하는 삶이 어려운가? 도덕적 악은 어디서 유래하는가? 고대와 현대의 비판자들은 정통 스토아 사상가에게 이러한 문제를 제기해 왔다. 여기에 대해 스토아 사상은 악은 외부에서 오며, 사

---

86) *ibid.*, p.53.

악한 사상과 문명은 태어날 때부터 바르게 만들어진 인간을 파괴한다고 주장했다.[87]

파나이티오스의 제자 포세이도니오스는 이러한 문제를 더 깊이 있게 접근했다. 그는 미덕만이 선이며 정욕은 지적 생활을 위해 근절되어야 한다고 강조했다. 포세이도니오스는 인간의지의 중요성을 말하면서 정욕도 이성도 직접 행동으로 분출하기보다 행동을 조정하는 중용의 자세를 취할 수 있는 감정과 의지의 억제를 위해 투쟁해야 한다는 것이다. 그는 정욕과 이성의 두 상반되는 경쟁적인 존재를 의지에 복종하게 하는 것이 중요하다고 말했다. 그는 정욕과 이성은 같은 말을 타려고 하는 두 승마자로 비유한다. 말을 탄 사람은 그가 가고 싶은 방향으로 말을 몰 것이다. 이와 같이 정욕은 어떠한 승마의 의지를 막을 수 있을까? 이성은 정욕을 설복할 수 있을까? 포세이도니오스는 정욕이 약화되지 않는다면 비합리적 방법에 의해서만이 가능하다고 말한다. 그는 인간을 훈련시키고, 이상 세계로의 발전을 위한 시도에서 듣기 좋은 언사나 이론의 가르침으로는 충분하지 못하다고 지적했다. 물론 그러한 교육이 필요하고, 교육없이는 무엇도 이룰 수 없지만, 그러나 철학교육과 같은 관념적인 도덕 훈련은 감각적인 방법과 병행하거나 그것에 기초되어야 한다고 강조했다.[88]

포세이도니오스는 감각적 훈련에 가장 중요한 것은 음악 교육이라고 생각했다. 음악은 청소년의 정신 건강에 없어서는 안되는 것이었다. 그에게 있어 좋은 음악의 선택은 바른 도덕률의 선택을 의미했다. 포세이도니오스는 플라톤의 교육이론을 성실하게 수용했다. 또 그가 교육보다 더 중요하게 생각했던 것은 정욕을 극복하는 문제였다. 그는 음악을 통해 정욕의 활동을 억제시키고 대행경험의 만족을 피할 수 있다고 확신했

---

87) *ibid*., pp.54~55.
88) *ibid*., p.57.

다. 또한 그는 음악과 더불어 도덕적 훈련을 위해 도움을 제공하는 것으로 시가(詩歌)를 꼽았다. 초기 스토아 현자는 훌륭한 시인이었다. 포세이도니오스는 시적 영감에 있어 헬레니즘 심미주의자들의 이론을 따랐다. 헬레니즘 심미주의자는 시의 화려한 환각적인 마력이 어디에 있는지 밝히지 못했지만 포세이도니오스는 이 점에 있어 분명했다. 그는 시가야말로 즐거움을 주고, 우리의 감정을 채우기 때문에 유용한 것일 뿐만 아니라 드라마의 연기에서 젊은 사람이나 늙은 사람이나 철학자나 어리석은 사람 모두에게 요구되는 간접경험을 하게 되는 것이라고 말했다.[89]

포세이도니오스는 시가를 철학의 맹우(盟友)로 생각했다. 그는 아리스토텔레스와는 달리 시가를 역사보다 더 보편적이고 철학적이라고 생각하지 않았다는 점에서 오히려 플라톤에 더 접근했다고 하겠다. 포세이도니오스의 시가의 개념은 독창적이라 할 수 있다. 16~17세기에 스토아 사상에 몰입한 비판자들은 그의 독창적인 시가의 개념을 통해 비로소 고전적 시가의 개념을 터득하기 시작했다. 포세이도니오스의 시의 개념은 세네카의 철학적 드라마의 기초가 되었으며, 그 역사적 유래는 그리스 비극이었다. 세네카의 철학작품은 포세이도니오스의 사상과 많은 점에서 일치하고 있다. 그것은 영혼의 의사가 질병을 진찰할 수 있다고 주장한 사실에서 이해할 수 있다. 포세이도니오스는 심령을 다스리는 영혼의 의사만이 질병을 치료할 수 있다고 확신했다.[90]

포세이도니오스의 영향을 받은 세네카의 비극은 고통·죽음·공포·용기·복수 그리고 일체의 고난에 대한 토론이다. 고전의 비극에서 나타난 모순은 인간과 외계의 운명과의 싸움인 데 반해 세네카의 비극의 내용은 외계 문명과의 싸움이 아니라 우리들 영혼 안에서의 싸움이다. 르네상스 시대의 인문학자 페트라르카의 말을 빌리면 이 세상의 모든 것은

---

89) *ibid.*, pp.90~91.
90) J.M. Rist, *op.cit.*, pp.201~203.

전쟁의 법칙에 따라 발생한다. 포세이도니오스의 주장은 초기 스토아 사상가와 크뤼시포스로부터 인정받지 못했을 것이다. 그들에게 있어 이성은 창조성, 예술적 독창력이었기 때문이다. 포세이도니오스는 크뤼시포스와 전혀 다른 이성의 개념이나 이성의 경험에 기초하고 있는데, 그 기반은 포세이도니오스의 수학에 대한 정의이다.

포세이도니오스는 수학적인 현실주의자다. 수학의 실재에 관한 문제는 소크라테스 시대 이전에 이미 많은 철학자에 의해 논의되어 왔지만 피타고라스와 플라톤은 수학적인 수의 실재를 확신하고 있었다. 아리스토텔레스에게 있어 수학적인 해석과 작도(作圖)는 인간정신의 허구였다. 중기 스토아는 대체로 아리스토텔레스의 입장이었다고 한다면 포세이도니오스는 피타고라스와 플라톤을 지지했다. 포세이도니오스는 공간과 시간에 물질적 실재뿐만이 아니라 이성만이 접근할 수 있는 비물질적 실재도 존재한다고 생각했다. 왜냐하면 수학적 지(知)는 이성의 지이기 때문이다. 그러므로 이성은 사실을 체계화할 뿐만 아니라 사실을 축조한다. 즉 이성은 사실의 구성요소인 동시에 이성 본체의 실재구성이다.[91] 포세이도니오스로 하여금 철학의 문제를 다른 시각에서 볼 수 있게 했던 것은 사실상 그의 수학적 사고였던 것이다. 포세이도니오스의 작품에 정통했던 갈렌(Galen)도 기하학의 교육을 받았기 때문에 난해한 철학의 문제를 다른 스토아 사상가보다 훨씬 잘 풀 수 있었다.

에피쿠로스보다 유클리드(Euclid)기하학에 매료되었던 포세이도니오스는 기하학 발전에 크게 기여하고, 그의 공리의 증명과 가르침을 체계적으로 재구성했다. 이와 같이 그는 유클리드 기하학을 통해 당시의 과학운동에 깊이 관여했던 것이다. 포세이도니오스는 철학자 못지않게 과학자였으며 또한 수학을 애호한 철학자였다. 후기 르네상스 합리주의가

---

[91] Emile Bréhier, *op. cit.*, pp.136~139 ; Edelstein, *op. cit.*, p.60.

라이프니츠에서 발전했다고 한다면 스토아 철학의 발전은 포세이도니오스에서 새롭게 시작되었다고 말할 수 있을 것이다. 포세이도니오스는 제논과 클레안테스뿐만 아니라 크뤼시포스와의 일치를 강조했다. 더욱이 플라톤과 아리스토텔레스와의 공감에도 불구하고 그는 여전히 유물론자였다. 그에게 있어 육체가 없는 형태도 없으며, 지적 실체도 없다. 또한 그에게 있어서 신은 단순한 실존의 형태도, 원의 원주도 아니었다. 신은 물질적인 특성인 뉴마(pneuma)이며, 호흡이며, 질료였으며 그래서 실존하는 것이었다. 초기 스토아가 범신론을 신봉했다고 한다면 그것은 일종의 명목론이었다고 하겠다.

이와 같이 포세이도니오스가 물리학과 논리학에서 추구했던 바는 불일치와 모순이 없는 사실의 재구성이었다. 그는 선대학자들의 이론을 논할 때 가장 중시했던 것은 사실에 대한 과학적인 접근이었다. 플루타르코스와 갈렌은 포세이도니오스의 사상체계를 찬탄한 바 있으며, 어떤 면에서 그의 논리적 합리성의 체계는 19세기와 20세기의 칸트 철학을 논하는 것과도 같다고 평가하고 있다.[92] 포세이도니오스는 새로운 경험주의의 정신으로 이성이나 혹은 이론적 논거에 의해 인간의 자유를 나타내는 것을 만족해하지 않았다. 그는 철학자인 동시에 역사가로 역사적 사건을 도덕률의 증인으로 삼았다. 폴리비오스를 공격한 포세이도니오스는 개인과 공동체의 문제를 결정하는 것은 환경도 아니고 역사의 내면적 법칙도 아님을 강조했다. 포세이도니오스는 자연적·지리적인 요소가 역사를 결정하는 요소로 작용하지만 문명의 발전은 결과적으로 도덕적 쇠퇴를 초래하게 되었다고 주장한다.[93]

포세이도니오스는 어떤 스토아 사상가보다 인간개체의 능력을 높이 평가했다. 인간은 자신의 노력으로 모든 고난을 극복해 가는 존재이며,

---

92) *ibid.*, p.64.
93) *ibid.*, p.65.

위대한 힘을 발휘할 수 있는 운명적 존재임을 찬양했다. 인간의 운명은 그 운명을 막을 무기를 제공하지 않으며, 결코 운명의 무기로 안전을 생각할 때 안전할 수 없음을 강조했다. 그는 결국 인간이 이룬 업적에서 이성의 역할을 높이 평가했다. 그는 철학자만이 과학의 기본원리를 확립할 수 있으며 그것은 선험적인 논증에 의해서라고 보았다. 이에 반해 현상을 연구하고, 관찰과 경험에 의존하는 과학자는 철학자가 세운 구조 안에 있어야 한다고 했다. 일체 과학은 과학이 증명할 수 없는 전제들에 기초해야 하며, 그것은 지리·지질학·역사는 물론 수학과 천문학이다. 그러므로 철학자는 과학의 법칙을 제공하는 입법자가 되었다.[94] 마치 아리스토텔레스가 과학과 철학의 관계에 대한 기본원리를 제시하였듯이 포세이도니오스도 그 원리를 밝혔다. 그러나 한 가지 점에서 그는 아리스토텔레스와 달랐다. 그것은 과학의 정신을 강조했다는 점이다. 그가 과학의 정신을 강조한 이유는 그 어떤 세대에서도 과학의 탐구가 최후의 목적에 도달하지 못하는 지속적인 진보의 과정으로 생각했기 때문이다.

세네카는 포세이도니오스의 영향을 받은 대표적인 인물이다. 형이상학과 윤리문제, 그리고 미의 문제, 더 나아가 세네카의 개인주의, 교육에 있어 개인의 욕구와 관심은 모두 포세이도니오스의 영향이 없이는 생각할 수 없었을 것이다. 세네카는 포세이도니오스의 진보의 개념에 확신을 가지지 않았지만 그의 사상과 주장은 여러 면에서 일치했다. 포세이도니오스의 도덕적 진보를 위한 시도와 노력은 삶을 위한 계몽이었으며 욕구였다. 당시에 추구된 진보의 개념은 포세이도니오스로부터 유래한 것이 아니라 기원전 3세기 헬레니즘 과학자들에 의해 구체화되었으며, 크뤼시포스를 비롯한 파나이티오스와 폴리비오

---

94) *ibid.*, p.66.

스가 그 대표적인 인물이다.

　크뤼시포스는 철학자에게 과학의 중요성을 강조하고, 과학이 미덕에 이바지하는 것으로 인식했다. 이러한 이유에서 그는 과학을 건강과 같이 유익한 것으로 생각했다. 중기 스토아 사상가의 여러 작품에서 과학에 대한 새로운 인식과 인간의 기예(技藝)가 제2의 자연을 창출한다는 확신을 보여주고 있다. 포세이도니오스는 역사의 여명기에 가장 원시적인 삶에서 문명의 절정으로 이끌어간 인간정신의 승리를 자세히 추적하여 규명했다. 특히 그는 인간의 노력으로 어려운 상황과 고난을 이기고 이룬 인간의 위업을 찬양했다. 자연이 제공한 모든 장애물을 이기고 기적을 이룬 것은 이성에 의해 말하는, 인간임을 그는 강조했다. 인간은 본성에 따라 산다는 삶의 개념은 포세이도니오스와 파나이티오스, 그리고 다른 중기 스토아 사상가에 의해 널리 확대해 갔다. 인간본성에 일치하는 삶이란 편협한 모럴리즘으로부터의 해방인 것이다. 중기 스토아 사상가들이 말하는 진보는 인간의 삶의 영역 안에 있는 모든 것에 대한 진보다. 포세이도니오스는 동료에게 선을 행할 수 있는 것은 도덕적 행위·자선·친절 그리고 정의와 공평뿐만 아니라 예술과 과학이라고 설파했다. 초기 스토아의 위선과 형식주의로부터 인간의 노력과 근면은 중기 스토아의 도덕적 가치이며 선이었다. 그래서 중기 스토아 사상가들은 현실적으로 요구되는 과학기술이나 기계발명, 도시의 건축 그리고 예술과 과학의 개발을 장려했다.[95]

　중기 스토아의 철학은 절충주의도, 단순한 플라톤과 아리스토텔레스 사상의 부활도 아니다. 파나이티오스와 포세이도니오스는 플라톤과 아리스토텔레스의 학문적 실체를 여러 면에서 일치하고 있음을 발견할 수 있다. 특히 그들은 명목뿐만 아니라 사실에 집착한 실용주의의 스토아

---

95) Edelstein, *op. cit.*, p.68.

사상가였다. 중기 스토아 사상가는 초기 스토아에 대한 비판, 더 나아가 자신에 대한 비판을 통해 전통적인 도그마로부터 벗어나 그것을 새로운 시대의 요구에 적용했던 것이다. 포세이도니오스의 철학은 아리스토텔레스보다 플라톤주의를 선호한 경향을 발견할 수 있다. 그는 죽음 후에 영혼의 운명을 예언한, 저 피안의 빛에서 이 세상을 바라본 신비주의자였다고 생각된다. 그의 가르침에서 특기할 만한 것은 종말론의 예시와 육신으로부터의 벗어남 그리고 구원의 윤리의 제시라고 할 수 있다. 그는 야금학에 관한 학문적 업적에서부터 그리스 철학에 오리엔트 사상을 소개한 최초의 사람이었다고 전해지고 있다.

에델슈타인이 지적한 바와 같이 포세이도니오스의 사상은 이원론적이었다. 그의 이원론은 육신과 영혼의 이원론이 아니라 육신과 영혼 안에서, 다시 말해 인간 안에서의 이원론이다. 대체로 그의 철학은 저 피안의 세계가 아닌 '이 세상'에 대한 공언(公言)이었다. 스토아 사상은 현세의 삶에서 필요한 것들을 조화롭게 조정해 주는 것이라고 포세이도니오스는 정의했다. 이러한 정의를 강조할 수 있었던 사람은 포세이도니오스 이외에 아무도 없었을 것이다.[96]

5) 파나이티오스와 포세이도니오스의 국가관과 로마제국관

키케로는 그의 『국가론』에서 제국에 대한 많은 비난으로부터 수호하는 일에 대해 다음과 같이 말한 바 있다. 즉

진정한 법은 자연에 일치하는 올바른 이성이며, 세계에 적용할 수 있는 불변적이

---

96) *ibid.*, p.69.

고 영속적이다. 법은 명령에 의해 의무를 요구하며, 사악한 행위를 금지케 한다. 진정한 법이 설사 사악한 자에게서 어떤 효력을 얻지 못할지라도 선자에게 쓸데없는 명령이나 금지를 주장하지 않는다. 이와 같이 자연에 일치하는 진정한 법을 개정하려고 하는 것은 범죄이며, 일부를 폐지하려고 하는 것도 허용될 수 없다. 원로원 의원이나 혹은 보통 사람도 이 법이 명하는 의무로부터 벗어날 수 없다. 그래서 우리는 이 진정한 법의 해설자나 혹은 해석자를 방관해서는 안될 것이다. 로마나 아테네에서 이 법 이외의 다른 법은 존재하지 않을 것이다. 아니 현재와 미래에도 다른 법은 존재하지 않을 것이다. 영원히 불변적인 법은 모든 국가와 모든 시대에 유효하게 될 것이다. 그리고 신은 우리 모두를 지배하는 지배자이며 통치자일 것이다. 왜냐하면 신이 이 진정한 법을 만든 자이며, 반포자요 그리고 법을 시행하는 재판관이기 때문이다. 불복종하는 자는 누구든지 자신으로부터 도주하는 자이며 인간본성을 거부하는 자다. 그리고 이러한 이유로 해서 그는 최악의 형벌을 받게 될 것이다.

… 전쟁은 이상국가의 명예와 안전을 지키기 위해서만이 존재하는 것이다.… 그러나 사사로운 시민과 가장 어리석은 자까지도 느낄 수 있는 형벌(가난·추방·감금 그리고 채찍질)을 피하여 죽음을 면하게 된다. 개인의 경우에서 죽음은 개인을 형벌로부터 도피를 제공하는 것처럼 보일지라도 국가의 경우에서 죽음인 파멸은 형벌이다. 국가는 영원히 존속할 수 있도록 견고하게 세워져야 한다. 국가의 죽음은 인간의 죽음처럼 자연스러운 것이 아니다. 왜냐하면 인간에게 있어 죽음은 필연적인 것일 뿐만 아니라 자주 매력적인 것이기도 하기 때문이다. 한편 우리는 국가의 전복, 세계의 쇠망과 소멸과 같은 크고 작은 일을 비교해 볼 경우 어떤 유사한 점을 발견할 수 있다.… 명분없이 시작된 전쟁은 부당하다. 왜냐하면 복수와 방어를 위해 감행되는 전쟁만이 사실상 정당화될 수 있기 때문이다.… 선전포고 없는 전쟁은 그 어떤 전쟁도 정당화될 수 없다.

이와 같이 중기 스토아 사상가는 영원히 견고한 힘의 국가를 이상화했던 것이다.

로마제국에 대한 두 주요 비난이 있다. 그 첫 번째 비난은 로마가 일으킨 전쟁은 부당한 전쟁이라는 사실이며, 두 번째 비난은 이러한 부당한 전쟁의 결과로 얻게 된 로마제국은 부당하다는 것이다. 첫 번째 사실에 대해 라일리우스는 동맹국과 로마제국의 수호를 강조하면서 정통적인 대답을 했던 것처럼 보인다.[97] 즉 전쟁은 이상국가의 명예나 혹은 안전을 지키기 위해 수행될 뿐이다.(*nullum bellum suscipi a civitat optima nisi aut pro fide aut pro salute*)[98] "우리 국민은 로마제국의 동맹국을 수호함으로써 전세계를 지배하는 힘을 이제 획득하게 되었다."[99] 키케로는 "로마와의 전쟁은 복수나 외교적 절충 혹은 강화에 일치하는 싸움이었을 때에 정당화될 수 있으나 아무 명분없이(*sine causa*) 시도된 전쟁은 정당화될 수 없다"[100]고 기술하고 있다.

로마제국의 영원한 생존을 정당화한 주장이야말로 새로운 주장으로, 아우구스티누스는 제국의 유지와 존속을 위해 제국의 권위와 지배를 강조했다.[101] 아우구스티누스의 『신국론』에서처럼 키케로도 나약하고 자존능력이 없는 국가를 지배하는 그러한 지배는 정당한 지배라고 생각했다. 왜냐하면 지배를 받거나 예속된다는 것은 자존능력이 없는 국가와 개인에게 유익하기 때문이다(*quod talibus hominibus sit utilis servitus*). 나약하고 자존능력이 없어 다른 나라의 지배를 받을 수밖에 없는 사람은 다른 사람의 도움이나 지원없이 제멋대로 방치될 경우에 강탈이나 내란에 의해 그들의 생존마저 유지될 수 없다. 불공평·불의(*licentia iniuriarum*)는 이제 서서히 멀어지는 기회가 도래하게 될 것이다. 그러므로 이런 경우에 강대국의 지배 하에 예속된다는 것은 독립이나 해방보다 더 유익하다는 것이다.

파나이티오스는 최선자가 약자를 지배한다는 것은 약자 자신에게 유

---

97) Cicero, *de Republica* 3.34;Augustinus, *de Civitas Dei* 22.6.
98) Augustinus, *de Civitas Dei* 22.6.
99) Cicero, *de Republica* 3.35. "국가수호와 복수를 위한 전쟁만이 정당화 될 수 있다."
100) Cicero, *de Republica* 3.35 ; Isidorus, *Orig.*18.1.
101) Cicero, *de Republica* 3.36~37 ; Augustinus, *de Civitas Dei* 19.21.

익히며, 또 그것은 자연의 원리라고 보았다. 이와 같이 파나이티오스는 로마제국의 지상권에 예속된 나약한 국가는 독립보다는 예속이 더 유익하다는 사실을 강조했다. 신은 인간을, 정신은 육신을 그리고 이성은 욕망과 분노, 그리고 다른 사악한 마음을 지배한다는 것도 위의 논리와 주장에 일치한다. 육신에 대한 정신의 지배 그리고 영혼의 사악한 부분에 대한 이성의 지배는 자연적이며 필연적이다. 즉 전자인 육신에 대한 정신의 지배는 군주적이고 법적이며, 영혼의 사악한 부분인 악덕과 부도덕에 대한 이성의 지배는 노예에 대한 주인의 지배와 같다. 악덕이나 악행 같은 영혼의 사악한 부분에 대한 이성의 지배는 곧 로마제국의 지배인 것이다. 로마제국의 지상권인 임페리움을 포기한다는 것은 책임을 거부하고 회피한다는 의미일 뿐이다. 이 내용과 관련하여 락탄티우스가 밝힌 논지 자체가 키케로의『국가론』에서 라일리우스가 행한 강연 초두를 기술한 것으로 추정할 수 있다.[102]

우리가 여기서 인식할 수 있는 것은 진정한 법(vera lex)은 자연에 일치하는 올바른 이성이며, 그러한 법은 영원히 변질될 수 없다는 사실이다. 선한 사람은 올바른 이성인 진정한 법에 복종하며, 또한 그밖의 모든 사람도 그 법에 복종한다. 만일 최선자가 약자를 지배한다는 것이 자연의 원리라고 한다면, 우리는 자연의 명령에 복종하는 것이 최선자의 의무라고 생각하며, 그러한 역할을 다하려고 노력하는 최선자를 기대해야 할 것이다. 그러므로 나약한 자인 로마의 예속국가와 예속자에 대한 최선자인 로마의 지배는 자연적이고 유익한 것이다. 왜냐하면 로마의 지배를 받는 예속민과 예속국가는 로마의 원조없이는 평화와 조화로운 삶을 유지해 갈 수 없기 때문이다. 이와 같이 로마제국이 예속민의 안전과 복리를 책임지고 있는 한 로마제국의 지배는 정당화될 수 있다는 결론에 도

---

102) Cicero, de Republica 3.33.

달하게 된다.

　물론 로마제국은 부당한 국가로 규정할 수 있으나 그러나 그의 생각은 아주 주관적인 견해이기 때문에 쉽게 일반화할 수 없을 것이다. 또한 우리는 다음과 같이 생각할 수 있을 것이다. 만일 로마가 진행하고 있는 모든 전쟁이 정당한 전쟁이라 하더라도 그 전쟁의 적대자들은 정당하다고 생각하거나, 행동하지도 않았을 것이다. 그렇지만 로마의 전쟁적대자들은 자신들보다 도덕적으로 우수한 로마인들에게 복종하는 것이 나을 것이라고 생각했을 것이다. 이 같은 사실은 로마제국의 점령이 부당하다는 카르네아데스의 주장에 반하는 것이다. 그렇지만 로마인들은 그들의 도덕적 우수성과 그리고 세계의 후원자로서의 역할을 인식하고 확인할 수 있었으며, 특히 기원전 140년 초에 그리스인들의 정신이상적인 행위를 보고 로마인들은 그리스인들이 자신을 다스릴 수 있는 능력마저 결여하고 있는 집단이라고 하는 사실을 확인할 수 있었다.[103]

　라일리우스의 강연은 철학적 추정이 내용의 주를 이루었다. 그러나 로마제국의 정당화에 있어 이러한 철학적 추정을 최초로 적용한 사람은 키케로가 아니었다. 로마제국이 정당한 국가라는 사실은 언제 그리고 누구에 의해 고안되었는가? 로마제국의 지배는 정당한가에 관한 문제는 기원전 2세기 말경 로마지배의 이점에 대한 논쟁에서 아주 자연스럽게 제기되었다. 철저히 자기중심적이기는 하지만 이미 폴리비오스는 로마제국을 자선적인 제국으로 보았다. 대체로 주제와 거리가 있지만 강연에서 개인의 죽음은 자연적이고, 또 종종 동경의 대상이 되고 있지만 국가의 죽음과 같은 국가의 멸망은 결코 자연적이지도 또 종종 요구될 수 없는 것으로 대비시키고 있다. 그러므로 국가의 죽음과 국가의 부정은 개인보다 국가에 대한 형벌이다.[104] 이 표현은 카르타고의 파멸 이후 그리스에

---

103) Andrew Arskine, *op. cit.*, p.193.
104) Cicero, *de Republica* 3.34 ; Augustinus, *de Civitas Dei* 22.6.

서 특별히 중요한 의미를 가지게 되었을 것이다. 로마가 카르타고에 취했던 조처가 정당했다고 주장한 사람은 그리스인이었다. 왜냐하면 그리스인은 카르타고의 사악한 행위에 맞서 싸운 사람들이기 때문이다.[105] 아마도 카르타고와 맞서 투쟁한 그리스인은 아마도 동시대의 스토아 사상가들이었다고 추정할 수 있다.

라일리우스의 강연의 요지는 로마제국의 수호와 옹호였다. 그 동기는 중기 스토아 사상이 파나이티오스로부터 많은 영향을 받은 데에서였다. 일찍이 키케로는 제논의 『국가론』에서 정치문제에 관한 한 스키피오 아이밀리아누스는 당대의 파나이티오스와 더불어 폴리비오스와 밀접한 관계를 유지했다고 하는 사실을 소개하고 있다. 이 같은 사실에서 파나이티오스가 스키피오 아이밀리아누스의 정치문제 대화의 배경적인 인물이었다는 것을 밝힐 수 있다.[106] 키케로는 『법률론』에서 파나이티오스를 실제적이고 실천적인 정치철학자로 평가하면서 그를 초기 스토아 사상가와 구분했다.[107] 파나이티오스는 로마 지배계층과 친밀한 관계를 유지하면서, 당대의 그락쿠스 형제의 개혁에 대해 반대하는 입장을 분명히 밝혔던 것이다. 그래서 파나이티오스는 그가 살았던 당시에 가장 현실적이며, 시대적 통찰력을 가진 스토아 사상가였다고 하겠다.[108] 라일리우스의 강연 초두에서 우리는 스토아 사상에 기초한 자연법 사상의 내용을 발견할 수 있다.[109] 진정한 법은 자연에 따라, 자연에 일치하는 올바른 이성이며, 모든 사람에게 널리 확대된 영원한 것이다.

---

105) Polybius, *The Histories* 36. 9.12~17.
106) Cicero, *de Republica* 1.34.
107) Cicero, *de Legibus* 3.14. 키케로는 정치학에 가장 정통한 그리스인 가운데 두 사람 을 폴리비오스와 파나이티오스를 거명했다.[Cicero, *de Republica* 1.34]
108) A. Schmekel, *Die philosophie der mittleren Stoa in ihren geschichtlichen Zusammenhangen dargestellt*, Berlin 1892. ss. 47~63. 파나이티오스는 키케로의 『국가론』 전 3권이 만들어지는 데 기초가 되었다고 슈메켈은 지적하고 있다.
109) Cicero, *de Republica* 3.33. *Diogenes Laertius* 7.88.128.

이와 같이 올바른 이성의 법은 명령에 의해 의무를 촉구하고, 금지에 의해 악행을 저지시킨다. 이 자연법적인 법구문은 스토아 사상가로부터 유래한 것으로 파나이티오스에 의해 사용된 구문만은 아니다. 더욱이 로마제국의 정당성은 중기 스토아 사상가 파나이티오스의 실제적이고 합리적인 사상의 결과라고 할 수 없을 것이다. 파나이티오스는 제국의 지배 하에 있는 나라는 노예의 종속과 다를 바 없다고 밝힌 초기 스토아 사상가의 주장과 인식을 같이했으나 제국의 지배가 부당하다는 주장에는 반대했다. 키케로의 『국가론』에 잘 나타나고 있듯이 로마제국의 정당성에 관한 문제는 여러 다른, 심지어 모순된 개념의 혼합이었다. 그래서 그는 로마제국의 정당화에 관련하여 그밖에 여러 내용을 제시하고 있다. 사실 키케로의 『국가론』의 내용을 고찰해 볼 때 그 주장은 스토아적이고 또 파나이티오스 철학의 기본이념, 그리고 초기 스토아 사상가가 금기시 했던 내용이었다. 왜냐하면 파나이티오스의 심리와 노예제에 대한 스토아의 접근에서 최초의 변화의 징후가 나타나고 있기 때문이었다. 이와 같이 스토아 사상가들은 로마제국에 대한 접근에서 변화의 모습을 발견할 수 있다. 스토아 사상가는 항상 카르네아데스의 공격대상이었으며 그리고 그의 정의에 관한 강연에서도 예외일 수가 없었다. 카르네아데스는 자신에게 크뤼시포스가 없었다면 오늘의 카르네아데스도 없었을 것이라고 말했다.[110] 그러므로 스토아 사상가는 다른 사람에게 영향을 주었던 것처럼 카르네아데스에게도 마찬가지였던 것이다.

아우구스티누스는 그의 『신국론』에서 정략적인 편의주의를 지나치게 강조했는데 반해, 자연의 순리에 따라 살아야 한다는 원칙에는 무관

---

110) 에피코무스(Epicomus)나 혹은 필로코무스(Philocomus)의 아들인 카르네아데스는 키레네(Cyrene)출신이었다. 그는 스토아 사상가의 작품과 그리고 크뤼시포스의 작품을 주의 깊이 연구했다. 이와 같이 그는 그의 작품의 성공적인 연구의 결과로 유명한 인물이 되었다. 그는 자주 내가 오늘과 같이 유명한 존재가 될 수 있었던 것은 크뤼시포스가 존재했기 때문이라고 말하곤 했다.[*Diogenes Laertius* 4,62]

심했다. 스토아 사상가는 도덕과 편의주의와 같은 사리와 분리를 용인하지 않았다. 그래서 스토아의 편의주의, 정략적 사리의 개념은 아우구스티누스의 정치적·정략적인 편의주의의 개념과 일치한다고 하겠다. 그러나 스토아의 편의주의와 사리의 주장은 신에게 복종하는 것, 그것이 인간에게 유익한, 그리고 인간을 위한 것이라고 밝힌 아우구스티누스의 의지를 무시해 버렸다. 아우구스티누스에게 있어서 신에게 복종하는 것이 자연스럽고 정당하다는 사실의 증명이 중요한 일은 아니었다. 결과적으로 아우구스티누스는 자신의 목적을 실행하기 위해 자신의 주장과 그의 『신국론』에서 유익(utilitas)의 개념을 강조했던 것이다. 그러나 이러한 요지의 주장에 기초한 다른 단장에서 그는 무능한 자에 대한 유능한 자의 지배를 자연의 법칙이라고 생각했다. 이와 같이 자연적 관계 다시 말해 유능한 자가 무능한 자를 지배해야 한다는 그의 주장은 중기 스토아 사상의 기본원리였다.[111]

키케로가 『국가론』에서 밝힌 무능한 자에 대한 유능한 자의 지배가 자연의 원리라는 요지의 주장은 로마제국의 지상권과 그 지상권에 복종하는 예속국가 사이의 관계를 주인과 노예의 관계일 뿐만 아니라 인간의 합리적이고 이성적 부분인 영혼과 비합리적 부분인 육신의 관계에 비유된다. 파나이티오스 이전의 스토아 사상은 노예제를 인정했지만 그 후 로마제국의 세계지배를 자연에 반하는 것으로 생각했다. 이들 초기 스토아 사상가들은 로마제국의 지상권 행사를 반자연적인 것으로, 그리고 그 지상권을 가진 로마와 또 로마에 굴종하는 예속국가의 관계를 인간의 합리적 부분인 영혼과 그리고 비합리적 부분인 육신으로 비유한 사실을 인정하지 않았다.

이와 같이 파나이티오스 이전의 초기 스토아 사상가는 인간은 하나

---

111) H. Hagendahl, *Augustine and the classics*, Goeteberg 1967, P.701.

의 통일체로서 합리적인 부분과 비합리적인 부분으로 분리될 수 없음을 강조한다. 그들은 비도덕적인 행위는 이성과 그리고 이성을 상실한 욕망 사이에 나타나는 투쟁의 결과에서가 아니라 합리성의 결여에 기인하는 것으로, 충동이나 욕망(hormai)은 대체로 인간의 합리성의 수준을 명시하는 것으로 충동은 이성에 대한 불복종으로 묘사되었다. 그 경우에 충동은 정욕으로 불려지긴 하지만 그것은 인간의 합리적인 부분과 관계가 없다. 오히려 그것은 현자의 귀감이 되는 합리성의 표준이다. 사악한 사람은 건강한 영혼을 가지지 못했기 때문에 현자의 완전한 합리성에 의해 치유되는 것으로 보았다.

또 한편 파나이티오스는 인간의 영혼을 두 부분으로 구분했다. 즉 지배하고 통제하는 기능을 가진 이성과 그리고 복종하는 기능을 가진 충동이다. 충동은 이성에 복종해야 하고 정욕은 억제되어야 하지만 근절되는 것은 아니다.[112] 키케로는 인간의 정신활동을 두 가지 형태로 특징짓는다. 그 하나는 정욕으로써 인간으로 하여금 이것저것을 하도록 자극한다. 그리고 다른 하나는 이성으로써 인간이 해야 할 것이 무엇이고, 해서는 안되는 것이 무엇인지를 명령한다. 그러므로 결과적으로 이성은 명령하고 정욕은 순종한다(ut ratio praesit, appetitus obtemperet). 요컨대 인간의 정신활동은 사려와 분별 혹은 욕구충동과 관계를 가진다고 하겠다. 사려와 분별은 주로 진리를 추구하는 데 반해 욕구충동은 행위를 자극한다(cogitatio in vero exquirendo maxime versatur, appetitus impellit ad agendum).[113] 욕구충동은 이성의 명령에 복종하여 정욕이 근절되는 것이 아니라 억제되는 것이다.[114] 그러므로 키케로의 이 같은 이성과 욕구충동의 문제는

---

112) Cicero, de officiis 2. 18.
113) Cicero, de officiis 1. 101. 영혼의 본래적인 힘은 이중적이다. 한 부분은 충동(욕망)에, 또 다른 한 부분은 이성에 있다. 영혼은 두 가지의 운동을 한다. 그 하나는 이성적 운동이고, 다른 하나는 충동(욕망)적인 운동이다.[Cicero, de officiis 1. 132] 이성은 주로 진리가 무엇인지 탐구하는 일에 종사하는 데 반해 충동(욕망)은 행위의 촉구이다.[Aristoteles, N.E. 1102a28.]

파나이티오스 심리학과 일치한다. 키케로는 파나이티오스의 절대적인 영향에 의해 저술한 『의무론』에서 그는 정욕을 불안정과 혼돈으로 해석한다.115) 키케로는 다시 『국가론』에서 정신적인 혼돈을 설명하면서 정신의 가장 선한 부분인 이성은 욕망・분노 그리고 혼돈과 같은 사악하고 나약한 부분을 억제하는 작용을 한다고 강조한다.116)

그럼에도 불구하고 어떤 학자들은 이 같은 로마제국의 정당화는 단순히 아리스토텔레스의 노예제에 대한 옹호의 되풀이며 그리고 그 이론을 국제관계에 적용한 것에 불과하다고 생각했다. 키케로를 포함해 아리스토텔레스에 친숙하고 정통했던 자들 모두가 노예제를 수용했다고 할 수 없다.117) 그 같은 노예제 사상은 정당한 견해라고 생각할 수 없다. 왜냐하면 키케로가 『국가론』에서 노예제의 주장은 아리스토텔레스의 노예제 옹호론에 대한 피상적인 변호일 뿐, 사실 아리스토텔레스의 노예제 이론과 기본적으로 다르다. 아리스토텔레스는 무엇보다 선천적인 노예를 강조하면서 육신에 대한 영혼의 지배는 노예에 대한 주인의 지배로 비유한다. 왜냐하면 육신에 대한 영혼의 지배는 절대적이고, 전제적인데 반해 정욕에 대한 이성의 지배는 군주적이고 법적이기 때문이다. 키케로는 영혼보다 육신적 기능을 가진 사람은 육신과 영혼의 이익을 위해 그들보다 우수한 우월자에게 복종할 것을 강조한다. 왜냐하면 영혼과 육신의 적절한 결합이 있기 때문이다. 아리스토텔레스에게 있어 태어날 때부터 노예인 이른바 선천적 노예는 영혼이 결여되어 있는 자이다. 왜냐하면 선천적 노예는 지각하기 위해서만이 로고스에 참가할 뿐, 로고스를

---

114) Cicero, de officiis 2.18.
115) Cicero, de officiis 2.18;1.66. "미덕(virtus)은 일반적으로 세가지 특성을 갖는다. 첫째, 주어진 사실에서 참과 실제가 무엇이며, 그리고 그것의 관계와 결과 그리고 원인이 무엇인지 지각할 수 있는 능력인 지혜이다. 둘째로, 정욕(그리스인은 pathe라고 부른다)을 억제하고 욕구충동을 이성에 복종하게 하는 능력, 즉 절제이다. 다음 세째로 정의이다.
116) Cicero, de Republica 3.37.
117) H. Strasburger, 'Poseidonius on the Problems of the Roman Empire' JRS 55(1965), pp.40~53.

소유하기 위해 참여하지 않기 때문이다. 그래서 아리스토텔레스는 주인이 노예를 가르치고 명령하듯이 영혼은 육신을 가르치고 명령한다고 했다. 이처럼 주인의 도움이 없는 노예의 존재는 동물에 불과할 것이다. 그러므로 아리스토텔레스의 비유에서 우리는 유형적인 인간, 불완전한 인간을 발견한다. 이와 같이 유형적인 인간 이하의 불완전한 인간영혼은 주인의 도움이 없으면 그 반발과 반동은 동물처럼 즉시 나타나게 될 것이다.[118]

키케로의 노예제 해설은 아리스토텔레스로부터 차용하고 있다. 그러나 이미 밝힌 바와 같이 그의 노예제 사상은 아리스토텔레스와 많은 차이점을 갖는다. 아리스토텔레스의 주요 유추들은 변화되었다. 요컨대 육신에 대한 영혼의 지배는 더 이상 전제적이지 않고, 오히려 법적이며 군주적이었다. 이제 육신에 대한 영혼의 지배는 전제적인 정욕에 대한 이성의 지배다. 이성은 주인이 노예를 억제하고 구속하듯이 정욕을 억제한다. 이와 같이 키케로의 노예제 개념에서 아리스토텔레스의 선천적 노예와 같은 인간 이하(subhuman)의 인간, 불완전한 인간의 개념을 찾을 수 없다. 오히려 자신의 이익에 몰입되며 통제와 억제를 필요로 하는 자만이 있을 뿐이다. 그러므로 아리스토텔레스에게 있어 지시와 명령 그리고 키케로에게 있어 억제 사이에는 차이가 있다. 선천적 노예에 대한 아리스토텔레스의 해설에서 우리는 자제와 억제라는 말을 발견할 수 없다. 이와 같이 자제와 억제의 용어는 파나이티오스의 영혼설에 잘 나타나고 있다. 당시의 노예제에 관한 이론은 아직도 아리스토텔레스의 범주에서 벗어나지 못하고 있다. 사실 아리스토텔레스의 『정치학』에서 선천적 노예에 대한 그의 주장은 국제관계와 관련하여 고려한 것이라는 생각도 가질 수 있다. 아리스토텔레스는 전쟁의 목적 가운데 하나는 노예가 되기에

---

118) Aristoteles, *Politics* 1253a 17~55a2.

마땅한 자들의 주인이 되는 것이라고 기술하고 있다.[119] 파나이티오스는 아리스토텔레스와 플라톤의 영향을 받은 친아리스토텔레스주의자요, 친플라톤주의자로 묘사되고 있다. 키케로는 파나이티오스가 초기 스토아 사상이 지녔던 경직성과 비 융통성을 버리고 지속적으로 플라톤·아리스토텔레스·크세노크라테스·테오프라스토스 그리고 디카에 아르쿠스(Dicaearchus)에 계속 심취했다고 전하고 있다.[120] 그러므로 파나이티오스의 사상체계는 이상의 여러 학자의 사상의 혼합이라고 할 수 있다. 그는 로마제국의 지상권은 마치 이성이 정욕에 작용하듯이 제국의 예속민에게 평화와 질서를 부여하는 것으로 인식했다.

그러면 왜 아리스토텔레스와 키케로의 주장들 사이에 이러한 차이점이 나타나게 되었으며, 왜 아리스토텔레스의 유추와 비유들이 바뀌게 되었는가? 비록 무의식적이지만 스트라스부르거(Strasburger)는 어떤 스토아 사상가들이 키케로의 『국가론』에서 그 같은 주장을 만들어냈다는 사실을 반박하려고 해답을 제시했다는 것이다. 스트라스부르거는 아리스토텔레스의 노예제의 옹호는 모든 사람이 평등하다는 스토아 사상의 교의에 반하는 것이라고 비판했다.[121] 아리스토텔레스의 주장에 의하면 인간의 영혼은 노예의 영혼과 주인의 영혼으로 그리고 노예와 주인의 로고스는 그 종류가 각기 다르다는 것이다. 아리스토텔레스의 선천적 노예는 사실 동물의 표준과 수준을 뛰어넘을 수 없는 존재였다. 그러나 스토아는 인간과 동물을 확연하게 구분하고 있다. 설사 몇몇 사람들이 다른 사람보다 더 합리적이고 이성적이었다 하더라도 그들 모두는 똑같은 본질과, 이성을 가지고 있다. 인간이 동물과 구분될 수 있는 것은 이성을 가지고 있다는 사실이다. 동물들은 이성으로부터 떠난 존재이다. 그러므로

---

119) Aristoteles, Politics 1334a2.
120) Cicero, de Finibus 4.79.
121) H. Strasburger, op.cit., pp.40~53.

아리스토텔레스의 주장이 바뀌지 않는 한 스토아 사상가에게는 아무 쓸모가 없었다. 키케로는 『국가론』에서 모든 사람은 이성을 가진 완전한 존재임을 밝히고 있다. 그러나 어떤 사람은 자신을 다스리고 통제할 수 있는 능력을 결여하고 있지만, 그렇다고 그러한 사람을 선천적 노예와 같은 존재라고 할 수 없다는 것이다. 자신을 잘 통제하고 다스릴 수 있는 사람과 그리고 그렇게 할 수 없는 사람 사이의 관계는 선천적이라고 하지만 인간은 태어날 때부터 이 두 범주 가운데 어느 한 범주의 존재자가 될 수는 없다. 인간은 각기 영원히 자기 자신을 통제할 수 없는 상태에 있지만 아리스토텔레스의 선천적 노예처럼 이성을 결여한 불완전한 인간일 수 없다. 아리스토텔레스의 선천적 노예제 이론에 대한 수정은 키케로 자신이 고안했을 가능성이 희박했던 것은 당시 그가 그러한 변화와 수정을 해야 할 이유가 없었다. 이와 같이 키케로는 그러한 수정과 같은 변화의 이유와 판단이 서지 않았지만, 스토아 사상가는 아리스토텔레스의 선천적 노예제 이론을 변화시키는 것 이외에 그 어떤 선택도 하지 않았다고 말할 수 있을 것이다.[122]

이와 같이 스토아 사상가는 심리학뿐만 아니라 노예제에 있어서도 다른 입장을 취했다. 그 변화의 접근은 키케로의 『의무론(de officiis)』에서 볼 수 있다. 그는 『의무론』에서 노예취급에 관해 충고한다. 그는 가장 비천한 자도 공평하게 취급되어야 할 것을 강조한다. 또한 그는 "노예는 조건과 운명에 있어 가장 비천한 존재이지만 노동자와 같은 취급을 받아야 한다"고 주장한다. 그리고 그는 가장 비천한 신분과 가장 가난한 운명의 소유자가 노예이므로 우리는 피고용인에게 하듯이 노예에게 간악한 지시와 명령보다 인간적인 모습을 보이도록 해야 한다. 노예는 노동을 필요로 한다. 그리고 그들을 공평하게 다루어야 한다. 폭력이나 기만의 방

---

122) Adrew Erskine, *op. cit.*, p.197.

법으로 노예를 다룬다면 그것은 짐승 같은 행위에 지나지 않는다. 기만은 교활한 여우의 속성이며, 폭력은 사자의 속성이다. 이 두 방법은 인간에게 무가치한 것이다. 그러나 기만은 더 비열한 행위다. 일체의 불의 가운데 위선보다 더 사악한 것은 없다"[123]고 했다.

이와 같이 키케로는 노예를 피고용 노동자로 비유하면서 노예를 영원히 고용된 자(perpetus mercenarius)로 묘사한 크뤼시포스의 표현을 상기시키고 있다.[124] 키케로는 『국가론』에서 노예를 통제할 수 있는 다른 방법이 없을 경우에 폭력에 의존해야 한다고 했다. 그러나 만일 노예의 행위가 자신의 처지에 맞게 행동할 경우에 그 노예는 우대되어야 한다는 것이다. 이와 같이 노예에 대한 폭력사용의 인정은 중기·후기 스토아 사상가의 작품에서 자주 나타나고 있다. 파나이티오스의 제자 헤카토(Hecato)는 쿠인투스 투베로(Quintus Tubero)에게 헌정한 『도덕의 의무(moral duties)』에서 "현자는 자신의 이익과 동시에 시민적 관례, 법 그리고 제도에 반하지 않는 행위를 하는 것이 의무인 동시에 더 나아가 번영과 부를 추구해야 한다. 그것은 자신만이 아니라 자식·친척·친구 그리고 무엇보다 조국을 위해 필요하다. 왜냐하면 개인의 사유재산은 곧 국가의 부이기 때문이다"라고 밝히고 있다.[125] 그리고 다시 어떤 현자가 곡물가격이 비쌌을 때에 자신이 소유하고 있는 노예를 굶어 죽도록 방치할 것인가에 관해 토론을 전개했다. 그는 『도덕의 의무』 제6권에서 "기근으로 식량가격이 급등했을 때 노예를 기아상태로 방치하는 것이 현자의 의무에 일치하는가? 헤카토는 이 문제를 두 측면에서 해석했다. 궁극적으로 의무의 문제를 결정함에 있어 자신의 감정에 의하기보다 사리와 편의(그리고 정책적인 상황에 표준을 맞추어야 한다고 역설했다. 그러면서 그는 다음과 같이 말했다. 가령 어떤 사

---

123) Cicero, de officiis 1.41.
124) Seneca, de Beneficiis 3.22. 크뤼시포스는 노예에 관한 정의에서 노예는 영원히 고용된 자(Servus, ut placet Chrisippo perpetuus mercennarius est)로 표현하고 있다.
125) Cicero, de officiis 2.24.;3.63.

람이 바다에서 강한 폭풍우를 만나 그의 선적물 가운데 일부를 배 밖으로 던져 버려야 할 처지라고 한다면 값비싼 말을 희생시켜야 하는가 아니면 값싼 노예를 희생시켜야 하는가 하고 질문을 받았을 때에 사람들은 감정이나 동정에 휘말리기보다 자신의 재산의 가치와 이익이 무엇인지를 중시해야 한다"고 말했다.[126] 헤카토는 노예를 소유한다는 것은 현자에게 부합하는 것이라고 말했다. 포세이도니오스 역시 시칠리아의 노예 폭동에 대한 해석에서 노예제 자체를 사악한 제도로 생각하지 않았다. 포세이도니오스가 반대했던 것은 노예제 자체가 아니라 노예에 대한 주인의 가혹한 행위였다. 그래서 그는 노예의 주인이 노예에게 인간적인 사랑으로 대했다면 시칠리아에서 노예폭동이 발생하지 않았을 것이라고 생각했다. 이와 같이 그가 강조한 미덕은 보편적 인간애라고 말할 수 있을 것이다.

로마제국은 정당한 국가였는가는 다음의 두 조건에 부합되어야 할 것이다. 첫째로 지배국가는 피지배국가보다 도덕적으로 더 선해야 하고, 둘째로 지배국가는 피지배국가 예속민의 이익에 도움이 되는 것이 무엇인지 관심을 가져야 한다. 로마는 이 두 조건을 충족시키고 있다고 하겠다. 이러한 주장은 역시 가재노예제를 정당화하는 데 사용되었을 것이다. 그러나 그 같은 해석으로 노예제도를 변호하기에는 충분하지 못할 것이다. 왜냐하면 많은 경우의 가재노예제가 이러한 조건들에 부합하지 않기 때문이다. 파나이티오스 이후의 스토아 사상가는 노예 제도를 하나의 사회제도로 규정했으며, 그 뒤 포세이도니오스와 세네카 역시 노예화의 원인을 인간의 운명적 결과로 보았던 것이다.[127] 이와 같이 스토아 사상가들이 노예화의 원인을 인간의 운명으로 돌렸다고 하는 사실은 기본적으로 노예제를 인정하지는 않았음을 시사하는 것이다. 그러나 그들은 노예를 학대하지 말아야 한다는 것과, 또 노예의 이익을 위해 관심을

---

126) Cicero, *de officiis* 3.89.
127) Seneca, *cons. marc* 20.1 ; Cicero, *de officiis* 1.41.

보여야 한다는 주장은 곧 초기 스토아가 공동체를 위해 노예제를 하나의 제도로 이미 인정해야 했음을 말해 주는 것이다. 초기 스토아 사상가는 그들이 살았던 당시의 사회체제에서 노예제의 만연을 주목했으며, 노예제를 막연하게 사악한 자들 사이의 일체 예속적인 형태라고 규정했다.

초기 스토아는 도덕적인 자유와 예속으로 자유민과 노예를 구분했다. 디오게네스 라에르티우스는 "자유는 독립적인 행위의 힘으로 묘사되고 있는 데 반해 예속은 독립적인 행위의 결여를 지칭한다"[DL 7.121~122]라고 말했다. 이 표현에서 현자는 자유민이며, 사악한 자는 노예임을 명시하고 있다. 이러한 사실은 오리게네스(Origenes)의 작품에서도 밝히고 있거니와 모든 현자는 자유롭다는 것이다. 왜냐하면 현자는 세계이성과 같은 신법(神法)에 일치하는 완전한 이성을 가지고 있으며 자연에 합일하는 도덕적 선에 따르는 자유로운 삶을 살기 때문이다. 이에 반해 사악한 자와 우자들의 이성을 나태하고 부패하여 도덕적 선과 균형을 이루지 못하고 오히려 외적이고 무관심적인 것에 그릇된 가치를 부여함으로써 자유와 독립을 상실하게 된다. 그러므로 이러한 외적인 것, 무관심한 것에 굴복하는 우자는 친구와 국가를 배신하게 되고 수치스러운 행동에 빠지게 된다고 말하였다.

지배에 대한 예속의 형태는 가재노예제, 제국적 지상권의 지배, 그리고 국가 내의 다른 유형의 예속형태를 포함한다. 스토아 사상가는 지배자(despotai)가 피지배자인 예속인보다 도덕적으로 더 우월한 존재라고 생각하지 않았다. 파나이티오스 이전까지도 스토아 사상가는 로마제국과 제국의 지배를 받고 있는 국가와의 관계를 카르네아데스가 그의 강연에서 특징지었던 것처럼 주인과 노예의 관계로 보았다. 사악한 우자는 노예라고 규정한 초기 스토아는 일체의 예속 형태를 부당하고 불공평한 것으로 비판했지만 파나이티오스는 그들의 견해와 달랐다. 그는 아리스토텔레스의 힘에 기초한 정부와 힘에 기초하지 않은 정부의 분류를 도입했다. 그가 말하고 있는 두 정부는 힘에 기초한 정부와 힘에 기초하지 않은 정부로 분류된다. 힘에 기초한 정부는 전제정이고 힘에 기초하지 않은 정부는 입헌정이었다. 그가 실현하려고 했던 것은 전제정이었다. 파나이티오스를 비롯한 중기 스토아 사상가들은 사악한 자들 사이의 일체 예속의 형태를 노예제로 규정했다. 중기 스토아 사상가들은 초기 스토아 사상가들과는 달리 아리스토텔레스의 힘에 기초한 정부와 힘에 기초하지 않은 정부의 구분을 선호하고 힘에 기초한 정부를 도입했다. 그리고 그들은 로마와 같은 제국적인 국가는 예외없이 힘에 기초하고 있기 때문에 법적으로 정당화될 수 없지만, 지상권을 가진 로마제국은 지배와 예속의 수직적 관계를 회피할 수 없다는 것을 인정했다.[128]

파나이티오스는 로마제국의 지배 하에 있는 나라는 노예와 같은 존재였다는 데에 초기 스토아 사상가와 견해를 같이했다. 그러나 그는 제국의 지배를 부당한 것으로만 생각하지 않았다. 초기 스토아 사상가는 지배자의 이익만을 위해 예속민을 부리고 사용하기 때문에 부당하다고 주장했으나, 파나이티오스와 포세이도니오스는 지배자는 피지배자의 안정과 이익을 위해 더 큰 관심을 가져야 하며, 로마제국은 지배자로서 그리고 제국적 지상권을 가진 국가로서 제국의 이익만을 추구하는 데 골몰해서는 안된다고 경고했다. 라틴어의 후마니타스와 같은 의미로 번역된 그리스어의 필란드로피아(philanthropia)는 박애 혹은 박애주의의 의미로 파나이티오스 이후 포세이도니오스를 비롯한 중기 스토아의 지배적인 사상이었다.[129] 이와 같이 중기 스토아의 박애와 인간애 사상은 인류에 대한 점진적 관심의 표명인 동시에 그들이 살았던 당시 사회에 대한 스토아의 점진적 수용을 위한 보완적인 노력이었다고 하겠다. 결과적으로 파나이티오스와 포세이도니오스는 인간은 자신의 미덕을 사회 안에서 행

---

128) Andrew Erskine, *op.cit.*, p.199.
129) *ibid.*, pp.199~200.

사하고 그리고 자신이 처해 있는 사회질서에 합일하는 미덕을 실천해야 한다는 것을 강조하고 있다.

기원전 2세기 중기 스토아에서 기원한 로마제국은 정당한 제국이었는가 하는 문제는 파나이티오스의 제자 포세이도니오스에 의해 다시 주요 문제로 제기되었다. 포세이도니오스는 그의 철학에서 이원론의 경향을 더 강조하고, 인간영혼의 합리적인 힘과 비합리적인 힘의 존재를 규명한 바 있다. 또한 스토아 철학의 깊이가 있는 연구자인 리스트는 포세이도니오스의 이원론은 그의 심리학에서뿐만 아니라 그의 자연학에서도 자주 등장한다고 기록하고 있다.130) 포세이도니오스가 노예제를 하나의 사회제도로 인정했듯이 파나이티오스도 로마제국과 그 제국의 지배를 그의 철학에서 정당화하고 있다.

카펠레(W. Capelle)는 노예제와 로마제국의 지배를 정당화했던 파나이티오스와 포세이도니오스의 주장에 주목했다. 포세이도니오스는 마리안딘인들(Mariandyni)은 지성의 나약을 괴로워한 자들이었다고 밝히고 있다. 그러므로 마리안딘인은 자신들이 두 집단에 유익을 준 유능한 헤라클레오트스(Heracleots)의 예속민이라고 생각했다. 예속에 대한 스토아 사상과의 관계는 포세이도니오스가 복종(*hupotaxis*)을 의미하는 동사 huppotatto를, 즉 마리안딘인은 헤라클레오트스의 예속민(*Mariandunoi Herakleôtais hupotag san*)이라고 기술함으로써 분명해진다. 스트라보(Strabo)는 스페인에 대한 기록에서 로마인을 무법한 스페인 원주민에게 평화와 질서를 부여한 자로 묘사하고 있다. 이와 같이 그는 로마인을 지중해의 해적행위와 강탈을 막고 로마의 북서부 지방의 난폭한 폭동을 진압하여 평화를 정착시킨 평화의 사도로 기술하고 있다.131) 카펠레는 스트라

---

130) J.M. Rist. *Stoic philosophy*, Cambridge, 1969, pp.201~218.
131) 스트라보는 로마인을 무법천지인 스페인의 질서 확립과 지중해 해적들을 소탕함으로써 스페인 원주민에게 평화를 정착시켜 준 평화와 질서의 사도로 높이 평가했다.[Strabo, 3.144, 12.5 ; 154, 3.5]

보가 로마인은 평화의 사절로 높이 평가할 수 있었던 것은 어디까지나 포세이도니오스의 로마제국관을 통해서 확신을 가지게 되었다고 주장한다.132)

세네카의 『도덕서한』은 포세이도니오스의 사상과 그의 제국관을 밝힐 수 있는 주요한 자료이다.133) 포세이도니오스는 약자들이 자신보다 더 능력있고 힘있는 강한 자들에게 복종하는 것을 당연하다고 생각했다. (naturae est enim potiorbus deteriora submittere) 가장 힘센 황소가 소의 무리를 이끌어 가듯이 동물의 세계에서도 가장 힘세고 사나운 짐승이 모든 동물을 다스리는 지배의 원리가 통하지만 인류의 황금시대에는 힘센 자들보다 미덕을 갖춘 현자가 나약한 자의 이익을 위해 다스렸다.

이와 같이 황금시대는 현자가 우자를 다스리는 합리적인 관계를 설정하였으나, 타락하여 부패한 시대의 현자는 권력에 사로잡혀 그 권력의 미몽으로부터 벗어나지 못했다는 것이다. 스페인에서 로마의 지배 그리고 헤라클레오트스와 마리안딘인 사이의 관계는 권력에 의한 지배와 예속이 실현된 사례다.134) 초기 스토아 사상가는 현자가 우자를 지배했던 시대를 황금시대라고 정의하지 않았다.135) 섹스투스 엠피리쿠스(Sextus Empiricus)는 그 후 여러 스토아 사상가 가운데 포세이도니오스를 황금시대의 개념에 익숙하지 못한 사람으로 평가하고 있다. 이들 중기 스토아 사상가들은 과거에는 마치 신과 같은 우수한 사람들이 존재했다고 생각하고 있었지만 초기 스토아 사상가는 이러한 사실을 믿지 않았다고 언급하고 있다.

로마제국의 지배를 정당화했던 몇 가지 특징은 한니발 전쟁에서 시

---

132) W. Capelle, "Griechische Ethik und römischer Imperialismus" *Klio* 25(1932) ss.86~113.
133) Seneca, *Epistulae* 90.4~6.
134) F.W. Walbank, "political morality and the friends of Scipio" *JRS*(1965), p.15.
135) H.C. Baldry, "Zeno's ideal State" *JHS* 79(1959), pp.3~15.

라쿠스를 포로로 잡은 로마의 장군 마르켈루스(Marcellus)에 대한 포세이도니오스의 설명에서 잘 나타나고 있다.136) 장군 마르켈루스는 로마인을 극찬하면서 "로마인은 그리스인보다 정의로우며, 최초로 공평을 보이고 실천한 사람들이다. 그러므로 그리스인은 자신들보다 로마인이 그리스인을 다스리고 지배하는 것이 훨씬 유익하다"고 생각했다.137) 이와 같이 마르켈루스는 로마제국이 했던 것처럼 그가 지배한 도시와 그 곳 사람들에게 자선을 베푼 후원자였다고 밝히고 있다.

하지만 만일 엔네(Enne)·메가라 그리고 시라쿠스의 백성들이 마르켈루스에 의해 학대를 받았다고 생각한다면 그것은 그들 자신의 잘못에 기인한 것이지 로마인의 폭력에 의한 것은 아니었다고 생각했다. 포세이도니오스는 노예 소유자는 노예를 취급함에 있어 자선을 보여야 한다고 강조하면서, 여기서 포세이도니오스는 로마제국의 지상권 유지를 위해 제국의 지배 하에 있는 국가에게 자선과 박애의 확대를 강조했던 것이다. 스트라스부르거는 로마의 지배에 대한 포세이도니오스의 입장은 카펠레가 시사했던 것보다 훨씬 복합적이었다고 설명한다. 포세이도니오스는 로마 세계지배를 관용과 자선의 실천으로 생각하면서도, 로마의 지배를 받고 있는 국가에 대해 로마의 태도를 지켜보고 자주 부당함을 지적했다.138)

그래서 우리는 포세이도니오스를 두 가지의 측면에서 보아야 할 것이다. 그 하나는 그가 로마를 제국적인 국가로 보는 일반적 견해로서, 로마제국의 지배가 정당하다고 한다면 제국의 통치는 파나이티오스의 제국관과 일치해야 할 것이다. 또 다른 하나는 로마제국이 실제로 어떻게 작용했는지에 대한 포세이도니오스의 설명이다. 만일 포세이도니오스가

---

136) Plutarchos, *Marcellus* 20.1~2.
137) *ibid.*, 20.1~2. 로마인들은 당시의 많은 외국과 전쟁을 능숙하게 치렀던 무서운 투사로 인식되었지만, 그러나 그들은 친절하고 인간적이며 시민적 미덕을 갖춘 선한 자들이었다고 밝히고 있다.
138) H. Strasburger, "Poseidonius on the Problems of the Roman Empire" *JRS* 55(1965) pp.46~49.

로마제국의 예속국가에 대한 제국의 지배가 부당하다고 생각했다면 그것은 단순한 그의 제국관의 일면이었을 것이다. 로마는 자주 포세이도니오스의 로마인에 대한 비판과 또 그 나름의 제국에 대한 이상을 가지고 있었지만 그것을 따르지 못하였다. 로마제국이 본질적으로 정당하거나 공평하지 못했다는 비판은 카르네아데스와 초기 스토아 사상에서 찾을 수 있을 것이다.[139]

열등한 자에 대한 우월한 자의 지배로서의 제국의 개념은 자연적인 요구이며, 명령으로 정의되었으나, 지배와 피지배, 주인과 노예의 불유쾌한 비유는 그것이 기원한 철학적 관계에서부터 멀어지게 되었다. 그러나 스토아 사상의 종속이론에서 열등한 자에 대한 우월한 자의 지배원리는 여전히 강조되고 있었으며, 그러한 사실은 스토아 사상의 예속의 개념에 잘 나타나고 있다. 디오뉘시오스(Dionysios of Halicarnassus)는 스토아 사상에 매료되었던 자로 그리스인은 로마인의 지배에 예속(hupotaxis)되는 것을 기꺼이 받아들여야 한다고 강조했다.

> 그리스인이 로마인들의 지배 하에 예속되는 것은 모든 사람들에게도 있을 수 있는 자연의 법칙이다. 우월한 자가 열등한 자를 지배한다는 시대의 추이를 파기할 수 없다.… 로마인은 정의·경건·절제 그리고 전쟁에서 그리스인이나 혹은 만인보다 우수하다.[140]

여기서 정의·경건·절제 그리고 전쟁에서 로마인의 탁월함과 우수성은 포세이도니오스가 강조한 바 있는 도덕적·실천적 우월성을 말하는 것이다. 세네카는 또한 그의 『도덕서한』에서 밝히고 있다.

> 현자의 지배를 받는 것은 자연의 순리요 법칙이다. 왜냐하면 자연은 약자가 강자

---

139) Adrew Erskine, op. cit., p.202.
140) Dionysius of Halicarnassus, *Roman Antiquities* I. 5.2~3.

의 지배를 받는 것을 원칙으로 생각하기 때문이다. 말 못하는 동물의 세계에서도 가장 힘세거나, 가장 사나운 것이 지배자가 된다. 소떼를 이끄는 것은 나약한 황소가 아니다. 힘세고 근육이 강한 모습을 한 황소가 다른 약한 황소를 힘으로 누른다. 코끼리 경우에서도 가장 크고 힘센 놈이 맨 앞에서 호령한다. 그러나 인간에게 있어서는 최선자가 지고한 자로 간주된다.[141]

이러한 주장은 파나이티오스와 포세이도니오스의 여러 글에서 나타나고 있다. 디오뉘시우스는 민중들이 원로원 의원에게 복종하고 예속되어야 하는 것은 마치 육신이 영혼에 복종하고 예속되는 것 같다고 말한다. 그러나 디오니시우스의 비유는 자주 우리를 당혹하게 한다. 왜냐하면 그는 민중에 대한 원로원의 지배를 정욕에 대한 이성의 지배로 비유하기 때문이다.[142] 키케로는 『국가론』에서 노예는 보호자의 보호를 받는 피보호민(patron/client), 다시 말해 보조적인 관계로 발전하였다. 키케로는 로마인을 보호자·후원자(patroni)로, 그리고 로마인의 국가인 로마제국은 파나이티오스의 작품 『의무론』에서처럼 보호자의 권한(patrocinium)'을 가진 존재로 묘사되고 있다.[143] 아마도 로마인은 로마의 피지배국가 예속민을 피보호민으로서보다 로마인을 보호해 주는 자로 보려고 했다.

스토아 사상의 제국관은 예속국가에 대한 의무 수행의 강조였다. 분명 이러한 사실은 대부분의 경우에 인식되었지만 무시되고 말았다. 하지만 파나이티오스의 제자 루푸스는 스토아 사상가이자 원로원 의원으로서 그가 로마제국의 행정관으로 활동했을 때 제국의 지배 하에 있는 예속국가에게 해야 할 의무가 무엇인지 진지하게 생각했다.[144] 로마인은

---

141) Seneca, *Epistulae* 90.4.
142) Dionysius of Halicarnassus, *Roman Antiquities* V.67.4. 디오뉘시우스는 국가를 인간과 유사하다고 말한다. 원로원은 인간의 영혼인 데 반해 민중은 육신으로 설명한다. 그러므로 만일 무지한 대중이 원로원을 다스리게 된다면 국가는 영혼이 육신의 지배를 받는 것과 똑같이 될 것이다. 민중은 이성적인 인간이 아니라 정욕의 인간이기 때문이다.
143) Cicero, *de officiis* 1.35, 2.27.

로마의 세계지배와 같은 과거의 행적에 대해 비판하는 것을 좋아하지 않았다. 키케로는 카르타고와 누만티아(Numantia)의 파멸을 아주 당연한 것으로 생각했지만 코린토스의 멸망에 대해서는 애석해 했다. 하지만 키케로는 뭄미우스(Mummius)가 그렇게 하지 않을 수 없었던 이유가 무엇이었는지 인식하게 되었다.[145] 리비우스는 로마의 평판에 관심을 가지고 역사적 기록을 수정하지 않을 수 없었다. 그를 비롯한 많은 사람은 로마제국은 예속민에게 자선적이었다고 확신했기 때문에 그 제국의 힘이 어떻게 작용하였든 간에 상관없이 매력적이었다고 생각했다. 이와 같은 로마제국 사상은 키케로의 『국가론』과 『법률론』을 통해 실현되고 있었음을 보여주었다.

로마제국은 어떠한 제국이었는가에 관한 것은 많은 사람들, 특히 로마인에게 위안이 되는 상투적인 표현에 불과했다. 포세이도니오스 같은 부류의 사람은 로마의 제국적 성격에 대해 급진적이지는 않았지만 아주 비판적이었다. 이 시기에 로마는 1백 년 이상 동안 지배적인 위치에 있었던 국가였다. 이와 같은 사실에서 로마제국은 과연 어떤 제국이었는가는 기원전 2세기에 나타난 지적 논쟁을 과소평가해서는 안될 것이다. 그리스와 동부의 지식인들은 새로운 질서에 타협하고 화해해야만 했다. 지난날 세력균형이 유지되었던 곳은 이제 단 하나의 지배세력만이 존재하게 되었으며 나머지의 국가들은 유일한 지배국가에 종속되었다. 그 결과 로마의 지배와 통치는 당시에 중요한 문제로 등장했다. 지속적으로 일고 있었던 로마제국에 대한 개념논쟁은 로마에 대한 그리스인들 사이의 의견의 불일치뿐만 아니라 감정에도 영향을 주었다. 로마의 지배가 그리스인에게 지지받을 일이었느냐 아니면 지지받지 못할 일이었느냐는 것은

---

144) Cicero, *Brutus* 30.114~115 ; Diod, 37.5.
145) Cicero, *de officiis* 1.35.

진부한 이야기가 아니라 오히려 세심한 논증이 요구되는 것이다. 로마제국의 세계지배를 정당하다고 평가한 파나이티오스는 로마제국에 스토아 사상을 안내한 대표적인 인물이었으나 모든 스토아 사상가들이 그의 견해에 동의하지 않았다. 로마인은 두 말할 나위없이 자신들의 이익에 부합되는 사상에 영향을 받았을 뿐이다.146)

이상에서 폴리비오스·카르네아데스 및 파나이티오스의 로마제국관을 살펴보았다. 정치사상의 분야에서 스토아 사상은 현저한 변화를 했다. 제논을 비롯한 초기 스토아 사상에서부터 중기 스토아 사상의 출현까지의 시기에 이르는 스토아 사상의 변화는 그렇게 괄목할 만한 것은 아니지만 이 두 시기에서 우리는 현저한 차이를 볼 수 있다. 적어도 크뤼시포스까지의 초기 스토아는 제논의 정치사상이 지배하게 되었으나, 기원전 2세기부터 그의 정치사상은 발전보다는 오히려 반작용이 나타나기 시작했다.

스토아에서 이 같은 변화는 곧 고대의 일반적인 정치수준으로 인식되었다. 에피쿠로스학파의 철학자 필로테무스는 후기 스토아 사상가들이 제논의 『국가론』을 해석함에 있어 그들 사이에 발생했던 혼란을 대수롭게 생각하지 않았다. 키케로는 바빌론의 디오게네스와 파나이티오스 같은 스토아 철학자들 사이에서 복종과 예속의 형태에 좀더 현실적이고 실제적인 경향이 점증하고 있음을 확인했다. 키케로는 그의 선대 스토아 사상가들의 정치문제에서 철저히 공론의 범주를 뛰어넘지 못했는데 중기 스토아 파나이티오스는 그의 선대 스토아 사상가들보다 훨씬 실제적이고 현실적인 이론을 제시했다고 밝히고 있다.147)

---

146) 이 같은 이론들은 현대의 많은 사상가들에 의해 주장되어 왔다. 키케로는 서양은 인류의 수탁자(受託者: trustee)요, 보호자이며 우리가 수행해야 할 최고 의무는 후진 민족을 교육시키는 일이라고 했다. 서양은 이런 일을 위한 '선천적'인 지도자이다.[F.S. Marvin, *Western Races and the World*(oxford 1922), pp.7~26. Cicero, Patrocinium 참조]
147) Cicero, *de Legibus* 3.14 ; *de Finibus* 4.78~79.

파나이티오스의 국가사상은 초기 스토아 사상가들이 보였던 융통성이 없는 엄격주의보다 연성적(軟性的)이었으며, 자주 플라톤·아리스토텔레스·테오프라스토스·크세노크라테스 그리고 디카에아르쿠스의 사상을 그의 정치논술에서 소개하고 있다.[148] 그의 『의무론』의 첫 두 권은 이러한 정치사상의 지침서이었으며 당시의 모든 작가에게 널리 인용되고 있었다. 그러나 중요한 사실은 당시의 정치논술에서 제논과 클레안테스 그리고 크뤼시포스의 언급이 없다는 것이다.[149] 포세이도니오스에 관한 갈렌(Galen)의 언급에서 포세이도니오스는 영혼의 문제에서 크뤼시포스와 다른 점을 강조하면서 플라톤의 영향을 많이 받은 자로 밝히고 있다. 플라톤과 스토아 사상가들의 작품에서 영혼이 갖는 정치적 중요성이 일찍이 논의되어 왔다.[150] 스토아 사상의 이 같은 변화는 초기 스토아 사상가에 대한 로마 스토아 사상가의 태도에서 확연하게 나타나고 있다.

로마 스토아 사상가들은 제논의 『국가론』을 비판하고 평가하면서 실제를 추구하는 로마공화정의 정치현실에 저해가 되는 작품이라고 생각했다. 제논에 대한 로마 스토아 사상가의 접근은 크뤼시포스를 비롯한 초기 스토아 사상가의 접근과 달랐다. 물론 제논은 스토아 사상의 창시자였기 때문에 주의 깊게 다루어져야 할 것이며, 정확한 기준이 없이 스토아학파의 창시자를 비판한다는 것은 바람직한 일은 아닐 것이다. 제논

---

148) Cicero, *de Finibus* 4.79. 파나이티오스에게 끼친 플라톤과 아리스토텔레스의 영향은 Adrew Erkine, *op. cit.*, pp.181~200참조.
149) 키케로의 『의무론』 I권과 II권에서 이들에 대한 언급은 다음과 같다. 즉 플라톤에 관한 내용은 Cicero, *de officiis* 1.4, 1.15, 1.22, 1.28, 1.63, 1.64, 1.85, 1.87, 1.155. 아리스토텔레스에 관한 내용은 Cicero, *de officiis* 1.4, 2.56. 테오프라스토스에 관한 것은 Cicero, *de officiis* 1.3, 2.56, 2.64. 크세노크라테스에 관한 것은 Cicero, *de officiis* 1.109. 디카에아루쿠스는 2.16.
150) 플라톤은 영혼을 국가에 비유하면서 영혼에 정치적 중요성을 부여했다. 초기 스토아는 영혼의 분리를 부인하고 그리고 영혼을 단일체로 생각함으로써 플라톤의 이원론에 반대했다.[Andrew Erskine, *op. cit.*, pp.27.58.70.70~74]

의 사상이 갖는 불합리한 요소가 때로는 변명되고, 때로는 부인되고 재해석되었다. 제논의 사상은 그의 『국가론』에서 그가 추구했던 바가 무엇인지 자세하게 밝혀지고 있다.

제논의 생애와 경력은 두 부분으로 나눌 수 있다. 그가 젊어 세상물정을 몰랐을 때 『국가론』을 제작했지만, 그 후에 그는 아주 주목을 받을 만한 급진적인 작품을 세상에 발표했다. 제논의 작품은 역시 재해석될 수 있었다. 공정하고 객관성이 있는 자료는 아니지만 포세이도니오스를 비롯한 다수의 중기 스토아 사상가들은 제논을 플라톤주의자로 단정하였다.

제논의 이상국가 사상은 크뤼시포스를 비롯한 그 후 스토아 사상가들에게서 여전히 나타나고 있었다. 그러나 크뤼시포스도 제논의 이상국가 사상이 허구적이었다는 비판 못지않은 비판을 받았다. 크뤼시포스는 스토아학파의 제2의 창시자로 평가받을 만한 인물이었다. 그는 제논과 견해를 달리했던 스토아 사상가로 편견이 없는 객관적 사려를 가진 인물이었다. 후에 세네카는 크뤼시포스를 위대한 인물로 평가하면서도 자주 그를 조소했던 것이다.[151] 만일 크뤼시포스의 견해들이 만족스러운 평가를 받지 못하게 되었다면 그가 제논에 대해 가진 견해와 생각들은 해석상의 문제에 오류를 범한 것으로 보여질 수도 있었다.

디오게네스 라에르티우스는 크뤼시포스를 제논이나 클레안테스와 다른 인물로 평가했다.[152] 더욱이 크뤼시포스의 주장은 수용하기 어려울 뿐만 아니라 당시의 사료에 거의 밝혀지지 않고 있다. 그러나 그러한 평

---

151) Seneca, *de Beneficiis* 1.3.8 ; 4.6.
152) D*iogenes Laertius* 7.179. 크뤼시포스는 아폴로니우스(Apollonius)의 아들로 솔리(Soli)나 혹은 타르수스(Tarsus)에서 태어났을 것이다. 알렉산드로스가 그의 『계승론(*successions*)』에서 밝히고 있듯이 크뤼시포스는 클레안테스의 제자였다. 클레안테스가 살아 있는 동안 크뤼시포스는 그의 학파로부터 밀려나게 되었다. 그러나 그는 철학자로서 탁월했다. 그는 선천적인 재능을 가진 자로 모든 문제에 대해 예리한 통찰력을 발휘할 수 있었다. 이런 점에서 제논과 달랐다.

가나 해석은 몇몇 스토아 사상가의 제한된 견해라고 생각한다. 갈렌에 의하면 포세이도니오스는 크뤼시포스의 영혼의 문제에서 제논과 클레안테스와 다른 견해를 주장했다고 전하고 있다. 플라톤의 영혼의 개념은 제논과 클레안테스에게 영향을 주었다고 밝힌 포세이도니오스의 주장은 클레안테스가 쓴 4행 시구에서 발견할 수 있다.[153] 갈렌은 클레안테스에 관한 포세이도니오스의 주장을 인정하고 있으나 그는 제논이 어떠한 심리학을 제시했는지 밝힐 수 없다고 말하고 있다. 그것은 포세이도니오스가 제논에 대한 그 어떤 전거도 제시하지 못했음을 시사하는 것이다. 포세이도니오스는 클레안테스의 영혼의 분리를 주장하고, 또한 그가 크뤼시포스보다 훨씬 앞선 시대의 사람이었기 때문에 제논의 견해를 따랐다고 생각했을 것이다.[154] 포세이도니오스의 영혼의 문제는 크뤼시포스에 대한 비판과 그리고 제논에 대한 재해석을 함으로써 로마 스토아 사상가의 표준이 되었다.

고대의 정치사상은 윤리학과 밀접한 관계를 가진다. 그래서 고대 정치사상을 논함에 있어 윤리학은 결코 간과될 수 없다. 더욱이 초기 스토아에서 윤리학은 자연학과 논리학의 밀접한 관계를 가졌던 것이다. 윤리학·자연학 그리고 논리학은 완전한 제도를 만드는 데 주요한 요소였다. 이 가운데 하나의 요소를 이해한다는 것은 남은 다른 두 요소의 이해를 수반한다. 윌케스(K.V. Wilkes)는 스토아 윤리학은 '수정(revisionary)'에서 '반작용(reactionary)'으로 변화할 수 있었다고 하는 사실을 밝히고 있다. 왜냐하면 로마에서 스토아 윤리학은 그것의 효능을 요구한 모든 정황을 포기했기 때문이다. 자연학과 논리학은 더 이상의 중요한 가치를 가지지 못하게 되었다. 이러한 사실은 논리학에 관심을 가지지 않았던 파나이티오

---

153) J.M. Rist, *Stoic philosophy*(Cambridge 1969), p.29에 따르면 이 시구들은 영혼의 단일성에 일치한다고 지적했다. 포세이도니오스와는 달리 Plutarchos SVF 1.202에서 제논, 아리스토텔레스 그리고 크뤼시포스는 모두 영혼의 단일성을 확신했다고 말하고 있다.
154) *ibid.*, pp.29~30.

스에게서 나타나게 되었으며, 자연학의 역할도 격하하는 현상을 보였던 것이다.[155] 파나이티오스는 종말(teles)을 정의함에 있어 세계본성보다 인간본성을 강조한다.[156] 그러므로 자연은 세계성보다 인간성과 같은 것으로, 그 둘 사이의 관계는 그렇게 중요하지 않았던 것이다.

스토아의 도전능력은 세계본성의 강조에서 유래한다. 바로 이것은 사회가 얼마나 이상을 결여하였는지를 증명해 주고 있다. 인간은 자신의 본성을 세계본성, 올바른 이성과 조화를 이루어야 한다. 스토아 철학에서 인간본성과 세계성의 조화를 구체화하고 인격화한 자가 현자다. 그러나 윌케스가 지적한 바와 같이 파나이티오스에게서 현자는 '미덕의 표준'으로서의 가치를 점점 상실해 갔다.[157] 그러므로 세계성과 현자의 이상에 확실한 변화가 나타났다. 바로 이러한 세계성과 현자의 이상은 당시 사회와 그리고 그 사회의 도덕적 가치를 평가할 수 있는 외적 표준이 되었던 것이다. 그리고 세계성보다 인간성을 강조함으로써 인간의 현실문제에 접근하게 되었다.

이상으로부터 현실과 실제에로의 변화는 재산에 관한 해석에서 그리고 현존하는 법과 관습에 대한 점진적 관심에서 볼 수 있다.[158] 초기 스토아에서 사유재산은 자연에 반하는 것으로 인식되었는데 반해, 중기 스토아에서는 현행법에 의해 강화된 사유재산의 소유는 정당한 것으로 인식되었다. 키케로는 『법률론』에서 초기 스토아의 교의보다 그가 살았던 동시대의 스토아, 즉 로마 스토아(중기 스토아) 사상에 영향을 받았던 것이다.[159] 그래서 키케로는 자연법에 일치하는 법전을 만들려고 했다. 그는

---

155) ibid., pp.174~179.
156) ibid., pp.186~190.
157) Seneca, Epistulae 116.5 ; Cicero, de officiis 2.35.
158) 로마시대의 스토아 사상가는 전통과 관습을 옹호하였다. 이에 관한 것은 P.A. Brunt, 'Stoicism and Principate', PBSR 30(1975), pp10~16에서 그는 다음과 같이 밝히고 있다. 즉 '대체로 파나이티오스와 키케로가 속하여 있었던 당시 상류 지배계층의 관행이 의심할 것 없이 수용되었다'는 것이다.

당시의 법에 대해 비판적이었다기보다 오히려 자신이 제안한 법이 로마 법과 매우 유사하다고 생각했다.160) 그에 반해 크뤼시포스는 당시의 모든 법전은 잘못된 것이라고 비난했다.

이와 같이 키케로는 그가 살았던 사회를 인정하고 수용한 것은 당시 사회구조의 심리적 부활을 나타내는 것이라 하겠다. 그러나 당시의 심리적 발전은 파나이티오스와 포세이도니오스 같은 로마 스토아 사상가의 정치적 시각이 초기 스토아 사상가와 현저하게 다르다는 것을 증명해 주고 있다.

스토아 정치관의 변화는 파나이티오스와, 그리고 로마의 사회적 상황에 기인한 것으로 종종 인식되었다. 이러한 정치관의 변화는 정치의 점진적 발전을 흐리게 했으며, 또한 플라톤과 아리스토텔레스의 정치사상에 대한 스토아의 반작용을 유발시킨 출발점이었다. 변화의 발단은 일찍이 바빌론의 디오게네스(Diogenes of Babylon)이었다. 디오게네스는 당시의 정치현실에서 활동하는 행정장관들처럼 보다 현실문제에 관심을 가지게 되었다. 정치적 시각의 변화는 로마와 같이 단순요소로 설명되기보다 오히려 오랜 시간에 걸쳐 이러한 변화를 초래하게 한 다양한 요소가 무엇이었는지를 밝혀야 할 것이다.161)

초기 스토아의 정치에 대한 최초의 반작용은 스파르타에서 스파이로스의 활동(Sphaerus' activities)과 그리고 스파르타의 왕 나비스(Nabis)의 영향이었다. 이러한 반대운동은 초기 스토아 사상가들의 정치이론으로부터 단절시키기 위해 그 후 로마 스토아 사상가들, 이를테면 바빌론의 디오

---

159) 스토아의 개념들은 다양하게 나타나고 있다. 예를 들면 Cicero, *de Legibus* I. 23에서 전체세계는 인간과 제신들로 구성된 하나의 국가다(Communis urbs et civitas hominum et eleorum) [*Diogenes Laertius* 7.87~88] Cicero, *de Legibus* I. 25에서 자연은 인간에게 도움을 주는 동물을 포함해 많은 것들을 보존해 왔다.
160) Cicero, *de Legibus*. II. 23.
161) Adrew Erskine, *op.cit.*, p.208.

게네스 같은 자들의 시도들이 그 원인이 되었던 것이다. 그러므로 정치사상의 변화는 곧 스토아 재산관의 새로운 시각을 가지는 변화를 가져왔다.[162]

로마는 스파르타와 나비스의 분리를 강조함으로써 스토아 사상가들의 정치사상에 간접적인 영향을 주었지만 그들의 보수주의적 경향에 지속적인 영향을 주었던 것은 그 후 스파르타와 나비스와의 직접적인 접근이었다. 파나이티오스는 로마를 방문한 최초의 스토아 사상가는 아니었다. 파나이티오스보다 앞서 스토아 사상의 영향을 받은 문법학자 크라테스는 기원전 168년경 로마를 방문했지만, 원래는 페르가몬의 아타루스(Attalus)에서 대사의 사명을 띠고 온 자였다. 그러나 그는 로마에 체류하는 동안 다리 골절로 체류기간이 연장되면서 우연히 로마에서 강연을 할 수 있는 기회를 가지게 되었다. 대체로 여기서 가장 주목해야 할 인물은 논쟁을 좋아하는 카르네아데스이다. 하지만 기원전 155년에 이미 디오게네스는 아테네에서 유명한 대사의 임무를 띠고 로마에 왔다. 기원전 2세기 중엽 로마에 온 이들 스토아 철학자[파나이티오스·크라테스·디오게네스]들과 그리고 다른 그리스인들은 스토아 사상의 전파와 그리고 스토아 사상을 쉽게 이해할 수 있는 환경을 만드는 데 기여했던 것이다.[163]

그리스에서 로마의 지배적 우위의 결과로 많은 그리스의 사상과 문학·예술 그리고 철학이 로마로 들어오고 있었다. 그리스의 철학은 지난날 정당한 가치를 인정받을 수 있었는지 의문이 제기되어 왔지만 결코 그 가치는 간과될 수 없었다. 그리스의 예술·철학·문학 그리고 사상에 번민했던 로마인은 그리스의 철학이 그들의 사회에 위험을 초래하는 것으로 인식하면서도 한편 로마인으로부터 떼어놓을 수 없는 가장 유익한

---

162) *ibid.*, p.208.
163) *ibid.*, pp.208~209.

것으로 생각했다. 만일 로마제국주의에 대한 카르네아데스의 힐난한 비판이 없었다면 아카데미학파는 전통적 가치를 공격할 수 있는 힘을 결여한 학파라는 비난을 면하지 못했을 것이다. 에피쿠로스학파 사람들은 다른 주요학파들 가운데 왜 에피쿠로스학파가 활력의 도시 로마에서 수용될 수 없었던 이유는 무엇이었던가?[164] 그것은 다른 학파에 대한 불만 때문이며, 그 이유로 에피쿠로스학파는 물론 중기 스토아 사상에 대해서도 긍정적인 반응을 보이지 못했을 것으로 생각한다.

견해를 달리했던 스토아 사상가를 후원한 라일리우스와 스키피오 같은 로마인은 분명 파나이티오스와 포세이도니오스의 작품에서 밝힌 새로운 보수주의적 정치사상을 치켜세웠던 것이다. 동방으로 사절의 임무를 띠고 스키피오와 동행한 파나이티오스는 기원전 130년대 로마에서 살았다. 다른 한편 블로시우스(Blossius)는 티베리우스 그락쿠스와 인간적인 유대에도 불구하고 로마 상류 지배계층에서 거의 환영을 받지 못했다. 스토아 사상가들이 로마인과의 인연을 끊으려고 했음에도 로마인들이 스토아의 정치적 유산에 매력을 가진 것에 대해 많은 로마인들은 의아함을 감추지 못했을 것이다. 그러나 스토아 정치사상은 단지 스토아 사상이 가지고 있는 하나의 요소일 뿐이었다. 로마인의 호평과 흥미를 끌었던 것은 스토아 사상이 아니라 키케로가 소 카토에게 강조했던, 미덕만이 진정한 선이라고 정의한 스토아의 엄격한 도덕률이었다.[165]

정치적 환경의 변화와 현상의 유지 그리고 로마에 유익을 주는 일이 개인이 갖추어야 할 요건으로 설명될 수 있다. 파나이티오스는 공적인 문제에 적극적이었던 로도스의 부유한 상류계층 가문의 출신이었다. 제3

---

164) 키케로는 특히 정치에 관여하지 않았을 뿐 아니라, 모든 정치제도에 냉담했던 에피쿠로스학파를 공격했다. 이러한 사실은 그의 『국가론』의 서문에서 밝히고 있다.[Cicero, de Finibus 2.75~77]
165) Cicero, de Finibus 3.10.

차 마케도니아 전쟁과 그 이후의 시기에 이들 상류 지배계층은 아마도 로마에 호의적이었을 것이다. 당시 로도스에서는 격렬한 정치투쟁이 계속되는 불상사로 지배계층은 오히려 로마에 대한 지지와 찬성의 태도를 자연스럽게 나타낼 수밖에 없었을 것이다. 더욱이 파나이티오스는 이러한 국가적 위기의 와중에서 자신과 자신의 사유재산의 보호를 위해서라도 로마를 지지할 수밖에 없었다. 이 같은 로도스의 정치투쟁은 현실이었으며 그렇다고 그것이 스토아 정치사상의 변화를 말해 주는 것은 아니다. 또한 스토아 사상의 변질 자체가 파나이티오스라는 인물이 부유한 로도스 가문의 출신이었다는 점과 그가 로마를 지지했다는 데에 기인한 것도 아니다.[166] 오히려 스토아 사상이 파나이티오스 같은 사람을 매혹할 수 있을 정도로 변화하였기 때문이었다. 파나이티오스는 스토아 사상을 로마에 더 친숙하게 끌어들였으며, 그 정치적 방향과 노선을 과거의 진행방향에서 더 진전시켰다.

스토아학파는 당시 사회를 비판했던 강한 비판적인 자세에서 수용하는 입장으로 바뀌게 되었다. 이와 같이 초기 스토아는 재산과 국가권력을 인정하지 않았으나 그들의 후계자인 로마 스토아 사상가는 재산과 국가권력에 대해 옹호하는 입장이었다. 그것은 큰 변화였다. 그러나 그 변화의 대상은 개인이었지 사회는 아니었다. 그러므로 개인은 당시의 사회구조 안에서 자신의 미덕을 발전시키고 실천해야 했다.[167] 이와 같이 당시에 사회의 여러 국면들을 수호한다는 것은 대체로 사회를 지키려는 경향을 반영하는 것이라 하겠다. 기원전 1세기 포세이도니오스는 노예제의

---

[166] 파나이티오스의 재부관은 초기 스토아 사상가와 다르지 않았다. 대부분의 스토아 사상가는 부유한 가문의 출신이었다. 제논의 아버지는 상인이었으며, *Diogenes Laertius* 7.32.(*Diogenes Laertius* 7.2.4~5 참조)크뤼시포스의 가문은 기원전 229년 해방의 시대에 아테네에 재산을 바칠 만큼 부유했다. 그러나 클레안테스 가문의 배경은 분명히 밝혀지지 않고 있지만, 겨우 4드라크마를 가지고 아테네에 왔다고 전해지고 있다. 그는 막노동을 하며 가난하게 산 자로 널리 알려져 있었다.[*Diogenes Laertius* 7.168~170]

[167] Seneca, *Epistulae* 120.18.

폐지보다 노예취급의 개선만을 강조했다.168) 이러한 사실에서 우리는 중기 스토아 사상가들이 그들의 전통적인 사회구조의 변화를 꾀했다기보다 수호하였다는 사실을 충분히 입증할 수 있을 것이다. 스토아의 보수주의적 경향에 매혹된 키케로는 가난하고 고통 받는 자에게 적절한 자선을 촉구하면서, 국가의 토대를 침식시킨 농지법과 부채의 말소를 촉구하였다.169)

키케로는 그의 『의무론』에서 말했다.

> 사실 권력이 아무리 강하더라도 위협적인 세력에 두려움을 가질 경우에 오래 지속될 수 없다. 이런 사실은 팔라리스(Phalaris)가 잘 증명하고 있다. 팔라리스는 잔인하기로 유명했으며, 결국 그는 살해당하는 비운을 맞았다. 반역과 몇몇 사람의 음모에 의해서가 아니라 아그리겐툼(Agrigentum)의 모든 주민들이 일제히 한 목소리로 그를 반대하여 궐기했기 때문이다.… 스파르타 사람들은 그들의 최고 권한을 전제적으로 행사하였을 때 모든 동맹국은 스파르타의 지배를 벗어나기 위하여 도피를 택하지 않았으며, 또 레우크트라(Leuctra)지역에서 재난이 발생했을 때에도 동맹국들은 나태한 방관자로서보다 적극 협력하는 태도를 취하지 않았던가?… 로마제국이 억압이 아닌 봉사의 행위에 의해 유지해 가는 한, 전쟁은 동맹국의 이익이나 로마제국의 지상권을 지키기 위해 감행되었다. 우리의 전쟁목적은 자선의 행위나 혹은 어느 정도의 가혹으로 특징지어졌다. 원로원은 왕·귀족 그리고 국민을 위한 도피처였다. 그리고 행정장관과 장군의 최고 욕망은 정의와 명예로 속주와 동맹국을 수호하는 것이다. 그래서 우리의 정부는 분명히 말하거니와 국토보다도 세계의 보호자(patrocinium)라고 할 수 있다.170)

그는 로마제국을 이끄는 지배계층의 도덕성을 의심했지만 로마제국 자체의 기구와 조직에 대해서는 전혀 의심하지 않았다.

---

168) Seneca, *Epistulae* 47 ; Cicero, *de officiis* 1.41.
169) Cicero, *de officiis* 2.63, 78.
170) Cicero, *de officiis* 2.26~27

6) 키케로의 국가 및 정치사상

　인류에 대한 보편적인 사랑은 스토아 사상과 아카데미학파의 회의론으로부터 부분적으로 영향을 받게 되었다. 고대 초기의 페리파토스(peripatos)학파와 스토아학파의 절충에 노력한 신아카데미학파의 회의론에서 철학수업은 정치목적을 위해 부적합한 것으로 간주되었다. 로마 귀족계층의 자제들에게 강의한 한 수사학 교사는 "인간에게 다양한 규범을 수용하게 할 수 있는" 사상체계의 필요성을 강조하였다. 젊은 키케로에게 많은 영향을 준 안티오코스(Antiochos, 130~68 B.C.)는 독창성은 없으나 절충적인 인물로 일찍이 피론의 가르침에 반대하여 중기·후기 아카데미의 회의주의로부터 초기 아카데미학파·페리파토스학파 그리고 스토아학파를 절충하는 학문적 교류를 확립했던 것이다. 안티오코스가 지적했듯이 이 세 학파는 가장 주요한 문제에 있어서 서로 일치했으며 학설간의 융합을 꾀하는 철학발전에 기여함으로써 로마를 중심으로 르쿠스툴리우스(Lcustulius)와 키케로에게 많은 영향을 주었다.
　우리의 관심을 끌었던 안티오코스의 인간공동체 사상은 페리파토스학파와 스토아학파의 절충적인 위치에 있었다. 키케로가 전하는 안티오코스의 윤리학의 내용은, 즉 미덕과 덕행의 강한 뿌리는 "사람과 사람의 관계, 사회적 관심의 공동체성, 전인류를 위한 사랑의 마음(caritas generis humani) 그리고 자신에 대한 부모의 자연적인 사랑, 결혼과 자손에 의한 가정공동체에서 형성되는 혈연과 방계친족, 그 다음에 친구와 이웃동포·동맹자 그리고 마지막으로 전인류를 포함하는(totius complexa gentis humanae) 사랑으로 확대해 간다"고 밝히고 있다.[171]
　인도·인류애의 발전은 테오프라스토스(Theophrastos) 서클의 가르침이 표준이 되었다고 생각한다. 그는 인류애 사상의 기원을 인간정신의 심연에서 찾았으며 그리고 그 유기체적 발전을 명시했던 것이다. 국가와 인류의 개념은 어떻게 내적인 화해와 조정이 가능할 수 있으며 어떻게 적용되고 인정될 수 있을까? 이 문제에 대해 만족한 해답을 제시한 것은 키케로의 업적이라 할 수 있을 것이다. 스토아 사상의 기초 위에 학문과 사상의 깊이를 더했던 키케로는 로마적 정조(情操)에 그리스사상을 융합하고 그의 헬레니즘의 정신 위에 로마정신의 결합을 시도했다.

키케로는 예리하고 거시적인 시각을 가진 자로서 야만적인 힘이나 폭력에 의해 국가를 구할 수 없다고 생각했다. 철학하는 정신만이 몰락해 가는 국가를 구제할 수 있는 역량임을 확신하고 있었다. 절충주의자 키케로는 국가구제의 원동력이 무엇이며 어디서 찾아야 할 것인가를 잘 인식하고 있었다. 그는 그리스 이상주의 철학과 스토아 윤리학에서 국가를 혁신시킬 수 있는 새로운 생명력을 찾을 수 있다고 확신했다.

키케로는 순수로마인으로서 그의 조국에 대해 남다른 긍지와 애정을 가지고 있었다. 키케로는 그의 작품 『변술론(de Oratore)』에서 조국애의 의미를 확실하게 피력한 바 있다. 여기서 키케로는 "우리가 태어나 살고 있는 국가는 우리의 기쁨이다. 우리가 첫 번째로 배워야 할 것은 국가의 정신과 관습 그리고 법이다. 왜냐하면 국가는 우리의 모국이기 때문에 우리는 완전한 법의 확립과 세력을 확대해 가는 데 주목해야 한다"고 말했다.[172] 키케로의 국가이념-키케로는 그리스의 정신문화의 독창성을 로마사상으로 이행했다-은 도덕과 인륜에 기초했다. 이러한 인륜적 기초 위에 국가가 수행해야 할 과업과 개인이 지켜야 할 의무는 엄격한 윤리적 관점에서 파악되어야 한다고 강조했다.[173] 파나이티오스의 영향을 받

---

171) Cicero, *de Finibus* V.23.65.
172) Cicero, *de Oratore* IXIIV 196.
173) Cicero, *Ad Familiares* V.13.4 ; X.12.5 ; *de Republica* IV.7, IV.3.3.

은 키케로는 전쟁은 이 세계에서 떨쳐버릴 수 없는 자연적인 것으로 전쟁 행위는 정의의 요구에 의한 윤리적인 합법칙성이 전제되어야 한다는 것이다.174) 파나이티오스의 영향과 사상에 기초하여 쓰인 키케로의『국가론』에서 국가수호자(Conservator Republicae)가 갖추어야 할 요건으로 개인의 윤리적 인격·사려 그리고 폭넓은 식견을 강조하고 있다. 그 결과 키케로는 바야흐로 아우구스투스 원수정의 창시자가 되었던 것이다.175)

키케로의 독창적인 것은 아니지만 그는 인간을 내면적이든 외면적이든 국가와 관련지었다. 키케로는 그리스 이상주의 철학과 그리고 부분적으로 스토아 사상의 유산을 통해 그의 정신세계의 변화를 가져오게 되었다. 이와 같이 헬레니즘의 철학과 로마의 정신문화는 그리스 이상주의 철학과 스토아 사상의 영향을 받은 그 지적 기반의 유사성을 간과할 수 없을 것이다. 키케로의 국가관은 아마도 로마인의 국가관이라 해도 지나친 표현은 아닌 것이다. 그러나 더욱이 그는 문화와 국가정책에 있어 엄격한 폐쇄와 고립을 피하려 했다. 그는 정신문화를 경시한 로마인의 민족적 본질의 특성을 아주 잘 알고 있었다. 그래서 그는 그리스적 교양과 지식을 갖춘 스키피오·라일리우스, 그리고 필루스 같은 이상주의자에게서 깊은 감명을 받았으며 그들과의 제휴를 환영했다. 그리고 그리스 이상주의의 정조(情調)를 가진 스키피오·라일리우스 그리고 필루스는 완전한 인격을 갖춘 탁월한 인간이 되기 위해서는 그들의 조국 로마와, 로마 국가 조상의 전통적 관례와, 저 소크라테스의 지적 교양과 사상의 결합이 필수조건이라고 생각했다.176) 그리고 키케로는 "로마인은 고유의 민

---

174) 키케로는 전쟁을 정당화했다. 그리고 그는 전쟁은 자기 방어나 혹은 견고한 동맹을 위해서만이 행해져야 한다고 했다.[Cicero, de officiis I.36] 전쟁의 정당화는 이미 피타고라스학파에서 암시한 바 있다.[M. Mühl. op.cit.,s.5 참조. Cicero, de republica III.22]
175) R. Reitzenstein, "Die Idee des Prinzipats bei Cicero und Augustus", Nachrichten von der königlichen Gesellschaft der Wissenschaften zu Göttingen, philologisch-historische Klasse, 1917, Berlin, 1918, ss.420~422.
176) Cicero, De republica III.3.5.

족적 전통과 미덕뿐만 아니라 그리스의 정신문화의 체득과 조국 로마의 전통적 관례 그리고 그리스의 정신문화와 지적 교양을 추구했던 사람들은 최고의 완전함에 도달할 수 있다[177]"고 확신했다. 이와 같이 키케로는 그리스 문화의 요소를 로마 민족문화가 수용했다고 하는 사실과 그리고 이러한 외래문화가 로마문화의 터전 위에 개선을 체험했다는 것을 깨달을 수 있었다. 이는 그의 지적에서 잘 알 수 있다.

> 철학은 그리스 작가와 교사에 의해 배울 수 있었던 것이지 로마인에 의해 배울 수 있었던 것은 아니다.… 하지만 도덕, 생의 규범, 가족 그리고 가정경제는 우리 로마인에 의해 더 훌륭하고 더 고상하게 유지되었다. 의심의 여지없이 우리 로마인의 조상은 정부정책을 지시하고 수행함에 있어 다른 나라 사람보다 더 좋은 규범과 법 그리고 전쟁기술을 가지고 있었다. 우리 로마인은 전쟁을 위해 그 어떤 나라 사람보다 뛰어난 용기와 높은 수준의 훈련을 받았다. 우리 로마인은 책을 통해 배운 것이 아니라 선천적으로 뛰어난 자질을 가진 자들로 그리스인이나 다른 민족과 비교가 안된다. 우리 로마인은 성실하고, 진지하며, 정직하고, 충직하며, 견실하고, 신의의 정신으로 다져진 세계에서 가장 훌륭한 장점을 가진 조상을 가진 민족이다. 단지 학문과 문학의 분야에서만 그리스가 우리를 능가했을 뿐이다.[178]

로마의 정신적 자유와 개화는 외래문화인 그리스문화를 수용함으로써만이 비로소 로마인을 완전한 인간, 진정한 교양인으로 가능케 할 수 있었으며, 그리고 로마적인 것이 모든 것을 극복할 수 있었다고 하는 사실의 인식에서 가능했다. 후에 로마의 시인 호라티우스(Horatius)는 "그리스는 숭고한 정신을 가진 승리자다(graecia capta ferocem victorem cepit)"라고 술회한 바 있다. 키케로는 그리스의 정신문화에 대한 로마문화의 관계에 관

---

177) Cicero, *Tusculanarum Disputationum* 1.1~2.
178) *ibid.*, 1.1~3.

심을 가지고 고유한 로마문화가 외래문화에 얼마나 영향을 받았는지에 대해 의문을 제기했던 것이다.

키케로는 민족의 고유성과 특수성을 유지함에 있어 가치있는 외국문화의 보완적 수용은 이상적인 인간문화의 창조를 위한 필수적인 요건으로 생각했다. 어떤 의미에서 외국문화의 보완적 수용을 강조한 키케로의 문화의식에서 세계문화 사상을 엿볼 수 있다. 키케로는 외국문화에 대해 철저히 고립한 문화적 민족주의는 결과적으로 고상한 인간 그리고 더 나가 인류애의 발전을 저해하므로 진정한 로마인의 민족적 의연성은 범세계적 세계인으로의 발전과 완성을 추구하는 데 있다고 강조했다.[179] 그와 동시에 키케로는 고유한 민족적 가치의 보존이 없이 그 어떤 인간문화도 있을 수 없으며, 고도의 인간문화 공동체는 민족적 가치의 다양성의 산물임을 강조했다.

심오한 정신과 지혜를 갖춘 키케로는 정치적 민족주의와 그리고 정신적·문화적 민족주의를 확연히 구분했던 것이다. 키케로보다 1백 년 전에 그리스의 정신문화를 비판하고 로마인의 민족적 자존을 높이 외친 지극한 보수주의자 대 카토(Elder Cato)가 외국인 철학자와 수사학자를 로마로부터 추방한 사실에서 우리는 키케로의 친그리스 문화관과 현저한 차이를 보여주고 있음을 발견할 수 있다.[180]

키케로의 국가는 거대한 인간공동체에 어떠한 의미를 가지는가? 그 질문은 키케로가 인류를 얼마나 생각했으며, 그리고 국가와 인류 전체를 어떻게 조화시켰는지로 답할 수 있을 것이다. 키케로는 그리스 철학사상을 기초로 하여 거대하고 숭고한 인간공동체의 기틀을 확립하려고 했다. 키케로의 인간공동체의 구조는 다섯 단계로 발전한다. 그 다섯 단계에서

---

179) M. Mühl, op.cit., ss.74~75
180) Johnnes Hahn, *Der Philosoph und die Gesellschaft*, Stuttgart, 1989, ss.100~105 ; 149~153. Klinger, *Römische Geisteswelt 1*, ss.27~29.

가장 기초적인 첫 단계는 가족공동체(Familiengemeinschft)다. 키케로는 같은 혈족들 사이에 아주 밀접한 사회적 결합이 존재한다고 했다. 그 첫 번째 결속이 남편과 아내 사이의 결합이요, 그 다음이 부모와 자식 사이의 결합이다. 그 다음에 가정이 형성된다. 그것은 시민정부·탁아소, 이를테면 국가의 기초인 것이다. 그 다음으로 형제와 자매 사이의 결속 그리고 형제자매와 사촌형제 사이의 결속이다. 그들은 같은 지붕 아래에 살면서 서로 견제없이 마음놓고 살아갈 수 있을 때 해외로 나가 식민지를 만든다. 그리고 서로 결혼에 의해 친척이 되고 새로운 종족이 나타나게 된다. 또한 같은 혈통의 결속은 인간을 선의와 애정으로 하나가 되게 한다.

이와 같이 모든 사람이 선의와 애정을 가질 수 있었던 것은 같은 가족의 전통을 공동으로 분배받았기 때문이다.[181] 이 가족공동체는 다시 특수한 통일체(*coniugium · liberi · domus*)로 분리한다. 그리고 전체공동체는 도시와 국가 안에 있게 마련이다. 그래서 공동체 생활의 다음 단계는 국가공동체의 형성이며, 그 국가에는 공동의 관심을 가진 다수가 하나의 시민으로 결속한다.[182] 보다 더 광범하고 포괄적인 공동체 생활의 한 영역으로서 민족결합이 나타나고, 이 민족결합에서 민족과 국가구성원을 이어주는 가장 중요한 접합제인 언어의 공동체성이 형성된다.[183] 이 지상에서 가장 넓고 큰 공동체는 전인류가 하나의 통일체를 이루는 인간공동체(*socitas humana*)이다. 키케로는 말한다.

자식은 부모의 사랑을 받고, 가족은 대체로 결혼과 친자관계로 결속한다. 이

---

181) Cicero, *de officiis* 1.17.54~55.
182) Cicero, *de officiis* 1.17.53. "인간사회에는 서로 친근한 사이와 친근하지 못한 사이가 있다. 인간은 세계결속을 위해 같은 종족·언어를 가진 사람의 밀접한 결합이 이루어져야 하는데, 그것은 같은 국가·시민이 될 수 있는 밀접한 관계이다."
183) Cicero, *de officiis* 1.17.53.

같은 영향은 점점 가정을 넘어 확대해 간다. 우선 혈연관계에 의해, 다음으로 결혼에 의해 그리고 우정, 다음에 이웃 사이의 결속에 의해 그리고 동포와 정치적 결합과 정치적 혈맹, 다음 마지막으로 전인류를 포용하는 인류의 결속이 이루어진다. 이 같은 결속이야말로 인간의 관용과 평등의 유지는 물론 호의·친절·겸손·사랑을 의무 지우는 그래서 모든 도덕적인 영역에 있어 가장 영광스러운 것이다.[184]

결국 스토아 사상과의 밀접한 관련 속에 인간과 제신을 포용하는 공동체가 형성된다.

인간만이 이성과 사상을 가진 유일한 피조물이다. 이 지상에서 인간에게 이성보다 더 신성한 것이 있는가? 이성에 의해 성숙해지고 온전해질 때, 그 온전한 이성은 지혜인 것이다. 그러므로 이성보다 더 좋은 것은 없으며, 이성은 인간과 신 모두에게 존재하는 최초의 공동 소유물이다. 그러나 이성을 가진 자는 올바른 이성을 가져야 한다. 그리고 올바른 이성은 법이기 때문에 우리는 인간이 제신과 공동 소유하는 법을 가지고 있다는 것을 확신해야 한다. 더욱이 법을 가진 자는 정의도 가져야 한다. 법과 정의를 가진 자는 같은 국가공동체의 구성원으로 간주된다. 그러므로 우리는 제신과 인간을 구성원으로 하는 이 전체 세계를 하나의 같은 국가로 인식해야 한다.[185]

키케로는 공동체 건설을 위한 새로운 이념을 제시하지 않았으나 안티오코스와 그보다 훨씬 이전 페리파토스학파를 창설한 테오프라스토스에게서 공동체 이념의 새로운 주장을 발견할 수 있다. 하지만 새로운 공동체의 의무와 공동체 사회의 구성에 기여했던 것은 스토아 세계공동체 사상이다. 키케로는 과거의 전통적인 공동체 사상을 새롭게 분석하고 해석했다. 키케로에게 있어 국가는 천국의 축조물일 뿐만 아니라 거대한

---

184) Cicero, *de officiis* 1.17.53 ; III.5.25 ; *de finibus* V.23.65
185) Cicero, *de legibus* 1.17.23 ; *de Natura Deorun* II.62 ; *de republica* 1.13. 참조.

공동체 건설의 기초였다. 키케로는 『의무론』에서 우리에게 가장 가치있고 중요한 일은 우리 모두가 친근한 관계를 가지는 일이며, 그리고 우리가 생존하고 있는 국가와 제휴하고 결속하는 것이다. 부모도 소중하고, 자식·친척·친구도 소중하다. 그러나 우리를 사랑하고 포용하는 것은 우리가 태어난 국가다. 진실로 죽음으로써 국가에 충성할 수 있다고 한다면 누가 국가를 위해 자신의 생명을 주저하겠는가?"[186]라고 말했다. 다음으로 키케로의 법 및 정치사상에 관해 밝혀보기로 한다.

키케로의 『국가론(de Republica)』과 『법률론(de Legibus)』에서 그의 정치적 이상을 밝히려고 할 때 우리는 두 가지의 어려움에 직면하게 될 것이다. 그 중의 하나가 적어도 현실적으로 극복할 수 없는 어려움이며 다른 하나는 그의 두 작품이 오늘의 상황에서 볼 때 불완전한 단장으로 그의 정치사상을 미완성 작품(torso)으로부터 판단해야 하는 어려움일 것이다. 두 번째 어려움은 키케로의 모든 이론서가 그리스어 원문을 번역한 단순한 번역본이라고 하는 억측이 제기되고 있다는 사실이다. 이러한 억측은 기원전 45년에 쇄도한 그리스의 철학 작품을 그의 모든 저술서에 그대로 원용한 데에서 기인했다고 할 것이다.[187]

키케로에 대한 많은 역사가의 평가에서 그는 정치가로서 장점을 가진 자인가 아니면 정치이론가로서 장점을 가진 자인가에 대해 편견없이 평가를 내린다는 것은 쉬운 일이 아닐 것이다. 키케로는 로마공화정이 생산한 명민한 혜안을 가진 정치가의 한 사람으로 칭송되었는가 하면, 다른 한편 그는 진부한 저널리스트, 사상의 빈곤자로 악의에 찬 공격을 받기도 했다. 이와 같이 키케로에 대한 일치하지 않는 견해가 제기된 데는 두 가지의 요인이 있다. 그 하나는 키케로 자신이 복합적인 인격의 소

---

186) Cicero, *de officiis*, 1.17.57.
187) W.E. How, "Cicero's Ideal in His de Republica," *Journal of Roman Studies* 3, 20(1930), pp. 24~25.

유자라는 점에 있으며, 다른 하나는 로마공화정 말기 정치적·사회적으로 혼란했던 시기에 그리스적 전통에 기초한 정치와 도덕의 바탕 위에 로마의 실제를 융합하는 데 그의 전생애를 바쳤다는 점이다.

키케로는 『국가론』에서 국가는 단순한 개인의 집합체가 아닌 동등한 권리와 공동의 이익을 위해 조직된 사회로 공평과 자선(beneficentia)[188], 신의(fides)와 충직의 바탕 위에 정의의 완성을 목적으로 하는 것이라 정의하였다.[189] 그리스의 정치사상을 지향하였던 키케로는 정의·자선 그리고 신의의 미덕을 강조하였다. 이와 같이 키케로에 의해 강조된 정의의 개념을 이해하기 위해 우리는 먼저 그 역사 발전의 특징을 밝혀야 할 것이다.

정의가 국가결속의 띠라는 사실은 적어도 아테네에서 솔론시대 이래 많은 정치이론가 사이에 일반화된 개념이다. 이러한 정의의 미덕에 대한 깊은 이해는 다수의 일반대중의 능력에 미치지 못하는 오히려 소수인의 이해의 대상이었다. 여기서 말하는 소수는 정통한 교사 소피스트에 의해 정치기술을 교육받을 수 있는 행운을 가진 집단이다.[190] 프로타고라스는 그의 선대인 아이스킬루스와 그리고 그의 후대인 플라톤처럼 국가의 기능을 도덕과 교육에 맞추었다. 그는 어린아이가 교사로부터 쓰는 것을 배우듯이 시민은 입법자가 만든 법과 명령에 따르는 것을 배워야 한다고 강조한다.

플라톤은 소크라테스의 대화 가운데에서 무정부주의자들의 비도덕적인 개인주의를 공격했다. 하지만 그는 『국가론』과 『법률론』에서 혁명적인 방법을 기도했으나 기실 보수주의적이었다. 플라톤은 아테네의 가장 찬란했던 황금시대에 아테네의 상징이었던 완전한 미덕을 회복하려

---

188) Cicero, de officiis 1.20 ; de Legibus 1.33.
189) Cicero, de Republica 2.70.
190) S.E. Smethurst, "Politics and Morality in Cicero", Phoenix, 9(1955), p.111.

고 노력했으며, 인간의 완전한 자아실현은 국가의 구조 안에서만이 가능한 것으로 보았다. 만일 국가가 시민의 완전한 도덕적 이상의 개발과 완성을 보장할 수 없다면 국가의 이상이 도달할 수 있는 법과 제도의 개선이 우선 이루어져야 한다고 주장했다. 어디까지나 그에게 있어 정의는 지고한 미덕이었으며, 국가가 추구하는 최고의 목적은 도덕과 교육이었다.[191]

우리는 키케로의 수사론에서 다시 그의 정치이론의 문제로 관심을 돌릴 때에 무엇보다 그의 『국가론』과 『법률론』에서 다루었던 윤리적이고 법적인 문제를 생각하게 될 것이다. 키케로의 『국가론』과 『법률론』은 플라톤의 『국가론』과 『법률론』을 모델로 했으며, 이 두 작품에 나타난 그의 정치사상은 몇 가지 점에서 아리스토텔레스의 사상적 경향과 로마사와 로마의 제제도(諸制度)를 구체적으로 묘사하고 있다. 또한 우리는 키케로의 정치와 법이론에서 스토아 사상의 가르침을 창조적으로 적용한 사실을 발견하게 된다. 다소 단편적인 이야기지만 키케로의 『국가론』은 많은 비판을 받았다.

특히 키케로의 『국가론』은 자료연구자에게 많은 연구자료를 제공했지만 그것은 과거의 향수(nostalgia)를 토로한 단순한 문학행위로 격하시킴으로써 정치이론에 있어 비록 소수의 의견이지만 그를 중량급으로서보다 경량급선수로 취급하는 경향이 있다.[192] 그러나 대부분의 학자들은 키케로의 『국가론』을 가치있는 이론서로 간주하고 있는 데 반해 다른 학자들은 그리스 철학에서 제시한 정치이론을 종합하여 로마사에 적용한 작품으로 보고 있다.[193] 또한 키케로의 『국가론』을 특수한 법, 특수한 개인, 혹은 집단의 특수법이나 지도력을 정당화한 정치선전에 불과한 작품

---

191) *ibid.*, p.112.
192) David Stockton, *Cicero : A Political Biography*, Oxford University Press 1971, pp.343~345.
193) Frunz Hamper, "Stoische Staatsethik und Frühes Rom", *Historische Zeitschrift*, 184(1957), ss.249~271.

으로 취급하는 경향도 배제할 수 없다. 이러한 범주의 비판자는 한 사람의 강력한 통치가 시민의 법적 원리를 보호해 주는 유일한 길이라는 기초 위에 키케로를 아우구스투스의 옹호자로,194) 또 어떤 비판자는 폼페이우스의 수호자로도 보고 있다.195) 그밖의 다른 비판자는 키케로는 어떤 한 개인보다 오히려 로마사회의 지배계층인 보수 문벌파(optimates)를 옹호한 로마공화정의 정치질서의 변화를 합법화하기보다 귀족주의 정체를 수호하려고 노력한 자였다고 지적하고 있다.196) 이상의 두 견해 사이에서 중도적인 입장을 취한 학자들은 키케로를 로마공화정의 합법적인 체제 안에서 엄정하게 정사를 수행한 귀족주의적 정치가의 리더십을 발휘한 자였다고 주장한다.197)

키케로의 목적은 귀족정이든 과두정이든 간에 입헌정체를 정당화하는 것이었다. 그는 로마공화정을 이상적인 정체로 묘사하였음에도 공화정의 붕괴에 대한 제도적인 조건을 밝히지 못했다. 이미 지적한 바와 같이 그의 『국가론』에서 강한 선전적 경향을 발견할 수 있다. 키케로는 로마공화정의 영웅을 대화의 상대자로 삼았다. 기원전 2세기 로마공화정은 이미 아리스토텔레스에 의해 상찬된 바 있으며, 또한 폴리비오스에 의해 훨씬 근대적인 공화국과 제휴한 이상적인 혼합정체와 동일시되었다. 또한 키케로는 『국가론』 말미에서 스키피오의 신격화와 로마공화정을 표준국가로서 그리고 미덕을 갖춘 공화정의 지도자를 이상적인 정치가로

---

194) 이 견해에 대해 가장 영향력있는 지지자는 라이트첸 슈타인이다. R. Reitzenstein, "Die Idee des Principats bei Cicero und Augustus", *Nachrichten von der Königlichen Gesellschaft der Wissenschaften zu Göttingen*, philologisch-historische Klasse, 1917 (Berlin, 1918), ss.399~436 ; "Zu Cicero de Republica", *Hermes*, 59(1924), ss.356~362.
195) Eduard Meyer, *Caesars Monarchie und das Principat des Pompejus : Innere Geschichte Roms von 66 bis 44 v.chr.*, 3rd ed.(Stuttgart, 1922), s.189.
196) 이러한 견해를 주장한 대표적인 학자는 하인츠(Heinz)이다. Heinz, "Cicero's 'Staat' als politische Tendenzschrift", *Vom Geist des Römertums*, ss.148~159.
197) Matthias Gelzer, *Cicero : Ein biographischer Versuch*, Wiesbaden, Franz Steiner Verlag GMBH, 1969, ss.213~224.

평가하려는 강한 의지를 나타내고 있었다.

이와 같은 사실에서 키케로의 『국가론』은 단순한 자기 위안이나, 향수 혹은 공화정의 선전만이 아니었다는 사실이 많은 학자 사이에서 제기되어 왔던 것이다. 요컨대 키케로의 『국가론』은 당시의 정치생활에 나타난 역학관계를 이해하는 데 주요한 연구자료라고 할 수 있을 것이다. 키케로에 있어 자유와 전제정, 정의와 공동선은 궁극적으로 정치형태에 의해 유지될 수 있는 순수한 정치적 카테고리는 아니다. 그가 말하는 자유·정의·폭정 그리고 공동선은 정치공동체를 구성하고 있는 통치자와 시민의 도덕적인 카테고리이며 그들의 윤리성(ethos)의 표현이다.

그러므로 그에게 있어 정치공동체의 공인(公人)의 윤리적 태도는 곧 국가의 활력이며 국가를 통제하고 조정하는 원기다. 키케로는 국가의 정치구조보다 정치공동체를 구성하는 공인의 윤리적·도덕적인 태도가 국가의 생명과 원기로써 정치생활의 필수적인 요소로 생각했다. 이와 같이 키케로는 올바른 도덕적 품성과 인격을 갖춘 국가공인을 가지지 못한 국가는 혼합정체의 이상실현은 물론 건강한 국가기능을 유지해 갈 수 없다고 생각했다.[198] 이러한 점은 중기 스토아 정치윤리를 그대로 반영한 것이다.

법은 사회를 결속하는 접착제다. 왜냐하면 법은 부나 혹은 가족과 관계없이 모든 시민에게 공여된 공동의 소유물이기 때문이다. 또한 법은 로마의 행정장관에 의해 효과적으로 만들어졌으며 그래서 행정장관은 곧 말하는 법이었다.[199] 물론 행정장관은 국가를 정당하게 다스리는 것

---

198) Karl Büchner, "Die beste Verfassung", in Cicero, *Studien zur römischen Literatur*, 2, ss.25~115 ; Heinze, "Cicero's 'Staat'", *Vom Geist der Römertums*, ss.156~159 ; W.W. How, "Cicero's Ideal in his de Republica" *JRS*, 20(1930), pp.24~42 ; E. Smethurst, "Politics and Morality in Cicero", *Phoenix*, 9(1955), pp.116~121.

199) Cicero, *de Legibius* 3.2. 행정장관의 기능은 정당하고, 유익하고 또 법에 일치하는 것을 명령으로 다스리는 것이다. 법은 행정장관을 다스리고 행정장관은 백성을 다스린다. 그래서 행정장관은 말하는 법이며, 법은 말없는 행정장관이다.

이 본무이며 또한 전임자의 전통과 관행을 준수해야만 했다.

키케로는 이러한 고상한 정의에 기초한 국가에 있어서도 폭력에 의하지 않은 급진적 개혁은 성공할 수 없음을 강조했다. 그러므로 키케로에게 있어 자유와 평등의 현대적 개념은 존재하지도 또 존재할 수도 없었다. 국가가 독재자에 의해 분열이 초래되고 30여 년에 걸친 격렬한 파당싸움의 와중에서 국가의 안정을 지키는 일이 그에게 있어 최대의 관심사였다. 그래서 그는 국가의 안정과 수호는 혼합정체의 정치구조 하에서만 가능하다고 생각했지만 그는 혼합정체라는 용어 자체에 호의적이지는 않았다.

키케로의 국가체제는 과두정이다.

> 귀족주의자 수중에 지나친 권력의 집중은 귀족정치의 전복의 결과를 가져오듯이 지나친 자유는 예속으로 추락하게 된다. 그러므로 그는 모든 것이 지나치고 무절제하게 되면 반대현상이 나타난다고 경고했다. 특히 국가에서 그렇다. 국가에 있어 지나친 자유는 개인을 자유로부터 도피시키는 부자유로 확대한다. 이와 같이 지나친 자유는 폭군과 불공평 그리고 잔인한 전제정치를 낳는다.… 국가의 지배권은 마치 둥근 공처럼 왕이 폭군에 의해, 폭군이 귀족정치나 국민에 의해, 귀족정치가 과두주의자의 투쟁이나 어느 한 참주에 의해 지배권을 상실하게 된다. 그러므로 어떤 정부형태도 오랫동안 유지되지 못한다. 그러므로 이 세 정부형태 중에서 최선의 형태는 왕정이다. 그러나 중용의 정체는 세 정부형태가 결합한 혼합정부로서 왕정보다 나은 정체다.[200]

그래서 키케로는 모든 시민은 각자 자신에게 맞는 지위나 자리에 앉을 것을 강조한다. 그러므로 키케로의 정치이론은 플라톤과 아리스토텔레스의 사상에서 유래한 정치이론과 분석을 능가한다. 정부형태나 체제보다 윤리성을 강조한 키케로는 스토아 사상으로부터 정치원리를 습득

---

200) Cicero, *de Republica* I. 69.

하고 그것을 선대 스토아 사상가들이 했던 것보다 훨씬 구체적으로 발전시켰다. 키케로의 이 같은 정치사상은 그의 『국가론』과 『법률론』에서, 그리고 특히 그의 이상적인 정치가의 묘사와 법의 분석에 잘 명시되어 있다. 키케로가 이상화한 정치가는 신적인 인간이성에 의해 자연과 도덕적 세계질서 위에 국가를 다스리는 스토아 현자다. 키케로가 이상화한 스토아 현자의 자유는 아파테이아와 자족에서 유래하는 도덕적 자유와 내적 화합을 성취한 자들만이 도달할 수 있는 것이었다. 이와 같이 그가 이상화했던 정치가인 스토아 현자는 헤게모니아를 가지고 있기 때문에 다른 사람을 지배하기에 적합한 존재로 간주했다. 국가에 대한 통치자의 관계를 그는 마치 자연계를 지배하는 신의 로고스처럼 인간의 육신에 대한 이성의 지배와 유사한 것으로 보았다.

키케로는 『국가론』 제1권에서 군주정에서 폭민정으로 그리고 다시 폭민정에서 군주정으로의 주기적인 교체에서 어떤 정부형태가 정당하며, 어떤 정부형태가 장점과 약점을 가지고 있는지 밝히면서 전통적인 세 정부형태를 구분한 바 있다. 그리고 다시 키케로는 『국가론』 제2권에서 이미 1권에서 밝힌 이론을 실생활에 적용함으로써 로마국가를 역사적으로 개관했다. 키케로는 후기 로마공화정에 의해 이루어진 군주정·귀족정 그리고 민주정의 결합은 혼합정체의 이상에 일치하는 것으로 보았다. 다시 『국가론』 제3권에서는 법이론을 제시하였으며, 그리고 매우 단편적인 형태로 우리에게 전해지고 있는 『국가론』 제4권에서는 국가시민에게 끼친 지적·물리적 그리고 도덕적인 견지에서 교육적이고 문화적인 여러 제도를 취급하고 있다.[201] 『국가론』 제5권에서 키케로는 스키피오의 이상을 피력하고 있으며, 제6권에서는 이상적인 정치가의 자격과 기능을 밝히고 있다.

---

201) Cicero, *de Republica* 1.1.1~1.8.3.

키케로가 『국가론』을 통해 많은 철학자의 이름을 거명했던 것은, 한편으로는 대가다운 권위자로서, 때로는 그들을 비판하기 위해서였다. 키케로가 이들 철학자를 감정하고 심사한 기준은 그들이 어떤 학파를 대표하든 그것을 문제삼지 않았다. 설사 그는 플라톤·아리스토텔레스·크뤼시포스·파나이티오스 그리고 카르네아데스[202] 같은 인물이라 하더라도 그들의 사상과 이론이 지나치게 추상적이거나 적절하지 않다고 생각될 때 혹은 사상이 건설적이라기보다 파괴적일 때 그리고 로마사와의 관계에서 거리가 멀 때 가차없이 비판을 가했던 것이다. 키케로는 당대의 많은 학자 가운데 정치학에 가장 정통했던 파나이티오스와 폴리비오스를 지목했던 것이다. 왜냐하면 이 두 학자의 실용주의적 사상과 정치이론은 로마공화정의 역사에 가장 일치했기 때문이다.[203] 어떻든 키케로는 파나이티오스와 폴리비오스의 사상과 정치이론을 기초로 한 로마의 제도보다 초기 스토아의 윤리와 우주론에 모든 것을 일치시키려고 했던 철학자를 비난했다.

통치자와 국가에 대한 관계를 관심 있게 취급한 키케로는 신의 로고스를 가진 고결한 자의 영혼과 그리고 내적 미덕을 도덕적 삶의 근본으로 생각했던 스토아의 원리를 적용했던 것이다. 설사 키케로가 귀족주의 국가를 선호했을 지라도 그는 정치형태에 관계없이 통치권을 행사할 수 있는 정치가에 관심을 가졌다. 그가 이상적인 정치가라고 생각한 국가의 통치자(rector rerum publicarum)를 국가의 보호자로 생각했다.[204] 그에게 있어 정치가의 미덕은 지위나 권력이 아니라 어떤 체제에서든 공동선을 수행하는 데에 있었다.

만일 국가가 통치자의 선출을 아테네에서 했던 것처럼 추첨에 의해 뽑는다면

---

202) Cicero, *de Republica* 1.10.15 ; 1.17.26 ; 1.20.33 ; 2.11.21 ; 22.2.29.
203) Cicero, *de Republica* 1.21.34.
204) Cicero, *de Republica* 5.4.6.

국가는 배에 승선한 사람들 가운데에서 추첨에 의해 배의 키잡이를 뽑는 배와 같이 곧 전복되고 말 것이다. 그러나 만일 자유민이 국가의 운명을 맡길 수 있는 사람을 뽑는다면 국가는 안전이 제일이기 때문에 최선자를 뽑을 것이다. 확실히 말하거니와, 국가의 안전은 최선재[통치재]의 지혜에 달려 있다. 우리는 자연에서 미덕과 정신에 있어 우월한 자가 열등한 자를 지배하고, 약자는 강자에게 기꺼이 복종하는 원칙을 보게 된다. 사람들은 미덕의 무지로 -미덕은 소수 몇 사람만이 가지고 있기 때문에 소수에 의해서만이 지각될 수 있다. 최선자는 부자이고 훌륭한 가문에서 태어났다고 생각한다- 최선자의 지배에 의지해야 하며, 최선자가 다스리는 국가시민은 불안과 고통으로부터 벗어나 최고의 행복을 누리게 한다. 언젠가 시민이 다른 사람에게 평안과 안전을 요구했을 때 지켜주는 것은 최선자의 의무다. 그러나 시민의 관심사가 통치자들에 의해 묵살된다고 생각하는 자를 더 이상 보호해 줄 필요가 없다. 왜냐하면 자유민이 애호하는 법적 권리의 평등은 유지될 수 없으며, 그리고 이른바 평등은 실제로 가장 불평등한 것이기 때문이다. 이와 같이 가장 높은 자와 그리고 가장 비천한 자에게 똑같은 명예가 주어졌을 때의 공평은 가장 불공평이다. 이 같은 평등과 공평은 최선자에 의해 통치되는 국가에서는 나타날 수 없다.[205]

키케로의 이상적인 정치가의 자격조건은 미덕이며, 정치가의 주요기능은 공동체의 선과 이익을 추구하는 것이다. 키케로에게 있어 정치가의 과업은 공동체의 물질적인 복지뿐만 아니라 윤리적 기능을 장려하는 데 있다.[206] 이와 같이 키케로는 공동체를 위해 미덕은 물론 물질적인 필요를 강조했으며 국가의 정치구조와 정치관계에서 국가적 실리(*utile*)를 명예(*honestum*) 못지않게 중요하게 생각했다. 이상에서와 같이 키케로는 그의 정치철학과 수사학에 관한 작품을 통해 명예와 실리(*honestumutile*)에 대한 지극한 관심을 보였으며, 그 차이에 대한 분석은 우의를 다룬 그의 『국가론』에서 자세히 밝히고 있다.

---

205) Cicero, *de Republica* 1.34,51~53.
206) Cicero, *de Republica* 5.6.8 ; 6.1.1.

키케로는 『국가론』 말미에서 스키피오가 이상화한 치자의 정치적 수완, 스토아의 윤리, 그리고 우주론을 자신과의 관계에서 밝히고 있다. 그는 한니발을 패배시킨 스키피오 아프리카누스(Scipio Africanus)의 장자의 양자인 스키피오 아이밀리아누스를 로마의 수호자로 간주하였으며, 또 그가 장래 이룰 일을 예상하고, 미덕을 갖춘 치자에게 돌아갈 사후의 보상을 기술함으로써 국가에 대한 봉사를 강조하고 있다. 스키피오는 치자인 현자의 영혼은 신과 같은 본질로 생각했다. 미덕을 갖춘 현자인 정치가는 신이 세계를 다스리듯이 인간의 생명과 삶을 다스리기 때문에 그는 세계에서 재현되고 있는 재난을 막는 수호자로 보았다. 이와 같이 미덕의 정치가는 성군(星群)과 신적 지성 안에서 영원히 행복한 삶을 누리게 된다고 했다.[207]

이상에서 밝힌 스키피오의 내세론과 심리학은 몇몇 스토아 사상가를 포함한 헬레니즘 철학자 사이에서 널리 취급되고 있었다. 우리는 키케로가 스토아 사상을 대표하는 유일한 자라고 말할 수 없지만 그러나 그는 동시대의 일반 교의와 사상을 스토아 사상과의 결합에 성공했다고 할 수 있을 것이다.

우리는 스토아 사상을 기초로 한 키케로의 『국가론』에서 다수의 통치자가 정치기술과 법 해석방법에 이르는 다양한 영향을 받았음을 밝힐 수 있을 것이다. 키케로의 법이론은 『국가론』과 『법률론』이 핵심적인 전거자료이나 이 두 작품에 나타난 법이론에 있어 많은 차이를 나타내고 있다. 그러나 이 작품에서 키케로는 스토아 자연법 사상의 체계를 확립하고, 로마 시민법이 아닌 자연법을 법의 표준으로 삼고 또 그것을 정치에 적용할 것을 강조했다.

변론가로서의 키케로는 자연법을 특별법으로 취급했는가 하면, 다른

---

[207] Cicero, *de Republica* 6.3.3 ; 6.26.29.

한편 그는 정치철학자로서 법이 필연적으로 따라야 하는 초법적인 규약을 자연법 사상이라고 규정했다. 그는 그의 정치저술서를 통해 자연법 이론을 상세히 밝히었거니와 그것은 스토아 사상가의 이론보다 진일보한 자연법 사상의 체계적인 이론전개라고 할 수 있을 것이다. 키케로는 스토아 자연법 사상을 윤리적이고 세계적인 원리로서 시민법의 표준이 되는 법원리로 해석했다.[208]

이와 같이 키케로가 스토아 자연법 사상을 시민법의 표준으로 삼은 것은 독창적인 것으로, 후기 고전법과 정치사상에 지대한 영향을 끼쳤던 것이다. 키케로는 『국가론』 제3권에서 스토아의 법정의를 다음과 같이 밝히고 있다.

> 진정한 법은 자연과 일치하는 올바른 이성이며, 영원히 불변하는 세계적용이며 명령에 따른 의무를 강조한다. 그래서 법은 사악한 행위를 법의 금령으로 막는다. 진정한 법은 사악한 자에게 영향을 주지 못하지만 선한 자에게 쓸데 없는 명령이나 금령을 내리지 않는다. 이러한 진정한 법을 고치려고 하는 것은 죄악이며, 그 법의 일부를 폐지하려고 하는 것은 더욱더 용납할 수 없다. 그래서 올바른 이성인 진정한 법을 완전히 폐지하는 것은 불가능하다. 우리는 원로원이나 혹은 대중에 의해 법의 의무로부터 벗어날 수 없다.… 로마법과 아테네법 혹은 현재와 미래의 법은 다르지 않고 영원히 변하지 않는 법으로 모든 국가와 시대에 적용될 것이다. 그리고 하나의 유일한 지배자가 존재하게 될 것이며, 그는 우리 모두를 지배하는 신이다. 신은 법의 창시자요 반포자이고 그리고 법을 집행하는 재판관이기 때문이다. 법에 복종하지 않는 사람은 누구든지 자기 자신으로부터의 도피이며 자신의 인간본성을 부인하는 것이다. 이러한 사실 때문에 그가 비록 형벌에서 피한다 할지라도 가장

---

[208] 많은 학자들은 키케로의 수사학과 정치논술에서 당시 로마시민법에 관한 자료를 발견했지만 키케로의 접근방식은 법학자의 방식과 달랐다. 그러나 그들은 그가 로마 법사상과 정치사상에 스토아 자연법 이론을 적용한 최초의 사람이었다고 생각했다. 이 문제에 대한 연구는 Michel Villey, "Rückkehr zur Rechtsphilosophie", in *Das neue Cicerobild*, ed. Karl Büchner, Wege der Forschung, 27(Darmstadt, 1971), ss.259~303 등의 연구가 있다.

엄한 형벌을 받을 것이다.[209]

위의 인용문에서 우리는 세계적이고 영원한 스토아 자연법의 개념을 라틴어로 표현한 최초의 내용을 볼 수 있다. 스토아 사상에서 자연법은 신이며 올바른 이성이었으며, 로마의 법과 제제도에 스토아 자연법 사상이 적용됨으로써 이제 자연법이 모든 법과 제도의 기준이 되었다. 이러한 법이론과 스토아 우주론 사이의 관계는 신성한 자연법을 신과 동일시한 키케로의 해설에서 명시되고 있다. 스토아 윤리학과 자연법의 관계는 자연법이 이성의 기능과 같다는 데에 있다.[210] 왜냐하면 자연법은 올바른 이성이기 때문에 현자는 자연법을 자신의 법으로 생각하는 데 반해 우자는 자연법을 무시해 버린다는 것이다. 키케로는 스토아 자연법의 자연적·윤리적 이론을 시민법에 적용했다. 만일 시민법이 자연법에 일치하지 않을 경우에 시민법의 권위를 무시하는 자연법을 국가는 폐지할 수 없다고 키케로는 강조한다.

이와 같은 주장은 키케로의 정치이론에 있어 스토아 사상의 기본이념의 발전을 시사하는 것이라 하겠다. 키케로는 그의 작품수사학에서 자연법이 로마법에 대해 실제의 구속력을 가지지 못한다는 사실을 인식하고 있었다. 키케로는 『국가론』에서 밝힌 철학적인 사려들이 로마의 전통적인 제도들에 부합하지 않기 때문에 로마의 제도에 부합할 수 있는 스토아 자연법의 표준을 제안했던 것이다.[211]

키케로는 『법률론』에서 역설적인 면도 보이고 있지만 그것은 어디까지나 곡해한 것에 불과했다. 『법률론』에서 로마공화정의 제도가 스토아 자연법에 일치한다고 주장하고, 로마공화정을 이상적인 법의 화신으로

---

209) Cicero, *de Republica* 3.22.33.
210) Marcial, Colish, *The Stoic tradition from Antiquity to the early Middle Ages*, Leiden, 1990, p.97.
211) *ibid.*, p.98.

생각했다. 또한 로마인의 유일한 제도에 세계성을 부여하고 그리고 로마 공화정의 법을 이상적이고 영원성을 갖는 법이라고 『법률론』에서 밝혔을 때 로마의 영원성은 임종에 처할 수밖에 없었던 역사적 현상이 도래하게 되었다.

키케로의 『법률론』은 플라톤의 『법률론』을 표준으로 하여 자신의 『국가론』에서 사용한 대화형식을 그대로 유지하고 있었다. 키케로는 『국가론』보다 더 늦게 『법률론』을 착수했으며, 그리고 자신과 함께 그의 형 쿠인투스와 그의 친구 아티쿠스(Atticus)를 포함한 그의 동시대인을 대화의 상대자로 삼았던 것이다. 키케로는 스토아 자연법 개념을 『국가론』에서보다 『법률론』에서 훨씬 발전적으로 취급했다. 그는 이미 『국가론』에서 밝힌 자연법의 원리와 이상국가에 일치하는 법제도를 『법률론』에서 지속적으로 기술했던 것이다. 그러나 그가 의도한 바는 종교법·공법 그리고 사법을 공표하는 것이었으나 유감스럽게도 그의 사법에 관한 기술서는 전해지지 않고 있다.

키케로의 『국가론』처럼 『법률론』도 스토아 윤리학과 우주론 그리고 여러 정치이론에서 꾸며낸 개념의 결속을 강화하는 수단으로서 물론 자신의 정치적 파트너와 개인적인 야망을 전달하는 매체로 작용했다.[212] 하지만 그의 『법률론』에 비친 진보적인 이론과 그 이론의 화신으로 나타난 여러 제도 사이의 불협화음에서 분명 선전적인 것이었음을 확인할 수 있다.[213]

키케로는 사회적인 의무에서 철학적 평온(otium)의 정당화를 반복했

---

[212] 키케로의 『법률론』의 출처에 대해 아직도 몇 가지 점에서 의혹이 제기되고 있지만 어느 정도 합의와 일치를 보인 작품이다. 가장 최근의 연구는 Ada Hentschke, "Zur historischen und literarischen Bedeutung von Cicero's Schrift, '*de Legibus*'" *philologus*, 115(1971), ss.118~130. 그리고 Elizabeth Rawson, "The Interpretation of Cicero's '*de Legibus*", *Aufstieg und Niedergang der römischen Welt*, I, part 4, pp.334~356.
[213] Marcial Colish. *op.cit.*, p.98.

으며,214) 그리고 법학자와 법이론가의 임무를 확연하게215) 구분한 『법률론』 제1권에서 스토아의 법정의를 밝히고 있다.

법은 해야 할 것이 무엇이고 해서는 안되는 것이 무엇인가를 규정하고 있는 자연에 기초한 최고의 이성이다. 이 지고한 이성은 인간정신에 확고히 그리고 완전하게 발전하게 될 때의 법이다.… 그래서 가장 박식한 사람은 법이 지성임을 확신한다. 법의 본래적 기능은 올바른 행위를 명령하고, 사악한 행위를 금지하는 것이다.… 정의의 기원은 법이다. 왜냐하면 법은 자연의 힘이며, 분별있는 현명한 사람의 정신이며, 이성이고, 정의와 불의를 측정하는 표준이기 때문이다.… 사실 정의를 밝힘에 있어 우리는 이 지고한 법을 기초로 해야 할 것이다.216)

키케로는 법의 기초로써 스토아 사상에서 밝힌 법의 의지보다 오히려 자연과 이성의 개념을 상세히 논하고 있다. 그는 인간은 동물과 달리 이성을 가지고 있기 때문에 제신과 같은 본성을 가진 존재로 평가하였다.

많은 생명체 가운데 유독 인간만이 이성과 지성을 가지고 있다. 이성보다 더 좋은 것은 없으며, 또 이성은 인간과 신만이 가지고 있기 때문에 이성은 인간과 신을 이어주는 접착제다. 이성을 가진 자는 올바른 이성도 가진다. 그리고 올바른 이성은 법이기 때문에 인간과 제신은 그 법에 의해 하나가 된다. 이제 공동의 법을 가진 자는 공동의 정의도 갖는다. 그러므로 정의와 법을 배분받은 자는 같은 국가의 구성원이다. 올바른 이성은 법이기 때문에 인간은 제신과 같은 법을 가지게 된다. 그러므로 전세계는 제신과 인간을 같은 구성원으로 하는 하나의

---

214) Cicero, de Legibus 1.3.8 ; 1.4.14.
215) Cicero, de Legibus 1.4.14 ; 1.5.16~17.
216) Cicero, de Legibus 1.6.18~19. 키케로는 자연을 법의 근원으로 생각했다. 이같은 내용은 de Legibus 1.6.20 ; 1.7.23 ; 1.9.27 ; 1.10.28 ; 1.11.31 ; 1.13.35~36 ; 1.14.40을 참조. 키케로는 de Legibus 1.12.33에서 법을 명령과 금지에 적용한 올바른 이성으로 정의한다.

국가로 간주되어야 한다.217)

키케로에 있어 법은 자연과 이성에서 기원하는 보편적 세계원리다. 우리는 키케로의 정의가 의지에 기초했다기보다 오히려 보편적이고 세계적인 합의와 일치에 기초했다고 말할 수 있다. 키케로는 모든 국가의 법이 공평하고 정의롭다는 데에 비판을 아끼지 않았다. 물론 그는 모든 사람은 정당하게 판단하고 도덕적으로 행동할 수 있는 이성을 가지고 동시에 잘못을 범하고 악덕을 행할 수 있는 존재임을 밝히고 있다.

키케로는 악덕은 스토아의 4정욕, 즉 고통(*molestia*)・쾌락(*laetitae*)・욕망(*apiditates*) 그리고 공포(*timores*)에 기인한다고 했다.218) 그는 이 4정욕의 지배를 받음으로써 인간은 자신의 본성으로부터 멀리 떠나 그의 기능을 정당하게 행할 수 없으며, 세계 모든 국가의 법은 입헌적 권리를 결여한 전제적 폭군이나 다른 형태의 지배자에 의해 제정되었다고 생각하였다. 입법자가 설사 합법적으로 직무를 수행하는 공직자라 하더라도 사악한 법만을 제정할 수 있는 우자일 수도 있다고 하였다. 이러한 공직의 소유자를 입법자라 부르고 또 국가공동체의 의지를 대표할 수 있는 자라고 할 수 없으나, 그러한 입법자가 제정한 법은 자연과 이성 그리고 정의의 국가상을 보여주는 미덕과 일치한다. 다수 혹은 모든 국가가 특별한 법원리에 일치한다고 해서 그 법원리가 정당하다는 것을 보증하는 것은 아니다.

키케로는 『국가론』에서 정치구조나 혹은 대중적 동의보다 오히려 정의의 기준인 내면적인 미덕의 개념을 강조한다. 키케로는 정치가의 직분처럼 법도 자연에 순응하고 일치하느냐에 따라 평가되어야 한다고 주장

---

217) Cicero, *de Legibus* 1.7.22~23. 키케로는 『법률론』1.12.23.에서 인간에게는 서로 멀리하는 소위 이방적인 것은 아무것도 없다고 한 테렌스(Terence)의 유명한 말을 인용하고 있다.
218) Cicero, *de Legibus* 1.11.31.

한다. 모든 사람이 호소할 수 있는 기준이 법이지만 법을 만드는 입법자가 많은 유혹과 오판에 의해 잘못 해석할 수 있기 때문에 법에 대한 호소를 쉽게 선택하는 것을 삼가야 한다 함이 키케로의 주장이다.

> 우리가 가지고 있는 생각 가운데 가장 어리석은 생각은 모든 국가의 관습이나 법에 기록된 것이 정당하다고 생각하는 확신이다. 설사 모든 법이 폭군에 의해 제정되었다 하더라도 정당하다고 생각할 것인가?… 만일 아테네인이 예외없이 참주가 만든 법에 만족해한다고 해서 그 법을 정당한 법이라고 간주하겠는가?… 정의는 하나이며 인간사회를 묶어주는 하나의 띠다. 정의는 법에 기초한다. 법은 명령하고 금지하는 올바른 이성이다. 이 이성의 법을 인식하지 못하는 사람은 정의를 결여한 자다.219)

키케로는 스토아 자연법설을 논리정연하게 피력하면서 이상적인 자연법이 이상국가를 지배하는 종교적인 공법을 초안했다는 것이다. 키케로는 법논리에 있어 추상적인 관념으로부터 구체적인 방향으로 전향했으면서도 투명성을 보이지 못했다. 또한 그가 『법률론』 1권에서 주장한 원리는 이상적이지도, 논리적이지도 못한 기준을 따랐으며, 『법률론』 2권과 3권의 체계도 마찬가지였다. 키케로는 『법률론』에서 자연법은 모든 법을 지배하는 원리라는 점을 밝히고 있다. 키케로에 의해 다소 수정은 되었지만 당시 로마공화정의 여러 제도에 대한 자연법의 적용과 후기 로마공화정의 종교적인 공법을 공포하는 것이 그가 해야 할 과업이었다.

키케로는 『법률론』 제2권에서 종교법을 논하려 했다. 그러므로 그는 자연법을 인간이성의 입장에서 고려하기보다 신이 규정한 종교적인 영역, 즉 신의 의지에서 접근해 갔다.

법은 인간사상의 산물도 인민이 제정한 것도 아닌 전세계를 지배하고 명령과

---

219) Cicero, *de Legibus* 1.15.42 ; 1.17.47.

금지를 지시하는 영원한 신적인 것이라고 정의했다. 신의 이성은 강제나 속박에 의해 모든 것을 지시하고 명령한다. 그러므로 제신이 인류에게 준 법은 정당한 법이다.… 신의 마음이 지고한 법이듯이, 이성이 인간에게서 완성될 때에 그 이성은 법이며, 그 완성된 이성은 현자의 마음에 존재하게 된다. 모든 나라는 각기 자기 나라를 통치하기 위해 필요에 따라 다양한 형태의 법이 제정되었다. 그러므로 진정 가치있는 법이란 국가시민의 안전과 보위를 위해 그리고 백성의 평안과 행복을 위해 제정된 것이어야 한다.[220]

키케로가 신의(神意)의 표현으로 주장한 종교법은 로마에서 실재했던 예배의식의 절차였다. 키케로는 예배의식 자체가 이성과 자연에 일치하기 때문에 종교법의 시행을 독려하고 어떤 경우에서든 예배의식이 로마의 전통과 사회적 실익에 기초하고 있음을 강조했다.[221] 키케로가 특별히 보호하고 중요시했던 종교적 관행은 점술이었다. 그가 점술을 널리 확대하려 했던 것은 스토아 사상과 밀접한 관계를 가지고 있었기 때문에 『법률론』에서 점술을 합리적 관행으로 취급했던 것이다. 그가 점술을 신뢰할 수 있었던 것은 제신의 존재에 대한 확신, 그리고 제신과 인간의 관계 그리고 앞으로 인간에게 일어날 수 있는 사건을 밝혀주는 힘을 가지고 있다는 확신에서였다. 그래서 그는 점술의 사회적·역사적인 가치를 굳게 믿고 있었다.[222] 이와 같이 그가 점술의 가치를 인정하게 된 것은 그럴듯한 근거에 기초한 것이라고 할 수 없을 것이다. 키케로가 『법률론』에서 점술에 대해 특별한 관심을 보였던 것은 『법률론』을 썼을 당시에 그의 공식적인 지위가 로마의 복점관(augur)이었기 때문에 복점관의 직책의 중요성을 강조했을 것이다.

키케로는 『법률론』 제2권에서 자연법이 로마의 종교제도에 어떠한 작

---

220) Cicero, *de Legibus* 2.4.8~10 ; 2.5.11~13 ; 2.7.16.
221) Cicero, *de Legibus* 2.11.26.
222) Cicero, *de Legibus* 2.13.32~33.

용을 했으며, 그리고 제3권에서 자연법이 로마공화정 말기에 행정장관에 어떠한 작용을 했는지를 밝히려 했다. 키케로는 자연법이 행정장관을 다스리듯이 행정장관은 백성을 다스린다고 진술하고 있다. 행정장관은 백성과의 관계에서 법의 화신이며 표현이었다. 이미 밝힌 바와 같이 키케로는 "행정장관은 말하는 법이고 법은 말없는 행정장관(*magistratum leges esse loquentem, legem autem mutum magistratum*)"이었다.223) 여기에서 우리는 후기 고전법 사상에서 통치자를 살아있는 법(*lex animate*)이었음을 상기할 수 있다.

그러나 키케로는 이 같은 헬레니즘의 진부한 용어를 스토아 사상으로 채색했던 것이다. 키케로는 통치자를 초법적인 존재(*legibus solutus*)로 간주했던 헬레니즘의 전통적 개념을 인정함으로써 왕권을 살아 있는 법으로 모든 정체의 통치자들에게 적용될 수 있다고 주장한다. 모든 정체에서 왕권은 살아 있는 법이며 모든 통치자는 최고의 법인 자연법에 따라 통치해야 한다는 사실을 확인시켜 주고 있다.224) 키케로는 『법률론』 제1권에서 모든 사람은 같은 이성을, 선천적 평등을 주장하지만 이 원리를 정치에 적용하려 하지 않았다. 키케로는 귀족의 특권을 옹호하는 귀족정을 지향했다. 그래서 그는 평민의 권리를 확대하기 위해 호민관직을 제도화한 그락쿠스 형제를 비난하기 시작했다.225)

키케로의 『법률론』에 나타난 요지는 당파성과 자기선전이라고 할 수 있다. 키케로는 자연법에 일치하는 법을 만든다는 구실 아래 자신이 살았던 당시의 로마 국가의 비극적인 사건의 발생원인을 그가 반대했던 지도자들의 무법적이고 파렴치한 행위의 결과라고 생각했다. 그는 또한 과

---

223) Cicero, *de Legibus* 3.1.2~3.
224) Cicero, de Legibus 3.1.2~3 ; 3.25. 이 점에 대한 분석은 Laster K. Born, "Animate Law in the Republic and the Laws of Cicero", *Transactions of American Philosophical Association*, 64(1933), pp.128~137.
225) Cicero, *de Legibus* 3.8.19 ; 3.11.26.

두정의 정당성을 주장하기 위해『법률론』제3권을 통해 로마정치사의 전반을 광범하게 비판하였다.[226] 우리는 이것과 유사한 특징을 그의 점술의 중요성을 강조한 사실에서 그리고『법률론』제2권에서 전통종교에 대한 그의 변호에서 발견할 수 있다. 키케로가 호의적인 반응을 보인 법과 종교의식들은 자연법의 표현이라는 사실을 강조하면서, 자연법을 이해한 자신과 같은 사람만이 국가를 통치할 수 있다고 주장했던 것이다. 키케로는『법률론』에서 자신만이 자연법을 이해하고 있기 때문에 국가를 다스릴 수 있는 자격을 갖춘 인물이라는 사실을 부각시키면서 타락한 정적(政敵)들로부터 부당하게 공직의 자리를 침해받은 사실을 밝히려고 하였다.[227]

비록 키케로가 정교하게 다루지는 못했지만 우리는 그의 논거의 기초를『법률론』에서 밝힌 여러 철학파에 대한 명확한 평가에서 찾을 수 있을 것이다. 그의『국가론』에서 제안한 여러 법규와 로마의 역사적인 제도들은 고전 그리스와 헬레니즘 철학사상과 밀접히 관련되어 있음을 발견할 수 있다. 여기서 키케로는 테오프라스토스·디오게네스 그리고 파나이티오스 같은 실용주의적인 학자를 선호했던 반면 관념적인 철학자는 인정하지 않았다.[228] 키케로는 자신과 같이 자연법 사상에 정통한 에피쿠로스학파의 철학자들과 그리고 신아카데미학파의 철학자들을 발견했지만 전자는 시민정신을 결여한 자들이며, 후자는 파괴적인 비판정신을 앞세운 자들로 이들 모두는 정치현실에서 떠나야 하는 가치없는 집단으로 평가했다.[229]

그러나 키케로는 실리의 기초 위에 에피쿠로스학파와 신아카데미학파의 정치생활과 정치이론을 판단하는 기준을 도덕성에 두었으며, 정치에

---

[226] Cicero, *de Legibus* 3.10.23 ; 3.11.26 ; 3.13.30 ; 3.14.32.
[227] Cicero, *de Legibus* 1.4.14 ; 1.6.18 ; 1.22.58 ; 1.20.63.
[228] Cicero, *de Legibus* 3.5.13 ; 3.7.16.
[229] Cicero, *de Legibus* 1.13.37.

있어 도덕성은 정의의 미덕임을 강조했다. 그러나 키케로는 도덕성은 계산과 사리사욕의 암영(暗影) 앞에 힘없이 파괴되고 만다고 경고한다.230) 키케로의 미덕과 도덕성을 선으로 정의하는 데 동의한 철학파들과 그리고 도덕성을 정치생활의 기준으로 간주했던 철학파는 키케로가 정의한 법사상을 지지한 학파였던 것이다. 그러므로 당시에 아리스토텔레스학파, 초기 아카데미학파 그리고 스토아학파는 정치이론에 있어 신뢰할 수 있는 권위를 가지고 있었던 것으로 보인다. 키케로는 예리하고 거시적인 시각을 가진 자이지만 노쇠한 로마공화정을 위협하는 위험요소를 발견할 수 없었다. 그는 힘이나 폭력이 국가를 구할 수 없다고 생각했다. 철학의 정신만이 몰락해 가는 국가를 구제할 수 있는 역량임을 확신하고 있었다.

키케로는 순수 로마인으로서 그의 조국에 대해 남다른 긍지와 애정을 가진 자였다. 특히 그는 『변술론』에서 조국애의 의미를 확실하게 피력한 바 있다.

> 우리가 태어나 살고 있는 국가는 우리의 기쁨이다. 우리가 첫 번째로 배워야 할 것은 국가의 전통적 관례와 정신 그리고 법이다.… 우리는 조국의 완전한 법 확립과 세력을 확대해 가는 데 주목해야 한다.231)

키케로의 국가이념은 그리스의 정신문화의 독창성을 로마사상으로 이행한 도덕과 인륜에 기초하고 있다. 이러한 인륜적 기초 위에 국가가 해야 할 과업과 의무는 엄격한 윤리적 기초 위에서 파악하는 것이었다.232) 파나이티오스의 영향을 받은 그의 전쟁관은 이 세계에서 떨쳐버릴 수 없는 자연적인 것이 전쟁이지만 그것은 어디까지나 정의의 요구에

---

230) Cicero, *de Legibus* 1.12.34 ; 1.14.41 ; 1.18.48 ; 1.20.52.
231) Cicero, *de Oratore* IX I.IV.196.
232) Cicero, *Ad Familiares* V.13.4 ; X.12.5 ; *de Republica* IV.3.3.

의한 윤리적인 합법칙성이 전제되어야 한다고 강조했다.233)

키케로의 독창적인 것은 아니지만 그는 인간을 내면적이든 외면적이든 국가와 관련지었다. 키케로는 그리스 이상주의 철학과 그리고 스토아 사상의 유산을 통해 그의 정신세계의 변화를 가져왔다. 키케로의 국가관이 곧 로마인의 국가관이라 해도 지나친 표현은 아닐 것이다. 그는 문화와 국가정책에 있어 엄격한 폐쇄와 고립을 피하려 했다. 더욱이 그는 정신문화를 경시한 로마인의 민족적 특성을 잘 알고 있었다. 그래서 그는 그리스적 교양과 지식을 갖춘 스키피오·라일리우스 그리고 필루스 같은 이상주의자에게서 깊은 감명을 받았고, 그들과의 제휴를 환영했던 것이다. 키케로는 로마인의 민족적 전통과 미덕, 그리스의 정신문화의 교육을 통해 로마의 전통적 관례와 소크라테스의 지적 교양을 습득한 사람들은 최고의 완전에 도달한다고 확신했던 것이다.234) 키케로는 로마의 정신적 자유와 개화는 외래문화인 그리스문화를 수용함으로써만이 비로소 로마인을 완전한 인간, 진정한 교양인으로 가능하게 할 수 있으며, 침체된 로마적인 것으로부터 극복될 수 있다고 강조하였다. 뒤에 로마시인 호라티우스(Horatius)는 "그리스는 지고한 정신을 가진 승리자"라고 술회한 바 있다. 키케로는 민족의 고유성과 특수성을 유지하는 데에 있어 가치있는 외국문화의 보완적 수용이야말로 이상적인 인간문화의 창조를 위해 필요한 요건으로 생각했다. 우리는 외국문화의 보완적 수용을 강조한 키케로의 문화의식에서 보편적 세계문화 사상을 엿볼 수 있다. 키케로는 외국문화로부터 철저히 고립한 문화적 민족주의는 결과적으로 고상한 인간, 인류애의 발전을 방해하기 때문에 로마인의 진정한 민족적 의연성은 세계인으로의 발전과 완성을 추구하는 데

---

233) 키케로는 전쟁을 정당화했다. 그리고 전쟁이 자기방어나 혹은 충직한 동맹을 위해서만이 행해져야 한다고 했다.[Cicero, *de Officiis* 1.36 ; *de Republica* III.22]
234) Cicero, *Tusculanarum Disputationum* 1.1~12.

있다고 생각했다.[235]

그렇다면 키케로의 국가는 거대한 인류공동체에 대해 어떠한 의미를 가지는가? 그 질문은 키케로가 인류를 어떻게 생각했으며, 그리고 국가와 인류를 어떻게 조화시켜 갔는가에 의해 답할 수 있을 것이다. 그는 그리스 철학을 기초로 거대한 인간공동체의 기틀을 세우려 했다. 그에게 있어 국가는 천국의 축조물일 뿐만 아니라 거대한 공동체 건설의 기초였다. 그는 『의무론』에서 "우리에게 가장 가치있고 중요한 일은 우리 모두가 우의적 관계를 갖는 일이며, 그리고 우리가 살고 있는 국가와 제휴하고 결속하는 것이다. 부모·자식·친척·친구도 소중하지만 우리를 사랑하고 포용하는 우리의 국가는 더 소중하다. 실로 죽음으로써만 국가에 충성할 수 있다고 한다면 누가 국가를 위해 자기의 생명을 주저하겠는가?"[236]라고 말했다. 우리는 순수 스토아 세계주의 사상에서 발아한 세계국가 사상과 키케로의 국가관을 대비시킬 경우에 키케로의 국가관에서 모든 공동체 가운데서 인간을 위한 국가공동체보다 더 가치있는 공동체는 존재하지는 않는다는 사실을 발견할 수 있다. 키케로가 말하는 시민공동체인 조국 로마는 우리 모두의 사랑과 헌신 그리고 희생까지 요구하고 있음을 발견한다.[237]

스토아의 세계국가 사상과 키케로의 국가관 사이에는 현저한 차이를 나타내고 있다. 키케로의 국가관은 가장 의미있고 가치있는 결합체들인 역사적인 국가에 근거하고 있는 데 반해 파나이티오스의 국가관은 신의 법칙인 정의의 이성(recta ratio)에 의한 인간과 제신이 공존하는 거대한 공동체와 그리고 인간을 위해 부차적인 역할을 할 수 있는 개별국가의 필연적 구축이었다.[238] 키케로의 국가사상은 전체공동체의 중심으로서의

---
235) Max Muhl, *Die antike Menschheitsidee in ihrer geschichtlichen Entwicklung*, Leipzig 1928, ss.74~75.
236) Cicero, *de Officiis* 1.17.57.
237) Cicero, *de Officiis* I.17.57~58.

국가로부터 더 높은 통일체로 구성되는 세계국가의 발전인 데 반해 파나이티오스의 국가사상은 세계로부터 시민공동체의 국가로 하향하는 대조적인 형태이다. 키케로는 그의 국가를 초기 스토아의 세계공동체 사상의 사슬에서, 그리고 세계통일체의 유기적인 관계로부터 완전히 벗겨버릴 수는 없었지만 스토아 세계주의의 형이상학적 집착으로부터 해방시켰다. 키케로의 국가이념은 자유이었으며, 인류통일체 개념에 적대적이지는 않았지만 퀴니코스학파의 철학자들과 스토아 사상의 세계국가 이상으로부터 벗어나 민족과 개별국가의 실체를 중시하는, 그래서 인류와 세계국가를 민족과 국민국가 개념보다 우위에 두지 않았다는 점이다.

키케로는 스키피오·라일리우스 그리고 필루스의 영향을 받은 친헬레니즘주의자였다. 그는 헬레니즘의 정신문화를 통해 윤리적이고, 도덕적인 삶과 의무에 대한 인식 그리고 그것을 기반으로 하여 제도(*institutia*)와 전통적 관례(*mos patrum*) 및 로마국가와 그리스문화를 하나의 통일체로 형성할 수 있었다.[239] 키케로는 국가 및 인류애 사상에 만족할 만한 결론을 찾기 위해 오랫동안 노력해 왔다. 그는 로마 국가사상과 헬레니즘의 인류애 개념의 결합에서 그 문제의 결론을 찾을 수 있었다. 이와 같이 그는 우리에게 국가와 국민없이 인류와 세계국가로 도달할 수 없다는 영원한 진리를 가르쳐 주었다.

---

238) Cicero, *de Republica* III.
239) Max Mühl, *op. cit.*, S.74.

제7장
후기 스토아 사상과 로마제국의 세계시민 사상

1) 카이사르와 아우구스투스의 세계지배 사상

 고전고대 그리스인은 인류를 그리스인과 비그리스인으로 구분했다. 헤로도토스나 크세노폰이 "어떤 이방인은 고려해 볼 만한 가치가 있는 특성, 예를 들면 이집트인은 지혜, 페르시아인은 용기와 같은 특성을 소유하고 있다"고 강조했음에도 불구하고 그리스인은 후자를 자신보다 열등한 야만인(barbarians)으로 간주하였다. 그러나 기원전 3세기 이후에는 이른바 세계주의자라고 할 수 있는 보편적 세계시민 사상을 가진 집단이 등장하면서, 인류는 하나이며, 모든 사람은 형제임을 강조하였다.
 인류의 통일·통합을 의미하는 '호모노이아(homonoia)'라는 개념은 그리스에서 유래한다. 호모노이아는 해석하기에 난해한 단어로서, 일체성·조화 즉 "모두 한 마음이 되는 것"을 의미한다. 그리스인은 호모노이아를 소극적인 방식으로, 내분이 없는 상태로 해석하였다. 이소크라테스는 그리스 세계 전체를 하나로 취급하고, 도시국가 상호간의 무익한 싸움을 당파적인 투쟁으로 간주함으로써 그 단어의 의미를 한 도시국가 내에서의 통일성과 조화라는 그리스의 전통적인 해석으로부터 한층 더 확대시켰다. 이소크라테스는 이방인 모두가 본질적으로 노예라는 플라톤의 견해에는 동의하지 않았어도, 그리스의 적인 야만인에 대해 연합하여 맞서야 한다는 것에는 플라톤과 의견을 같이 했다. 이 경우에 이소크라테스에게는 야만족이란 페르시아인이고, 이들을 제거하는 것이 호모노이아의 지름길임을 강조한다.

알렉산드로스 대제 이후 인류애라는 개념은 스토아 사상과의 만남에도 불구하고 기원전 3세기와 스토아 사상이 만연했던 1세기 사이에 큰 격차를 보이고 있었다. 인류애라는 사상이 피상적이기는 해도 그 발전의 원인과 사상적 추이를 어느 한 시대로 한정시킬 수는 없다. 고대의 인류애와 세계시민 공동체 사상은 기원전 3세기에 출현하여 기원전 2세기의 지배적인 이념으로 발전하였는데 이는 헬라스의 세계로부터 도입된 로마 세계주의 사상의 영향이다. 넓은 의미에서 인류의 통일체 사상은 그리스의 고유사상이라기보다 그리스·로마적인 것이다.

이미 앞 장에서 헬레니즘의 세계국가와 세계주의 사상의 발전에 관해서 살펴보았다. 따라서 이 장에서는 로마제국의 스토아 사상가(후기 스토아 사상가)들와 그리고 이 사상가로부터 많은 영향을 받은 몇몇 철인군주들이 지향한 세계시민 사상과 인류애 개념의 성격을 밝히고자 한다. 다음으로 로마 세계주의와 인류애 사상의 발전의 동기는 무엇이며, 키케로 이래 인도·인간애를 의미하는 후마니타스는 로마 귀족정신의 표준이 되었던 것처럼 로마 귀족정치의 전통과 편견에 의해 형성된 후마니타스의 특성에서 과연 로마 세계시민 사상의 진정한 호모노이아적 세계정치 이념의 발전이 가능할 수 있었는지, 아니면 로마제국의 세력증대와 그 상승작용으로 나타난 세계지배 국가로서의 정치체제의 구축과 성숙한 제국으로의 발전을 위한 그럴듯한 처세지의 한 산물이었는지를 밝혀야 할 것이다.

그리스 정신의 씨앗은 이탈리아 토양에 뿌려져서 무성하게 발아했다.

그 결과 이탈리아는 인류애 사상의 수용을 위한 준비는 물론 결실의 기초를 이룰 수 있었다. 이제 인류애 사상을 생각하고 내적으로 지각할 수 있는 것이 더 이상 철학자만의 특권이 아니었다. 기원전 1세기 중엽 계몽화한 인류애 사상은 새로운 세계, 새로운 시대로 진입했다. 세계의 지배자 로마공화국은 사투(死鬪)에 휘말려 내란과 정치폭력으로 국력이 소진함과 동시에 귀족정치의 타락과 부패로 공화정의 정치권력의 기초마저 흔들렸다. 율리우스 카이사르(Caesar, Gaius Julius)의 권력은 고대 로마의 폐허의 잔해 위에 새롭고 아름다운 세계를 탄생시킬 수 있었다. 율리우스 카이사르의 정신은 장차 세계사가 가야할 길과 인류애의 회복의 길을 열어놓았다.

독재자 카이사르는 전제국·전세계(Orbis terrarum) 지배의 근거와 그 정당성을 알렉산드로스에게서 찾았다. 위대한 로마인 카이사르는 마케도니아의 알렉산드로스처럼 세계시민 사상을 정치의 기본목표로 삼았다. 이와 같이 카이사르의 정치이상은 헬레니즘의 세계시민 사상을 기본이념으로 한 정치실현으로 알렉산드로스를 그 모델로 삼았다.[1] 이 두 독재자는 지배자의 무한한 권력을 의식하면서도 보다 고결한 인류애 사상을 인식하였으므로 인류의 지배자로 부각시키기에 충분했다. 스토아 철학의 관념적 논리와 인식은 알렉산드로스와 카이사르에 의해 실천적 도덕률로 바뀌었다. 알렉산드로스가 초기 스토아 철학의 주역이었다고 한다면 카이사르는 로마제국의 철인군주 하드리아누스와 마르쿠스 아우렐리우스의 스토아 세계국가의 기초를 제공한 위인이다.

공화주의 사상은 새로운 군주정에 반대하여 투쟁하였고 카이사르는 암살당했다. 그러나 카이사르의 죽음은 한 개인의 죽음이었지 사상과 이념의 죽음은 아니었다. 이제 고통 받는 인류에게 희망과 동경에 찬 세계

---

[1] 이미 고전고대에서 카이사르를 가리켜 알렉산드로스를 애호한 자(Philalexandros)라 하였다.[Strabo XIII. 1.27. p.594]

구원의 길이 열리고 행복한 시대가 올 것이라는 평화에 대한 열망의 소리를 로마의 서사시들은 아주 인상 깊게 표현하고 있다.

베르길리우스(Vergilius)의 「제4목가(牧歌)」는 세계의 구원자・구세주의 탄생을 간구하는 내용을 담고 있다.[2] 세계사는 고통과 피로에 지친 인류가 평화와 안식을 열렬히 간구한 시기를 인식하지 못했지만 평화를 실현시킬 수 있던 시대가 도래 했을 때 세계의 구원자, 평화의 천사인 황제 아우구스투스가 출현했다. 그는 인류의 해방자요 구원자로 지극한 인류애, 인류를 하나의 형제로 결속한 지고한 형제적 이념을 구현한 상징적인 존재였다.[3] 악티움해전이 있기까지 로마제국은 이미 수십 년에 걸친 내란으로 폐허상태에 있었다. 심지어 공화주의자들마저 내란으로 심각한 공포상태에 처해 있었다.

악티움 해전 이전에 시인 베르길리우스는 그의 『농업시(Georgics)』에서 "바야흐로 공화정 말기의 시대에는 정의가 땅에 떨어지고, 전답이 황폐화하고, 남자와 여자들은 집없이 이리저리 방황하면서 가난에 찌들었다"고 술회하고 있다. 그러나 베르길리우스는 이 비참한 처지에서 세상을 구원할 수 있는 구세주의 출현을 확신했다. 그가 곧 미래의 아우구스투스였다. 그는 다음과 같이 그를 찬양한다.

> 제신이여! 선조들이여! 어머니이신 베스타 여신이여! 티베르 강과 팔라티누스 언덕을 수호하는 당신들이여! 이 젊은 사람 아우구스투스로 하여금 우리들에게 평화를 가져오게 하소서![4]

인류의 구세주, 행복의 시여자, 그리고 평화의 군주로 찬양된 신적 황제인 아우구스투스에 대한 문학적 찬미는 사실 형언할 수 없는 고통에서

---

2) Lietzmann, *Der Weltheiland*, ss.3~5.
3) Michael Grant, *The Twelve Caesars*, New York, 1975, p.64.
4) Lietzmann, *op.cit.*, s.13,45.

해방된 민족정신의 발로였다. 이와 같이 황제를 신적 존재로서의 문학적 찬미하는 것은 로마시인들의 유산이다.

우리는 황제를 신성한 존재로 또 군주정을 시대에 맞는 합법적인 정치형태로 인정했던 시인들의 정치이성을 정당화할 수 있지만 그러나 군주정을 신성한 정치형태로 정당화한 그들의 정치이성에서, 그리고 특히 그들의 시적 표현에서 우리는 시대착오적이고 타산적인 그리고 아부에 찬 지나친 미사여구도 엿볼 수 있다. 로마의 시문학은 아우구스투스를 인류의 구조자, 구원자일 뿐만 아니라 멀리 동방에서 온 왕으로 찬양한다.[5] 기원전 9세기 소아시아의 도시들에 내린 훈령에서 황제는 인류의 생명과 세계사를 주관하는 존재로 미화되었다.[6] 당시의 모든 민족은 신격화한 오리엔트의 황제관에 따라 제국의 황제를 세계의 황제, 그리고 그의 지배 하에 있는 모든 땅과 바다, 전체 인류를 하나의 통일체로 인식했다.[7] 그래서 군주 개인은 인류, 인류애의 자각과 그리고 인류애이념의 창조자, 구세주인 세계군주의 신뢰에 기초하는 것으로 생각했다.[8]

국가의 지배자인 군주를 인류의 구원자, 신으로의 찬미는 멀리는 오리엔트에서 헬레니즘 시대까지로 소급 적용할 수 있다. 초기 로마황제의 구세주관, 이 세계를 구원하는 구원자적 개념은 부분적으로 헬레니즘 시대의 유산이라고 생각할 수 있다.[9] 헬레니즘 시대의 지배자의 이상은 그리스 이상주의 철학, 플라톤의 국가 및 정치사상과[10] 스토아 철학에서

---

5) Max Muhl, *Die antike Menschheitsidee*, Leipzig, 1928, s.81.
6) *ibid.*, s.81.
7) *ibid.*, ss.80~81.
8) *ibid.*, s.81.
9) 이미 알렉산드로스 사후 분할된 헬레니즘 왕국의 군주를 구세주와 신(σωτηρ και θεos)으로 찬양하였다. 기원전 3세기 할리카르나소스의 축성(祝聖)과 신성화는 프톨레마이오스 왕조를 신격화하였다. 고대사회의 황제 숭배의식에 있어서 구세주의 개념은 대체로 E. "Kornemann, Zur Geschichte der antiken Herrscherkulte", *Kilo* I. 51~146.
10) *ibid.*, s.53.

결실을 맺은 그리스 정신의 산물이다. 그리스 정신생활에서 발아한 지배자의 이상은 일찍이 오리엔트에서 왕의 신격화, 즉 신왕적 개념(Gottkönigsidee)에 기초하고 있다.11) 로마제국 초대 황제인 아우구스투스의 세계제국의 이념적 기초는 세계통합·세계평화였다.12) 그리고 그는 스토아 철학을 통해 위대한 정복자의 힘과 이상을 실현한 자였으며13) 세계정복 없이는 세계제국도 없다고 말했다. 지난날 알렉산드로스 시대에 발전한 세계문화 사상은 이제 통일 로마제국에서 그 발전의 기틀을 마련할 수 있었다. 이와 같은 계몽화한 통일문화 세계제국 이념과 사상은 유기적인 과정을 통해 실현시킬 수 있었다.

세계통일체는 진정한 역사적 체험으로써 시대정신에 깊은 인상을 남겼다. 로마문화의 발전과 확대 그리고 다양한 과정에 의한 로마화는 민족들 사이의 친화와 민족혼합 그리고 민족 집단들 사이의 배타적 감정을 극복하게 했다. 세계동포주의는 앞으로 도래하는 시대에, 특히 다양한 종교적 해석과 견해의 제설통합에 의해, 그리고 로마법을 세계법으로 재구성함으로써 강화되었다.

그리고 기원전 3세기 중엽 고대세계는 그 와해와 붕괴의 시대가 지난 다음 어마 어마한 문화적 팽창을 체험했다. 이와 같은 새로운 문화적 팽창의 총체적이고 통일적인 힘이 과연 인류의 동질성·공속성 그리고 세계통일체 사상에 얼마나 영향을 주었는가를 세네카를 비롯한 후기 스토아 사상가들의 세계시민 사상과 인류애 개념의 특징에서 밝혀지게 될 것이다.

---

11) 오리엔트에서 왕의 신적 개념에 관해서는 Lietzmann a.o. ss.19~21.
12) Reitzenstein, "Die Idee des Principats bei Cicero und Augustus" Nachrichten von der königlichen Gesellschaft der Wissenschaften Zu Göttingen, *philologisch - historische klasse*, 1917, Berlin, 1918, ss.8~91.
13) 그의 원수정의 개념은 파나이티오스의 사상에 기초하고 있다.

2) 아우구스투스 시대의 탈민족주의와 세계국가 사상

인류애 사상이 로마제국 초대 황제인 아우구스투스시대에 실천적 이념으로 발전하기까지 그 역사적 생성과 스토아 철학은 어떤 연관관계를 가지는가? 아우구스투스의 죽음은 곧 역사의 변화를 의미했다. 인류애 사상은 아우구스투스의 죽음과 더불어 사멸하지 않았지만 그를 계승한 로마제국 통치자들이 그들의 정책에서 보호와 장려보다 오히려 혐오의 대상으로 간주했다. 이와 같이 인류애 사상은 철학의 나라 그리스로 다시 회귀할 때 비로소 그 가치를 인정받았다.14) 그러므로 마침내 인류공동체와 인류애 사상의 발전의 새로운 자양물은 스토아 철학이었다.15)

이제 윤리와 도덕의 세계에 새로운 개혁이 나타나기 시작했다. 인간은 신과 자연스러운 결합으로써 신을 체험하고 종교적 세계에 침잠했다. 동시에 오리엔트에서 유입된 그리스도교 교의의 기초 위에 동시대의 정신생활은 인륜과 종교적 경향성을 강하게 나타냈다. 그리스도교와 스토아 도덕철학은 각기 사상교류를 통해 세계조화의 길을 열어갔다. 이러한 윤리에 기초한 시대조류는 민족성과 국가이성의 일반으로부터 보편적 인간의 문제, 인간상호의 관계 그리고 신에 대한 문제로 바뀌었다. 당시

---

14) 조남진, 「헬레니즘의 세계국가이념의 발전에 관한 연구」(『동서문화연구』 제3집, 1992), 67~131쪽 참조.

15) Francis Edward Devine, "Stoicism on the Best Regime", Journal of the History of Ideas, 31 (1970), pp.323~336. 제논은 그의 『국가론』에서 미덕을 갖춘 시민은 현자이며, 또 우의와 사랑으로 모두 하나가 되었으며, 형제적 사랑으로 모든 소유물을 서로 기꺼이 나누어야 한다고 했다.[Anton-Hermann Chroust, "The Ideal Polity of the Early Stoics; Zeno's Republic", Review of Politics, 27(1965), pp.173~183. G.R. Stanton, "The Cosmopolitan ideas of Epictetus and Marcus Aurelius" Phronesis, 13(1968), pp.183~195. Charoes N. Smiley, "Stoicism and Its Influense on Roman life and Thought" Classical Journal, 29(1934), pp.645~657]

정신생활의 지배적 경향이었던 스토아 철학은 세네카에게서 그 전형을 찾을 수 있다.

세네카는 자신이 살았던 시대는 물론 그 이후의 시대의 정신세계에 많은 영향을 끼쳤다. 세네카의 시대적 공헌은 고대 사상체계의 경직성으로부터 해소라 하겠다. 세네카 이전의 그 어떤 사상가도 인류를 하나의 동질적 존재임을 강조한 사람은 없었다.

세네카는 거대한 건축물이 그 입상과 그리고 그 내부의 모든 부분이 서로 조화롭게 구조되어 있듯이 인간도 서로 불가분의 관계 속에 조화와 균형을 유지해 가는 것으로 보았다. 그리고 그는 다음과 같이 말했다.

> 나는 인류를 위해 아주 긴요한 법을 제정할 수 있다. 왜냐하면 우리의 의무는 인간관계의 유지에 있기 때문이다. 우리가 보는 모든 것, 신과 인간을 포함한 모든 것은 하나다. 그리고 우리는 거대한 몸인 자연의 부분품이다. 왜냐하면 자연은 우리 인간을 같은 종, 같은 방법, 같은 목적으로 창조했기 때문에 우리는 모두 형제적 관계이다. 자연은 우리들 사이에 사랑을 싹트게 하고 우의를 돈독히 하게 한다. 그래서 우리는 모든 것을 공동으로 소유해야 한다. 그 이유는 우리 모두가 같은 종에서 태어났기 때문이다. 우리의 상호 관계는 돌로 된 아치와 같아서 만일 아치의 돌이 서로 서로의 유지와 지탱을 거부하게 되면 그 아치는 붕괴되고 말 것이다.[16]

세네카는 우월한 철학자만이 세상의 특권과 세계국가에서 살 수 있는 생존권을 부여받은 것이 아니라 모든 사람, 인류 전체가 세계시민권을 받은 신과 인간의 자연적 결합을 강조했다.[17] 그러므로 세네카는 형이상학적 사변이나 인간개별의 신의 깊은 체험을 배제하는 −중기 스토아 사상이 포세이도니오스와 대비되는− 초기 스토아에 더 접근하여 있었다.

---

16) Seneca, *Epistulae* 95, 53 ; 95, 52.
17) Seneca, *Epistulae* 102, 21.

후기 스토아는 일반적으로 초기 스토아 공동체의 도그마를 기초로 하는 중기 스토아에 비해 훨씬 자주적이었다. 로마의 스토아 사상가는 스토아 철학으로부터 중요한 결과를 끌어낼 수 있는 정신적·도덕적인 힘을 가진 자로서 전통적인 공동체 사상으로부터 독립적인 그리고 개별에로 지향하는 경향을 나타냈다.

인류의 내적 통일체 사상에 기초한 세네카는 인습과 전통은 폐기되어야 할 가치없는 것으로 간주하고, 인간의 윤리적 평등, 이른바 내적 평등개념을 강조했다. 이와 같이 고대 초 수세기에 걸쳐 인권의 보편성, 인간평등원리 등이 자주 주장되어 왔다. 소피스트인 알키다마스(Alkidamas)는 "신은 모든 사람에게 자유를 주었다"는 주장이나 세네카에 이르러 인간의 윤리적 평등을 체계적으로 확립한 사실에서 우리는 동시대의 후마니타스와 인간의 사회적 권리가 보편적 가치였음을 발견할 수 있다.[18]

세네카는 노예문제의 역사에 중대한 전환기를 가져왔으나 그의 동시대 사상가들이나 지배계층이 노예제를 국가와 사회에 없어서는 안 될 필수적 제도로 간주했기 때문에 노예제 폐지는 불가능했다. 그는 말했다.

> 주인이 자주 노예로부터 이득을 얻는다는 데에 무슨 의혹이 있을 수 있을까? 왜 인간은 봉사의 가치를 축소해야 하는가? 봉사의 가치는 왜 인간조건을 상승시키지 못하는가? 우리들 모두는 같은 종에서 왔기 때문에 같은 기원을 갖는다. 그 어떤 사람이 다른 사람보다 더 정직하고 고결하며, 더 선행을 할 수 있는 한에서는 몰라도 인간본질에 있어 더 고귀할 수 없다. 노예가 그 주인에게 이익이나 은전을 베풀 수 있다는 것을 부인하는 자는 인간의 권리, 인간이 해야 할 정의를 알지 못하는 자다. 그것은 단순한 신분 때문이 아니라 의지 때문이다.[19]

---

18) Seneca, *Epistulae* 44.1~2;31.11.
19) Seneca, *Epistulae* 47.18.

또한 세네카는 "미덕은 모든 사람에게 열려 있으며, 모든 사람을 받아들이고, 모든 사람에게 주기를 좋아한다. 자유민과 해방노예·노예 그리고 왕, 추방된 자에게도 똑같이 열려 있다. 가문이나 운명이 미덕의 선택을 결정하는 것이 아니다. 미덕은 인간 자체로서 족하다.… 만일 노예가 그 주인에게 이익을 줄 수 없다면 신하가 왕에게, 병사가 장군에게 이익을 줄 수 없을 것이다.[20]

그는 진정 인간에게 있어 신성한 것은 인간이라는 사실을 강조했던 것이다. 그러나 그가 32명의 노예를 거닐고 많은 재산을 축재하여 네로 황제마저 부러워 할 정도의 호화주택에서 살았다는 사실에서 그가 노예제 폐지에 적극적이지 않았던 이유를 엿볼 수 있다.

세네카는 노예와 자유민은 같은 인간성을 가진 자들이지만 주인은 노예의 몸을 사고팔며, 주인 마음대로 처분하고 양도할 수 있다. 그에 의하면, 자유민이 정욕과 탐욕의 노예가 되듯이 노예도 정신의 해방자가 될 수 있다. 인간은 태어날 때부터 자유민이며 노예는 아니다.[21] 이와 같이 스토아 철학자들은 노예제에 대해 계몽화된 견해를 가지고 있었으나 사회개혁론자는 아니었다. 그들은 노예에 대해 잔학한 학대행위를 반대했으나 노예제의 폐지를 주장하지 않았다. 그들은 당시의 사회제도를 개혁하기보다 완화를 위한 도덕적·윤리적인 인간정신, 다시 말해 인간의 참자유인 인간내면의 자유를 이상화하였다.[22] 이러한 점에서 보편적 가치인 인권에 대한 개념은 세네카의 사상에서 단순한 문화적인 힘으로의 발전만이 가능하였다. 그러므로 세네카에게 있어 권리·평등과 같은 인

---

[20] Seneca, *de Beneficiis* III. 20. 1~2. 인간의 모든 부분이 노예의 조건이 될 수 없다. 인간의 선한 부분인 정신은 제외된다. 육신만을 주인 마음대로 처분하고 양도할 수 있다. 그러나 정신은 그 자체가 주인이므로 자유이며 육신의 구속을 받지 않는다.… 인간의 내면적인 것은 예속 될 수 없다. 이 내면에서 유래하는 모든 것은 자유이다."
[21] Seneca, *de Beneficiis* III. 18~20. Epictetus, *Dis* 1.29 : 3.24. Dio Chrysostom, *Dis* 14~15.
[22] Keith Hopkins, "The Growth and Practice of Slavery in Roman Times" in Conquerors & Slaves : *Sociological Studies in Roman History* 1(Camb. Un. Press, 1978), pp.99~132.

간의 보편적 가치는 문화적인 힘을 근거로 노예에 대한 편견을 완화하는 것으로, 그것은 어디까지나 단순한 윤리적·내면적인 문화의 개념일 뿐 노예의 인간화를 위한 권리의 확대와 같은 사회현실의 개선과는 거리가 있었다.

세네카는 후마니타스를 강조했다.[23] 그는 "우리들이 호흡하는 한, 그리고 우리가 다른 사람과 더불어 사는 한, 후마니타스를 소중히 생각하고 그 누구에게도 두려움이나 위협을 주지 말자"[24]고 역설한다. 그러나 세네카 사상의 특이성은 이타주의와 이기주의의 밀접한 교환 작용이다. 세네카는 그의 『도덕서한』에서 "자신만을 생각하고 자신의 이익만을 추구하는 자는 행복할 수 없기 때문에 자신을 위해 살려고 하는 자는 이웃을 위해 살아야한다"[25]고 강조한다. 세네카의 철학은 개인주의와 세계주의의 결합이다. 개인은 자신의 무한한 인간성·인간애를 상찬하는 전체 공동체의 구성원일 뿐이다. 그래서 공동체의 구성원은 독립된 개별로 존재할 수 없음을 확인시킨다.

세네카의 후마니타스는 인류의 조화를 위해 전쟁을 철저히 거부한다. 고대 로마에서 "무력으로 평화를 파괴하는 사태가 발생했을 때 전쟁은 필연적이다"라고 강조한[26] 중기 스토아 사상가의 전쟁관을 비판한 세네카는 평화주의를 지향한 전쟁비판론자였다.[27] 세네카는 원수도 사랑하라는 그리스도교의 교리를 강조하면서[28] 원수에 대한 복수를 원칙적으

---

23) Seneca, *de vita beata* 24. 3 ; *Epistulae* 95,53.
24) Seneca, *de Ira* III. 43. 5.
25) Seneca, *Epistulae*, 48.2. "Nec Potest quisquam beate degere, qui se tantum intuetur, qui omnia ad Utilitates Suas Convertit ; alteri vivas oportet, Si vis tibi vivere.
26) Cicero, *de officiis* 1. 35,36. 포세이도니오스는 고대 로마공화정의 전쟁유용론을 강조한 높은 식견을 가진 자로 그는 장기간의 평화에서 로마인의 윤리적 타락을 보아왔다. [Diodor, 37.3]
27) Seneca, *Epistulae* 95. 30 ; 95. 31 ; 95. 33.
28) Seneca, *de otio* 1.4.에서 "… 우리는 공동선(communi bono)을 위해 노력해야 하고, 우리의 적에게 도움을 주는 일을 중단하지 말아야 한다"고 주장하고 있다.

로 반대했다.

> 상해를 상해로 보복하는 것은 명예로운 일이 아니다. 복수는 비인간적인 단어이다. 가장 굴욕적인 복수를 당하는 경우는 복수를 해야 할 사람이 복수를 취하지 않는 경우이다. 카토는 언젠가 모르는 사람에 의해 본의 아닌 구타를 당했을 때 사죄를 받았지만 그가 받은 타격에 대해 복수하기보다 그 사건을 생각조차 하지 않는 것이 더 좋은 일이다.[29]

세네카의 인간애 사상은 가장 인간적이며 고전적인 표현이다. 즉 "인간에게 있어 신성한 것은 인간이라는 사실이다"라는 말은 초기 스토아 사상의 핵심적 도그마인 보편적 인류애 사상을 나타내는 용어이다.[30] 그것은 기본적으로 인류통일체・인류공동체 사상의 기본개념이기도 하다.

한편으로 세네카의 후마니타스는 일반적으로 감상적이며, 지극한 윤리화와 내면화의 지향인 동시에 다른 한편으로 합리주의적 주지주의의 경향도 강하게 나타냈다. 이 점에서 그리스도교 형제애와 스토아 인간애 사이에 큰 차이를 보였다. 스토아의 세계공동체 사상은 세계지향을 위한 주지 주의적 특성을 지녔다. 스토아 사상가는 자신을 도덕적으로 가장 우수한 현자로 자처하면서 지나칠 정도의 도덕적 자만심을 표방한 귀족주의자였다. 그러나 스토아 사상의 발전과 더불어 귀족적인 태도는 점진적으로 완화되는 경향을 보였지만 결코 그들의 귀족적 엘리트의식을 일소시키지는 못했다.[31]

세네카는 현자들에 의한 엘리트 귀족정치 그리고 현자의 정신을 가장 가치 있는 재산으로 평가했다.[32] 세네카는 내면적인 인간을 가장 이

---

29) Seneca, *de ira* II. 32.
30) Seneca, *Epistulae* 95. 33.
31) M. Mühl, *op.cit*., ss.84~87.
32) Seneca, *Beneficiis* III. 28, 1~2. "어떤 사람의 본성이 다른 사람보다 더 청렴하고 선행을 더

상적인 인간으로 그리고 귀족으로 이상화하고 이를 인간의 가치기준으로 삼았다. 그러나 그는 인간영혼·인간내면의 정신을 가치표준으로 삼은 그리스도교와 달리 영혼 자체의 가치에 중요한 의미를 부여하지 않았다. 세네카는 그리스도교 인류애의 가르침을 수용하는 공동체는 하느님의 공동체이며, 그리스도교 박애사상은 그리스도교 신의 개념에 의해 표현되는 것으로 보았다.

이 세상을 초월한 그리스도교의 신은 인간에게 나타나고 인간은 그 나라에서 살기를 원하기 때문에 인간은 모두 신의 동등한 자녀인데 반해, 세네카는 세계이며 동시에 자연이기도 한 스토아의 신은 현자와 같은 고매한 정신의 소유자인 철학자만이 성찰할 수 있는 대상으로 파악했다. 그래서 그리스도교 세계주의의 경향은 철학적 인간애 사상과 비교될 수 없는 거대한 힘을 지니고 있지만 고전고대의 토양에서 발아한 고전적 인간애 사상과의 결합에 의해 형성된다. 여기서 우리는 세네카의 인생관과 세계관을 고찰하면서 역사적인 국가이념이 전체세계를 신과 결합시키려 한 그의 세계시민사상과 어떻게 조화를 이루었는가를 살펴보아야 할 것이다.

이미 언급한 바와 같이 초기 스토아는 개별국가에 관심을 갖지 않았으나 바야흐로 중기 스토아에서는 역사적인 민족국가의 문제가 구체화되기 시작하였다. 파나이티오스는 "국가는 조화로운 법질서의 인정과 공동이익에 의하여 결속된 인간의 결합체다(*Coetus multitudinis iuris conensu et utilitatis comunione sociatas*)"라고 정의한 바 있다. 그는 법질서와 공동의 이익과 같은 두 특징을 국가본질의 속성으로 보았으며 정부가 전체 시민의 이익을 목표로 혹은 이상으로 하지 않는 공동체와 모든 사람이 법 앞에 평등하다는 이성의 법에 기초한 요구를 인정하지 않는 공동체는 윤리적 요구에 상응

잘 할 수 있는 한에서는 몰라도 결코 그 누구도 다른 사람보다 더 고상하지 않다. 인간은 모두 같은 종에서 태어난 같은 기원을 가진다. 하늘은 우리 모두의 부모이다."

하지 않을 뿐더러 역시 진정한 국가가 아니라고 생각했다.

파나이티오스는 여러 민족을 위해 고위의 신분에 의해 지배되는 것이 필요하다는 귀족주의를 변호했다. 또한 그는 정치에 있어 지배와 복종은 하나의 윤리적 책임을 의미하는 것으로 피지배자에 대한 지배자의 착취보다 피지배자의 복지와 향상된 생활수준의 제공을 요구했다.[33] 중기 스토아의 대변자 파나이티오스의 인간과 세계주의, 그리고 시민적 의무의 강조는 그의 철학적 세계관에 나타난 현실세계의 실천적 윤리를 강조한 것이다.[34] 이에 반해 후기 스토아는 국가에 대해 회의적인 입장이었기 때문에 개별국가와 세계국가 사이의 관계를 분명하게 밝히지 못했다. 이제 개별국가는 보편적 세계국가 사상의 그늘 아래 그 활력을 잃어 갔다.[35]

세네카에 관해 우리는 우선 그가 문필활동을 했던 당시의 어두운 시대 상황을 고려해야 한다. 그는 작품 활동과 로마제국 초기의 국가와 정치문제에 의욕적이었지만 궁정학자로서 그의 정치의식이나 정치감각은 그렇게 명민하지 못했다. 티베리우스황제에서 네로황제에 이르는 기간에 재무관(Quaestor)직과 네로황제의 가정교사·행정관·콘술과 같은 최고행정장관의 관직에 앉았던 세네카는 권세가 날로 상승해 갔지만, 또한 그는 그의 권세와 부에 대해 큰 부담을 느끼기 시작했다.

서기 62년 부루스(Burrus)가 죽었을 때 세네카는 그의 거대한 재산을 네로 황제에게 바치고 재산으로부터 떠나려 했으나 당시의 사회적 현실은 이상론자인 세네카를 물질과 정욕으로부터 완전히 떠나게 하지 않았다. 그는 『도덕서한』에서 자신을 회상하는 글에서 "나는 수도승보다 더 금욕적인 생활을 하면서 젊은 날의 정욕을 억제했다"[36]고 술회했다. 그는 물질

---

33) Max Pohlenz, *Die Stoa*, Göttingen, 1959, ss. 205~206.
34) Cicero, *de Officiis* 1. 71~73.
35) Max Mühl, *op. cit.*, s. 87.
36) Seneca, *Epistulae* 108. 17~22.

주의, 이기심의 극복을 위해 도덕적 이성을 삶의 표준으로 삼고 자신이 공허한 물욕과 관능을 극복한 승리감에 충만하여 인간본성의 개혁을 위해 윤리적 신조를 강조하였다.

세네카와 부루스는 서기 59년 아그리피나 살해의 종범자(從犯者)로 낙인이 찍히면서 네로의 부당성과 자신의 살인공모의 억울함을 청원하는 글을 원로원에게로 보냈다. 이러한 일련의 정치사건은 서기 65년에 일어난 음모사건이다. 그는 이 사건 이전에 체험했던 그의 정치생활을 통해 국가생활에 다음과 같이 경고한다.

> 우리는 원로원의 영향력 있는 소수의 독재자들에 대해 항상 공포심을 가져야 한다. 만일 국가의 통치가 이러한 기구에 의해 지배될 경우 개인은 대중의 힘으로 무장하지만 그러한 사람과 우의를 유지한다는 것은 쉬운 일이 아니다. 현자는 힘으로 사람을 분노하게 하는 일이 없어야 하며, 폭풍을 만나 배의 조종이 어려울 때는 뱃길을 다시 돌리는 것이 현자가 할 일이다.[37]

세네카는 스토아 사상가로서 모든 사람이 같은 형제로 신과 하나 될 수 있는 고상한 나라, 철학의 나라(Philosophischen Staat)로 가는 것이 그의 이상이었다. 그러나 결코 그는 세계국가 이념의 지향과 달성을 위해 개별 국가 이념을 완전히 부인하거나 포기하지는 않았다. 세네카는 세계시민 사회와 국가시민 사회의 조화를 위해 노력했다.

> 이 세상에는 두 국가가 존재한다. 그 하나는 제신과 인간을 포용하는 넓고도 합법적인 공동의 국가이며, 다른 하나는 아테네인이나 혹은 카르타고인의 국가처럼 모든 사람의 국가가 아니라 어느 특정한 인종의 국가이다. 어떤 사람은 이 두 국가에 봉사하지만 어떤 사람은 강력한 대국에, 그리고 다른 사람들은 약소한 소국에 봉사하지만 여가가 있을 때에 섬길 수 있는 국가는 강력한 대국

---

37) Seneca, *Epistulae* 14.7 ; 14,11 ; 28,6.

이다.38)

　세네카가 지적한 바와 같이 모든 국가이념은 그 고유의 가치를 지니며, 국가는 필연성에 의해 만들어진 기구이므로 그것의 폐지는 곧 인류의 절멸과 같았다.39) 이미 데모크리토스도 세네카의 국가관과 유사하게 "만일 국가가 멸망하면 모든 것이 소멸한다"고 밝힌 바 있다.40) 세네카는 신·인류 그리고 우주를 하나의 통일체로 표현하는 데 반해 개별국가를 불완전하고, 종속적이며, 무엇인가를 결여하고 있는 구성체로써 세계국가의 희미한 반사체로 보았다. 이와 같이 세네카의 국가사상은 인간의 아버지요 일체의 지배자41)이며, 세계지배 이념으로서의 로고스가 세계와 인류, 제신과 인간을 포용하는 고상한 국가에로의 지향이었다.42)

　어떤 면에서는 다소 아이러니한 염세주의자이기도 했던 세네카는 세속사에 대한 허탈감으로 그의 허무주의적인 감정을 표현하기 위해 『자연의 문제(Naturales Questiones)』를 기술하였다.43) 세네카는 이 작품에서 민족적인 개별국가로부터 세계국가를 지향했다.

> 고결한 정신을 가진 사람은 일체의 악을 극복하고 자연으로 돌아가 비로소 인간의 완전한 행복에 이르게 된다. 그리고 그들은 부자의 궁전과 대지의 모든 황금을 조소하며 찬란한 별에게 시선을 돌리는 자를 찬양한다. 또 그들은 침실의 천장을 빛나는 상아로 채우려 하지 않는다.… 많은 민족이 불과 칼로 맞설 때 분열은 필연적으로 도래할 수밖에 없다. 진정 인간 사이에 너와 나로

---

38) Seneca, *de otio* 4.1.
39) Seneca, *de Beneficiis* IV.18.
40) Max Mühl, *op. cit.*, ss.87~88.
41) Seneca, *Naturales questiones* II. 45.
42) Seneca, *Epistulae* 28. 4. 나는 세계의 어느 한 모퉁이에서 태어난 자가 아니다. 이 세계 전체가 나의 국가다"(Non Sum uni angulo natus, Patriam totus hie mundus est)
43) Seneca, *Prolog* 7.

구분되고 경계선이 그어진다는 것이 얼마나 볼품없는 일인가?… 그것은 마치 좁은 지역에서 일하며 사는 개미떼와 다를 것이 없지 않은가? 그렇다면 인간은 보잘것없는 왜소한 육신을 가진 존재 이외에 달리 무엇이라 표현할 수 있겠는가? 바로 이렇게 구분된 곳에서 인간의 무리들은 항해하고 전쟁을 하면서 국가를 세울 것이다. 그 결과 그 나라는 보잘것없는 아주 작은 나라로 온통 바다로 막혀 있을 것이다.[44]

우리는 세네카의 국가관과 세계관이 중기 스토아의 포세이도니오스 국가관과 어떤 연관관계를 가진다는 것을 상정할 수 있지만 어디까지나 그는 지구 중심적 세계관에 냉소적이었다고 말할 수 있다.[45] 세네카가 지상의 나라를 인정한 것은 결과적으로 이 지상에 사는 불완전한 사람들과의 화해와 타협을 강조한 것이지만 그 자신은 국가시민 사회와 세계시민 사회의 완전한 조화와 화해를 이루지 못한 것으로 생각했다. 개인의 독립적인 삶과 민족적 특수성을 가능한 한 관철하고, 또 국가 및 개인을 위해 인류 전체의 참여와 봉사의 가능성을 밝힌 세네카의 주장은 로마의 도덕철학에서조차 그 가치를 인정하지 않았다.

이미 언급한 바와 같이 개별국가로서의 민족국가 개념은 그 내면의 힘과 체온을 상실했다. 이와 같이 민족국가 개념의 약화는 단지 스토아 철학의 세계주의 지향에 그 원인이 있었다기보다 당시의 지배적인 시대적 특성에서 찾을 수 있다. 관념적이고 감상적이었던 세네카는 아우구스투스에서 네로에 이르는 제국 초기의 정치와 도덕의 위기에 직면한 현실에 대해 불안과 혐오의 시선을 보냈으나 결코 피할 수 없는 정치현실에서 과연 인류애만을 이상화할 수 있었을까? 고전고대의 초기에 나타난 스토아 세계주의와 더불어 외면적인 역사발전, 탈민족주의 같은 시대정신은 범세계적 인간관계의 길을 열었다. 그 결과 이 시대의 정신생활에 있어 가

---

44) Seneca, *dial*, XII. 9. 2.
45) Max Mühl, *op. cit.*, s.89.

장 중요한 주제는 인류와 인류애였다.

그러나 인류와 인류애의 문제는 후기 스토아 사상 이전에서처럼 철학적 또는 통속철학의 논의의 대상은 아니었다. 모든 사람은 신분과 국적의 구분없이 하나로 결속하는 전인류의 결합이었다. 이제 인도·인간애를 설파한 사람은 후기 스토아 사상가만은 아니었다. 로마제국 밖에 사는 사람도 이러한 시대적 흐름 속에서 후마니타스의 확대에 외면할 수 없었다.[46]

헬레니즘 세계의 학문과 교육의 중심지였던 알렉산드리아는 유대인 철학자 필론(Philon)이 그의 도덕론을 널리 일반대중에게 설파했던 곳이다. 필론은 성서의 가르침에 따라 유대적·헬레니즘적 세계관과 사상을 후마니타스와 잘 조화시키는 데 크게 기여했다.

필론은 인간애의 보편적 가치는 신에 대한 사랑에서 유래하는 것으로 보았다. 고전고대 말기 알렉산드리아에서 유대신학과 그리스 철학의 만남에 의해 발전한 절충주의는 필론의 시대에 절정을 이루었다. 대체로 필론의 작품은 구약성서의 주석을 유대민족의 철학으로 생각하고, 유대교의 신의 개념에 의해 신의 초월성과 완전성을 강조했다. 그가 주장한 신의 개념에서 유대교의 일신론만을 강조한 점은 타당하지 않다. 특히 필론의 신의 본질에 대한 견해는 역시 포세이도니오스의 사상에서 많은 영향을 받았다.[47]

이와 같이 그는 신에 대한 인간의 관계를 "모든 사람은 형제이며, 신은 인류의 아버지이기 때문에 신의 사랑과 인간애는 아주 긴밀한 관계를 갖고 있다"[48]고 표현했다. 필론은 신이 명하신 바는 이웃 사랑과 형제애의 촉구이며,[49] 경건한 마음은 인간애의 덕행과 불가분의 관계를 가지는 것으로 생각했다.[50] 그리고 그는 인간이 모두 신의 아들로서 평등하고 태어

---

46) *ibid.*, s.90.
47) *ibid.*, s.91.
48) Philo, *de dec. orac.* II. 191, *Mos* III 159.
49) Philo, *de Monarch* II. 219(M) ; *de Sacrificant* 259~260(M)

날 때부터 자유민이라는 점을 강조하면서 노예제를 거부했다.[51] 필론은 그의 작품 『인간애에 관하여(de Humanitate)』에서 윤리문제에 대해 모세의 율법을 기초로 한 헬레니즘 철학의 열렬한 애호자로 인간애 사상의 확대 가능성을 확신했다. 그는 같은 혈통의 동족, 이방인과 적들・노예・동물 그리고 식물에게까지 취해야 할 태도를 밝히면서 민족적 차별이나 제한의 거부, 박해받는 자, 추방된 자, 국가의 변절자까지도 모두 포용하는 보편적 인간애를 강조했다. 필론은 이 같은 인류애의 실천을 위해 "추방된 자, 박해받는 자, 국가의 변절자도 세계공동체의 구성원이기 때문에 그들을 사랑하고 도와주어야 하며, 설사 서로 다른 지체(肢體)를 가진 사람들이라 하더라도 같은 혈통과 기원을 가진 공속(共屬)으로 파악해야 한다"[52]고 역설했다.

알렉산드리아의 철학자 필론은 후마니타스를 인류의 기본이념으로 모든 사람은 같은 혈족이며 태어날 때부터 형제이기 때문에[53] 인류의 융합과 공동체의 조화가 가능하다고 확신하고, 그것이 모세율법의 궁극적 목적임을 강조했다. 이러한 모세율법에 의해 가족・도시・제민족 그리고 국가와 전체 인류는 최고의 행복에 도달할 수 있다고 생각했다.[54] 이와 같이 모세율법을 기초로 한 그의 인류공동체와 인간애 사상은 스토아 철학의 영향이었다고 말할 수 없다.[55] 필론은 화해와 인류평화를 설파한 설교자로서 세계공동체의 형성을 위한 보편적 세계주의와 인류애 문제에 깊은 관심을 가지고 있었다. 우리는 이미 그의 고대 유대문헌을 통해 세계 인간공동체 사상을 정확하게 표현한 사실을 발견할 수 있다.[56]

---

50) Philo, de Abraham II. 30(M) ; de Jos II. 74 ; de Humanit II. 383.
51) Philo, de Vita Contemplativa II. 482.
52) Philo, de Humanit II. 392(M)
53) Philo, de Humanit II. 399(M).
54) Philo, de dec. orac II. 206~208.
55) '같은 피를 가진', '그리고 태어날 때부터 한 형제', '형제적 우의'라는 표현은 스토아의 전문용어다.[Max Mühl, op.cit., s.136]

필론은 유대사상을 정의하면서, 유대민족은 사려와 의식이 같고 평화를 사랑하는 민족과 제휴하고, 우의적 관계를 유지하며 유대인에게 옳지 못한 행위를 하는 사람을 경멸하지 않았을 뿐만 아니라 비열한 방법도 취하지 않았으며, 그리고 더 나아가 자신을 보호하기 위해 적대행위를 하는 민족과 또 그렇지 않은 민족 사이에 나타나는 위험을 예방하기 위해 노력하는 민족이라고 특징지었다. 그러나 필론이 살았던 시대에 순수 그리스 철학의 학문적 발전과 많은 사상가들이 그리스 고전 연구성향 때문에 그 또한 그리스 철학의 영향으로부터 완전히 벗어날 수 없었다.

또한 필론은 세계 모든 민족이 따라야 하는 윤리적 불문율을 강조하고, 특히 아리스토텔레스와 스토아 사상가의 인간적인 교류를 통해 민족법·국가법 그리고 지방법과 대비되는 범세계적인 자연법에 심취하고,[57] 다른 한편 인류의 보편적 문화발전에 기초한 불문율을 깊이 이해했다는 점에서 그가 그리스 철학으로부터 많은 영향을 받았음을 확인할 수 있다. 그의 불문율에 나타난 윤리규정은 모든 민족을 하나로 결속시키는 것이다.[58] 필론은 인간은 자연적이고 보편적 도덕률인 스토아 철학의 정의의 로고스의 지배를 받아야 한다고 하면서, 국법도 이 정의의 로고스의 부속품에 불과하다고 생각했다.[59]

우리는 필론의 사상에 나타난 인류애 사상은 결과적으로 그의 철학세계를 형성한 유대교와 헬레니즘 철학이 만난 해후의 산물이라고 생각한다. 특히 그의 사상에서 강조한 인간애, 인간의 동질성, 공속성의 개념 그리고 그의 인생관 및 세계관의 형성도 순수 유대적인 요소와 그리스

---

56) *ibid.*, ss.135~137.
57) *ibid.*, s.92.
58) *ibid.*, s.93.
59) Philo, *de Joseph* II. 46 본래 국가의 특수정체들은 자연의 정체 부속품이다. 왜냐하면 모든 국가의 법들은 자연적 정의, 즉 이성의 부속품들이기 때문이며, 그러므로 통치자는 자연에 일치하는 정의의 삶을 유지해야 한다.

사상의 결합과 조화의 결과임을 확인할 수 있다. 또한 그의 인류애 사상은 자연주의적이며 세계주의적인 경향성을 띤 유대사상에서 유래되었다. 이와 같이 그의 유대사상에서 유래된 자연적이고 세계주의적인 인류애 사상은 그리스 철학과 헬레니즘 철학자들의 사상에 의해 완성되었다. 필론의 문필과 저술품은 당시의 교양계층들에게 많은 영향을 주었다. 유대교의 유일신적인 기본교의는 종교의 보편적 가치를 인식하는 데 계몽적이었을 뿐만 아니라, 윤리적 세계관 특히 필론이 강조한 보편적 인간애 사상을 낳는 결과를 가져왔다. 더욱이 당시의 헬레니즘 문학은 필론과 밀접한 관계를 가졌던 철학자들의 종교적·윤리적 세계관 형성에 많은 영향을 주었다.[60]

제설혼합의 종교철학인 섹스투스(Sextus)의 격언집은 철학 선전기록물의 특징을 나타냈다. 섹스투스의 격언집은 종교철학의 산물로 이교사상의 중요한 기초인 동시에 유대적·신지학적 요소를 원용하고 있다. 섹스투스의 격언집의 윤리규정은 스토아 사상이 표방한 보편적 세계 인간공동체 사상에 기초한다. 필론의 보편적 인간애와 인간공동체 이념은 인간본성의 평등과 공동체성의 필연적 산물이므로[61] 자선은 모든 사람, 심지어 적에게까지 확대되어야 한다고 천명했다.[62] 이와 같이 필론의 사상에서 신의 사랑과 인간애 사이의 긴밀한 관계를 볼 수 있다.

동시대의 대중철학자 무소니우스는 그의 논문에서 세계 인간공동체를 강조하고 있다.[63] 그의 신의 추구는 이 세상의 제한된 인간정신의 탈피를 의미하는 것이었다. 그것은 신시대의 정신이었으며 이미 포세이도

---

60) Max Mühl, op.cit., s.93.
61) ibid., s.93.
62) ibid., s.60.
63) 무소니우스는 스토아 사상에 침잠하여 세계를 제신과 인간의 결합으로 이루어진 공동체로 특징짓고 있다. 그는 인간의 조국을 우주요 세계로 보았으며, 무소니우스는 자주 우의(Koinoia), 인간애(Philanthropos) 그리고 신의 섭리(kydemonikos)를 강조했다.

니오스에 의해 준비되었다. 포세이도니오스는 쓰라린 환상 속에 초라한 지상의 땅을 떠나 가장 훌륭하신 아버지가 다스리는 무한한 우주를 동경한 나머지 민족국가를 초연하려 했다. 이러한 세계에로의 지향은 깊은 종교적 신성의 결과였다. 그는 인류는 신과 하나 되는 결합에서 재발견되어야 하고, 모든 것은 전체와의 관계에서 이루어지므로 전체인류 안에서 분리란 있을 수 없다는 것을 다시 확인했다. 이와 같이 포세이도니오스는 종교적이고 신에 대해 열정적이었다. 조화로운 사유와 정관(靜觀)은 동시대의 일반적인 정서였다. 스토아 철학뿐만 아니라 신피타고라스학파의 사상도 이러한 정관적 분위기 형성에 기여했다. 의사(擬似) 필론의 저서인 『세계의 결백에 관하여』에서 전체세계 그리고 지극히 자비로운 하느님 아버지에 대한 인식을 신성시했다.

    이 세상을 떠나 종교에 몰입하는 인간의식의 발전은 헬레니즘 철학에서 주목을 끌지 못했다. 자연학은 국가와 민족의 한계를 넘어 세계를 검증하고 세계 전체와 내면적 일치를 추구해 갔다. 대 플리니우스는 이러한 사상체계를 이끈 대표적인 인물이다. 그도 역시 세계통일체 사상 그리고 세계 전지역과 분리될 수 없는 밀접한 공속적 동종사상(同種思想)을 강조했다. 이와 같이 그는 세계통일체와 전체 인류의 동질성을 밝히면서 세계를 신성하고 영원히 완전한 존재로 규정했던 것이다.[64]

    플리니우스는 세계와 세계의 전지역과의 결속으로 인간전체의 내적 공동체를 형성할 수 있다고 생각했다. 그리고 그는 이 내적 공동체를 신과 인간의 친화의 산물로서,[65] 그리고 인간을 신 다음으로 만들어진 피조물로 간주했다.[66] 플리니우스의 인간적·신적 공동체는 스토아 철학에 기초

---

64) Plinius, *Naturalis Historia* II. 1. 신피타고라스학파의 세계통일체, 인류의 동질성 그리고 세계를 신성하고 영원하며 완전하다(Sacer est, aeternus, inmensus, totus in toto, immo vero ipse totum)는 주장은 포세이도니오스에서 플리니우스의 작품에까지 전해지게 되었다.
65) Plinius, *Naturalis Historia* II. 7.2.7. Societas cum deo.
66) Plinius, *Naturalis Historia* II. 7.2.6. Proximum illi(sc.deo) genitum hominem.

했다. 그는 인류의 보편성과 그 내적 관계에 시선을 돌림으로써 전세계와 하나되는(consensus omnium gentium) 여러 민족의 소리에 귀를 기울였다.[67] 플리니우스는 각 개별 민족은 개별자인 동시에 전체 인류의 부분품이라고 생각했다. 그리고 그는 각 민족의 자연적·지적 그리고 문화적 특징은 그 지역의 기후와 밀접한 관계를 지녔다[68]고 말했다. 플리니우스는 기후조건이 적합한 지역인 지구 중심부에 거대한 국가가 형성되며, 지구의 양극에 사는 사람은 기후조건이 나쁘기 때문에 그 곳을 떠나 뿔뿔이 헤어져 살아가지만 지구 중심에 사는 사람을 따르거나 복종하지 않는다고 했다.

플라톤은 인간을 구분함에 있어 그리스인과 비그리스인으로, 에라토스테네스(Eratosthenes)는 선인과 악인으로, 그리고 플리니우스는 한대지방의 사람들과 온대지방의 사람으로 구분했다. 이와 같은 세 구분은 당시의 시대정신의 표현이다. 이제 인류통일체 사상은 교양세계의 공동선으로 가장 고상하고 숭고한 정신으로 이해한다. 절충주의자 플루타르코스는 스토아 사상의 영향에 의해 인류의 동등한 법,[69] 동등한 권리 그리고 동등한 사랑을 요구한 인간의 신적 기원을 강조했다.[70]

플루타르코스의 호모노이아 사상은 모든 사람이 지고하신 신 앞에 평등하다는 것을 전제로 한다.

> 민족이 다르다고 해서 신도 다른 것이 아니고, 비그리스인이나 그리스인의 신, 그리고 남부의 신과 북부의 신 사이에 차별이 있을 수 없다. 태양·달·하늘과

---

67) Plinius, *Naturalis Historia* II. 4 ; II. 5. 22~23.
68) Plinius, *Naturalis Historia* II. 78. 이 같은 견해는 포세이도니오스의 사상에 기인한다. 플리니우스 이전 스트라보와 비트루브가 인종지리학(die geographie der Rassen)을 설파했다. 이 문제에 관해서는 K. Rheinhardt, *Poseidonios* ss.67~69, S.87 참조.
69) Plutarchos, *Vit. pomp.* 28.
70) Plutarchos, *Mor* VII. p.192.

땅 그리고 바다가 모든 사람의 것이듯 민족도 민족에 따라 다르게 불리고 있을 뿐이다. 일체의 모든 것의 질서와 그것을 규정하는 것은 이성이며, 모든 것을 조종하고 지배하는 것은 신의 섭리다.… 민족은 각기 그 이름을 달리하며, 다른 명예를 누린다.[71]

그에 있어서 모든 사람은 신국의 결속체이기 때문에 그리스인과 비그리스인, 남부와 북부의 민족들 사이에 차이가 있을 수 없다.

플루타르코스는 민족과 국가의 개념이 호모노이와의 관계에서 무가치한 것으로 취급되었지만 현실적으로 민족과 국가사상을 완전히 자신으로부터 배제시키지 않았다. 비록 플루타르코스가 조국에 대한 깊은 애정과 그리고 소크라테스의 동족에게서 신이 가장 사랑하는 선한 사람을 보았다고 하더라도 그것이 그의 세계주의에 반하는 표현은 아니다.[72] 플루타르코스의 이 같은 조국애의 표현은 어디까지나 그의 심정의 일단이었지 민족과 국가가 세계에 우선함을 의미하지 않았다. 그라이쿨리(Graeculi), 즉 로마 사회에서 식객노릇을 한 그리스인의 머리를 짓밟았던 로마의 토지귀족에 대한 증오심이 결국 반세계시민 사상으로 발전하지 않았듯이[73] 플루타르코스가 외국의 지배와 점령에 대해 분개했다고 해서 그것이 민족주의와 국수주의의 표현이라고는 할 수 없다.

플루타르코스는 인류애와 박애사상을 순수 헬레니즘 미덕[74]의 실현과 완성으로 보았다. 그러므로 인류애 사상은 키케로와 로마 스토아 철학에서 그 점진적인 발전과 완성을 이루었다.[75] 플루타르코스는 모든 시대와 모든 민족 가운데 가장 훌륭한 박애주의자였다고 할 수 있다. 그러면서도 플루타르코스는 세계공동체 사상이 국가이념을 능가하는 사상으로 발전

---

71) Plutarchos, *de iside et osiride* 67 p.378A.
72) Plutarchos, *de sera num. vind.* 22, 568A.
73) Plutarchos, *praec. ger. reip.* 17. 813E.
74) Plutarchos, *vit. Lys.* 27.
75) M. Mühl, *op.cit.*, s.96.

하게 되면 그것은 로마제국의 몰락을 자초하는 요인이 될 수밖에 없다고 경고했다. 어디까지나 그는 세계공동체 사상을 로마제국의 세계지배와 같은 지상권의 확대를 예비하는 철학사상으로 간주했다. 하지만 세네카 이후 단순한 관념적 형제애 사상에 근거한 코스모폴리타니즘은 민족국가 이념의 내적 생명력을 약화시켰다. 더욱이 이같은 민족국가 이념은 세네카와 후기 스토아 철학의 대표자이며 프리기아의 노예로 출발하여 그 뒤 해방노예가 된 에픽테투스(Epictetus)가 해체시켰다.

아우구스투스 통치기에 로마에 살면서 가르쳤던 탁월한 스토아 철학자는 세네카와 에픽테투스였다. 이들에게 있어 인생의 궁극적 목적은 내면적인 평온함이며, 우주의 질서에 복종하여 얻어지는 참 행복이었다. 그래서 그들은 우주를 전지전능하신 신으로 숭배하고, 자연 질서에 복종하는 것이 신의 의지와 조화하는 것이며, 종교적 의무라고 생각했다. 에픽테투스는 윤리적·종교적인 인간으로서 그가 필요로 했던 것을 스토아 철학에서 찾았다. 특히 로마제국의 철인군주이며 스토아 철학자였던 마르쿠스 아우렐리우스는 에픽테투스의 철학 강의를 통해 새로운 윤리적 삶의 가치와 사상을 정립할 수 있는 동기를 찾았다.76) 에픽테투스는 도덕철학을 확립함에 있어 외적 윤리와 도덕개혁을 주도한 대표적인 인물이다.77) 우리는 그에게서 만인의 아버지이신 신과 긴밀한 관계를 가지는 두 사상의 결합을 볼 수 있거니와, 그 하나는 자연을 따르라(Folge der Natur)는 것이며, 다른 하나는 신을 따르라(Folge Gott)는 명령이다.78) 우리는 이와 같이 자연을 따르고 신을 따르라는 명령을 세네카는 물론 해방노예 출신 철학자 에픽테투스의 세계관에서 민족과 국가의 기틀을 완전히 해체하고 보편적 세계공동체, 범세계적 인간관계로의 지향을 엿볼 수 있다. 에픽테투스는

---

76) Max Pohlenz, *Die Stoa*, 1.Band Göttingen 1959, s.341.
77) *ibid.*, ss.327~340.
78) *ibid.*, ss.336~340.

민족과 국가의 틀에서 벗어나 세계에서 그의 조국을 찾았다. 그에게 있어 인류와 세계는 분리될 수 없는 동질이요, 공속이었으며, 그리고 세계 안에 있는 모든 부분적인 개체들은 세계와 인류의 유익을 위한 보조품에 지나지 않았다.[79]

에픽테투스는 세계시민은 세계에서 유래하고, 신의 보편적 관계를 가지는 존재로서[80] 자신보다 타인의 유익을 먼저 생각해야 한다고 강조했다. 그리고 그는 말했다.

> 인간은 어떠한 존재인가? 인간은 야생동물과 다르며, 인간은 세계시민이며, 세계의 부분품이다.… 시민의 본분은 무엇인가? 개인의 사사로운 이익추구나 혹은 독립된 존재처럼 무엇을 작성하고 계획할 것이 아니라 몸의 지체인 손이나 발처럼 행동해야 한다. 자연의 법칙을 이해하고 이성적인 판단으로 손이나 발처럼 전체를 위해, 또 전체와의 관계 속에서 항상 행동하는 것이 시민의 의무다.[81]

언젠가 소크라테스가 그대는 어느 나라 사람인가 하고 질문했을 때 "나는 아테네인이다" 혹은 "나는 코린토스인이다"라고 말하기보다 "나는 세계시민이다"라고 대답한 그의 표현에서 세계시민의 표준을 발견할 수 있다.[82] 이와 같이 소크라테스는 신과 인간은 같은 혈족이라는 명제에 기초했다. 물론 에픽테투스는 신과 세계이성의 융합을 보았기 때문에 그에게 있어 신은 초월적 개념이 아니었다. 그는 신과 인간을 구성원으로 하는 정부를 최고의 정부로 보았으며 그것이 곧 세계정부였다. 이성을 가진 인간은 신과 결합하여 신과 하나가 되는 신의 혈족인 동시에 세계

---

79) Epictetus, *Dis* IV. 7, 68.
80) Epictetus, *Dis* II. 8, 11~12. "피조물은 신의 단편이며 조각이다. 피조물인 인간의 내면에 신의 일부분이 있다.
81) Epictetus, *Dis* II. 10, 4~5 ; II. 10. 3.
82) Epictetus, *Dis* I. 9. 1.

시민이다. 각 개인의 시민적 의무와 신의는 기본적으로 신과 인간의 국가인 세계국가의 속성이며, 인간은 어디까지나 인간이기 전에 세계시민임을 강조했다.[83]

인류애 사상은 에픽테투스의 기본이념이다. 그는 "우리 모두는 같은 형제이며 신은 우리 모두의 아버지다. 우리들은 같은 형제라는 사실을 기억해야 한다"[84]라고 말했다. 노예도 우리들처럼 "그들의 조상이 제우스이며, 같은 종, 같은 하늘에서 태어난 우리의 형제"[85]였던 것이다. 에픽테투스는 인간의 보편적 관계를 개인에 일치시키지 않았다. 각 개인의 독자적인 삶은 전인류 그리고 신과의 관계에서 볼 때 그 어떤 의미도 갖지 못한다. 모든 사람은 같은 형제로 평등하며, 세계시민으로서 경험적·역사적인 국가이념과의 대립은 필연적이다.

이와 같이 에픽테투스는 세계시민이요 신의 혈족인 인간은 신들과 인간으로 구성된 공동체의 부분품일 뿐이다. 그리고 그는 "발이 분리되어 떨어져 나갈 경우 더 이상 발이 아닌 것처럼 인간도 공동체에서 떨어져 홀로 고립된 존재라면 더 이상 인간이 아니다. 인간은 무엇인가? 신들과 인간의 구성체인 국가의 일부분이며, 민족국가는 세계국가의 작은 복사품이다"[86]라고 정의했다. 에픽테투스에게 있어 국가시민 사회는 세계시민사회와 다른 부수적이고 종속적인 의미를 갖는다. 그는 인간은 조국 없이도 행복하고 평화롭게 살 수 있다는 퀴니코스학파의 국가관과 그 세계적 사명을 중시했다.[87]

퀴니코스학파의 디오게네스는 세계시민의 행동원칙을 강조했다. 세

---

83) Epictetus, Dis I. 9. 1~6.
84) Epictetus, Dis II. 10. 8.
85) Epictetus, Dis I. 13. 3.
86) Epictetus, Dis II. 5. 26. Epictetus, Dis I. 9. 1. Seneca, de otio 4. 1.
87) 에픽테투스의 퀴니코스학파에 대한 견해는 S. Bonhöffer, Die Ethik des Stoikers Epiktet S.97 참조.

계를 국가로 간주한 그의 세계주의 사상은 동포에 대한 사랑과 관심 그리고 신에 대한 그의 복종에서 잘 나타나 있다.[88] 디오게네스는 가족・친구 그리고 국가에 의지하지 않았다. 그는 제우스의 종복인 동시에 신의 종복이기 때문에 인간에 대한 관심이 희박했다. 그래서 그는 가족・친구 그리고 국가를 버릴 수 있었으며 심지어 자기의 육신까지 버릴 수 있다고 장담했다. 그 이유는 그에게 있어 세계가 곧 그의 조국이기 때문이다. 그가 포로로 잡혔을 때 그는 아테네를 동경하지 않았을 뿐만 아니라 그 곳에 있는 친지까지도 생각하지 않았다. 오히려 그는 해적들과 친교하면서 그들이 범하고 있는 불순한 행위를 개선하려 했다. 그 후 그가 코린토스로 노예로 팔려갔을 때에도 지난날 아테네에서 살았던 것과 똑같이 살았다.[89]

디오게네스는 그가 태어난 비좁은 조국을 포기했지만 그의 진정한 조국인 세계를 포기하지 않았다.[90] 그는 인간이 추구하는 최고의 목표는 세계이기 때문에 그가 태어나 살아온 조국을 위해 죽을 수 없다고 말했다. 그는 일체의 사건은 세계에서 발생하고 세계국가를 위해 작용한다고 생각했다.[91] 에픽테투스도 퀴니코스학파의 철학자들이 가졌던 정치적 무관심과 같은 정치적 니힐리즘의 경향성을 강하게 표출했다. 그럼에도 불구하고 에픽테투스도 비록 작은 폴리스라 하더라도 존립해야 한다는 초기 스토아 사상가의 국가관에서 벗어나지 못했다.

에픽테투스는 작은 국가 폴리스를 역사적인 형성물로, 필연적인 기구로 그리고 정당한 해악(害惡)으로 표현했다. 이와 같이 그는 정당한 해악인 국가가 국가시민의 공세(貢稅)를 요구하는 반면, 국가시민이 법의 종복(從僕)으로서 부여된 직무를 성실히 수행해야 하는 것으로 이해했다. 그는

---

88) Epictetus, *Dis* III. 24, 58~66.
89) Epictetus, *Dis* IV. 1, 153 ; III. 22. 45~46 ; 24. 64.
90) Epictetus, *Dis* IV. 1. 154.
91) Epictetus, *Dis* IV. 1. 151~158.

"국가시민의 목적이 자기 나라로 돌아가 동족의 어려움과 공포를 해소시키고, 시민으로서의 의무를 다하고, 결혼하여 어린아이를 양육하는 데 있다"[92]고 강조했다. 퀴니코스학파의 철학자들은 국가와 국법에 대해 경시하는가 하면, 그 존재 가치마저 부정하도록 가르치고 있지만 에픽테투스는 국가와 정부 그리고 법에 대해서 그들과는 반대의 견해를 피력했다.[93] 에픽테투스에게 있어 폴리스와 같은 작은 국가의 법은 제거되어야 할 외면적인 가치였을 뿐이다. 그래서 그는 국가의 개념과 인류의 개념 사이에 외적인 조화와 화해를 위해 노력했다. 그는 노예철학자로서 국가사상에 있어 세네카에 미치지 못했지만 퀴니코스학파가 일관되게 강조한 국가의 철폐나 폐지와 같은 주장은 곧 인류멸망을 자초하는 것으로 그들의 국가부정을 단호히 배격했다.[94] 그럼에도 불구하고 그의 개별국가 사상은 세네카 이후 인류애와 세계주의 사상의 그늘 속에 가려져 있었다. 그 결과 작은 폴리스와 같은 작은 개별국가는 최상의 국가인 세계국가의 희미한 반사체(Abglanz)로 정의되었다.

스토아 철학의 내면적·정신적 교의를 도외시한 아우구스투스 이후 시대정신은 국가 및 사회의 외적인 문제에 관심을 돌렸다. 1세기의 신지학(神智學)은 역사적 국가와 민족이념 그리고 종교적 성격을 띤 윤리의 개혁에 지대한 작용을 했다. 그러나 국가이념은 그 힘을 상실하여 무기력해졌다. 결과적으로 국가이념은 노화되어 그 생명만 유지했다. 스토아 사상가는 모든 사람이 공동으로 먹이를 찾고 서로 평화를 누리며 생존할 수 있는 세계에로의 도피를 최고의 행복과 구원의 약속으로 생각했다. 그래서 그들은 이 지상에서의 삶을 내면화하고, 또 내면적인 것만을 최고의 가치로 하는 삶을 현자의 삶으로 이해했다. 그러므로 스토아 사상가는 육신적으

---

92) Epictetus, *Dis* II. 23. 38.
93) Epictetus, *Dis* I. 29. 9 ; IV. 7. 33. 퀴니코스학파의 철학자들은 우리의 왕을 경멸하라고 가르치고 있다.
94) Seneca, *Beneficiis* IV. 18.

로나 정신적으로 어느 국가, 어느 민족에 속하는지를 따지는 것이야말로 가장 비극적인 처사로 보았다.[95]

로마제국 시대에 스토아 철학이 기여한 바는 인류의 보편성, 그리고 세계주의였다. 1세기 스토아 철학의 발전기에 세계주의를 표방하고 등장한 새로운 철학사조는 퀴니코스학파의 철학이다. 마케도니아의 세계군주 알렉산드로스 대제가 격찬한 퀴니코스학파의 디오게네스는 로마국가와 같은 즉 외쿠메네에서 비로소 그의 정신적 거처를 찾았다.[96] 동시대의 많은 도덕론자 가운데 크리소스토모스(Dion von Prusa, Chrysostomos)는 여러 지역을 돌면서 퀴니코스 철학과 스토아 철학의 윤리적 가르침을 설파한 인물이다. 그는 인간정신의 신적 동질성[97]을 강조하면서 "인간은 태어날 때부터 자유다. 귀족출신이라고 해서 비천한 노예보다 더 자유일 수 없다. 노예제는 강제나 폭력의 산물이지 자연의 산물은 아니다"[98]라고 말한 그의 노예관은 아리스토텔레스의 사상과 큰 대조를 이루었다.

크리소스토모스에게 있어 인간은 신의 자녀로서 동등한 권리와 명예 그리고 동등한 자격을 가지는 존재였다. 그는 인간의 보편적 권리를 주장한 실제적이고 교훈적인 인물로서 인간의 평등이 민족을 구분하고 제한하는 민족국가와 민족주의 이념에서 찾을 수 없음을 강조한다. 우리는 스토아 사상보다 더 급진적이었던 퀴니코스학파의 초국가주의와 탈민족주의에서 그가 강조한 세계국가 사상의 특징을 찾을 수 있다. 크리소스토모스의 세계주의 사상은 그의 『변론(die Rede)』 36과[99] 40에서 언급하고 있거니와, 그것은 중기 스토아 철학자 포세이도니오스의 영향이다.[100] 그는 세계

---

95) Max Mühl, *op. cit.*, s.100.
96) *ibid.*, s.100.
97) Dio Chrysostomos, oratio VII p.140.
98) Dio Chrysostomos, *oratio* XV p.262.
99) H. Binder, *Dio Chrysostomos und Poseidonios*, Tübingen Diss., 1905, ss.46~48.
100) M. Mühl, *op. cit.*, s.101.

를 내적 일치와 사랑의 조화 그리고 세계 전체의 모든 부분과 체계적인 관계 속에 주기적으로 진행하는 항성의 운동으로 보았다. 이런 점에서 필론·세네카 그리고 크리소스토모스의 세계주의 사상은 포세이도니오스의 사상과 연속성을 갖는다. 크리소스토모스는 세계조화를 전체인류와 그리고 여러 민족의 공동생활의 표준으로 삼았다. 그래서 그는 "조화의 아름다움은 완전한 피조물에 있으며 치욕은 불화와 반목에 찬 사람들에게 있다.… 이러한 세계조화의 강한 힘들이 전체공동체에 안에 있게 되면 불화와 반목은 해소된다"101)고 했던 것이다. 크리소스토모스의 인도와 인간애는 인류애와 같은 개념으로 사랑(Eros)에 기초한다. 그의 세계성찰과 인류애는 역사적인 삶과의 단절, 역사적 사실에 대한 무관심, 그리고 어느 한 민족의 역사적인 문제에 대한 단념을 의미한다.[이러한 사실은 후기 스토아의 특징이다] 요컨대 민족문제, 역사적 사실과 같은 특수한 문제를 오늘날의 세계주의자와 같이 고대의 세계주의자도 비역사적인 것으로 이해했다.

3) 5현제시대의 세계주의와 코이노니아

로마 스토아, 이른바 후기 스토아는 정치적 지상권과 같은 정치권력의 문제에 대해 체념했다. 아우구스투스 이후 황제들의 지배 하에 있었던 로마세계의 뿌리 깊은 해악들이 스토아에서 나타났다. 하드리아누스와 안토니누스 피우스 황제까지 원수정의 지배형태는 외쿠메네의 강력한 제국으로 발전할 수 있는 유기적인 정치구조가 아니다. 로마제국은 신시대에 적응할 수 있는 국가조직과 기구를 갖추지 못한 채 자만에 차 있었으므로 제국의 지상권은 파멸위기에 직면했다. 또한 로마제국

---

101) Dio Chrysostomos, *oratio* XI 35~40.

은 제국 자체의 세력 그리고 문화발전에서 세계제국으로의 도약과 그리고 제국의 여러 지역을 대표하는 지배적인 존재로서보다 제국 자체가 세계 전체이기를 기대했다. 그러므로 로마제국은 세계 지배국가로서의 정치체제 구축과 제국 내부의 제도정비와 확대가 불가피했다. 그러므로 당시 제국은 정치와 윤리에 있어 성숙한 제국으로의 발전을 위해 명민한 처세지를 가진 스토아 철학자들과의 결속이 현실적으로 필요했다.

스토아 철학은 로마제국 황제에게 많은 영향을 주었다. 스토아 철학을 수업하고 그 학문을 통해 인격수양과 심지어 스토아 철학자의 수염까지 모방하여 달았던 최초의 스토아 철인군주 하드리아누스의 선대왕 트라야누스는 제국통치에 있어 제국주의 이념을 수행한 데 반해 철인군주 하드리아누스는 세계평화와 전체 세계민족을 하나로 결속하는 세계통일과 세계공동체의 구현을 위해 노력했다.[102] 하드리아누스는 그가 지배하고 있는 거대한 제국의 정치적 세력균형의 유지에 노력했다. 하드리아누스의 목적은 로마제국을 세계제국화로, 이른바 제국정치를 세계정치로 발전시키고자 했다.[103] 하드리아누스에게 많은 영향을 준 헬레니즘의 세계통합과 같은 호모노이아, 그리고 여러 민족을 결속시키는 것은 그의 세계지배 사상의 기본이념이다.

하드리아누스의 세계지배의 균형적·수평적 통치경향은 국정과 법 생활에서, 그리고 행정기술의 단일화[104]와 로마법을 제국법으로의 개조와 변형에서, 또한 스토아 사상의 정의의 로고스 개념과 세계법인 만민법(*ius gentium*)[105]의 제정에서 그 실체가 드러났다. 이와 같이 하드리아누스의 수평적 통치 경향과 세계지배 이념에서는 인간의 평등과 인권의 보편적 가치의 실현가능성이 제시되었다. 특히 노예취급에 대한 하드리아누스의

---

102) Max Mühl, *op. cit.*, s. 102.
103) *ibid.*, s. 102.
104) *ibid.*, s. 102.
105) *ibid.*, ss. 102~103.

법 규정에서 계급적 차별의 철폐와 같은 인간애와 인간존엄의 가치를 추구한 것은 스토아 철학자 세네카와 에픽테투스의 영향이다.[106]

하드리아누스의 정치이념은 코스모폴리타니즘에 기초한다.[107] 그러므로 그의 통치하에서 세계주의의 지향과 같은 세계제국의 완전한 내적 구조와 세계정치 이념의 발전의 기틀이 이루어 졌으며 다른 한편 로마민족과 로마국가의 개별성을 약화시키는 결과를 초래했다. 더욱이 이탈리아의 쇠퇴와 함께 오리엔트에 대한 서양의 우위는 약해져 갔다. 하드리아누스의 세계지상권(Weltimperium), 그리고 세계제국의 이념은 스토아 철학의 지배이념과 퀴니코스학파의 세계국가 사상의 결합이다.

하드리아누스는 실천적 현실정치가이며 외교관으로서 로마 신비주의 철학자의 신념을 지닌 대표적인 통치자로 자신의 직무를 신의 사명으로 생각했다. 무엇보다 그는 인도주의를 지향한 군주로 인격과 품위에 있어 완전하리만큼 스토아 현자의 경지에 도달한 세계지배자요, 철인군주의 전형이다. 또한 하드리아누스는 그의 지배 하에 있었던 광대한 로마제국의 질서와 화해를 위해 노력한 모든 민족의 진정한 구세주요 자선자이기도 했다.[108] 하드리아누스의 등장은 어떤 면에서 신체현현(神體顯現)이라고 할 수 있으리만큼 그는 인류의 위대한 자선자들 가운데 가장 표준이 되는 인물이다.[109]

우리는 하드리아누스를 "전체세계를 주관하는 신으로 자선·우의·정의의 덕을 갖춘 인류와 세계의 지도자,[110] 세계의 지배자, 지고하신 제우스와 다를 바 없는 동등자"로 생각할 수 있다.[111] 그러나 세계지배자

---

106) *ibid.*, s.102.
107) *ibid.*, s.103.
108) *ibid.*, s.103.
109) *ibid.*, s.103.
110) *ibid.*, S.103.
111) *ibid.*, s.104.

하드리아누스를 주신(主神) 주피터로 표현하는 것은 타당하지 않다. 하드리아누스는 그의 통치에서 헬레니즘 왕국시대 이후의 종교적 축성이나 신성을 상당히 수용한 사실을 발견했다.[112] 왕권의 수행과 인류의 행복에 충직했던 스토아 철인군주 하드리아누스는 인류를 구원하신 하느님과 같은 존재로서 몸소 스토아 철학을 체득한 영광과 찬미를 받았다. 그러나 그리스 동부에서는 왕을 그리스인의 해방자, 또한 제우스로 예찬했던 것처럼 하드리아누스를 그러한 속성의 존재로 미화해서는 안된다. 그리스인들, 그 중에서도 아테네인에 대해 친 그리스적이었던 하드리아누스는 진정한 그리스의 애호자로서 그리스 문화와 예술에 자부심을 가진 열렬한 찬미자였다. 이와 같이 그리스 문화와 예술의 튼튼한 기반을 가진 하드리아누스는 자신을 국가의 통치자로서보다 인류와 세계의 지도자로 생각했다.[113]

하드리아누스의 통치 목적과 방법은 오리엔트에 대한 정신적 투쟁에서, 특히 반 페르시아적이었던 이소크라테스와 같은 지도자가 되고자 했으나 결코 이상주의적이거나 관념적이지는 않았다. 그는 그리스문화의 지배가 확대되고 또 자신을 전 그리스를 지배했던 제우스로, 인류의 구원자, 통치자이기를 기대했다.[114] 그래서 그는 자신의 지배와 통치가 곧 인류의 지도자로서의 직분을 수행하는 것으로 생각했으며, 모든 정부 더 나아가 세계정부의 진정한 통치자임을 확신했다. 이와 같이 하드리아누스의 통치이념에서 우리는 헬레니즘의 이상주의가 곧 로마 세계제국 창건의 원동력임을 확인할 수 있다.

그리스 관념철학과 플라톤이 강조했듯이 지배자의 이상(Herrscherideal)은 초기 스토아 사상과 중기 스토아 정치사상을 통해 변화해 갔으며, 로마제

---

112) *ibid.*, s.104.
113) *ibid.*, s.104.
114) *ibid.*, s.105.

제7장 후기 스토아 사상과 로마제국의 세계시민 사상

국으로 유입되면서 하드리아누스 통치이념의 기초로 발전해갔다. 이와 같이 그리스의 관념철학과 스토아 철학은 로마제국의 몇몇 철인군주 특히 하드리아누스의 세계주의와 인류애 사상의 발전에 크게 기여했다. 헬레니즘의 지배자 이상 그리고 부분적이지만 헬레니즘의 인류 및 인류애 사상과 밀접한 연관관계를 가진 그리스 관념철학과 스토아 철학은 로마제국 황제의 통치이념에 많은 영향을 주었다. 빌라모비츠는 헬레니즘의 지배자 이상과 스토아 사상의 영향을 알렉산드로스 시대에서 아우구스투스 시대까지로 제한하는 것이 지나친 도식이라 생각했다.[115] 그리스 이상주의의 철학과 스토아 사상은 하드리아누스와 같은 로마제국의 철인군주들이 지향한 세계주의·세계정부 그리고 인류애 사상의 기원이 되었다. 하드리아누스의 세계주의·세계정부와 같은 통치이념은 약 1세기에 걸쳐 그 발전의 기틀이 마련되었다. 이와 같이 하드리아누스의 지배와 통치는 그의 통치이전 시기에 나타난 정치적 흐름의 총체적 표현이기도 했다.

하드리아누스의 새로운 정치이념과 정치적 과업은 그의 후계자 안토니누스 피우스에게로 이어졌다. '인류의 아버지'인 그는 그의 제국의 모든 사람에게 자선을 베푸는 데 주력했다.[116] 안토니누스 피우스의 정치와 지배구도는 세계(orbis terrarum)를 정치와 문화의 통일공동체로 만드는 것이며, 또한 외쿠메네의 통일체 사상의 강화였다. 그러므로 안토니누스 피우스는 인류의 전체 세계제국의 보호와 지배 하에 호모노이아의 실현을 추구했다.[117] 안토니누스 피우스의 정치이념은 전임 황제 하드리아누스에 의해 추진된 바 있는 고대 그리스의 정신세계의 확립과 인도와 인류애의 확대와 같은 고전적 윤리의 지향이다.

하드리아누스와 안토니누스 피우스의 통치시기에는 비현실적이고 이

---

115) *ibid.*, s.105.
116) *ibid.*, ss.105~106.
117) *ibid.*, 107.

상주의적인 그리스 관념철학이 지배적이었다. 그리스 철학에 몰입하고 세계정부를 이상화한 안토니누스 피우스는 세속의 고통과 물질적 욕망을 멀리하고, 인류구원의 신적 인격체로 고상한 윤리세계의 확립에 골몰했다. 이와 같이 세계주의를 지향한 몇몇 로마제국의 황제들은 세계제국의 지배자로 제국의 북동부 지방에서 집요한 적의 공격이 빈번했던 시기까지도 그들의 삶의 활력과 통치자의 정신적 지배원리를 스토아 철학에서 찾았다. 안토니누스 피우스와 같이 스토아 철학자로서 로마제국 황제의 관을 쓴 또 다른 철인군주는 마르쿠스 아우렐리우스였다.

그러나 안토니누스 피우스의 정치이념은 마르쿠스 아우렐리우스의 통치철학에 그대로 적용되지는 않았다. 선대의 황제들처럼 마르쿠스 아우렐리우스도 세계의 성찰, 세계의 문제, 세계의 결속과 같은 세계와의 관계에서 파생된 윤리문제와 같은 세계주의에 관심을 두었다. 그는 스토아 세계주의와 인류애 사상을 그의 통치의 기본이념으로 삼았으나, 내심으로는 오히려 로마 세계국가와 로마 세계지배와 같은 제국의 현실문제에 더 비중을 두었다. 그러나 철인황제인 마르쿠스 아우렐리우스의 통치이념은 역시 철학적인 형이상학의 인식에서 출발했다.[118]

마르쿠스 아우렐리우스의 관심사는 세계국가였다. 그는 『명상록(Meditations)』 IV. 3.2에서 "세계는 국가다"라고 지적한 바 있다. 이와 같이 그는 세계국가 사상과 인류공동체 국가의 기초를 스토아 사상가들이 강조한 인간이 공유하고 있는 인간정신, 즉 이성에서 찾았다. 그래서 그는 "만일 우리 모두가 정신을 공유한다면 이성도 공유하게 된다. 우리는 이성을 가지고 있기 때문에 합리적인 존재이다. 만일 우리가 무엇은 하고, 무엇은 하지 말라고 명령하는 이성을 공유한다면 우리는 역시 법도 공유하는 셈이다. 이와 같이 우리는 이성과 법을 공유한 시민인 동시에 조직화된 공동

---

118) *ibid.*, s.106.

체의 구성원이다. 그러나 세계는 전체 인류가 구성원이 되는 유일한 공동의 정체이다. 그러므로 세계는 국가다"119)라고 설파했다.

우리는 마르쿠스 아우렐리우스의 인류의 형제애와 세계국가의 기본이념으로서 우의(koinonia)와 인류의 공동복지를 들 수 있다. 마르쿠스 아우렐리우스는 인간이 사회적 목적을 위해서 구성되었으며120) 코이노니아(Koinonia)를 위해 태어났음을 강조한다. 그러므로 코이노니아는 이성적 피조물인 인간의 목적이다.121) 마르쿠스 아우렐리우스는 로마인으로서 모든 것을 합리적으로 인식하면서 그는 "우리는 로마인인 동시에 인간이라는 사실과 그리고 우리가 종사하는 일을 양심적이고 자연스러운 품격으로, 인간애와 자유 그리고 정의에 따라 실현할 것을 잊지 말아야 한다"고 강조했다. 그는 그리스어에서 유래한 덕(virtus)·존엄(gravitas) 그리고 정의(iustitia)는 고대 로마의 이상임과 동시에 그의 이상이기도 했다.

마르쿠스 아우렐리우스는 키케로처럼 로마의 유명한 시인 에니우스(Ennius)의 산문시에서 "고대의 것은 다 사멸해 갔지만 로마는 영원히 강건하리라(Moribus antiquis res stat Romana virisque)"라고 서술했는데 이 표현은 국가의식의 기초가 세계국가 이념의 발전을 가능하게 했다는 사실을 마르쿠스 아우렐리우스가 인식하고 있음을 보여준다.122) 헬레니즘 시대 스토아 사상에 있어 세계국가는 이성의 법에 의해 결합된 국가공동체였다. 그러나 이 국가공동체 사상은 보편적 인류애 사상의 위력 앞에 퇴색되어 갔다. 마르쿠스 아우렐리우스는 로마인을 위해 세계국가 사상과 세계시민의 의식을 확대시켰다.

---

119) Marcus Aurelius, *Meditations*. IV. 4.
120) Marcus Aurelius, *Meditations* VII. 55 ; III. IV. 1. VII. 5.
121) Marcus Aurelius, *Meditations* V. 16 ; V. 30. XI. 19 인간은 세계본성의 산물이다. 이 세계본성은 인간에 대한 인간의 자애와 우의를 가진다.
122) Max Pohlenz, *Die Stoa*, Göttingen, 1959, s.351.

나는 안토니누스로서 로마를 조국으로 삼고, 또한 인간으로서 우주와 세계를 국가와 조국으로 삼았다.[123]

이성적 본질의 인간은 정치적 존재이다.[124]

그에 의하면 이성적 존재인 인간은 세계국가의 시민이며, 세계국가 시민의 의무를 가진다. 그래서 인간은 세계시민을 위해 자신의 의무에 충실해야 하며 그러한 생활이야말로 인간에게 있어 자연에 합일하는 삶이라고 정의했다.

마르쿠스 아우렐리우스는 에픽테투스로부터 정욕을 억제하는 교훈을 배웠다. 그런 까닭에 그는 신들의 표준을 따를 것을 강조한다. 이 지상의 모든 것은 항상 전변성쇠(轉變盛衰)하며, 생성과 죽음이 지배하므로 공허하고 무상할 뿐이라고 말했다.

트라야누스의 시대도 이미 가버렸다. 그러나 단지 사람만이 바뀌었을 뿐 인간의 삶과 활동은 끊임없이 계속된다. 황제의 궁전도 예외는 아니다. 알렉산드로스와 그 마부는 그들의 것을 다른 사람에게 양보하기 위해 죽었다. 연기와 재는 모두 이 지상의 본체다. 노력과 투쟁으로 획득한 것은 어린 개들이 서로 차지하려고 하는 뼛조각에 불과할 뿐이다.… 죽은 다음에 명문귀족에 대한 기억과 회상은 파도에 멀리 쓸려가 버렸다. 사후의 명성은 망각이다.

이와 같이 인간에 대한 절망과 비관으로 가득 찼던 마르쿠스 아우렐리우스는 덧없고 공허한 생의 현실에서 향락의 추구보다 진정한 윤리적 인격, 청초한 양심의 품격 그리고 정의의 실현을 강조했다.[125]

마르쿠스 아우렐리우스는 가장 존귀하고 지고한 국가, 세계국가 안

---

123) Marcus Aurelius, *Meditations* VII. 44.
124) Marcus Aurelius, *Meditations* X. 2.
125) Max Pohlenz, *op. cit.*, s.350.

에서만이 개별국가의 존재 가치를 가지게 된 것으로 이해한다. 그러므로 그에게 있어 개별국가는 세계국가의 부분품이며 지체였다. 이 사상과 함께 마르쿠스 아우렐리우스에게 깊은 감명을 준 사람은 중기 스토아 철학자 포세이도니오스였다. 포세이도니오스는 세계를 통일체적 유기체로서 그 안에 있는 모든 것이 서로 결합하고 동질적 친화의 인과관계를 형성한다고 생각했다. 그는 세계를 완전한 생명체로서 개물이 전체를 이루는 유기체의 부분품으로 보았다. 그러므로 그에게는 전체 인류에게 하나의 유일한 국가가 세계국가였다. 또한 그는 국가정치에 있어 열등한 자가 강자에게 복종해야 하는 자연법칙을 믿고 따랐다. 그가 말하는 강자의 지배는 육체적인 힘이나 정치적이고 야수적인 폭력이 아니며 오직 지적·윤리적으로 우수한 자들, 즉 창조적 개인인 현자의 지배였다.

마르쿠스 아우렐리우스는 절대 권력을 가진 지배자로 정치보다 철학의 학문세계에 몰두했다. 권력의 세계에서 도덕적 해이를 인식한 그는 스토아 현자를 이상화하면서 철학을 통한 선자가 되고자 했다. 그는 규범과 온유로서 인류에게 유익한 자가 되기 위해 자주 전임황제 안토니누스 피우스의 전례를 따르는 데에 주저하지 않았다.[126] 마르쿠스 아우렐리우스는 인간은 사회제도의 일부분이기 때문에 사회적 목적의 완성에 무관한 행위가 인간을 타락시킬 뿐만 아니라 삶의 통일성과 결속을 저해한다고 생각했다.[127] 그래서 그는 사회복지의 원리는 기본적으로 코이노니아가 전제되어야 함을 강조했다.[128] 또한 그는 인간 상호간에 협동하는 일을 자연에 합일하는 그리고 자연과 조화를 이루는 행위라고 생각했다.[129]

우의를 의미하는 코이노니아와 공동복지는 마르쿠스 아우렐리우스

---

126) Marcus Aurelius, *Meditations* VI. 30.
127) *ibid.*, IX. 23.
128) *ibid.*, VI. 30. 1 ; VIII. 12 ; IX. 16. 31.
129) *ibid.*, II. 1 ; VI. 14. 42. 13.

의 세계주의의 기본이념이다. 그는 인간이 사회적 존재라 할 수 있는 것은 기본적으로 인간이 갖는 코이노니아 때문이며,[130] 이러한 우의적이고 합리적인 이성의 공동체를 세계국가로 정의했다. 마르쿠스 아우렐리우스가 "인간관계에서 불만스럽게 생각했던 것은 전인류가 혈족관계라는 사실을 망각하는 것이다. 따라서 인류의 혈족관계는 피나 혹은 종이 아닌 정신(nous)에 기초한 코이노니아의 공동체적 관계이다"[131]라고 말한 것도 그런 이유에서다.

마르쿠스 아우렐리우스의 세계국가 이념은 현실적이지도, 또한 실천적이지도 못했다. 그가 요구한 인간공동체는 그 구성원이 하나로 결합하고 통일된 유기체적 기능을 가진 조직체로 비유되었다.[132]

코이노니아와 인류를 외면하는 자는 손이나 발 그리고 머리가 잘린 자요, 전쟁에서 본대(本隊)를 이탈한 자이다. 그는 이러한 자를 자연과 조화를 이루고 있는 통일체에서 격리된 자로 간주했으며[133] 그리고 더 나가 인간의 본질인 이성으로부터 분리된 자를 세계 위에 생긴 종양이라고 생각했다.[134] 마르쿠스 아우렐리우스는 그의 『명상록』IV. 29에서 세계국가를 다음과 같이 비유한다.

> 세계의 본질과 세계국가에서 발생하는 것을 인식하지 못하는 자는 세계로부터 소외된 자이며, 그리고 국가의 이성으로부터 멀리 떠난 자를 망명자로 규정했다.[135]

마르쿠스 아우렐리우스는 우리가 자연을 통해 국가를 알게 되었고,

---

130) *ibid.*, VI. 44 ; VII. 68, 72.
131) *ibid.*, II. 1 ; VI. 14. 42. 13.
132) *ibid.*, VII. 13. 19.
133) *ibid.*, VIII. 34.
134) *ibid.*, IV. 29.
135) 마르쿠스 아우렐리우스의 소외된 자에 관해서는 *Meditations* XII. 1, 2에서 그리고 폴리스와 세계와의 관련은 *Meditations* IV. 29에서 밝히고 있다.

또 우리가 국가에 있는 한 이성적인 존재로 가장 존엄한 국가와 국가의 법에 복종하는 것이 목적이라고 밝히고 있다.[136] 또한 그는 "세계를 전형적인 국가로, 그 어떤 국가도 세계국가보다 더 이상적인 국가일 수 없다. 그러므로 우리는 최고국가의 시민이며, 최고국가인 세계에서 개별국가는 마치 도시의 한 집에 불과하다"고 생각했다.[137] 거대한 세계국가의 구성원은 공동의 지배 하에 있게 마련이다.[138] 마치 식물의 한 잎이 식물 전체의 한 부분이듯 개인도 인류의 생명수에 달린 하나의 잎에 불과한 존재다.[139] 마르쿠스 아우렐리우스는 최고국가인 세계국가의 시민으로 살아야 하며, 그러한 삶을 자연과 조화를 이루는 삶이라고 말했다.[140]

포세이도니오스의 사상에 기초한 마르쿠스 아우렐리우스는 코이노니아의 세계법칙이 통일의 힘임을 확신했다.[141] 그러나 우리는 마르쿠스 아우렐리우스의 인류애 사상에서 합리적 특성을 찾을 수 없다. 그의 인류애 사상은 합리성을 결여한 단순한 즉흥적인 감정, 동정에 찬 인간애, 고통에 대한 감상적 이해, 그리고 육신적 결합에 대한 동정의 표현이었다.[142]

마르쿠스 아우렐리우스의 전임황제 안토니누스 피우스의 정치철학은 독단적이고 전제적인 요소를 강하게 표출한 다분히 목적의식적이고 타산적이었다. 그러나 인류애를 자연의 명령으로 인식했던 마르쿠스 아우렐리우스의 윤리학은 국가적 관심의 범위를 완전히 탈피했다.[143] 그는

---

136) *ibid.*, II. 16.
137) Marcus Aurelius, *Comment* III. 11.
138) *ibid.*, IV. 4.
139) *ibid.*, VIII. 7.
140) Marcus Aurelius, *Meditations*, X. 15. 자연에 따라, 자연과 조화를 이루며 사는 것이 마르쿠스 아우렐리우스에게 있어 일반화된 개념이다.[Epictetus, *Dis.* 4, 14~15, 18 ; I. 11, 5~15]
141) Marcus Aurelius, *Comment* IX. 9.
142) 조남진, 세네카에 있어서 자유와 후마니타스, 한남대 논문집 제21, 1991 참조. H. Wein Stock, *Die Tragödie des Humanismus*, Heidelberg, 1953, ss.138~140. W. Richter, "Seneca und die Sklaven" in *Gymnasium*, 65(1958) ss.197~198.

최고의 도덕론자로서 역경과 고통 속에서도 세계와 인류를 무한한 사랑과 관용으로 포용했다. 그래서 고대의 코스모폴리타니즘과 인류애 사상은 마르쿠스 아우렐리우스에게서 그 전성기를 맞았다. 이와 같이 인류애 사상은 마르쿠스 아우렐리우스의 개인만이 아닌 세계 문화제국과 오이쿠메네의 이념으로 전시대의 의식 속에 작용했다.

마르쿠스 아우렐리우스와 동시대인 스미르나(Smyrna)의 아리스티테스(Aristites)의 인류애 사상은 당시에 널리 확대된 인류애 사상의 전반을 이해하는 데 가치있는 전거이다. 아리스티테스는 로마와 로마인들을 찬양하는 글에서 밝혔다.

> 어느 물길이 도도히 흐르는 강물을 방해할 수 있는가? 어느 바닷길이 막힐 수 있단 말인가? 전세계는 지난날의 구각을 벗어버리고 이제 새 의상으로 갈아입었다.… 호메로스는 세계와 대지를 모든 사람의 공유물이라 했거늘, 너희들 모두는 이 말을 진리로 받아들이지 않겠는가?… 너희 로마인은 세계의 모든 민족과 결속함으로써 하나의 가족이 되었다.[144]

마르쿠스 아우렐리우스의 사상과 정치철학에 영향을 준 진정한 선구자는 세네카와 에픽테투스였다. 에픽테투스는 인간을 신과 유사한 존재로 생각했는데 반해 마르쿠스 아우렐리우스는 인간을 같은 정신을 공유한 우의적인 존재로 생각했다. 에픽테투스는 인간이 이성을 가진, 또 이성의 공동결속을 세계지배에서 신과 인간을 하나로 결합하는 통일이라고 생각했다.[145] 한편 마르쿠스 아우렐리우스는 법은 공동의 것이라는 확실한 신념과 세계를 공동의 법을 가질 수 있는 인류의 유일한 정부로,

---

143) Marcus Aurelius, *Comment* III. 4 ; IX. 9.
144) M. Mühl, *op. cit.*, s.107.
145) Epictetus, *Dis* I. 9, 4~6. 마르쿠스 아우렐리우스는 인간에 대한 신의 관계를 언급하는 가운데 모든 사람은 그 본성에 신의 일부를 공유하는 것으로 보았다.

그리고 인간공동체를 세계국가로 규정했다.146) 마르쿠스 아우렐리우스는 그의 세계주의 사상에서 에픽테투스가 전혀 관심을 두지 않았던 부분까지 제시했다. 에픽테투스는 세계의 모습을 인간의 몸과 국가로 인식한 마르쿠스 아우렐리우스의 세계주의 사상을 비판했다.147)

에픽테투스의 관심은 세계시민이었는데 반해 마르크스 아우렐리우스는 세계를 하나의 국가로 설명한다. 에픽테투스는 스토아 철학의 교사로 실천적 윤리와 공동체로부터 벗어나는 행위를 경계했다. 에픽테투스는 개개인에게서 일어날 수 있는 일을 두려워하기보다 자연과 조화를 이루며 살아가기를 강조했다. 특히 그는 퀴니코스학파의 철학자들의 가르침과 명령에 따라 신에 복종하고 인류와 동포의 우의와 복지를 위한 헌신을 요구하였다.148) 에픽테투스에게 있어 외적인 것은 그 자체로서의 가치를 가지며, 영혼을 방해하지 않기 때문에 일체의 외적인 것의 수용을 강조한다. 그는 설사 인간에게 죽음이 도래한다 하더라도 이성과 세계법에 복종해야 하며,149) 이러한 점에서 마르쿠스 아우렐리우스의 사상은 에픽테투스와 밀접한 관계를 갖는다.

에픽테투스는 그의 세계주의 사상에 종교적인 경향성을 강하게 나타내고, 신과 인간의 혈족적 관계 속에 모든 신과 인간, 그리고 신의 아들과 신의 종으로 구성된 정부에 관해 언급한다. 그는 신에 대한 복종을 가장 중시한 데 반해 마르쿠스 아우렐리우스는 최선의 국가·정부·법 그리고 이성에 대한 복종을 강조한다.150)

---

146) G.R. Stanton, "The Cosmopolitan Ideas of Epictetus and Marcus Aurelius", *Phronesis*, 13(1968), p.191.
147) *ibid.*, p.191.
148) Epictetus, *Dis* III. 22, 1~4.
149) G.R. Stanton, *op.cit.*, p.192.
150) Epictetus, *Dis* III. 24. 65. 장느 르 히르(Jeanne Le Hir)는 에픽테투스의 윤리체계는 궁극적으로 신의 의지의 표현으로 사건의 전체적 수용에 있어 자신을 부정하는 이른바 자기소멸(self-annihilation)을 촉구하는 종교에 기초한다고 주장한다.

마르쿠스 아우렐리우스는 평등에 기초한 국가이념과 철학의 가치를 가르친[151] 세베루스(Severus)로부터 세계국가 사상을 배웠다.[152] 물론 세베루스의 세계국가 사상은 분명치 않으나[153] 마르쿠스 아우렐리우스는 그에 대한 찬사와 존경은 지극하였다. 그 이유는 그가 세베루스를 통해 로마공화정의 정치문제에 적극 가담하고 관심을 보인 그의 선대 철학자 트라세아(Thrasea)·헬비디우스(Helvidius)·카토·디온 그리고 부루투스(Marcus Junius Brutus)를 알게 되었기 때문이다.[154] 세베루스는 아리스토텔레스학파의 철학자로 스토아 철학에 심취하여 마르쿠스 아우렐리우스의 세계주의 사상에 튼튼한 기초를 제공했다. 중기 스토아 사상가 포세이도니오스도 세계주의의 기원과 발전에 세베루스의 기여를 인정한 바 있다. 마르쿠스 아우렐리우스의 세계관은 조화와 균형 그리고 관용으로 인류를 신의 광영에 의지하는 존재로 표현했다. 그의 철학은 종교와 불가분의 관계를 가졌으며, 인간이 궁극적으로 신을 찾아 새로운 곳에 도달한다는 신플라톤주의의 신지학(神智學)에 기초하고 있다.[155]

    인류애를 고취시킨 마르쿠스 아우렐리우스는 전쟁을 지휘하고 통솔하는 일을 가장 중요한 과업으로 생각했다. 그의 철학은 쇠퇴해 가는 고대세계의 마지막 빛이었다. 헬레니즘 정신은 서기 2세기 로마황제의 중재를 통해 전 외쿠메네의 지배적인 이념으로, 특히 로마 자연법 사상, 선천적 평등, 그리고 인류는 모두 동종·동질이라는 사상의 확립과 이에 대한 확대에 기여했다. 이와 같이 헬레니즘 사상에서 스토아 철학은 로마 법학자들에게 평등사상의 주입과 노예의 법적 지위문제, 그리고 유스티니아누스 법전편찬에 기초가 되었다.

---

151) G.R. Stanton, *op. cit.*, p.192.
152) *ibid.*, p.193.
153) *ibid.*, p.193.
154) *ibid.*, p.193.
155) J.N. Sevenster, *Paul and Seneca*, Leiden 1961, pp.6~25.

세계국가 이념의 외적 모사(模寫)인 로마의 지상권은 철인군주로 일컬어진 하드리아누스·안토니누스 피우스 그리고 마르쿠스 아우렐리우스의 코스모폴리타니즘과 인류의 형제적 사랑의 발전이 있은 후 곧 붕괴의 조짐이 나타나기 시작했다. 특히 제국 동부와 서부로부터 강력한 이민족의 침입은 제국의 생존에 큰 위협이었다. 그러나 디오클레이티아누스 이전의 황제들은 제국의 내정을 성공적으로 개혁하여 국가권력의 회복에 성공했으나 세계국가 건설과 그 상승작용으로 나타난 인류의 형제적 사랑은 쇠퇴해 가는 제국의 몸에 채색된 단순한 도금에 불과했다. 이와 같이 당시에 만연한 세계주의·세계국가 그리고 인류애 사상은 어떤 점에서 외식적인 표현에 불과한 것으로 오히려 전제군주가 절대권력을 강화할 수 있는 기초를 제공했다.

권력의 기반이 군대에 있음을 인정하고, 절대주의적 군주국으로 일보를 내디뎠던 세베루스 이후의 황제에 대한 전통적으로 공식화된 명칭은 모든 사람 위에 군림하는 군주·지배자였다. 당시 세계인의 의식은 지배자의 인격체에서 어떤 총체성을 발견하고 그를 전지전능한 왕으로 모든 민족의 정서를 사로잡을 수 있는 신으로 간주했다. 세계주의의 창설자 마르쿠스 아우렐리우스는 시리아의 태양신에게 로마의 새로운 성문을 열어 주었다고 했는데 이는 동양과 서양의 두 세계의 결합을 상징적으로 표현하는 것으로 당시의 종교적 결합은 세계주의의 경향이기도 했다. 이와 같이 세계동포주의는 노화한 고대를 해체하는 원대한 작용을 했다.

코르디안 3세를 경외하는 비문에서 황제는 땅과 바다 그리고 전인류의 지배자로 묘사되었다. 당시의 황제에 대한 이 같은 묘사는 전통적으로 공식화된 관용어는 아니다. 디오클레이티아누스의 절대국가의 강제기구와 제도의 출현이 가능했던 것은 제국에 대한 대내외의 공격과 위협으로부터 국가를 수호해야 한다는 역사적 필연성 때문이다. 디오클레이티아누스는 모든 사람에게 인류애의 확대를 위해 노력했다. 그의 전제적 메커니즘은 기계적이고 도식적인 사회조직과 예속을 통해 인간의 공동체 의식을 지양함으로써 전제정치의 지배의 신성(die Gottlichkeilt der Herrschaft)을 강조하고 폭력과 억압을 행하기 위해 고대인에게 그 어떤 반대급부도 제공할 수 없었다. 이러한 정치발전 과정에서 민족의식, 전체 세계인의 의식에서 세계제국 사상의 해체와 그리고 서기 2세기 인류전체가 하나라는 개념도 점점 그 생명력을 잃어갔다.

콘스탄티누스(Constantinus) 대제는 제위에 오른 뒤 제국통치에서 고대정신의 몰락을 재촉했다. 그가 국가종교로 인정한 그리스도교는 고대국가 사상을 보호하기 위해 발전시킨 것이 아니다. 콘스탄티누스 대제 당시의 시대상황은 인류애 사상과 그리스도교 정신을 실현한다는 것 자체가 시의적으로 적절하지 않았다

그리스도교 신앙에 확실한 신념을 갖지 못한 그리스도교도 콘스탄티누스는 국가정책과 세계정책을 동시에 지향함에 있어 교회의 강권정책을 하나의 수단으로 이용했다. 그가 세계제국의 유지를 위해 교권과의 결속 그리고 강권정책을 수용했음에도 불구하고 제국의 붕괴는 불가피했다. 이미 서기 3세기 초 고대문화의 오리엔트화는 로마 세계제국 건설과 같은 헬레니즘화한 로마세계의 정신적 통일체 형성의 돌파구였다고 한다면 디오클레이티아누스와 콘스탄티누스의 정치체제에 의해 생성된 분할통치는 통일체 사상의 약화와 같은 궁극적으로 통일체 사상을 파멸시키는 결과를 초래했다.

동로마제국의 수도 콘스탄티노플의 건설은 로마 세계제국의 통일체 사상의 해체과정에서 주요한 병참지의 의미를 나타냈다. 스토아 사상을 통해 발전하고 로마제국의 철인황제 하드리아누스와 안토니누스 피우스에 의해 강조된 인류의 내적 동질과 공속의 개념은 불화와 살육으로 점철된 시대의 역경 속에서 약화될 수밖에 없었다. 오직 폭력과 국가권력에 의해서만이 결합될 수밖에 없었던 붕괴에 직면한 로마세계에서 인류

의 형제적 우의와 세계공동체 사상은 과연 얼마나 활발하게 발전할 수 있었을까 하는 의문을 제기하지 않을 수 없다.

인류의 형제애와 세계공동체 사상은 수사학의 조잡한 작품에서 가식적으로 아름답게 꾸민 초라한 표현일 뿐이라고 M. 뮬은 비판했다. 콘스탄티누스 대제와 그의 왕가를 찬양하는 글에서 우리는 그를 신격왕으로, 그의 제국을 지상 최대의 강국으로 보존되기를 간구한 사실을 발견할 수 있다. 또한 로마 원로원은 전세계의 꽃으로, 모든 민족의 성곽으로, 모든 나라의 여왕으로 길이 찬양되었다. 이와 같이 콘스탄티누스의 신격화한 황제권은 로마의 공식화폐와 비문을 통해 널리 알려졌다. 또한 세계공동체 사상도 고전고대의 말기에 나타난 시와 문필가들의 작품으로부터 영향을 받았다. 로마문학 최후의 인상적 서사시인 클라우디아누스(Claudianus)는 로마를 찬양하는 글에서 로마가 인류의 통일과 결속의 모체라고 추켜세웠다.156)

리바니오스(Libanios)도 콘스탄티누스의 아들을 찬양하는 글에서 모든 민족, 모든 나라의 통일과 결합은 로마황제의 노력의 위대한 산물이라고 그들의 공적을 찬양했다. 리바니오스의 찬가에서 우리는 박애와 인도주의 그리고 인류애 사상을 읽을 수 있다. 이와 같이 인도 · 인간애는 고전고대의 생의 활력으로 고전정신에 기원하는 그러나 어떤 면에서 수사적 표어인 동시에 고전고대 정신생활의 목표이기도 했다.

고전고대의 문화정신은 인류애 사상과 그리고 인류 전체를 포용하는 공동체 사상에서 그 절정을 이룬다. 그러나 고전고대의 정신과 사상은 서기 3세기 이후 그리스도교의 세력 앞에 그 자리를 잃고 말았다. 헬레니즘화한 로마철학과 윤리에 의해 기초를 다진 그리스도교 교의는 종교적인 정조(情調)의 혼돈과 동시대의 사상의 무질서로부터 벗어날 수 있었다. 그

---

156) M. Mühl, *op.cit.*, s.113.

리스도교 교의가 있는 곳에 고대의 이상주의는 그 빛을 잃어갔다.

콘스탄티누스가의 혈통을 이은 율리아누스는 대표적인 문화보수주의자였다. 그는 스토아 철학과 퀴니코스학파의 사상이 신플라톤 사상의 신비주의와 결합함으로써 헬레니즘의 신화가 오리엔트의 신의 개념으로 퇴색하게 했다. 율리아누스의 사상과 정신은 당시의 여러 학파의 학설과 사상의 혼란을 잘 극복해 갔다. 그는 그리스도교를 반대하는 투쟁에서 환상주의에 빠져 있었다. 에픽테투스와 마르쿠스 아우렐리우스의 사상 못지않게 그의 박애와 인도주의는 당시의 정신세계에 많은 영향을 끼쳤다. 율리아누스는 퀴니코스의 색채를 띤 스토아 세계국가 사상의 영향을 받은 인물로 스토아 사상가와 퀴니코스의 철학자들처럼 개별국가의 존재를 합리화하지 않았을 뿐만 아니라 개별국가 수용 자체를 강제로 생각했다. 그는 관념적이고 이상적인 정치가와 지배자를 요구하기보다 이 지상의 현실정치에 의무를 다하는 지배자를 기대하면서 그 지배자를 인류에게 행복을 주는 헤라클레스(Herakles)와 디오뉘소스(Dionysos)로 생각했다. 그러나 그는 종교적이고 신비적인 욕구충족을 위해, 인격완성을 위해, 신과의 결합 그리고 종교적 감응과 정조의 지향을 추구했다.

고전고대의 정신은 새로운 이념과의 싸움에서 그 힘을 상실하였다. 이제 인류애의 개념도 그리스도교 세계주의의 새로운 의상을 입고 탄생하였다. 자유로운 철학연구와 사색하는 정신활동도 그리스도교의 권위, 인류의 보편적 의무의 강조, 그리고 신앙의 법칙 아래에 정신적·종교적인 인격체의 전환을 강조하기에 이르렀다. 교회의 새로운 종교적 교의의 지향과 함께 고대의 정신생활과 자유는 그 기초가 흔들리게 되고, 고대의 국가이념도 그 빛을 잃어버렸다.

그러나 후기 스토아는 국가이념과 인류애 사상과의 관계를 조화롭게 절충하는 데 성공했다. 율리아누스는 국가이념과 인류애 사상의 절충을 절망적인 것으로 생각하고, 혼돈의 세계질서에서 국가구조의 문제를 당

면한 현실문제로 제기했다. 교회의 세계지배는 국가사상에 냉담할 수만
은 없었다.

교회의 변증가들은 고대 세계국가의 몰락을 내심 만족해 하면서 바울
은 "우리들의 나라는 구세주를 맞이할 수 있는 천국에 있다"고 말했다.
아우구스티누스의 제자 오로시우스(Orosius)는 세속국가에 대해 냉담한 반
응을 보이면서 "만일 만인들이 제국의 국경선을 넘어 침입해 온다고 한다
면 그것은 우리에게 얼마나 괴롭고 슬픈 일인가? 제국의 동부와 서부에서
교회가 훈족 · 슈바벤족 · 반달족 · 부르군트족 그리고 다른 종족의 그리스
도교도로 채워진다는 것은 손실이 아니고 무엇이겠는가?… 동시에 우리는
영원한 생명을 기대하고 있기 때문에 국가와 국가의 훼손에 대해 무관심
할 수밖에 없잖은가?"157) 하고 반문했다.

우리는 호메로스에서 키케로에 이르기까지 그리고 다시 로마제국의
5현제와 같은 철인황제의 세계통일체 사상에서 시종 고질적인 편견만이
지배하였을 뿐, 노예제의 해체와 같은 사회제도의 개혁이나 변화의 요구
는 단순한 인간관계의 재구성이라는 한계를 뛰어넘지 못한 사실을 발견
한다. 그러므로 고대 세계주의 사상은 그리스도교 세계주의 이념의 확립
과 그 권위에 기초한 보편적 세계주의 사상에 의해 분해되기 시작했다.

---

157) Pöhlmann, *Die Weltgeschichte*(Altertum) s.628.

□ 쉼터 □

제8장

스토아 사상의 부와 재산관

1) 초기·중기 스토아의 재산과 부

스토아 사상가는 공평의 사회적 성격을 강조했다. 그들은 인간이 왜 공평한 존재여야 하는가에 대한 이유를 신들과 인간이 이성을 가진 평등한 존재이며 공동체의 구성원인 동시에, 해야 할 것과 해서는 안될 것이 무엇인지 명령한 자연, 이른바 올바른 이성의 법에 복종했기 때문이라고 밝히고 있다. 초기 스토아 사상가는 공평을 가치에 따라(aponemesis tou kat' axian) 각자에게 부여되는 것으로 정의하고 있거니와, 그 하나는 이성을 가진 모든 인간이 평등한 존재로서 공동체 안에 있는 모든 것이 공유되어야 하고 공평하게 분배되어야 한다는 전체적인 의미의 공평이며, 다른 하나는 아리스토텔레스가 그의 『윤리학(Ethica Nicomachea)』에서 밝힌 계급·부·귀족가문 그리고 도덕적 가치를 재산의 공평한 분배를 위한 정당한 기준으로 삼은 분배적 정의의 해설이다.

스토아 사상은 시기에 따라 다소의 차이는 있지만, 대체로 스토아 사상가들은 현자를 소수 지적 엘리트로서 존엄한 가치를 지닌 유일한 인간으로 우상화했다. 물론 스토아 사상가들은 이론적으로 사회계층간의 계급분화를 주장하지는 않지만 현자의 존재를 미덕과 최고선에 도달하는 일반대중(愚者)의 범주로부터 떠난 신적 존재로 간주하였다. 스토아 현자는 철학과 같은 탁월한 일을 수행하는 자들로서 유복해야 하며, 유복하기 위해서는 재산과 부가 필수적이었는데 반해 일반대중은 인간의 궁극적 선인 아레테에 이르지 못하고 올바른 이성과 판단을 결여한 오합지졸들로서 진정한 행복을 판단하지 못하기 때문에 부와 재산을 소유할 수 없다.

세네카와 그리고 다른 스토아 사상가에게 있어서 현자와 우자의 이원론적 변증법은 아리스토텔레스의 지배자와 피지배자, 주인과 노예라는 계층분화와 목적론적 발전개념의 함축이라는 점에서 재산과 부의 소유 그리고 행복에 있어서도 제한적이다.

세네카는 현자의 재산취득을 인정했다. 현자는 가진 것이 없어도 정신적으로 동요하지 않을 뿐더러 설령 부를 누릴 수 있는 기회가 있더라도 부의 유혹에 빠지지 않기 때문에 그들의 이상인 미덕의 발전에 해가 되지 않는다. 가난 때문에 현자의 지혜와 미덕을 버리지 않는 철학자(스토아 현자)들에게 돈과 재산의 소유는 지극히 당연하다. 철학자는 돈의 노예가 아니라 돈의 주인이기 때문에 재산을 소유해야 하며, 높은 도덕적·지적 과업의 수행에 부의 요구는 필연적이다. 세네카는 심지어 『자선론』 7권에서 모든 것은 현자의 것이라고 주장했거니와, 그것은 사유재산의 제한적인 인정을 의미한다. 아리스토텔레스는 사람들 가운데 일부가 지배하기 위해서, 또 일부는 지배받기 위해서 태어났다고 말한다. 스토아의 우자에 대비되는 아리스토엘레스의 지배받는 자들(노예)은 로고스를 결여한 사려의 능력과 미덕에 일치하는 정신활동을 수행할 수 없으므로 행복(eudaimonie)에 도달할 수 없다.[1]

스토아의 부와 재산은 초기·중기·후기 스토아의 시대적 특성에 따라 서로 다른 경향을 나타냈다. 부와 명성은 선하지도 가치있는 것도 아니라고 가르친 디오게네스의 영향을 받은 명문가 출신 크라테스는 비천한 삶을 통해서만이 진정한 아우타르키아(autarkia)에 도달할 수 있다고 생각한 나머지 스승의 충고에 따라 부와 재산을 바다에 내던져버렸다. 크라테스는 디오게네스처럼 현자에게 안전한 도피처를 제공할 수 없는 도시국가는 언젠가 소멸해 버릴 무가치한 것이며, 더욱이 이 세상의 쾌락·부·재산은 공허하고 무상하기 이를 데 없는 미혹(迷惑)으로 가득 찬 것이라고 생각했다. 이 같은 퀴니코스 사상의 비난은 피론의 회의주의와 제논과 그리고 에피쿠로스학파에 영향을 주었으며, 특히 이 세 가지의 미혹에 대한 비난은 스토아의 사상가들의 일상적인 상투어였다.[2]

크라테스의 영향을 받은 제논은 '아내들의 공동체'와 '재산과 돈의 추방'과 같은 목가적(牧歌的)인 낙원의 나라, 현자들의 공동체, 즉 이상국가를 주창한 스토아의 창시자이다. 우리는 초기·중기·후기 스토아학파의 작품과 단장에서 각 학파의 역사적 발전과 그 특성을 발견한다.

이와 같이 스토아 사상은 그 시기에 따라 교의의 변화는 물론 많은 내분이 있었다. 스토아 사상가들은 독립적인 판단에서 독단으로 발전하는 마치 과두주의적인 전횡자처럼 끊임없는 논쟁과 불화 그리고 반대가 있어 왔지만 여전히 스토아 사상가로 남아 있다. 초기 스토아의 공동체 개념은 현자들의 나라, 철학적 개인만이 갖는 독특한 생의 목적과 우위에 기초한, 그리고 삶과 행위에 있어 추상적 관념의 미적 가상의 나라에서 외면인 것들에 무관심과 체념의 연속이었고, 중기 스토아는 파나이티

---

1) Seneca, *Epistulae* 45.9 ; 85.40; *de Vita Beata* 23.2 ; *de Benefiis* 7.4~12; Aristoteles, *Politeia* 1280a 32~34.
2) 키케로는 퀴니코스 사상가들의 사상체계를 전적으로 거부해야 한다고 강조했다. 왜냐하면 그것은 겸양의 덕과 상반하기 때문이다. 키케로는 겸양과 겸손의 미덕없이는 고결함과 정직함은 물론 그 어떤 도덕적 정의도 존재할 수 없다고 말했다.[Cicero, *de officiis* 1.41, 148]

오스의 세계관에서 구체적으로 보였듯이 바로 지금 여기인 현실세계의 지향이다. 초기 스토아가 지향한 이상국가, 예술적 감각 그리고 철학적 사유에 대해 파나이티오스를 비롯한 중기 스토아 사상가는 자연주의와 경험주의 그리고 보편적 인간애의 확대를 위해 정진했다. 퀴니코스학파들과 초기 스토아 사상가들은 미덕이 곧 자족이었는데 반해 중기 스토아에 있어 자족은 미덕을 고양하고 외적인 재화의 필요성을 강조했다. 중기 스토아의 파나이티오스와 포세이도니오스는 외적인 것, 물질적인 것을 무관심의 대상이 아닌 미덕에 도달하는 데 없어서는 안될 필수적인 것으로 생각했다. 그러나 후기 스토아에서 재산공유와 현자의 사유재산 인정은 초기 스토아와 퀴니코스학파의 경향성을 나타냈다.

그러나 고대의 많은 도시에서 부와 재산소유가 정치권력의 배분의 기준이었기 때문에 스토아의 급진적인 이상사회의 주창자들은 현실과 타협을 배제할 수 없었기에 동시대의 사회와 국가에 동참하고, 특히 재산과 부의 문제에 예민한 관심을 보일 수밖에 없었다. 이들 이상사회의 주창자들은 그들의 현실에 대해 힐난하게 비판하면서도 그들이 비난했던 바로 그 사회와 국가에 동참했다. 처음부터 급진적인 변화를 추구했지만 결코 현실을 떠날 수 없었던 스토아 사상가들은 이상사회에서 재산과 부는 필요한 대상은 아니었다. 그러나 현실세계에서 사는 그들에게 있어 재산은 필수적인 것인 동시에 현실정치의 참여에 있어 최선의 장치가 재산의 공동소유라고 생각했다. 이와 같이 재산과 부의 문제는 초기 스토아에서 중기 스토아의 파나이티오스와 포세이도니오스에 이르러 자연주의적·진취적인 성격으로 변화해가기 시작했다.

이와 같은 시대적 상승작용과 변화 속에 부와 재산의 소유·분배 그리고 재산의 가치와 공평의 고전적 개념의 기초, 특히 퀴니코스학파의 영향을 받은 초기 스토아 사상의 엄격주의·냉담주의에 나타난 재산과 부의 개념은 무엇이며 그리고 현실과 자연에 따라 사는 것을 참 도덕적 선으로, 또 미덕으로 생각한 중기 스토아 사상가들의 재산과 부의 개념은 어떻게 전개되었는가? 그리고 마지막으로 세네카를 비롯한 후기 스토아 사상가들의 재산과 부의 태도는 어떠했는지 당시의 스토아 사상가들의 작품을 중심으로 이 문제를 다루어야 할 것이다.[3]

아리스토텔레스의 『윤리학』에서 인간의 궁극적 목적은 행복이다.[4] 고전고대의 사상가들은 행복을 정의함에 있어 한결같이 최고선에 초점을 맞추고, 이 최고선으로의 도달을 행복으로 규정했다. 스토아 사상가들과 유사한 견해를 가진 아리스토텔레스와 소요학파의 철학자들은 행복을 미덕에 일치하는 영혼의 활동으로 정의했다. 그들에게 있어 이제 행복은 '유복하게 잘사는 데' 있으며 '잘 산다는 것'은 행위자가 자기의 기능을 탁월하게(par excellence) 발휘하는 삶, 즉 미덕에 일치하는 정신활동을 인간의 행복이라고 결론지었다.[5]

아리스토텔레스와 스토아 사상가들은 일반적으로 미덕은 행위자의 정신 상태에 의해 측정되고 그것이 행복으로 가는 길이라는 사실에 일치하고 있으므로 그들에게 있어 도덕적 미덕이 없는 삶의 행복은 가공(架空)의 환상에 지나지 않았다. 그러나 아리스토텔레스의 연구자들은 그의

---

3) ① Cicero, de officiis 1.68 ; 1.21 ; 3.63 ; 3.89~90 ; 3.63. 국가가 해야 할 가장 중요한 기능과 의무는 사유재산의 보호에 있다. Cicero, de officiis 2.78. 공평한 분배를 반대한 내용은 Cicero, de officiis 2.73.
② Diogenes Laertius 6.86 ; 6.41 ; 7.101~103 ; 7.128.
③ Seneca, de Vita Beata 20.3 ; 21.4 ; 22.1 ; 23.1~3 ; 23.4 ; 24.5. Seneca, de Consolatione ad Helvian 9.2. Seneca, Epistulae 4.10~11 ; 17.3 ; 20.10 ; 87.15~41 ; 82.10. Seneca, de Tanquillitate Animi 8.2.
④ 세네카의 재산축적에 대한 비판적인 기록은 Tacitus, Annals 13.42 ; 14.52 ; 15.52~56 ; 15.45 Dio Cassius 61.10.2,3 ; 62.2.
⑤ M. Pohlenz, Die Stoa : Geschichte einer geistigen Bewegung, 2nd ed., 2vol. Göttigen Vandenhoeck & Ruprecht 1959.
⑥ J.N. Sevenster, Paul and Seneca, Leiden, 1961.
4) Aristoteles, N.E. 1095a 18~20.
5) ibid., 1102a 5~6.

『윤리학』에 많은 문제들이 간과되고, 그것이 스토아 사상가들에게 적지 않은 문제를 제기하게 된 사실을 알게 되었거니와, 그것은 다름 아닌 행복의 요건에 있어 기본적으로 외적인 물질과 재산의 역할은 무엇이며 그리고 도덕적인 삶을 위해 외적인 물질재산이 필요한가였다. 아리스토텔레스는 행복한 인간의 삶에 있어 물질과 재산의 필요성을 강조한다. 그에게 있어 비록 적은 양이지만 먹을 것과 마시는 것은 미덕의 삶에 없어서는 안될 필수품이다.[6]

스토아 사상가들은 '자연적인 것들'에 대한 태도는 어떠했는가? 초기 스토아 사상가 크뤼시포스는 '자연적인 것들'은 미덕의 기초가 되는 물질이라고 답했다.[7] 그러나 안티파트로스(Antipatros)는 생의 궁극적 목적을 미덕의 선택보다 자연적인 것, 즉 물질의 획득을 위해 인간의 힘을 경주해야 한다는 모호한 경향에 빠졌다.[8] 안티파트로스는 미덕은 어느 정도 물질이나 재산에 의해 진척되는 것으로서[9] 결국 인간의 삶의 궁극적 목적은 외적 재산의 추구를 위한 노력으로 보았다.[10] 안티파트로스의 주장은 오늘날 우리들의 외적인 물질과 재산문제 연구의 길을 열어 놓았다. 그는 '자연적인 것들'이 미덕의 삶의 기초가 되는 물질재산이라고 할 때 어떻게 미덕이 자족일 수가 있겠는가 하고 자문하면서 적어도 '자연적인 것들'을 이용할 수 없다면 미덕의 삶은 사실상 불가능하다고 생각했다. '자연적인 것들' 가운데 가장 가치 있고 중요한 재화는 건강·재산 그리고 힘이라 했다. 이와 같이 현자의 행복은 미덕만으로 충분할 수 없으며, 그보다 먼저 전제되어야 할 외적인 것들, 즉 재산·건강, 그리고 힘은 현자가 취할 행복의 필수요건이라고 인식한 안티파트로스의 주장은 그의

---

6) *ibid.*, 1101a 15.
7) Plutarchos, *CN* 1069c 8~10.
8) *ibid.*, 1071a 6.
9) Seneca, *Epistulae* 92.5.
10) A.A. Long 'Carneades and Stoic. Telos', *Phronesis* 12(1967), pp.59~90.

제자 파나이티오스와 포세이도니오스에 의해 한층 더 강조되었다. 미덕이 자족이며, 자유이며 그리고 행복이라는 스토아의 정통적 교의는 퀴니코스학파의 사상에서 그 역사적 추이를 찾을 수 있다.[11]

퀴니코스학파의 창시자는 안티스테네스였다. 그러나 디오게네스는 퀴니코스학파 정신운동의 상징적 존재인 동시에 가장 전형적인 인물이다. 디오게네스와 크라테스에 의해 체계화된 퀴니코스 사상은 헬레니즘 시대의 인간과 사회의 기본욕구를 충족시킨 고난의 시대에 출현한 철학 사상과 다름없는 긴 역사를 가진다. 헛되이 인간을 선동한 세 가지의 미혹, 즉 쾌락의 욕구, 부의 애착 그리고 권력욕에 대해 퀴니코스 사상은 비난을 아끼지 않았다. 인간을 불행으로 인도하는 이 세 가지의 미혹은 피론의 회의론, 제논의 스토아와 에피쿠로스학파에 영향을 주었다. 현자의 삶과 행복의 조건으로 이해된 자족·아파테이아는 헬레니즘 지성의 기초였다. 퀴니코스학파가 스토아학파·에피쿠로스학파 그리고 회의학파에 비해 단명했던 것은 극단론과 경제적 불균형 그리고 지적 빈곤에 기인하였다. 이들의 극단론은 전통적 관례와 가치 그리고 사회의 기본질서마저 부정한 반문화적이고, 반사회적인 것이다.

이와 같이 퀴니코스학파의 사상가들은 지적 빈곤으로부터 과학과 문화의 거부와 동물적 본성에로 환원하려는 생의 불균형을 선호한 자들이다. 특히 크라테스는 재산과 부의 은전에 대한 태도에 있어 디오게네스보다 온건한 입장이었지만 그는 단장에서 "이 세상의 재산과 부는 미혹으로 가득 차 있다"고 말하면서 부와 재산의 미혹에서 벗어날 것을 촉구했다.[12] 디오게네스가 대낮에 등불을 들고 거닐면서 "나는 사람을 찾고 있다"고 한 외침에서 찾는 사람은 부와 재산을 가치없는 무용지물로 생각하는 금욕적인 인간이다.[13] 이와 같이 퀴니코스학파의 생의 목적은 미

---

11) *Diogenes Laertius* 7.128.
12) *Diogenes Laertius* 6.86.

덕에 따라 사는 것이다.[14] 디오게네스의 제자이자 제논의 스승인 크라테스는 퀴니코스학파의 전형으로서 자신이 지니고 있던 재산과 세습재산을 모두 포기하고 살아가는 데 필요한 최소한의 물질만을 소유한 금욕을 실천한 인간이다. 후대에 부와 재산의 공허함과 무상함을 밝힌 마르쿠스 아우렐리우스 황제는 크라테스를 회상하면서 "우리들은 고기와 그밖의 다른 먹을 것들을 가지고 있을 때 그것들이 물고기의 사체(死體)이며, 새와 돼지의 사체라는 것을 알게 될 것이다. 우리는 그것들이 우리들로부터 인정받는 가치있는 것이지만 이제 그 무가치함을 폭로해야 할 것이다. 우리들은 외적인 것들이 받았던 높은 평가와 수식을 벗겨버려야 할 것이다. 왜냐하면 외면적인 것에 대한 과시는 이성으로부터의 탈피이며, 반이성적이기 때문이다."[15]

이와 같이 퀴니코스학파는 미덕의 생활이 곧 행복으로 가는 길이며, 그것은 소크라테스의 도덕과 정신의 부활이다. 그들은 현자들로서 검소하게 살아가기 위해 조의조식(粗衣粗食)하고, 부와 명성 그리고 출신성분마저 무상한 것으로서, 그들이 살고 있는 도시국가의 시민임을 거부하고 세계시민임을 자처했다.[16] 디오게네스는 시노페 출신이고 크라테스는 테바이 출신임에도 그들은 현자의 왕국에서 같이 사는 일원이라는 사실 때문에 같은 시민권을 가진 세계동포라고 크라테스는 말했다.[17] 퀴니코스학파는 그들의 도덕론과 금욕사상에서 외면적인 것에 대한 거부를 강조하였고, 그들의 참 행복은 칸트의 도덕적 선과 유사한 내면적인 선

---

13) 디오게네스가 찾는 사람은 참 존재자였다. 그가 말하는 참 존재자는 인간본성에 따라 사는 사람이며, 일체 외면적·형식주의적인 것을 초연하며 사는 사람, 전통과 사회로부터 부과된 질서, 법을 무시해버리는 사람, 그리고 공상적인 운명이나 행운에 매달리지 않으며 부와 재산을 쓸모없는 것으로 생각하는 사람이었다.[*Diogenes Laertius* 6.41]

14) *Diogenes Laertius* 6.104.

15) Marcus Aurelius, *Recollections* 6.13.

16) *Diogenes Laertius* 6.63 ; 72.

17) *Diogenes Laertius* 6.93.

의지였다. 물론 이기적이고 과두주의적 성향이 짙게 나타내고 있지만 그들이 지향한 세계국가와 현자의 이상 그리고 금욕운동은 그들이 살았던 당시는 물론 중세 수도원운동의 동력으로 작용했다.

제논은 지와 미덕의 상관관계를 주장한 플라톤과 아리스토텔레스에 심취했으며, 이상국가의 창건을 위해 사람들이 살아가는 데 필요한 상품의 공동소유와 필요에 따라 공동 분배하는 것을 원칙으로 삼았다. 제논의 『국가론』에서 현자들은 자신의 배우자를 자유롭게 선택할 수 있는 '아내들의 공동체' 설립을 강조했다. 플라톤도 같은 이유에서 그와 유사한 '아내들의 공동체'를 이미 주장했다. 플라톤은 조화와 질서의 완전한 국가에서 모든 아내들과 아이들은 공동의 소유이므로 그 누구도 자기의 자식이라고 생각하기보다 우리들 모두의 자식이라고 생각할 때 완전한 국가로서의 이상국가의 기틀이 형성된다고 말했다.

디오게네스도 플라톤이 주장한 바와 같이 아들은 공동소유여야 한다고 생각했다. 그러나 제논은 플라톤과는 달리 무차별적인 혼성 성관계의 주장과 더불어 근친상간을 강조했다. 성 정책에 대해서 플라톤은 '우생학적 정책'에 토대를 두었는데 반해 제논은 '우생학적 정책'의 개념과는 다르다. 제논의 정책에서 한 사회를 구성하고 있는 현자들은 미덕을 갖춘 자들로 '선택된 우생학적 정책'이 요구되지 않는다고 했다. 스토아 현자들은 지고하신 신이 그들을 만드는 것이 아니라 그들 자신에 의해 신적 존재가 되었기 때문에 가장 지고한 존재는 신이 아니라 그들 자신이다. 그래서 현자의 자식은 모든 사람에 의해 사랑받을 것이며 현자들 사이의 자유로운 성행위에 의한 자식들의 출산은 이상국가의 기초였다. 이와 같이 제논은 현자만이 진정한 시민이며, 친구요, 친족 그리고 자유민이 될 수 있다고 선언한다. 따라서 초기 스토아 사상에서 부모·자식이라도 스토아 현자가 아니면 적이다. 스토아 현자는 신과 동등한 자로 겸손의 미덕을 결여한 자신들만이 위대한 존재이며, 선택된 지적 엘리트로 자처했다.

  토마스 모어(Thomas More)의 유토피아에서 제논의 사상이 반복되는 관념적 사회개혁론의 유사한 형태를 볼 수 있다.[18] 더욱이 그도 이상국가 시민의 평등 확보와 사치생활의 금지 그리고 금욕적인 생활을 위해 남자와 여자 모두가 같은 의복의 착용과 조식(粗食)을 강조하면서 부와 재산ㆍ명성 그리고 출신성분을 가치없는 공허한 것으로 생각했다.

  안티스테네스ㆍ디오게네스ㆍ크라테스 그리고 제논으로 이어지는 초기 스토아 사상의 전개과정에서 우리는 도덕적인 미덕만이 선으로 규정한 사실을 발견하게 된다. 헤카토(Hecato)는 『재산론』 제2권에서, 그리고 크뤼시포스는 『도덕적인 미에 관하여』에서 미덕만이 선임을 되풀이한다. 그들은 미덕에 참여하는 것이면 무엇이든 선하고, 선한 것은 아름다움이기 때문에 선과 아름다움은 대등한 가치를 갖는 것으로 보았다. 스토아 사상가들은 어떤 것은 선하지만, 어떤 것은 사악하고, 그리고 어떤 것은 선하지도 악하지도 않은 도덕적으로 무관심적인 것들이 있는 것으로 파악했다. 예컨대 분별ㆍ정의ㆍ용기ㆍ절제의 미덕은 도덕적으로 선한 미덕인 데 반해 인간에게 유익도 손해도 주지 않는 중립적인 것들, 즉 생명ㆍ건강ㆍ쾌락ㆍ힘ㆍ미ㆍ부ㆍ명성 그리고 높은 가문과, 이것과 반대되는 죽음ㆍ질병ㆍ고통ㆍ추함ㆍ나약ㆍ가난ㆍ불명예 그리고 낮은 가문은 선도 악도 아닌 것들이다. 헤카토ㆍ아폴로도로스 그리고 크뤼시포스는 생명ㆍ건강ㆍ부 그리고 쾌락은 재산이 아니며 오히려 그들에게 있어 도덕적으로 무관심한 것들이다. 그러므로 부와 건강은 선하지도 않으며, 재산도 아니다.[19] 그러므로 제논에게는 부ㆍ명예ㆍ쾌락에 얽매여 사는 삶이 미덕에 일치하지 않는 삶이다. 하지만 그에게 있어 행복은 생의 목적이다. 그

---

18) *Diogenes Laertius* 7.72 ; 7.131. Platon, *Republic* 416D ; 449E ; 450C ; 457D; *Laws* 739C; 807B.
19) *Diogenes Laertius* 7.101~103.

는 행복을 거침없이 그리고 조용히 흐르는 자연에 비유한다. 그는 자연에 따라, 자연에 일치하는 이성적인 삶[20]이야말로 미덕에 따라, 미덕에 일치하는 행복한 삶이라고 정의했다.[21]

제논 이후 초기 스토아 사상은 클레안테스와 크뤼시포스에 의해 새로운 발전의 양상을 보였다. 클레안테스가 스토아 사상의 신학적 경향과 종교적인 색채를 강조했다고 한다면 크뤼시포스는 스토아 윤리학과 인식론의 발전에 크게 기여한 인물이다. 이들은 한결같이 자유와 윤리의 기준을 스토아 현자의 도덕적 자유와 미덕에 초점을 맞추며, 그것은 스토아 현자만이 누릴 수 있는 고결한 자유요, 세계이성이며, 신법과 조화를 이루는 완전한 자유였다.[22] 모든 사람은 이성을 가지고 있으나, 오직 현자의 이성만이 부패하지 않기 때문에 현자만이 자연에 합일하는 삶을 살 수 있으며, 그들만이 외면적이고 무관심적인 것들에 예속당하지 않는다고 확신했다.

크뤼시포스는 부를 상속받고 물질적 풍요를 누리는 자들은 진정한 부자가 될 수 없다고 말했다. 스토아 사상가들은 부자가 소유하고 있는 사유재산이 영원히 자신의 재산이 아니라 단순한 보관에 지나지 않는 것으로 생각했다. 이와 같이 스토아 철학은 가난한 자들에 대한 부자들의 태도를 바꾸는 데 중요한 역할을 했다. 스토아 철학은 가난한 자들에게 자선을 행하는 관용의 미덕을 강조함으로써 초기 스토아 철학자 클레안테스로부터 후기 스토아 철학자 세네카에 이르는 기간은 박애와 자선이 아주 중요하게 취급되었던 시기였다.[23]

---

20) M. Pohlenz, *Die Stoa : Geschichte einer geistigen Bewegung*, Göttigen 1964. 2.67 ; 1.116
21) *Diogenes Laertius* 7.87. 제논은 "자연에 일치하는 삶"을 생의 목적이라고 주장한 최초의 사람이었다. 자연에 일치하는 삶은 미덕의 삶과 같다 … 왜냐하면 인간의 본성은 우주의 본성의 부분이기 때문이다.
22) Andrew Erskine, *The Hellenistic Stoa, Political Thought and Action*. Cornell University Press Ithaca, New York, 1990, p.44.
23) Ludwig Edelstein, *The Meaning of Stoicism*, Havard University, 1980, p.78.

이미 언급한 바와 같이 초기 스토아 사상가들은 과학적 해석이나 탐구에 거의 관심을 가지지 않았다. 초기 스토아의 중심과제는 논리학이다. 그러나 중기 스토아에 이르러 파나이티오스는 기원전 2세기 초에 점진적인 쇠퇴의 길을 걸었던 초기 스토아의 교의에 새로운 활력을 주입시킴으로써 변화를 가져왔다. 그 결과 논리학은 중기 스토아 사상가들의 시야에서 멀어져 가고 자연학이 주요 연구대상이 되었다.[24] 초기 스토아가 지향한 학문과 윤리의 영역에서 새로운 변혁이 이루어질 수 있었던 것은 제논과 클레안테스에 반대한 아르케시라우스(Arcesilaus)와 크뤼시포스를 비판한 카르네아데스와 회의학파의 대두였으며, 그리고 다른 또 하나는 로마정신과 로마지성의 산실이라 할 수 있었던 스키피오 집단과의 접촉을 통해 로마인의 정신의 특징인 현실적이고 실용적인 정신을 체득한 중기 스토아의 대표자 파나이티오스의 영향이라고 할 수 있다. 파나이티오스는 로마인들의 정신을 찬양하고 고대의 시민적 이상의 부활을 로마에서 보았다고 술회할 정도로 로마를 활력에 넘치는 국가로 생각했다. 그는 그리스인들의 고전적 정치의식을 한 몸에 지닌 자로서 그리스인들의 국가정치의 종말을 보았다. 그는 이제 고고한 사색과 이상의 세계에서 현실세계로 시선을 돌림으로써 그의 철학세계도 현실과 실제를 중시하는 실천의 학문으로 변모하였다. 결국 파나이티오스가 찬양했던 힘과 권력의 상징은 초기 스토아 현자들이 지배하는 현실과 먼 이상의 나라가 아닌 지상의 나라인 로마였다.[25]

헬레니즘 시대처럼 과도기적 시대로 표현되고 있는 이 중기 스토아[26]

---

[24] *Diogenes Laertius* 7.41. 프토레마이스의 디오게네스는 윤리학을 제1의 연구주제로 하고 있으나 아폴로도로스는 윤리학을 제2의 연구대상으로 삼고 있다.
[25] M. Mühl, *Die antike Menschheitsidee in ihrer geschichtlichen Entwicklung*, Leipzig, 1928, ss.60~62.
[26] '중기 스토아 사상(Middle Stoicism)'이라는 말은 A. Schmekel, *Die Philosophie der mittelren Stoa*, Berlin, 1892에 의해 소개되었다. 폴렌츠(M. Pohlenz)는 Middle Stoa라는 말은 부적절한 표현으로 생각했다. 그는 중기 스토아로 표현되고 있는 영어의 'Middle Stoa'는 'Middle Academy'의

는 다양한 사상과 세계관이 지배하였다. 이 시대는 경험적인 것(das Empirische), 이성적인 것(das Vernunftige), 합리적인 것(das Rationale)과 함께 초이성적인 것, 비합리적인 것, 신비적인 것 등이 동시에 나타났다. 로도스인 파나이티오스와 시리아의 아파메이아 출신 포세이도니오스가 바로 이 같은 성향의 인물이다. 그들은 스승과 제자의 관계이면서 서로 대립적인 견해를 보였다. 그들이 발전시킨 중기 스토아는 새로운 전환으로의 출발점이다. 초기 스토아의 세계관에서 배타적이었던 현실과 실용을 최고의 가치로 인정한 중기 스토아는 플라톤과, 아리스토텔레스의 과학적 사고와 사실의 중시 같은 자연주의에 대한 새로운 인식과 발전을 추구했다.[27] 기원전 3세기에서 2세기에 이르는 시기는 과학발전의 전환기로서 천문학・지리학 그리고 자연과학의 진보로 특징지을 수 있다. 제논의 시대에 시작한 과학의 탐구와 발전은 기원전 2세기에 절정에 달했으며, 르네상스 시기에 현대과학의 발전의 기초도 바로 이 시기의 자연에 관한 탐구에 기초했다.

자연학에 깊은 관심을 가진 파나이티오스와 포세이도니오스의 과학의 탐구는 단순한 철학자의 시각에서 검토하는 수준을 넘어 유물론적 일원론의 논리를 전개할 수 있었다. 그들은 클레안테스 이후 순수 헬레니즘 세계 출신의 최초의 학자였다. 파나이티오스는 고대 도리아인의 피와 전통을 이어받고, 폴리스의 정신이 여전히 살아 움직이고 있던 로도스가 그의 고향이었다. 상업으로 부를 누린 로도스는 문화와 정신이 활기찼

개념을 함축하는 것으로 Middle Stoa라는 용어 자체를 인정하지 않았다. 분명한 사실은 파나이티오스와 더불어 스토아 역사에 새로운 국면이 시작되었다는 점이다. 로마제국 시대에 스토아는 정신의 변화와 같은 그 이전시대와 다른 변화의 모습을 나타내므로 스토아의 역사에서 중기시대의 특징을 내포한다. 우리는 로마제국에서 그 이전시대와 아주 다른 경향성들을 발견한다. 그러나 폴렌츠의 주장이 슈메켈에 의해 소개된 중기 스토아 용어의 정의보다 오히려 더 설득력 있는 기초를 제공했다고 생각한다. 그래서 폴렌츠가 언급한 '스토아의 중기시대'는 슈메켈과 같다고 할 수 있다.[Giovanni Reale, *The Systems of the Hellenistic Age*, New York, 1985, p.431]
27) Ludwig Edelstein, *The Meaning of Stoicism*, Havard University, 1980, p.49.

고, 현명한 민족으로 열강들의 틈바구니에서도 독립을 유지한 강력한 국가로 발전해갔다. 그의 아버지 니카고라스(Nicagoras)는 기원전 169년에 사절로 로마에 파견되었다. 파나이티오스는 이제 그의 혈통과 출신성분 때문에 그의 인생행로가 정해졌다. 마케도니아 전쟁(168 B.C.)이 끝난 후 정치와 군사에 매력을 잃은 그는 학문에 관심을 가지고 페르가뭄의 크라테스에게 청강하고, 다시 아테네로 가서 디오게네스의 지도하에 스토아 철학에 입문했다.[28]

파나이티오스와 포세이도니오스는 오리엔트의 이집트·시리아 그리고 스페인을 두루 여행하면서 자연에 대한 인식의 지평을 넓혀갔다. 그 결과 파나이티오스에 의해 새롭게 정립된 스토아학파는 새로운 학문의 전통을 계승 발전시켰다. 그는 세계의 합목적성 때문에 세계가 이성에 합일하는 것으로 보고 세계 속에서 미를 찾았다.

스토아 사상의 재부관(財富觀)은 그 시기에 따라 차이를 나타내고 있다. 그들은 재산을 자연적인 것으로 생각하지 않았다. 우리는 제논이 『국가관』에서 밝힌 이상사회와 그리고 기원전 2세기 파나이티오스에 기초한 키케로의 『의무론』에서조차도 재산문제에 대한 논의를 쉽게 발견할 수 없다. 키케로는 그 어떤 것도 본래부터 사유인 것은 없으며 사유로 된 것은 오랫동안 점유나 점령 혹은 법에 의해, 혹은 동의와 할당에 의해서였다.[29]

이와 같은 방법으로 개인은 사유재산을 소유할 수 있지만 그것은 자연에 반하는 것이다. 스토아 사상가들은 인간이 공정과 공평의 굴레에 결속되거나 인간과 동물 사이에는 그 어떤 공평도 존재하지 않는다고 생각했다. 크뤼시포스가 지적한 바와 같이 인간과 신들만이 국가공동체와 사회의 구성원으로 적합하기 때문에 다른 모든 것은 인간과 신들을 위해

---

28) *ibid.*, p.49.
29) Cicero, *de Officiis* 1,21.

창조되었으며, 또한 인간이 자신의 목적을 위해 동물과 다른 모든 것을 사용할 수 있기 때문에 그것은 불공평한 행위일 수가 없다. 왜냐하면, 법규나 시민법은 전체인류 사이에 존재하는 특징적인 것이므로 이 시민법을 지지하는 자는 공평하게 되지만 그것으로부터 이탈하는 자는 불공평하게 될 수밖에 없기 때문이다. 마찬가지로 크뤼시포스는 재산문제를 극장에 비유하면서 극장은 공공장소이지만 각자가 차지하고 있는 좌석은 각자의 것이듯 국가나 혹은 세계에서도 일체 모든 것은 모든 사람의 공유이지만 각자가 소유하고 있는 것은 각자의 것이기 때문에 그 어떤 공평의 원리도 작용할 수 없음을 밝히고 있다.30)

신·인간 그리고 동물 사이의 관계는 불공평한 관계(iniustum fore)라고 하는 사실은 크뤼시포스에서 유래하는 데 반해, 사유재산의 인정과 같은 극장의 비유의 유래는 확실치가 않으나 로마의 스토아 철학에서 그 기원을 찾을 수 있다. 키케로가 밝힌 극장의 비유는 세네카와 에픽테투스에게서도 발견된다. 세네카는 밝히고 있다.

> 사물의 공유에 여러 가지 방법이 있다. 기사를 위해 지정된 좌석들은 모두 로마 기사들의 것이다.[로마 극장의 무대 앞 귀빈석 뒤 첫 14줄은 원로원 의원들의 지정석이다] 이들 좌석 가운데 내가 차지한 좌석은 내 좌석이며, 만일 공유물인 그 좌석을 어떤 사람에게 양도했으면 그것은 이미 양도된 것이다.… 나는 로마 기사들 가운데에서 팔지도 대여하지도, 그리고 사지도 못하지만 구경거리를 보는 데만이 사용할 수 있는 좌석을 가지게 되었다.… 그러나 내가 극장에 들어갔을 때 이미 기사들의 좌석이 다 차버렸을 때도 나는 자리를 차지할 수 있는 권리는 가지고 있다. 왜냐하면, 나는 거기에 앉을 수 있는 사용권을 가지고 있기 때문이다. 하지만 극장의 자리가 나와 더불어 공동사용권을 가진 자들에 의해 먼저 차지되어 있기 때문에 나는 그 좌석에 대한 권리를 행사할 수 없다. 친구들 사이에도 똑같은 관계가 존재한다는 것을 생각해야 한다.

---

30) Cicero, *de Finibus* 3.67.

우리의 친구가 소유하고 있는 것은 모두 우리들의 것이다. 그러나 그것은 지금 가지고 있는 자의 것일 뿐이다.[31]

세네카는 재산과 극장의 좌석의 비유에서 새롭고도 흥미로운 사실을 제시한다. 그 실례는 로마극장에 맞춰졌으며 그리고 계급할당 문제를 내포하고 있다. 기원전 1세기의 로도스 출신의 스토아 사상가 헤카토는 파나이티오스의 제자로서 재산문제에 관심을 가지고 있었다. 그는 퀸투스 투베로(Quintus Tubero)에 헌정한 도덕의 의무(moral duty)에 관한 그의 책자에서 쓰고 있다.

> 자신의 사사로운 이익을 돌보고, 동시에 시민적 관례·법 그리고 제도를 잘 따르는 것이 현자의 의무이다. 그리고 그는 이 모든 것이 번영을 추구하는 우리의 목적을 위해 필요한 것이다. 우리는 우리 자신만을 위해 부자가 되려고 하는 것이 아니며, 우리의 자식·친척·친구 그리고 무엇보다 우리 조국을 위해 부자가 되려고 한다. 왜냐하면, 각 개인의 재산은 국가의 부이기 때문이다.[32]

이와 같은 극장의 비유는 개개인의 사유재산이 곧 국가의 부라고 한 그의 주장과 연관관계를 가진다.

기사계급은 기원전 146년 이후 특별한 좌석할당을 받았으며, 좌석배당권은 기원전 67년 로스키우스 오토(Roscius Otho)에 의해 기사계층에게 널리 복원되었다. 그는 원로원 의원을 위하여 예약된 무대 앞 귀빈석 14줄을 기사에게 주었다. 그래서 기사들의 좌석에 대한 비유는 키케로 시대 이전 기원전 2세기 말에 일찍이 나타나기 시작하였다. 키케로와 세네카의 좌석배당에 관한 언급은 재산권과 재산의 불공정한 분배를 정당화했

---

31) Seneca, de Beneficiis 7.12.3~6.
32) Cicero, de Officiis 3.63.89.

다고 하는 사실을 지적할 수 있다. 선점 · 점유를 곧 소유로 인정한 키케로의 『의무론』에서 헤카토가 밝힌 일련의 주장은 주요한 특징을 나타내고 있다.

헤카토는 그의 『도덕의 의무』 제6권에서 다음과 같이 말하고 있다.

보상할 양식이 부족할 때 선자는 그의 노예를 굶도록 방치해 두는 것이 그의 의무에 일치하는가? 그는 결국 의무의 문제를 결정함에 있어 인간의 감정을 표준으로 하기보다 자신의 편의나 이익을 표준으로 삼아야 한다고 생각했다. 헤카토는 가령 어떤 사람이 폭풍우의 위기에서 선적된 화물 가운데 일부를 배 밖 바다물속으로 던져버려야 할 경우에 그는 값비싼 말과 그리고 값싸고 별 가치가 없는 노예들 가운데 어느것을 희생시켜야 하는가 하는 문제를 제기한다. 이 경우에 재산의 가치와 이득이 먼저 고려되어야 하며, 동정에 치우쳐서는 안된다고 말한다. 가령, 우자가 침몰하는 배에서 작은 널빤지를 손에 쥐었다고 하면 현자는 그것을 빼앗아도 되는가? 그렇게 해서는 안된다고 헤카토는 말한다. 그러나 배주인은 어떤가? 그는 배가 자기의 소유물이기 때문에 그 널빤지를 빼앗아도 되지 않는가? 결코 그렇게 할 수 없다. 배가 자기의 소유물이라 해서 배 안에 있는 널빤지를 가진 자로부터 빼앗을 수 없다. 단지 승객을 배 밖 바다물속으로 던져버릴 수 있을 뿐이다. 왜냐하면, 용선(傭船)계약으로 대절된 배는 목적지에 도달할 때까지는 승객의 것이지 선주의 것이 아니기 때문이다.33)

이와 같이 승객이 배를 임대했기 때문에 항해기간 동안 배는 승선한 승객들의 것이다. 배 역시 극장과 유사한 비유가 적용되며, 그래서 배는 승객의 공유재산이다.

키케로는 극장과 배의 비유에서 사유재산과 공유재산의 한계를 밝혔다. 키케로는 헤카토의 스승인 파나이티오스의 해석과 주장을 그의 『의무론』에서 점유와 연관하여 언급하였다. 키케로는 공유지가 점유에 의해

---

33) Cicero, *de Officiis* 3.89~90.

사유재산이 되지만, 본래 사유재산으로 인정하지 않았다. 이와 같이 키케로는 점유・정복・법・매매계약・구입 그리고 할당에 의한 사유재산화의 원칙에 따라 아르피눔(Arpinum)의 땅은 아르피나트인들의 것이고 투스쿨라눔의 땅은 투스쿨라인의 것[34]임을 분명히 밝히고 있다.

파나이티오스는 사유재산과 공유재산의 차이를 분명하게 구분했다. 공유재산은 공공의 목적을 위해 사용되고, 사유재산은 소유자 개인에 의해 사용된다는 사실을 확실하게 하는 것이 공평한 일 가운데 하나라고 보았다.[35] 파나이티오스의 공유의 개념은 초기 스토아의 공유의 개념보다 훨씬 더 제한적이다. 크뤼시포스의 주장에 반대하고, 또 파나이티오스와 포세이도니오스의 견해와 해석을 인정하기를 거부한 후기 스토아 사상가들은 공유도 사유도 될 수 있는 극장의 비유의 가능성을 인정했다. 키케로는 크뤼시포스가 사유재산에 대해 거부입장을 보인 데에 반론을 제기하면서 국가가 해야 할 가장 중요한 기능과 의무가 사유재산의 보호에 있다고 강조했다.[36] 그리고 다시 키케로는 "재산을 공평하게 분배해야 한다는 주장에 대해 비난받아 마땅하다. 아니 이보다 더 파괴적인 정책이 또 있단 말인가?"[37]라고 비판했다. 세네카도 그의 『자선론』 제7장에서 모든 것은 현자들의 것이라고 주장하면서 사유재산의 인정을 명시하고 있다.[38]

스토아 사상가들은 공평의 사회적 성격을 강조했다. 더욱이 크뤼시포스는 그 누구도 고립하여 불공평하게 될 수 없다고 강조하지만 스토아 사상에서 인간이 공평하다는 이유를 밝힐 수 있는 기초는 무엇인가? 디오게네스 라에르티오스가 밝혔듯이 인간이 해야 할 것과 하지 말아야

---

34) Cicero, *de Officiis* 1.21.
35) Cicero, *de Officiis* 1.20.
36) Cicero, *de Officiis* 2.78.
37) Cicero, *de Officiis* 2.73.
38) Seneca, *de Beneficiis* 7.4~12.

할 것이 무엇인가를 명령한 자연, 즉 올바른 이성의 법에 복종하기 때문에 공평하다"39)고 말한다. 초기·후기 스토아 사상에서는 공평을 가치에 따라 각자에게 부여하는 것으로 정의한다. 특히 공평을 세분화하는 가운데 평등은 공평한 마음을 나타내는 의미로 사용한다.

초기 그리스도교 교부인 크리소스토무스(Johannes Chrysostomus)에게는 산술적 평등의 유지였다.

> 주이신 하느님은 우리 모두의 하느님이시며, 일체 모든 것은 그분의 것이다. 그리고 도시와 시장 같은 황제의 소유물은 우리 모두의 것이며 똑같이 분배받았으나 하느님의 재산이다. 같은 방법으로 태양·공기·대지 그리고 물은 모든 사람의 것으로 똑같이 사용할 수 있다. 왜냐하면, 하느님이 우리를 똑같이 만드셨기 때문이다. 모든 사람은 하느님이 만드신 것을 공평하게 나누어 가져야 한다. 신이 주신 태양광선은 모든 사람이 향유할 수 있다. 신은 사람을 구분하지 않는다. 설사 그들이 부자이든 가난한 사람이든, 지배자이든 피지배자이든, 남자든 여자든, 자유민이든 노예이든 구별하지 않는다. 신은 그 어떤 사람도 그의 이웃보다 두 배의 햇빛을 받을 수 없음을 보여주셨다. 이러한 공평한 분배는 '네 것'과 '내 것'이 구분되지 않는 평등한 공동체의 추구이며, 모든 사람이 동등하게 취급되어야 한다.40)

이와 같이 초기 그리스도교 교부들의 공평과 평등은 신으로부터 유래하는 데 반해 스토아 사상의 공평과 평등은 올바른 이성에 기초한다. 신들과 인간은 이성을 가지고 있으므로 평등한 존재이며 같은 공동체의 구성원이기에 충분하지만 이성을 가지고 있지 않은 것들은 공동체의 구성원일 수 없기 때문에 공평의 영역 밖에 있는 자들이다. 이와 같이 이성

---

39) *Digenes Laertius* 7.128. 법과 올바른 이성 그리고 공평은 전통이나 관습에서보다 자연에 의해 생성되었다.
40) Andrew Erskine, *The Hellenistic Stoa Political Thought and Action*, Cornell University Press, 1990, pp.111~112.

을 가진 공동체의 구성원은 평등하며 모든 것을 공유하며 균등하게 분배 받아야 한다. 이 같은 공평은 스토아 사상의 일반론이다.

공평의 일반론의 해설과 그리고 다른 또 하나의 해설은 아리스토텔레스의 『윤리학』에서 밝힌 분배적 정의의 해설이다. 아리스토텔레스는 돈과 명예 같은 것은 가치(axia)에 따라 분배되어야 한다고 주장한다. 가치결정의 기준은 다양하다. 예를 들면, 민주정에서 가치기준은 자유이며 과두정에서는 부나 귀족가문일 것이며 그리고 귀족정에서는 미덕과 우월함일 것이다. 그러므로 평등은 공평의 특징을 갖는다. 사람들은 평등하지 않기 때문에 공정한 분배가 이루어질 수 없으며, 각자에게 주어지는 몫에 있어 그의 가치에 따라 비례하며, 그것이 모든 사람을 위한 평등이 될 것이다. 그러므로 과두정에서 부자는 가난한 사람보다 정치권력에 있어 더 큰 몫을 가지게 될 것이다. 왜냐하면, 과두정에서 부(富)가 가치의 기준이기 때문이다. 이런 의미에서 평등은 비례적 평등으로 표현될 것이다.41)

아리스토텔레스와 스토아 사상가들 사이에 외형적인 유사성을 보이고 있으나 여러 가지 면에서 상반된 경향을 나타내고 있다. 스토아의 공평은 할당과 나눔의 뜻을 가진 *aponemêsis*인 데 반해 아리스토텔레스의 공평은 분배의 의미를 함축하고 있는 *diamone*이다. 이 두 경우에서 공평은 가치에 일치한다. *aponemêsis*의 적합한 뜻은 '준다'는 의미이다. 이와 같은 준다는 의미는 아리스토텔레스에 의해 사용되었으며, 아리스토텔레스는 재산의 분배와 기부의 의무가 친구·친척 그리고 자기와 연관관계가 있는 자에게 '주는' 것으로 생각했다.42) 스토아 사상가는 대체로 공

---

41) *ibid*., pp.117~118.
42) *ibid*., p.118. Aristoteles, *NE*. 1164b23, 65a18, 65a32.
    스토아 사상가들은 aponemô를 '준다'의 의미로 사용했는 데 반해 아리스토텔레스는 막연하게 준다는 의미보다 분배적 정의의 의미로 사용하고 있다.

평에 관심을 가진 자로 *aponemêsis*를 공평으로 정의했다. 스토아 사상가는 공동의 것에 관해 관심을 가졌는데 반해 아리스토텔레스는 공동의 것, 공유의 문제보다 그 분배에 관심을 두었다. 아리스토텔레스의 분배, 분배적 정의에서부터 스토아 사상가가 사용했던 분배의 가치(*axia*)와 평등(*isotês*)이 분리되었다. 아리스토텔레스는 계급과 부 그리고 도덕적 가치, 불평등한 자들 사이에 공평한 분배를 위해 고안된 이른바 분배의 가치, 즉 *axia*를 사용했다.

아리스토텔레스는 부·자유·귀족가문 그리고 도덕적 가치 같은 것들은 공평한 분배를 위한 정당한 기준임을 강조한다. 그러나 스토아 사상가는 아리스토텔레스의 이 같은 분배의 주장에 반대했다. 귀족과 같은 사회적 신분과 그리고 노예와 주인의 관계와 같은 계급구조에 대해 스토아 사상가의 비난은 곧 그들이 아리스토텔레스의 분배기준으로 사용했던 신분차별의 합법화에 대한 거부에서 잘 나타나고 있다. 사실 스토아 세계에서 법개념은 공평이 법과 제도와 같은 상대적인 형태에 영향을 받을 수 있다는 억측을 거부했다. 스토아 사상가는 일반적 공평과 특별한 공평을 구분한 아리스토텔레스에 대해 반대했다. 그리고 그들은 *dianemo* 대신에 *aponemo*를 사용했고 또 그 사용을 확대함으로써 공평은 분배적 정의로서보다 오히려 모든 사람이 공평하게 나눈다는 전체적인 공평의 의미였다.[43]

모든 것은 우리 모두의 것이라는 주장은 스토아 사상의 공평과 평등의 개념에서 그 유래를 찾을 수 있다. 신들과 인간은 같은 이성을 가지고 있기 때문에 평등하지만, 이성을 갖지 않은 것은 신들과 인간을 위해 존재하며 인간에게 똑같이 분배되어야 한다. 이것이 스토아의 정의이며 공평이다.[44] 하지만 후기 스토아 사상가 세네카의 현자관에 나타난 공평은

---

43) *ibid.*, p.119.
44) *ibid.*, p.120.

일반대중과는 거리가 멀었다. 세네카에게 있어 일반대중은 부와 재산소유의 대상으로 인정하지 않았던 것처럼, 후기 스토아에서 부와 재산의 인정은 아주 제한적이다.

2) 세네카와 후기 스토아의 부와 공평

세네카 시대의 철학은 이오니아와 소아시아의 우주론적 사상체계나 초기 스토아 사상과는 매우 다르다. 세네카 이전시대의 사색적이고, 순수논리적인 관심은 현실적이고 실제적인 목적과 결부된 윤리적인 문제의 연구로 식어가기 시작했다. 소크라테스의 탐구방법은 1세기 동안 관념과 사색 그리고 도덕적 문제로의 사상을 전환시키는 데 결정적이었다. 소크라테스의 제자 안티스테네스와 아리스티포스는 로마공화정 말기와 제국 초기 로마세계의 지배이념이었던 스토아 사상과 에피쿠로스학파의 길을 열어 놓았거니와, 플라톤과 아리스토텔레스도 간접적으로 이 두 학파의 운동에 기여하였다. 이 두 학파는 인간의 윤리적 개선과 사회개혁의 위대한 정신운동으로서만이 아닌 형이상학에 있어서도 아리스토텔레스 이후의 철학에서 제기된 내관적(內觀的)이고 실재적인 방향으로 나아갔다.[45]

그리스의 자유로운 시민생활의 종식, 마케도니아의 정복사업, 그리고 로마 세계제국의 기초는 고전고대의 중대한 도덕적 변화를 초래했다. 스토아, 에피쿠로스 그리고 회의학파는 인간내면의 평화와 정신생활을 중시였으므로 그들의 영적 생활에서 투기와 정치적 활동은 그렇게 중요하지 않았다. 키케로에게 있어 철학은 인생의 안내자이며 실추된 정신을

---

45) E. Zeller, *Die philosophie der Griechen* iii.1.13.14.

바로 잡아주는 치료자였다.46) 이제 도덕률은 정치와 분리되었으며, 그들이 심취했던 철학문제도 인간 개체에 관한 것으로 개인의 만족과 행복을 어떻게 자유의지로부터 발견하는가였다. 파나이티오스는 스키피오 아이밀리아누스의 집에 살면서 그의 서클에 많은 영향을 주었으며, 또한 로마공화정 말기 루쿨루스(Lucullus)나 폼페이우스 같은 위대한 장군이나 정치지도자들은 자신을 보필할 수 있는 철학자를 자주 종자(從者)나 수행원으로 삼았다.

아우구스투스에서부터 엘라가발루스(Elagabalus)에 이르는 시기에 로마 제국 궁전에 스토아 철학자들이 많이 등용되었다. 아우구스투스의 왕비는 그녀 남편의 철학교사인 아레우스(Areus)로부터 양자 드루수스(Drusus)의 죽음에 대한 위안을 찾았다.47) 이들 스토아 철학자들 가운데 대부분은 철학교사의 직업을 중요하게 생각하지 않았다. 많은 경우에 스토아 철학교사는 부유한 권문세가의 후원자로 또 그들의 체면을 내세우는 장식물에 불과했다. 이와 같이 스토아 철학교사는 결국 오만무례한 권문세가의 기분을 살피며, 아첨하는 식객으로 전락해 갔다. 네로와 하드리아누스는 자신들의 옆에 철학교사를 거닐고 허세를 부리며 철학교사들의 철학논쟁을 듣고 보면서 즐거워했다.48) 그러나 클라우디우스 황제의 공포정치의 상황 속에서 스토아 철학자들의 정치적 운신의 폭이 제한되었지만 칼리굴라 황제의 직무수행의 명을 받은 율리우스 카누스(Julius Canus)는 그가 죽는 날까지 정치와 철학의 문제를 조언할 수 있는 철학자를 항상 대동했다.49)

이교철학에서 강조하고 있는 도덕적 삶의 거대한 장려운동에서 세네카가 대표적인 인물은 아니었다. 무소니우스와 그의 제자 에픽테투스는

---

46) Cicero, *Tusc.* 3.6, Seneca, *Epistulae* 22.53.
47) Seneca, *Ad Marc.* 4.1~4.
48) Tacitus, *Ann.* 14.16.
49) Seneca, *de Tranq.* XIV.7.

인간의 심령을 치유하는 일에 종사했다. 그리고 이 두 사람은 스토아 철학의 복음을 가르쳤으나, 그들 이전의 초기·중기 스토아학파에서 강조한 논리학과 자연학에 대해서는 별로 관심을 가지지 않았다.[50] 무소니우스와 에픽테투스의 철학에서 추구한 최고의 목표는 미덕이다. 그들은 당시의 시대정신을 깊이 고려한 나머지 진부한 수사학 연구보다 양심을 호소할 수 있는 도덕적 교의의 필요성을 느꼈다.[51] 무소니우스와 에픽테투스에게 있어 철학자는 심령과 정신의 의사였다. 이 두 철학자는 세네카보다 더 당당하고 결백한 인격의 소유자들이다. 특히 에픽테투스의 가르침을 받은 사람들은 에픽테투스를 세네카보다 더 훌륭한 철학교사, 철학의 지도자로 보았다.

칼리굴라(Caligula)와 클라우디우스(Claudius)의 통치하에서 정신(廷臣)이며 궁중대신으로서 막강한 권력과 부를 누린 세네카는 당시 의인들의 행위를 방해하는 무정견으로 많은 반감을 사기도 했다. 세네카는 로마제국의 정치적 전횡으로 침울한 시대에 살면서 당시의 부패한 사회현상을 보고 도덕성의 부활을 위해 정치적 열정을 발휘한 당시의 정치로부터 혜택을 입은 인물이다. 그는 어린 나이로 아우구스투스의 제위 말기에 코르도바에서 로마로 왔다.[52] 허약한 체질과 병약에도 불구하고 과학과 철학에 정열을 쏟은 학구적인 인물이다. 그는 피타고라스학파의 생활규범과 엄격한 스토아 사상이 결합된 섹스티우스학파의 소티온(Sotion)의 문하에 들어갔다.[53] 원로원에서 행한 그의 변론은 칼리굴라의 질투를 사게 했지만, 가까스로 형벌은 면하였다. 그러나 클라우디우스의 치하에서 세네카는 궁중의 최고 지도적 인물로 부상했다.

전제정의 긴 사막의 터널 속에서 하나의 청신한 오아시스는 아마도

---

50) Zeller, op.cit., iii.1, 656,663.
51) Epictetus Dis 3.23.24~34 ; i.4.9.
52) Seneca, de Consolatione ad Helviam XIX. 2.
53) Seneca, Epistulae 108.13~17.

세네카가 살았던 행복한 시기였다. 그는 그 당시가 불안과 공포의 지배에도 불구하고 이 지상에서 신의 꿈이 자비롭게 실현되는 것으로 술회했다.[54] 세네카의 영향력은 그의 정치적 특권으로 유지되었으나 항상 아그리피나로부터 위협받았다.[55] 세네카가 살았던 당시의 로마제국은 정치권력의 마신(魔神)적 와중에서 권력에 아부하는 세력과 정치적 식견과 사려없이 방황하는 정치적 식객이 난무했다. 이러한 정치적 상황에서 부와 권력을 누린 세네카는 진정 로마사회의 금욕적인 정치가요 도덕론자로 평가받기에 합당한가? 수일리우스의 지적대로 세네카와 당시 스토아 사상가는 권력과 많은 재산을 축적하고 권력에 아부하는 안락한 도덕론자에 불과했다.[56] 세네카는 고결한 삶을 강조하면서 일체의 세속적 쾌락은 광영에 찬 도덕적 이상 앞에 무력해지고 공포와 비애 그리고 감각적인 삶으로부터의 탈피를 요구했다. 이미 언급했듯이 그는 당시에 만연한 물질주의와 이기심을 극복했다고 자신 있게 주장하였지만 네로 황제가 부러워 할 정도의 많은 재산을 축적하고 호화로운 주택에서 살았다. 몇몇 현자를 제외한 일반대중이 이기적인 야욕에 가득 차 있음을 확인한 세네카는 인간의 삶을 로마 원형경기장에 던져진 운명적인 제물을 차지하려는 사나운 야수들의 잔인한 투쟁이라고 생각했다.[57]

인류역사의 창세기 시대 에덴의 평화와 행복은 영원히 가버리고, 인간에게 욕망의 불안, 무지한 삶의 복수심 그리고 외면적·감각적 쾌락만이 만연해 가는 당시의 시대상을 세네카는 개탄했다. 이 같은 시대적 병폐를 치유하기 위해 세네카는 스토아 철학의 수양을 통해 고결한 생명체의 유지와 사멸해 가는 영혼을 일깨우는 사도 바울(Paul)과의 접근을 통해

---

54) Seneca, de Clementia i.5.8.
55) Tacitus, Ann. xiii.2.
56) 수일리우스는 세네카를 비롯한 당시의 스토아 사상가를 비판하는 글에서 스토아 사상가를 스토아 철학자라 부르기보다 스토아 설교자라고 비하하는 호칭을 사용했다.
57) Seneca, Epistulae 77.6.16 ; 89.21.90.

복음적 열정을 느꼈다. 세네카는 철학의 참 기능을 플라톤의 대화에서 밝힌 지적 결과에 대한 무관심, 지의 공평한 작용이 아닌[58] 올바른 이성에 순응하는 삶을 위한 개인의 인격과 행위의 개선과 같은 순수윤리에서 찾았다.[59] 이와 같이 세네카가 철학사상가라기보다는 오히려 설교자, 정신적 지도자로서 그가 추구한 최고의 목표는 현대적 표현으로 영혼구원이다. 세네카는 스토아 철학의 의미를 바른 이성에 순응하는 올바른 생활방법과 기술로 표현하였다. 그래서 그는 스토아 철학을 미덕을 연구하는 철학, 미덕 자체의 연구(Philosophia Studium Virtutis est, Sed per ipsam virtutem)라고 정의하고, 다시 스토아 철학을 도덕 · 자연 그리고 합리 등의 세 분야로 분류했다. 첫 번째의 도덕은 영혼과 인간정신을 정돈하고, 두 번째의 자연은 우주를 연구조사하고, 세 번째의 합리는 언어의 본질적 의미, 언어의 결합 그리고 진리를 왜곡시키지 못하게 하는 증거를 제시하는 작용을 한다고 밝혔다.

세네카는 철학의 궁극적 목적은 영원한 이성의 빛 속에서 사물의 참 조화를 보는 자, 현자(sapiens)의 생산이다. 이와 같이 그는 영원한 이성의 빛 안에서 통찰하는 지혜로운 현자가 지고한 법에 복종하는 훈련을 받았고, 또 그 법을 따르고 준수할 수 있는 능력을 가졌다고 말한다.[60] 그래서 세네카가 말하는 참 철학자는 삶의 재난으로부터 멀리 떨어져 있는 냉담한 박식가의 지적 세계만이 아니라 현세의 삶에서 인간을 교육하는 교육자(generis humani paedagogus), 즉 인간을 이상적인 인간으로 기르기 위해 교육하는 교사이다.[61] 세네카는 고대철학같이 지난날의 지혜가 인간에 대한 사랑과 존엄을 전제로 하는 한 그것을 계승할 것을 강조하고 있으나[62] 그가 살았던 당시의 일반교양에 대해서는 경시하는 입장

---

58) Seneca, *Epistulae* 49.5 ; 71.5 ; 88.36.
59) Seneca, *Epistulae* 89.8.
60) Seneca, *Epistulae* 66.12~13.
61) Seneca, *Epistulae* 89.13 ; 117.30~31.

이었다.[62] 그는 당시의 자유로운 일반교양이 인간을 분별없이 말 많고 자만에 가득 차게 만들기 때문에 일반교양학을 배운 사람들이 비본질적인 것을 습득한 자들로 본질적인 요소를 익힐 수 없다고 비판했다. 세네카는 자유교양학(liberalia studia)에 관한 그의 견해를 밝히면서 "나는 그 어떤 교양학 연구도 고려하지 않는다. 그리고 자유교양학은 실리를 추구하는 돈을 버는 것을 목표로 하기 때문에 선으로 생각할 수 없다. 그러므로 자유교양학은 우리들의 견습이지 실제 작업이 아니다. 실상 인간에게 자유를 주는 자유로운 학문은 단 하나뿐이며, 그것은 다름 아닌 스토아 철학으로 지혜, 분별력을 연구하는 고상하고 용기 있는 위대한 정신이다. 그러나 다른 자유교양학은 보잘것없는 유치할 뿐이다"[64]라고 했다.

세네카는 지적 허영심을 가진 자였으며, 또한 그의 지적 허영을 보이려고 애쓴 자이다. 세네카는 과학에 대해 그렇게 큰 관심을 보이지 않았지만 고대 철학의 영향으로 자연학에 관심을 보였다. 그의 『자연의 문제(Quaestiones Naturales)』 7권은 방대한 논문으로 중세 과학의 기본서가 되기도 했다. 그는 자연현상보다 오히려 인간본성과 인간의 운명에 더 깊은 관심을 보였다. 초기 스토아 사상가는 자연학을 논리학의 일부분으로 생각했는데 그에 반해 세네카는 자연학을 신학과 형이상학의 함축으로 보고 있다. 스토아 사상가는 자연학·논리학·윤리학 사이의 관계를 설명함에 있어 하나의 비유를 제시하였다. 즉 담으로 둘러싸인 정원이 철학이라고 하면 그 정원 안에 있는 담은 논리학이고, 정원 안에 있는 나무는 자연학이고, 그 나무의 열매는 윤리학이다. 스토아의 자연학은 그리스의 다른 학파가 제시한 정신과 물질 사이의 이원론을 극복하는 데

---

62) Seneca, *Epistulae* 64.3 ; 58.26.
63) Seneca, *Epistulae* 88.37~38.
64) Seneca, *Epistulae* 88.2~3.

주력했다.[65]

　스토아 사상가들은 정신과 물질을 동일시하고 신이 정신이요, 물질이며, 그리고 우주로서 총체적인 일원론을 제시했다. 그들은 행위의 본체가 육신이며, 정신과 육신 사이에 지속적인 관계를 유지하는 것으로 생각했다. 스토아의 자연학에서 물질은 사멸하는 것이 아니라 생명력을 충전한 동력으로 이해했다. 정신은 물질에 대해 어떤 외면적·피상적인 것도, 추상적 관념의 본질도, 또 불완전한 물질계가 내포하는 휴지(休止)의 원리도 아니다. 정신은 동적 원리이며, 우주를 충만하게 하고, 결합시키는 창조적인 힘이다. 인간세계는 질서의 세계요, 법의 세계요 그리고 규범의 세계라고 하는 과학적 사실은 기원전 5세기와 4세기에 이미 확인되었다.

　플라톤과 아리스토텔레스와 같이 스토아 사상가도 과학의 가치를 인정하고 존중했다. 우주의 질서가 기계적인 힘의 성과로 이해된 사실은 스토아 사상가에게 상상할 수 없는 일이다. 스토아 사상가들은 질서가 사물 그 자체에 있으며, 외부로부터 오는 것으로 생각하지 않았다. 스토아 사상은 어의적으로 보아 유물론이 아니다. 그들은 이성이 원하는 바는 실상의 인식, 즉 실현이요 현실화라고 생각했다. 또한 그들은 동물과 식물은 인간을 위해 존재하며, 우주는 인간과 신을 위해 존재하는 것으로, 그래서 인간과 신은 우주에 살며, 우주는 인간과 신이 사용할 수 있는 곳으로 공허한 곳이 하나도 없다고 말했다. 이와 같이 그들에게 있어 신은 우주의 생식력이며, 플라톤의 이데아 그리고 아리스토텔레스의 형상은 무한한 창조적 씨 혹은 창조력·생산력임을 나타내는 독특한 로고스를 함축한다고 확신했다.

　스토아의 신은 전지전능한 절대적인 존재가 아니다. 유태교의 신과는

---

[65] Marcia L. Colish, *The Stoic tradition from Antiquity to the Early Middle Ages*, Leiden, 1990, p.23.

달리 스토아의 신은 명령에 의해 세계를 낳은 것이 아니다. 스토아 사상에서 신의 개념은 곧 그리스적인 개념이다. 갈렌(Galen)이 말한 바와 같이 모세의 신관(神觀)은 그리스인이 자연을 바르게 탐구했던 신관과 아주 다르다. 모세에게 있어 신은 우주를 창조하고자 했던 대로 창조했다. 그러나 스토아 신은 그 위력이 제한적이다. 왜냐하면, 스토아의 신은 불이며, 자연적·인간적인 힘이기 때문이다.66) 신의 본질, 그리고 외적 세계와 인간영혼에 대한 신의 관계에서 세네카는 자주 초기 스토아의 전통을 따랐다. 스토아 사상가에게 있어 신은 매우 탄력적이고 포괄적인 개념이다. 그리고 신은 모든 곳에 있는 무형의, 실체가 없는 것으로 공기·정기(pneuma)·생의 열정적 호흡이며, 창조적인 불이고, 전우주를 결합하고 우주 안에 있는 모든 것을 결집하는 생명의 힘이다. 이와 같이 신은 영이며, 세계정신(anima mundi)이고, 세계법이다. 세네카에게 있어 신은 도덕적·정신적인 존재로 발전한다.67) 또한 그의 철학적 관심의 초점은 도덕적인 삶이다. 세네카는 신의 윤리적 개념을 강조하면서 신의 존재를 인간에 대한 사랑과 부조(扶助)로 보았다.

우리는 여전히 세네카에게서 스토아의 복음과 도덕적 이상주의를 발견한다. 그는 "이성적이지 않은 자선은 없다(Nil bonum nisi Verum)"고 말하면서 인간의 실패·탈선·죄악이 선의 거짓 개념에서 기인한 것으로 파악했다. 세네카에 의하면, 탐욕적이고 감각적인 자들이 공허한 가시의 세계에서 살며, 이성을 속이고 정욕에 충만하여 아무 쓸모없는 것을 추구할 뿐이다. 그러므로 그들이 획득한 모든 것은 허무일 뿐이다. 또한 천국은 우리 안에 있으며, 인간의 최고선을 실현할 수 있는 유일한 곳으로 우연적이고, 외면적이며, 무상한 것을 지배하는 자유요 평화요 평온임을 강조한다.68) 또한 그에 의하면, 천국은 이성의 법에 복종하는 미덕에 의

---

66) Seneca, de Clementia II. 5 ; IV. 7. 30. Epictetus, Dis 1. 2, 22. Dogenes Laertius 7. 136.
67) Seneca, de prop I. 2,6 ; de Ira ii. 27. ; de Beneficiis II. 27 ; Epistulae 73. 16~17.

해서만이 도달되는 것으로, 자연법과 이성에 따르라는 요구는 인간으로 하여금 이성의 법에 복종을 의미한다. 외면적인 것들, 이른바 부·권력·높은 지위 그리고 감각적 쾌락은 덧없고, 일시적인 것으로 현자만이 이 세간의 쾌락을 멀리할 수 있다고 했다.[69] 세네카는 외면적인 것에 대한 자제와 단념에서 진정한 인간의 자유와 존엄을 찾을 수 있음을 밝힌다. 그리고 그는 이러한 자유의 과정을 신, 즉 세계이성에 대한 복종으로 신의 평화라 불렀다. 세네카가 추구하는 것은 감각적 세계의 굴레로부터 해방할 수 있는 인간의 영혼에 내재하는 신적 이성이다. 실천적 도덕론자로서 세네카는 인간이 의지만 있다면 더 높은 자유에 도달할 수 있음을 확신하고, 자유로 지향해가는 첫 단계는 인간의 지고한 부분인 이성에 순응하는 도덕적 삶의 기본법칙을 수행하는 것이며, 도덕적 삶의 기본법칙을 따르면 감각적인 삶으로부터 떠나게 되고 결국 행복에 이르게 된다고 말했다. 그러므로 그는 감각적인 삶을 포기하고 이성의 법인 신법으로 회귀하는 것, 그것이 참자유의 확대라고 인식했다.

　초기 스토아 사상가의 이상주의와 염세주의는 도덕과 윤리의 개선에 없어서는 안될 중요한 요소였다. 외면적인 것에 대한 경시는 미덕의 삶을 위해 외면적인 물질재산의 가치를 인정한 아리스토텔레스에 의해 무너지고 말았다. 세네카도 보다 높은 도덕적 목적을 추구함에 있어 현자는 부를 사용하고 백만장자가 되는 것조차 나쁘지 않다고 말한 사실에서 그 또한 아리스토텔레스의 사상을 이상화했다고 할 수 있다.[70]

---

68) Seneca, *Epistulae* 53.11 ; 59.16.
69) 안전함을 구하고자 하는 사람은 그 길이 하나 있다. 그것은 외면적인 것을 버리고 명예로운 것을 찾아야 한다.(una haec via est ad tuta vadenti, externa despicere et honesto contentum esse.) Seneca, *Epistulae* 74.6~12 ; Epictetus, *Dis.* ; ii.16.18 ; iii.3.14.
70) Seneca, *de Brevitate Vitae* XXII.1~3.

이미 밝힌 바와 같이 초기·후기 스토아 사상가처럼 세네카도 외면적인 물질재산과 감각의 세계로부터 떠나는 것이 참자유와 행복의 단계에 도달하는 것이라고 생각했다. 그러나 아이러니하게도 세네카는 네로 황제의 총애 속에 많은 노예와 엄청난 부와 권력을 소유했다. 후기 스토아에서 노예제 문제와 더불어 가장 보편적인 사회문제는 재산·부·빈곤 그리고 재산의 공평한 분배였지만, 부와 재산을 행복의 필요조건으로 생각한 중기 스토아 사상과는 상반된 견해를 보였다.71) 그러나 우리는 후기 스토아의 부와 재산의 개념에서 인간은 태어날 때부터 평등하기 때문에 부유함과 가난을 근거로 차별할 수 없으며, 세속의 부와 재산의 소유는 어디까지나 우연한 것으로, 그 우연의 법칙 때문에 인간의 존엄적 가치가 추락해질 수 없음을 강조한다.72) 에픽테투스는 인간의 삶에 관한 기술에서 인생이 각자에게 주어진 역할을 훌륭하게 수행하는 거대한 무대로, 또 인간을 거대한 세계극장에서 각자의 연기를 발휘하는 연기자로 규정짓고 있다.

너는 나에게 가난을 가져오려고 하는가? 가져오라. 너는 가난의 배역을 잘하는 훌륭한 배우를 발견할 때 가난이 무엇인지 알게 될 것이다.73) 너는 폴루스(Polus)74)가 콜로누스에 추방된 자와 거지 오이디푸스보다 그의 청중에게 좋은 소리와 더 많은 기쁨을 주는 왕 오이디푸스의 역을 하는 데 익숙하지 못했다는 사실을 모르는가? 고상한 사람이 신으로부터 받은 역할을 잘 해내지 못했다고 해서 폴루스보다 뒤쳐져야 하는가?75) 신이 원한다면 너는 가난한 사람의 역할도 또 재간을 가진 사람의 역할도 해야 한다.… 왜냐하면, 너에게 맡겨진 역을 잘 해내는 것이 너의 과업이기 때문이다.76)

---

71) H. Greeven, *Das Hauptproblem der Sozialethik in der neueren Stoa*, Gütersloh, 1935, s.70.
72) *ibid.*, s.70.
73) Epictetus, *Dis*.4.7.13.
74) 폴루스는 기원전 4세기의 유명한 배우이름.
75) Epictetus, *Fragments* 11.
76) Epictetus, *Dis*.4.7.17.; Seneca, *Epistulae* 85.40.

세네카는 부와 가난의 상관적 개념을 언급하면서 우리에게 아주 인상적인 표현을 던져주었다.

> 너는 더 많이 가지고 또 더 만족하려고 하는가? 많은 것을 가진 자는 더 많이 가지려 한다. 그렇기 때문에 많이 가진 자라도 만족해하지 않는다.[77]

따라서 세네카의 삶의 방법은 에픽테투스를 귀감으로 하여 자연에 따라 사는, 그래서 재산이나 명예의 구속으로부터 탈피하는 삶이다.

> 만일 네가 자연에 따라 산다면, 너는 결코 가난해지지 않을 것이며, 만일 네가 자만과 망상에 따라 산다면, 너는 결코 부자가 되지 못할 것이다. 자연의 요구는 적으나 자만과 망상의 요구는 끝이 없다.[78]

또한 세네카는 『마음의 평온에 관하여(De tranquillitate animi)』 9장에서 "만일 우리 마음이 자연에 따라 소박한 요구와 희망을 가지고 일체의 허세와 향락을 억제하며 살아간다면, 아무리 보잘것없는 재산을 가졌다 하더라도 행복할 수 있다"고 말한다. 이와 같이 세네카의 부에 대한 태도는 사실 부 자체에 대한 경시라 하겠다. 세네카는 루킬리우스(Lucilius)에게 보내는 편지에서 "부를 경시하는 자만이 신의 세계에 도달할 수 있으며, 또 찬양받을 수 있다"[79]고 기술했다.

세네카의 부와 가난에 대한 언급에서 세속재산의 소유에 관한 문제를 자주 언급한다. 일반적으로 그는 재산에 대한 현자의 태도를 설명하는 가운데 재산이나 부없이도 검소하고 절약하는 생활에서 행복을 찾을 수 있음을 강조한다. 지극히 빈곤했던 피루스(Pyrrhus)나 삼니테(Samnite)의 사

---

77) Seneca, *Epistulae* 119.6.
78) Seneca, *Epistulae* 16.7 ; 2.6.
79) Seneca, *Epistulae* 18.13 ; *de Providentia* 6.6.

절들에게서 뇌물을 받지 않은 파브리키우스(Fabricius)는 세네카로부터 많은 칭송을 받았다. 세네카는 돈을 가지고 있다가 잃어버리는 것보다 가지고 있지 않는 것이 얼마나 편한 일인가를 기억해야 한다고 설명한다. 우리는 잃은 것이 적으면 적을수록 가난으로 고통 받을 수 있는 기회가 점점 더 적어지게 된다.[80] 만일 어떤 사람이 디오게네스의 행복을 의심한다면, 그자는 영원히 불멸하는 신들마저도 의심할 것이다. 왜냐하면, 신들 역시 부자가 누리는 이 세상의 장려함과 광휘를 가지고 있지 않기 때문이다. 그리고 그는 다음과 같이 말한다.

> 오라, 그리고 너의 눈을 천국으로 돌려라. 그러면 너는 모든 것을 주면서 아무 것도 취하지 않는 아주 가난한 신들을 볼 것이다. 너는 운명의 여신이 준 선물을 떨쳐버린 자가 영원히 불멸하는 신들처럼 가난하고 순진한 사람이라고 생각하는가?[81]

부는 인간에게 헤아릴 수 없는 많은 괴로움을 가져온다.

> 노예의 가족은 의복과 먹을 음식을 필요로 한다. 그래서 항상 굶주려 배고픈 사람의 배를 채워야 한다. 우리는 굶주린 사람을 위해 의복을 사야만 한다.… 자신을 선뜻 거부할 수 있는 자가 훨씬 행복한 자가 아닌가! 부는 많은 사람에게 괴로움이 아니고 무엇인가![82]

다수의 사람은 가난하지만 그러나 부자보다 더 많은 슬픔과 짐이 되는 걱정거리를 가지고 있지는 않다. 이와 같이 가난한 사람은 마음을 괴롭히는 재산을 가지고 있지 않기 때문에 더 행복한 사람이다.[83]

세네카는 에픽테투스가 강조한 "만일 우리가 자연에 일치하는 삶

---

80) Seneca, *de Tranquillitate Animi*. 8.2.
81) Seneca, *de Tranquillitate Animi*. 8.5.
82) Seneca, *de Brevitate Vitae* 2.4.
83) Seneca, *de Consolatione ad Helviam* 12.1.

을 살아간다면 부자가 될 것이다. 그러나 자신의 의지와 생각대로 산다면 가난해 질 것이다"라는 말을 인용하면서 자연의 요구는 아주 적지만 인간의 요구는 무한하다고 했다. 그래서 어떤 사람에게 부의 사치가 넘쳐흐를 때 그는 더 큰 부를 쌓으려고 하는 부자로부터 부의 축적을 배우게 되지만 자연의 욕구는 인간과는 달리 아주 제한적이다.[84] 가난의 영광은 부의 근심으로부터 짐을 벗고 자유로워지는 것으로,[85] 가난한 사람의 얼굴에 투영됨으로써 환희의 미소를 짓게 될 것이다. 이와 같이 가난한 사람의 고통은 잠시일 뿐이다. 설사 가난한 사람에게 걱정거리가 늘 따라다닌다고 하더라도 그것은 구름같이 흘러가 버린다. 우리가 행복하다고 생각하는 사람의 즐거움은 자연적인 것이 아니다. 그들은 자신들의 슬픔을 숨길 수가 없으므로 슬픔 가운데에서도 행복을 나타내 보여야 할 것이다.[86] 세네카의 비극 가운데에서 우리는 부자의 평화로운 삶을 막은 근심걱정에 의해 괴로움을 겪지 않는 가난한 사람의 검소한 생활에서 참 평화의 영광을 발견하게 된다.[87] 그러므로 세네카는 가난을 조금도 두려워 할 이유가 없음을 다시금 강조한다. 내면적인 인간은 가난 때문에 동요되는 일이 전혀 없을 것이다. 세네카는 그의 독자에게 다음과 같이 충고한다.

> 가난을 두려워하지 말라. 그 누구도 태어날 때의 처지처럼 그렇게 아무것도 가진 것 없이 가난하게 살지 않을 것이다.[88]

비록 우리가 부자라 하더라도 항상 정신적으로 가난을 예방해야 할

---

[84] Seneca, *Epistulae* 16.8~9.
[85] Seneca, *Epistulae* 17.3. "부는 철학과 지혜의 도달을 차단하지만, 가난은 근심의 짐을 풀어주고 벗어나게 한다.(Multis ad philosophandum obstitere divitiae, Paupertas expedita est, secura est)"
[86] Seneca, *Epistulae* 80.6.
[87] Seneca, *Epistulae* 108.13~23.
[88] Seneca, *de Providentia* 6.6.

것이다.

만일 우리가 가난이 얼마나 괴로운 짐이 되는 것인지 알게 되면 우리는 좀 더 안락을 누릴 수 있는 부자가 되려고 할 것이다.[89] 그러나 자연의 요구에 따라 모든 일을 수행하는 자는 가난은 물론 공포로부터 해방될 것이다.[90]

주연을 위해 모든 미식진미(美食眞味)를 이 지상에서 가장 멀리 떨어져 있는 곳에서 가져와 사치스럽게 살고 있는 로마의 미식가들은 -그들은 먹기 위해서 토하고, 토하기 위해서 먹는 자들인- 영원히 가난의 공포 속에 빠져들어 갈 수밖에 없을 것이다. 그러나 미식가들이 그러한 처지에 빠지는 것을 대수롭게 생각하지 않는다면 그들은 어떠한 상처를 입을까? 세네카는 코르시카에서 8년 동안의 유배생활에서 가난의 고통은 결코 그에게 고통이 아니라는 것을 유배지로부터 어머니에게 알렸다.[91] 가난은 인간의 삶에 있어 위대한 스승일 수도 있다. 가난은 완전을 추구하고자 하는 사람이 얼마나 많은 용기와 인지력을 가지고 있는지 신의 가장 엄격한 테스트이기도 하다. 지고한 미덕에 도달하려고 하는 사람에게 신은 용기 있는 행위를 할 수 있는 방법의 은총을 보인다.

너는 폭풍우를 헤쳐갈 수 있는 도선사(導船士)와 전선에서 싸울 수 있는 용감한 병사의 지식을 익혀라.[92]

가난은 인간관계를 깨끗하게 할 수 있다. 그것은 가난이 한 인간의 참다운 친구가 누구인지 가르쳐 주는 한에서이다. 어떤 사람이 부자인 동안은 그의 친구들은 그에게서 부만을 구하려고 할 것이다. 그렇다면

---

89) Seneca, *Epistulae* 18.8.
90) Seneca, *Epistulae* 119.10.
91) Seneca, *de Consolatione ad Helviam* 10.11; *Epistulae* 123.16.
92) Seneca, *de Providentia* 4.5; *Epistulae* 20.11.

네가 가난을 사랑한다는 사실은 사실일 수 없다[93]고 세네카는 말한다.

세네카는 가난을 그리스인이 생각했던 것처럼 병·고통·유배 그리고 죽음·행복·불행 등과 직접적인 관계를 가지지 않는 것(adiapora)[94], 무관심한(indifferentia) 것으로 생각했다.[95] 부는 도덕적 선은 아니다(Non sunt divitiae bonum).[96] 부가 도덕적 선이 아니라고 하는 사실은 그것이 진정한 자선(bona)과 다른 작용을 하기 때문이다. 그래서 세네카는 "일체의 선이 존중되어야 한다. 왜냐하면, 그것이 순수하고 정신을 부패로부터 막아주고, 또 우리를 유혹에 빠지지 않게 하기 때문이다. 사실 선은 정신을 고양시키나 오만하게 하지 않는다. 선한 것은 확신과 신념을 낳으나 부는 수치를 낳는다. 선한 것은 우리에게 위대한 정신을 주나, 부는 오만을 준다. 그리고 오만은 위대함을 가장한 것일 뿐이다.[97] 나는 부가 선이라는 사실을 부인한다. 왜냐하면 부가 선이라고 한다면 그것이 인간을 선하게 만들어야 하기 때문이다. 이와 같이 사악한 사람의 손안에 있는 것은 선이라 불릴 수 없으므로 나는 부가 선이라고 말하는 것을 거부한다"라고 설명하고 있다.[98]

이와 같이 세네카는 부를 자선으로 생각하지 않았다. 세네카는 사람들이 신전에 헌정한 돈을 창녀의 집에서도 볼 수 있기 때문에 인간에 대한 평가의 참 기준은 부에 대한 태도가 어떠하냐에 있다고 생각했다. 다시 말해 세네카는 부에 대해 냉담하였느냐에 따라 인간의 가치가 평가된다고 말했다. 세네카에 있어 가난은 치욕도, 불행도 아니다.[99] 미덕을 가진 현자에게 가난은 조화로운 것으로 그들은 가난과 친숙해야 하며, 가

---

93) Seneca, *Epistulae* 20.7.
94) Cicero, *de Finibus* 3.50~52.
95) Seneca, *Epistulae* 82.10.
96) Seneca, *de Providentia* 5.2.
97) Seneca, *Epistulae* 87.32; de Consolatione ad Helviam 9.2.
98) Seneca, *de Vita Beata* 24.5.
99) Seneca, *de Providentia* 3.6.

난하게 된다는 것은 고통이 아니라 고통으로부터 벗어나는 것으로 생각했다. 가난보다 더 사악한 것이 순간의 감정에서 나타나는 동정이라고 말한 에픽테투스는 퀴니코스 철학자들과 같이 자족으로 충만했으며, 그래서 그는 "나는 가난하다. 그러나 나는 가난에 대해 옳은 생각을 가진 자다. 내가 가난하다고 해서 누군가가 나를 불쌍히 여겨 동정을 한다면 나는 어떻게 해야 하는가? 마치 페르시아 인이 그리스로 가기를 원치 않듯이 가난하지만 재산에 욕심을 부리지 말아야 한다. 왜냐하면, 가난 속에 행복이 있으며, 인간의 참 행복은 부보다 미덕에 있기 때문이다"[100] 라고 말했다. 에픽테투스와 견해를 같이했던 세네카는 인간은 주어진 운명을 탈피할 수 없음을 강조하면서 행복·부 그리고 가난의 의미를 다음과 같이 비유하면서 "어떤 사람은 녹슨 사슬에 묶이지만, 또 어떤 사람은 금으로 된 사슬에 묶인다고 하면서 녹슨 사슬에 묶이건, 금 사슬에 묶이건 사슬에 묶인 것임에는 틀림없다. 묶이는 데 무슨 녹슨 사슬과 금 사슬의 차이가 있겠는가"[101] 하고 반문한다.

우리는 스토아 사상의 부와 재산에 대한 비판에서 부와 가난을 인간의 삶에 있어 비본질적인 것으로 규정한 사실을 발견한다. 이와 같이 부에 대한 스토아 사상의 비판은 당시의 가치질서에 대한 거부에서 유래했던 것이다. 후기 스토아 사상가는 부가 조야하고 외면적인 것으로 이것을 거부하는 자가 육신의 건강은 물론 자선을 수행할 수 있다고 확신했다.[102] 그러므로 세네카는 부의 추구가 가시적 현상에 불과하며 가난한 사람이 본질적으로 자유롭고 그 누구의 구속도 받지 않는 참자유인이라고 말했다. 그는 계속해서 "부가 지혜에 도달하는 길을 차단하고, 가난이 근심·걱정을 벗어나게 한다. 그러므로 인간이 부를 축적하는 것을 삼가

---

100) Epictetus, *Dis* 4.6.22.
101) Seneca, *de Tranquillitate Animi* 10.3.
102) Epictetus, *Dis* 3. 26.23.

고 먼저 철학에 도달해야 한다. 인간이 삶의 여정에서 돈없이도 철학의 길에 도달해야 한다. 재산과 부를 소유한 후에 철학의 길에 들어간다는 것은 옳지 않다. 철학은 인간이 살아가는 데 마지막 요건일 수도 또 일종의 보충물이 될 수 없음"을 강조했다.[103]

프루사의 디온은 부에 관한 언급에서 향락보다 향락을 위한 마음의 무거운 짐과 근심을 해소시킬 것을 강조한다. 그리고 그는 디오게네스가 페르시아의 왕과 화해를 거부한 이유를 왕이 엄청난 부를 누리고 있으면서도 가난에 대한 공포, 병과 죽음에 대한 불안, 자신에 대한 음모, 심지어 그의 자식과 형제에 대한 공포감 등에 사로잡힌 그를 불쌍히 여기고 있었기 때문인 것으로 이해했다. 세네카는 "우리가 구속으로부터 벗어나려고 한다면, 먼저 쾌락을 멀리해야 한다. 왜냐하면 쾌락은 인간을 나약한 존재로 만들기 때문이다. 그래서 그는 부의 추방을 강조한다. 부는 인간을 노예로 만드는 증서이기 때문"이라고 말했다. 세네카는 또 "자연법에 일치하는 가난은 거대한 부이며, 자연법이 명하는 제한이 무엇인지 인식하고, 오직 기아와 갈증만을 피할 것을 강조했다. 그리고 돈 자랑하는 부잣집의 문간에서 아첨하지 말라. 가난과 공평한 계약을 한 사람은 부자다"라고 말했다. 세네카는 사람들이 많은 재산과 부를 축적했다하더라도 물질적인 재산과 관련한 일체의 것은 자유의 속성이 아니기 때문에 우리를 비참하게 만든다고 경고한다. 결국 그는 재산과 부가 인간을 노예로 만드는 계약금(*auctoramenta sunt servitutum*)이라고 정의하였다.[104] 그러므로 세네카는 "부자는 필요한 것이 거의 없음에도 많은 것을 요구하지만, 거지는 필요한 것이 많음에도 적게 요구하기 때문에 부자들을 거지보다 더 사악한 자"라고 생각했다.[105]

---

103) Dio Chrysostom, *Discourses* 6.35.
104) Seneca, *Epistulae* 4.10~11. Seneca, *Epistulae* 104.34.
105) Seneca, *de Constantia* 13.3.

세네카는 『도덕서한(Epistulae Morales)』 87에서 검소한 생활에 대한 몇 가지 요지의 글에서 부는 재산으로 계정(計定)될 수 없다고 말한다. 왜냐하면, 부는 탐욕의 산물이며, 악행에 의해서만이 획득될 수 있는 것이므로 신뢰와 고결, 그리고 마음의 평정을 불가능하게 하고 오만과 불손을 야기하기 때문이다.[106] 그러므로 세네카는 외면적인 물질재산과 부는 정신을 구속하고[107] 인간의 사색을 둔화시키는 것[108]으로 평가했다. 세네카는 동시대의 귀족계층 사이에 만연했던 사치와 낭비의 생활이 심각한 상태에 도달한 사실을 보고 개탄과 절박감을 느낀 나머지 "명예를 얻기 위해 돈을 벌려고 한다면 진정한 명예는 잃게 될 것이다"[109]라고 말했다. 그러나 "어떤 사람이 부를 누리면서도 타락하지 않는다면 그 사람은 정말로 위대한 사람이며 부 가운데서도 가난한 자"라고 상찬했다.[110]

부에 대한 평가에서 특히 우리의 주목을 끌게 하는 내용은 겔리우스(Gellius)의 작품에 기록되어 있는 무소니우스(Musonius)의 일화에서 발견할 수 있다.

> 무소니우스는 철학자로서 거지에게 1천 누미(*numi*)를 지불할 것을 명령했다. 하지만 다른 사람들은 인간은 한낱 쓸모없는 존재로서 그 어떤 자선을 받을 가치가 없다고 말했을 때 무소니우스는 웃으면서 그대들은 은의 가치밖에 나가지 않을 것이다.[111]

그는 역시 돈은 품위없고 가치없는 자에 대한 형벌의 역할을 할 뿐이라고 말했다. 물론 우리는 당시에 재산과 부에 대한 경시풍조의 이야기

---

106) Seneca, *Epistulae* 87. 15~41.
107) Seneca, *de Consolatione ad Helvinam* 9.2.
108) Seneca, *Epistulae* 17.3.
109) Seneca, *Epistulae* 115.10.
110) Seneca, *Epistulae* 20.10.
111) Heinrich Greeven, *op. Cit.*, s.68.

들이 만연하게 되고, 또 귀중하게 유지된 사실은 무엇을 반영하는가를 숙고해야 한다. 무소니우스는 인간과 재부의 관계에서 규범과 질서를 인식했다. 그는 재산분배가 수수께끼 같은 신비스러운 운명의 실을 뽑는 것과 같이 절박한 필요(dira necessitas)에서 나타나는 것으로 보았다. 우리는 후기 스토아의 부와 가난의 가치기준이 중기 스토아의 기준과 기본적으로 다르다는 것을 발견했다. 세네카는 그의 친구에게 보낸 편지에서 "자네는 상거래나 혹은 부유한 노인의 유언에서 이익을 기대하려고 하는가? 그리고 자네는 당장에 부자가 될 수 있다고 생각하는가? 그렇게 생각할 수 없지. 현자의 덕만이 부를 제공할 뿐이지. 이와 같이 현자의 지혜와 덕은 모든 사람에게 부를 제공한다"[112]라고 말했다.

세네카는 에픽테투스의 "자연법칙에 일치하고 조화를 이루는 가난이 거대한 부(Magnae divitiae sant lege naturae composita paupertas)이다"라는 이 함축적인 표현에 감명을 받았다. 그리고 세네카는 그의 『도덕서한』에서 "루킬리우스 여! 자네는 자연법이 우리에게 명령하고 있는 것이 무엇인지 아는가? 그것은 배고픔과 목마름과 추위만을 피하면 된다는 것일세. 기아와 갈증을 추방하기 위해서 자네는 돈 자랑하는 사람들의 문 앞에서 아첨할 필요도 없고, 얼굴을 찌푸리며 인상을 쓰는 사람들에게 굴종할 필요도 없으며, 또 굴욕적인 친절로 비위를 맞출 필요도 없다네"[113]라고 충고하고 있다.

세네카는 스토아 금욕주의가 지배적인 동시대인에게 부의 허구성을 강하게 시사했다. 이와 같이 우리는 세네카를 비롯한 후기 스토아 사상의 부의 해석에서 선험적(ápriori)인 경향성[114]과 사유재산의 개념을 파악할 수 있다. 후기 스토아 사상가들은 재산과 부를 인간의 신성한 영혼이

---

112) Seneca, *Epistulae* 17.10.
113) Seneca, *Epistulae* 4.10. ; 27.9.
114) Seneca, *de Consolatione ad Marciam* IX. 2~4.

며, 또한 잠시 빌린 대출품에 불과한 것으로 정의했다.

> 우리 주변을 화려하게 빛냈던 마르키아(Marcia), 그리고 전혀 예기치 못한 것, 즉 자식・명예・부・넓은 홀・가난하고 힘없는 자들로 장사진을 이룬 현관, 명망 있는 자, 높은 가문 출신자, 그리고 아름다운 아내 등과 같은 이 모든 것이 우리의 것이 아니라 장식물로 잠시 빌려온 것일 뿐이다. 이 가운데 어떠한 것도 우리의 소유물이 아니다. 삶을 장식해 주는 재산도 모두 빌려온 것이다. 언젠가 이 모든 것은 그 소유주에게로 돌아가야만 할 것이다.… 우리는 이 모든 것을 잠시 빌려 썼을 뿐이며, 그것들을 사용하고 그것들과 함께 즐기는 것만이 우리들의 것이다.115)

세네카는 에픽테투스와 같이 재산과 부를 아름다운 무대의 영상에 비유한다. 인간은 삶의 무대 위에서 각자에게 주어진 배역을 다하듯이 각 개인의 재산도 한낱 무대장식품이거나 생활 장식품일 뿐이며 연기가 끝난 다음에는 다시 그 주인에게 돌려주어야 한다. 그러므로 스토아 현자는 재산을 다른 사람에게 시여하는 선물로 또는 운명적인 것으로116) 여기면서 자신의 소유물로 생각하지 않기 때문에 전세계가 곧 자신의 것이다.117)

요컨대 이들 현자의 재산은 그들이 살아 있는 동안만 소유할 수 있는118) 모든 사람의 공유재산이다.119) 세네카는 재산을 공유했던 시대를 동경하면서 그 시대야말로 인류의 황금시대로 인류의 찬란한 행복과 재산을 공유할 수 있었다고 회상했다. 그러나 인간은 재산의 욕망 때문에 아름다운 황금시대를 상실하고 가난에 직면했다.120) 세네카는 그가 살았

---

115) Seneca, *de Consolatione ad Marciam* X. 1.
116) Seneca, *de Beneficiis* 6.3.1~3. ; *de Tranquillitate Animill* 1~3.
117) Seneca, *de Vita Beata* 20.3.
118) Seneca, *de Beneficiis* 7.12.
119) Seneca, *de Clementia* 2.6.2.
120) Seneca, *Epistulae* 90.3.38~40.

던 시대에 재산과 부의 심각한 불공평한 배분의 결과를 지배계층의 부패와 타락에 있었음을 개탄했다.[121] 특히 부에 대한 집착을 경고했던 세네카는 로마제국의 지배계층이 소유했던 많은 재산과 부를 부당한 것으로 생각했다.

세네카는 『행복한 생에 관하여(de Vita Beata)』에서 현자가 부를 누리는 것은 온당한 가 온당치 않은가에 대해 상세히 밝히고 있다.[122] 세네카에 의하면, 당시 스토아 사상가 이른바 스토아 현자는 부와 가난에 대해 냉담한 채 재산공유를 기대하면서[123] 한편으로 확신했다.

> 현자가 비록 난쟁이일지라도 자신을 경멸하지 않을 것이며, 그리고 육신적으로 눈 하나를 실명했을지라도 여전히 강건할 것이다. 현자의 강건함은 육신보다 내면의 정신에 있다. 육신에 결여된 건강과 부 그리고 그밖의 모든 것은 내면의 힘인 선에 의해 극복될 수 있다.[124]

이와 같이 세네카는 재산과 부의 예속으로부터 벗어나기 위해 금욕과 자제의 미덕으로 고결한 정신의 부를 추구할 것을 촉구했다. 그는 스토아 현자만이 미덕의 영원한 기쁨을 얻을 수 있다고 생각했다. 또한 그는 부의 허구성을 인정하며 현자에게 부로부터의 탈피를 촉구하고, 재산과 부는 아름답고 고상한 예술을 창조하고 다른 사람을 이끌어 가는 현자들의 속성이라고 말했다.

세네카는 『행복한 생에 관하여』 21~26장에서 현자의 행복한 삶과 재

---

121) Seneca, *de Consolatione ad Marciam* 19.5. "인간은 동등한 권리를 가지고 태어났지만 재산이 부당하게 배분되는가 하면, 또 어떤 사람이 다른 사람에게 부당하게 넘겨지는 일이 있다. 이 모든 불공평은 죽음만이 해결한다. 죽음은 노예살이도 해방케 하며, 포로로 된 자의 쇠사슬도 풀어준다"·"죽음은 모든 고통으로부터의 해방이다."
122) Seneca, *de Vita Beata* 21~26.
123) Seneca, *Epistulae* 85.40.
124) Seneca, *de Vita Beata* 22.1.

부의 관계를 설명하고 있다. 그는 부의 허구성으로부터 탈피하여 미덕에 기초한 내면적 정신세계와 자유교양학125)의 길을 통해 정욕과 격정의 굴레를 벗어버린 스토아 현자와 그리고 일반대중 사이에 나타난 재부관의 차이점을 다음과 같이 밝히고 있다.

> 그러므로 가난 때문에 현자의 지혜를 버리지 않는 철학자에게 돈의 소유를 허용해야 한다. 그러므로 스토아 현자는 많은 재산을 소유해도 좋다. 그러나 그들은 재산에 대한 탐욕 때문에 다른 사람의 재산을 강탈하지 않을 것이며, 다른 사람의 피를 흘리게 하지 않을 것이다. 재산획득에 있어 그 누구에게 손해를 끼치지 않을 것이다.126)

이와 같이 세네카는 재산과 부를 반드시 '무관심의 대상'으로만 생각하지 않았다. 세네카는 일찍이 '무관심적인 것'도 그 자체의 가치를 가지며, 다른 어떤 것보다 더 호감이 갈 수 있다고 말하고 있다. 그러므로 그는 부와 재산은 도덕적 이상인 아레테에 기여하는 스토아 현자들에게 절대적으로 필요한 것이며, 또 그들에게 안락을 주는 것이라고 생각했다.127)

그러므로 세네카는 정당한 방법에 의한 현자의 재산과 부의 획득을

---

125) 세네카는 자유 교양학에 관해 언급하면서 "나는 교양학을 우러러 보지도 훌륭한 배움의 대상으로 생각하지 않는다. 그것은 돈을 버는, 다시 말해 인간이 세상에 살아가는 데 실제적인 것을 가르친다. 그러므로 루킬리우스여, 왜 '자유교양학'이라는 이름이 불리어지게 되었는지 알게 될 것이다. 그 이유는 자유교양학은 자유인의 가치를 연구하는 학이기 때문이다. 그러나 인간에게 참자유를 주는 교양학은 단 하나뿐이다. 그것은 자유교양학이다. 자유교양학은 지혜(sapientia)와 미덕을 연구하는 고상함과 용기 그리고 고결한 정신을 함양하는 데 반해, 다른 교양학은 아주 보잘것이 없는 유치하기가 이를 데 없다. 모든 교양학에 선이 있다고 생각해서는 안된다. 우리는 선과 미덕을 주제로 하지 않는 자유교양학을 배워서는 안된다. 이 교양학 가운데 미덕을 길러주고, 인간의 정욕, 공포 그리고 격정의 굴레를 제거해 주는 자유교양학은 스토아 철학이며 스토아 철학자들만이 미덕을 가르친다"고 찬양했다.[Seneca, *Epistulae* 88.37~38 ; 88.2~3]
126) Seneca, *de Vita Beata* 21.1.
127) Seneca, *de Vita Beata* 22.4.

반대하지 않았다. 가난으로 전락하지 않을 정도의 돈을 가진다는 것은 현자에게 있어 정당한 행위로 생각했다.[128] 루킬리우스가 세네카에게 부의 적당한 한계가 무엇인가 하고 물었을 때 세네카는 첫째로 필요한 것을 가지는 것이며, 둘째로 충분히 가지는 것이라고 대답했다.[129] 세네카는 현자의 재산과 부는 항상 명예롭게 획득한 것으로 현자가 돈을 소유할 수 있는 권리를 가진다는 것에 대한 비난과 그리고 현자가 가난해야 한다는 생각을 버려야 한다고 충고한다. 세네카는 현자는 부당한 돈은 단 한 푼의 동전일지라도 그의 문안으로 들여놓지 않으나, 운명의 여신이 준 선물과 미덕의 산물인 재산과 부를 배척하지 않는다는 애매한 표현으로 정당화하고 있다.[130]

> 현자는 부를 사랑하지 않으나 그것을 취할 것이며,… 미덕의 실현을 위해 부와 재산을 지킬 것이다.[131]
>
> 왜냐하면 부는 인간 특히 스토아 현자들의 힘을 증진시킬 수 있는 기회를 주고, 또 더 많은 미덕으로 중용·관용·근면 그리고 순종을 발휘할 수 있게 하기 때문이다.[132]

이와 같이 세네카에게 있어 부와 재산을 소유할 수 있는 대상은 극히 제한적이다. 그가 말하는 부를 소유할 수 있는 대상은 일반대중이 아닌 소수 엘리트인 현자들이다. 이와 같이 세네카는 당시의 시대상황을 이른바 정·반의 이원론적 변증법으로 설명하였다. 철학자와 일반대중, 현자와 우자, 영혼과 육신, 미덕과 악덕, 정신과 물질 등등 긍정적인 개념과 부정적인 개념의 대립의 역사 발전과정을 보았다. 세네카의 역사관과 윤

---

128) Seneca, *de Tranquillitate Animi* 8.9.
129) Seneca, *Epistulae* 2.6.
130) Seneca, *de Vita Beata* 23.1~3.
131) Seneca, *de Vita Beata* 21.4.
132) Seneca, *de Vita Beata* 22.1.

리관은 목적론적이다. 역사의 주체는 신이나 일반대중이 아닌 소수의 현자였으며, 현자만이 가치 있고 존중될 수 있는 유일한 인간이다. 그에게 있어 역사는 현자에 의한 선과 미덕의 실천장소였다. 인류애·자유 그리고 평등을 말하면서도 계급분화에 치밀했던[물론 사회계층 사이를 이론적으로 구분하지는 않았지만] 세네카는 특수한 집단구성원, 이른바 귀족 계층의 지적 엘리트의 미덕을 다른 사람을 능가하는 현자로 통용했다. 세네카는 부에 대한 현자의 태도를 밝힌 『행복한 생에 관하여』에서 "왜 저 사람은 철학을 신봉하면서 여전히 부 안에 사는가? 왜 그는 부가 경시되어야 한다고 말하면서 부를 챙기는가? 세네카는 말하기를 재부의 소유를 막기보다 소유하려는 마음을 막기 위해 재부에 대한 경시를 말했다"고 하였다.[133] 세네카는 또 "현자는 재산없이도 정신적으로 동요하지 않으며, 설령 부를 누릴 수 있는 기회가 있더라도 부에 빠지지 않기 때문에 미덕의 발전에 저해를 받지 않는다"[134]고 말하면서 현자의 인격을 절대적으로 신뢰했다.

세네카는 부의 전제조건으로 탐욕의 포기와 정당한 방법에 의한 재산취득을 강조했다. 그러므로 그는 가난하다는 이유로 현자의 미덕을 버리지 않는 스토아 철학자들을 진정한 현자로 그들만이 부를 취할 수 있다고 생각했다. 더욱이 세네카가 생각한 스토아 현자는 부를 노예적 속성으로, 무가치한 것으로, 또 이 지상의 그 어떤 보물에 감동도 탐욕도 하지 않기 때문에 그들은 자연법에 일치하는 정신적인 부[물질적 빈곤]를 사랑하는 인류의 교사로 생각했다. 세네카는 스토아 현자를 절대적인 존재로 이상화했을 뿐만 아니라 우상화까지 했다. 그러므로 세네카에 있어 스토아 현자는 세계와 국가·정치와 윤리의 모든 영역에서 최고선을 추구하는 탁월한 존재였다. 이와 같이 스토아 철학은 철학에 종사하는 철

---

133) Seneca, *de Vita Beata* 21.5.2.
134) Seneca, *Epistulae* 85.40.

학자들을 귀족으로 만들었다.

스토아 철학에서 현자는 지성을 가진 귀족적 엘리트인 데 반해 대중은 역사의 울 밖에서 선과 미덕에 관련된 철학으로부터 제외된 존재로 취급했다. 따라서 스토아 철학은 부에 대한 현자의 태도와 우자의 태도에 현저한 차이를 나타냈다. "현자의 시각에서 부는 노예인 데 반해 우자의 시각에서 부는 주인이다." 그러므로 현자는 부를 영원한 소유물로 생각하지 않고, "부 가운데에서도 항상 가난을 유지해간다"고 했다.[135] 앞에서 언급한 바와 같이 세네카는 가난 때문에 현자의 지혜와 미덕을 버리지 않는 철학자에게 돈과 재산의 소유를 허용하는 것이 지극히 당연하다고 말한다. 세네카는 철학자가 재산에 대한 탐욕이나 다른 사람의 재산을 강탈하지 않는, 돈의 노예가 아니라 돈의 주인이기 때문에 재산을 소유할 수 있는 능력을 가지고 있으며, 또 그들의 높은 도덕적·지적 과업의 수행을 위해서라도 재산의 요구가 필연적이므로 백만장자가 되는 것을 부끄러워하거나 자랑할 이유가 없다고 가르쳤다.[136]

세네카는 부의 축적보다 오히려 철학의 경지(ad philosophiam)에 도달할 것을 강조한다. 여행할 몇 푼의 돈없이도 철학의 경지에 도달하는 것, 그것이 인간에게 있어 가장 가치있는 것이라고 생각했다. 결국 철학은 인생의 궁극적인 목표요 필수품(ultimum vitae instrumentum)이므로, 우리가 무엇을 소유하든 혹은 소유하지 못하든 철학자가 되어야 한다.[137] 또한 그는 철학은 미덕없이 존재할 수 없고, 미덕 역시 철학없이 존재할 수 없음을 강조하면서 미덕에 의한 최고선의 실현이 스토아 현자들이 추구해야 할 이상이다. 이와 같이 세네카를 비롯한 스토아 사상가는 지극한 현자 찬미론자들이다.[138] 세네카는 현자의 영혼만이 천국의 영원한 생명을 누리

---

135) Seneca, *de Vita Beata* 21.1.
136) Seneca, *de Vita Beata* 23.2.
137) Seneca, *Epistulae* 17.89~90.
138) 칸트는 현자를 찬미하는 스토아 철학의 귀족적 엘리트 의식을 거부했다. 칸트는 자율·자유·

며,139) 그리고 세속에서 재부를 축적할 수 있다고 말한 것은 어느 면에서 스토아 현자인 자신과 전혀 무관하지 않다고 생각할 수 있다.

세네카는 자주 자신을 변호하지 않을 수가 없었다. 이미 밝힌 바와 같이 그는 네로 황제가 부러움을 살 정도로 32명이나 되는 노예와 많은 재산을 축적하면서 궁전에 버금가는 호화주택에서 살았다. 그는 당시에 높은 권좌에서 권력을 행사하였으며, 그가 축적한 부는 당시의 많은 사람으로부터 공격의 대상이었다.140) 타키투스는 수일리우스(P. Suillius)의 다음과 같은 질문을 전하고 있다.

> 어떤 철학에 의해, 또 어떤 학파의 가르침에 의해 세네카는 4년 만에 3조 세스터스에 달하는 왕의 은전을 축적했는가?141)

의아심을 가진 사람들은 "그는 사사로운 개인으로서 헤아릴 수 없을 정도의 엄청난 부를 축적했다"고 비난했다.142) 그의 어마어마한 재산에 자신도 놀라 황세에 헌납할 수 있도록 산정했다. 그가 자신의 재산을 포기하고 네로 황제에게 바칠 수밖에 없었던 것은 네로의 통치하에서 많은 재산을 축적하여 소유한다는 것이 지극히 위험하다는 사실을 잘 알고 있었기 때문이다.143)

초기·후기 스토아의 현자와 우자의 이원론적인 맹목적 세계관으로부터 보편적 인간·자연주의·경험주의·이성과 합리의 현실세계로의

존엄을 기능주의적으로 해석하지 않고 구조이고 본질적인 것으로 보았다. [Michael J. Seidler, "Kant and the Stoic on Suicide", *Journal of the History of Ideas*, vol.44. 1983, p.438]

139) Marcia L. Colish, *The Stoic Tradition from Antiquity to the early Middle Ages*, Leiden, 1990, p.31.
140) Tacitus, *Ann* 15.64.
141) Tacitus, *Ann* 13.42.
142) Tacitus, *Ann* 14.52.
143) Tacitus, *Ann* 14.52~56 ; 15.45.

접근과 변화는 중기 스토아가 지향한 현실의 치밀한 파악과 인식이다. 초기·후기 스토아는 지독한 엄숙주의(Rigorismus)로서 고대 초의 지적 본질을 파괴하기에 이르렀다. 자주 회자되거니와 스토아 사상가는 자신의 고유한 개별·개인을 지나칠 만큼 강조함으로써 공유재산을 사유재산으로 간주하는 독단에 빠질 위험을 가진 존재들이다. 이와 같이 초기 스토아의 공동체 개념이 현자의 세계와 우자의 세계 사이에 넘을 수 없는 심연과 철학적 개인(Philosophisches Individuum), 즉 현자만이 갖는 독특한 생의 목적과 우위에 기초한 데 반해, 스토아 현자의 허식과 비현실성을 간파한 아카데미학파의 카르네아데스의 영향을 받은 중기 스토아의 파나이티오스는 오히려 보편적 인간에 기초했다. 카르네아데스는 이미 스토아의 이상추구와 완성에 있어 현자의 한계성을 밝히고 스토아 현자의 이상을 배제했다.

아리스토텔레스에게 있어 국가의 목적과 기능은 도덕적인 삶이다. 따라서 도덕적인 삶에 도움이 되는 물질적인 재산과 부를 소유한 유한인사(有閑人士)들이 시민이며 반대로 이 양자를 소유하지 못하고, 따라서 그 양자를 필요로 하는 목적에 기여할 수 없는 직공과 노동자가 시민이 되기를 결코 기대할 수 없다. 그러므로 목적론적인 개념을 강요하는 것은 재산과 여가를 소유한 사람을 제외한 모든 사람의 권리를 빼앗는 것이 된다고 할 수 있다. 이 같은 아리스토텔레스의 『윤리학』에서 밝힌 계급·부·귀족가문 그리고 도덕적 가치가 재산의 공평한 분배를 위한 정당한 기준이며, 다소의 차이는 있지만 초기 스토아 사상을 비롯한 중기·후기 스토아 사상도 공평을 가치에 따라 각자에게 부여되는 것으로 정의했다.

스토아 사상은 재산과 부에 대한 태도에서 재산을 자연적인 것으로 생각하지 않았다는 점을 들 수 있다. 우선 스토아 사상의 재산과 부에 대한 개념은 첫째, 모든 재산이 공유되어야 한다는 제논의 『국가론』에서 밝힌 이상사회의 개념에 비추어 제시되었으며, 둘째, 스토아 사상가는 당시의 사회적 폐단을 고려하여 모든 사람이 재산을 소유할 수 있는 개혁을 주도했다. 최고선과 같은 절대적 완전미의 추구와 현자의 신화를 비판한 파나이티오스는 실천적 미덕을 위해 재산·건강·힘 등이 스토아 사상가가 말하는 자족과 행복의 필수요건으로서 국가·재산·부 등 일체의 외적인 것에 대한 새로운 의미와 가치를 부여했다. 이와 같이 파나이티오스와 다른 중기 스토아 사상가는 재산·부·건강과 그리고 힘없이는 행복에 도달할 수 없음을 강조한다. 그러므로 파나이티오스는 그락쿠스와 그 주변 인물을 동정하면서도 보수주의적 국가관의 견지와 사유재산의 침해와 같은 법질서의 기초를 위태롭게 하고, 또 국가의 존립을 저해하는 혁명적 기운을 매우 염려했다. 이와 같이 파나이티오스와 포세이도니오스는 자연적인 것, 외적인 것 없이는 미덕의 인간이 될 수 없으며, 미덕은 자족이 아니라 외적인 재화를 필요로 하는 것이라고 주장했다. 그들은 이제 외면적인 물질과 부가 미덕의 인간을 만드는 요소임을 인정했다. 인간이 선한 삶을 위해 필요한 물질과 부의 요구는 아리스토텔레스에 의해 중기 스토아 사상에 전해졌다. 그러나 스토아 사상가는 처음부터 미덕이 자족이었으며, 자족은 외적 재화에 의한 것은 아니었다. 이러한 점에서 초기 스토아 사상가와 중기 스토아 사상가 사이에 많은 견해 차이를 나타냈다.

셋째로 스토아 사상가는 재산의 현상태(Status Quo)를 인정하고 재산분배를 정당화했다. 자연적인 그리고 외적인 것에 대한 스토아 사상의 해답은 크뤼시포스에 의해 내려졌다. 크뤼시포스는 자연적인 것이 미덕의 행위의 기초이며, 재산에 대한 세 가지 주요 견해 가운데 제3의 견해, 즉 재산의 현상태의 인정과 그리고 재산의 분배를 정당화했다. 이와 같이 당시 스토아 사상가가 가졌던 재산관이 어떠한 것이었든 그들은 재산의 현 상태를 묵인하고 지지했다.

스토아학파는 초기·중기·후기 학파에 따라 다소의 차이는 있지만,

일반적으로 스토아 사상가는 현자를 소수 지배자적·지적 창의성을 가진 엘리트로서 존중받아야 하는 신적 존재로 우상화했다. 스토아 사상에서 현자는 미덕과 최고선에 도달할 수 있고, 철학과 같은 탁월한 일을 수행하는 자로서 유복해야 하고 이를 위해서 재산과 부가 그들에게 필수적임을 강조했다. 이와 같이 후기 스토아의 대표자 세네카는 한 걸음 더 나아가 현자의 재산취득을 강조했다. 그러나 세네카는 우자인 일반대중이 인간의 궁극적 선 아레테의 도달이 불가능한 오합지졸들로서 진정한 행복이 무엇인지 판단하지 못하기 때문에 부와 재산에 쉽게 빠져 미덕에 일치하는 정신활동을 수행할 수 없으므로 재산과 부의 대상일 수 없다고 말했다. 세네카는 현자가 가난 때문에 지혜와 미덕을 버리고 돈의 노예가 되지 않지만 우자가 그 반대라고 했다. 이와 같이 후기 스토아는 사회계층 사이의 계급분화를 주장하지 않지만 세네카의 『자선론』 제7권에서 모든 것은 현자의 것이며 현자의 영혼만이 천국의 영원한 생명을 누릴 수 있는 도덕적 가치를 가지기 때문에 세속의 재산과 부를 축적할 수 있음을 강조했다. 이러한 세네카의 현자에 대한 변증은 현자만이 아레테를 실현할 수 있다는 지나칠 만큼 현자중심의 정치관을 보여주고 어느 면에서 스토아 현자인 자신과 무관하지 않음을 시사해 주고 있다.

대부분의 스토아 사상가들은 금욕과 자선을 말하면서도 엄청난 부를 축적했다. 키케로도, 세네카도 그러했다. 부의 공평한 분배에 관한 연설보다 더 위험하고 파괴적인 것이 있을 수 있을까 하고 말한 키케로와 그리고 부를 예속의 특허장이며, 자유는 재산없는 빈곤, 즉 무에서 획득될 수 있다고 말한 세네카는 한결같이 재산분배의 기하학적 평등을 전제로 하였음을 이해할 수 있다. 세네카와 다른 스토아 사상가들은 소수엘리트인 현자만이 진정 가치 있는 유일한 인간으로 돈의 노예로서가 아니라 돈의 주인이기에 충분한 자들로 많은 재산을 소유할 수 있고, 백만장자가 되는 것을 당연시했다. 이와 같이 세네카는 현자에 대해 무한한 찬양을 보낸 데 반해 우자인 일반대중에 대해서는 지나친 경멸의 눈초리를 던졌다. 그러므로 세네카는 다수인 일반대중이 올바른 판단과 진정한 행복이 무엇인지 모를 뿐만 아니라 현자의 지배에 영향을 받는 자들이기 때문에 현자가 우자인 일반대중보다 더 유복해야 하고 많은 재산을 가져야 한다고 주장했다. 세네카는 현자를 인류의 철학교사로서 그들의 지적 활동을 매우 높이 평가했다. 세네카와 다른 많은 동시대 스토아 사상가도 역시 부와 재산소유의 대상에 있어서 극히 제한적이다. 이와 같이 후기 스토아에서 부와 재산의 속성은 일반대중이 아니라 소수 엘리트인 현자였다.

그리고 스토아 사상은 인간의 평등과 자선을 선언하고, 그리고 후마니타스를 통한 노예들에 대한 계몽화 한 견해와 그들의 학대를 완화시키는 역할을 했으며, 그리고 스토아 사상의 지지자들(마르쿠스 아우렐리우스·에픽테투스) 사이에 모든 사회적 차별을 극복하는 데 어느 정도 성공했다고 하지만 사실상 고대문화는 여전히 엘리트들의 수중에 있었다.

우리는 이상에서 스토아의 부와 재산분배 및 소유문제를 다루면서 스토아 사상을 쇠퇴한 플라톤주의나 혹은 독창성이 결여된 가치없는 사상으로 비난한 학자들을 꽤 많이 발견하게 된다. 이와 같이 스토아 사상에 대한 비판과 비난은 19세기 일부 사상가들이 가졌던 편견 때문이다. 기원전 4세기 말 제논이 창시하고 클레안테스·크뤼시포스 그리고 그의 후계자들이 기원전 3세기에 완성하고, 파나이티오스·포세이도니오스·스키피오, 그리고 키케로의 동료들 등이 기원전 2세기와 1세기에 재구성한, 그리고 마침내 후기 스토아 사상의 세네카·에픽테투스 및 서기 2세기에 로마황제였던 마르쿠스 아우렐리우스의 작품 속에 다시 나타난 스토아 사상체계는 과거 수십 년 수백 년에 걸쳐 진지하게 연구되어 왔다.

스토아 사상은 그 어떤 고전 철학사상을 능가하는 도덕적·정치적 정론과 윤리로서는 물론 사색적이고 과학적 합리성의 확립에 더 나아가 초기 그리스도교 교리의 정립에 크게 기여했다. 이러한 점에서 우리는 스토아 사상의 재산과 부의 문제에 있어 초기 그리스도교 재부관과 다소의 차이점을 나타내고 있지만 그 본질에 있어 크게 다르지 않음을 확인할 수 있다. 특히 동시대인으로 서로 사상적 교류를 통해 많은 영향을 주고받았던 세네카와 바울의 재산과 부의 문제에 있어서 스토아 사상과 초기 그리스도교 사이에 금욕적 윤리의 공통점을 찾을 수 있다. 이러한 맥락에서 초기 그리스도교에 끼친 스토아 사상의 영향은 무엇이었는가에 대한 구체적 논증을 필요로 한다.

제9장
스토아 사상과 로마법

1) 스토아 사상과 고전철학의 배경

예술과 정치철학 그리고 법철학의 분야에서 불후의 독창성을 발휘한 민족이 그리스인이라고 한다면, 국가와 법 생활의 실천적인 면에서 가장 위대한 업적을 남긴 민족은 로마인이다. 이와 같이 국가와 법 생활에 있어 로마인이 이룬 업적으로 그들은 세계사에서 유일한 법의 민족이라는 존엄성을 획득하였다.

로마인의 가장 오래된 법전인 12표법은 법에 대한 로마인의 천부적 재능의 표현이었거니와, 모든 로마법은 12표법을 요약한 것이 아니라 거기에서 출발했다. 벵어(Leopold Wenger)는 그의 기념비적인 작품 『그리스인과 로마인의 법(Das Recht der Griechen und Römer)』에서 로마의 문명을 법문화로 특징지었다.

로마인의 법은 그리스인의 예술처럼 고전적이다. 로마인은 그들에게 주어진 가장 중요한 문화사의 문제를 훌륭하게 풀었으며, 시간과 장소의 제한을 극복할 수 있는 법을 만들었다. 그 어떤 민족도 로마인만큼 법의 신성한 관행에 아무 불평없이 복종한 민족도 없다. 로마인의 문화사는 그들의 법의 역사다.[1]

로마법과 로마민족은 불가분의 관계에 있었다. 법은 로마인에게 있어 세계질서였다. 로마의 법사상은 로마인의 정신생활과 문화생활의 영역에까지 작용했으며, 그래서 울피아누스는 로마법학에서 신적이고 인간적인 지식(divinarum etque humanarum rerum notitia)인 세계학(Weltwissenschaft)을 인식했다.

로마법은 로마문명의 가장 특징적인 산물 가운데 하나로 유럽의 중세와 근대사회로 전해져 온 가장 영속적인 불후의 유산으로 평가받고 있다. 이러한 로마법의 역사적 가치와 중요성에도 불구하고 그것은 로마나 중세시대에 그리스 철학사상의 전달수단으로 거의 취급되지 않았다. 오히려 이러한 표준과 규범에서 벗어난 예외적인 것이 스토아 전통의 연구일 것이다. 오랜 동안 학자들은 로마 법사상에서 가장 확실하고 영향력 있는 몇 가지 개념의 기초적 전거를 스토아 사상에서 찾아냈다. 스토아 사상이 로마 법사상과 실제에 주요한 역할로 작용하고, 또 로마법이 중세와 현대세계에 스토아 사상전달에 중요한 채널이었다는 사실은 철학·법 그리고 전체 유럽문화에 관심을 가진 역사가들의 작품 속에서 자주 되풀이된 일반 교과서적 내용을 뛰어넘지 못했다.

그러나 전거적 사실에 비추어 볼 때 스토아 사상이 작용한 내용을 이러한 결론을 통하여 증명할 수 없다. 로마법에 대한 스토아 사상의 영향은 우리가 생각하여 왔던 것보다 훨씬 제한적이라고 생각한다. 우리는 무엇보다 로마 세계 이후의 세계로 전달된 스토아 사상의 영향에 의하여 만들어진 로마 법사상과 법이론의 추적을 위해 당시 입법자들의 칙령과

---

1) Ulrich von Lübtow, *Das Römische Volk sein Staat und sein Recht*, Frankfurt am Main 1953 ss.480~481.

법학자들의 견해보다 다른 전거에 더욱더 많은 관심을 가지고 접근해야 한다.

로마법에서 스토아 사상의 영향을 받은 구체적 영역은 다음 세 가지로 구분된다. 첫째로 자연법·인도주의·공평 그리고 평등주의와 같은 일반원리이며, 둘째로 여자·어린아이들 그리고 노예와 같이 법적으로 다른 사람에게 예속되어 사는 자들이나, 신분적으로 열등한 자에게 적용될 수 있는 법 개혁이었다. 이러한 예속적인 자와 사회 신분적으로 비천한 자의 신분을 개선하고 그들에게 완전한 법적 권리를 부여한 법령은 스토아 사상의 일반원리의 적용으로 간주되어 왔다. 마지막으로 로마법은 물론 스토아 자연법 사상은 정치적·법적 평등이념, 군주국가에 의해 제정된 법의 말살보다 그것을 능가하는 합리적 원리에 기초한 국제법 사상, 개인을 시민법의 권위보다 우위에 두어 만일 국가가 자연권을 유린할 경우 시민적 저항과 심지어 반란까지도 정당화하는 양도할 수 없는 자연권의 이념 등과 같은 몇몇 근대 자연법 개념을 구체적으로 제시한 것으로 확신하는 혼동에 빠지기도 한다.

이러한 견해를 고수한 학자는 세 범주로 구분된다. 첫째로 일반적으로 고대 철학사가가 주종을 이루지만 스토아 사상을 연구하는 역사가도 빼놓을 수 없다. 이러한 범주의 학자는 고전 문헌학과 문학사를 연구했다. 그러나 그들은 법률학교나 혹은 법학 전공학부에서 고도의 특수교육을 받았거나, 로마법에 정통한 자들이 아니었다. 그러므로 로마법 연구는 다른 고전 연구분야에서 인문학을 교육받은 전문가에게는 미지의 세계였다. 로마법에 끼친 스토아 사상에 관한 고전 언어학자와 고대 철학사가의 논증과 비판은 자주 『로마법 대전(Corpus iuris civilis)』이나 혹은 법학자는 아니지만 키케로 같은 몇몇 저술가들의 피상적인 논구에 토대를 두고 있다. 이들 고전 언어학자와 고대 철학사가는 스토아 사상이 로마법에 끼친 영향에 관한 문제를 법적 전거를 통해 체계적으로 연구하지 않았다. 고전학자들 가운데 몇몇 소수의 학자들은 법개혁에 있어 스토아 사상의 여러 원리의 적용을 주장했을지라도 그들은 로마법 이론에 수용된 것처럼 보이는 스토아 사상의 여러 원리에 그들의 관심을 제한하는 경향을 보여왔다.[2]

고전 언어학자와 고대 철학사가 외에 로마법과 스토아 사상에 관심을 가지고 연구한 학자는 로마법학의 전문학자들이다. 이러한 로마법학자는 공리공론으로 역사적 인과관계를 찾으려는 부단한 경향성을 나타냈다.[3] 이 같은 태도는 법률가의 기능과 그리고 그들의 정치적·사회적 현실에 항상 민감하고 훈련과 교육에 전념한 전문 법학자에게는 이상하게 보였다.

그럼에도 불구하고 이 분야의 학자는 로마법 발전을 다루면서 사회적·경제적 그리고 정치적 상황과 위급한 영향을 배제하거나 전적으로 무시해 버리곤 했다. 이러한 예외는 사실 극소수에 불과했다. 가장 정통적인 경제결정론에 비추어 모든 발전을 설명하는 마르크스주의자의 로마법 역사도식에서 그것에 대한 반작용이 있어왔다.[4] 마르크스주의자에

---

2) 이 같은 견해는 스토아 사상과 로마법에 적용하고 있는 고전주의자를 위해서는 물론 고대 스토아 사상에 대한 몇몇 권위있는 전거를 위해서도 유효하다.[Arnold, *Roman Stoicism*, pp.20, 384~385, Edelstein, *Meaning of Stoicism*, p.83; Long, *Hellenistic Philosophy*, p.231 ; Sandbach, *The Stoics*, p.16 Charles N. Smiley, "Stoicism and Its Influence on Roman Life and Thought" *CJ*, 29 (1934), pp.645~57 ; Franz Vollmann, Über Verhältnis der Späteren Stoa zur Sklaverei im römischen Reiche(Stadtamhof, 1890) ; A. Waten, "Natural Law", in *Problems in Stoicism*, ed, Long, pp.232~235 : Robert N. Wilkin, "Cicero and the Law of Nature" *Origins of the Natural Law Tradition*, de. Arthur L. Harding(Dallas, 1954), pp.12~25]. 고전적 평등이념은 스토아에서 완성을 보았다. 법의 원리는 '최고의 공평은 최고의 불공평이다(*Summum ius summa iniuria*)'. 로마법의 기초인 정의와 공평은 스토아 사상에서 유래하여 오늘에 이르기까지 유럽법 사상의 기본이념이 되었다. 스토아 사상은 법 아래에서 모든 사람이 평등하다는 이론을 체계화했다. 자연법의 위엄은 크뤼시포스의 다음과 같은 찬양에서 강조되고 있다. "자연법은 선과 악을 결정하는 권위이다. 인간의 지도자는 공동체에서 살아야 할 운명적 존재다. 그래서 자연법은 정의와 불의의 표준을 설정하고, 인간이 해야 할 것을 명령하고 해서는 안될 것을 금지한다."

3) Helmut Coing, "Zum Einfluss der Philosophie der Aristoteles auf die Entwicklung des römischen Rechts" *Zss,* 69(1952), ss.40~59.

대한 철학의 증오(*odium philosophicum*)는 로마법과 로마사회 사이의 가능한 관계, 심지어 변증법적 유물론의 함정의 관계와 학문적으로 무관하다는 이유를 밝히는 것이다. 소송과 소유권 분야의 최근 몇몇 연구는 이 분야의 학문적 추세를 오랫동안 반대해 왔다. 그러나 로마법사의 여러 국면과 특징이 전통적으로 스토아 사상의 영향이었는지 아니면 다른 사상의 영향이었는지 관해 분석한 법학자의 연구와 같은 범주의 학문적 연구노력이 있어왔다.[5]

로마법사에서 사상과 이념만이 일체의 것을 발생하게 하는 요인이었다는 견해는 아마도 훠이그트(Moritz Voigt)의 헤겔 철학의 영향이었다. 19세기 중엽 훠이그트의 로마인의 법철학에 관한 연구는 현대법 발전의 가장 구체적인 연구로서 로마법에 지대한 영향을 끼쳤음은 물론 법철학 분야에 있어 중요한 위치를 차지했다. 지적 인과관계를 배제한 훠이그트는 스토아 사상이 로마법학에서 자연법, 자연적 이성, 만민법(*ius gentium*), 그리고 공평은 물론, 로마법 개혁의 역사에서 이 같은 개념을 제도화한 장본인이었다고 주장한다.[6]

훠이그트의 견해와 주장은 최근에 그리고 동시대에 그 분야의 많은 권위 있는 학자들의 지지를 받아왔다.[7] 고대 철학사가와 로마법사의 전

---

4) Stephan Brassloff, *Sozialpolitische Motive in der römischen Rechtsentwicklung*, Wien, 1933, ss.10~18.
5) John Crook, Law and Life of Rome(Ithaca, 1967)에서 크루크는 B.C.80년에서 A.D. 224년을 취급하고 있다. 그리고 그의 법의 취급은 이 점에서 전통적인 평가와는 첨예한 차이를 보이고 있다. 특히 pp.56~57, 103~108, 114~115참조.
6) *ibid.*, pp.70~99.
7) 다음의 자료들이 문헌으로 인용 될 수 있을 것이다.[Bermhard Kübler, "Griechische Einflusse auf die Entwicklung der römischen Rechtswissenschaft gegen Ende der republikanischen Zeit" *Atti del cogresso internazionale die dritto romfno, Bolognae Roma*, 17~27 1933, 2vols.(Pavia, 1934~35), 1, ss.79~98.; Johann Sauter, "Die Philosophischen Grundlagen des antiken Naturrechts" *Zeitschrift für öffentliches Recht*, 10(1931), ss.74~75, 80] 로마법 연구에 있어 자연법 사상이 그리스 철학에서 유래했다는 사실을 부인하는 경향이 적게나마 나타나고 있다. 이러한 경향을 주장하는 사람들은 자연법 사상의 법적용이 로마제국 시대 말에서 시작되었다는 것이다.

문학자의 해석보다 일반 독자에게 훨씬 폭 넓은 인기와 기대는 스토아 사상과 로마법을 중세·근대 초 혹은 현대 자연법 이론의 근원으로 취급한 많은 저술가에게 있었다.

이러한 범주의 저술가는 로마 법학자의 도움을 받은 로마 후기의 윤리적·정치적 이론을 창출한 스토아 사상가를 높이 평가했다. 스토아 사상가로 추정되는 로마법의 영속자들에게서 기인한 사상은 시민국가와 시민법에 복종을 요구하는 규범으로써 그리스도교와 그 후 계몽사상의 개념의 함축, 로마 카톨릭의 스콜라적·신스콜라적 자연법의 윤리, 주권국가의 주권인정, 국가 간의 서로 다른 법적·신학적 기초 위에 세워진 주권국가들 사이의 외교적 동의의 기초로서 기여할 수 있는 17~18세기 보편적이고 합리적인 세계법 이념의 창출, 당시에 횡행했던 노예제를 합리화한 법적 불평등과 사유재산에 대한 전제적 절대권을 제도화하는 사회질서에 거부 등을 초래했다.8) 그러나 근대 시민법적 법이념의 원리가 스토아 사상가와 로마법에 적용된 것으로 이해하는 것은 시대착오적이라고 생각한다. 그럼에도 불구하고 이러한 시민법적 원리는 일반적으로 중세 유럽 자연법 사상의 토대로서 일반적으로 스토아 사상의 영향으로 인식해 오고 있다.

로마법에 끼친 스토아 사상의 영향을 강조한 전통적 견해에 대한 비판이 제기되어 왔는데, 그것의 주요 진영은 로마법 연구 자체에서였다. 지적 인과론을 철저히 고수한, 그리고 고전주의자에 의해 자주 신분적으로 상승한 많은 법학자는 스토아 사상을 강조하기보다 로마 법학자와 입법자의 이론과 정책의 수용을 위해 다른 지적 전거를 높이 평가하고자 했다.9) 분배적 정의와 그리고 법의 공유적 속성의 개념은 스토아 사상의

---

8) 이 같은 사상을 제시한 가장 전형적이고 영향력있는 두 가지 실례는 액톤(Acton)과 트로엘춰 (Ernst Troeltsch)에서 밝히고 있다.
9) Helmut Coing, *op. cit.*, ss. 24~57.

고유개념이 아니라 플라톤과 아리스토텔레스학파에서 이미 설파한 정의임을 우리는 주목해야 한다. 헬무트 코잉(Helmut Coing)은 아리스토텔레스의 철학·수사학·논리학이 로마법 발전에 토대였던 것으로 평가했다. 로마에서 아리스토텔레스 사상의 최초의 광범한 작용은 공화정 초기 그리스 사상의 수용과 밀접하게 연관되어 있다. 아리스토텔레스 사상이 로마에 영향을 주었던 것은 그의 작품의 직접적인 영향이라기보다 수사학이나 문법과 같은 아리스토텔레스의 방법론에 따른 체계화된 훈련과 변론수업에 의해서였다. 아리스토텔레스 철학은 고대의 모든 시기에 걸쳐 문법·변론 그리고 수사학과 더불어 고등교육의 기초과목이었다. 무엇보다 아리스토텔레스의 논리학은 로마법학을 체계화하는 데 주요한 역할을 했으며 『로마법대전』·『법학제요』에 적용되었다. 슐츠(Fritz Schulz)는 로마 상설법정도 아리스토텔레스로부터 유래한 것으로 보고 있다. 사회의 불화를 해소함에 있어 사회적 평등을 특별히 강조한 아리스토텔레스는 분배적 정의의 평등원리를 재인식시켰다.[10] 고대 로마의 법학자가 내린 정의를 분석한 학자는 스토아 사상가와 피타고라스학파 그리고 아리스토텔레스학파의 사상가들로서 인간을 동물과 같이 생물학적 연속체의 한 부분으로 보았으며, 더욱이 아리스토텔레스는 스토아 사상가와 달리 노예제가 자연법에 일치하는 제도임을 강조했다.[11] 현재 일어나고 있는 방법에 의해서보다 사물 자체가 본래 지니고 있는 고유의 본질[12]에 따라 사물을 규정하는 아리스토텔레스의 자연학의 목적론적 경향은 로마법학자의 지성과 정신에 혐오스럽게 보였다 하더라도 실체없는 영적인 것도

---

10) Leopold Wnger, op. cit., ss. 148~154 ; Helmut coing, op. cit., ss. 30~59. Aristoteles, Eth Nic. 5.2-1130b.
11) Barry Nicholas, An Introduction to Roman Law, Clarendon Law Series, ed. H.L.A. Hart, Oxford, Clarendon Press, 1962, p.56.
12) John Walter Jones, The Law and Legal Theory of the Greeks ; An Introduction, Oxford, Clarendon Press, 1956, pp.41~44.

실재하며, 실체는 불변한다는 아리스토텔레스 자연학이야말로 스토아 자연학의 동적 유물론보다 로마 법사상에 보다 더 그럴싸한 기초를 제공한 것으로 몇몇 학자에 의해 주장되어 왔다.

또 다른 학자는 아리스토텔레스의 자연학은 그리스 철학의 자연적 혹은 윤리적인 내용이라기보다 법학자에게 법개념을 분석하고 분류하는 용어와 방법을 제공함으로써 로마법에 영향을 준 법칙임을 강조한다. 여기서 강조되어야 할 사실은 내용보다 형식이었거니와, 로마법의 내용은 곧 로마인의 기질이다. 그러나 로마법은 그 자체를 체계화하기 위해 그리스 철학·스토아 철학 그리고 아리스토텔레스의 철학을 원용했다.[13] 로마법에 대한 스토아 사상의 영향을 부인하는 학자들의 견해에서 우리는 그들이 스토아 사상보다 오히려 아리스토텔레스의 철학에 더 비중을 두고 있음을 발견하게 된다. 많은 학자들은 아리스토텔레스의 철학과 사상이 로마 법학자에게 적용되고 실현될 수 있는 채널이 수사학이었다고 주장해 왔다.

아리스토텔레스는 로마 법학자의 방법론적 법 형성에 영향을 주었다. 아리스토텔레스의 논리학은 법적 정의와 구별의 기능적 역할 그리고 보편개념의 구성과 법적 논증의 기초였다. 이와 같이 그의 논리학과 수사학은 로마법학과 법 사료학에 영향을 주었을 뿐만 아니라 자연법과 실정법, 성문법과 관습법, 사법과 공법, 계약법과 위반법(Deliktsrecht)의 기초가 되었다. 특히 그의 논리학과 수사학은 후기 고전시대 정통 로마법의 기본요소인 공평·정의 그리고 평등의 이론적 기초를 마련했다.

아리스토텔레스의 논리학과 수사학이 로마법에 끼친 영향을 평가하기란 쉬운 일이 아니며 다양한 비판이 제기되고 있다. 그러나 정의·공평 그리고 자연법과 같은 보편적인 윤리적 개념이 고전주의자의 결의법

---

[13] Helumt Coing, *op. cit.*, ss.24~59; James Luther Adams, "The Law of Nature in Greco-Roman Thought" *Journal of Religion*, 23(1945), pp.97~118.

과의 결합은 로마법의 내면에서 고대 문화의 전통과 연관되어 있음을 파악할 수 있다. 그러므로 로마법 전통은 오늘날 우리들이 소유하고 있는 거대한 문화적 총체로서 이 모든 것이 아리스토텔레스와의 관계에서 이루어졌다.[14] 특히 라틴어와 그리스의 수사학은 공화정 말기에 로마로 유입되어 키케로에 의해 가장 완전하게 표현되었다.[15] 대체로 많은 법학자는 수사학을 철학사상의 전달자로서 뿐만 아니라 로마 법학자에 의해 행해진 사건의 분석·종합 그리고 분류를 위한 기초로 보았다.[16] 결국 아직도 여전히 지적 원인에 대한 전통적 견해를 고수하는 데 반해, 많은 법학자는 로마법의 이론인 개념과 실제적인 수정의 원인을 스토아 사상보다 오히려 그리스도교의 영향이라고 주장한다. 이 같은 견해의 주장은 비온디(Biondo Biondi)의 논지에서 잘 나타나 있다. 그는 로마법 제정에 영향을 작용한 것은 이교세계의 후마니타스(Humanitas)가 아니라 호노리우스·테오도시우스·발렌티아누스·유스티니아누스 등이 제시한 그리스도교 후마니타스라고 생각했다. 왜냐하면, 이교의 후마니타스식스토아의 후마니타스는 인간애(philanthropia)로 단순한 유토피아적 의미만을 내포하고 있는 데 반해, 그리스도교 후마니타스는 아가페로서, 그리스도교 정의(iustitia)로서 실제적이며 책임있는 신의 요구를 나타내는 능력을 가진 법적 판결의 규범을 형성하고 있기 때문이다.[17] 로마법에 있어 그리스도교가 주요 동인이었다는 견해에 반대입장을 취한 학자들은 역사적 인과관계를 간과한 그리스도교 세계관을 인정하지 않았다. 오히려 이러한 학자는

---

14) Helumt Coing, *op. cit.*, ss. 25~29.
15) 이러한 견해에 대한 가장 포괄적인 표현은 알란 와트손과 윌킨 같은 학자에게서 나타나고 있다.
16) M. Colish, *The stoic tradition from Antiquity to the Early Middle Ages*, Leiden, 1990, pp. 342~345. 설사 법학자들은 수사학의 영향에 동의하지 않았더라도 많은 학자들은 이 견해에 동의하고 있다. 요안 스트라우(Johannes Stroux)의 "최고의 공평은 최고의 불공평"이라는 선례를 따른다.
17) *ibid.*, pp. 346~347.

스토아 사상가와 다른 철학자가 바로 이 문제에 있어 그리스도교도와 유사한 이론과 사상을 가르쳤다는 이유 때문에 공격했다. 이와 같이 로마법 역사에서 그리스도교의 영향을 과소평가한 학자들은 로마가 그리스도교를 국교로 수용하기 이전에 법개혁과 법의 인간화 문제를 제기했다고 밝히고 있다. 오히려 이러한 학자들은 그리스도교도의 법이론이나 법실제에 있어 로마사회를 분열시키려고 하지 않은 것만으로도 만족해 했다.[18] 그 문제가 어떤 시각에서 접근했다 하더라도 관념적이고 공론적인 인과에 대한 강조는 대체로 대부분의 진지한 로마법학도 사이에서 도전받지 않았다.

그리스 철학이나 수사학 혹은 그리스도교 신학의 영향을 받은 로마법을 분석함에 있어 추상적인 법이론과 그리고 체계적인 방법론을 사용하려 했던 로마 법학자와 입법자를 법철학자로의 묘사는 현대의 많은 법학자에 의해 아주 그럴싸하게 표현된 로마법 정신과는 현저한 대조를 이루고 있다. 이에 대해 현대의 법학자는 다음과 같은 판에 박힌 말로 표현하고 있다. 즉 그리스인은 사색적인 데 반해 로마인은 실제적이다. 이와 같이 로마인이 실제적이고, 현실적이었다는 사실은 리비우스(Livius)의 로마인의 실천적 도덕에서, 로마의 법에서 그리고 로마인의 민족정신과 직업정신에 잘 나타나 있다. 우리는 로마 법학자들이 관념적인 공론이나 사색 그리고 총체적인 막연한 설명이나 정의를 기본적으로 혐오했다는 사실을 이미 알고 있다. 로마법학자는 보편적인 일반원리에 의한 문제의 접근보다 개개의 문제를 직접 해결할 수 있는 법칙에 따른 사례별 접근을 고수했다. 로마 법학자는 법이 왜 강제적이고 구속력이 있어야 하는지에 대해 도덕적이고 철학적인 이유를 제시하려 하지 않았다. 사실

---

[18] 그리스도교적 해석에 대해 힐란하게 비판을 한 사람은 바비에라(Giovanni Baviera)이다. 그는 몽테스키외에서부터 19세기까지 이 문제에 대한 사전적 개념을 제시해 주고 있다.[Marcial. Colish, *op.cit.*, p.347]

(*ipso facto*) 로마법의 본질은 구속력, 다시 말해 묶는다(*lex*)는 의미를 가지고 있기 때문이다. 로마 법학자는 당대의 일반교육을 받았으므로 수사학과 철학교육에 접할 수 있는 기회를 가지게 되었다. 로마 법학자가 법의 규범 속에서 받은 특수교육과 훈련, 그리고 직업의 실제에서 강요된 법의 준수는 그들을 철저히 현실적이고 실제적인 인간으로 만들었다. 철학이나 수사학의 개념은 법학자의 저술서에 나타나 있지만 그들은 그것을 체계화하지 못했다. 고대 로마의 법학자는 최소한의 철학사상과 소양을 지닌 자들이다. 그들은 순수철학의 문제에 피상적인 관심 이상을 결코 보이지 않았으며, 순수이론 법학의 발전보다, 가능한 한 실제적이고 현실적인 법제도의 발전을 위해 노력했다.[19]

법철학자로서 로마법학자와 그리고 문헌에 나타난 다소 상상력이나 융통성이 없는 사실에 충실한 법률가로서 로마법학자 사이의 대비는 로마법에 끼친 스토아 사상의 영향에 자주 혼선을 야기한다. 이 점에 있어 역사적 사실과 법학 자료의 원본을 표준으로 삼는 것이 좋을 것이라고 코리쉬는 강조한다.

2) 스토아 자연법의 발전

아낙시만드로스(Anaximandros)・헤라클레이토스(Heracleitos) 그리고 피타고라스학파는 세계와 인간을 신의 질서나 혹은 정의로 해석했다. 아낙시만드로스는 인간과 물질의 세계를 대비시켰다. 국가시민처럼 "자연의 구성요소도 재판을 받고 불법적인 것에 형벌을 가한다"는 것이다.[20] 신의

---

19) Hans Julius Wolff, *Roman Law : An Historical Introduction*, Norman, University of Oklahoma Press, 1951, p.92.
20) 소피스트의 자연법과 실정법 및 인간애 이념에 관한 진보적인 견해에 대해서는 조남진, 『헬레

형법이 자연과 사회에 재분배된다고 정의한 철학자 헤라클레이토스는 일체 인간의 법들은 신성한 유일자에 의해 조성된 신법으로 법적 권력은 물론 모든 것을 충족시키고, 모든 것 위에 군림하는 지배자다"라고 주장하면서, 이 신법(神法)을 로고스로 정의했다.

신법은 세계와 사회를 대비시키는 구조이거나 조화이다. 수의 이론을 적용한 피타고라스학파는 세계와 정의를 기하학적 분배와 조화로 특징지었다. 윈스피어(A.D. Winspear)는 아낙시만드로스와 헤라클레이토스를 진보주의적·동적 사회철학의 옹호자로 평가했다. 왜냐하면, 피타고라스학파는 신정적 전제정을 위한 신법을 강조했기 때문에 정의의 본질과 목적을 위해 기하학적 혹은 조화로운 분배를 위해 산술적 평등을 거부했다. 그러므로 그는 정의와 국가에 대해 플라톤적 정의(定義)의 길을 열어 놓았다.[21]

플라톤에 의해 묘사된 가장 위협적인 견해들이 자주 소피스트의 특징적 교의로 받아들여졌다. 그러나 소피스트는 그러한 교의의 통일성을 가지지 못했다. 그러므로 자연과 관습의 상관적 의미에 대한 소피스트의 견해는 다양했다. 교육자로서의 소피스트는 자연의 문제보다 인간본성의 문제에 더 많은 관심을 가진 그들에게 있어 자연(*physis*)은 우주로부터 인간본성에로 전이된 것으로 인식했다. 그리스인의 의식은 인간의 마음과 영혼으로, 즉, 법의 내면성으로 향했다. 그러나 우리는 자연법설을 취급하면서 소피스트의 사상에 관심을 제한시킬 수는 없다. 소피스트 이외의 철학자들은 도덕적 양심의 문제와 정의의 본질문제에 관심을 가지고

니즘의 세계국가이념의 발전』(동서문화연구, 1982), 67~132쪽 ; W.W. Jaeger, Nemesios Von Emesa : Quellenforschungen Zum Neoplatonismus und seine Anfangen bei Poseidonios, Berlin, 1914, s.159. 예거는 정의를 그리스 도시국가의 법으로, 그리고 아낙시만드로스는 세계의 삶은 도시국가 삶이 첫 단계임을 강조한다. 여기서 예거는 아낙시만드로스를 자연법의 도덕화에 기여한 자로 평가한다.

21) M. Colish, *op.cit.*, pp.347~348.

있었다.

이 시대에 나타난 주요사료를 통해 우리는 자연법과 법의 관계에 대해 다음 네 가지로 분류해서 생각할 수 있다.

① 실정법과 관습법만이 생의 규범이 될 수 있는 데 반해 자연법은 그것과 무관하다는 견해.
② 자연법은 인간행위를 제재하는 실정법에 우선하는 윤리적 기본규범이라는 견해.
③ 자연법은 일체의 실정법과 관습법 위에 군림하는 규범이며 선만이 힘 있는 유력자라는 견해.
④ 자연법과 관습법 사이에 그 어떤 차이도 없으며, 또 있을 수도 없다는 견해.

그린(Greene)이 강조한 바와 같이 소피스트인 프로타고라스는 정치적 미덕을 가르치는 교사로, 또 관습법의 옹호자로 출발하였으며, 그리고 명망 있는 윤리적 상대주의의 비조로서, 자연법을 반대하지 않았다. 프로타고라스는 자연 즉 피시스를 인간의 성장과 발전을 위한 기초요 본질로 생각했다. 그리고 그는 인간은 자연 상태에서 평화와 질서를 유지할 수 없으므로 힘과 실정법(nomos)에 의한 국가를 이상화하면서 정치국가를 신의 법령이라고 주장했다. 또한 그는 노모스로서의 정치국가의 안정과 정의의 유지를 위해 복종을 요구했다.22) 프로타고라스는 고전 초기 정치제도의 위력 그리고 교육의 중요성에 깊은 감명을 받았다. 귀족주의자 자제들의 교사로서 프로타고라스는 폴리스의 법에 대한 복종이 정의를 확립하는 것으로 생각했다.23) 그러므로 법과 관습은 정의의 기준이었다. 그러나 프로타고라스는 인간은 만물의 척도이며, 지(知)는 지자(知者)

---

22) Plato, *Protagoras*, pp.324~326.
23) 히피아스도 유사한 입장을 취하고 있었다. 즉 법과 정의가 인간 위에 군림하여 지배하는 것이야말로 인간이 공생하는 데 필연적인 것으로 보았다. 실정법(nomos)과 정의는 폭군으로부터의 보호이다. 이 주장은 핀다로스(Pindaros)의 '실정법은 모든 사람의 군주'라는 표현에서 명시해 주고 있다.

에 따라 다르다고 생각했다. 이 같은 사실에서 프로타고라스는 선의 상대성을 주장했다.

프로타고라스와 견해를 달리한 소피스트들은 기본적으로 실정법과 관습법을 반대하여 자연법을 간절히 요구하였다. 그러나 프로타고라스의 견해에 동의한 소피스트들은 인간본성의 피시스를 주장하여 왔지만, 그들의 피시스에서 많은 모호성을 발견한다. 그러나 소피스트의 평등주의는 피시스의 원리로 나타나고 있다. 플라톤은 그의 작품 『프로타고라스(Protagoras)』에서 거의 알려지지 않은 도덕론자 히피아스는 "여러분, 나는 여러분 모두가 같은 혈족이요 친구요 동포라고 생각합니다. 그것은 실정법인 노모스에 의해서가 아니라 태어날 때부터입니다. 그러나 법과 인류의 폭정자는 종종 자연에 반하는 폭력에 의해 강제합니다"라고 평등사상을 역설했다.

이와 같이 세계주의자요 평등론자인 히피아스는 인류의 보편타당한 자연법에 호소하였다.24) 현행 민주주의의 평등이 너무 제한적이므로 한 국가에서 동등한 특권을 가진 자유민과 그리고 그들과 유사한 출신성분에게 주로 적용되었다. 그러므로 히피아스는 모든 사람의 평등과 혈족관계의 확대를 주장하였다.25) 소피스트인 안티폰(Antiphon)은 『진리에 관하여(Aletheia)』 그리고 『조화론(Peri homonoias)』의 단장에서 실정법에 반하는 무정부적인 행위를 경고하면서 그는 정의는 오직 자연법에 기초한다고 생각하였다. 이에 대해서 그는 다음과 같이 말한다.

---

24) 히피아스는 모든 나라에 똑같은 식으로 지켜지는 불문율이 있다고 주장한 소크라테스의 견해에 동의했다. 이 불문율은 인간에 의해 만들어질 수 없는 신적 기원을 갖는다.[Xenophon, Memorabilia IV. 4] 그러나 이 내용에서 자연법의 언급은 찾아볼 수 없다. 자연법이 소포클레스와 페리클레스에 의해 강조된 불문율이든, 소크라테스에 의한 불문율이든, 혹은 널리 인정된 아리스토텔레스의 불문원리이든 간에 그 불문율의 개념이 중요한 역할을 했다는 사실을 주목해야 할 것이다.
25) Jaeger, op. cit., 1, s.324.

우리는 유감스럽게도 귀족의 아버지에게서 태어난 자들을 존경하지만 그렇지 못한 출신성분의 자식들은 거들떠보지도 않는다. 이러한 이유로 우리는 서로 만인과 다를 바 없는 자들이 되었다. 만인도 그리스인과 같이 선천적으로1 평등하게 태어났다.… 모든 점에서 그리스인과 만인은 차이가 없다. 우리 모두는 같은 본성을 가진 입과 코로 대기를 호흡하며 손으로 모든 것을 먹는다.[26]

이와 같이 안티폰은 인간이 자연법적 정의와 선천적 평등에 기초한 존재이기 때문에 만인에 대한 사회적 차별을 반대했다. 소피스트의 인간평등은 기본적으로 생물학적인 욕구인 이른바 호흡과 영향섭취라는 동질성에 나타나 있다. 특히 모든 사람이 국가의 공동구성원이라는 사회학적 기초에서 출신과 신분(Stamm und Stand)의 차별은 거부되었다.[27] 결론적으로 안티폰은 그리스인과 만인 사이의 선천적 차별에 기초한 노예제의 폐지가 곧 평등이라고 생각했다.

안티폰에 의해 노예제의 폐지가 성취되지 않았으나 소피스트의 선천적 평등사상은 노예제 폐지의 이론적 기초를 확립하는 데 기여했다. 고르기아스의 제자 뤼코프론(Lykophron)은 동시대의 신분적 특권과 계급적 차별을 거부하면서 모든 사람의 평등을 강조했다.[28] 고르기아스의 제자이자 안티폰과 유사한 견해를 가진 알키다마스는 만티네아의 전투 이후 아테네인에 의해 포로가 된 멧시나인들의 해방에 대한 요구를 그의 정치논술의 소책자에서 다음과 같이 기술하고 있다.

신은 모든 사람을 자유민으로 세상에 보냈으며 자연은 그 누구도 노예로 만들지 않았다.[29]

---

26) Max Muhl, *Die antike Menschheitsidee in ihrer geschichtlichen Entwicklung*, Leipzig, 1928, s.11.
27) E. Wolf, Griechisches Rechtsdenken II : *Rechtsplilosophie und Rechtsdichtung im Zeitalter der Sophistik*, 1952, ss.88~89.
28) *ibid.*, s.137.

소피스트의 자연법설에서 최초로 인간평등의 이론적 근거를 제시한 사람은 알키다마스다. 사실 피지배계층의 실질적 대변자인 알키다마스는 자연법을 신의(神意)와 동일시하면서 '강자의 법'을 거부했다. 그러므로 어떤 사람이 노예로, 또 어떤 사람이 자유민으로 구분된 것은 히피아스가 주장한 바와 같이 강제에 기인한 실정법의 규정으로 자연법에 반하는 부당한 것이다. 크세노폰(Xenophon)은 "노예에게 정치참여의 기회를 제공할 경우에 훌륭한 민주정이 비로소 창출된다"고 밝힌 바 있다. 그리고 크세노폰은 "노예와 그리고 한 푼의 드라크마가 없어서 나라를 팔아 치우려고 하는 자들에게도 정부에서 어떤 몫이나 동참을 통해 민주주의의 성취"를 강조하였다.[30]

어쩌면 가상의 인물이거나 가명일지도 모르는 칼리클레스(Callicles)는 소피스트와 견해를 같이한 자로서 실정법과 관습법에 반대하여 자연법을 지지하고 동시에, 다른 한편 자연의 이름으로 인간의 선천적 불평등을 주장하기도 했다. 칼리클레스는 이른바 공정한 실정법은 강자의 자연적 지배를 미연에 막기 위한 약자들의 발명품이므로 자연에 반한다고 했다.[31] 이와 같이 자연법에서 불공평과 불의와 같은 해악은 수치이며, 관습법에서는 해악을 행하는 것을 더 큰 수치로 간주했다. 왜냐하면 이러한 불의와 불평등의 수난을 당하는 것은 자유민이 아닌 노예들이기 때문이다. 동물은 물론 인간 사이에서, 그리고 전체 도시와 인종 사이에서 정의와 공평은 열등한 자보다 지배의 능력을 가진 우수한 자들의 속성이었다.[32]

---

29) Aristoteles, *Rhet schol* 1373b 18.
30) Xenophon, *Hellenica* II. 3. 48.
31) 크리티아스(Critias)가 밝힌 바와 같이 제신은 해악으로부터 보다 나은 안정된 사회를 만들기 위한 현자의 발명품이며, 이에 반해 현자에 의해 만들어진 국가의 법은 악폐의 출현을 막는다.(J.L. Adams, *op. cit.*, p.103에서 재인용)
32) Plato, *Gorgias* 482~483.

소피스트요 수사학자인 트라쉬마코스(Thrasymachos)는 권력의 의지와 냉소주의를 복합적으로 취한 인물이다. 칼리클레스의 통속적 니체주의와는 달리 그는 기존질서를 강자들의 권력의 표현이라고 주장했다. 그리고 그는 기존정치에 대한 관심과 올바른 이성의 결과인 강자들의 권익과 지배는 모든 곳에서 정당화된다"[33]고 했다. 트라쉬마코스는 자연법의 용어를 사용하지 않았지만 그는 현존하는 것은 자연적이며, 법은 강자의 속성이요, 대용품으로 생각했다. 바커(Ernest Barker)는 "관습법은 자연법이 아니므로 그것을 영원히 부정한다. 또한 자연법은 일정치 않기 때문에 실정법과 일치하지도 않는다. 자연법은 자주 지배자의 도덕을 관용하면서, 때로는 노예제를 반대했다"[34]고 말했다.

플라톤은 지적·윤리적으로 무책임했던 소피스트를 강하게 비난하면서 그들이 정치적 전횡과 불의에 저항했다는 사실을 인정하지 않았다. 플라톤은 교육을 받지 못한 조야한 이성으로 정의의 법을 발견할 수 없음을 밝힌 바 있다. 다수의 보통 사람은 설사 그들 모두에게 철학자의 직업이 열려져 있다 하더라도 현자의 가르침을 받아 정의의 법을 받아들여야 한다. 플라톤에게 있어 국가공동체는 모든 사람이 능력에 따라 지원을 받을 때만이 선과 정의에 도달할 수 있으며, 선천적으로 불평등한 사람에게 평등이 주어지는 국가공동체에서는 정의가 실현될 수 없다고 주장한다. 사실 그는 로고스를 결여하고 있는 피치자의 동의를 기본적으로 부인하고, 심지어 법 개정에서도 거짓말이나 검열을 정부가 할 수 있는 정당한 수단으로 생각했다.

그는 국가와 개인의 관계에서 개인은 인정해도 좋고 인정하지 않아도 무방하다고 했다. 인간의 조화는 능력이나 기능에 따른 지배에 의해서만이 도달할 수 있듯이 국가도 예외없이 조화로운 계급구조가 요구된

---

33) Plato, *Republic* 338~339.
34) James Lather Adams, *op. cit.*, p.104.

다. 그러므로 플라톤은 피시스, 즉 자연법을 국가의 유기체적 조화 속에 있는 인간의 유기체적 조화에서 찾아야 한다고 했다.[35] 이 같은 유기적인 조화론은 의심할 여지없이 피타고라스의 분배원리의 영향이다. 이 원리에 의하면 "법은 자연과 일치해야 하며 그리고 법은 각자의 공과나 능력에 따라 평가받는 자연법의 진행에 맞추어 만들어질 경우에 자연에 일치한다." 따라서 그에게 있어 정의는 개인의 미덕인 동시에 사회의 미덕이다. 플라톤은 그의 『국가론』에서 비인격적인 법의 지배보다는 철인군주의 유연한 지성을 더 선호했다.

> 법은 차선의 국가에서만이 군주이다. 그러나 법은 자연과 일치하고 조화를 이루는 한에서만 정당하다.[36]

플라톤은 『법률론』에서 이상국가에 있어 우연한 것은 아무것도 없으며, 국가의 위대성은 국가권위의 정도, 국가에 대한 모든 저항, 의견의 불일치, 그리고 가족과 개인을 위해 국가로부터 떨어져 나가려는 독립적 개별화를 진압할 수 있는 능력 등에 의해 측정된다고 했다. 그러므로 플라톤의 법 개념은 세속사를 지배하는 영적·정신적인 힘의 우위로 인식되었으므로 노예제의 정당화에 대한 그 어떤 반론의 제기도 수용하지 않았다. 플라톤은 개인은 그 기능에 따라 가치가 인정되고 국가의 관심의 대상이 될 수 있으며, 개인의 법적 권리의 보호보다 계급사회에서 그들의 사회적 의무를 다할 수 있는 법 규정을 제공하는 데 그의 관심을 집중시켰다. 이러한 관점에서 플라톤과 아리스토텔레스의 정치철학은 초기 도시국가의 귀족주의 문화에 의존했다고 예거는 밝힌다. 플라톤에 따르

---

35) *ibid.*, p.106.
36) 『정치가(The Statesman)』(271~272)에 나타난 신화에서 차선의 국가는 황금시대에 자연상태로부터의 추락으로 나타나게 되었으나 플라톤은 고상한 야인(noble savage), 즉 원시인의 이상적인 전형을 동정하고 호의적이었던 것은 아니다.

면 그의 『법률론』에서 고대 그리스 세계는 법에 기초하고, 도시국가의 모든 정신활동은 궁극적으로 국가와 관련된다.… 국가와 관계없는 순수개인의 도덕률이란 그리스인에게서는 상상할 수 없다'라고 말했다. 이와 같이 플라톤과 아리스토텔레스의 정치철학의 특징은 소위 현대인이 강조하는 '개인의 인격적 자유'와 '개인의 법적 권리'에 대한 무관심이다.[37]

아리스토텔레스는 자연법과 실정법의 반립을 단순한 수사학적 도식으로 생각하지 않았다. 그는 인간이 선천적으로 정치적인 존재이며, 그래서 국가는 자연의 필수품이라고 피력한 바 있다. 예거가 지적한 바와 같이 인간이 동물과 다른 점은 국가에서 산다는 사실이며, 그의 인간존엄과 인간애도 국가와 동일시했다.[38] 아리스토텔레스의 자연법은 그의 『윤리학(Ethica)』(V.7)에서 밝히고 있는 바와 같이, 소피스트의 자연법과 실정법의 대비를 무시해 버리고 자연을 목적론적 개념으로 정의했다. 그래서 그는 인간의 평등설을 철저히 부인하고 인간의 선천적 불평등을 완전히 고착시킴으로써 노예의 존재가치를 태어날 때부터 가축, 즉 살아있는 도구로 생각했다. 결과적으로 어떤 사람은 선천적으로 지배자이기에 적합하지만, 어떤 사람은 예속자이기에 적합하다. 아리스토텔레스의 정치학설은 플라톤의 이론에서처럼 국가계급론이다. 만인보다 우월하다는 아리스토텔레스의 그리스인에 대한 확신은 자연법설에 의해 결코 침해받지 않았다고 하는 사실을 주목해야 한다. 플라톤과 아리스토텔레스의 정치철학은 이론과 실제에서 직접적인 영향력을 행사하지 못했다. 이러한 점에서 그들은 '엄청난 실패자'로 기록될 수 있다. 도시국가의 황혼은 그들에게 다가왔으나 이 두 철학자가 이해한 정치적 자유는 죽어가고 있었다.[39]

---

37) Jaeger, *op. cit.*, pp.110~111. 여기서 다시 역사적 우연에 의해 영향을 받는 자연법설을 보게 된다.
38) Jaeger, *op. cit.*, pp.110.

소피스트의 자연법 사상을 채택한 퀴니코스학파는 그리스인은 태어날 때부터 바르바로이보다 우월하다는 생각을 기본적으로 가지고 있지 않았다. 그들의 선학들과는 달리 퀴니코스학파는 도시국가의 이상을 비난하고 포기했다. 그러므로 퀴니코스학파는 그리스 세계의 도덕률을 반대한 이른바 도덕폐기론자들로 명명되었다. 그들은 도시국가뿐만 아니라 재산·신분·성·가족·국가 그리고 자유민과 노예의 구별마저도 무관심했다. 그들이 기본적으로 추구한 것은 인습적인 차별의 철폐이다. 이 세상의 현자는 도덕적으로나 지적으로 자부심이 강한 자들로서 자신들만이 진정한 세계시민임을 강조한다. 디오게네스는 자신은 세계시민이며, 다른 사람과 전혀 다른 이상세계의 개인임을 천명한다.[40] 퀴니코스학파는 이미 예측된 공산주의나 혹은 무정부상태를 뛰어넘은 적극적인 정치이론이나 혹은 정치적 실제와 구체적인 실천 강령을 가진 자들이 아니다. 그러나 그들은 스토아의 평등이념과 세계시민 사상의 길을 열어놓았다는 데에는 이의가 없다.

랑케(Leopold V. Ranke)는 외국의 것에 대한 모방이 일종의 노예적 종속이라고 정의하였거니와, 로마의 법문화는 로마인의 고유한 창조적인 것으로, 외국의 우수한 문화유산의 기계적인 모방이 아니다.[41] 로마인의 정신생활은 모든 영역에서 그리스적인 전통과 이상, 특히 스토아 철학은 로마인의 특성과 그들의 정신문화와 융합하여 튼튼한 기초를 확립시켰다.[42] 로마인은 그리스를 정복한 후 그리스문화의 우수성을 인식했지만 그들은 외국의 사상과 문화의 예속적 수용보다 오히려 그들이 받아들인

---

39) J.L. Adams, *op. cit.*, p.108.
40) J.M. Rist, *Stoic Philosophy*, Cambridge Univ. Press, 1980, pp.54~80; Giovanni Reale, *The Systems of the Hellenistic Age*, New York, 1985, pp.7~33 ; 조남진, 「헬레니즘 지성사에 있어서 자유 평등이념과 국가관」(『지동식교수 정년퇴임 기념논총』, 1993), pp.725~756.
41) Ulrich von Lübtow, *op. cit.*, s.482.
42) *ibid.*, s.483

것을 새롭고도 고유한 것으로 재구성한 민족이다.

로마가 그리스 철학에 대해 적대적이었던 것은 로마적 전통이 그리스 철학에 의해 탈색되고 훼손되는 것을 꺼려했기 때문이다. 그러나 로마가 외국문화의 영향을 완전히 차단하기란 용이하지는 않았다. 로마는 로마적 본질의 기초 위에 그리스 정신문화를 자신들의 고유한 스타일로 융합하고 조화시키는 그들 고유의 문화적 동화현상의 특징을 볼 수 있다. 특히 법에 있어 그리스의 영향이 거의 작용하지 않았다는 사실은 특기할 만하다. 로마인은 그들의 고유문화에 대한 우월감과 그리고 강한 민족성 때문에 외국의 국적을 가진 사람들은 로마적 특성에 동화될 수밖에 없었다.[43]

로마법과 로마민족은 여러 세기에 걸쳐 유기적으로 결속했다. 법은 사회적 현실을 정확하게 비추는 거울로서 민족과 국가번영에 함께 했다. 로마인은 날로 확대해 가는 지배영역의 유지를 위한 최선의 방법과 보증을 법에서 찾았다. 아울러 당시의 이성과 분별력을 가진 사람들은 고대 로마의 본질적 특성을 유지하기 위해서도 지나친 친 헬레니즘을 위험하다고 생각했다. 그래서 로마인들은 그들에게 접근해 오는 헬레니즘의 파고를 철저히 봉쇄했다. 그리스 정신문화의 확대에 맞서 로마인의 민족적 자존의 소리를 높이 외친 자는 로마의 감찰관으로 사치스러운 풍습을 엄중히 단속하는데 그 직을 성실히 수행하여 후에 검찰관이라는 별명을 얻게 된 보수주의자 카토였다.[44] 기원전 161년 원로원이 외국인 철학자와 수사학자를 로마로부터 추방한 것과 때를 같이하여 카토도 외국인 철학자와 수사학자를 몰아내는 데 노력했다.[45] 기원전 155년에 스토아 사상

---

43) Jhering, Geist 1. 3. 9. Kromayer-veith, *Heerwesen und Kriegführung der Griechen und Römer*, s.262.
44) Klinger, *Römische Geisteswelt* 1, ss.27~29.
45) Johnnes Hahn, *Der Philosoph und die Gesellschaft*, Stuttgart, 1989, ss.100~105 ; 149~153.

가 디오게네스·아리스토텔레스주의자 크리톨라오스(Critolaos)와 아카데미 학파의 카르네아데스로 구성된 아테네 철인사절들과 그리고 로마인 가운데 비판적인 사람들은 도시 아테네에 부과된 벌금이 면제되어야 한함을 강연을 통해 주장했고 이것은 지식과 교양을 갈구하는 로마 청년들에게 깊은 인상을 심어주었다. 이들 철학자의 가르침을 통해 지금까지 외래사상에 미혹되지 않았던 실질강건(實質剛健)한 로마인들이 그들의 신념은 물론 법과 정의의 붕괴문제로까지 이어졌다. 이 때 로마의 청년들로부터 많은 인기와 호평을 받았던 자는 카르네아데스였다.

카르네아데스는 공사로서의 목적을 수행하고 동시에 그의 철학을 전파하기 위해 로마의 광장에서 법에 관해 두 가지의 연설을 했다. 첫날에 그는 자연과 이성의 산물인 정의를 개인의 미덕과 국가의 기초이며, 실정법(ius positivum)의 근원이요 표준으로서 높이 찬미했다. 다음날 그는 로마인을 비난하는 연설에서 진정 로마인이 법을 준수하는 민족이라면 피정복민의 재산을 다시 돌려주고, 그들의 집으로 돌아가 살게 해야 한다는 사실을 로마인에게 환기시키면서 이기심에 기초한 로마법은 자연법의 이념에 반한다고 비판했다. 이와 같이 우리는 법과 정의의 관계에서 윤리학과 정치학의 조화를 강조한 사실을 발견할 수 있다. 로마인의 법 이념과 법의식에 대한 비판의 소리는 카르네아데스에 의해 아주 고조되었다. 그러므로 민족주의자 카토는 가능한 한 빨리 카르네아데스의 출국을 갈망했다. 그와 더불어 카토는 로마 청년들이 이제까지 그러했듯이 로마의 법에 복종해야 하고, 그리스 철학자들은 그들의 궤변을 그들의 조국에서만 지껄이며 살아가야 한다고 엄중히 경고했다.[46]

그리스 철학에 대한 로마의 비판과 회의가 고조했지만 그리스 철학자의 로마로의 진입을 감시와 경계만으로 막을 수 없었다. 이러한 로마

---

46) Ulrich von Lübow op. cit., ss. 484~485.

의 그리스에 대한 비난과 폐쇄적인 조처에 대해 그리스인들의 저항이 일기 시작했다. 하지만 그리스 사상과 철학은 스키피오 집단에 의해 그 가치를 인정받게 되었으며 그 결과 로마의 고유한 가치와 그리스 문화의 조화로운 융화가 이루질 수 있었다. 로마의 정치사상과 그리스의 철학사상의 결합으로 후마니타스 이념이 생성하게 되고, 그와 더불어 로마는 세계지배와 같은 지상권의 새로운 이념적 책임과 그리고 피지배국가에 대한 윤리적 책임 사이에 현실적 조화가 불가능하다는 것을 인식했다. 더욱이 법과 정의(ius et iustitia), 윤리학과 정치학 사이의 균열과 괴리현상은 로마 스토아 철학자 파나이티오스에 의해 극복되었다.[47]

제논 사후 약 1백 년, 그리고 크뤼시포스의 사후 약 50년 후에 스토아 사상은 로마에 진입하기 시작했다. 스토아 철학자 말루스(Mallus)의 크라테스는 외교적 사명을 띠고 로마에 들어갔다. 다행인지 불행인지는 몰라도 그의 다리는 골절상을 입었다. 상처가 회복된 후 크라테스는 로마인에게 스토아 철학의 원리를 가르쳤다. 크라테스 다음으로 파나이티오스가 로마에 왔다. 그는 당시의 그 누구보다 로마인에게 스토아 사상을 소개하는 것이 급선무라고 생각했다. 파나이티오스는 로마의 최초 문학동인회인 스키피오 집단의 한 구성원으로 환영을 받게 되는 행운을 누렸다. 파나이티오스는 로마에 장기간 체류하는 동안 『의무론(Peri tou Kathekontos)』을 썼다. 이 책은 당시 많은 영향을 끼친 저술서로 키케로는 파나이티오스 죽기 직전에 그의 『의무론』을 라틴어판 『의무론(de officiis)』으로 옮겼다. 서기 4세기 밀라노(Milan)의 명망있는 주교 성 암브로시우스(Ambrosius)는 키케로의 『의무론』에서 구약성서와 신약성서의 표준이 되는 원리를 하나하나 열거하면서 『의무론(de officiis ministrorum)』을 썼다. 여기서 우리는 스토아 사상이 로마 그리스도교 발전에 기초가

---

[47] ibid., s.485.

되었음을 확인할 수 있다.

키케로의 『의무론』은 당시에 많은 찬탄을 받은 위대한 저술서였다. 서기 15세기에 인쇄된 최초의 책은 성서였으며 그 다음이 키케로의 『의무론』이다. 그러나 우리는 그리스어로 『의무론』을 쓴 스토아 철학자 파나이티오스의 귀족주의적 정치윤리와, 법 앞에 시민이 동등한 권리를 가진다는 사실을 표명했지만 결코 민주주의 헌법이 갖는 정치권리에 대한 동등한 분배를 의미하는 것은 아니었다.[48]

파나이티오스가 로마에 체류하는 동안 로마법을 성실히 연구한 많은 스토아 법학자도 그 곳에 모여들었다. 스토아 언어학자 아일리우스 스틸로(Aelius Stilo)는 12표 법의 진부한 용어를 해석하는 데 많은 시간을 소모했다. 스키피오 집단의 구성원인 루틸리우스 루푸스(Rutilius Rufus)는 유스티니아누스가 그의 마지막 편찬에서 인용했던 법에 관한 논문을 썼다. 스토아의 최고 신관인 무키우스 스카에볼라(Mucius Scaevola)는 초기 로마법을 포괄적이고 방법론적인 체계의 수정을 위한 최초의 중대한 시도를 했다. 대대로 유명한 법학자를 배출한 가정에서 출생한 그는 기원전 133년에 콘술이 되어 티베리우스 그락쿠스의 토지법안 작성에 조력했다. 이와 같이 스토아 사상이 로마법에 끼친 영향은 로마법이 발전한 3세기 동안에 걸쳐 지속되었다. 우리는 로마의 가장 위대한 법학자 파피니아누스가 스토아 사상가였는지 확실하게 밝힐 수는 없으나, 그는 생의 마지막 순간에 결의에 찬 말로 "너는 죽는 한이 있더라도 너의 의무를 다하라"라고 하는 스토아의 언명을 강조했다.[49] 로마 문학과 법에 끼친 스토아 사상의 영향을 밝힘에 있어 한마디로 요약해서 설명하기란 쉬운 일이 아니다. 플라톤과 아리스토텔레스는 그리스 도시국가의 이상적인 법이 그들의 주요관심사인 데 반해 스토아는 세계제국으로 발전하는 마케도니아

---

48) Charles N. Smiley, *op. cit.*, pp.645~657.
49) *ibid.*, p.651.

와 로마세계에서 인류와 세계질서에 시선을 돌렸던 것이다.

자연법은 스토아 철학과 그리고 플라톤과 아리스토텔레스의 자연법 사상을 지속적으로 수용함으로써 18세기 계몽사상과 합리주의에 의해 새로운 발전의 길을 열어가게 되었다.50) '법'과 '정의'는 실정법과 자연법에 의해 정의되며, 특히 노모스인 실정법은 신적·인간적인 것들, 아니 일체 모든 것을 지배하는 왕인 것이다. 그러나 자연법은 윤리적인 선과 비윤리적인 것을 규정하는 권위임에 틀림없다. 이와 같이 자연법은 정의와 불의를 판별하는 원칙(Richtschnur)이며, 국가공동체에서 해야 할 것과 하지 말아야 할 것을 규정한다.51) 소피스트 철학과는 달리 스토아 사상은 실정법과 자연법을 서로 반대 개념으로 정의하지 않았다. 스토아의 노모스는 신적 노모스이며, 자연에서 생성된 완전한 이성이다.52) 그래서 이성은 영원한 법이요 운명이며, 그리고 존재의 질서이기 때문에 모든 것의 원인으로 설명되었다.53)

그에 반해 인간의 법은 단순한 규정으로 정의되어 왔다. 사실 소피스트 철학에서 자연법과 인간이 만든 실정법을 구분하고 있는데, 이 엄정한 구분에 의해 그 후 스토아 우주론에 기초한, 이른바 정의에 기초한 영원한 법(*lex aeterna*) - 자연법(*lex naturalis*) - 이 나타나게 되었다. 키케로는 이를 두고 다음과 같이 말했다.

> 진정한 법은 자연과 일치하는 이성이며, 모든 것에 적용되고, 불변적이며 영속적이다. 진정한 법은 그 법이 명하는 의무에 따르도록 하며, 법이 금하는 사악한

---

50) Max Pohlenz, *Die Stoa. Geschichte einer geistigen Bewegung*, Bd 1(1948), 3 Aufl. (Göttingen 1964), s.135 ; Albin Lesky, Zum Gesetzesbegriff der Stoa, osterr. Zs. offentliches Recht, *NF*, 2(1950), ss.587~589.
51) Otto Brunner/Werner Conze, *Geschichtliche Grundbegriffe*, Bd.5.(Klett-Cotta, 1984) s.242.
52) 크뤼시포스는 "법은 자연이다(*Ius esse natura*)"라고 정의했다.
53) Otto Brunner, Werner Conze, *op.cit.*, s.242.

행위로부터 눈을 돌리게 하는 것이다. 그리고 법이 사악한 자에게 어떤 영향력을 작용하지 못하더라도 선한 자에게 쓸 데 없는 명령이나 금령을 발하지 않는다. 진정한 법을 뜯어고치려고 하는 것은 죄악이며 또한 그것의 일부분을 폐지하려고 시도하는 것도 허용될 수 없다. 더욱이 그 법 전체를 철폐하는 것은 더욱 있을 수 없는 일이다. 우리는 원로원이나 혹은 민중에 의해 법의 의무로부터 벗어날 수 없으며, 또 우리 자신 외의 다른 법의 해설자나 혹은 해석자를 찾을 필요도 없다. 그리고 로마와 아테네에서, 지금과 앞으로 또 다른 법은 나타나지 않을 것이다. 그래서 모든 국가와 모든 시대에 유효한 그리고 영원히 불변하는 법이 존재할 것이다. 그것은 다름 아닌 우리 모두를 지배하는 주인이며 통치자인 신이다. 왜냐하면 신은 진정한 법의 저술자요, 반포자이며 그리고 우리 모두를 지배하고 재판하는 자이기 때문이다.[54]

로마 스토아학파의 형성과 이 학파의 대표적 인물인 키케로와 세네카에 의한 고전 로마법의 발전은 오늘에 이르기까지 유럽법 사상의 형성에 중요한 의미를 갖는다. 그러나 비아커(Wieaker)는 로마법은 법적 추상과 관념의 검약(gedankliche ökonomie)에 의해 그리스 합리주의와 같은 고대 법 문화의 합리적·상징적인 리얼리즘을 극복하는 데 성공했다"고 로마 법학의 특징을 밝히고 있다.[55]

고대 초기의 법에 기초한 전례적인 행동윤리(ritualistische Verhaltensethik)'는 스토아 사상에 의해 구체적인 신념의 윤리(materiale Gesinnungsethik)'로 대신하게 됨으로써 사기(fraus)·책략(dolus)·권력(potestas)·신의(bona fides)와 같은 시민법의 실질적이고도 구체적인 윤리의 기본적인 개념이 나타났다.

스토아 법이론의 기초는 자연이며, 자연을 기준으로 하여 법을 정의했다. 스토아의 이성은 인간본성의 미덕의 출처로 인간이 신의 보편적인 법칙과 제휴하는 자연법의 이념적 요체였다. 이와 같이 이성은 스토아

---

54) Cicero, *de re publica* III. 22. 33.
55) Otto Brunner/Werner Conze, *op.cit.*, s.244.

자연법의 필수적인 요소이다. 스토아 철학의 대표적인 인물 클레안테스는 스토아 철학의 기본명제인 최고선에 도달하는 미덕이 이성의 올바른 행사이며 자연에 일치하는 삶으로 정의했다. 자연적 이성을 부여받은 사람은 자연의 충동이 아닌 이성을 따라 이성에 일치하는 행위를 한다.[56] 특히 이성의 올바른 행사는 자연과 조화를 이루는 사물들의 선택에 있다고 주장한다.

그러면 도대체 스토아의 자연은 무엇인가? 역시 스토아는 그에 대한 정확한 답을 제시할 수 없다. 스토아의 자연개념은 다양한 의미를 갖는다.[57] 오이케이오스(*oikeiosis*)[58] 개념이 그 출발점이 된다. 오이케이오스는 우리 모두가 속해 있는 국가나 세계와 같은 것이다. 오이케이오스의 일원이 된다는 것은 건강·힘·복지 등과 같은 가장 기본적인 것을 조정함으로써 자기 자신을 보호하려는 충동이다. 인간의 오이케이오스는 이미 동물에서 보았듯이 동포·어린아이·친구 그리고 전인류를 하나로 포용한다. 이러한 기초 위에서 스토아 후마니타스의 발전과 인간본성의 궁극적 목표를 이성의 지배에 두었다. 플라톤과 아리스토텔레스에게 있어 인간은 두 세계, 즉 감각적 세계와 명목적 세계의 시민인 데 반해 스토아 사상에서 인간은 우주의 단순한 지체, 세계이성의 현 상태, 다시 말해서 퓌시케와 로고스의 양태다.[59] 그러므로 이제 인간의 로고스는 명목적 실체가 아니라 인간의 진보적 발전의 산물이다. 크뤼시포스는 동물과 인간이 자연에 따라 살면서도 서로 다른 길을 간다고 밝힌 바 있다.

---

56) Maryanne Cline Horowitz, "The Stoic Synthesis of the Idea of natural Law in the Man : Four Themes." *Journal of History of Ideas*, 35(1974), pp.3~4.
57) Max Pohlenz, *op.cit.*, ss.178~180.
58) *oikeios*는 그리스로 사람이 사는 집, 토지를 뜻하는 것으로 그리스 시대에는 바르바로이의 집과 토지에 상반되는 말이었으나 로마시대의 세계제국 성립과 더불어 전세계를 뜻하는 말이 되었다.[Otto Brunner/Werner Conze, *op.cit.*, s.245]
59) Helumt Coing, *op.cit.*, ss.24~59.

동물은 그 행위에 있어서 자연의 일시적 충격에 따라 행위를 하지만 자연의 이성을 부여받은 인간은 자연의 일시적 충격이 아닌 이성에 따른다.[60] 크뤼시포스 이후 스토아 사상가에게 있어 이성은 곧 세계법(nomos koinos)였다. 중기 스토아 사상가 키케로도 말했듯이 법을 이성이라고 정의했다.

키케로는 신이 인간에게 이성을 공유할 수 있는 최고의 선물을 주었으며, 그래서 인간이성의 발전은 신의 이성으로, 이성을 가진 자는 올바른 이성을 지켜야 한다고 강조했다.[61]

> 법은 모든 사람에게 동등하게 행사되어야 한다. 왜냐하면 자연으로부터 이성의 선물을 받은 사람은 올바른 이성도 받았다. 그러므로 이성의 선물을 받은 사람은 법의 선물도 받았다. 법은 명령과 금지를 적용하는 정의의 이성이다. 그리고 만일 올바른 이성을 받은 사람이 법을 받았다면 역시 정의도 받았다. 이제 모든 사람은 이성을 받았으므로 정의도 받은 셈이다.[62]

키케로는 "법과 정의를 공유한 인간과 신들이 공동의 국가구성원으로 간주되어야 한다"고 말했다.[63] 신들과 인간이 국가의 구성원으로서 정의의 법이 신들로부터 인간에게 온 것이 아니라 신들과 인간에게서 정의의 이성이 나타났다. 그래서 키케로는 "법은 자연이 부여한 지고한 이성이며, 법은 해야 할 것을 명령하고 그 반대로 해서는 안되는 것을 금지한다. 인간의 마음에 고정된 그리고 발전한 이 이성이 법인 것이다. 정의는 법에서 기원한다. 왜냐하면, 법은 자연의 힘이기 때문이다. 법은 지적

---

60) Maryanne Cline Horowitz, *op. cit.*, pp.7~10.
61) 이성보다 더 좋은 것은 없으며, 이성은 인간과 신 모두에게 있기 때문에 신과 인간의 최초의 공유물이다. Cicero, *de legibus* I. 7.23.
62) Cicero, *de legibus* I. 12.33.
63) Cicero, *de legibus* I. 7.23.

인 인간의 마음이며 이성이고 정의와 불의를 측정하는 기준이다"라고 했다.[64]

로마 자연법 사상의 기원은 로마가 아닌 외국에서 유입된 그리스의 철학, 특히 스토아 사상에서 그 기원을 찾을 수 있다. 스토아 사상은 로마공화정 말기 부유한 계층 사이에서 만연했던 절충주의의 대표자 키케로의 자연법 사상에 영향을 주었다. 키케로는 그의 『국가론(de re publica)』에서 법은 이성이며 영원한 세계적용이라 밝혔거니와 이 말은 그의 선대 스토아 사상가들이 이미 설파한 자연법 사상의 상징적인 표현이다. 인류는 세계공동체이거나 혹은 세계이며, 법은 인류의 표현이다. 법은 인간의 같은 본성에 기초하였기 때문에 보편적이고 세계적이며, 신의 절대권에 의해 양도된 영원히 불변적이다. 이와 같이 법을 신으로부터 받았다고 하는 신수설(神授說)은 로마 법학자의 자연법에 적용되었다. 그리스도교도 입법자 유스티니아누스가 스토아 자연법 사상을 법사상의 기초로 수용한 사실은 놀라운 일이 아니다. 스토아 자연법 사상과 밀접한 관계를 가진 평등 개념은 스토아 사상가를 경외했던 키케로에 의해 구체화되었다. 그리고 자연으로부터 이성의 선물을 받은 사람이 올바른 이성과 법을 선물로 받았다고 하는 자연법에 기초한 평등사상을 체계화했다.[65]

인간의 평등사상은 스토아 사상의 인간통일체에서 유래한다. 그러므로 인간의 평등은 자연법의 기본이념이며 그 결과의 산물이다. 고대와 현대 정치이론에 있어 인간평등의 자연법적 기초는 로마 법학자로부터 유래되었다고 칼라일(Carlyle)은 밝히고 있다.

법이 힘이 아니라 이성에 기초한 것으로 생각한 유스티니아누스는 정의의 사원을 세우는 것이 그의 목적이라고 선언했다. 그는 모든 주제들

---

[64] Cicero, de legibus I. 6. 18~19.
[65] Cicero, de legibus I. 12. 33.

가운데서 신과 인간에게 배분된 법의 권위를 연구하는 것보다 더 가치 있는 연구는 아무것도 없다고 말했다. 왜냐하면 자연법은 모든 것을 지배하는 왕이며 선과 악을 결정하는 권위이기 때문이다.[66]

법에는 공동체 이익을 대변하는 시민법과 인간 상호간의 교제를 위한 만민법, 그리고 영원히 불변하는 자연법이 있다. 이 자연법은 선과 공평(bonum et aequum)에 일치하는 것으로, 인간은 태어날 때부터 이성의 빛 속에 있는 존재로서 평등하다. 그래서 선천적으로 노예인 자도 없으며, 귀족도 없다. 스토아 자연법은 정의로운 일을 하는 자가 자유민이며 고상한 존재이기 때문에 선천적인 귀족도 계급적 차별도 있을 수 없음을 강조한다. 그러나 인간은 서로 생김새가 다르고, 또 세속적 신분이 달라야 하는 것은 지극히 자연적이다.[67] 그리고 시대와 장소에 따라 사람들이 생각이 다를 수 있다는 데 대해 의심의 여지가 없다. 스토아 자연법에 나타난 이상사회의 형태와 인간관계의 실재에서 우리는 실정법의 제도와 현저한 괴리를 엿볼 수 있다.

스토아 사상과 로마법 관계를 밝힘에 있어 현대 사가와 정치철학자는 자연법 사상에 깔려 있는 철학적 요소의 중요성을 강조한다. 바로 이같은 자연법의 이론적 배경에 철학적 요소의 설명은 『학설휘찬(Digesta)』의 서두에 잘 나타나 있다. 이 『학설휘찬』의 서두에서 법학자는 정의의 집행자, 정의의 성직자가 되기 위해 진정한 철학의 추종자가 되어야 한다고 강조한다. 로마법의 황금시대에 위대한 법학자는 대부분이 철학자였다고 최근의 역사가 로멘(Rommen)은 지적한다. 더욱이 스토아 철학의 영향을 받은 자연법 사상은 로마법의 기본이념으로서 그 이후의 법사상을 지배해 왔으며, 특히 유스티니아누스의 모든 법서도 자연법 사상에 기초했다고 하는 것이 통설이다. 그러나 이와 같은 전통적인 해석에 대

---

66) L. Edelstein, *op. cit.*, p.83.
67) *ibid.*, p.84.

해 현대의 많은 로마법 연구자들은 이 전통적 해석과 현저하게 다른 해설에 대해 당황하지 않을 수 없다.

현대 로마법 연구자들에 따르면, 로마법학자는 철학교육을 받지 않은 전문직업의 종사자들, 이를테면 전문 법학자들로서 그들에게 이상적인 법과 공평과 정의의 본질에 지나친 공리공담[키케로의 이론 같은 것]은 관심의 대상이 될 수 없다. 물론 이러한 전문 법학자들은 그리스 철학을 원용했을지는 몰라도 법철학의 발전을 이루지 못했다. 이와 같이 그리스 철학과 사상이 로마세계로 유입되기 시작한 로마공화정 시기의 법학자에게만 적용된 것은 아니다.

초기 스토아 사상가는 새로운 세계주의에로 지향에 있어 정치적이라기보다 철학적이다. 퀴니코스학파의 철학자들이 도시국가에 대해 냉담했던 것처럼 스토아 사상가도 가족·신분·국적과 같은 전통적인 차별로부터 인류통일체 사상을 고전고대의 윤리적·목적론적 개념, 퀴니코스의 평등이념 그리고 초기 헤라클레이토스의 로고스 개념 등과 관련시켰다. 이와 같이 스토아 사상가는 이성뿐만 아니라 자연법과 실정법에서도 단호했으며, 이성적인 존재인 인간은 신과 그리고 다른 사람과의 관계에서 독자적이었음을 강조한다. 하지만 동물은 선천적으로 자기보존의 본능만 있기 때문에 신과 합리적인 관계를 갖지 못하므로 스토아 사상가의 자연법은 인간본성과 세계법에 기초하는 보편타당한 법이다.

스토아 사상에서 자연에 따라 사는 것, 그것은 모든 사람에게 부여된 의무임을 강조한다. 그리고 그 의무를 다함으로써 인간은 현자의 자족과 개인의 행복에 도달한다고 확신했다. 만일 스토아 사상가의 범신론이 모순에 찬 것이었다면 윤리적 이상은 절박과 긴장으로 충만해 있을 것이다. 왜냐하면, 스토아 사상가의 범신론은 이 세계로부터의 초연하는 것으로, 이 세계에 적극적으로 참여하는 도덕적 진지함으로부터 무관심을 도래케 하기 때문이다. 플라톤과는 달리 초기 스토아 사상가에게 있어 개인의 선과 지혜는 국가와 조화하는 공동선과 지혜의 추종은 아니었다.

자연법에 의하면 인간과 제신은 세계공동체 시민으로 정의되고 있다. 자연법은 정의의 표준인 올바른 이성의 법이다. 그래서 자연법은 그 어느 곳에서든 차이가 있을 수 없으며, 피치자는 물론 통치자에게도 구속력을 갖는다. 설사 대부분의 사람이 어리석을지라도 모든 사람은 신 앞에서 평등하고, 그들의 사회적 신분과 관계없이 능력과 공과에 따라 평가된다. 스토아 사상가에게 있어 인간의 유일한 차이는 현자와 우자의 차이이기 때문에 우리에게 흔히 있어왔던 인습적인 차이는 중요하지 않았다. 이와 같이 스토아 사상은 정치철학이라기보다 개인이 살아가는 처세지였다. 그러므로 스토아 사상은 정치학에 직접적인 영향을 끼치지 못했다. 인간의 완전한 권리는 노예를 포함한 모든 사람이 가지는 인간의 본질적 특성과 자질을 높이는 데 기여한 현자에게 있다. 아리스토텔레스의 노예제 이론에 단호히 반대했던 크뤼시포스는 그 누구도 선천적으로 노예일 수 없으며, 노예는 영원한 임금노동자로 취급되어야 마땅하다고 말했다.[68]

인류통일체와 신 앞에서 평등을 강조한 스토아의 자연법 사상은 서구 문명의 기본이념이다. 에른스트 트뢸취(Ernst Troeltsch)는 일찍이 우리는 스토아 자연법에서 실정법과 도덕보다 보편타당한 이성에서 유래된 윤리를, 국가와 지방의 이익보다 신적 이성에 몰입된 개인을, 특별한 정치적 결속이나 제휴보다 국가와 장소, 인종과 피부색의 차이를 구별하지 않는 범세계적인 인류애 등을 발견할 수 있다"[69]고 밝혔다. 우리는 이러한 자연법의 보편적 경향이 로마인의 사상과 생활 그리고 로마법에 지대

---

68) L. Edelstein, *op. cit.*, pp.71~91 ; J.M. Rist, *op. cit.*, pp.54~75 ; Giovanni Reale, *op. cit.*, pp.267~294 ; F.H. Sandbach, *op. cit.*, pp.140~148.

69) Ernst Troeltsch, "Das stoisch-christliche Naturrecht und die moderne Porfane Naturrecht," *Gesammelte Schriften*(Tubingen, 1925), IV, s.175.

한 영향을 끼쳤을 것으로 생각한다. 세계공동체에서 시민의 의무, 자연법 앞에서 평등, 노예제 그리고 여자의 신분에 대한 개선과 같은 로마의 입법은 스토아 철학의 자연법 사상의 영향이었다.

설사 초기 스토아 자연법과 세계국가 이념이 기본적으로 개별국가의 정치제도에 대해 냉담했을지라도 파나이티오스를 중심으로 중기 스토아에서 개별국의 정치제도는 세계국가의 기본이념이었다. 파나이티오스는 초기 스토아의 자연법설에 대한 카르네아데스의 회의적인 비판과 그리고 자신이 로마 스키피오 집단에 영향을 미칠 수 있는 기회였다는 데에 흥분을 감추지 못했다. 파나이티오스의 자연법 사상은 내재적이었을 뿐, 초월적·선험적이지는 않았다. 그러므로 그의 자연법은 현자가 추구하는 모호한 가설적인 공동체에 더 이상 얽매이지 않았을 뿐만 아니라 현존하는 국가와 법, 특히 실정법에 대한 비판 그리고 그것을 시정해야 하는 이유를 밝히고자 했다. 그래서 그는 자연법이 수호되는 한에 있어 국가는 단순한 권위의 주장이 아닌 정의와 권리의 표현이라고 말했다. 파나이티오스의 영향을 받은 키케로는 스토아 자연법 이론의 전달자이지, 동시대의 법이론의 정립에 직접적인 영향력을 행사하지 못했다. 결국 로마법이 완성되었던 시기는 서기 2세기 이후였다. 하드리아누스의 통치하에서 살비우스 율리아누스는 집정관의 공허한 칙령을 진압하였는데 이 같은 작업은 안토니누스 피우스와 마르쿠스 아우렐리우스의 통치하에서도 수행되었다. 세베루스의 통치하에서 명성을 떨친 고전 법학자들 가운데 파피니아누스(Papinianus, Aemilius)·울피아누스(Ulpianus, Domitius) 그리고 파울루스(Paulus, Julius) 등은 법 편찬의 완성자로 이 시기에 로마법에 끼친 스토아 사상의 영향은 지대했다.

소크라테스와 플라톤은 자연법 사상을 그리스 도시국가의 이상에서, 제논은 그의 현자와 신들의 세계공동체에서 개인의 문제에 기초했다고 한다면, 키케로의 자연법 사상은 그리스인의 철학정신에 그리고 한편 전제군주 앞에서 입헌주의를 수호하고, 다른 한편 그락쿠스 형제의 파당적 개혁을 저지하기 위한 현실적 욕구를 구체화한 사회적 의식에 토대를 두었다. 키케로는 초기 스토아 사상에서 결여했던 공익의 의무를 고전적 그리스 사상에서 원용했다. 이와 같이 그는 법의 지배하에서 인간 상호간의 제휴와 정의의 확립은 신에게 더 많은 기쁨을 주는 일이며, 인간에게 더 많은 축복을 주는 일이라 생각했다. 그는 "우리가 정의를 위해 이 세상에 태어났으며 삶의 목적도 정의의 추구에서 실현 된다"고 말했다. 이와 같이 로마문명에서 정의는 상징적인 것으로 정의의 추구와 실현과 같은 로마의 유산은 키케로의 기여라고 할 수 있다.

이와 같이 키케로의 정의의 신념은 스토아 자연법 사상과 정치이론에 기초했다. 그리고 키케로는 자연은 신에 의해 지배되고, 인간은 이성과 정의에 의해 신에 가까운 혈족이 되는 동시에 신은 세계를 지배하는 법의 궁극적 원리에 참여한다고 했다. 또한 키케로는 자연은 정의와 법의 근본이며 정의는 인간의지론이나 소신에 기초하기보다 자연에 기초하며, 자연은 올바른 이성의 법이며 인간은 이 이성의 법으로부터 벗어날 수 없음을 강조한다. 그래서 그는 이성의 법은 해석자나 해설자가 아닌 이성 자체를 요구한다고 말했다. 그러므로 로마의 법과 아테네의 법은 같으며, 현재의 법은 미래의 법과 다르지 않고, 오히려 영원히 그리고 불변하는 법으로 존재할 것이다. 이 불변적인 이성의 법의 제정자는 바로 신이라는 사실을 밝혔다.[70]

그리스인과 많은 자연법 철학자처럼 키케로도 자연법을 정의함에 있어 다소 모호한 해석으로, '자연'이라는 말의 다양한 의미와 자연법의 개념이 일반적으로 기본적인 도덕률을 능가하지 못한다고 말했다.[71] 이와 같이 키케로는 아리스토텔레스의 선천적 불평등에 반대하여 스토아 사

---

70) Cicero, *de re publica* III. 22. 33. ; *de legibus* II. 14~16.
71) Cicero, *de in ventione* II. 22. 65~67 ; II. 53. 161.

상가들처럼 인간의 선천적 평등을 강조했다. 그리고 그는 우리 모두는 짐승보다 우월한 존재로서 우리로 하여금 추리를 가능하게 하는 이성이 우리 모두의 공유물이다.[72] 인간에게 불평등을 가져오는 것은 자연이 아니고 사악한 행위"라고 말했다.[73] 대체로 키케로가 인간에 대해 낙관적이었지만 인간의 사악함과 타락을 결코 간과하지 않은 채 다음과 같이 표현했다.

> 더욱이 인간은 악습에 의해 타락하게 되었고, 이 악습에 의해 자연이 우리에게 점화한 불꽃즉 이성이 절멸되었다.(…tantam autem esse corruptelam malae consuetudinis, ut ab ea tamquam igniculi extinguantur a natura dati…)[74]

우리는 선천적으로 같은 혈족의 동포를 사랑하고 그 사랑에 의해 법이 기초되었다고 하지만 그러한 성향의 사람이 일찍이 없었기 때문에 국가는 그를 제지할 수밖에 없었다. 이러한 견해는 그 후 국가가 사악한 자들을 강제하는 필수적인 수단이라는 그리스도교 국가론에서도 강하게 제시되었다. 키케로가 인간의 평등을 주장했지만 민주주의를 지지한 것은 아니다. 민주주의보다 그는 영원한 보편적인 자연법이 로마법이라는 견해를 견지했다. 그의 평등론은 인간의 기능, 가치와 수준, 그리고 혼합정체[전제정·귀족정 그리고 민주정]의 필요성을 차단하거나 배제하지 않았으며, 노예취급에 있어 공평을 말하면서도 노예제의 존속과 같은 사회의 계급구조를 그대로 유지해 갔다.[75] 심지어 그는 어떤 사람이 폭풍우가

---

72) Cicero, de legibus I. 10. 28~30.
73) 인간의 선천적 불평등에 대한 플라톤과 아리스토텔레스의 이론에 대한 키케로의 비판은 특히, Lactantius Ep.1(1).5~8 참조.
74) Cicero, de legibus I. 12. 33.
75) Cicero, de re publica I. 25. 39 ; de legibus III. 1. 2. "국가는 국민의 재산이다.(Est… res publica res populi). 그러나 국민은 대충 한데 모이게 된 인간의 집합체가 아니라 정의의 합의를 위해 결합된 다수의 집합체요 공동선을 위한 파트너이다. 이와 같은 결합의 첫째 원인은 개인의 나약함이라기보다 자연이 인간에게 부여한 사회성, 즉 친근한 마음이다. 왜냐하면 인간은 고독하

몰아치는 바다 위에서 선적한 화물의 일부를 바다 속으로 버려야만 했을 때에 값비싼 말과 헐값인 노예 중에 어느 것을 희생시켜야만 할까하는 상황에서 얼른 판단이 서지 않을 것이라고 말하면서 이 경우에 재산의 이해관계를 우선 고려하여 후자인 노예를 바다에 던져 버릴 것을 충고한 바와 같이[76] 그는 인도주의를 찬양했지만 당시 인간의 표준은 로마귀족이었으므로 귀족인 그로서는 현실을 간과할 수 없었다.

키케로가 "자연의 불꽃을 감춘다는 것이 얼마나 어려운 일인가!"라는 세익스피어의 말을 이미 은유적으로 표현한 사실로 보아 그에게 있어 자연의 불꽃이 반짝이었음을 확인할 수 있다. 키케로는 인간본성의 사악함을 지적하고 로마의 보수적 전통에 집착하면서도 자연법에 적극 동의했다. 그는 법은 신과 동시대의 것이기 때문에 인간은 국가에 선행하는, 그리고 국가로부터 독립된 권리를 가지는 동시에 국가는 법의 파트너일 뿐이라고 말했다.

> 만일 사람들이 법적 권리를 유지하려고 할 경우에 대체로 사람들은 자유나 행복을 누리는 데 있어 정부형태가 무엇인가에 좌우된다고 말하지 않는다. 왜냐하면, 국민은 법과 법정, 전쟁과 평화, 국제협약과 모든 시민의 생명과 재산을 관장하는 주인이기 때문이다. 사람들은 이러한 국가를 인민의 재산 혹은 인민의 것(res populi)이라고 부를 수 있다고 생각한다. 이러한 이유에서 사람들은 '인민의 재산'은 왕과 원로원의 지배에서 종종 벗어난다고 말한다. 그들에 따르면, 주권을 가진 인민에 조화의 정신이 확대되고 그리고 인민의 안전과 자유의 표준에 의해 모든 방식이 시험될 때 정부형태가 변하지 않고 안정된다. 이와 같이 모든 사람의 이익이나 권익에 있어 차이가 나지 않는 국가에서는 화합이 쉽게 이루어질 수 있다. 왜냐하면, 불일치와 불화는 이권투쟁에서 발생하기 때문이다.[77]

거나 비사교적인 피조물이 아니기 때문이다."[Cicero, *de re publica* I. 25. 39]
76) 그의 노예관은 Cicero, *de Officiis* I. 13. 41 ; III. 22. 89.
77) Cicero, *de re publica* I. 32. 49.

우리는 여기서 키케로가 암시한 것과 관련한 일반적인 정치원리의 윤곽을 파악할 수 있으며 국민으로부터 나온 권위는 법의 근거와 보증에 의해서만 행사되어야 하고, 또 도덕적 기초 위에서만 정당화되는 것으로 간주했다.78)

세네카 시대에 만연한 사회적 타락은 원시시대의 인류사회와 현저한 대조를 이룬다. 그에 의하면, 이 세상의 형성 초기에 국가나 재산이나 인간에 대한 여러 지배형태가 존재하지 않았으며, 현재의 사회적·정치적 기구는 인간의 타락의 결과로 인해 필연적으로 나타나게 된 산물이다. 현재의 인간타락상과 그리고 원시사회의 순수성에 나타난 모습을 비교한 세네카는 그 차이를 자연법(ius naturale)과 시민법(ius civile) 사이의 차이뿐만 아니라 자연법과 만민법의 차이라고 강조하였다. 이와 같은 세네카의 주장을 그리스도교 신학자가 수용함으로써 국가·노예제 그리고 재산에 대한 초기 중세의 개념형성에 많은 영향을 주었다.

만민법(ius gentium)이라는 말은 설사 키케로 시대 이전에 사용되었던 용어라 하더라도 키케로의 여러 저술에 처음 등장하고 있다.79) 초기 로마 법학자에 의해 사용된 바 있는 만민법은 세계 모든 국가의 시민을 위해 행해지는 법을 의미하거나, 세계 모든 국가의 상호관계 속에서 그들 모든 국가를 다스리는 법을 의미했다. 만민법은 로마시민은 물론, 외국인(peregrini)에게 적용하는 상법과 관련되어 있다.

실제적으로 만민법은 본질상 계약법이며, 이론상 모든 국가의 실정법에 나타나는 국가적 특성 다시 말해 시민법에 상반하는 세계적인 특성으로 이해되었다. 가이우스(Gaius)는 국민의 자력으로 만든 법이 그 독자적 특성을 가지며, 국가 고유의 법(ius proprium civitais)을 시민법이라고 정

---

78) J.L. Adams. op. cit., p.113.
79) W.W. Buckland, *A Textbook of Roman Law*, Cambridge, 1921. 9.55.

의했다. 그러나 자연적인 이성의 법은 모든 사람에게 균등히 적용되고, 모든 국가가 사용하는 이른바 만민법이다. 그러므로 로마사람들 가운데 일부는 그들 고유의 법을, 일부는 모든 사람이 공유하는 법을 적용한다"[80]고 했다. 그래서 만민법은 모든 법의 표준으로 간주되었다. 이러한 변화는 세계주의의 확대와 로마의 세력팽창에 따른 시대적이 요구이며, 또한 다른 종족과 지역 및 국가법에 대한 점진적 인식의 확대 그리고 스토아 철학의 영향에 기인했다. 공평 혹은 정의의 의미를 가진 그리스어의 *dikaion*과 같은 의미의 라틴어가 로마의 '법'이라는 용어로 사용되었다. 키케로는 법을 '묶는다'의 뜻을 가진 *lex*로 표현한 데 반해 로마 법학자들은 정의와 공평의 뜻인 *ius*로 표현했다.

만민법의 이론상의 개념은 자연법의 철학적 개념의 융합인 듯하다. 그러나 만민법의 자연법과의 융합을 일반화할 수도, 확언할 수도 없다. 만민법은 로마법정에서 인정한 계약법과, 또 어떤 경우에는 모든 법체제가 공유하는 제도와 그리고 스토아의 평등과 공평의 원리에 의해 확대된 보편법 이상과 밀접한 관계를 가졌다. 그러므로 만민법은 시민법의 의미와 아주 근접한 자연법과 동의어로 사용되었다.

아마도 이와 같은 모호함 때문에 자연법의 철학적 개념은 로마실정법의 해석에까지 적용될 수 있었다. 자연법 사상에 의해 공평의 발전적 개념이 생성하였다. 메인(Henry Maine)경이 지적한 바와 같이 공평은 만민법과 자연법을 이어주는 접합점이다. 당시의 법학자들은 자연법을 적용함에 있어 공평(*aequitas*), 선 그리고 공평의 법(*Lex boni et aequi*) 개념과 관련시켰으며, 유언없이 죽은 자의 유산을 상속하는 혈연관계의 특별한 요구를 인정하는 협약을 충직히 수행할 것을 명령하고, 부의 부정한 축재를 금지하게 하는 말보다 일반원리를 보다 구체화했다.[81]

---

80) Ernst Barker, Introd. to trans. of Greek, *Natural Law and the Theory of Society* (Cambridge, 1934), 1,36.

그러나 자연법이라는 말은 로마 법학자에 의해 다양하게 사용되었다. 자주 자연법은 실정법이 따라야만 했던 전형이기도 했다. 그래서 키케로는 자연법은 모든 법의 기초로서 국법에 의해 간과될 수 없는, 마치 그것이 신적 원리에 기초한 것처럼 순수 관념적·사변적 개념으로 간주될 수 없었다. 자연법에 대한 정의는 키케로의 정의와 유사하며, 현존하는 모든 법은 자연법에 기초했기 때문에 자연법에 의해서만이 법의 기초가 형성될 수 있다. 그러므로 그 기능은 보완적·교정적이지 혁명적이거나 무정부적이지는 않았다. 다시 말해 자연법의 목적은 사회의 현상태를 그대로 유지하는 것이다.

노예제와 자연법과의 관계에서 대체로 로마 법학자들은 노예제를 자연법에 반하는 것으로 생각했지만 노예제는 고대문화와 고대사회에 있어서 기본적인 사회질서였다. 그래서 로마에 의해 전개된 많은 전쟁은 대규모의 노예모집의 원정이기도 했다.[82][막스 베버는 노예공급의 중단이 로마제국 멸망의 한 원인이었다고 주장했다] 유스티니아누스는 『법학제요(Institutiones)』에서 노예제는 자연에 반하는 만민법의 제도로서 전쟁의 결과적 산물로 정의한다. 가재노예제와 노예무역은 오늘날 미국의 '양심'에 중요한 역할을 했던 것처럼 노예제나 노예무역의 역사적 모순은 그리스인과 로마인의 것이었음을 기억해야 할 것이다. 그러므로 철학자와 법학자는 자연법을 변호하면서, 다른 한편 실정법과 관습법에도 충직해야 한다는 인식의 모순에 갈등했다.[83]

메인경은 로마법에서 자연법 사상의 역할을 밝히면서 그리스·로마 법사상에서 자연법 이론의 다양한 해석과 적용의 사실을 제시했다. 이

---

81) Jame Luther Adams, op. cit., p.114.
82) Max Weber, Gesammlte Aufsätze zur Sozial und Wirtschaftgeschichte, Tubingen, 1924, ss.303~305.
83) David Brion Davis, The problem of slavery on Western Culture, Cornell Univeristy press, 1969, pp.422~445.

광범한 역사의 노정과 발전과정에서 자연법 개념은 자주 투쟁개념(Kampfbegriff)으로 사용되어 왔다. 이와 같이 자연법의 투쟁개념은 자연을 신정적 군주로 인정한 피타고라스학파, 소피스트, 정적(靜的) 계급의식을 가진 플라톤과 아리스토텔레스 그리고 키케로 등에 의해서 강조되었다. 적어도 이와 같은 정적 계급을 추구한 키케로의 법철학은 그락쿠스 형제에 의한 개혁을 반대한 스키피오 집단의 욕구와 그리고 공화정 말기에서부터 세네카시대 이후에 발전한 지배계층의 이익보호와 노예제의 반자연적 부당성, 불평등을 주장한 자연법 사상이 그 동기가 되었다. 그러므로 피타고라스에서부터 유스티니아누스에 이르기까지의 스토아 자연법 사상은 사회의 현상태의 조화로운 유지를 위한 목적에 많은 기여를 했다고 할 수 있을 것이다.

3) 스토아 후마니타스와 법개혁

로마제국의 법과 로마공화정의 법에 나타난 주요한 차이는 황제의 칙령에 의한 다양한 법제도 개선의 경향이라 하겠다. 후기 고전시대의 로마 법학자는 법개혁의 이념적 기초를 스토아 사상과 그리스도교의 윤리로 보았다. 전체 로마공동체는 아니지만 황제의 법개혁은 윤리적인 동기에서 기인한 것으로 주장해 왔다. 황제는 시민법을 초월적인 도덕적 가치와 일치시키려 했다. 전통적 견해에 의하면, 이러한 경향은 후기 고전 입법의 두 국면에서 아주 명료하게 나타나고 있거니와, 그 중의 하나가 후마니타스(humanitas)와 자선(benevolentia)이며 그리고 그와 관련된 입법의 기초로서 관념적이고 추상적인 개념의 광범한 적용이다. 두 번째 국면은 초기의 법이 부권(父權)의 지배하에 있는 여자・어린아이・비적출(非嫡出) 아이 그리고 노예처럼 열등한 존재로 취급되어 왔던 자들의 법적 신분의 실제적 개선이다. 후마니타스와 자선의 도덕적 가치를 법률용어로의 도입에서 보듯이 여자·서자 그리고 노예계층의 법적 신분의 개선은 로마 법사에서 후마니타스의 영향이었다.[84]

서기 4세기와 6세기 사이의 후기 고전시대의 법문헌에서 후마니타스와 같은 용어의 사용빈도가 현저히 증가하고 있다. 법문헌을 분석해 볼 때 후마니타스 용어의 사용은 어떤 관념적인 원인에만 돌릴 수 없다. 후마니타스는 어떤 경우에서든 항상 초월적인 도덕적 가치와 관련하여 사용되었다기보다 모순된 무정견과 그리고 대체로 외식적인 표현으로 사용되었다.

후마니타스는 인간의 본성과 인간의 요구를 나타내는 단순한 속기적 표현이다.[85] 키케로는 그리스의 교육제도(여기서 그리스는 스토아 사상을 의미함)가 로마의 상류지배계층 자제들의 지적 고양과 사상에 가장 중요한 요소였음을 강조했다. 왜냐하면, 그리스의 교육제도는 그리스로부터 로마로 들어온 문화와 학문의 작은 실개천이 아니라 도도히 흐르는 강줄기였기 때문이다. 그리스 스토아 사상가들이 로마로 가져온 것은 파나이티오스와 키케로에 의해 정의된 후마니타스였다. 로마인은 그리스의 학문과 언어를 통해 로마의 학문의 진흥은 물론 보편적 세계주의 발전의 기틀을 마련했다. 로마인은 그리스어를 라틴어에 잘 적용시킴으로써 카이사르 시대에 카툴루스(Catullus)·키케로·루크레티우스(Lucretius) 그리고 아우구스투스 시대에 호라티우스(Horatius)·오비디우스(Ovidius) 그리고 베르길리우스 등의 창조적 천재성을 낳게 했다.

후마니타스란 그리스어에서 찾아볼 수 없는 순수 라틴어였다. 로마에서 후마니타스는 이소크라테스의 사상에서 문화, 세련된 매너, 자선적 태도, 그리고 그리스인을 비그리스인인 만인과 확연하게 구분한 미덕에 대

---

84) M. Colish, op.cit., p.372.
85) Cicero, de Republica II. 19. 34.

한 올바른 인식으로 그리스어의 파이데이아(*paideia*)를 의미했다. 후마니타스는 인간의 특성과 인간다운, 그리고 인간을 인간답게 만드는(*quiditas qua homo est quod est*) 인간적·인도적 특성을 의미한다. 스토아 사상의 영향 하에 후마니타스는 인간으로서 참인간에로의 추구이며, 인간 스스로를 연마하고 품성을 도야하는 개인의 표준인 동시에 모든 인간이 공유하는 인간의 특성·우월성, 하나의 통일된 인도, 인간애의 표준이었다.

이런 점에서 후마니타스는 인간의 조건을 특징짓는 육신적·도덕적인 제한과 항상 관련하며, 또한 황제는 자신과 신민들의 나약함을 극복하고 타개해 가기 위해 황제 자신이 노력하는 정책을 정당화하고자 이것을 활용했다. 그러므로 테오도시우스는 그의 신하들의 정신과 덕성의 고양을 위해 장례기념비를 세워야 한다는 인도적이고, 인간애에 바탕을 둔 황제의 포고를 내린 바 있다. 그밖에 테오도시우스는 자신이 제정한 법이 신민의 범죄행위를 저지하고, 또 잠재적으로 범법행위를 할 가능성이 있는 사람을 설득하고 경고함으로써 범죄를 사전에 예방할 수 있는 구급약이라는 점에서 인도적이었다.[86]

결국 후마니타스는 테오도시우스가 제정한 법에서 구체화하고 있듯이 황제의 의지를 표현하는 수단이다. 왜냐하면 후마니타스는 테오도시우스에서부터 유래하며, 그가 포고하고 명령한 것은 모두가 인도적이었기 때문이다. 테오도시우스가 허용하고 양보한 것들,[87] 다시 말해 그가 내린 하사금이나 보조금이 가난한 사람을 돕기 위해 식량을 제공하고, 또 체납된 세금을 면세해 주는 조처가[88] 어느 한 집단이나 혹은 세속적·종교적으로 어느 특정단체에 이익이었든지 간에 그 모든 것은 인간적·인도적이라고 할 수 있다. 테오도시우스의 하사금과 칙령에 나타난 후마

---

[86] M. Colish, *op. cit.*, p.372.
[87] Theod., *Cod.* 1.2.12.
[88] Theod., *Nov.* 1.1. pr., *pharr*, p.515.

니타스의 지표는 하사금이나 황제의 인도적 칙령이 사회적 욕구에 얼마나 기여했는가에 있는 것이 아니라 그것이 황제의 진정한 호의에서 나왔는가에 있다.

후마니타스는 윤리적 미덕을 의미하는 것으로 이 미덕이 법적으로 제도화되었든, 혹은 되지 않았든 간에 황제만이 아닌 모든 사람이 수행해야만 하는 도덕적이고 윤리적인 미덕을 의미했다. 이러한 점에서 후마니타스는 모든 사람이 지극히 갈구하는 고고한 미덕으로 인식되었다. 후마니타스는 초법적인 요구이다. 그러므로 후마니타스는 그 독특한 본질과 특성 때문에 자발적이지 법적 강제력은 아니다. 유스티니아누스는 후마니타스를 인간에 대한 신의 사랑으로 정의한다. 그러므로 후마니타스는 인류가 모사하고자 하는 신성적 특성을 갖는다.[89] 테오도시우스는 부활절의 시기 동안 그의 자선행위에 신적 영감을 받은 대표적인 인도주의자로 등장했다. 유스티니아누스는 후마니타스를 유아살해와 같은 비인간적이고, 비그리스도교적인 행위의 금지와 같은 인간생활의 현실적이고 실제적인 가치에로의 이행과 그리고 그리스도교 신앙에 의해 신성해진 사람들, 신성한 장소 그리고 신성한 것에 대한 경외와 경건 같은 종교적 감수성이나 양식을 의미했다.[90] 그리스도교 황제들은 후마니타스를 종교적 가치와 동일시하려 하지 않았다. 배교자 율리아누스(Julianus)는 성직자가 취해야 할 의무에 대한 그의 입법에서 인간애, 인류에 대한 사랑, 그리고 필수적인 미덕으로 경건성을 강조한다. 그리고 그는 이러한 고상하고 차원 높은 후마니타스, 인류애 그리고 경건성 등이 피타고라스학파의 사람들, 플라톤과 아리스토텔레스의 철학 및 스토아 사상에서 유래된 산물임을 밝히고 있다.[91]

---

89) Theod., Cod.1.17.2. pr.
90) Theod., Cod.9.25.3, pharr, p.246 ; Cod.1.12.3.2~3, 8.50(51).20.
91) M. Colish, op.cit., p.373. ; Seneca, Epistulae 95, 30~33.

후마니타스는 로마제국의 법에 자주 나타나고 있지만 제도상 제한된 관행적인 의미를 가진다. 후마니타스는 그것과의 친근한 개념인 자연적 이성처럼 본질상 자주 시민법의 특성과의 일치된 의미를 나타냈다. 로마제국 황제는 후마니타스를 행정장관을 교육하고, 또 행정장관이 정사를 수행함에 있어 인도주의 정책의 시행을 촉구하는 데 사용했다.[92] 대체로 동시대에 이러한 유형의 후마니타스는 소송당사자가 정치적으로 무능하고 부정직하다는 이유만으로 처벌되는 사례가 있어서는 안된다고 말한 테오도시우스 황제의 치하에서 볼 수 있다. 만일 소송사건의 증빙자료로 필요한 문서가 소송당사자 가운데 어느 한 사람에 의해서가 아닌 정부관리에 의해 날조되었다고 한다면 재판관은 후마니타스의 형식에 구애됨이 없이 정부관리에게 가장 공명정대한 재판을 해야 했다.[93]

로마제국 입법에서 후마니타스는 제국의 법을 미화하고 수식하는 선전적 용도로 사용되었다. 후마니타스는 국가의 가장 주요관심사인 군사적·재정적 그리고 행정적인 필요와 요구에 일치하는 정책을 정당화하는 경향을 보였다. 디오클레이티아누스의 칙령에서 물가폭등을 비인도적인 행위로 간주한 것은 그것이 군인의 봉급을 동결하는 악순환을 초래했기 때문이다.[94] 디오클레이티아누스는 물가폭등이 공동체에 초래할지도 모르는 결과에 대해서는 중요하게 생각하지 않았다. 로마황제들은 자신들을 인도주의자로 미화하고자 한 것은 도덕적 목적을 정치적 수단으로 손쉽게 이용하는 데 있었다. 법을 만들고 수정하는 일이 인도적이라고 했던 것은 법을 준수하며 사는 시민이 법개혁에 의해 이익을 얻기 때문에서가 아니라 범죄자를 처벌하는 데 용이했기 때문이며, 또한 법정항소를 인도적이라 할 수 있었던 것은

---

92) *Dig.* 2.14.8, 13.7.5.1 ; Theod., *Cod.* 9.19.4 ; Theod., *Nov.* 11.1.1, *pharr*, pp.241,497.
93) Theod., *Cod.* 9.19.4, *pharr*, p.241
94) M. Colish, p.374.

항소 자체가 논쟁의 조속한 해결보다 소수의 재판관으로 행정을 원활하게 할 수 있었기 때문이다.[95]

유스티니아누스는 왜 법이 인도적이며, 관대하고 공정하게 집행되어야 하는가에 대한 해답에서 인도적인 정치는 국민의 안정과 평화유지에 있어 가혹한 통치보다 더 효과적이기 때문이라고 솔직히 밝히고 있다.[96] 테오도시우스는 유스티니아누스의 공평한 인도주의적 정치에 동의를 표하면서, 후마니타스를 반항적인 대중으로부터 정치적인 지지를 얻기 위한 계산된 전략으로 사용하지는 않았다. 통치하기가 용이치 않았던 속주민에 대해 그는 다음과 같이 말한 바 있다.

> 속주민에게 인도적인 것을 보여주면 줄수록, 속주민은 자신들에게 지워진 의무에 충성을 다 한다.[97]

그리고 테오도시우스는 후마니타스를 가난에 시달리는 사람들에게 시민의 재원이나 돈지갑을 털어서 베푸는 황제에 대해 보은의 마음을 갖는 것이라 표현했다.[98] 이러한 실례에서 우리는 후마니타스가 법에 있어 어느 정도의 도덕적 의미를 가지는지 그 용어의 사용을 파악하는 것이 필요하다. 그것은 필연적으로 정치적인 대용물로, 또 정치적인 응분의 대상(quid pro quo)이라는 의미로 사용되어 왔다.

로마제국의 법에서 후마니타스는 결국 지난날의 구속이나 제한에서 벗어나 개인의 법적 권리를 신장시키는 이론적인 근거였다. 이러한 점에서 후마니타스가 당시에 단순한 수사적인 미사여구로 사용되었는지, 아니면 현실을 살아가는 삶의 태도나 법식으로 사용되었는지 그리고 당시

---

95) Theod., Nov.23.4
96) ibid., 30.11.
97) ibid. 37.1. pr., pharr, p.538.
98) Theod., Cod.11.7.3. pharr, p.299.

의 황제가 왜 자신의 권리를 확대하려고 했는지 그 역사적 원인을 밝혀야 할 것이다. 과연 황제는 그의 통치시기에 도덕적 계몽화와 사회적 욕구를 충족시킬 책임이 있었는가? 로마제국의 법 개혁에 매우 주목할 분야는 재산상속권이다. 제국황제들은 비적출 아이에게 재산상속권을 가능케 할 수 있는, 그리고 노예신분으로 태어난 어린아이에게도 상속권을 인정하고, 부계는 물론 여계친에게도 상속권을 허용하는 새로운 법제정의 동기로서 후마니타스를 자주 인용해 왔다.[99] 이 같은 상속권 확대의 요구는 로마제국이 베풀 수 있는 관용이라 할 수 있다. 당시 제국의 생활에서 농장소유주들은 경제적으로나 행정적으로 중요한 역할을 했기 때문에 농장 지주계층을 소멸해 버리도록 방치한다고 한다면 그것은 국가의 이익에 큰 손실을 초래했을 것이다.

로마제국 법에서 후마니타스와 관련한 또 하나의 제도는 노예제이다. 스토아 사상가는 노예제에 대해 자주 언급해 왔음에도 로마 역사에서 노예제는 법적으로 인정된 제도였다. 그러나 로마제국 중기와 후기의 몇몇 황제는 노예해방을 촉구하는, 그리고 노예에 대한 주인의 지배와 폭력을 제한하는 법을 제정하기 시작했다.[100] 로마공화정의 법에서 노예에 대한 주인의 지배는 절대적이다. 그러나 서기 6세기 초부터 노예를 학대하고, 노예에게 육체적 상해와 벌을 가하여 살해할 수 있는 주인의 권한에 많은 제한이 가해졌다. 노예해방은 로마제국 말기 황제에 의해 노예제 개선을 위해 급진적으로 이루어진 개혁이다. 로마제국 황제들은 노예해방을 위한 노예법 제정의 이유로 인간애·인도주의를 의미하는 후마니타스를 자주 원용했다.[101]

---

99) M. Colish, p.375 ; Theod., *Nov.*14.1.7, *pharr,* p.499.
100) R.H. Barrow, *Slavery in The Roman Empire*(London, 1928) ; M.I. Finley, ed., *Slavery In classical Antiquity : Views and Controversies*(Cambrige, 1960), pp.204~18.
101) W. Richter, "Seneca und die Sklaven", *Gymnasium* 65(1958), 참조. *Inst.*1.6.2, 2.7. 4. 참조.

로마제국 말기에 노예해방이 점증하고 있었지만, 그 해방의 범위는 미미한 수준이었다. 아우구스투스 통치시기인 원수정 초기에 노예해방의 비율은 현저히 증가했는데 반해 아우구스투스의 통치 후반기 이르러 점점 감소현상을 보였다. 그 후 서기 3세기경부터 다시 노예해방은 극적으로 상승곡선을 보이기 시작했다.

이와 같이 노예해방 비율의 기복현상이 발생할 수 있었던 것은 단순한 이론으로 설명될 수 없다. 만일 노예해방과 노예취급의 개선을 요구할 수 있었던 요인이 스토아 사상이라고 한다면, 왜 스토아 사상이 로마제국 초기와 후기에 그 영향력을 작용할 수 있게 되었는지 그 확실한 이유가 밝혀져야 할 것이다. 뮐에 의하면, 후기 스토아 사상가는 인간의 도덕적 평등을 강조했을 뿐 노예제 폐지에 대한 의지나 결의는 결코 제시하지 않았다고 지적한다. 이러한 점에서 후기 스토아 사상가가 강조했던 후마니타스는 노예에 대한 편견을 완화하는 문화적인 교의는 될 수 있지만 사회적·법적 권위의 확대를 위한 실천적 동력으로 작용하지 않았다. 로마제국에서 노예해방이 점증할 수 있었던 원인은 스토아 사상과 초기 그리스도교에서보다 오히려 당시의 열악한 경제적·정치적 현실에 있었다고 하는 것이 타당하다.[102]

우선 고려되어야 할 문제는 왜 로마인은 공화정 말기와 초기 아우구스투스 시대에 많은 노예를 해방시켰으며, 그리고 왜 아우구스투스 통치시기 이후에 노예해방이 감소되었는지에 대해 의문이 제기되어야 한다. 이 문제에 대한 해답은 이 시대에 이용가치가 있는 많은 전쟁포로에서 그리고 아우구스투스의 정책에서 발견할 수 있다. 노예 소유자에게 있어 기원전 1세기는 안정기였으며, 그들은 별 쓸모없는 노예를 다른 노예로 쉽게 바꿀 수 있었기 때문에 나이가 먹어 별 가치가 없게 된 노예를 해방

---

[102] 조남진, 「스토아 사상과 초기 그리스도교 노예해방에 관한 연구」(고려대학교 박사논문, 1988) 참조.

시키는 데 주저하지 않았다. 아우구스투스는 이러한 노예해방을 반대하여 사회 정책적인 다양한 문제에 관해 많은 칙령을 발표했다.103)

　노예해방 조건을 완화시킨 후기 로마제국 법에서 노예제는 더 이상 경제 질서로서의 가치를 인정받지 못했다. 노예공급의 고갈, 노예인구수의 감소 그리고 노예가격의 상승과 함께 후기 로마제국의 대농장 주인을 유럽 역사의 모든 기초교과서에서 '로마제국 몰락'의 표제로 기술할 수 있으리만큼 경제문제의 어려움에 직면하였다. 한편 대농장주들은 노예수의 부족과 노예가격의 폭등을 직면하였으며, 다른 한편 심각한 인플레이션과 지속적으로 증대하고 있는 세금으로 제국의 농장주들은 파탄에 이르렀다. 후기 로마제국에서 노예제 쇠퇴는 당시 경제상황에 따른 자연발생적 결과라 할 수 있다. 이와 같이 노예제 쇠퇴는 당시의 경제적·사회적 대리인이었던 반자유민, 반예속적 노동력의 자연적 성장과 병행하였다. 이 시대에 발생한 노예의 신분적 상승은 스토아 사상이 표방한 후마니타스의 영향이었다는 주장은 설득력이 부족하다. 스토아와 초기 그리스도교에 있어 노예의 인간화는 노예취급에 대한 완화일 뿐, 노예제 폐지는 아니다.

　초기 그리스도교와 스토아는 본질상 종교운동이며, 도덕화 운동이기 때문에 사회 혁명적 체제개혁을 주도하지도 또 인정하지도 않았다. 고대 스토아의 후마니타스는 어디까지나 정치적으로 자유로운 귀족계층에게만 적용된, 귀족의 전유물이다. 물론 스토아와 그리스도교의 후마니타스는 노예제 완화에 기여할 수 있었지만 노예인구수의 감소 및 노예제의 해체는 웨스터만이 시사한 바와 같이 사회경제적 측면에서 찾아야 한다. 고대 스토아 사상가는 노예제에 대해 계몽화한 견해를 가지고 있지만 그

---

103) 아우구스투스의 노예에 대한 사회정책은 R.H. Barrow, *Slavery in the Roman Empire* pp.179~182. 그리고 Hugh Last, "The Social Policy of Augustus" *Cambrigde Ancient History*, 10, pp.429~434.

것은 사회현실에 대한 개혁의지로서보다 내면적·도덕적인 자유의 이상에 불과했다.104)

　로마제국 시대에 가부장권 지배 하에 있었던 여자와 아들의 두 카테고리는 로마법제사의 형성시기에 그들의 법적 권리의 증대로 나타났다. 이 두 경우에서 여자와 아들이 누렸던 많은 자유는 스토아 후마니타스와 평등사상에 그 원인을 돌릴 수도 있다. 설사 노예제에 관한 법령과는 다르지만 여자와 자식의 법적 권리의 문제에 관한 입법과 그 법체계는 철학적 용어를 원용하지 않았다. 이러한 변화의 의미와 중요성을 파악하기 위해 로마공화정 말기의 가족과 결혼에 관한 법적 특징을 밝히는 것이 무엇보다 중요하다.105)

　로마는 엄격한 가부장적 사회였다. 그래서 로마공화정의 법은 자식을 지배할 수 있는 무제한의 권력을 사실상 가부장에게 주었다. 가부장권(patria potestas)은 출생이나 양자에 의해 가지게 될 모든 자식을 지배하는 데 행사했다. 가부장은 자식의 생사를 주관하는 권력을 가지고 있었으며, 또한 그들을 노예로 팔 수 있는 권리와 그들의 약혼과 결혼 그리고 이혼의 법적 권리도 가지고 있었다. 가부장은 그의 지배하에 있는 자식이 가지고 있는 소유재산에 대한 법적 소유권도 보유했다. 가부장권 하에 있는 자들은 법적으로 독립된 자권자(sui iuris)가 아닌 타권자(alieni iuris)였다. 그래서 이 타권자는 법적으로 자유로운 행위자도 아니며, 재산에 대한 법적 소유권도 가지지 못했다. 가부장의 권위는 그의 아들이 성인이 되었을 때에도 끝나지 않았다. 가부장의 권위는 가부장 자신이 자발적으로 종결할 수 있는 몇 가지 방법이 있었지만 가부장이 죽을 때까지

---

104) C.E. Manning, "Stoicism and Slavery in the Roman Empire", *Rise and decline of the Roman World Band* II, 36. 3(1989), p.1529 ; Alfred North Whitehead, *Adventures of Ideas*. Macmillan, 1968, p.21 ; M. Mühl, *op.cit*, s.108.
105) 오늘날 이 문제를 간명하게 다룬 학자는 왓슨(Watson)이다.[Alan Watson, *The Law of Persons in the Later Roman Republic*(Oxford, 1967), pp.16~69, 77~98, 147~154]

는 대체로 지속되었다. 그러나 가자(家子 : filius familias)는 이미 결혼하여 자식을 가진 성인이 되고 심지어 국가의 중요직책을 수행하는 관리가 되었어도 여전히 사법상의 문제에 있어 그의 가부장의 지배하에 여전히 있었다. 노예의 재산과 유사한 페쿨리움(Peculium), 법적으로 다른 사람의 재산을 아들에게 주는 것은 관례였다. 이 재산은 가부장의 법적 소유권에 속했던 것으로 아들이 사용할 수 있었으나, 증여나 혹은 유언을 통해 재산을 분배할 수 있는 분배권은 가부장의 수중에 있었다.[106]

가자에게 있어 재산상의 독립성의 결여는 로마인에게 억압적인 것이 아니었다. 왜냐하면 이 같은 가자의 독립성 결여는 로마사 말기까지 다양하게 지속되어 왔기 때문이다. 가부장권은 두 가지의 특징이 있는데 그 하나는 페쿨리움 제도였고, 다른 하나는 자기 자식에 대한 가부장이 갖는 생사권으로서 로마공화정 말기와 후기 로마제국 사이에 많이 변모했다.

초기 고전법에서 군진영 페쿨리움(peculium castrense)의 원리가 발전했다. 이것은 군대의 일원이었던 가자의 페쿨리움이다. 설사 페쿨리움이 여전히 아버지의 법적 재산이었을지라도 가자가 군복무를 통해 획득할 수 있었던 재산과 부는 아버지의 승인없이 자유롭게 처분되었다. 후기 로마제국에서 유사 군진영 페쿨리움(peculium quasi-castrense)은 국가에 봉사하는 아들을 위해서 발전하게 되었다. 군대와 국가의 관리였던 아들에게 재산권을 제한적으로 인정하는 것을 후손과 선대인의 도덕적 평등을 새롭게 인정하는 것으로 간주해서는 안된다. 군진영 페쿨리움과 유사 군진영 페쿨리움에 함축되어 있는 법적 권리는 가부장권 하에 있는 모든 아들에게 적용되었다기보다 특별한 두 경력을 가진 아들에게만 적용되었다.

더욱이 이러한 군진영 페쿨리움 혹은 유사 군진영 페쿨리움의 권리를 누렸던 사람들까지 모두 가부장권 지배 하에 있었다. 가부장권 하에

---

106) 차영길, 「로마노예의 Peculium에 관한 연구」, 고려대학교 박사논문, 1992, pp.17~61을 참조.

있는 아들에게 완전한 법적 인격을 인정하기보다 오히려 군진영 페쿨리움과 그리고 유사 군진영 페쿨리움의 제도를 황제가 추구하려고 했다. 이러한 제도를 통해 황제는 많은 유산계층에게 용기를 주었으며 유산계층을 국가의 군대와 관리로서 봉사케 하려했다. 군진영 페쿨리움은 군장교단으로 선발된 상류 지배계층을 대폭 감소시킨 정치폭력이 난무했던 공화정 말기에 시행되었다. 모든 남자 시민은 군대에서 일정기간 동안 복무해야 했는데 반해, 장교단은 자원자들로 구성되었다. 로마제국 초기 원수정은 별 이득없는 국경선 방어의 명분 때문에 모험에 찬 정복전쟁이 심화되었던 시대였다. 그러므로 정부는 종신군대 복무를 아주 매력 있는 생활이라고 생각하게 하는 것이 무엇보다 필요했다.

후기 로마제국에서 시민군대로 보강된 신병들의 수가 적었던 것은 로마제국 말기 다른 모든 계층은 물론 인구통계학상 상류계층의 감소 때문만이 아니라 로마제국의 관료정치의 중추였던 귀족에게 봉사하는 것을 불쾌하고 타락한 행위로 생각했기 때문이다. 이제 로마제국은 시민군대의 보충과 신병의 확보를 위해 유사 군진영 페쿨리움을 시행하기에 이르렀다.

로마제국의 지배계층은 법을 이행하고 황제의 정책을 수행하는 일이 주된 직무였다. 그러나 제국의 지배계층은 중요한 현실문제의 결정에 있어 그들의 역할이 점차 약화되면서 날로 증대하는 세금부담만을 떠맡게 되었다. 그러므로 이제 그들은 가자의 예속된 신분에 대한 인도적 차원의 쇄신보다는 새로운 재산권의 부여와 같은 용기를 줌으로써 시민적·군사적 의무와 봉사를 충실하게 이행시키고자 했다.[107]

다른 한편 자식에 대한 아버지의 생사권 행사가 종언될 수 있었던 것은 순수도덕성의 영향을 반영해 주고 있다. 필요없는 유아의 유기금지는

---

[107] 사실 군진영 페쿨리움을 초기 로마제국의 군사적인 요구와 관련시킨 유일한 법학자는 아란지오-루이즈(Arangio-Ruiz)와 크루크 그리고 슐츠(Schulz)이다.[M. Colish, op. cit., p.382]

로마제국 후기 황제들의 인구통계학적 정책의 한 특징이라 할 수 있지만, 황제는 인구감소를 막기 위해 불가피하게 손해 보는 전쟁을 해야 했다. 황제는 도덕적·종교적인 기초 위에 유아살해에 대해 분명한 반대 입장을 표명했다. 고전법에서 유아, 심지어 요람 속에 있는 유아들까지도 자연계(in rerum natura)에 존재하는 그리고 국가법이 미치는 법적 권리를 가지는 자로 간주했다.[108] 유아살해를 살인행위로 규정하고, 또 그 원칙이 확대되었다고 하는 것은 후기 로마제국까지 로마인에게 적용되지 않았던 시민법의 결과였다. 로마제국 말기 인구통계학 문제는 그리스도교의 영향을 받은 황제의 기여라고 할 수 있는 데 반해, 유아살해 금지는 스토아 사상의 영향이었다고 말할 수는 없다. 그리스도교와는 달리 스토아 사상은 로마가족법의 역사에 많은 영향을 끼쳤다.

결혼에 대한 로마법의 경우에서 주목을 끌게 하는 것은 결혼형태의 변화와 그리고 결혼한 여자가 자신의 재산을 관리할 수 있는 법적 권리의 교체다. 이 두 경우의 주요변화는 그리스도교가 공인되기 이전 후기 공화정 시대나 혹은 아우구스투스 통치시기에 발생했다. 이러한 변화는 스토아 철학에서 유래한 성적 평등에 대한 새로운 인식에 기인하였다.

로마공화정에서 우리는 두 가지 형태의 결혼을 발견한다. 즉 아내를 전적으로 남편의 법적 지배하에 종속시킨 이른바 수권결혼(cum manu)과 그리고 아내에 대한 남편의 법적 지배권을 행사하지 못한 즉 부권(夫權)이 없는 이른바 비수권 결혼(sine manu)의 두 형태다. 결혼은 세 가지 방법 즉 *confarreatio*, *coemptio*, *usus*으로 이루어진다. *confarreatio*는 로마인들 사이에서 오래된 결혼형태, *coemptio*는 매매식 결혼, 그리고 *usus*는 사교나 친교에 의한 결혼이다. 이 같은 방법 중에 어느 한 방법을 통해 남편

---

[108] *ibid.*, p.382.

이 아내를 지배할 수 있는 지배권을 얻게 된다.[109] confarreatio는 스펠트 밀로 만든 과자와 빵의 성찬식에서 생긴 이름이다. 성찬은 주피터신의 성직자와 그리고 고등성직자, 최고신관(pontifex maximus) 등을 포함한 10명의 목격자 앞에서 주피터신에게 행해진다. 분명 그 의식에서 행해지는 말은 결혼을 수행하는 것이다. 가장 숭고한 결혼형태 Confarreatio는 성직자에게 꼭 필요한 결혼이었다.

그러나 법적으로 로마 지배계층의 귀족이 아니었다면 사실상 이 방법은 제한되었다. 매매식 결혼 coemptio는 거짓판매의 방식을 통해 신랑에게 신부를 건네주는 것이다. 이는 신부를 신랑에게 실제적으로 파는 초기 관행의 변형이었다. 남편이 아내에 대해 갖는 지배권은 일 년 동안 남편과 아내의 동거를 통한 친교, 즉 usus에 의해 획득하게 된다. usus에 의해 남편의 지배권을 피하기가 매우 용이했다. 왜냐하면, 만일 아내가 1년 동안의 동거생활이 끝나기도 전에 밤낮 3일 동안 남편과 동거하지 않고 부재중이었을 경우에 아내에 대한 남편의 지배권인 manus는 성립될 수 없기 때문이다. 재산권과 상속권에 있어서 남편의 지배 안에 있는 아내의 자격은 가부장권 하에 있는 자기 딸의 자격과 아주 유사했다. 즉 결혼한 딸은 법적으로 아버지의 가족으로부터 남편의 가족으로 옮기는 것이 하나의 관례일 뿐만 아니라 법적으로 공식화되었다. 그래서 결혼한 딸은 재산권을 아버지로부터가 아니라 그녀의 남편으로부터 상속을 받았다.[110]

로마공화정의 법에서도 남편이 아내에 대한 지배권을 행사하지 못하는 결혼이 이루어졌다. 남편이 아내에 대한 지배권을 가지지 못하는 결혼은 관리의 특별한 승인을 법적으로 요구하지 못했다. 당시에 신부는 자기 남편의 집으로 가는 것이 관례였다. 그러나 이러한 의식을 생략해 버린다고 해서 결코 결혼이 법적으로 무효화되는 것은 아니다. 아내에

---

109) *ibid.*, pp.383~384.
110) *ibid.*, p.383.

대한 남편의 지배권이 없는 결혼은 부부가 부재중(*in absentia*)이었을 때 발생할 수 있다. 재산권 및 상속권과 더불어 남편의 지배권이 없는 결혼에서 아내의 법적 신분은 그녀가 자기 아버지 가계의 딸(*filia familias*)이든지, 결혼하기 이전 부권(父權)하에 있었든지 간에 없었든지 간에 보호자(tutor) 또는 법적 후견인을 가진 독립적인(*sui iuris*) 신분이다. 다른 한편으로 이 결혼에서 신부는 결혼 전에 소유했던 재산권의 법적 자격을 바꾸지 못했다. 어디까지나 신부는 법적으로 가부의 한 구성원이다.[111]

로마공화정 말기에 수권결혼이 비수권결혼으로 교체되는 경향을 보였다. 이러한 발전은 여자에 대한 스토아 평등사상의 영향이었다는 주장이 설득력 있게 제기되고 있다.[112] 학자들은 여자의 법적 열등이 비수권결혼에서 극명하게 나타나 있음을 강조해 왔다. 아내는 자신의 의지에 반하는 결혼도 이혼도 할 수 있다. 아내는 그가 결혼하기 이전과 마찬가지로 그녀의 아버지나 혹은 보호자에 법적으로 종속되어 있었다. 그러므로 비수권 결혼에서 여자의 법적 독립을 기대하기란 어렵다. 만일 여자에 대한 도덕적인 태도의 변화가 로마공화정 말기 부권이 없는 비수권결혼의 점증적인 대중화를 말해 주는 것이 아니라고 한다면 그것은 과연 무엇인가? 로마공화정 말기의 사회정치사에 시선을 돌려 그 해답을 찾을 수 있을 것이다.[113]

공화정 말기는 끊임없는 내란의 시대였다. 결혼은 귀족들의 정파를 결속하는 필수적인 수단이었다. 이혼율은 놀라울 정도는 아니지만 공화정 말기에 현저하게 증가했다. 그 이유는 로마의 귀족이 결혼과 이혼을 정략의 도구로 사용했기 때문이다.[114] 이 시대의 정치지도자들은 그들에

---

111) *ibid.*, pp.383~384.
112) *ibid.*, p.384.
113) *ibid.*, p.384.
114) 동시대의 정치와 비수권결혼 문제에 관심을 가진 유일한 법학자는 크루크와 슐츠다.

게 최대의 책략과 술책의 기회를 줄 수 있던 결혼을 정략도구로 선호했다. 부권이 없는 결혼은 약혼이나 결혼을 취소함에 있어 어떤 공식적인 절차나 격식을 필요로 하지 않았다. 장인이나 시아버지는 결혼 취소에서 법적으로 동등한 권리를 가지고 있었다. 그리고 배우자인 아내와 남편의 재산은 각각 분리되어 있기 때문에 그녀의 가부(家父)나 혹은 보호자의 통제 하에 있는 아내 및 그 가족은 어느 한쪽의 재산이 불리한 손실없이 분배받을 수 있다. 배우자는 로마공화정의 정치판에 깔린 졸병들이었다. 로마공화정 말기 정치적으로 영향력을 작용한 많은 유력한 인물들은 권력투쟁에서 정치적으로나 사회적으로 유리한 위치를 차지하기 위해 자주 결혼과 이혼을 일삼았다. 그것은 여자의 권위에 대한 새로운 철학적 인식이라기보다, 공화정 말기 수권결혼의 쇠퇴와 아울러 비수권결혼의 일반화를 설명해 준다.

    로마인에게 있어서 스토아 사상의 성적 평등의 인정과 더불어 나타난 여자의 법적 신분의 제2의 변화는 여자가 소유하고 있는 재산이 이제 보호자의 지배로부터 독립되었다는 사실이다. 이 법의 주요 변화는 아우구스투스에 의해 구체화되었다. 아우구스투스는 지난날의 법에 많은 관심을 가지고 있었다. 여자 보호자제도(tutela mulierum)에 대한 공화정의 법은 아주 분명하게 명시하고 있지만 평등주의에 빗나간 심히 개탄할 법이었다.[115] 여자는 언제나 삶에 있어 법적으로 무능한 존재로 간주되었다. 만일 여자가 남편이나 부권의 지배 하에 있지 않을 경우 그들의 일이나 사업을 감독하고 지도할 수 있는 보호자를 가져야만 했다. 이러한 지배로부터 벗어난 여자는 단지 베스타 신에 몸 바친 처녀들(vestal virgins)뿐이었다. 보호자는 미성년자·방탕아·정신이상자와 같은 법적 무능력자와 여자를 위해 임명되었다. 여자 보호자가 법적 후견인과 다른 점은 그 기

---

115) M. Colish, op. cit., p.385.

간이 영속적이었다고 하는 사실이다.

　미성년자가 성년이 되었을 때 후견인의 간섭과 보호로부터 벗어날 수 있었다. 방탕아도 생활형태를 개선했을 경우에 그리고 정신이상자가 정상으로 돌아왔을 때 역시 후견인으로부터 벗어날 수 있었다. 그러나 여자는 로마공화정의 법에서 태어나 죽을 때까지 법적으로 무능력한 자로 간주했다. 여자 보호자는 그의 피후견인에 대해 철저하고도 광범한 통제를 했다. 법적 보호를 받는 피후견인인 여자는 세습재산을 줄일 수 있는 법적 조처를 위해 후견인의 승인이 필요했다.

　이 피후견인 여자는 보호자의 승낙없이 자기 마음대로 강제적인 약정이나 재산을 파는 행위를 할 수 없었다. 그녀가 법적 권한을 가진 결혼을 하는 것도 보호자의 승인이 필요했다. 왜냐하면 이 같은 수권결혼으로 인하여 그녀의 재산을 지배할 수 있는 법적 권리는 남편에게로 옮겨지기 때문이다. 사실 피후견인의 법적 권리의 감소와 같은 수권결혼의 가장 보편적 형태는 보호자의 승인이다. 여자보호자 제도의 보호를 받고 있는 여자는 로마법에서 법적으로 독립된 자권자로 명명되지만 사실 자권자라는 표현은 분명히 독립적이거나 자율적이지 못했던 신분에게 적용된 완곡한 표현이다.

　원수정 초기에 여자 보호자제도에 주요한 변화가 나타났다. 남자 보호자제는 폐지되었으며, 여자는 보호자를 선택할 수 있는 폭넓은 법적 권리를 가지게 되었다. 그러나 가장 중요한 변화는 아우구스투스에 의해 포고된 변화였다. 아우구스투스는 결혼에 대해 많은 법적 관심을 보였다. 결혼문제에 대한 아우구스투스의 가장 광범한 명령은 파피아 포파이아 법(Lex papia poppaea)이었다. 이 법에서 그는 다음과 같이 밝히고 있다.

　　만일 어떤 부인이 해방노예로 세 아이의 어머니이거나 혹은 네 아이의 어머니일 경우에 여자 보호자로부터 해방된다.[116]

포파이아법은 법 앞에서 성적 평등의 강조였던 것처럼, 아우구스투스의 정책은 대체로 사회법적 구조에서 이해되어야 한다. 아우구스투스의 사회법의 목적은 출생률을 장려하기 위한 정책으로, 특히 라틴계 혈통의 상층계층의 출생률을 높이고자 했다. 이와 같이 그의 목적이 출생률의 증가에 있었다는 것은 그의 동시대인은 물론 아우구스투스 통치에 대한 현대 사가에 의해서도 설명되고 있다.[117]

아우구스투스의 사회법의 목적은 로마공화정 말기에 이미 나타났던 상류 지배계층 가문의 몰락을 막는 데 있었다. 공화정 말기의 빈번했던 내란은 여러 세대에 걸쳐 그들의 희생을 초래했다. 기원전 1세기에 공공생활의 비용이 점진적으로 증가하고 많은 재정이 유출된 것은 각자의 정치적 동행자들에게 많은 유산을 넘겨주는 관행 때문이다. 정치권력을 가진 로마 귀족신분은 향락적인 생활을 하기 위해서라도 어느 정도의 재산이 필요했다. 이러한 상류계층들은 그들이 누렸던 정치권력을 자식들에게까지 넘겨주려고 부심했다. 그래서 로마제국의 지배계층의 부부들은 그들의 정치권력을 자식들이 그대로 누릴 수 있도록 하기 위해 후손의 수를 제한하고자 했다.

기원전 131년 로마의 감찰관 메텔루스(Metellus Macedonius)가 혹평한 바와 같이 로마공화정 말기의 많은 귀족은 결혼 자체를 기피했으며, 결혼한 자는 가족 수를 제한하려 했다. 기원전 1세기에 로마의 상류계층의 가족은 2~3명 이상의 어린아이를 갖는 것을 정상으로 생각하지 않았다. 당시 인구통제에 있어 가장 간단한 방법 중의 하나가 원치 않은 자식을 유기하는 것으로 가부장만이 가질 수 있었던 절대적인 권리였다. 낙태가

---

116) 아우구스투스의 사회정책과 여자보호자(*tutela mulierum*)법에 대한 그의 완화정책과의 관계를 언급한 유일한 법학자는 크루크이다.

117) Balsdon, *Roman Women*, p.79.

성공하리라고 확신하기 어렵지만 피임법과 낙태는 당시의 일반화된 관행이다.118) 동시대의 권위있는 의학적인 모든 피임처방은 과학적으로 별 효과가 없었기 때문에 의학 문서에서는 피임약과 유산약을 분명하게 구분하지 않았다.

가족의 수를 제한하기 위해 모든 방법을 동원한 로마제국의 지배계층은 그들이 바랐던 결과에 도달할 수 있었다. 이들 귀족가문은 항상 대를 이을 후계자를 두지 못한 채 죽어갔다. 그래서 지배계층의 귀족가문의 자리는 신인(novi homines)'으로 채워졌지만 똑같은 상황에 처하게 되었다. 자식이 없는 가문은 가문을 영원히 이어가기 위해 양자상속을 택했다. 그래서 자식이 없는 가문은 양자상속을 위해 소년을 그 대상으로 삼았으며, 가문의 일원이 될 소년의 나이가 사춘기가 될 때까지 기다렸다. 이러한 방법을 통해 자식이 없는 가문은 원하는 양자를 선발하는 것과 유아로부터 어린이로 양육하는 데 소요되는 비용과 위험을 피할 수 있었다.119)

아우구스투스는 귀족계층에서 재현되고 있는 사춘기 나이의 소년을 양자로 선택하는 극도의 이기적인 방법에 대해 반대했다. 아우구스투스는 그의 체제에서 가장 영향력이 있는 사회적·정치적 구성원을 확보하기 위해 귀족계층을 부활시키고자 했다. 아우구스투스는 공화정 말기 귀족계층의 결혼 기피현상에 대해 비난과 충고를 아끼지 않았던 메텔루스의 결혼장려 발언을 원로원 연설에서 다시 강조하고 출산을 반대한 당시의 지배계층에게 경고했다. 결국, 그는 지배계층의 결혼기피를 막기 위해 일련의 법을 제정하기에 이르렀다. 파피아 포파이아법은 결혼기피를 막는 가장 주목을 끄는 기본법이었다. 아우구스투스가 정치적으로 추구했던 첫 단계는 결혼장려 정책이다. 아우구스투스는 결혼하고자 하는 자

---

118) Marcia L. Colish, op. cit., p.387.
119) ibid., p.387.

식의 진로에 아버지가 방해하지 못하도록 경고하였으며, 이전부터 있어 왔던 결혼의 법적 장애요소를 제거했다.

아우구스투스는 미혼 독신남자·과부, 그리고 홀아비들에게 불이익을 줌으로써 결혼을 촉구했다. 결혼은 25세와 60세 사이의 남자와 그리고 20세와 50세 사이의 여자에게 있어 법적 의무로 규정했다. 이 연령층 안에 있는 독신자는 특별세를 지불해야만 했다. 아우구스투스는 아이를 가질 수 있는 나이에 재혼할 수 있도록 하기 위해 남편이 죽은 후에 그 아내의 재산, 즉 결혼했을 당시에 가지고 온 지참금의 몰수와 같은 고통을 줌으로써 결혼을 독려했다. 자식없는 사람은 남자에게 있어서는 60세, 여자는 50세까지 재산상속권을 빼앗겼다. 아우구스투스의 통치시기에 귀족은 아이를 낳음으로써 경제적으로는 물론 정치적으로 많은 이득을 보게 되었다. 당시 로마정부의 공직자는 이러한 계층의 구성원으로 채워졌으며, 자식을 많이 가진 아버지는 직업의 선택과 임명에 우선권이 주어졌다. 만일 관직선택을 위한 투표가 있을 경우 자식을 많이 가진 후보가 선출되었다. 로마의 집정관 중에서 상위의 집정관은 역시 자식을 많이 가진 자들이 차지했다. 자식을 가진 사람들은 속주 총독직의 임명에 있어서도 특전이 부여되었으며, 아이를 가질 수 있는 나이에 공직의 자리를 차지할 수 있었다. 아우구스투스는 이와 같은 입법의 필요성을 절실하게 느꼈다.[120]

아우구스투스에 의해 여자보호자 제도의 조건부적 폐지는 유산계층의 출생률을 높일 목적으로 시도된 정교한 정책의 일면에 불과했다. 유산계층은 아우구스투스의 입법으로부터 많은 이익을 얻게 되었다. 그러나 아우구스투스 통치시기에 여자 보호정책이 곧 성적 평등을 인정하는 것으로 해석될 수 없다. 왜냐하면, 아우구스투스의 여자보호 정책의 대상이 된 여자는 모든 여자가 포함되지 않았을 뿐만 아니라, 심지어 업무

---

120) *ibid.*, p.388.

감각이 우수했던 자도 포함되지 않았기 때문이다. 아우구스투스의 인구통계 입법의 특징에서 볼 수 있듯이 사회전략으로서의 파피아 포파이아법은 실패작이었다. 아우구스투스 이후의 티베리우스·클라우디우스·네로·베스파니아누스·하드리아누스, 그리고 안토니누스와 세베루스 황제는 인구통계 입법에 있어 아우구스투스의 법령을 더욱 강화하려 했다. 그러나 상류계층의 가문은 로마제국의 역사를 통해 이 강압적인 법규를 지속적으로 제거해 나갔다.[121]

우리는 로마공화정 말기와 로마제국 법에서 발생한 개혁내용을 고려해 볼 때 스토아 사상의 영향이 크게 작용하지 못했음을 발견한다. 몇 가지 경우에서 오히려 그리스도교의 윤리적 교의에 의해 당시의 사회적 폐단이 치유될 수 있었다. 그것은 유아살해의 금지가 바로 그 한 예다. 당시 법 제정의 정당성을 밝히는 글에서 후마니타스와 평등과 같은 고상한 철학적 용어의 사용은 법령 자체의 내용과는 전혀 무관했다. 다른 한편으로 예속적이고 비천한 위치에 있는 자들의 법적 신분의 개선이 모든 경우에 있어 당시의 정치적·사회적 그리고 경제적 조건들과 밀접히 관련되어 있었음을 우리들은 확인할 수 있다.

그러므로 우리는 로마제국 황제들이 수행했던 개혁이 결코 로마사회를 스토아 후마니타스를 이상으로 하는 사회를 구축하기 위한 조직적인 노력의 반영이라고 생각할 수 없다. 로마황제는 개선된 사회를 기대했지만 인간이 겪는 고통에 대한 그들의 반응과 대처는 사회의 병리적 징후를 완화시키는 임시방편적이고 피상적인 노력에 불과했다.[122] 로마황제는 악폐의 원인이 되는 모든 문제를 근절할 수 있는 국가의 기본제도의 개혁을 결코 생각하지 않았다. 로마황제는 국가와 정치문제에 있어 인류애와 평등을 자유롭게 논의하면서도 그들이 상속받은 그리고 아직 폐지

---

121) *ibid.*, p.388.
122) *ibid.*, pp.388~389.

하지 않은 제도와 새로이 제정한 법에 반작용으로 나타난 후마니타스의 실현에는 무감각했다.[123]

이와 같은 사실은 스토아 철학의 박식가로서 인간애를 가장 상찬했던 황제들마저 노예와 같은 비천한 계층에게 행한 가혹한 법적 고문 행위까지도 비인간적인 것으로 간주하지 않았다는 사실에서 잘 나타나 있다. 로마황제들은 명망있는 인물(honestiores)을 지중해의 여러 섬으로 추방했고 비천한 계층의 사람들(humiliores)을 범죄자와 조금도 다를 바 없이 제국 광산의 형벌노예로 내몬 불평등한 제국형법을 폐지하려 하지 않았으며, 게다가 로마제국 말기 황제의 법전에서 구체화한 그들 신민에 대한 지속적인 통제와 구속은 그들이 늘 입버릇처럼 말했던 인간존엄에 반하지 않는 것으로 생각했다. 법이 폐지되어야 할 것인지, 아니면 유지되어야 할 것인지, 아니면 제정되어야 할 것인지에 대한 로마제국 황제들의 테스트는 스토아 사상의 도덕적 가치보다 로마제국의 국가이익에 일치시켰다고 보아야 한다.

로마법에 미친 스토아 사상의 영향에 관한 연구는 19~20세기 독일 법제 사가들을 중심으로 활발하게 전개되었다. 대체로 로마법에 끼친 스토아 사상의 영향에 옹호론적 입장을 취한 연구자들과, 이들의 주장에 반론을 제기함으로써 그리스 고전주의에 시선을 돌려 플라톤과 아리스토텔레스의 자연법설과 평등론, 그리고 그들의 논리학과 수사학 등은 로마 법학과 법 사료학, 자연법·실정법·관습법과 사법의 토대가 되었고 법학자들의 법적·윤리적 시야의 확대에 크게 기여했다.[124]

로마법 연구자들은 로마법의 역사를 다음과 같이 세 시기로 구분했

---

123) 키케로와 로마제국 황제들이 후마니타스의 표준으로 삼았던 대상은 로마의 귀족이었다. 사실 부분적이기는 하지만 후마니타스는 로마 귀족정치의 전통과 편견에 의해 형성되었다.[H.C. Baldry, "The Impact of Rome" ; in *The Unity of Mankind in Greek Thought* (Combridge Univ. Press, 1965), pp. 20~203]
124) Ernst Levy "Natural Law in Roman Thought," *Studia et Documenta Historiae et Iuris*, 15 (1949), pp. 1~23.

다. 첫번째는 로마공화정 말기인 기원전 3세기에서 1세기 말까지, 두번째는 가장 권위있는 법학자들이 활약했던 기원전 1세기 말에서 기원후 3세기 중엽까지의 고전시대, 그리고 마지막 유스티니아누스에 의해 로마 시민법이 편찬된 기원후 3세기 말에서 6세기 초의 후기 고전주의 시대이다.[125] 이상의 세 시기에 스토아 사상은 로마 상류 지배계층에 만연된 시기로서, 로마법학자와 제국황제에 끼친 영향에 대해서 옹호론적 입장을 취한 연구자들은 스토아 사상의 영향을 지나치게 도식화한 사실을 지적하지 않을 수 없다.

우리는 로마공화정 말기와 로마제국의 법에 나타난 개혁들이 스토아 사상의 영향이었다고 하는 개연성을 인정할 수 있으나, 몇 가지의 경우에서 그러한 변화의 원인이 그리스도교 사상의 영향이었다고도 생각할 수 있다. 그 대표적인 사례로 유아살해의 금지법을 들 수 있다. 당시의 법제정의 정당성을 밝힘에 있어서 후마니타스의 이상을 밝히는 고상한 철학적 언어의 사용은 법규나 법령 자체의 내용과 전혀 유기적인 관계를 갖지 못했던 것이다. 그러므로 예속적인 비천한 자들의 법적 신분의 개선은 스토아 후마니타스와 평등사상과 같은 철학적 언어의 표현에 의해서가 아니라 정치적·사회적 그리고 경제적 조건들의 관계에서만 가능했다.

스토아 자연법 사상과 윤리학의 영향을 받은 로마법 이론은 법학자의 회답록 또는 로마황제의 법서문과 법규에서가 아니라 키케로의 수사(修辭)와 정치이론에서 발견할 수 있다. 결론적으로 스토아 사상이 라틴 그리스도교 교부와 중세 서유럽의 지적 세계로 전해진 것은 로마법에 의해서라기보다 라틴문화에 의해서였다.

---

125) 이러한 일반적인 역사개관은 다음과 같은 학자들의 연구에 기초했다.[Wolfgang Kunkel, *Herkunft und soziale Stellung der römischen Juristen*, 2nd ed.(Graz, 1967) ; Hans Julius Wolff, *op.cit.*, pp.95~133, 145~157]

제10장
스토아 사상의 죽음[자살]과 자유·평등개념

1) 세네카의 자유·평등과 노예관

레씽(Gotthold Ephraim Von Lessing)이 『현자 나탄(Nathan der Weise)』을 쓰고[1] 괴테가 『이피게네(Iphigene)』를 기초한 1779년 프랑스의 계몽사상가 디드로(Denis Diderot)에 의해 『세네카에 관한 에세이(Essai sur la vie de Sénèque)』가 세상에 발표된 사실은 인간이성과 인간애를 깊이 인식하고 요구한 이 시대에 있어 의미 있는 일이었다.

18세기의 많은 계몽사상가는 고전주의를 재구성함에 있어 세네카를 회상하였거니와 그를 정신문화의 창조자, 서구정신의 지적 전통과 후마니타스의 기초를 확립한 인물로 그의 역사적 업적을 재평가했다. 세네카

---

[1] 니콜라이(Nicolai)는 "레씽을 생각하는 사람은 독일의 명예라고 생각하라"고 말한 바 있다. 레씽은 고전적 자유이념의 기초 위에 독일 계몽주의와 시민적 자유와 평등을 주창한 독일 계몽사상을 대표하는 사상가다. 그는 반전제적 공화주의에 대한 확고한 정치적 신념과 보편적 인류애를 가진 자로 스토아 사상의 영향을 받았으나 자유의 문제에 있어서 이념적이었다기보다 동시대의 전제정에 대한 비판과 시민적 자유의 실현에 충실한 투쟁적 인물이었다.[조남진, 「18세기 독일의 정치이념과 종교문제―Gotthold Ephraim Lessing을 중심으로」, 호서사학, 1977] 참조

는 후기 스토아 사상가들 가운데 대표적 사상가다. 당대의 박식가로서 철학이 추구하는 최고의 목표를 지자체(知自体)가 아닌 플라톤의 대화에서 밝혔듯이 지적 결과에 대한 무관심이다. 그는 철학의 기능을 개인의 인격과 행위의 개선이라고 강조했다. "철학은 미덕없이 존재할 수 없으며, 미덕 역시 철학없이 존재할 수 없다". "철학은 미덕의 학문이며, 미덕 자체의 연구이다(Philosophia studium virtutis est, sed Peripsam virtutem)" 이와 같이 그의 철학은 자유교양학으로서 르네상스 휴머니즘, 18세기 계몽주의 철학자 칸트의 실천이성비판, 셰익스피어의 비극, 존 스튜어트 밀의 자유이념의 도덕적·윤리적 기초가 되었다.

그는 인류의 교육자(genaris humani paedagogus)로서 동시대의 스토아 사상가들 가운데 유독 그만이 라틴어로 글을 썼기 때문에 고대와 중세의 많은 학문 계승자들에게 그의 사상이 직접 전해졌다. 세네카의 작품 중 대략 20여 종은 고대 저술가들이 직접 언급하였지만 거의 전해지지 않고 있다. 특히 대화체 형식으로 된 윤리문제에 관한 10편의 논문은 그의 친구와 인척들에게 헌정되었다. 그리고 세네카는 대화체가 아닌 도덕에서 이를 저술한 바 있다. 즉 서기 55~56년에 네로황제에게 헌정한『관용론(de clementia)』과『자선론(de beneficiis)』 등이다. 자연철학에 관한『자연탐사(Quaestiones naturales)』는 그가 정계에서 은퇴하고 나서 집필하였다. 역시 124회에 걸친 그의『도덕서한(Epistulae morales)』은 지금까지 전해져 오고 있다.

이 도덕서한은 그의 친구 루킬리우스(Lucilius)에게 보낸 단순한 사사로운 서신이라기보다 윤리적 행위를 촉구한 철학적 장르를 내포한 서신이다.[2] 타키투스에 의해 아주 인상 깊게 표현되었고, 또 현대의 많은 사상가·예술가들에 의해 묘사된 세네카의 죽음은 소크라테스의 죽음처럼

---

2) Senea, *Epistulae* 89,8 : 48,8~9. Samuel Dill, *Roman Society from Nero to M.Aurelius*, pp.299~300.

우리들의 기억을 상기시키고 있다.3)

세네카에 관한 오랜 신화는 근대 역사가와 문헌학자들에 의해 많은 비판을 받아왔거니와 몸젠(Thedor Mommsen)·빌라모비츠(Moellendorf, U Von Wilamowitz)·슈바르츠(Schwartz) 등은 세네카를 고전적 박식가임을 인정하지만 그렇게 위대한 인물로 평가하지 않았다. 특히 문헌학자들이 생각하는 세네카는 호사스럽고 사치한 외계에 병들지 않은, 단순히 자연적인 것을 보호하려 할 뿐, 타락한 통치자의 정치윤리와 전횡에 항거하며 실질선을 추구한 현자라기보다 당시 스토아 사상가들과 조금도 다를 바 없는 인간이상을 고창한 현학자요, 정신의 타락자, 그리고 로마의 형식주의자·위선자인 바리세파 같은 권속의 표준이 되는 인물로 소개되고 있다.4)

세네카는 과연 후마니타스의 고전적 개념의 확립과 발전에 기여한 이른바 실천적 인도주의자로서 동시대의 정신세계에 깊이 관여했는지, 또 그의 작품에서 강조된 스토아 이상주의 도덕론이 고전고대 문화적 연속성에서 수용될 수 있었는지, 그리고 그가 역사의 통찰자로서 인간이상에 상응할 수 있었는지 등에 관한 것은 아직도 많은 논쟁이 제기되고 있다. 세네카가 살았던 당시의 로마제국은 정치권력의 와중에서 권력에 아부하는 세력들과 정치적 식견과 사려없이 방황하는 정치적 식객(食客)들이 난무했다. 이러한 정치적 상황에서 부와 권력을 누린 세네카를 부패한 로마사회의 비판자, 도덕적 안내자로 볼 것인가? 아니면 수일리우스(P. Suilius)의 지적대로 세네카와 당시의 스토아 사상가들[당시 스토아 사상가를 비판한 자들은 그들을 스토아 철학자라 부르지 않고 스토아 설교자들이라고 호칭했대을 부의 축적에 골몰한 고리대금업자로 볼 것인가? 아니면 시대정

---

3) Mar L. Colish, *The Stoic Tradition from Antiquity to the Early Middle Ages*, Leiden 1985, pp. 13~14. W. Richter, *Seneca und die Sklaven*, s. 1972.
4) H. Wein Stock, *Die Tragödie des humanismus*, Heidelberg, 1953, ss 138~140.

신에 편승한 안락한 사회 도덕론자였는가? 로마제국의 정치적 난마 속에 이른바 철인교사 세네카는 철학과 도덕의 기능을 스토아 현자의 도구로 인간내면의 지적·윤리적 이상을 영화(靈化)했던 것인가? 이러한 일련의 문제를 중심으로 그의 노예관·후마니타스와 자유의 문제 그리고 이것과 상승작용으로 나타난 이른바 스토아 사상가의 최고의 자유로 표현된 죽음, 즉 자살을 어떻게 인식하였나를 중심으로 살펴보아야 할 것이다.

로마 스토아 사상가 중에서 최초로 라틴어로 쓴 사람은 세네카(4B.C.~A.D.65)였다. 그는 유년시절부터 로마에서 교육을 받은 코르도바(Cordoba)의 부유한 가문출신으로 학문과 정치에 뛰어난 재능을 발휘하였다. 그는 문학과 철학의 연마는 물론 명예로운 관직을 위해 엘리트 코스를 밟았다. 특히 정치가로서의 세네카는 로마역사에서 가장 사악한 황제라 할 수 있는 칼리굴라(Caligula)·클라우디우스(Claudius) 그리고 네로의 치하에서 봉역해야만 했던 불운한 자였다. 그는 당시 제국 왕실에서 난무하는 수많은 음모를 겪었으며, 클라우디우스 통치시기에 왕비 메싸리나(Messalina)는 그가 네로의 여동생 율리아 리빌릴라(Julia Livilrilla)를 음모책동죄로 고발하여 코르시카로 8년 동안 추방했다. 클라우디우스의 조카이자 그의 두 번째 아내가 된 아그리피나(Agrippina)는 그의 귀환을 도왔다. 그 결과 그는 서기 49년 아그리피나의 전 남편의 아들인 네로의 가정교사가 되었으며, 네로의 통치시기에 그는 유능한 정치가로서 많은 부와 명성 그리고 권력을 누렸다. 서기 62년 모든 공직으로부터 은퇴한 그는 죽을 때까지 은둔생활을 했다. 서기 65년에 그는 피소(Piso)에 의해 주도된 반정부 음모에 연루한 혐의로 그의 제자 네로에 의해 처참한 종말을 맞이했다.[5]

키케로가 로마공화정의 몰락과 전제왕권의 출현을 체험한 데 반해 세네카는 로마가 새로운 국가형태로 발전할 수 없었던 제국의 도덕적 몰

---

5) Mar L. Colish, *op. cit.*, pp. 13~15.

락을 체험했다. 세네카는 자주 철인정치의 이상론을 편 궁정교사로서 동시대의 정치상황에서 필연적으로 지배자의 이상을 제시하지 않을 수 없었다.

이 두 사람은 선과 합리성의 규준을 강조한 절충적 스토아 사상가였으며, 동시에 로마가 쇠퇴하게 되자 공화국의 전성시대를 정치적으로 성숙한 시대로 우러러 보았다. 그러나 여기에 다음과 같은 본질적인 차이가 있다. 키케로는 다시 전성시대를 맞이할 수 있다는 환상을 가졌으나, 네로의 재상 세네카는 환상의 시기는 이미 지났다고 생각했다. 로마는 가는 곳마다 노쇠하고 부패하여 전제(專制)가 불가피하였다. 사회적·정치적 문제에 관해 세네카는 이미 서기 2세기의 라틴문학에 절망과 비판을 토로했다. 문제는 절대정치라야 하는지 여부가 아니라 누가 전제자가 되느냐에 귀착했다. 그는 대중이 사악하고 부패하여 폭정보다 더욱 무자비해지므로 인민에 의존하는 것보다 전제자에 의존하는 것을 오히려 선호했다. 그러므로 그는 분명히 정치적 출세는 자신의 선을 완전히 부정하지 않고는 선인으로서 매력의 대상이 될 수 없으며, 관직을 가짐과 동시에 그의 동포를 위해 아무것도 할 수 없음을 강조하여 말했다. 같은 이유로 말미암아 세네카는 정부형태의 차이를 중요하게 생각하지 않았고 정부형태가 어떠하든 만족할 만한 기대를 할 수 없다고 생각했다. 그는 정치는 사람이 하기 때문에 정부형태가 어떠한 형태이든 크게 관심을 가지지 않았다.[6]

그러나 현자는 사회로부터 은둔해야 한다는 것이 세네카의 입장은 아니었다. 그는 키케로처럼 현자가 사회와 국가를 위해 봉사할 도덕적 임무를 강조했으며, 개인의 쾌락을 위해 공적 관심을 등한시한 에피쿠로스학파의 정치적 무관심을 비판했다.

---

6) Rudolf Stanke, *Die Politische Philosophie des Altertums*, Köln, 1951, ss.296~297. Samuel Dill, Roman Society from Nero to Marcas Aurelius, New York, 1960, BK.Ⅲ. ch.1을 참조.

그러나 어떤 점에서는 세네카는 키케로와 대조를 이루었다. 세네카는 이전시대의 정치철학과 사회철학이 지향했던 국가의 관직과 정치적 직능보다 사회봉사에 기대했다. 이것은 모든 사람이 두 개의 공영체(公榮體)인 이른바 그가 속하는 시민의 국가와 모든 이성적 인간으로 구성되는 더 큰 국가의 일원이라는 고대 스토아학파의 교리에 새로운 전환을 보여주었다. 세네카에 의하면, 더 큰 공영체는 국가보다 사회이며, 그 유대는 법적·정치적이라기보다 도덕적·종교적인 것이다. 스토아 사상은 세네카에게 있어 본질적으로 마르쿠스 아우렐리우스가 확신했던 것처럼 현세에 강한 위안을 주고 동시에 정신생활을 성숙하게 하는 종교적 신앙이었다. 일체의 역사적 사건은 시대정신과 그 시대의 지배적 경향성의 산물이라 해도 지나친 표현은 아닐 것이다. 세네카 연구에 정통한 달만(Helfried Dahlmann)은 말한다.

> 세네카가 인식하고 창출한 가치는… 모든 시대의 사람들이 인식하고 있었던 가치이며 시간을 초월한 연속적 가치다. 오늘날 우리에게도 네로시대 로마인들에게서 일어났던 일과 거의 다를 바 없는 일이 일어나고 있다.[7]

세네카 시대의 철학, 이른바 후기 스토아 사상은 이오니아의 저 위대한 그리스(Magna Graecia)'의 우주론적 사상체계로서 초기 스토아 사상과는 현저한 차이를 보였다. 세네카 이전의 관념적이고 사색적인 관심은 이제 현실의 실제목적과 결부된 인간의 윤리·도덕문제로부터 점점 식어가기 시작했다. 소크라테스의 제자 안티스테네스와 아리스티포스는 로마공화정 말기와 제국 초기에 로마의 정신세계를 지배한 스토아학파와 에피쿠로스학파의 학통을 열었으며, 플라톤과 아리스토텔레스도 간접적으로 이 두 학파의 운동에 기여했다. 이 두 학파는 비단 인간의 도덕성과 사회

---

7) W. Richter, *op. cit.*, s.198.

개혁이라는 정신운동에 국한한 것이 아니라 형이상학에 관한 문제 그리고 아리스토텔레스 이후의 철학에서 제기된 내관적(內觀的)이며 실제적인 문제에 보다 적극적으로 관여했다.8)

특히 그리스의 자유로운 시민생활의 종식, 마케도니아의 정복사업, 그리고 로마 세계제국의 형성과 발전은 중대한 역사적·도덕적 변화를 초래했다. 고대도시에 종교와 도덕 그리고 정치적 의무는 고대사회의 통일성과 조화의 고리가 되었다. 고대 도시국가의 시민은 그들의 도덕성의 문제를 선대의 법과 거의 신적 권위를 가진 여러 제도에서 구했다. 플라톤 역시 지난날의 구폐(舊弊)를 제거하는 혁신보다 이상국가의 원로들이 전통적으로 시행해 온 정사를 그대로 유지해 갈 것을 요구했다. 결과적으로 그들에게 있어 도덕은 정치와 분리되었다.9)

고대 폴리스의 시민적 장벽으로부터 세계국가 이념과 인류애 사상의 확대를 주도했던 알렉산드로스나 로마제국 초기의 통치자들은 스토아 철학을 인격수양의 매체로서 로마제국 황제 하드리아누스는 스토아 철학자의 수염까지 달면서 스토아 철학을 삶의 이상으로 삼았다. 그들에게 철학은 인생의 안내자였으며 실추된 정신과 도덕의 치료자로 간주하였다.10)

그러나 당시의 스토아 사상가들은 철학을 현실의 실용학문으로서보다 그들이 이상화했던 내면의 귀족화와 자유의 이념으로서 그들만이 가능했던 고결한 정신의 왕국, 이른바 현실에서 기대할 수 없는 이상향에 도달하는 현자의 필수품으로 생각했다.11) 이 정신의 왕국에서 사람들은 서로 하나의 형제이며, 신과 결속한다고 확신한 세네카는 내

---

8) Edward Zeller, *Philosophie der Griech.* iii. 1.13. 14.
9) S. Dill, *Roman Society from Nero to M. Aurelius*, New York, 1960, pp.289~290.
10) cicero, *Tusc.* iii. 3. Seneca, *Epistulae* 22 ; *Epistulae* 53. Epictetus, *Dis* iii. 23, 30.
11) Seneca, *Epistulae* 14. 7 ; 14.11. *Epistulae* 28. 6.

면적 정신의 나라에서도 결코 국가이념을 부인하지 않았다.[12] 세네카의 자유의 문제는 역시 초법적·초정치적인 순수철학의 정신성(Geistigkeit)에 기초했다. 이와 같이 세네카는 스토아 철학이 지향한 인간내면의 귀족화와 정신의 자유를 가장 가치있는 재산으로, 인간의 가치표준으로 삼았다.

세네카에게서 자유는 동시대의 노예제에 대한 그의 견해에서 이해될 수 있다. 아리스토텔레스는 노예제를 하나의 사회적 현상으로서 주인이 노예를 소유하고 사용하는 것을 현세의 부와 재산으로 동일시했고 그 이상은 고려의 대상이 아니었다.[13] 이와 같이 그리스 철학자·문인 그리고 여러 학파 등은 노예를 생명이 있는 재산으로, 유용한 생활필수품으로 규정했다.[14] 중기 스토아 철학과 후기 스토아 철학에서도 역시 예외는 아니었다. 중기 스토아 사상가이자 후마니타스의 이념적 기초를 제시한 파나이티오스와 키케로도 『의무론』에서 "노예를 상품과 같이 취급하라"[15]는 언설에서 볼 수 있듯이 오히려 노예제를 강화하는 입장이었다. 또한 후기 스토아 사상가 세네카의 작품 『자선론』에서 노예제 문제를 비교적 상세하게 다루고 있다.

그러나 그의 작품에 나타난 노예제와 노예의 해방과 같은 자유의 문제는 관념적 이상론이라는 비난을 면치 못했다.[16] 당시 세네카를 비롯한 많은 스토아 사상가들의 노예관과 자유의 문제는 지나칠 정도로 구두선

---

12) Seneca, de benef IV. 18.
13) Aristoteles, Politics 1. VII. 3~4 ; III. VI. 5 아리스토텔레스는 노예는 두 다리를 가진 동물에 지나지 않으므로 노예와의 우정은 말이나 소에서와 같이 불가능하다고 했다. 노예는 생명을 가진 재산이며, 육신적인 것(soma)으로 로고스가 결여된 정신의 부분품이라고 규정했다.
14) GR. Morrow, Plato and Greek Slavery, in Quarterly Review of Psychology and philosophy. 48(1939), pp.186~198. 아리스토텔레스의 노예관은 그의 『정치학(politica)』에서 밝히고 있다. 『정치학』 I, 3~7. 그리고 그의 『윤리학(Ethica)』 1161a32~1161b8에서 같은 내용이 반복되고 있다.
15) Cicero, de officiis 1. 13. 41.
16) M. Mühl, Die antike Menschheitsidee in ihrer geschichttichen Entwicklung, Leipzig, 1928, ss.82~85.

적이고, 현실과 거리가 먼 이상론을 보아왔던 수일리우스를 비롯한 많은 비판자들은 세네카를 비롯한 많은 스토아 사상가를 가르쳐 인간애를 애써 외치는 위선자, 입만 살아 수다를 떠는 공상적인 인도주의자, 그리고 많은 재산을 소유하면서도 더 큰 부를 축적하는 데 골몰했던 고리대금업자 등으로 비난했다.17)

세네카는 당대 로마 지배계층의 이상적인 지도자였다. 그는 로마 제국의 세계지배의 이상실현을 위해 매진했던 군주정에서 최고직에 올라 정객들의 음모, 권력투쟁, 지배계층의 주색, 배반 그리고 변절 등과 같은 병폐들을 보았다. 더욱이 그는 제국의 정치지도자들이 사치와 방종, 관능주의 등에 병든 무기력한 생활상을 보고 허탈감에 빠지기도 했다.18) 세네카는 그의 『도덕서한』에서 "나는 수도승보다 더 금욕 생활을 하면서 젊은 날의 정욕을 억제했다"19)고 술회하면서 그는 물질주의 · 이기심의 극복을 위해 도덕적 이상을 삶의 표준으로 삼고 자신이 허황된 물욕 · 관능주의 · 이기심을 극복한 승리감에 충만하여 인간본성의 개혁을 위해 윤리적 신조를 강조하기에 이르렀다. 하지만 세네카는 당시의 사회적 현실에서 물질주의와 이기심을 완전히 극복할 수 없었다. 인간애 사상을 누구보다 깊이 인식하고 실천하고자 노력했던 세네카 자신도 많은 노예를 소유하고 많은 재산을 축적하여 네로황제마저 부러워 할 정도로 호화로운 주택에서 살았다. 이러한 실례에서 볼 수 있듯이 그가 주장한 인간애의 대상과 표준도 키케로처럼 로마의 귀족에게서 나온 것이다.20)

세네카의 인간애 사상은 당시 스토아 철학자들이 일관되게 말했듯이

---

17) Tacitus, *Ann* Xiii. 42 ; D. Cass. 61. 10.
18) Seneca, *Epistulae* 55 ; *de Tranq* 1~2.
19) Seneca, *Epistulae* 108. 17~22.
20) D. *Cass* 61. 10.

철학적 미덕이며, 고결한 현자들의 이상이고 인간을 교육하는 교육자 (generis humani pedagogus)들이 이상화한 가르침으로써 노예에게 위안은 될 수 있었으나 노예제를 해체할 수 있는 힘은 아니었다.[21] 세네카는 신과 인간의 결속을 자연에 기초하는 것으로 보았다. 그는 우리 모두가 내면의 단일체적 존재라는 점에서 윤리적 · 도덕적 평등을 강조했다. 이러한 그의 도덕적 평등의 원리를 기초로 새로운 인간애 이념을 확립했지만 노예제 폐지의 결의는 결코 보이지 않았다.[22] 세계시민권을 향유할 수 있는 범위를 소수 철학자로 제한하지 않았던 세네카의 보편적 인간애 이념은 어디까지나 노예에 대한 편견을 완화시키는 문화적인 힘으로 작용할 수밖에 없었다. 그러므로 세네카가 입버릇처럼 강조한 자유와 인간애는 고상한 관념적 교의이고 표상이었을 뿐, 노예의 자유 확대와 실현을 위한 실천적인 힘은 아니었다.[23] 이러한 사실의 근거는 세네카 자신이 귀족적 품위와 권위의 상징으로 거리를 거닐 때 자신이 소유하고 있는 상당수의 노예를 따르게 하고, 일상생활에 없어서는 안될 유용한 도구로서 그들을 해방시키려는 의지를 거의 보이지 않는 데에서 발견할 수 있다. 이와 같이 세네카의 인간애와 자유의 이념은 대체로 로마 귀족정치의 전통과 편견으로 형성되었다. 우리는 세네카를 비롯한 로마 귀족계층과 로마제국 초기 지배계층의 외식적인 허세와 그리고 재산의 가치로서 노예를 소유한 당시 로마사회의 일반화된 표준이었음을 확인할 수 있다.

이미 기술한 바와 같이 중기 · 후기의 스토아 사상가와 같이 세네카는 자유 · 평등 · 박애를 가르치고, 금욕을 강조하면서도 많은 노예를 소유하고 안락을 누린 자였다. 그는 자신을 회고하면서 "나는 실천적 행위

---

21) Samuel Dill, op. cit., p.299.
22) M. Muhl, op. cit., ss.81~83.
23) ibid., ss.82~84.

자라기보다 위선적인 인간이다"[24]라고 말한 바 있다. 그는 노예문제를 『자선론(de beneficiis)』 3, 17~18에서 비교적 자세하게 다루고 있다. 그는 여기서 자유민은 노예에게, 노예는 자유민에게 자선을 베푸는 원만한 인간관계의 형성을 강조하고 있다.[25] 세네카의 노예관은 주인·노예에 대한 인간적 온유와 같은 이른바 노예에 대한 주인의 인간적 우의의 관계의 개선이었지 노예제 폐지는 아니었다. 특히 『자선론』 3과, 『도덕서한』 47은 거의 같은 시기에 쓴 것으로, 여기서 그는 주인과 노예의 관계유지를 촉구하고 있다.[26]

로마제국 초기에 세네카의 도덕론이 당시 지배계층의 정치윤리와 인격형성의 표준으로 받아들여질 수 있었던 것은 일찍이 그의 작품이 로마제국의 교양 지배계층에게 널리 읽혀지고, 세네카를 비롯한 많은 스토아 사상가들이 제국의 관리로, 또 왕자와 왕실 후손의 가정교사로서 스토아 철학의 세계관과 그 도덕적 이상을 주입시킬 수 있었다고 하는 사실을 들 수 있다. 세네카는 고대 사회질서의 경직성, 스토아 사상의 무관심과 냉혹성 및 준법성의 완화와 해소를 촉구하면서도 사회제도에 관계없이 순응과 조화를 유지해 갈 것을 강조했다. 특히 인류가 예외없이 동질이라는 사실을 탄력 있게 설명할 수 있었던 사람은 세네카 이전에 그 누구도 없었다.[27] 세네카는 인류를 거대한 건축물에 비유하면서 건축물 내부의 모든 부분적 요소는 서로 합당한 구조적 관계를 가진다[28]고 말했다. 이와 같이 인간애를 기본이념으로 한 후기 스토아는 우월한 철학자에게

---

24) Charles Norris Cochrance, *Christianity and Classical Culture*, Oxford University Press, 1974, p.163.
25) Seneca, *de benefiis* III. 3. 17~18.
26) W. Richter는 세네카의 『도덕서한』 81이 기술되기 전에 『자선론』이 먼저 완성되었다고 주장한다. 왜냐하면 그의 서신들이 『자연의 문제(Naturales quaestiones)』와 『도덕철학(Morales Philosophia)』의 완성과 함께 되었다는 사실 때문이다.
27) M. Mühl, *op. cit.*, s.84.
28) *ibid.*, s.84.

만이 아니라 모든 사람에게 세속국가에서 살아갈 수 있는 생존권과 세계시민권을 인정했다. 세네카는 신과 인류의 결합을 자연적인 관계로 보았기 때문에[29] 형이상학적 사변이나 인간 개개인의 심오한 신적 체험을 배제했다. 이러한 점에서 세네카는-포세이도니오스와 달리-초기 스토아 사상에 더 접근해 있었다. 세네카를 중심으로 하는 후기 스토아는 초기 스토아 공동체의 도그마에 대해 중기 스토아보다 자주적인 입장이었다는 점에서 전통적인 공동체 이념에 있어 후기 스토아 사상가들의 독자적인 면을 발견할 수 있다.[30]

초기 스토아 사상가가 인간정신의 신적 본성을 인정했듯이 세네카도 인간영혼의 신성의 내재와 신적 동질성을 강조했다. 그 이유를 그는 인간이성은 신성과 영혼을 공유하기 때문이라고 설명한다.[31] 세네카 이전의 스토아 사상가는 자연이 모든 지체를 동일하게(exisdem et in eadem) 창조했기 때문에 인간의 영적 동질성, 그리고 한 몸의 지체로서 선천적 동등자임을 강조한다.[32] 이 지체적 동질성을 강조한 세네카는 그의 동료제자 루킬리우스에게 보낸 『도덕서한』 47에서 노예의 취급방법에 대해 상세하게 설명한다. 바우(Bau)는 세네카의 『도덕서한』을 고전고대의 서한에서 볼 수 없는 아주 진실한 내용으로 구성된 것으로 그것을 필적할 수 있는 것은 일찍이 없었다고 평가했다. 세네카는 노예제가 자연적인 것이므로 그것의 폐지나 해방을 주장하지 않았다.[33] 그는 단지 노예에 대한 학대행위를 완화하는 노예취급의 개선만을 요구했다.

우리는 세네카 이전시대 소피스트인 알키다마스의 다음과 같은 표현, 즉 "신은 모든 사람에게 자유를 부여했다"는 묘사에서 보편적 인류애 이

---

29) ibid., ss.84.
30) ibid., s.84~85.
31) Seneca, *Epistulae* 4, 2 ; 31. 11.
32) Seneca, *Epistulae* 15, 3, 52.
33) J.N. Sevenster, *Paul and Seneca* p.186.

념의 발전을 발견한다. 소피스트는 어떠한 계층의 사람이든 국가의 공동 구성원으로서 출신과 신분의 차별을 부인했다. 그것과 더불어 세네카의 『도덕서한』은 세네카와 루킬리우스 사이에 장시간에 걸쳐 나눈 일종의 대화체 형식으로, 그는 여기서 "나는 루킬리우스 자네가 노예와 친밀한 관계와 우의를 유지하는 것을 보니 기쁘다. 자네가 노예와 인간적 우의를 유지해 갈 수 있는 것은 지각의 명민함과 철학적 교양에서 연유한 것으로 생각한다"34)라고 말했다. 세네카가 노예를 우리와 동등한 자로 취급하고 인간적인 친분과 화해를 촉구했던 것은 그의 보편적 인간애 이념에 기초하고 있음을 명시해 주었다.

세네카는 루킬리우스가 그의 노예와 우의적이었다는 말을 듣고 기뻐하면서 다음과 같이 말했다.

> 사람들이 노예라고 하는 사람들은 노예가 아니고 우리와 똑같은 사람이다. 노예들이라니! 말도 안될 소리다. 그들은 우리와 같은 운명을 가진 보잘것없는 친구요 우리의 동료이다.35)

특히 세네카는 당시 주인이 노예와 식사하는 것을 불명예스럽게 생각한 사실에 대해 비난하면서 또한 지적했다.

> 사람들이 왜 노예와 식사하는 것을 수치로 생각하는가? 왜 인간의 조건은 봉사의 가치를 과소평가하는가? 그리고 왜 봉사의 가치가 인간조건을 고양시키지 못하는가? 우리 모두는 태어날 때부터 동질이기 때문에 다른 사람보다 더 고결하고, 더 선행을 할 수 있는 한에서는 몰라도 더 고귀한 지체일 수 없다.36)

---

34) Seneca, *Epistulae* 47.
35) Seneca, *Epistulae* 47, 1~2.
36) Seneca, *de beneficiis* III. 28. 1 ; *De clementia* 1. 3. 2. "Eadem Omnibus Principia eadem que origo ; nemo altero nobilier, nisi cui rectius ingeniam et artibus bonis aptius."

그리고 세네카는 주인의 태도에 대해 다음과 같이 충고했다.

> 노예를 소유하고 있는 것을 마치 적을 맞대고 있는 사람처럼 말하는 것이야말로 잘못된 일이다. 우리가 노예를 가지게 되었을 때 그 노예는 우리의 적이 아니다. 우리는 노예를 적으로 만들었을 뿐만 아니라,… 노예를 인간으로 취급하지도 않았고, 그저 짐을 운반하는 짐승처럼 생각하고 학대했을 뿐이다.[37]

세네카는 노예와 같이 식사하기를 거부한 주인 자신도 언젠가 그의 고고한 품위를 추락시킬 수 있는 노예의 가련한 본질을 지니고 있다고 말하면서 또한 이렇게 말했다.

> 네가 노예라고 부르는 자도 너와 똑같은 배태(胚胎)에서 태어난 같은 혈통의 출신이며, 같은 하늘 아래에서 살고, 호흡하며… 같은 생명과 죽음을 가진 자임을 기억하라. 네가 그에게서 자유민의 본질을 발견할 수 있듯이 그도 너에게서 노예의 본질을 발견할 수 있을 것이다.[38]

세네카는 인간의 운명과 신분은 영원할 수 없는 것으로, 마리우스 (Marius) 폭동이 지난 다음 군복무를 통해 원로원의 자리를 획득하려고 한 귀족가문의 출신자 가운데 어떤 사람은 가축을 모는 몰이꾼으로 어떤 사람은 문지기로 전락하고 말았다는 것을 상기시키고 있다.[39] 그러면서 세네카는 촉구했다.

> 높은 신분의 사람이 너에게 교분을 청해 오기를 기대하듯 너도 비천한 사람과 친교해야 한다.… 주인도 언젠가는 노예로 전락할 수 있다는 것을 기억해야 한다. 그러므로 주인은 항상 노예를 호의와 친절로 대해야 한다.[40]

---

37) Seneca, *Epistulae* 47, 5.
38) Seneca, *Epistulae* 47. 10.
39) Seneca, *Epistulae* 47. 11.
40) Seneca, *Epistulae* 12~13.

세네카는 한 인간의 사회적 가치기준을 평가함에 있어 그가 무엇을 하느냐보다 어떠한 인간이냐에 비중을 두었다. 인간의 가치는 사회적 활동에 있는 것이 아니라 인격과 도덕성에 의해 결정된다고 생각하였다. 이와 같이 그는 "인간의 가치를 신분과 혈통에서보다 그것으로부터 초연할 수 있는 철학의 가치를 인식시키는 것이었다. 왜냐하면, 인간의 본래적 기원은 같은 이성을 부여한 신들의 속성이기 때문이다. 그러므로 모든 사람은 고결하고, 선하며, 위대한 신성과 같은 영혼을 가진다"[41]고 말하였다.

더욱이 세네카는 모든 인간관계와 친교가 인간본질과의 관계이므로 외적 조건과 무관한 것으로 우리의 진정한 친구를 밖에서 찾을 것이 아니라 우리와 같이 사는 같은 영혼의 노예에게서 찾아야 한다는 이른바 주인과 노예의 동질적 존재임을 강조했다. 이와 같이 세네카는 인간의 외적 조건보다 내면적인 것을 중시했다.[42]

세네카는 자선을 행함에 있어 한 인간이 갖는 신분과 지위를 중시하지 않았다.

> 자연은 우리들로 하여금 전인류에게 선을 행하도록 명령한다.… 노예이든, 자유민이든, 해방노예이든, 또 법이 그들에게 자유와 보조금을 주든… 자연은 인간을 어떻게 차별할 수 있는가? 인간이 존재하는 곳에 우의와 선을 행할 수 있는 기회가 있다.[43]

세네카는 노예가 주인에게 이익을 주는 자이며, 이러한 사실의 가능성을 부인하는 사람은 인간의 권리와 법(*ius humarum*)에 무지한 사람이라고 말했다. 왜냐하면, 호의를 베푸는 자의 신분보다 그 목적에 가치를 두

---

41) Seneca, *Epistulae* 44, 1.
42) Seneca, *Epistulae* 31, 11.
43) Seneca, *Vita Beata* 24, 3.

었기 때문이라고 밝히고 있다. 이와 같이 세네카에게 있어서 미덕은 "모든 사람에게 열려 있으며, 모든 사람을 수용하며, 모든 자유민과 해방노예·노예·왕 그리고 추방된 자들까지도 환영한다고 했다. 미덕은 가문이나 재산으로 선택할 수 없다.… 미덕은 현존하는 인간자체에 만족한다"[44]고 말했다. 세네카는 다시 덧붙인다.

> 주인은 노예로부터 이익과 도움을 받는다고 생각하는가? 아니다. 노예로서 보다 그저 인간에 대한 인간(homo ab homine)의 관계에서 이루어지는 도움이며 이익이다.[45]

세네카는 설사 법이 노예와의 교분을 허용할지라도 생명을 가진 일체의 피조물에 대한 공평한 법(commune ius animantium)의 적용을 거부한 극단적인 조처들이 있다고[46] 지적하면서 그는 노예에게도 다른 모든 사람과 같이 신분과 직무에 의해서가 아니라, 인격으로 평가되어야 한다고[47] 하는 지극히 관념적인 이상론을 밝혔다. 세네카는 노예의 상태가 결코 인간에게 영향을 주는 요소라고 생각하지 않았다. 그러면서 그는 "도대체 노예 아닌 자가 있단 말인가, 어떤 사람은 정욕의 노예, 이욕의 노예, 명예욕의 노예 그리고 공포의 노예일 뿐이다"라고 반문한다. 그러나 세네카는 노예의 예속상태가 모든 사람에게 침투하고, 침투될 수 있다고 생각하는 것을 잘못이라고 말했다. 세네카는 인간에게 있어 선한 부분은 노예의 속성과 무관하며 오직 육신만이 주인 마음대로 처분할 수 있는 주인의 종속물인 데 반해 정신은 그 자체가 주인이라고 정의했다. 이와 같이 세네카는 정신과 육신의 이중구조에서 정신은 자유의 속성이

---

44) Seneca, *de beneficiis* III 18, 2 ; 18, 4.
45) Seneca, *de beneficiis* iii. 22, 3.
46) Seneca, *de Clementia*. ⅰ, 8, 2.
47) Seneca, *Epistulae* 47, 15.

며, 육신은 노예의 속성으로서 운명의 여신에 의해 주인에게 양도된 것이다. 반면에 인간의 내면적인 것, 즉 정신은 자유이며 노예상태로 양도될 수 없는 고결한 존재임을 강조한다. 이러한 세네카의 정신과 육신의 이원론은 플라톤 사상에 기초한 것으로 플라톤의 노예제 이론에서 밝힌 육체와 정신의 이원론에 근거하여 육체를 노예의 필연적 속성으로 규정했는데 반해, 영혼을 최고선의 일부분(pars melior)으로 예속의 속성으로부터 제외시켰다. 우리는 육신을 가지는 한에 있어 영혼을 악에 물들게 한다. 왜냐하면 육신은 항상 물질을 탐하기 때문이다. 육신은 우리들을 정욕·공포·환상 그리고 온갖 어리석음 등으로 채운다. 그러므로 육신은 우리의 사색을 불가능하게 한다. 인간은 육신의 안락을 시중드는 노예다.

이와 같이 세네카의 노예관은 플라톤·포세이도니오스, 그리고 키케로 등과 맥을 같이한다. 세네카는 인간을 구속하는 육신의 감옥을 파괴하는 길은 신의 부르심과 구원일 뿐이며, 철학자의 삶 자체가 곧 육신으로부터의 구원이며 해방이라고 확신했다.[48] 그러므로 그는 내면적인 정신에서 유래하는 모든 것은 자유이며, 인간의 예속 가운데 자유의지의 예속보다 더 불명예스러운 것은 없다고 말했다.

세네카는 그의 『도덕서한』 47, 18에서 노예에게 자유를 부여하는 것은 주인의 본분을 파괴하는 것이므로 결국 노예를 굴종 잘하고 주인에 대해 두려워하는 것보다 항상 존경하도록 만들어야 한다"고 했다.[49] 세네카의 『도덕서한』과 『자선론』에서 강조하고 있는 자유와 해방사상은 사회현실과 유리된, 근대시민사회의 법적·정치적 자유와는 너무나 거리가 먼 오히려 초기 그리스도교 바울사상에서 강조한 자유와 유사하다. 세네

---

48) Seneca, *de beneficiis* III. 20. cicero, *Tusc* 1, 74. Platon, *phaedo* 66. B-e.
49) 세네카의 노예관에서 초기 그리스도교 노예관과 유사한 점을 발견한다. 바울서신에 나타난 노예관은 스토아 사상에서 이미 강조된 내용이다. 즉 에베소서 6:5~9: 골로새서, 3:22~4:1 Seneca *Epistulae* 47 ; *de beneficiis* 3. 세네카와 바울은 노예제도의 폐지나 비난보다는 오히려 인정하는 입장이었다. 그들에게 있어 한 인간이 노예인가 아닌가는 중요하지 않았다.

카는 주인에 대한 노예의 복종이며 곧 신들에 대한 복종이며 그것은 곧 영원한 자유의 획득이라고 설명했다. 세네카에게 있어 자유의 의미는 저 높은 고결한 정신의 나라(in jenem höheren Staat)로 가는, 즉 지고한 선에 도달하는 아파테이아의 극치인 내면의 자유였다. 이와 같이 세네카에 의하면, 자유는 현자만이 도달할 수 있는 자족의 경지인 것이다.[50] 그러므로 그것은 오히려 현실 도피적이며 노예의 굴종과 예속을 미화하거나 무관심한 것으로 간주한 스토아 현자의 고고한 이상에 불과한 것이다.

리히터(Willi Richter)는 세네카가 주장하는 자유와 해방은 법적·정치적 자유와 해방이라기보다, 한 철학자의 보잘것없는 예술작품이며 현실과 거리가 먼 이상론이라고 평가했다. 노예제를 세계질서로 인식한 세네카는 주인에 대한 노예의 관계를 신에 대한 인간의 관계로 정의했다. 세네카의 노예관을 비판한 리히터는 세네카를 가리켜 아직 세련되지 않은 미숙한 건축가처럼, 외적 상황조차 정확하게 파악하지 못하는 자라고 혹평했다. 세네카의 노예관과 자유의 문제는 그의 『도덕서한』보다 『자선론』에서 더 상세하게 다루어지고 있다.

2) 스토아 사상의 죽음[자살]과 자유

고전고대 철학자들은 자살을 어떻게 생각했으며, 왜 자살을 인정하게 되었는지 그 배경은 무엇인지? 적어도 고전고대와 그 후 시대에 죽음[자

---

50) 자족 즉 αὐτάρκης는 ἀρκέω에서 유래된 말이다. ἀρκέω는 "피한다"·"쫓아낸다"는 뜻이다. 즉 물질적인 것을 배제한다는 의미이다. 후기 스토아는 현자의 자족 즉 자유와 해방의 상태에 도달하기 위해 '외적인 것'으로부터 벗어나야 한다고 강조했다.[Seneca, *Ep.* 9, 14. Arnold, *Roman Stoicism*, p. 293] 그러나 중기 스토아의 파나이티오스와 포세이도니오스는 오히려 현자는 자신들의 미덕을 실현함에 '외적인 것' 즉 재산은 그들에게 필연적인 것이며, 재산을 선이라고 표현했다. 그것은 아마도 아리스토텔레스의 영향이었다고 생각한다.

살과 자유의 표준이 될 고전적 전거를 우리는 플라톤의 『파에도』에 나타난 소크라테스와 케베스(Cebes) 사이에 이뤄진 논쟁에서 읽을 수 있다. 피타고라스학파의 철학자들은 자살행위를 비난했다. 인간의 윤회와 응보를 믿는 신비적인 종교 오르페우스교와 그리고 피타고라스학파는 영혼은 출생하기 이전의 죄를 씻기 위해 육신 안에서 참회의 고행을 하는 것으로 생각했다. 그러므로 자살은 그들에게 있어 신의 뜻에 반하는 것으로 각자는 신의 뜻에 따라 해방의 몸이 될 때까지 기다리는 것이 의무였다. 플라톤의 『파에도』와 그의 후기작품 『법률론』에서 밝힌 내용을 추론해 볼 때 그는 종교적인 면을 강조하여 자살을 비난했다. 이와 같이 그의 종교적인 면의 강조는 아리스토텔레스가 자살을 비난하게 되는 요인이 되기도 했다. 하지만 플라톤은 특히 『법률론』에서 법의 요구(소크라테스의 경우처럼) 뿐만 아니라 괴롭고도 피할 수 없는 불행 그리고 참을 수 없는 수치스러움이 자살을 정당화시키는 것으로 생각했다.

아리스토텔레스는 자살을 가난·욕망·고통과 같은 개인의 해악으로부터 도피하기 위한 비겁한 행위로 간주했다.[51] 또한 그는 범죄자의 자살은 자신의 범죄를 정당화하는 것으로 일반적으로 자살은 친구나 국가를 위해 자신의 생명을 희생시키는 '고귀한' 이타주의의 경우를 제외하고는 국가에 반하는, 더욱이 종교적인 윤리에 반하는 그리고 도시국가를 타락시키고 파괴하는 반국가적인 범죄행위로 규정했다.[52] 그러나 아리스토텔레스는 분노를 못 이겨 자살할 경우 그것은 반국가적 위법행위가 아니지만 국법을 어기고 불안한 나머지 행하는 자살은 엄벌하도록 요구했다.[53]

플라톤과 그의 제자가 취한 자살에 대한 부정적인 태도에도 불구하

---

51) Aristoteles, N.E. 3.1116a 12
52) Aristoteles, N.E. 9.1169a 19~21.
53) Aristoteles, N.E. 5.1138a 4~6. Seneca, Ep. 30. 12.

고 클레옴브로투스(Cleombrotus)의 다음과 같은 이야기에서, 자살은 플라톤이 독자에게 감명을 줄 수 있는 이른바 육신 안에서 영혼불멸과 영혼의 감금이라는 메시지에 위축된 경솔한 독자에게 영향을 줄 수 있었다.54) 자살은 그 후 모든 독단론적인 헬레니즘학파에 직면한 딜레마, 즉 죽음과 같은 외견상의 해악과 외적인 것에 대한 가치절하, 그리고 부의 허무로부터 해방함으로써 삶을 행복으로 이끈다는 교의가 인생을 황량한 그리고 죽음을 매력적인 것으로 보이게 했다. 그러므로 에피쿠로스학파는 삶을 증오하여(*odium vitae*) 도피하는 행위에 대해 경고했으며,55) 스토아 사상가는 죽음을 원하는 자들(*libido morien*)에 반하는 설교를 했다.56)

두 말할 나위없이 퀴니코스학파는 가장 반사회적 도덕개념을 가진 자들로 자살을 제한하는 요소를 제거할 것을 강조함으로써 자살에 의한 개인의 자유와 해방을 찬양했다.57) 그들은 미덕만이 선이기 때문에 생명은 현자들에게만이 가치있는 것이었다. 왜냐하면 현자만이 미덕을 가지며 우자는 생명을 이어줄 만한 매듭이 없기 때문이다. 우자에게 필요한 것은 잘 알려진 바와 같이 '이성이거나 목매는 밧줄'이었다.58) 퀴니코스학파에서 질병이나 노쇠, 혹은 사랑 때문에 오는 지나친 아픔을 참고 산다는 것은 생명에 대한 가치를 지나치게 중시하는 것으로, 이런 경우에 그들은 자살을 인정했다.59) 이와 같이 고통과 노쇠 그리고 사랑 때문에 오는 아픔을 참는다는 것은 자살을 인정하는 합리적 판단에 반하는 행위이며, 그리고 그러한 삶의 교훈이 자살의 요구를 회피하는 방법으로 사용했을 때 더 적극적이고 긍정적인 기능을 획득하게 된다.60) 스토아 사상

---

54) Miriam Griffin, Philosophy, cato, and Roman Suicid. in *Greece and Rome*, Vol. XXIII. Oxford University 1986, p.71.
55) *Diogenes Laertius* 10. 125~126.
56) Seneca, *Epistulae* 24. 24~25 ; Epictetus, *Dis* 1. 9. 12.
57) *Diogenes Laertius* 6. 71.
58) *Diogenes Laertius* 6. 24.
59) *Diogenes Laertius* 6. 18 ; 4. 3 ; 6. 86.

은 이 마지막 두 개념을 냉소적인 교의로 받아들였다.

에피쿠로스학파는 일반적으로 자살을 반대했다. 하지만 에피쿠로스학파의 철학자 디오도로스(Diodorus)에 관한 세네카의 언설에서 디오도로스는 자살함으로써 에피쿠로스의 가르침을 따르지 않은 자로 비판받았다. 디오도로스가 머지않아 자살하여 생을 마감할 것이라고 말했고 그는 자신의 목을 베고 죽음을 맞이했다. 혹자는 그의 자살을 미치광이의 짓이라고, 혹자는 분별없는 행위라고 말했다. 하지만 그는 마음의 평정 그리고 내면의 충만과 같은 행복이 생명으로부터 떠난 자살이라고 밝혔다.[61] 디오도로스의 자살관에 대해 비판했던 사람들은 그의 자살행위를 어리석고(dementia) 부적절한 행위(temeritas)를 범한 정신이상자로 비하했다. 이러한 비하의 발언은 에피쿠로스학파의 자살관을 비판한 것이다. 에피쿠로스는 삶에 대한 낙담과 절망은 본래 죽음에 대한 분별없는 공포에서 온다고 생각했다.

> 죽음을 겁내는 자들 못지않게 죽음을 갈망하는 자들을 비난했다. 삶에 지쳐, 삶 자체를 부정하여 죽으려고 하는 것은 정말로 어리석음의 극치다.… 인간은 사려 깊지 못하고, 정신이 건전하지 못한 탓에 그리고 죽음에 대한 두려움 때문에 죽으려 한다.[62]

에피쿠로스 사상가들은 아름다운 삶을 위해 죽음에 대한 공포를 털어버리는 것이 그들의 과제였다. 그러므로 에피쿠로스학파에게 있어 삶의 장애물은 고통스러운 것이다. 왜냐하면, 그들은 쾌락을 인생의 최고선이라고 가르쳤기 때문이다. 인간이 삶의 고통으로부터 벗어나게 하는 것이 자살이라고 하는 사실을 완전히 부인할 수 있을까? 이 같은 사실에

---

60) Mirian Griffin, op. cit., p.73.
61) Seneca, Vita Beata 19. 1.
62) Seneca, Epistulae 24. 22~23.

서 자살의 가능성을 주장한 사람은 쾌락주의 철학자 헤게시아스(Hegesias)였으며, 그는 자살의 매력을 설교하기에 이르렀다. 키케로에 의하면, 키레네의 프톨레미 왕은 인간을 구우일모(九牛一毛)와 같은 허무하기 이를 데 없는 존재라고 밝힌 헤게시아스의 강연을 금지시켰다.

> 심신의 아픔은 삶이 일체 선한 것으로부터 떠남에 있다. 모든 악폐로부터 삶을 보호하고 지킨다는 것이 참삶이라고 말할 수 없다. 왜 나는 인간의 삶을 슬퍼해야 하는가? 필요한 것은 죽음 후에 올 비참함과 그리고 현재의 삶이 계속 비탄에서 헤어나지 못하게 될 것이라는 생각을 벗어나는 것이다.… 죽음은 사악으로부터 떠나게 하는 것이지, 선으로부터 물러나게 하는 것이 아니다. 이러한 사상은 키레나이코스학파의 헤게시아스에 의해 자주 언급되었다. 그러나 그는 포톨레미 왕에 의해 그러한 주제의 강의가 저지되었다. 그 이유는 그의 강의를 들은 많은 사람들이 자살했기 때문이다.[63]

그러나 에피쿠로스학파는 기쁨보다 고통의 아픔을 참을 수 없는 사람들에게만 자살을 인정하였다.[64] 그러나 이런 해결방안을 무시한 현자는 에피쿠로스처럼 최후의 고통까지도 이겨 쾌락의 균형을 유지해야만 했다.[65] 에피쿠로스는 『자연에 관하여(de Natura)』에서 현자는 결혼도 또 가족의 부양도 하지 않을 것이며, 또한 정치참여도 하지 않으며, 폭군이 되지도 않을 것이며, 더욱이 퀴니코스의 철학자들처럼도 되지 않는다. 에피쿠로스학파의 현자는 탁발수도승처럼 구걸하지도, 설령 그가 시력을 상실하여 눈먼 장님이 된다 하더라도 삶을 포기하지도 않는다. 키케로가 밝힌 바와 같이 에피쿠로스는 '많은 사람들의 끊임없는 쾌락(plus semper voluptas)'의 추구에서 보듯이 자살의 권고를 반대했다. 그러나 에피쿠로스

---

[63] Cicero, *Tusc* 1. 83
[64] Cicero, *Fin* 1. 49 ; 2. 95.
[65] *Diogenes Laertius* 10. 22 ; Cicero, Fin, 2. 96~98.

는 만일 인생살이에서 쾌락이 멈추게 된다면 자유민을 위한 구급약은 죽는 것이며, 그래서 자살을 일관되게 회피하지 않았다. 그래서 키케로는 에피쿠로스를 에파미논다스(Epaminondas)와 레오니다스(Leonidas)에 비유하면서 고통이 기쁨과 쾌락에 의해 완화되고 균형을 유지하게 된다는 에피쿠로스의 죽음을 인용했다.[66]

스토아의 자살론은 아주 정교했다.[67] 그래서 스토아 철학자들은 자살을 정당한 행위로 평가하고, 인간이 죽음으로 가는 삶으로부터 떠남을 온당한 행위라고 생각했다 - 즉 그것은 합당한 이유(eologos)에서의 떠남(Exagoge)이다. 스토아 사상가들은 소크라테스의 사상을 높이 칭송하며, 그들의 가르침을 소크라테스의 신적 필연성의 내면화로 묘사하고, 자신들의 교의를 인간이성의 명령이라고 생각했다. 이와 같이 스토아 사상가들의 인간이성의 명령은 인간이 자연에 따라 사는 삶이 더 이상 가능하지 않을 때 내려지게 된다.[68] 이러한 플라톤 사상의 완화와 수정은 세계신성이 내재한다는 스토아 신앙을 통해 성취되었다. 세계신성은 로고스 즉 이성에 있으며, 세계신성의 부분들은 인간이성으로서 인간 안에 존재한다. 이런 식으로 스토아 사상가들은 어떤 상황에서든 자살을 인정했다. 전설에 의하면, 스토아 철학의 창시자 제논은 그의 발가락 하나가 골절되는 사건이 있은 후 그는 슬퍼하며 손으로 땅을 치면서 말하기를 "나는 이제 죽음의 세계로 간다. 당신은 왜 나를 부르십니까" 하고 외쳤다고 한다. 그 이후 그는 숨을 거두었다고 하는데, 이 사건에서 그는 신의 암시 같은 것을 받고 자살한 것으로 보인다고 디오게네스 라에르티우

---

66) *Diogenes Laertius* 10. 15, 119 ; Cicero, *Fin* 2. 95.
67) Marian Griffin, *op. cit.*, p.72.
68) 그리핀은 플라톤의 『파에도』는 키케로 이전시대의 자살에 관한 논쟁에 결코 증거자료가 되지 못했지만 제논은 소크라테스의 죽음과 유사한 점이 있다고 생각하고 리스트의 견해를 따르고 있다.[J.M. Rist, *Stoic philosophy*, pp.242~245] 그 이유에 대해 벤츠는 신의 부르심의 개념은 플라톤의 가르침에 공감했던 파나이티오스와 포세이도니오스와 일치함을 시사하고 있다.

스는 기록하고 있다.[69]

　스토아 사상가들은 자살의 이유는 무엇이며, 그 이유는 수긍될 수 있는 것인가에 대하여 많은 생각을 하였다. 그들에게 있어 모든 적절한 행위(katekonta), 다시 말해 의무나 혹은 합리적이라고 생각되는 행위는 정당한 변명을 제시할 수 있는 행위이다.[70] 그러나 자살은 특별한 부류의 의무(katekonta pehitatika)이다. 이러한 부류의 의무는 어떤 외적인 상황에서 부과된다.[71] 왜냐하면, 인간의 기본적인 의무는 타고난 천부적 본능에 일치하는 삶의 유지이기 때문이다. 그러므로 특별히 강한 이성이 내재되어야만 했다. 디오게네스 라에르티우스는 "현자는 자기 나라를 대신해서, 혹은 자기 친구를 위해서, 혹은 참을 수 없는 고통이나 수족의 절단으로, 심지어 불치병으로 시달리는 경우에 삶으로부터 합리적인 퇴장인 자살을 기도할 것이다"[72]라고 말했다. 그리고 스토아 현자는 자살의 이유를 잘 차린 연회에서 떠나는 사람에 비유한다.

① 현자는 자살을 국가를 구하는 것이며, 오랜 만에 친구가 나타나듯이 그 어떤 사람의 도움이 갑자기 요구되기 때문이다.
② 폭군은 우리에게 치욕스러운 일을 강요한다. 그러한 일의 발생은 거친 난봉군의 출현에서 기인한다.
③ 계속되는 질병 때문에 영혼은 그 기능과 또 육신의 사용가능을 막는다. 그러므로 연회의 준비를 망치게 한다.
④ 빈곤은 연회의 준비를 부족하게 한다.
⑤ 광기는 연회에서의 만취상태인 것이다.

　이러한 것들이 자살을 부르는 그럴듯한 원인이다. 이와 같이 생명을

---

69) *Diogenes Laertius* 7. 28.
70) *Diogenes Laertius* 7. 107.
71) *Diogenes Laertius* 7. 109.
72) *Diogenes Laertius* 7. 130.

버리는 정당한 자살행위는 전적으로 비합리적인 상태에서보다 오히려 질병이나 나이로 인해 오는 정신적 기능의 감소를 직감하는 데에서 오는 것이다. 하지만 이러한 것이 정당한 이유가 된다고 할 수 없다.

자살의 원인 가운데 제2의 원인은 디오게네스 라에르티우스가 밝힌 원인과 유사하다. 자살의 이유는 두 범주로 나눌 수 있다. 연회에서 떠나는, 이른바 자살의 첫 번째 이유에 일치하는 범주는 국가와 친구를 위해서이며, 그것은 모든 사람이 속해 있는 공동체의 합리적인 존재로서 여러 의무를 가진다는 스토아 사상에 근거한다. 이러한 이유는 고대 초기 자살의 몇 가지 형태를 수용한 고대 로마의 애국과 충성의 전통과 잘 조화를 이루고 있다.[73]

두 번째 범주인 아픔, 수족의 절단, 불치의 병은 삶의 연회를 떠나는 제3·제4·제5의 이유와 일치하며 그리고 그것은 스토아 사상에 기초한다. 설사 미덕이 유일한 선이고, 악덕은 오직 해악이고 그리고 모든 것은 무관심한 것일지라도 그 무관심적인 것 가운데에 긍정적인 것(*proegmena*, 선호하는 것)과 부정적인 것(*apoproegmeva*, 회피되어야 할 것)이 있다. 죽음·아픔·가난은 부정적인 것에 속하는 것이며, 생명·쾌락·재산·건강은 긍정적인 것에 속한다. 다른 것과 같이 생명은 미덕의 행위를 위한 실체로 유일한 가치를 갖는다. 그러므로 생명을 유지해 갈 것인가 아니면 유지하지 말아야 할 것인가는 퀴니코스 사상가에서처럼 참 행복이 생명에 대한 소극적인 무관심보다 적극적인 무관심의 균형에 있다. 이를 두고 키케로는 "인간의 처지가 자연과 일치하는 것이 많을 때 인간은 살아남을 가치가 있지만 반자연적일 때 인간은 삶에서 떠나는 것이 합당하다. 현자는 행복하더라도 생명을 포기하는 것이 경우에 따라 자연스러운 일이지만 우자는 비참하고 불행하더라도 생명을 유지해 가

---

73) M. Griffin, *op. cit.*, p.73.

는 것이 좋다"[74]라고 말하였다.

불균형은 삶의 목적인 미덕의 행위가 심히 방해되거나 혹은 불가능해지는 것을 의미한다. 제논이 죽음의 신호로 인식했던 것은 고통과 수족절단이다. 그 때 그는 이미 나이가 들은 늙은 몸이다. 그래서 그는 미덕의 삶을 살아갈 수 없을 정도로 몸이 허약하여 뜻밖의 사고를 당했다.[75] 이것과 유사한 내용을 나이 먹은 클레안테스에 관한 이야기에서 찾을 수 있다. 클레안테스는 심한 잇몸 염증치료를 받아야 한다는 의사의 권고에도 이틀 동안이나 아픔을 참았는가 하면 식사도 거부한 점에서 제논과 유사한 이유를 발견하게 된다.[76]

사람이 꼭 해야 할 일이라 하더라도 결단을 내리는 데에는 많은 궤변을 필요로 한다. 우리는 긍정적인 무관심과 그리고 부정적인 무관심의 균형을 어떻게 비교 고찰하겠는가? 우리는 국가와 친구를 위해 얼마나 최선을 다해 봉사할 수 있는가? 무소니우스 루푸스(Musonius Rupus)는 만일 자신의 죽음이 더한층 유용한 일이라면 죽음이란 많은 사람에게 가치 있는 유일한 의무일 수 있다고 생각했다. 그리고 많은 사람에게 유용했던 죽음에 대한 지침은 분명 많은 모순을 제공할 것이다. 그러므로 세네카는 소크라테스가 감옥에서 금식에 의한 자살보다 오히려 독약을 기다리며 철학적인 대화로 그의 친구를 도우려했다고 주장한다. 소크라테스는 자신의 생명을 금식으로 끝내려고 하였다.

> 그는 독약에 의해서보다 오히려 굶어 죽으려고 감옥에서 30일을 보냈다. 그 때 소크라테스는 모든 것에 희망을 걸지 않았다. 오히려 그는 아테네의 국법에 복종하는 것을 보이려고 친구들에게 덕성의 고양을 위해 최후의 순간을 장식했다. 독약을 두려워하고, 죽음을 거부하는 것보다 더 바보 같은 것이

---

74) Cicero, *Fin* 3. 60.
75) Seneca, *Epistulae* 30.2.
76) *Diogenes Laertius* 7. 176.

또 어디 있겠는가.77)

이러한 소크라테스의 사약에 의한 죽음 앞에서 그 당당한 의지와 소신은 그로 하여금 장기간에 걸친 해방과 투옥의 아픔을 덜어주었다.

자살의 세 번째 이유의 유형을 고려해 보아야 한다. 자살의 제2의 동기는 "수치스러운 일을 하게 하고 말하게 하는 폭군의 전횡 때문이다", "스토아 사상의 역설들 가운데 하나는 현자만이 자유민이다"라는 사실의 강조이다. 이러한 자유는 구체적으로 물질적 혹은 정치적인 의식에서의 자유가 아니라 미덕에 따른 내적 혹은 외적인 강제와 속박으로부터의 합리적 기능의 자유다.78) 현자는 미덕의 행위를 기꺼이 수행하지만 사악한 행위를 강제에 의해 행하지 않는다. 스토아 사상의 역설을 밝힘에 있어 스토아 철학자들은 수치스러운 일을 하기보다 오히려 폭군 앞에서 그리고 죽음이나 고문의 아픔에서도 동요하지 않고 언어를 자유로이 구사했던 현자들의 실체를 항상 보였다. 에픽테투스는 자유에 관한 언급에서 "자신의 의지대로 사는 사람은 자유로운 사람이다. 그런 사람은 강제나 혹은 폭력에 종속하지 않는다. 그가 선택한 것은 방해받지 않으며 그의 욕망은 목적에 도달하게 된다"고 말했다.79)

스토아의 역설은 어떤 정치적 상황에서든 자살의 정당성을 분명히 밝힐 수 있다. 하지만 그 정당성은 자살 그 자체(*per se*)가 아니라 미덕을 유지하는 대가로 죽음을 인정했다. 스토아의 역설은 사실상 수치스러운 일을 하기보다 현자의 미덕을 수행하는 데에 겪는 고통이나 죽음을 가치 있는 행위로 생각했다. 이와 같이 스토아 사상가들 가운데 세네카와 에픽테투스는 정치적 혼돈 속에 형벌에 의한 고통과 죽음보다 자살을 선호

---

77) Seneca, *Epistulae* 70. 9.
78) *Diogenes Laertius* 7. 121.
79) Epictetus, *Dis* 4. 1.

하지 않았다. 그러므로 죽음에 직면했을 때 스토아 현자는 사형집행자를 기다리는 여유를 보였다.[80] 카토의 자살은 현자는 죽음을 두려워하지 않는다는 것을 보여주었다.[81]

여기서 말한 세 번째 이유의 유형은 참을 수 없는 수치로부터 떠나기 위해, 혹은 개인의 희생을 요구하는 많은 이유 때문에 자살을 하는 이 같은 자살을 로마공화정에서는 영웅적인 자살로 평가했다. 왜냐하면, 영웅적 자살은 로마공화정의 특징과 아주 일치하기 때문에, 그러한 자살은 로마 초기의 역사에서 아주 두드러진 현상이다.[82] 조국을 위해 자신을 희생시킨 대표적인 예는 데키우스(Decius) 가문에서 볼 수 있다. 지금까지 전해오고 있는 자료에 따르면, 조국을 위해 자신의 생명을 바친 사람은 단지 소 데키우스(Younger Decius)였다. 그러나 이 두 경우의 영웅적 죽음은 리비우스의 기록에 비길 데 없는 산문에 소중히 기록되어 있다. 대(大)데키우스는 기원전 337년 베수비우스산(Mount Vesuvius) 근처에 있는 라틴인과 전투에 몰두하고 있었다. 당시에 그는 급진당의 지휘권을 행사하고 있었다. 이와 유사한 이야기가 소데키우스에게서도 전해지고 있다. 그도 기원전 295년 센티눔(Sentinum) 전투에서 고울(Gaul) 지역의 많은 병사들을 공격하는 데 죽음을 각오했다. 결국 그도 그 곳에서 죽고 말았다.

섹스투스 타르퀴니우스(Sextus Tarquinius)의 도덕적으로 불미스러운 성적 충동(mala libido)의 결과로 참을 수 없는 수치감과 불명예를 피하기 위해 저지른 자살은 루크레티아(Lucretia)의 경우가 있다. 루크레티아의 이야기는 너무 일반화된 통속적인 이야기다. 목을 매어 죽는 자살은 그리스 사람들에게 있어 수치스러운 죽음으로 간주되었다. 오이디푸스는 자신

---

80) Seneca, *Epistulae* 70. 8.
81) Seneca, *Epistulae* 24. 6 ; 98. 12.
82) Cicero, *Pro sestio* 48.

의 죄가 무엇인지 알게 되었을 때 목을 매어 자살하는 것 외에는 속죄할 수 있는 방법을 찾을 수 없었다. 로마의 정서도 이것과 아주 유사한 방법의 속죄였다. 이와 같이 목을 매어 죽는 방법의 자살은 많은 비난을 받게 되었는데, 그 이유는 윤리적인 측면보다 종교적인 측면에서 비난의 대상이 되었다.

고전고대의 아카데미학파·아리스토텔레스학파 그리고 에피쿠로스학파는 이론적으로는 자살을 반대했다. 특히 아리스토텔레스학파는 영혼의 탁월함이 육신의 탁월함이나 다른 외적인 것의 탁월함보다 더 우월하다고 생각했다. 아리스토텔레스학파의 사람들은 여전히 또 다른 탁월함을 지향해 갔다. 그것은 첫째, 그들 자신을 위해서이고, 둘째는 국가공동체(*politikon*)와 동료시민(*koinonikon*) 그리고 생명(*bion*)과 사색(*teoletikon*)에 관한 것이다. 생명은 국가시민과 그의 동료 그리고 철학적 사색과 비교될 수 없었다. 그러므로 자살에 대한 아리스토텔레스학파의 태도는 스토아 사상가와 첨예한 대조를 보였다. 에피쿠로스학파는 인간이 죽음으로써 모든 것이 다 소멸해 버리고 생명은 최소한의 가치만 있을 뿐이라고 생각했다. 그래서 그들은 공허한 곳에 생명을 던져버리고, 공포와 두려움 때문에 자살을 하는 것은 어리석은 행위라고 지적했다. 세네카는 말했다.

> 가장 두려움을 주는 죽음 그 자체도 아무 의미없는 무(無)일 뿐이다. 죽음은 살아있는 자에게 또 죽은 자에게도 아무것도 아닌 무이다. 왜냐하면, 죽음은 산 자에게 영향을 주지 않을 뿐더러 죽은 자에게 더 이상 존재하지 않기 때문이다. 많은 사람들은 가장 사악한 것으로 인식한 죽음을 꺼려하지만 삶의 고통과 불행한 재난으로부터의 도피수단으로 죽음을 선택한다. 그러나 현자는 삶에 대한 거부도, 또 그와 같은 죽음도 꺼려하지 않는다. 현자는 생명을 혐오스러운 것으로 그리고 악으로 생각하지 않는다.[83]

로마제국 치하에서 자살이 널리 유행했던 계층은 상류 지배계층이다. 당시에 자살의 원인은 아마도 다음의 두 요인으로 볼 수 있다. 그 하나가 종교적 신념의 쇠퇴이고, 다른 하나는 자살을 옹호한 스토아 철학이 지배계층을 중심으로 인기가 있었다는 점이다. 로마공화정 시기만 하더라도 자살은 충분한 이유가 있어서가 아니고 경건한 신앙심에 일치하는 삶을 살아가지 못한 데에서 발생했다. 일반적으로 스토아 철학의 가르침은 전형적인 로마인의 정서적 특성에 적합했으며, 특히 자살에 관한 스토아의 가르침은 로마제국의 교양 지배계층 사이에서 이미 널리 수용되었다. 로마제국 시대에 자살은 가치 있는 행위로 자주 언급되곤 했다. 잘 알려진 타키투스의 기록에서[84] 사형집행자의 위협과 자살이 재산처분이라는 점에서 비난받았던 일이지만 사후의 이익을 확보하기 위한 수단이기도 하였다. 당시 유죄선고를 받은 사람의 재산은 항상 몰수되었으며 장례식도 할 수 없었다. 그러나 자살로 죽은 자는 장례식 거행은 물론 자살한 자의 유언에 따라 그의 재산이 양도되고 증여도 가능했다. 이렇게 하여 얻게 된 이익을 타키투스는 '민첩한 보상(pretium festinandi)'이라고 표현하고 있다.

스토아 사상의 자살에 관한 교의는 플라톤이 주장한 내용과 유사한 것이라 할 수 있다. 플라톤은 참을 수 없는 심신의 고통(ananke) 때문에 결국 다시 일어날 수 없는 죽음의 끝자락으로 몰렸을 때에 자살은 불가피하다고 생각했다. 심신의 고통, 즉 그리스어의 아난케의 본질은 로마인들이 말하는 불가피성(necessitas 혹은 necessitudo)이며 결코 피해갈 수 없는 것으로 그 의미는 명확하지 않다. 중기 스토아 사상가 파나이티오스와 포세이도니오스는 자살을 유발하는 아난케는 외부에서 오는 압력이 아니라 내적으로 억제하기 힘든 충동이라고 해석하고 있다. 당시의 자살

---

83) Seneca, *Epistulae* 24. 22.
84) Tacitus, *Ann* 6. 29

은 더 이상 수치스러운 것도 아니었으며, 윤리적으로 정도(正道)를 이탈한 행위로 취급하지도 않았다.

스토아 사상가에게 있어 죽음은 자유와 평등으로 가는 길이다. 스토아 사상가가 중시했던 죽음은 자살을 말한다. 퀴니코스학파와 스토아학파에서 자유와 평등의 전제조건으로 자살이 자주 인정되었다.[85] 특히 후기 스토아에서 자살을 인정하고 또 권면함으로써 로마제국 시대에 많은 스토아 철학자와 지식인들이 자살을 했던 것으로 전해지고 있다. 우리의 관심을 끄는 것은 스토아 사상가의 저술서에서 자살이 철학자의 주요관심사였다는 사실이다. 세네카는 자살을 자유에로 가는 도정이며, 궁극적으로 자유 그 자체로 생각했다.

우리는 자살에 대한 초기 스토아 사상가와 후기 스토아 사상가 세네카에서 서로 유사한 점을 발견할 수 있다. 벤츠(Benz)가 주장하고 있듯이 초기 스토아에서부터 자살은 참자유로 인식되어 왔지만[86] 당시에 자살이 그렇게 일반화되지 않았던 것처럼 보인다. 그러나 키케로 이후 자살이 영원한 자유로 인식됨에 따라 자살행위가 점점 만연되어 갔다. 자살에 대한 이론적 기초는 플라톤의 『파에도』에서 간헐적으로 나타나고 있다. 그는 여기서 자살을 조장하고 예찬하면서 자살을 인간이 바르게 사는 합리적 수단이라고 생각했다. 그러므로 우리는 자살에 대해 스토아 사상가의 입장과 견해를 생각하기 전에 플라톤과 아리스토텔레스의 견해를 먼저 검토하고 그리고 제논에게 직접적인 영향을 준 퀴니코스학파의 철학자의 견해를 밝혀야 한다.

---

85) E. Benz, *Das Todes Problem in der Stoischen Philosophie*(Tubinger Beiträge Altertumswissenschaft 68, Stuttgart 1929) Bonhöffer, *Die Ethik des Stoikers Epictet* 38. Seneca, *Ep.* 12, 10; 104, 21 ; 66, 13 ; 70, 14~15 ; 77, 15~16 ; *de Prov* 209~210. Sevenster, *Paul and Seneca* p.58. *Diogenes Laertius* 7, 130. R. Hirzel, 'Selbstmord' *Archiv für Religions Wissenschaft* II(1908), 75~104, 243~284, 417~476. Michael J. Seidler, Kant and the Stoics on Suicide(Journal of the History of Ideas, Vol 11. 1983) pp.429~453.

86) E. Benz, *op.cit.*, s.68. R. Hirzel, *op.cit.*, S.282. 참조

플라톤은 그의 저서 『파에도』와 『법률론』에서 자살을 인정하면서도 한편 법에 반하는 행위로 규정했다. 그는 자살을 인간이 자의적으로 할 수 있는 행위가 아니며, 삶과 죽음은 제신의 속성이기 때문에 자살행위는 곧 제신의 속성을 월권하는 불법적 행위로 보았다. 하지만 플라톤은 『파에도』에서 그리스 사회에서 자주 발생한 자살을 신에 반하는 행위로 비난하면서도 한편 신이 인간을 괴롭힐 때 육신적 고통으로부터 벗어나기 위해 자살의 가능성을 인정했다. 이와 같이 플라톤은 지극한 고통과 가난에 대한 수치심, 슬픔의 고통과 같은 피할 수 없는 운명의 전도에서 자살을 인정했다.[87] 그의 『법률론』에 비친 자살관은 다소 스토아적 입장과 유사하다. 플라톤은 인간이 가장 존귀한 자신을 죽음으로 몰아가는 자살을 택해야 하는 이유가 무엇이며, 그 목적이 무엇인가 자문하면서 자살에 대한 입법문제를 고려한 나머지 그는 각자의 시민적 의무에 일치하는 삶을 강조했다.[88] 이와 같이 그는 국가를 자연적 현상으로 국가와 제신과의 관계를 상호 불가분적 관계임을 역설했다. 그러므로 국가에 반하는 행위는 제신에 반하는 범죄행위이며 그 반대로 제신에 반하는 행위는 국가에 반하는 범죄행위였다. 그러므로 플라톤은 정당한 이유없이 자행하는 자살행위를 범죄행위로 취급했다.

아리스토텔레스는 그의 『윤리학』에서 플라톤과 유사한 주장을 하였다.[89] 자신의 분을 참지 못한 나머지 자살하는 자는—아리스토텔레스는 감상적인 자살행위를 반국가적인 행위로 생각했다—국가로부터 형벌을 받아 마땅한 범죄자로 간주했다. 그러나 아리스토텔레스도 플라톤과 같이 그리스 사회에 일반화된 이른바 상황에 따른 자살행위를 인정했다.

---

[87] Platon, *Laws* 873 d ; Platon, *Phaedo* 61B~62d.
[88] 이것은 스토아의 자살과 연관성이 있다. 소크라테스의 경우에 있어서 자살은 국가의 명령에 따라 허용된다고 했다. 플라톤이 금지하려고 한 것은 단순한 나태와 평범한 고통의 두려움 때문에 야기되는 자살이다.
[89] *Aristoteles, Ethics* 1138a 9ff.

하지만 빈곤과 고통을 피하기 위해 저지른 자살은 비겁한 행위로 규정하면서도 상황에 따른 자살의 가능성을 인정했는가 하면, 심지어 자살을 인간의 의무에 봉사하는 행위로 표현함으로써 사회적인 주목을 끌기도 했다.[90]

퀴니코스학파의 철학자들은 자신들이 폴리스 시민의 생활보다 더 자유로운 존재라고 자만에 차 있었다. 그래서 그들은 폴리스의 시민을 자유를 상실한 자로 생각하고, 자신들만이 진정한 자유, 이른바 내면적·윤리적 자유를 향유할 수 있는 현자임을 강조했다. 이와 같이 그들은 외부의 압력에 의해 부하된 의무로부터 자유로우며, 동시에 미덕을 갖춘 현자임을 강조했다.[91] 퀴니코스학파의 철학자들은 그들의 동료와 가족 그리고 그 누구와도 관계하는 것을 꺼려한 유아독존적인 존재로서 국가의 인습·법 및 전통적 관례와 심지어 국가의 존재마저 인정하기를 거부했다. 그들에게 있어 사회제도·법 및 전통적 인습은 모두 자유의 구속물로서 자살만이 현자의 욕구를 충족시키고 영원한 자유를 열어주기 때문에 사소한 문제에도 자살할 것을 촉구했다.

이와 같이 퀴니코스학파의 자살관과 그리고 그들의 내면적·윤리적 자유는 스토아 사상가와 많은 유사성을 가지고 있다. 이와 같이 퀴니코스 적 삶을 누릴 수 없는 구속으로부터의 해방은 자살에 의해서만이 가능하며, 심지어 자살을 가장 좋은 구급약으로 또 가장 현명한 삶의 정책과 수단으로 생각했다.

그러나 그들은 어디까지나 자신들의 자유를 강조한 나머지 자살을 주장했던 것이지 현자가 아닌 우자들에게 자살을 조장한 것은 아니다. 현자들은 자살을 그들만이 할 수 있는 고유한 권리이며 자유에로 가는 길이라고 생각했다.[92] 사실 퀴니코스학파와 스토아학파의 사상가는 도

---

90) *ibid.*, 116a 12~14.
91) *D.L.* 6, 71. *D.L.* 6, 104.

덕적 규범에 반하지 않는다면 무엇이든 하는 그래서 -퀴니코스학파는 과연 무엇을 부도덕한 것으로 생각했는지 정확하게 말하기 곤란하다- 자살행위마저 그들에게는 자유였다.

디오게네스에 관한 많은 이야기 가운데 흥미 있는 내용을 발견할 수 있다. 디오게네스는 자신을 다른 현자들보다 유복하게 사는 자라고 생각했지만 그는 항상 시대적 상황에 대해 고뇌와 고통 속에서 살았다. 어느 날 그에게 다음과 같은 질문이 던져졌다. 어떤 사람이 "왜 당신은 고통 속에 있으면서 자살을 하지 않는가? 그리고 왜 자살로부터 얻어지는 자유를 기피하는가?"라고 묻는 말에 "현자는 살아야 한다. 현자는 자살하기보다 더 좋은 일을 해야 한다. 그러나 우자들은 죽는 편이 낫다"[93]고 대답했다. 이와 같이 디오게네스는 현자에게 있어 자살이 자유의 조건이 될 수 없으며, 자유의 궁극적 목적이 될 수 없다고 말했다. 그가 강조했던 자살은 우매한 우자들의 속성이다.

자살에 대한 초기 스토아의 견해는 어떠했는가? 당시 역사가의 기록에 의하면, 스토아 사상가 제논·클레안테스 그리고 안티파트로스 등은 모두 자살한 자들이었다. 스토아 사상가는 그리스 사회의 전통적 관행을 수용하고 자살의 가능성을 인정했다. 초기 스토아에서 자살이 허용되고, 때로는 강조되었지만 무절제한 자살행위는 금지당했다.[94] 스토아 사상에서 가장 합리적인 행위는 이른바 도덕적 무관심(adiaphora)에 몰입하는, 즉 아디아포라와 관련된 자살이다.[95]

일반적으로 스토아 사상가에게 있어 합리적인 행위는 행위 자체를 수

---

92) J.M. Rist, *Stoic philosophy*, Cambridge University Press, 1968, pp.237~238.
93) *ibid.*, p.238.
94) Robert Wyllie, 'Views on Suicide and Freedom in *Stoic philosophy* and some Related Contempolrary Points of View' *Prudentia* 1973, pp.15~32.
95) 스토아 사상가에게 있어 생명은 무관심적인 것(adiaphia)중의 하나이었다.[*D.L.* VII. 102, Epictetus *Dis* II. 19. 13]

행해도 좋은가 좋지 않은가에 대해 숙고를 요하는 행위이다.

> 자살을 해도 좋은가, 해서는 안되는가, 그 정당성을 따져보는 것은 그들에게 있어 가치있는 일이다. 또한 그들은 인간의 조건이 자연에 일치할 때에 생을 유지해 가는 것은 지극히 당연한 일이지만 반자연적인 기대 속에 물질을 소유하려고 할 때 오히려 생을 포기하는 것이 온당하다고 생각했다. 현자는 설사 그가 행복하다고 하더라도 반자연적인 기대에 몰입하게 될 때에 생을 과감히 포기하지만 우자는 비열하고 비참한 처지에 있을 때에도 삶을 영위해 가려고 한다.… 생을 유지하는 것과 포기하는 것, 이 양자에 대한 이유는 전적으로 자연에 의해 측정된다.[96]

퀴니코스학파의 철학자와 스토아 사상가는 미덕에 일치하는 삶이 그들의 궁극적 목표였다. 그들에게 있어 미덕은 곧 행복으로 가는 길이며, 그들이 필요로 하는 것은 선한 삶을 위해 요구되는 인격적·도덕적 힘이다. 이러한 인격적·도덕적 힘을 가진 현자는 외적인 요구나 구속에 의해 지배받지 않는다. 보잘것없는 음식과 단벌의 옷을 입으면서 검소하게 사는 것이 현자의 신념이기 때문에 저 명예로운 높은 신분이야말로 현자에게 있어 명예가 아닌 무가치한 것이다.[97] 이와 같이 현자의 행복은 재부나 명예가 아닌 미덕 자체였다. 그러므로 스토아 사상가들이 말하는 자살은 물질적 행복이나 불행과 관련된 것이 아니라 그들의 도덕적 삶을 얼마나 조장해 나가는가에 달려 있다. 결국 스토아 사상에 있어 행복한 삶은 자연과 조화를 이루며 사는 삶이며 적합한 시기, 이른바 죽음의 시기를 포착하는 것이 무엇보다 중요했다. 키케로 역시 만일 적절한 시기에 죽을 수 있는 기회가 제공된다면 최고의 행복을 누리는 현자라도 삶을 포기해야 한다고 말했다.[98]

---

96) Cicero, *de fin* III, 18, 60~61(278~281).
97) D.L. 6, 105.

후기 스토아 사상가에 의해 자살의 시기와 관련한 적시(適時)문제가 제기되었다. 에픽테투스도 다른 스토아 사상가와 마찬가지로 자연에 일치하는 삶을 유지할 수 없을 경우에 자살을 통해 무한한 자유에로 진입해야 한다고 강조했다. 세네카는 "… 그러나 현자는 그가 필요로 하는 것을 적절하게 채우기 위해 자연과 조화를 이루어 가지만 만일 필요로 하는 것이 없어 위기에 직면하게 될 경우에 현자는 삶을 포기하고 죽음으로서 고통을 종결 한다"고 말했다.

세네카의 영향을 받은 마르쿠스 아우렐리우스도 인간이 더 이상 선하고 신실할 수 없다면 삶의 연장이 불필요하다고 말했다.[99] 이와 같이 그들에게 있어 자살은 그때그때의 기회에 따른 형식적인 기준과 자연을 따르는 실질적 기준의 조화에 따라 결정되었다.[100] 스토아 사상가에게 있어 자살의 적시는 도덕적 삶을 상징적으로 조건지우는 중요성을 안고 있다. 세네카는 도덕적 삶의 과정에서 인간이 지켜야 할 기준을 설명하면서 "네 자신을 살펴보라. 그리고 다음에 네가 입은 옷과 네가 살고 있는 집이 조화를 이루고 있는지, 또 네가 사치스러운 생활을 하고 있지나 않는지, 또 너의 가족이 비굴하지나 않는지, 네가 검소한 식사를 하고 있는지, 혹은 네 집이 호화롭게 지어지지나 않았는지 등에 대해 곰곰이 생각해 보아야 한다. 그리고 너는 도덕적 표준에 따라 살아야 한다는 것을 잊지 말라. 그리고 네 생애를 조화롭게 살아야 한다는 것도 잊지 말라

---

98) Cicero, *de Fin* III, 18, 61(280~281). Seneca, *Epistulae* 70, 4~6, *Epistulae* 77, 20~21. Marcus Aurelius, *Meds* XI. 1 ; XIII. 35~36.
99) Epictetus, *Dis* III. 24. 101~102 ; Seneca, *Epistulae* 17, 89-I. 112~115 세네카는 "인간에게 있어 부의 축적보다, 비록 여행할 수 있는 몇 푼의 돈이 없더라도 철학의 경지에 도달해야 한다는 것"을 강조한다. 철학의 경지에 도달하는 것이 인간의 삶에 있어 급선무라 했다. "물질을 소유한 후에도 지혜를 소유해야 한다. 결국 철학은 인생의 궁극적인 것이며 필수품이다. 인간이 무엇인가를 소유하든 혹은 아무것도 소유하지 못하든 철학자가 되어야 한다"고 했다(Seneca *Ep*. 17, 89~90]
100) *D.L.* 7. 87~89 ; Cicero, *de Fin* III. 6, 20~22, 7, 24~26 ; 14, 15 ; *de off* 1. 28, 100, Seneca, *Epistulae* 20, 35, *Epistulae* 35,4 ; 71, 32~33 ; 120, 20~22, 121, 14ff. *de Vita beata* 8, 1~2 Epictetus, *Dis* 1, 4, 18~21, IV. 2, 4~5.

…"101)라고 말했다.

스토아 사상가들 가운데 몇몇 사람은 자살에 직면했을 때 과연 자살이 합당한지에 대한 답을 플라톤의 『파에도』에서 그리고 그 이전의 소크라테스가 자주 사용한 신의 부르심의 사명을 자주 원용했다. 그들은 신이 우리를 부르지 않았음에도 직분을 버리고 삶을 포기하는 죽음이야말로 온당치 못하다.102) 디오게네스는 현자야말로 정당한 이유가 있을 때는 국가를 대신하여, 또 친구를 위해 자살한다고 말했다. 자살이 국가를 해친다는 아리스토텔레스의 말은 아주 의미 있는 표현이다. 그러므로 아리스토텔레스는 인간은 사회적 의무 때문에 살아야 한다고 자주 말했다. 세네카는 "나는 고통 때문에 자살하지 않을 것이다. 고통의 상황을 극복하지 못하고 자살한다는 것은 패배이기 때문이다.… 고통 때문에 죽는 자는 나약한 자요, 비겁한 자이다. 그렇다고 아픔을 이기며 용감하게 산다고 뽐내는 자 또한 바보다"라고 말했다.103)

스토아 사상가는 자살을 왜 해야 하는가에 대한 확실한 이유를 밝히지 못했다. 세네카는 그의 『도덕서한』에서 혹자는 주인집 문 앞에서 혹자는 노예의 굴종을 벗어나기 위해 죽음을 택하지만, 어떤 사람은 삶에 대한 혐오 때문에 죽었다고 하는 사실을 기록으로 남기고 있다.104) 그는 이러한 죽음 가운데 그 어떤 죽음도 정당한 죽음으로 인정하지 않았다.105) 그럼에도 불구하고 세네카는 자살을 자유에로 가는 도정임을 끊임없이 말하면서 죽음을 상찬했다.

---

101) Seneca, *Epistulae* 20, 2~5에서 "철학은 우리들에게 실천적 행위를 가르칠 뿐, 가식의 언변을 가르치지는 않는다(facere decet philosophia, non dicere)." 그래서 도덕적 삶, 즉 언행일치하는 표준적인 삶을 유지해야 한다"고 강조한다.
102) Platon, *Phaedo* 62 C. Platon, *Laws* 1X. 873 e~d.
103) *Diogenes Laertius* II 130(234~235). Aristoteles, *NE* V. 1138a 9~14. Epictetus, *Dis* II. 15, 10. Seneca *Epistulae* 104, 3~4 ; 58, 32.
104) Seneca, *Epistulae* 4, 4~5 ; *de Tranq* 2, 15; *Epistulae* 24, 26.
105) Seneca, *Epistulae* 24, 25.

죽음을 생각하라. 죽음은 자유가 무엇인지 인식하게 한다. 그러므로 죽음을 아는 자는 자유를 인식할 수 있으며 어떠한 외부의 압력이나 세력에도 예속을 모른다.106)

세네카는 이처럼 삶에 대한 가치에서 죽음의 용기를 찬양하고 조언한 자였으나 죽음 자체를 모욕하는(*morti Contumelian facere*), 더욱이 자연이 준 선물인 생명을 무의미하게 던져버리는 그리고 다시 자연으로 돌아가는 행위(*renuntiare natuare et munus illi suum impingere*)에 대해 찬성하지 않았다.107)

로마제국 초기에 자주 나타났던 자살에 대한 강한 욕망(*libido moriendi*)의 발로는 시대적 환상의 산물로서 비난의 대상이었다.108) 세네카는 인간에게 피할 수 없는 강제나 속박이 상존한다는 것을 인식하면서도 자살을 명령하지 않았다. 그러면서도 인간은 어떻게 죽을 것인가에 대해 극적인 글을 쓴 바 있다.

> 우리는 어떠한 사회적·정치적 억압이나 구속이 도래한다 하더라도 자유를 열어갈 수 있으며,… 또 영혼이 병들고 온전치 못해 불행해 질 때에 그 영혼의 고뇌와 동시에 우리 자신을 죽음으로 종결지어야 할 것이다.… 너의 눈이 어떤 곳으로 향하든 너의 슬픔을 멈추게 하는 방법이 있다. 저 벼랑을 보는가? 자유에로 가는 저 낭떠러지 아래를 보라. 저 바다, 저 강, 저 샘을 보는가? 저 깊은 물속에도 자유가 있다. 저 왜소하고 시들어 버린 그리하여 이제 열매조차 맺지 못하는 나무를 보는가? 하지만 그 나뭇가지에 자유가 있다. 너는 너의 목구멍·식도·심

---

106) Seneca, *Epistulae* 26, 10.
107) Seneca, *Epistulae* 70, 20(II, 68~69) ; *de Providentia* 6, 8(I. 46~47).
108) Seneca, *de Providentia* 2, 10 ; *de ira* III 5~3 ; *Ep.* 12, 10 ; *Epistulae* 66, 13 ; *Ep.* 70, 5, 14~16, 19~21 ; *Epistulae* 77, 14~15 세네카는 로마제국 초기에 자주 발생했던 자살에 대해 충고하는 글에서 "사랑하는 루킬리우스여, 죽음에 대한 지각없는 경향이 나타나고 있다. 이러한 지각없는 행위가 비겁하고 곤궁한 사람은 물론 고결한 정신이 충만한 사람까지도 사로잡는다"라고 당시의 상황을 걱정하는 인상이었다.

장을 보는가? 그것은 예속으로부터 도피하는 길이다.… 그 길은 용기와 힘을 요구하는가? 너는 무엇이 자유에로 가는 공로(公路)인가 묻는가? 너의 육신 안에 혈관이 있지 않은가![109]

세네카에 의하면 신들이 자살을 쉽게 할 수 있도록 인간을 만들었다는 이유 때문에 죽음을 요구하는 것보다 더 비열한(turpius) 짓은 없다.[110] 그는 생명을 지나치게 증오하지도 그렇다고 중시하지도 않았다. 더욱이 그는 인간이 왜 죽어야 하는가에 대한 이유를 심각하게 생각할 필요가 없다고 말했다. 그래서 그는 "오늘 우리가 여기에 존재하게 된 이유까지도 그렇게 중요하지 않다"고 말했다.[111]

에픽테투스에게 있어 삶과 죽음 그리고 자유의 문제는 대체로 세네카의 견해와 일치한다. 그는 인생을 잠시 손님으로 머물고 있는 여인숙으로 비유한다. 왜냐하면, 우리는 언제인가 이 세상에서 멀리 떠나야 할 존재이기 때문이다. 그 떠남이 언제인지 그에게 그렇게 중요하지 않았다.[112]

그는 또한 우리의 육신을 어느 병사가 우리에게 요구할지도 모르는 무거운 짐을 진 가련한 당나귀에 비유한다. 그래서 그는 우리가 모진 매질을 당하지만 않는다면 오히려 당나귀의 신세가 되는 것이 더 낫다고 말한다.[113] 에픽테투스는 다시 그의 『강론(Discourses)』에서 "누가 그 집을 연기로 채웠단 말인가? 만일 방안에 연기가 없다면 머물러 있겠지만 연기가 가득 차 있다면 나가야 할 것이다. 우리에게는 밖으로 나갈 수 있는

---

109) Seneca, *de ira* Ⅲ. 15, 6~4 ; *de Providentia* 6, 7~9 ; *Epistulae* 70, 12, 14~16.
110) Seneca, *Epistulae* 117, 22.
111) Seneca, *Epistulae* 24, 24.
112) Epictetus, *Dis* Ⅱ. 23, 43~45; *Dis* Ⅱ. 22, 33.
113) Epictetus, *Dis* Ⅳ. 79~80. Seneca는 *Epistulae* 77, 15에서 "당신은 남편의 노예, 당신의 업무의 노예, 생명의 노예이다. 생을 위해 죽을 수 있는 용기가 결여한다면 노예로 전락할 수밖에 없다. (Infelix, servis hominibus, servis rebas, servis vitae, Nam Vita, si morien virtus abest, servitus set) Seneca, *de vita beata* 15, 7 ; Epictetus, *Dis* Ⅱ. 20, 15, 23, 42. Ⅲ. 22, 95.

자유의 문이 열려 있다"라고 하고 이어서 그는 말했다.

> 기름이 쏟아져 나의 가구가 다 타버렸다 해도 나는 마음이 평안하다.… 그리고 먹을 것이 하나도 없어 삶이 불행해 진다면 그 불행을 극복할 수 있는 방도가 있지 않은가 그것은 죽음이며, 죽음만이 도피의 길이다. 죽음은 모든 사람의 도피처다. 그러므로 우리의 삶에 어려움이 있을 수 없다. 너는 원하기만 하면 언제든지 집 밖으로 나갈 수 있다. 또 연기로 해서 고통을 겪지 않을 것이다.
>
> 나는 아테네에서도 살지 않을 것이며, 로마에서도 살지 않을 것이다. 에게 해변 아티카의 성 기아라(Gyara)에서 살리라[기아라는 로마제국 시기에 정적들이나 반국가적인 행위를 한 자들의 유배지]. 그런데 기아라에서 산다는 것 역시 많은 연기로 가득 찬 집처럼 보이기에 나는 그 누구도 나의 삶을 방해하지 않는 곳으로 떠나리라 그 곳은 모든 사람에게 공개된 거주지인 무덤이다.[114]

에픽테투스의 '열린 문'의 비유는 세네카의 자유에로 가는 도정인 죽음을 연상케 한다. 스토아 도덕론과 윤리에 심취한 나머지『실천이성비판』을 쓰게 된 근대철학자 칸트도 인생을 연기로 채워진 방으로 비유한 바 있다.

스토아 사상가는 죽음의 문이 어느 면에서 인간의 아름다운 사후의 생을 이끈다고 판단했기 때문에 죽음을 찬미한 것은 아니다. 사후문제에 대해 키케로는 플라토니즘의 영향을 지적하고 있지만 후기 스토아 사상가와는 반대입장이었다. 사후의 생에 대한 기대는 자연적 우주론에 직면함으로써 부활의 확신을 단호히 배격했다.[115] 이와 같이 인간이 사후

---

114) Epictetus, *Dis* I. 25, 18~19. 연기가 가득찬 방에 대한 비유는 *Dis* IV 10, 27에서, 그리고 열린 문에 관한 비유는 *Dis* I. 9, 20~21. 에픽테투스는 *Dis* IV. 27
115) Seneca, *Epistulae* 71, 6 ; cf Cicero, *Tusc* 1. 49, 118. ; Epictetus, *Dis* II. 1, 17~8, III 13, 14~15 ; 24, 19~21, 92~94. IV. 7, 15 ; 10, 27 ; M. Aur, *Meds* III. 3, 2 ; IV. 21, V. 33. "어떠한 운명도 우주의 법칙에 따르게 마련이다. 왜냐하면 인간은 죽음으로써 더 좋은 생을 누릴 수 있으며 신과 더불어 빛나는 고요 속에 살아갈 수 있기 때문이다.

에 영혼불멸과 같은 생존 가능성의 주장은 스토아 사상가로부터 인정받지 못했다. 아우구스티누스는 스토아 철학의 기본명제를 생의 최고선인 행복이라고 정의했다.116)

그리고 그는 그리스도교는 희망을 실현케 하는 신에 의해 행복을 부여받는 데 반해 스토아 사상은 자신에 의해서만이 행복에 도달할 수 있음을 확신했다.117) 그러므로 스토아 사상가는 미덕이 생의 목적이며, 그들에게 있어 진정한 선은 도덕적 선이다. 칸트의 도덕적 선처럼 스토아 사상가에게서 선이나 행복은 내면적인 선의지였으며 인간에게 무엇이 발생하는가에 대해 관심을 두지 않았다. 그들의 자신을 극복하는, 즉 아파테이아에 도달하는 것이다. 이와 같이 스토아 사상의 미덕은 사건이나 외부의 상황에 교란되지 않음을 의미한다. 그들은 감정에 기초한 미덕을 병적인 것으로 간주했다. 고전주의자 포우프(Alexander Pope)는 스토아 현자에 대해 다음과 같이 표현한 바 있다.

> 스토아 사상가는 이 세상에 대하여 냉담하고 무관심한 것을 자랑으로 생각하는 그들의 미덕이야말로 인간사회에서 사는 사람으로서 자격을 상실한 전혀 융통성이 없는 도식적인 것이다. 모든 것을 수축해 버린, 그리고 인간적 정조(情操)와 동정을 외면해 버린 마치 서릿발 속에 결빙되어 있듯이 고착되어 있다.118)

이처럼 스토아 현자는 슬픔이나 동정은 마음으로부터 나오는 것이 아니며 외피적인 공손함이며, 세련된 가장이요, 가면이라고 표현했다. 스토아 현자의 자선이나 애정은 아파테이아가 아니라 올바른 정신에 의해 만들어진 감정 즉 에우파테이아(*eupatheia*)이다. 제논이 말했듯이

---

116) Augustinus, *Civitas Dei* 1X1.1.
117) L. Edelstein, *The Meaning of stoicism*, Havard University, 1980, p.1.
118) *ibid.*, p.2.

에우파테이아는 생의 편안한 흐름이며, 감정의 부단한 지속이다. 세네카는 에우파테이아를 마음의 평정과 평온으로 특징짓고 있다. 스토아 현자의 에오파테이아는 마음의 평정, 마음의 해방 이외에 결코 그 무엇도 아니었음을 이해할 수 있다.

스토아 사상가는 인생을 경기에 비유한다.[119] 그들은 경기에서의 승리를 중요하게 생각하지 않았다. 그들에게 중요한 것은 경기의 스코어가 아니라 경기태도이다. 에픽테투스는 소크라테스를 공을 가지고 경기하는 사람에 비유한다. 소크라테스의 공은 무엇이었던가?

> 생명·투옥·유배·음독·아내상실 및 자식을 고아로 방치하는 것은 무엇이었던가? 이 모든 것은 그렇게 중요한 것이 아니다. 그러나 우리는 주의와 기술을 동원해 경기를 해야겠지만 공 자체를 무관심하게 다룰 뿐이다.[120]

이와 같이 스토아 현자에게 있어 가장 위대한 결정의 순간은 도덕적 선이 진정한 선이라는 원칙이 인정되는 순간임을 알 수 있다. 스토아 현자는 자신의 운명을 자신이 만든다는 것을 자신 있게 말했다. 그리스도교와는 대조적으로 지고하신 신이 현자를 신적 존재로 만들기보다 현자 자신에 의해 신적 존재가 된다고 확신하였다. 그러므로 스토아 현자는 이성적·합리적인 삶을 살아가기 위해 개인의 행위와 결의에 따라 삶을 주관해야 하므로 자살의 선택이 이러한 가능성을 부여하는 것으로 생각하였다.

단명한 삶이라도 질을 강조한 그들은 오래 살기 위해 능력과 공정의 발휘보다 장수하기를 원하지 않는 것이 현자의 태도임을 강조한다. 현자는 살 수 있는 기간 동안이 아니라 살아 마땅한 기간 동안 살아야 한다.

---

119) Epictetus, *Dis* 1, 24, 19~20 ; 25, 7~11.
120) Seneca, *de Clementia* II, 5.

현자는 삶에 있어서 항상 양보다 질을 생각한다. 그것은 좀 일찍이 죽느냐 아니면 좀 늦게 죽느냐의 문제가 아니다. 아름답게 죽느냐 아니면 비열하게 죽느냐 하는 문제다. 스토아 현자에게 있어 아름다운 죽음은 비열한 삶으로부터의 해방이다.[121]

이와 같이 스토아 사상가는 미덕의 실천적 행위자요, 자유를 자신의 사례와 판단으로 생각하는 자이므로 그들은 그 누구에 의해 구속을 받지 않는 이른바 독립적 의지를 자유로 정의한다.[122] 그러므로 스토아 현자에게 있어 일체의 외면적인 재산·신분·명예·생명은 무관심한 것으로 그것으로부터 떠남이 자유와 평등이며, 이것을 결정지어 주는 것이 곧 죽음의 세계였다. 이와 같이 스토아 현자는 주인의 허락없이 노예의 굴종과 족쇄로부터 영원한 자유로 갈 수 있는 것을 죽음으로 생각했다. 세네카는 그의 『도덕서한』에서 "죽음을 말하는 자야말로 자유를 갈구하는 자이며 동시에 예속으로부터 탈피하는 자"라고 말했다.[123]

이미 언급한 바와 같이 세네카는 자살을 곧 자유민이 되는 길로 인식하고 있었기 때문에 인간의 예속상태를 수치로 생각하지 않았다.[124] 더욱이 그는 황제와 높은 신분을 가진 자라도 자신의 운명을 마음대로 주관할 수 없다고 말한다. 인간의 운명은 변화무쌍한 것, 그래서 황제 역시 가혹한 운명에 처하지 말라는 법이 없다.[125] 또한 그는 "인간은 각자 정해진 운명이 있다. 어떤 사람은 황금빛 찬란한 가벼운 사슬에 얽매였는가 하면, 어떤 사람은 억압과 구속을 받을 자로, 그리고 어떤 사람은 다른 사람을 억압하는 자의 운명을 타고났지만 이들 모두는

---

121) Seneca, *Epistulae* 5, 32~34 cf *Epistulae* 71, 4~6. Seneca, *Epistulae* 24, 24~25, *Epistulae* 61, 4 ; Epictetus, *Dis* IV. 1, 106.
122) Epictetus, *Dis* 1, 17, 28 ; 1. 19, 7.
123) Seneca, *Epistulae* 26, 10.
124) Seneca, *de Ira* III. 15, 3.
125) Seneca, *de Marc* 5, 1.

죽음의 운명 앞에 평등하다"126)고 말한다. 그는 죽음만이 모든 사람에게 평등을 부여하는 기회로 생각했다.127) 인간은 불평등한 존재이지만 결국 죽음을 통해 평등한 존재로 된다.128) 그러므로 스토아 사상가는 철학을 통해 내면의 자유를 획득하는 데 실패한129) 이른바 아파테이아의 경지에 도달하지 못한 자에게 영원한 평정은 자살에 의해서만이 도달할 수 있다고 생각했다.130) 이와 같이 스토아 사상에서 죽음만이 전인류에게 동등한 가치를 부여하는 권리였기 때문에 자살을 선악의 대상에서 제외시켰다.

스토아 사상은 인간의 법적·정치적 부자유와 예속에 대해 무관심했다기보다 오히려 인정하는 입장이었다. 도덕적 이상을 상찬한 나머지 인간을 현자와 우자로 구분한 스토아 사상가들은 인간의 평등을 강조해 왔지만 그들의 편협한 모럴에서 자신들만이 고매한 현자요, 인류의 교사(generis humani Paedagous)로 신들의 속성을 지닌 신적 존재임을 찬미한 과두적인 엘리트였다. 그리하여 그들은 현자의 대비적 존재인 일반대중(*Vulgus* · *populus* · *multitudo* · *plebs* · *turba* · *plures*)을 가리켜 자유의지가 결여된 미덕과 철학의 범주에서 제외된 자들로 경멸했다.131) 이와 같이 스토아 사상가는 철학을 이상화하고 인간의 궁극적 자유의 도정에서 고난을 피할 수 있는 유일한 전략으로 죽음을 찬미했다. 그것은 인간의 죽음 후에 오는 아름다운 생을 리드한다는 신념 때문에서가 아니라 현자적인 자만심과 교만 그리고 철저한 무관심에서 그리고 가족·사회·국가를 초연한 허무주의와 이기주의에서 생성되었다.

---

126) Seneca, *de tranq* 10, 3.
127) Seneca, *de Marc* 20, 2.
128) Seneca, *Epistulae* 91, 16.
129) Seneca, *Epistulae* 8, 7 ; 89, 8. 세네카는 "진정한 자유의 획득은 철학의 노예가 되는 것이며, 철학에 자신을 맡기는 자는 그 순간부터 해방된 자"라고 했다.
130) A. Steinmann, *Sklavenlos und alte Kirche*, Braunsberg 1910, S.41.
131) J.N. Sevenster, *op.cit.*, p.215.

스토아 사상가의 도덕적 지평과 이상은 그들의 정치적 이상에 잘 나타나 있다. 그들은 개별국가의 정치형태와 사회제도의 정당성이나 부당성에 대해 일체 언급을 회피했다.132) 스토아 사상가의 정치적 이상은 정치가에 대한 막연한 세계주의 실현과 확대였으므로 현대국가의 상징인 민족적 개별국가에 대한 무관심, 국가와 정치권력의 억제, 적에 대한 관용, 결과적으로 정치적 민족주의의 포기였다.133) 이와 같이 그들이 추구한 정치적 목표는 도덕성의 실현이 아니었기 때문에 플라톤과 아리스토텔레스에 의해 강조된 시민적 신분마저 인간이 갖는 최고의 의무로 생각하지 않았다.134)

후기 스토아 사상가는 자유・평등 그리고 인류애를 강조하고 이상화했지만 그것은 민족국가 이념의 세계관으로부터 세계국가와 세계시민사회의 조화를 위한 전제조건으로서 당시의 일반대중의 속성은 아니었다. 후기 스토아 사상가는 인간을 평등적 존재임을 인정했지만 그들의 강한 현자적 선민의식의 집착 때문에 일반대중을 자신들과 같은 동질이기를 거부했다.135) 특히 인간존엄과 권위의 상징인 자유・합리・자율마저 기능적인136) 것으로 자신들의 전유물로 여겼다.137)

스토아 철학의 도덕론에 심취한 바 있고, 루소의 영향을 받은 칸트는 일반대중을 위한 도덕론자로서 스토아 사상가의 현자적 엘리트의식을 거부했다. 인간의 궁극적 목적은 자살에 의해 성취될 수 있다고 강조한 스토아의 자살관은 아파테이아와 아타락시아의 경지에 도달함에 있어 내면적인 갈등이나 외면적인 속박을 단순히 제거하는 행위의 동기일 뿐

---

132) L. Edelstein, op.cit., pp.84~86.
133) M. Mühl, op.cit., s.89.
134) L. Edelstein op.cit., pp.87.
135) M. Mühl, op.cit., ss.89~90.
136) Diogenes Laertius VII. 66, 86.
137) 칸트의 스토아 현자에 대한 비판은 Eine Vorlesung Kant's über Ethik, 2nd, ed. by Paul Menzer(Berlin, 1925) ; 307~308, 79~80 ; Kritik der praktischen Vernunft, V. 126~127.

행위의 실천적·합리적인 자율의 확대는 아니었다. 진정한 자유와 평등은 칸트가 밝혔듯이 죽음이라는 실체에서보다 합리적인 자율에서 기인한다.138)

3) 세네카와 후마니타스

　　육신은 노예이나 정신은 자유다($Tò\ σώμα\ δούλου\ αλλ\ όυούs\ έλευθεροs$)"라는 소포클레스의 말에서 내면적 자유의 고결성, 내면적 귀족의 가능성(die Möglichkeit inneren Adels)과 같은 고전고대의 자유의 일반적 특성을 발견할 수 있다.139) 아테네의 후기 희극작가 필레몬(Philemon)은 인간을 구별 짓는 기본요건을 아레테 즉 윤리적 인간성에 두었다. 비록 법적으로 예속상태인 노예라 할지라도 윤리적·내면적으로 자유이면 자유라고 강조한 고전적 자유는 고대 말기까지 일반화된 개념으로 스토아 사상가에 의해 구체화되고 초기 그리스도교와 바울사상에서 영적 자유의 기초가 되었다. 바울 서신 가운데 갈라디아서에서140) "여기에서 유대인과 그리스인… 노예와 자유민, 남편과 아내의 구별이 없다. 왜냐하면 너희들은 모두가 그리스도 안에서 하나이기 때문이다." 그리고 고린도후서 3.17에서 "주님의 성령이 있는 곳에는 자유가 있다"라고 하였으며 이 말은 단순한 초기 그리스도교 바울의 순수한 언설이라고 생각할 수 없다.141)

---

138) 칸트는 현자를 찬미하는 스토아 철학의 엘리트의식을 비판했다. 더욱이 칸트는 자유·자율·존엄을 기능적인 해석보다 구조적·본질적으로 해석했다.[Michael J. Seidler, "Kant and the Stoic on Suicide."(*Journal of the History of Ideas*, Vol.44, 1983, p.438)]
139) M. Mühl, *op.cit.*, ss.90~91.
140) 갈라디아서, 3.28 ; 골로새서, 3.11.
141) 초기 그리스도교는 헬레니즘 이교사상(Heidentum)의 어휘를 사용했을 뿐만 아니라 에우리피데스 이후 예수 출현 이전의 고전적 사상체계를 수용한 사실은 Kittel, *Lex. Zum NT* II, ss.272~274

바울의 교설에서 강조된 "너희들 노예들아, 너희들 육신의 주인에게 무서워하고 떨면서 복종하라"는 내용에서처럼 세네카도 외면적·법적 권리에 만족해하는 노예에 대해 그가 항상 입버릇처럼 말해 왔던 인간의 내면적·윤리적 가치에 비중을 두었다.142) 세네카는 인간의 법적·사회적 권리보다 그가 항상 입버릇처럼 말했던 내면적·윤리적인 가치에 비중을 두었다. "내면적인 것은 노예로 예속될 수 없다"는 표현은 다음 두 가지의 법적인 고려를 배제할 수 없다. 세네카는 첫째로 노예가 자유민과 달리 취급되고 평가되는 것은 법과 정의(ius Humanum)에 반하며, 둘째로 인간행위에 대한 평가는 노예이든 자유민이든 인간의 법과 정의에 따른 인간의 정신(animus)에 있는 것이지 신분에 좌우되는 것이 아니라고 말한다.143)

세네카는 노예가 해야 할 일은 굴종과 봉역(ministerium)만이 아니라 자유롭게 결의할 수 있는 일도 있다고 말한다. 그러므로 노예는 "법이 명령하거나 금지하지 않은 행위를 함으로써 자선의 기회를 찾는다"고 했다.144) 이러한 교분적 관계에서 지배와 피지배자 사이의 주종적 관계는 외면적으로 변질되지 않은 채 그대로 유지되어 가지만 내면적으로 지배와 예속의 관계는 점진적으로 동료의 우의적 관계(affectus amici)로 발전해 갔다.145) 이러한 관계에서 주인은 노예로부터 봉역을 받는 상위의 신분으로서가 아니라 서로 대등한 관계에 있다.146)

세네카의 후마니타스는 다음과 같은 고전적 표현에서 "인간은 어디까지나 인간이라는 사실이 신성하며(Homo sacra res homini)", 그리고 "인간

를 참조.
142) Seneca, de tranq 9, 30.
143) Seneca, de ben III. 20, 2.
144) Seneca, de ben III. 21, 2.
145) Seneca, de ben III. 21, 1.
146) Seneca, de ben III. 22, 3~4. "Beneficium non dominus a Servo accipt, sed homo ab nomo."

에게 있어 신성한 것은 인간이다"로 요약되고 있다. 후마니타스의 개념은 아마도 초기 스토아의 가장 핵심적인 도그마로서, 그리고 인류의 공동체 이념의 보충개념으로 표현되었다. 그러나 중기 스토아의 후마니타스는 로마 귀족정치와 깊이 관련된 정치가의 덕목일 뿐 친절한 주인의 덕은 아니었다. 여기에서 우리는 후마니타스의 어의의 생성과 사전적 의미 분석보다 후기 스토아 사상에서 후마니타스의 사회적 작용을 파악해야 한다.[147] 키케로의 작품에서 비교적 상세하게 설명하고 있듯이 후마니타스는 두 민족 사이의 투쟁에서 나타나는 특징적인 의미를 내포하고 있다. 우리가 사용하고 있는 후마니타스의 의미는 로마에서 유래되고, 로마적 배경에서 생성된 사회적·도덕적 의미를 함축하고 있다. 특히 세네카의 후마니타스의 사회적·도덕적 이상은 그리스 이상주의 철학과 스토아 박애사상 및 보편적 세계주의와 같은 대체로 그리스 고전적 인간애 사상에 기초하고 있다는 사실을 염두에 두어야 한다. 로마 후마니타스의 생성은 플라톤과 아리스토텔레스의 사회윤리학, 폴리스 시민 상호간의 사회적·윤리적 태도, 그리고 스토아 철학에서 강조한 인류애 사상으로부터 가능했다.[148] 파나이티오스는 키케로의 『의무론』을 생산케 했으며, 또 그것을 통해 후기 후마니타스의 발전이 가능하게 되었다. 그러나 스토아 인간애 사상은 원시 그리스도교의 형제애와는 달리 철학적이고 지적인 기초 위에 형성된 개인과 공동체에 영향을 주었지만 로마공화정 초기 노예운명의 법적 완화와 같은 제도의 개혁에는 미흡했다.[149]

후마니타스라는 말을 제일 먼저 사용한 사람은 파나이티오스다. 그러나 그 체계적인 기초를 다진 사람은 키케로다. 하지만 키케로도 오늘의

---

147) 후마니타스의 사전적 의미분석과 고전적 형성과정은, R. Reitzenstein, *Werden und Wesen der Humanität* im Altertum. Straβburg Kaiserrede, 1907, ss.7~9.
148) 특히 플라톤의 『국가론』·『법률론』 및 아리스토텔레스의 『정치학』과 『윤리학』에서 제시하고 있다.
149) Seneca, *Epistulae* 95, 30 ; 95, 31 ; 95. 33.

기준에서 볼 때 보편적인 인간애 사상의 실현에는 미치지 못했다. 키케로가 언급한 후마니타스의 표준이 되는 대상은 로마의 귀족이다. 이와 같이 로마의 후마니타스는 로마 귀족정치의 전통과 편견에 의해 형성된다. 그러나 키케로는 후마니타스의 이상을 다른 사람에게까지 확대해 갔으며, 그 출처를 그리스인에게서 구했다. 하지만 고대사회에서 귀족을 제외한 모든 인간부류는 후마니타스의 범주에서 제외된다. 그 한 예로 노예와 말이 함께 적재된 배가 심한 파도를 만나 이들 중에 한쪽을 바다에 던져버려야 할 운명에 처했을 때 키케로는 노예보다는 말이 가격에 있어서 더 비싸고 더 경제적 유익을 주기 때문에 노예를 바다에 던지라고 명했다.150)

이와 같이 키케로와 더불어 동시대의 모든 스토아 사상가는 개인적으로 노예에 대해 동정과 우의를 보이고 또 그들을 같은 동료로 인정해 줄 것을 요구해 왔지만 노예제도의 폐지나 완화를 요구한 것은 아니었다. 그것은 당시 로마사회가 가졌던 노예에 대한 표준이 오늘날 민주주의 사회에서 가지는 우리들의 표준과 다르다는 데에 있다. 농업노예에 대한 바로(Terentius Varro)의 태도는 카토(Cato)와 달리 인간의 삶에 있어 특히 여기서 인간이라 함은 로마의 귀족들을 말하며 - 없어서는 안될 유익한 존재라는 점이다. 그것은 아마도 당시 로마를 비롯한 고대사회에서 노예는 생명을 가진 도구이며, 생활필수품이라는 사회적 표준과 아울러 상류지배계층의 부의 상징이었기 때문이다.

아우구스투스는 전형적인 로마의 전통을 유지하면서 노예에 대한 가혹한 행위를 반대했다. 특히 세네카는 아우구스투스가 노예를 학대하고 가혹한 벌을 가한 그의 친구 베디우스 필리오(Vedius pillio)를 처벌하고 노예를 해방시킨 사실을 높이 평가하는 글을 쓴 바 있다. 하지만 세테카

---

150) Cicero, *de officiis* I. 13. 41 ; III. 22. 89.

는151) 어디까지나 고대사회의 현실 속에서 노예의 인간화를 위해 후마니타스를 이상화했을 뿐 로마인의 자선(clementia)을 실천한 철학자로서는 미흡하다. 노예의 인간화와 같은 실천적 덕목으로서의 후마니타스는 로마제국 초기 아우구스투스에서부터 시작되었다. 특히 클라우디우스의 통치하에서 개인의 사법권은 점진적으로 확대되기 시작했다. 그것은 인간평등의 윤리적 이상으로부터 법적 인간화에로 발전이었으며, 그 결과 노예를 죽인 주인도 살인자로 법정에 고발되고 병든 이유로 노예를 방치한 주인의 권리가 박탈되는 등 지엽적이나마 노예의 법적 권리의 유동성을 발견할 수 있다.152)

세네카의 『도덕서한』 47. 13의 내용과 유사한 동시대인 콜루멜라(Columella)의 『농업지(de rustia)』 1권에서 그는 "… 농사에서 주인과 노예와의 우의는 물론 농사에 대한 작업계획도 노예와 협의하는 것이 좋다. 콜루멜라는 노예가 농업노동을 주관한다는 소박한 자부심을 가지게 하고 노동에 대한 권위를 부여하여 노예를 기쁘게 해주어야 한다. 그리고 노예의 생계와 부양에 대해서도 항상 염려해 주고, 노예 감시인으로부터 부당하게 취급을 당하지 않도록 항시 노예의 편에서 보호해야 하며, 노예의 충직한 봉역과 실적을 특별히 보상해야 한다"고 조언했다. 우리는 콜루멜라의 인간존엄과 평등을 강조한 대목에서 세네카를 능가하는 후마니타스의 실천적 덕목을 발견할 수 있다. 그의 후마니타스는 고상한 철학적인 담론이나 언설이기보다 주인의 체험적 행위의 실천적 요구라고 하겠다. 콜루멜라의 실천적 후마니타스는 많은 학자들에 의해 연구되었지만 세네카의 보편적 인간애 사상에 기초한 것은 아니다.153)

---

151) Seneca, *Epistulae* 95, 30 원수에 대한 사랑은 『행복한 생에 관하여(de otio)』 1, 4에서 밝히고 있다. 복수는 세네카에서 인정되지 않고 있다.
152) Seneca, *de ira* 3, 40.
153) 그러나 W. Richter는 *Dio Cass* 60, 29 ; *Dig* 40.8.2 ; 7.6.3. *Cod. Just Seneca Humanitas*의 영향을 강조한다.[*de clementia* I. 1, 3 ; I. 3, 2 ; I. 6, 2 ; *de ira* I. 5, 2] 세네카는 원형투기장에서

세네카의 『도덕서한』 47과 유사한 내용을 로마제국 초기 문란했던 사회상을 예리하게 묘사한 페트로니우스(Petronius Gaius)의 풍자소설 『사티리콘(Satyricon)』에서 읽을 수 있다. 여기서 트리말키오(Trimalchio)는 "노예도 인간이다. 비록 사악한 운명으로 노예가 되었다 하더라도 그들도 우리가 마시는 것과 똑같은 우유를 마신다"는 평범한 말로 노예의 인격성을 강조했다. 페트로니우스의 이 풍자적인 장편소설은 세네카의 『도덕서한』과 거의 같은 시기에 집필된 것으로 거기에서 시사하고 있는 보편적 인간애, 노예의 인간화 등과 같은 그의 열망은 세네카의 영향으로 보는 견해가 지배적이다.

인류의 동질성에 대해 세네카는 초기 스토아에서 강조하는 우월한 철학자만이 세계국가에서 살아가는 생존권을 부여받을 수 있다는 이분법적 제한으로부터 벗어나 모든 사람이 세계시민권을 부여받을 수 있음을 강조했다. 그는 신성과 인간성의 결합을 자연적 관계로 보고 형이상학적·신적인 체험을 배제했다. 이와 같이 그는 인류의 내적 단일체 사상과 그리고 과거의 전통적 인습으로부터 벗어나 모든 사람이 윤리적·도덕적으로 평등하다는 평등이념을 강조했다. "신은 모든 사람에게 자유를 부여했다"는 소피스트인 알키다마스의 말을 상기하면서 만인평등을 강조했던 세네카도 노예제 문제에 있어 그가 살았던 동시대의 정치·사회 전반을 지배한 경향성을 외면하거나 역행할 수 없었다. 세네카의 가르침에서 박애(Philanthropie)는 그 어떤 표현보다 강조되었던 말이다. 그러나 그에게 있어 이타주의와 이기주의는 그가 살았던 시대정신과 밀접한 교환 작용이 불가피했다. 노예를 인간의 도구적인 가치로 여겼던 세네카도 그의 『도덕서한』 48. 2에서 "만일 너희들이 자신을 위해 살려고 한다면 너희 이웃을 위해 살아야 한다(*Alteri vivas oportet, si vis tibi vivere*)" 그리고

검노(gladiator)에게 행해진 사악한 행위에 대해 키케로 못지 않게 힐난하게 비난했다.[W. Richter., *op. cit.*, s.214]

다시 그는 "그 누구도 자신만을 생각하고 자신의 이익에만 골몰하는 자는 행복할 수 없다(Nec potest quis quam beate degere, qui se tantum intuetur, qui omnia ad utilitates suas convertit)"고 말했다.

인간에 대한 인간의 상호관계에서 이기적이고 실용적인 원리가 중기 스토아에 침투됨으로써 결국 보편적 인간애 이념은 그 훼손이 불가피했다. 하지만 막스뮐(Max Mühl)이 지적했듯이 후마니타스의 구체적인 실천의지를 강조한 세네카는 노예문제의 역사에 중대한 전환기를 이루어 놓을 수 있을 만큼 보편적 인간애이념을 그의 학문과 사상의 기본명제로 삼았다. 특히 틸리케(H. Thielicke)가 주장한 바와 같이 가혹하고 비인간적인 로마 노예법의 완화와 같은 노예의 인간화의 과정은 멀리는 그리스인의 인간발견(griechische Entdeckung des Menschen)에서 그리고 세네카의 스토아 철학과 문학을 통해 점진적으로 그 기초가 형성되었다.[154]

세네카 연구자 리히터는 세네카를 가리켜 사회윤리의 신기원을 창출한 인물로 평가하고 있다.[155] 세네카의 철학과 문학 저술서들이 노예의 인간화에 어떠한 작용을 할 수 있었는지에 관해서는 세네카에 대해 보다 옹호론적 입장에서 평가한 리히터의 견해에 잘 나타나 있다. 그는 세네카와 후기 스토아 사상의 보편적 인간애 이념에 친숙한 이른바 제국의 철인군주로 칭송된 하드리아누스와 안토니누스 피우스 그리고 소수의 로마 법학자에 의해 노예의 법적 권리의 신장을 위해 노예제 완화와 같은 법제정의 기초가 확립되었음을 밝히고 있다. 그러나 후기 스토아 사상과 세네카에 의해 강조된 후마니타스와 보편적 인간애이념이 노예의 인간화에 많은 영향을 작용했다고 하는 논지는 다수의 사회경제사가들로부터 많은 공격을 받았다. 당시 노예의 신분적 상승을 사회경제적 측면에 두었던 웨스터만(W. Westerman)은 노예의 법적 신분의 확대와 발전

---

154) H. Thielicke, *Theologische Ethik* II, 1955, ss.550~552.
155) W. Richter, op.cit., s.214.

이 후기 스토아 사상가와 세네카의 『도덕서한』에서 강조한 후마니타스에 기인한 것으로 생각하지 않았다.

　세네카를 중심으로 하는 후기 스토아 사상가의 후마니타스의 특징은 정치적 실천도덕으로서보다 한 인간이 갖는 절제와 지혜의 미덕으로 모든 사람을 차별하지 않는 능숙함과 자선이다. 락탄티우스는 스토아 사상가들이 제창한 후마니타스에서 그들은 굶주린 자, 목말라 애타는 자, 그리고 고통 속에 있는 자를 구원해야 한다는 극히 소박한 인간적인 생각조차 하지 않았을 뿐만 아니라 최소한의 동정심마저 없었던 자들이라고 비난했다. 세네카는 거지에게 자선하는 마음으로 돈이나 먹을 것을 줄 경우가 있다하더라도 같은 인간으로서 인간을 동정한다는 것은 수치스러운 짓이라 생각하여 이를 꺼려했다. 그가 말하는 참자선은 일시적인 감상에서 표출하는 물질적 동정과 같은 외면적인 행위로서가 아니라 인간의 내면을 움직이는 정신적인 것, 이른바 윤리적 가치에 의한 도덕적 우미(charis)였다.[156] 세네카는 헤카토의 작품과 관련하여 그의 『자선론』을 통해 도덕적 우미의 순수 그리스적 인생관을 로마 정신의 토양 위에 이식시켰다. 휠만이나 리히터의 주장에서와 같이 세네카와 다른 후기 스토아 사상가들의 지배적 경향이었던 후마니타스는 로마 법학자들의 자연법의 이론적 체계를 확립하고,[157] 더 나아가 가혹한 노예법을 완화하고 그리고 노예의 법적 신분의 확대와 같은 기초를 확립할 수 있는 기회를 제공한 역사적 의의만은 간과할 수 없다.

　세네카와 스토아 현자에게 있어 자유와 평등으로 귀결되는 이른바

---

156) Max Pholenz, *Die Stoa* 2. Auflag Göttingen 1959, s.316.
157) B. Biondi는 로마제국의 자연법의 기초는 이교의 후마니타스에서보다 호노라우스·테오도시우스·발렌티아누스·유스티니아누스가 밝힌 그리스도교 후마니타스라고 주장한다. 비온디에 의하면 이교의 후마니타스는 박애로서 유토피아의 의미를 함축하고 있는 데 반해 그리스도교 후마니타스는 정의·평등(iustia)과 같은 아가페로서 신의 요구에 감사하며, 또 그것에 의해 모든 것이 형성되는 것으로 보았다.

죽음의 문제를 다음과 같이 요약해 본다.

첫째로 세네카는 "인간은 어디까지나 인간에 있어 신성한 존재"로 표현하였거니와 다른 후기 스토아 사상가와 크게 다르지 않다. 그가 밝힌 후마니타스는 지극한 윤리적 내면화의 지향으로서 관념적이고 주지 주의적 경향성이 지배적이었다. 이와 같이 그는 정치적 현실과 사회제도의 개선이나 개혁에 의한 인간화, 인간존엄을 찾고자 하는 외면적인 진취적 이상을 추구하지 않았다.

둘째로 세네카는 제국 초기에 작품활동 못지않게 정치활동에도 의욕적으로 관여한(Seneca, de otio 참조) 궁정학자로서 타락해 가는 정치권력의 부패상을 보면서도 고결한 정신의 이상향만을 동경했던 어느 면에서 허무주의적 이상론자요, 염세주의자인 동시에 다른 한편 시대에 편승한 이기주의자였다. 그러므로 플라톤주의자나 아리스토텔레스주의자 등처럼 영원한 형이상학적 욕구를 충족시키기에 미흡했다.

셋째로 세네카와 후기 스토아 사상가들에 의해 기초된 자연법과 그리고 이것과 상승작용으로 나타난 후마니타스는 반노예제 인간화운동의 역사적 발전에 기여한 점은 인정되나, 당시 스토아 사상가들이 제시한 자유와 평등은 고대문화의 소수 엘리트 계층인 스토아 현자들의 속성으로서 일반대중은 여전히 고대문화의 틀에서 제외되었다고 하는 사실을 지적할 수 있다.

넷째로 세네카의 국가관과 현자관에서 극히 제한된 사상과 편협한 모럴리즘을 발견할 수 있다. 중기 스토아의 파나이티오스는 역사적으로 아래로부터의 국가인 민족국가 이념을 구체화한 데 반해 세네카는 민족국가 자체에 대해 회의적이다. 이와 같이 그는 세계국가와 개별국가 사이의 관계를 명확하게 밝히지 못했기 때문에 민족국가 이념은 세계국가 이념의 그늘 아래 그 기력을 상실하는 결과를 초래했다. 세네카는 신성과 인류 그리고 우주는 혼연한 통일체인 데 반해 개별국가인 민족국가는 불완전한, 무엇인가 결연한 종속적인 형태로서 민족국가 이념의 약점을 지적한 바 있다.

그는 정치적·도덕적 위기에 직면하면서도 헌신적으로 인류애를 생각했던 것은 기본적으로 그의 지구중심적 세계관에 대한 냉소에서 온 것이라 할 수 있다. 세계국가와 보편적 인간애 사상을 찬양한 세네카는 "이 모든 대지와 그리고 그 대지 위에 있는 황금을 조소하며, 찬연한 별들에 시선을 돌리는 자를 찬양한다.… 인간 사이에 너와 내가 구분되고 경계선이 그어진다는 것이 얼마나 우스꽝스러운 일인가! 그것은 좁은 구역에서 일하는 개미떼에 불과하지 않은가? 인간은 보잘것없는 육신이라고 밖에는 달리 무엇이라 구분 지을 수 있겠는가?"라는 표현에서 시사하고 있듯이 민족국가를 냉소한 정치적 이상론자요 어느 면에서 니힐리스트였다.

다섯째로 스토아의 국가관과 정치관은 모든 사람이 평등하다는 확신에서 출발한다. 공동체 사회에서 자유민과 노예, 부자와 가난한 자, 남자와 여자의 사회적 차별이 확립되고, 또 그것이 사회적인 문제로 제기될 수 있는 것이 공동체 사회가 갖는 필연적인 성격이다. 그러나 후기 스토아는 인간이 태어날 때부터 평등하다고 주장하는 국가를 최선의 국가라고 언급하지 않은 사실에 의아하게 생각할 것이다. 그러나 후기 스토아의 정치적 배경은 로마제국이다. 후기 스토아 사상가를 대표하는 세네카와 마르쿠스 아우렐리우스는 자유민과 노예, 부자와 가난한 자와 같은 사회적 차별의 문제를 '위로부터'의 시각에서 취급했다는 점을 상기해야 한다. 세네카는 당시 네로에게 많은 영향력을 행사한 능력있는 지도자로서 『자선론』을 헌정하면서 지배자의 이상을 다음과 같이 언급한 바 있다.

성을 쌓아 높이 올리는 것도, 가파른 언덕에 성벽을 쌓는 것도, 산의 모든 통로를 차단하는 것도, 그리고 왕 자신을 보호하기 위해 성벽과 공격용 탑을 주변에 에워 쌓는 것도 필요없다. 왕은 오로지 인간적인 사랑을 통해서만이 방위 벽이 없는 넓은 평원에서도 안정이 보장된다. 그러므로 왕이 취해야 할 확고한 방어는 왕이 친히 다스리는 백성을 사랑하는 것이다.(*Salvum regem clementia in aperto praestabit. Unam est inexpugnablie munimentum amor civium*)[158]

그리고 왕은 그가 다스리는 국가가 그의 소유물이 아니고 그 자신이 국가의 것이라는 사실을 인식할 것을 강조했다. 이상에서 국가와 정치에 있어 후마니타스가 모든 것의 전제조건임을 강조했다.

여섯째로 인류애를 강조한 세네카는 동시대의 스토아 사상가와 같이 노예제의 폐지를 거부한 사실을 이미 밝힌 바 있다. 그러나 그가 가르치고 설파하였던 스토아 사상은 로마제국의 통치이념과 유스티니아누스 법전(*Corpus iuris justinianus*) 편찬의 기초를 제공하고 가까이는 페트라르카(Petrarca)에서 에라스무스(Erasmus)와 아놀드(Matthew Arnold)에 이르는 서구 휴머니즘의 근간이 되었다. 우리는 세네카의 후마니타스와 노예관을 통해 그의 내면에 내재된 저항적 경향성이 그가 살았던 시대에 뿌리를 내리었다고 하는 사실에 대해 역사적 평가를 꺼려했던 많은 학자들의 비판에서 그에 대해 많은 것을 결여한 불완전한 자, 그리고 위선자로 비난한 사실을 발견할 수 있다. 세네카는 마이케나스(Maecenas)를 빗대어 자신을 비판한 글에서 "만일 행복이 그의 신경을 쇠약하게만 하지 않았다면 위대하고 용감한 정신을 가졌을 것이다"라고 술회한 바 있다. 역시 세네카에게 있어 네로의 총애가 위험을 예시했다. 그러나 그는 인류의 행복과 번영의 위대한 과업을 수행하기 위해 그의 전성기를 이용했다. 무엇보다 우리는 한 인간으로서 그 자신이 의도한 바에 충직하고 성실했던 점을 높이 평가해야 한다. 그의 내면은 스토아 철학의 신앙에 의해 형성되었다. 그러나 그는 한 시대를 살아감에 있어 스토아 사상과 반드시 일치하

---

158) Seneca, *de clementia* I. 19, 6~9.

고 조화를 이루어야 한다고 생각하지 않았다. 결국 그는 스토아 사상가로 죽었다. 그가 죽음에 직면하면서 그의 친구들에게 남겨준 가장 아름답고 고귀한 유산은 그의 삶에서 만든, 비록 표상에 불과한 것이라 할지라도 분명 후마니타스라고 말할 수 있다. 그러나 그것은 진정 2천 년이라는 긴 세월이 지나는 동안 그의 저술서를 읽어온 많은 독자들에게 주었던 문체의 수려함이나 찬연함만은 아니었다.

□ 쉼터 □

참고문헌 목록

1. Primary Sources

Aristoteles, *Nicomachean Ethics*
　　　　　Politics
Augustinus, *De Civitas Dei*
Cicero, *De Amicita*
　　　De Divinatione
　　　De Finibus
　　　De Leqibus
　　　De Officiis
　　　De Natura Deorum
　　　De Oratore
　　　De Re Publica
　　　De Tusculan Disputations
Codex Theodosianus cum Constitutionibus Sirmondianis et Leges Novellae ad Theodosianum Pertinentes, tr. by Clyde Pharr, Princeton u.p., 1952
Corpus Iuris Civilis, Vol 1. I : *Institutiones,* ed. by Paul Krüger.
Digesta, ed. by Th. Mommsen ; Vol. II : *Codex Instinianus,* ed. by Paul Krüger Berlin, 1928~29.
Columella, *De Re rustica*
Dio Chrysostomos, *Discourses*
Dionysius Halicarnassus, *Roman Antiquities*
Dioguenes Laertius, *Diogenes Laertius Lives of the Eminent Philosophers I. II.*
Epictetus, *Discourses*
　　　　Fragments
Philo, *De Abraham*
　　 De dec. Orac
　　 De Humanit
　　 De Joseph
　　 De Monarch

Plinius maior, *Naturalis Historiae* II
Plinius minor, *Epistulae*
Platon, *Gorgias*
    Laws
    Phaedo
    Republic
    Theaetetus
    Statesman
    Timaeus
Plutarchos, *Alexander*
    Demetrius
    De Fortuna Romanorum
    De liberis educandis
    Lycurgus
    Lysander
    Quomodo adulator ab amico internoscatu
    De Retine Audiendi
    De sera numinis vindicta
    Praecepta gerendae reipublicae
    Vitae decem oratorum
    De tranquillitae animi
Polybius, *The Histories*
Seneca minor, *De Beneficiis*
    De Brevitate Vitae
    De Clementia
    De Consolatione ad Marciam
    De Constantia
    Epistulae Morales
    De otio
    De Providentia
    De Tranquillitate Animi
Tacitus, *Annals*
Xenophon, *Apology*
    Hellenica
    Memorabilia
    Symposium

2. Secondary Sources

Aalders, H., *Political Thought in Hellenistic Times.* Amsterdam, 1975
────, *Plutarch's Political Thought.* Amsterdam, 1981
Alföldty G., *Römische Sozialgeschichte.* Wiesbaden, 1979
Arnold, E.V., *Roman Stoicism.* London, 1911
Arnold, A.J., *Politische Metaphysik von Solon bis Augustine. Dritter Band,* Tübingen, 1969
Badian, E., Alexander the Great and Unity of Mankind" *Historia* 7(1958), 425~44.
Baldrey, H.C., Zeno's ideal State" *JHS*(1959), 3~15.
────, *The Unity of Mankind in Greek Thought.* Cambridge, 1970
Barlow, C.W., Seneca in the Middle Ages," *Classical Weekly* 34(1940~1941)
Barrow, R.H., *Introduction to st. Augustine, The City of God.* London, 1950
Bellen, H., *Studien Zur Sklavenflucht im Römischen Kaiserreich,* Wiesbaden, 1971.
Bernent, E., Seneca und das Naturgefühl der Stoiker in *Gymnasium* 61, 1961.
Benz, E., *Das Todes Problem in der stoischen Philosophie*(Tübinger Beiträge Altertumswissenschaft 68. Stuttgart 1929)
Binder, H., *Dio Chrysosotomos und Poseidonios.* Tübingen Diss, 1905
Bonhöffer, A., *Epiktet und die Stoa,* Stuttgart, 1890.
────, *Die Ethik Epiktets,* Stuttgart, 1894
────, *Epiktet und das Neue Testament.* Giessen, 1911
Brassloff, S., *Sozialpolitische Motive in der römischen Rechtsentwicklung* : Wien, 1933
Bréhier, Émile., *The Hellenistic and Roman Age,* Translated by Wade Baskin. Chicago Uni Press, 1971
Brunner, R., Auf den Spuren des Philosophen Seneca in der romanischen Literaturen des Mittelalters und des Frühhumanismus," *Romanica.* Berlin, 1948
Brunner, E.U., *Justice and Social order.* New York and London Happer, 1978
Brunt, A., Stoicism and Principate," *PBSR.* 1975
Buckland, B.B., *The Roman Law of Slavery.* Cambridge uni Press, 1908
────, *Roman Law and Common Law.* Cambridge uni, 1936
Campenhausen, H.V., *Lateinische Kirchenväter.* Stuttgart, 1960
Canton, H., St. Augustine's Critique of Politics" in *the New Scholasticism ; A Quarterly of Philosophy.* Vol 47 No.44(1973)
Capelle, W., Griechische Ethik und römischer Imperialismus," *Kilo* 25(1932)
Chambers, M., The Hellenistic World," in *Perspectives on the European Past : Conversations with Historians.* The Macmillan co,, 1971
Chroust, A.H., The Ideal Polity of the early stoics ; Zenós Republic," *Review of Polities*

27(1965) 173-83.
Ciccotti, E., *Der Untergang der Sklaverei im Altertum*. Berlin, 1910
Cochrance, C.N., *Christianity and Classical culture*. Oxford University, 1974
Colish, M. L., *The Stoic Tradition from Antiquity to the Early Middle Age*. Leiden, 1985
Coing, H., "Zum Einfluss der Philosophie der Aristoteles auf die Entwicklung des römischen Rechts." *Zss* 69(1952)
Copelston, S.J., *A History of Phylosophy(Greece and Rom)*, Westminster, 1960
Croix, G.E.M.de ste, "Early Christian Attitudes to Property and Slavery" in *the Studies in Church History* Vol.12(1975)
Crook, J., *Law and Life of Rome*. Ithaca, 1967
Corbett, E., *The Roman Law of Marriage*. Oxford, 1930
Crossmann, R.H.S., "Plato and the Perfect State," in *Plato totalitarian or democrat?* ed., by T.L. Torson(Englewood Cliffs, Prentice Hall, 1967)
Cuffel, V., "The Classical Greek Concept of Slavery," in *Journal of the History of Idea*(1966)
Dahlheim, W., *Geschichte der Römischen Kaiserzeit*. München, 1984
Danube, D., *Studies in the Roman Law of Sale*. Oxford, 1959
Davis, D.B., *The Problem of Slavery in Western Culture*. Cornell uni, 1969
Deissner, K., *Das Idealbild des Stoischen Weisen*. Bamberg, 1930
Devine, F.E., "Stoicism on the Best Regime," *Journal of the History of Ideas* 31(1970)
Dilll, S., *Roman Society from Nero to Marcus Aurelius*. New York, 1956
Dopsch, A.V., *The economic and social Foundation of European Civilization*. Kegan & Paul Ltd., 2nd imp., 1953
Dudley, D.R., *A History of cynicism, From Diogenes to the 6th century A.D.* London, 1937 ; Hildesheim, 1967.
Edelstein, L., *The Meaning of Stoicism*. Havard University Press, 1980
Entrères, A.P., *Natural Law*. Yale University Press, 1972
Erskine, A., *The Hellenistic Stoa Political Thought and Action*, Cornell University Press, 1990
Fuks, A., "Social revolution in Greece in the Hellenistic Age." *La Parola del Passato* III(1966), 437-448.
Finley, M.I., *Die Sklaverei in der Antike*. München, 1980
Flach, D., "Der Sogenannte Römische Imperialismus." *Historische Zeitschrift* Band 222 1976
Forschner, M., *Die Stoische Ethik*. Klott-cotta, 1981
Gayer, R., *Die Stellung des Sklaven in den Paulischen Gemeinden und bei Paulus*.

Frankfurt am Mein, 1976
Geigenmüller, P., *Plutarchs Stellung zur Religion und Philosophie seiner Zeit*. 1921
Gigon, O., Platon die Politische Wirklichkeit, in *Gymnasium* 69. 1962
Grant, M., *The twelve Caesars*. New York, 1975
Greeven, H., *Das Haupt Problem der Sozialethik in der neueren Stoa und in Christentum*. Gütersloh, 1935
Griffin, M., Philosophy, Cato, and Roman Suicide, in *Greece and Rome* Vol 33. Oxford University 1986
─────, *Seneca, a Philosopher in Politics*. Oxford, 1976
Guthrie, W.K.C., *A History of Greek Philosophy* Vol.3, Cambridge, 1969
Hadas, M., *The Stoic Philosophy of Seneca*. New York, 1968
Haffter, H., "Die Römische Humanitas", In *Römische Wertbegriffe Herausgegeben von Haus Oppermann*, Darmstadt, 1983.
Hagendahl, H., *Augustine and the Classics*. Goeteberg, 1967
Hahn, J., *Der Philosoph und die Gesellschaft*. Stuttgart, 1989
Hastings, J., *Encyclopedia of Religion and Ethics*. New York, 1981
Hatch, E., *The Influence of Greek Ideas and Usages upon the Christian Church*. New York, 1972
Hengel, M., *Eigentum und Reichtum in der frühen Kirche*. Stuttgart, 1973
Hirzel, R., Selbstmord", *Archiv für Religions Wissenschaft* Ⅱ(1908)
Hopkins, K., "The Growth and Practice of Slavery in Roman Times," in *Conqueros Slaves; Sociological Studies in Roman History* Ⅰ. Cambridge, 1978
Horowitz, M.C., "The Stoic Synthesis of the Idea of the natural Law in the Man : Four Themes," *Journal of history of Ideas* 35(1974)
Inwoood, B., *Ethics and Human Action in Early Stoicism*. Oxford, 1985.
Irwin, T., Stoic and Aristotelian concetions of happiness' *The Norms of Nature* (Cambridge 1986), 205-44.
Jaeger, W., *Early Christianity and Greek Paideia*. Havard, 1961.
Kaerst, J., *Die Reformation als deutsches Kulturprinzip*. München, 1917.
─────, *Geschichte des Hellenismus* Vol. 2(Leipzig/Berlin 1926, 2nd ed.)
Kargl, J., *Die Lehre der Stoiker vom Staat*(Erlangen 1913)
Kittel, G., *Theologisches Wörterbuch zum Neuen Testament*. Stuttgart, 1935.
Kornemann, E., Zur Geschichte der antiken Herrscherkulte." *Kilo* Ⅰ.
Kübler, B., Griechische Einflusse auf die Entwicklung der römischen Rechtswissenschaft gegen Ende der republikanischen Zeit" *Atti del cogresso internazionale die dritto romfno*, Bologna Roma. 1933
Langholm, O., *Wealth and Money in the Aristotelian Tradition*. Forlaget, 1983

Lauffer, S., Die sklaverei in der griechisch—römischen Welt," in *dem Evangelischen Erzieher* 17(1965)
―――, Die Soziale Frage in der Antike, in *Gymnasium* 68(1961)
Lecky, W.E.H., *Sitten Geschichte Europas von Augustus bis Karl den Grossen*, Leipzig, 1904
Leggewie, O., *Die Welt der Römer*. Münster, 1982
Long, A.A., *Hellenistic Philosophy*. London, 1974
―――, Carneades and the Stoic telos." *Phronesis* 12(1967), 59~90
―――, Freedom and Determinism in the Stoic theory of human action" *Problems in stoicism*. London, 1971 : 173-199
―――, Language and Thought in Stoicism." in *Problems in Stoicism*. London, 1971
Lübtow, U., *Das Römische Volk Sein Staat und Sein Recht*. Frankfurt a/M 1953.
―――, Characteristik des römischen Volkes" in *das römische Volk, Sein Staat und Sein Recht*. Frankfurt am Mein, 1955.
Manning, C.E., Stoicism and Slavery in the Roman Empire, rise and decline of the Roman World. Band Ⅱ(1989)
Marvin, F.S., *Western Races and the World*. Oxford, 1922
Mattingly, H., *Roman Imperial Civilization*. London, 1957
Müller, R., Zur Staatsauffassung der frühen Stoa", in *Proceedings of the 7th congress of the International Federation of the Societies of Classical Studies*, ed.j Harmatta Vol. Ⅰ, Budapest, 1984
Mauriae, H.M., Alexander the Great and the Politics of Homonoia", *Perspectives on Political Philosopy* Vol.2, N.Y. 1971
Meister, K., *Die Tugenden der Römer ; im Römischen Wertbegriffe*. Darmstadt, 1983
Meltzer, M., *Slavery : from the rise of Western Civilization to today*. New York, 1977
Meyer, E., *Römischer Staat und Staatsgedanke*. Zürich und München, 1975
Mommsen, Th., *Römisches Strafrecht*. Leipzig, 1899
Mühl, M., *Die antike Menschheitsidee in ihrer geschichtlichen Entwicklung*, Leipzig, 1928
James, H., *Epicurean Political Philosophy*. Cornell Univeristy, 1976
Pohlenz, M., *Die Stoa : Geschichte einer geistigen Bewegung*, 2Vols, Göttingen 1970, 4th ed.
―――, *Griechische Freiheit Wesen und Werden eines Lebensideals*. Heidelberg, 1955
Rayner, A.J., Christian Society in the Roman Empire", in *Journal of Greece and Rome* Vol ⅩⅠ, No.37. 1942
Reale, G., *The Systems of the Hellenistic Age*. State University New York, 1985
Reiner, H., Die ethische Weisheit der Stoiker heute", in *Gymnasium* 76, 1969

Reitzenstein, R., *Werden und Wesen der Humanität im Altertum*. Strassburg Kaiserrede, 1907
Richter, W., Seneca und die Sklaven", in *Gymnasium* 65(1958)
Rist, M., *Stoic Philosophy*. Cambridge, 1980
――, (ed.) *The Stoics*. California, 1978
Rostovtzeff, M.I., *A History of the Ancient History*. Oxford, 1936
――, The Hellenistic World and Its Development", *American Historical Review* (1936)
――, *The Social and Economie History of the Hellenistic World*. Oxford, 1941
Schaff, P., *History of the Christian Church* Vol. Ⅰ·Ⅱ·Ⅲ·Ⅳ, Michigan, 1978
Sandbach, F.H., *The Stoics*. London, 1975
Stanke, R., *Die Politische Philosophie des Altertums*. Köhn, 1951
Stanton, G.R., The cosmopolitan ideas of Epictetus and Marcus Aurelius", *Phronesis* 13(1968), 183~195.
Sauter, J., Die Philosophischen Grundlagen des antiken Naturrechts" *Zeitschrift für öffentliches Recht* 10(1931)
Schmekel, M., *Die Philosophie der mittleren Stoa in ihren geschichtlichen Zusammenhangen dargestellt*. Berlin, 1892
Seidler, M.J., Kant and the Stoic on Suicide" *Journal of the History of Ideas* Vol.44 (1983)
Steinmann, A., *Sklavenlos und alte Kirche*. Braunsberg, 1910.
Schilling, K., *Geschichte der Sozialen Ideen, Individuum, Gemeinschaft, Gesellschaft*. Stuttgart, 1957
Schilling, O., *Der Kirchliche Eigentumsbegriff*. Freiburg, 1930
Schmitz, O., *Der Freiheitsgedanke bei Epiktet und das Freiheitszeugnis des Paulus*. Güterloh, 1923
Simon, H. and M., *Die alte Stoa und ihr Naturbegrrff*. Berlin, 1956
Smily, C, N., Stoicism and Its Influence on Roman Life and Thought" *Classical Journal* 29(1934)
Schulz, S., Hat Christus die Sklaven befreit?": In *EV.Kommentar* 1(1972)
――, *Gott ist Kein Sklavenhalter*. Zürich / Hamburg, 1972
Stock, H,W., *Die Tragödie des Humanismus*. Heidelberg, 1953
Strasburger, H., Poseidonius on the Problems of the Roman Empire". *JRS* 55(1965)
Striken, G., Origins of the concept of Natural Law" in Cleary, J.J. *Proceedings of the Boston Area Colloquium in Ancient Philosophy* Vol.2, Lanham/ London, 1987, 79~94.
Sevenster, J.N., *Paul and Seneca*. Leiden, 1961

Tarn, W.W., "Alexander, Cynics and Stoics", *American journal of Philology* 60(1939)
―――, "The Social question in the third century" in The Hellenistic Age, J.B. Bury etc.(1923). 108~140
―――, "Alexander the Great and the Unity of Mankind", *PBA* 19(1933), 123~166
―――, *Hellenistic civilisation* 3rd ed. London, 1952
―――, *Alexander the Great* 2Vols, Cambridge, 1948
Trever, A.A., *History of Ancient civilization* vol.I, New York, 1939
Troeltsch, E., *The Social teaching of the christian Churches*. New York, 1960.
―――, "Das Stoisch-Christliche Naturrecht und die moderne Profane Naturrecht" *Gesammelte Schriften*. Tübingen, 1925
Vittinghoff, F., "Die Theorie des historischen Materialismus Über den antiken Sklavenhalter Staat", in *Saeculum* II(1960)
Vlastos, G., "Slavery in Plato's Republic", *The Phylosophical Review* 50 (1941), 289~304, and Finley 1960, 133~149
Vogt, J., "Die antike Sklaverei als Forschungs Problem von Humbolt bis heut", in *L Gymnasium* 69, 1962
―――, "Wege zur Menschlchkeit in der antiken Sklaverei", in *Historia-Einzelheft* 8m 69~82, Oxford, 1974
―――, *Sklaverei und Humanität*. Wiesbaden, 1972
Wallbank, F.W., *Historical Commentary on Polybius*. Oxford, 1957, "Political morality and the friends of Scipio", *JRS*(1965)
Waten, A., "Natural Law," in *Problems in Stoicism,* ed.
Wilkin, R.N., "Cicero and the Law of Nature" *Origins of the Natural Law Tradition.* Dallas, 1954
Wood, E. and N., *Class Ideology and Ancient Political Thought.* Oxford, 1978
―――, "The Intellectual World of the Sophist", in *Class Ideology and Ancient Political Theory.* Oxford Blackwell, 1978
Whitehead, A.N., *Adventures of Ideas*. Macmillan Cmpany, 1933
Wyllie, R., "Views on Suicide and freedom in stoic Phylosophy and Some Related Contemporary Points of View", *Prudentia,* 1973
Zeller, E., *Die Philosophie der Griechen in ihrer geschichtlichen Entwicklung* Vol.3.1: *Die nacharistotelische Philosophie*. Leipzig, 1923

찾아보기

(ㄱ)

가메인(gamein) 320
가이우스(Gaius) 405 417 676
가정교사(tutor) 392
갈렌(Galen) 251 471 498 500 615
개 같은(konikos) 78
겔리우스(Gellius) 625
고르기아스(Gorgias) 37 58 86 281 653
교복(Paedagogus) 392
국가이성(Staatsräson) 52
권력의지(Wille zur Macht) 280
그리핀(M. Griffin) 415
기아라(Gyara) 740
기하학적 평등(geometrical equality) 289

(ㄴ)

나우시파네스(Nausiphanes) 258
네라티우스 프리스쿠스(Neratius Priscus) 398
네메시우스(Nemesius) 207
네스토(Nesto) 14
노니우스(Nonius) 441
노모스(Nomos) 27 32-38 43 47 61 768
니부르(B.G. Niebuhr) 378
니카고라스(Nicagoras) 600
니코라오스 62

니콜로스(Nikolos) 58

(ㄷ)

달만(Helfried Dahlmann) 706
대카토(Elder Cato) 511
대 플리니우스(Elder Plinius) 558
데메트리오스(Demetrios of phaleron) 343-344 347-350 353-354
데모스테네스(Demosthenes) 98 147
데모카레스(Demochares) 345
데모크리토스(Demokritos) 28 263 269 288
데미우르고스(Demiurgos) 203
도미티아누스(Domitianus) 391 397
드로이젠(Johann Gustav Droysen) 12
디느도(Denis Diderot) 701 768
디아도코이(diadochoi) 109
디오게네스(Diogenes) 80 88-91 94-99 101-109 114-118 121-122 126 734
디오게네스 라에르티우스(Diogenes Laertius) 74 78 94 96 105 111 126 213 217 489
디오게네스(Diogenes of Babylon) 502
디오게네스(Diogenes of Sinope) 71
디오뉘시오스(Dionysios) 46 234 282 297 494-495
디오도로스(Diodoros) 63
디오클레이티아누스(Diocleitianus) 581 682
디오클레스(Diocles) 76

(ㄹ)

라데(Georges Radet) 154

라일리우스(Laelius) 478-479 509 534
라케다에모니아인들(Lacedaemonians) 60
락탄티우스(Lactantius) 441
랑케(Leopold V. Ranke) 658
레씽(Gotthold Ephraim Von Lessing) 701
레오니다스(Leonidas) 723
레우킵포스(Leucippus) 269
로스토프제프(Rostovtzeff) 156
록사네(Roxane) 156 160
루크레티우스(Lucretius) 7 259 261 271 679
루쿨루스(Lucullus) 609
루키아누스(Lucianus of Samosato) 119 130
루킬리우스(Lucilius) 143 181 618 630 702 712-713
루틸리우스 루푸스(Rutilius Rufus) 662
루푸스(Musonius Rufus 185
뤼케이온(Lykeion) 10 149 325 350 460
뤼코프론(Lykophron) 37 653
리바니오스(Libanios) 583
리비우스(Livius) 425 648
리소(M.E. Reesor) 14
리스트(J.M. Rist) 15
리쿠르고스(Lykourgos) 303 313
리키스쿠스(Lyciscus) 436
리히터(W. Richter) 374 384

(ㅁ)

마르켈루스(Marcellus) 402 492-493
마르쿠스 아우렐리우스 401-403 572-580
마리우스(Marius) 714
마케도니아(Marcedonia) 148 155 160
막스 폴렌츠(Max Pohlenz) 408
맥콜리(T.B. Macaulay) 379
메네데모스(Menedemos of Eretria) 352
메인(Henry Maine) 676 678

메트로도로스(Metrodoros) 271
메트로클레스(Metrocles) 135 141
모니무스(Monimus of Syracuse) 126-127 141
모데스티누스(Modestinus) 405
몸젠(Theodor Mommsen) 703
무관심적인(adiapora) 217-221
무소니우스(Musonius) 557 625
무소니우스 루푸스(Musonius Rufus) 185-186 390 769
무키우스 스카에볼라(Mucius Scaevola) 662
물자체(Ding an sich) 258
물활론(hylozoism) 197 249
므네사르크(Mnesarch) 449-450
미틸레네(Mitylene) 258
밀(Mill) 247

(ㅂ)

바로(Terentius Varro) 749
바울(Paul) 611
바커(Ernest Barker) 655
방종(anaideia) 116-117 124-125 168 217 245 268
베디우스 폴리오(Vedius Pollio) 396
베르길리우스(Vergilius) 540
베이컨(Bacon) 243 248
벵어(Leopold Wenger) 639
보에토스(Boethos) 458
보이그트(Voigt) 404
복점관(augur) 530
본회퍼(A. Bonhöffer) 13
부루스(Burrus) 550
브래들리 415
비례적 평등 289
비수권 결혼(sine manu) 690
비아커(Wieaker) 664
비온(Bion of Borysthenes) 352

비온디(Biondo Biondi) 647
빈센트(Vincent) 184
빌라모비츠(Moellendorf U Von Wilamowitz) 351 703
빙켈만(Johann Joachim Winckelmann) 386

(ㅅ)

살비우스 율리아누스(Salvius Julianus) 398
聖암브로시우스(Ambrosius) 661
세계사적 인간(welthistorischer Mensch) 145
세네카(Seneca) 179 370
    부와 재산관 559-584
    자유와 노예관 330-342 647-663
    후마니타스 494-495 547 548 594-623
세베루스(Severus) 580 581
세벤스터(Sevenster) 14
섹스투스(Sextus) 206 246 557
섹스투스 엠피리쿠스(Sextus Empiricus) 492
섹스투스 타르쿠이니우스(Sextus Tarquinius) 728
소 플리니우스(Plinius)의 『서한(Epistulae)』 381
소시크라테스(Sosicrates of Rhodes) 76
소시크라테스(Sosicrates) 127
소크라테스 40-41 71-72 75 80-83
소티온(Sotion of Alexandria) 76 610
소포클레스(Sophokles) 29 369 458
소피스트(Sophist) 31-43
    자연법 사상 596-601
    노예제 사상 32-39
수권결혼(cum manu) 690
수사(Susa) 152 158
수에토니우스(Suetonius) 417
슈바르츠(Schwartz) 703
슐츠(Fritz Schulz) 645
스카에볼라(Q. Cervides Scaevola) 405

스키피오 아에밀리아누스(Scipio Aemilianus) 429 447 479 509
스키피오 아프리카누스(Scipio Africanus) 177 523
스테르만(E.M. Staerman) 414
스토바에우스(Stobaeus) 101 217 219 312
스토아 사상(Stoicism) 213-217 253-254
    노예제 326-346 360-373
    로마황제와의 관계 342-360
    윤리학 183-196
    자연관 211-222
    현자 194-211
    자살과 죽음 664-692
    자연법 사상 594-623
    자유(내면적) 317-326
    재산관 534-555
    정치관 323-326
    와 5현제 513-522
스트라보(Strabo) 14
스트라스부르거(Strasburger) 485
스트라토클레스(Stratocles) 449
스틸포(Stilpo) 10
스파르타 교육 102-103
스피노자(Spinoza) 245
신엘레아학파(Eleatics) 86
신의 섭리(pronoia) 203

(ㅇ)

아가타르키데스(Agatharchides) 428
아가토클레스(Agathocles in Syacuse) 338
아그리피나(Agrippina) 180 390 551 611 704
아낙사고라스(Anaxagoras) 27
아낙시만드로스(Anaximandros) 23 649
아내들의 공동체(Community of Wives)

332
아레테(Arete) 171 588 629 636 746
아르키다마스(Archidamas) 35 38-39
아르타바주스(Artabazus) 159
아리스타르코스(Aristarchos) 248
아리스토(Aristo) 179
아리스토네스(Aristones) 221
아리스토크라티아(Aristocratia) 284
아리스토텔레스 52-56 102 362 382-485 489 587 607 646 657 732
아리스토텔레스학파 645 729
아리스토파네스(Aristophanes) 81
아리스티테스(Aristites) 578
아리스티포스(Aristippos) 46 76 134 162 170-171 270 608 706
아메이프시아스(Ameipsias) 81
아에티우스(Aetius) 210
아우구스투스 393 396 404 540-543
아우구스티누스(Augustinus) 371 476 480-481
아우타르키아(autarkia) 144
아일리우스 스틸로(Aelius Stilo) 662
아카데미학파 176 327 333 504 634 729
아타락시아(ataraxia) 268 457
아테나이우스(Athenaeus) 106 128 341
아테노도러스 코틸리온(Athenodorus Kotilion) 14
아티쿠스(Atticus) 526
아파테이아(apatheia) 144 224 227 359 456 593 741
아포니아(aponia) 457
아폴로도로스(Apollodoros in Cassandrea) 338
아폴로도로스(Apollodoros) 271
아풀레이오스(Apuleios) 130
아피우스 클라우디우스(Appius Claudius) 448

안니케리스(Anniceris) 166-167
안드리스쿠스(Andriscus) 429
안토니누스 피우스(Antoninus pius) 374 400-401 404 412 567 571-572 577 581-582 671 751
안티고노스(Antigonos) 353 356
안티고노스 고나타스(Antigonos Gonatas) 345 350 355-356
안티고노스(Antigonos) 345
안티스테네스(Antisthenes) 71-73 77 80-87
안티오코스(Antiochos) 239 507 513
안티파트로스(Antipatros of Tarsos) 14 197 447 492 592
안티폰(Antiphon) 33 36 87 652
알렉산드로스(Alexandros) 154-158
알베르티노 무사토(Albertino Mussato) 184
알키다마스(Alkidamas) 14 35 37
알키비아데스(Alcibiades) 73 81
암브로시우스(Ambrocius) 370
앙리 발롱(Henri Wallon) 384
언론의 자유(παρρησία) 98
에라스무스(Erasmus) 182 756
에라토스테네스(Eratosthenes) 559
에른스트 토로엘취(Ernst Troeltsch) 670
에오파테이아(eupatheia) 742
에우리피데스(Euripides) 30 126 288 369
에우파테이아(eupatheia) 227
에이돌라(eidola) 261 265
에파미논다스(Epaminondas) 723
에포로스(Ephoros) 59-64
에피쿠로스 사상(Epicureanism) 253-254
에피쿠로스학파(Epicuros School) 175 211 214 255-258
에픽테투스(Epictetus) 13 72-74 119 125 185-186 226-230 234 352 360-364 370 372 392 561-565 579 619 739
엘라가불루스(Elagabulus) 609

엠페도클레스(Empedokles) 25-26 274
여자공동체(koinônia gunaikôn) 316 331
오네시크라토스(Onesicratos) 45 74 104 126-127
오로시우스(Orosius) 585
오리게네스(Origenes) 128 489
오이케이오시스(oikeiosis) 213 215 219 665
우생학적 정책 332
우의(koinonia) 573
울리히 폰 뤼프토브(Ulrich Von Lübtow) 386
울피아누스(Ulpianus Domitius) 671
울피우스 마르셀루스(Ulpius Marcellus) 402
웨스터만(W. Westerman) 384 752
윈스피어(A.D. Winspear) 650
윌케스(K.V. Wilkes) 500
유벤티우스 셀수스(Juventius Celsus) 398
유스티니아누스 667-678 681 683
유클리드(Euclid) 470
율리아누스(Julianus) 79 119 584 681
율리우스 카누스(Julius Canus) 609
이소크라테스(Isokrates) 49 58-62 65-66 69
이암불루스(Iambulus) 308
이우니아법(Lex Iunia) 416

(ㅈ)

자유(eleutheria) 98-115
자유교양학(liberal studia) 613 629
자제의 덕(enkrateia) 124
자족의 덕(autharkeia) 124
장로정치(gerontocratic) 290
정원학파(the Garden) 10
제논(Zenon) 7 9-12 71 75-77 84 94-96 104 123 128-132 144 173-176 179 196-198 220-221 227-228 232-245 253-254 422 424 454 460-464 471 498-500 589 593-600 634 661 671 723 731
세계국가 사상 275-294
이상국가 288-310
정치적 이상 311-316

(ㅊ)

차선의 국가(The Second-Best State) 292
체조장(gymnaisa) 318
최고선(summa bonum) 224 358
최선의 국가(the Best State) 282

(ㅋ)

카누스(Julius Canus) 609
카로프스(Charops of Epiras) 436
카르네아데스(Carneades) 441-445 455 503
카싸드로스(Cassandros) 349 353
카이론(Chairon in Pellene 338
카이사르 539
카토(cato) 393 435 659 660
카펠레(W. Capelle) 491
칸트 365 465 740-741 746
칼라일(Carlyle) 667
칼리굴라(Caligula) 610
칼리클레스(Callicles) 654-655
칼키디우스(Chalcidius) 195
케르키다스(Cercidas) 77
코르도바(Córdoba) 179
코린토스 동맹(The League of Corinth) 149-153 338
코이노니아(Koinonia) 573-577
코잉(Helmut Coing) 645
콘스탄티누스(Constantinus) 582-583
콜루멜라(Columella) 383

쿠인투스 투베로(Quintus Tubero) 602
퀴니코스(Kynikos)학파 43-46 68-80 87-88 92-98 104 110-115 120-124 131 139 174-175 242 257 273 277-278 310 323 333 421-423 457 536 563-566 593-593 658 720 731-735
퀴블러(Bernhard Kübler) 375
크라네우스(Kraneus) 93
크라네이온(Craneion) 92
크라테스(Crates of Thebes) 71 128-132 134 136-143
크레모니데스 전쟁(Chremonides war) 345-346 350-351
크뤼시포스(Chrysippos of Soli) 11 123 176 198 210-213 221 227 234 277 346-349 360 375 457 462-463 471-473 487 497-505 521 596-604 635-637 661 666 670
크리소스토모스(Dio Chrysostomos) 74 91 100 105
크리소스토무스(Johannes Chrysostomus) 605
크세노크라테스(Xenocrates) 132
크세노폰(Xenophon) 38 82 103 537 654
클라우디우스(Claudius) 396 412 610
클레아르쿠스(Clearchus in Heracleia Pontica) 338
클레안테스(Cleanthes of Assos) 95 176 360 462 500
클레옴브로투스(Cleombrotus) 720
클리토마쿠스(Clitomachus) 444
키노사르게스(Cynosarges) 11 77
키니코스학파(Kynikos) 43-48 73-80 113 123-124 175 594 595
키케로 476 481 487 512-519 521-526 528-533
    공평과 평등 468
    국가와 자유 462-469
    노예관 432-435
    외국문화 548-459
    재산관 548-550
    정체 465-468
    지배자와 국가사상 468

(ㅌ)

탄(William Tarn) 13 104 150
탈레스(Thales) 23
터툴리아누스(Tertullianus) 185
테스모테타이(Thesmothetai) 350
테오도로스(Theodoros) 167 169
테오도시우스 681
테오프라스토스(Theophrastos) 74 90
테일러(A.E. Taglor) 286
텔레스(Teles) 133
토마스 모어(Thomas More) 595
트라세아(Thrasea) 580
트라시마코스(Thrasymachos) 33
트라야누스(Trajanus) 391 397
트라이취케(Heinrich von Treitschke) 385
트리말키오(Trimalchio) 751
틸리케(H. Thielicke) 752

(ㅍ)

파나이티오스(Panaetios of Rhodos) 176 446-447 448 450-460 464-467 476 482 495
파에드루스(Phaedrus) 259
파울 알라드(Paul Allard) 384
파울루스(paulus Julius) 405 671
파이데이아(paideia) 680
파피니아누스(papinianus Aemilius) 671
파피아 포파이아법(Lex papia poppaea) 694 696-698
페르구손(W.S. Fergson) 13 347

페르세우스(Perseus) 429
페리클레스(Pericles) 293
페리파토스(peripatos)학파 507 513
페트라르카(Fr. Petrarca) 183 756
페트로니아법(Lex petronia) 412
페트로니우스(Petronius Gaius) 751
평등(isonomia) 289
평정의 쾌락(katastematike hedone) 270
포노스(pónos) 85-86
포레모스(πολεμos) 42
포세이도니오스(Poseidonios of Apamea)
  177 449-450 454-455 464 468-474 491-495
  505
포우프(Alexander Pope) 225 741
폴레몬(Polemon) 327
폴렌츠(M. Pohlenz) 13
폴리모(Polimo) 10
폴리비오스(Polybios) 430-437 440 444
프란츠 휠만(Franz Vollmann) 384
프로노이아(pronoia) 204
프로렌티누스(Florentinus) 405
프로타고라스(Protagoras) 515 651
프리츠 프링스하임(Fritz Pringsheim) 413
플라비우스 아리아누스(Flavius Arrianus) 186
플라비우스 필로스트라투스(Flavius
  Philostratus) 368
플라톤 35 48-49 51-58 64-69 77-85 102 108
  112 115 124 132 608 612 637 645 650
  652 655-657 671 673 681
  계급분화 247-261
  민주정 비판 264-267
  이상국가 261-269
  자살관 676-678
  전쟁관 48-50
플로티누스(Plotinus) 173
플루타코스(Plutarchos) 388-389 445 559-560
피라이오스(piraeos) 293 345 351 354

피시스(Pisis of Thespiae) 354
피타고라스(Pythagoras)학파 25-28 67 74
  288 290 649 678 719
필레몬(Philemon) 39 128
필로데모스(Philodemos) 94 105 310 316
  323-324
필론(Philon) 554 556 558
필리스쿠스(Philiscus) 133 140
필립포스(Philipos) 59 61 98 115-116 147-153
  237
필립 샤프(Philip Schaff) 359

(ㅎ)

하드리아누스(Hadrianus) 391 396-401 404
  413 568-571
행동의 자유(ἀγαιδεια) 98-99
헤게시아스(Hegesias) 98 134 163-165 171
  722
헤라클레이데스(Heracleides of Lembos) 76
헤라클레이토스(Heracleitos) 23-24 27 649
  669
헤로도토스(Herdotos) 29 103 123 152 259
  537
헤르마르코스(Hermarchos) 259 271
헤릴루스(Herillus) 221
헤일로타이(Heilotai) 301
헤카토(Hecato) 487 596 602
헬라스(Hellas) 50
헬비디우스(Helvidius) 580
형상(eidola) 261
호라티우스(Horatius) 510 534
호모노이아(Homonoia) 66 152-156 159
  161 284 313 318 328 329 537-538
회의론(Skepticism) 257
회의학파 239 598
후마니타스(humanitas) 366 383 678-680 683-

686 747-748
훈련(askesis) 101
훔볼트(Wihelm von Humboldt) 407
휘그트(Vogt) 395
휜리(M.I. Finley) 415 418

히에로니무스(Hieronymus of Rhodes) 350
히포보투스(Hippobotus) 76 128
히피아스(Hippias) 33-39 68 651-654